中国民间金融的规范化发展

高晋康　唐清利　王　方　主编

ZHONGGUO MINJIAN JINRONG DE
GUIFANHUA FAZHAN

2017

法律出版社
LAW PRESS · CHINA

主办单位：西南财经大学法学院
承办单位：西南财经大学中国金融法研究中心
西南财经大学民间金融及法律规范研究所
协办单位：四川百仕丰投资有限公司

参编人员：谭婷婷　李琪琳　杨博宇　刘健男　刘昭君
先文灏　张雪琪　陈思琪　周　扬　李　建
刘　瀚　文兰娇　李　谦

目　录

第七届中国民间金融规范化发展论坛会议综述

2017年11月18日,“第七届中国民间金融规范化发展论坛”在成都举行。本次论坛由四川省法学会金融法学研究会、西南财经大学中国金融法研究中心、民间金融及法律规范研究所主办,西南财经大学法学院承办。来自中央军委法制局、中国证监会、四川省政协、四川省法学会、四川省委党校、四川省高级人民法院、四川省公安厅、四川省工商联、四川省银监局、四川省保险业协会、四川省金融工作局、四川省博览局、成都市发改委、中国人民银行成都分行、成都市中级人民法院、成都市人民检察院、成都市金融工作局、成都市铁路运输中级法院、温州市人民检察院、温州市公共资源管理委员会、广元市中级人民法院、北京大学、四川大学、厦门大学、西南政法大学、四川农业大学、西南石油大学、西南交通大学、四川省社会科学院、法律出版社、《经济日报》、《法制日报》等实务部门和高校的专家、学者及新闻界180余人出席了论坛。本次论坛以“大数据人工智能时代民间金融风险的防范”为主题,深入探讨了在大数据、人工智能时代的金融创新、金融监管等一系列问题。

论坛开幕式由西南财经大学法学院院长高晋康教授主持,西南财经大学副校长张邦富为论坛开幕致辞。他指出,在大数据、人工智能、云计算、移动互联、区块链等信息技术在金融领域的运用不断深入的大背景下,互联网金融、数字金融、科技金融应时而生,但同时,过度的金融创新增加了系统性金融风险,在我国金融业实施混合经营分业监管的制度框架下,更需要健全金融法制建设和监管协调制度建设,守住不发生系统性金融风险的底线。张邦富副校长倡导西南财经大学法学院要协同其他研究机构,共同为推动我国法学教育和金融事业发展作出不懈努力。

四川省委政法委《四川政法》编辑部主任、四川省法学会学术部调研员夏兴臣同志代表四川省法学会在论坛上致辞。他指出,四川省在经济飞速发展的同时,也面临资金周转效率降低,融资条件改善,债务上升等多重问题。四川省法学会积极响应省委书记关于加快西部金融中心建设、增强资本市场结算中心建设力度,发展创投融资、新型金融,提升金融要素的风险防范能力的号召,夏兴臣提出,四川省法学会在接下来的工作中,围绕政法中心开展法学研究,做好研究工作,主动承担责任,关心热点问题,发挥作用,体现作为的要求。

四川省政协副主席赵振铣代表省政协祝贺论坛的成功举行。他表示,西南财经大学法学院立足新时代国家金融的发展,为我们搭建了一个探讨我国金融监管及风险防范问题的高端平台,共同探寻破解当前大数据人工智能时代的民间金融风险防范和金融科技、金融创新及其风险监管制度问题,其学术价值和现实意义都十分重大。

我国著名金融学家、中国金融终身成就奖获得者、西南财经大学中国金融研究中心名誉主任曾康霖教授的主旨演讲中围绕三个要点展开:一是金融研究一定要关注权威的导向;二是金融研究一定要掌握充分的信息;三是金融研究一定要把握发展的趋势。

本次论坛主要围绕"大数据人工智能时代民间金融风险的防范"议题展开,与会专家学者通过向组委会提交论文和会议发言两种方式,从各自独特的研究视角,就中国民间金融如何适应技术创新带动的金融创新要求,在规范化中谋求发展、在发展中实现规范化展开深入探讨交流。

一、民间金融现状

改革开放以来,我国经济快速增长,对投融资有了更高的需求。民间金融因其形式灵活、融资门槛低等特点,得到人们的青睐,发展迅速,在支撑我国中小企业发展方面做出了巨大的贡献。民间金融已经成为我国金融市场不可缺少的一部分,是我国正规金融的重要补充。但是,我国民间金融的发展也暴露出诸多问题,带来了许多新的问题和挑战,亟待规范化。因此,研究民间金融的新形式,探究民间金融的规范化发展之路径等,成为民间金融理论与实务工作者讨论的重要话题。有鉴于此,与会专家、学者对当前民间金融现状进行了全方位解读。

(一)民间金融内涵与特征

明晰民间金融的内涵与外延是研究民间金融的首要问题。温州市人民检察院副检察长林越坚对此发表了自己独到的见解。林越坚副检察长指出,民间金融起源在于法的规制,其源头就在于中央银行监管体制的建立。民间金融是金融的民间范式,因此,那些所谓的民间借贷不能归于其中。民间金融的特征之一在于其民间性,这一特征表明民间金融实际上就是去中心化的金融范式。而真正要判断一个金融行为或者一种金融现象是否属于民间金融,关键在于要从其实质化活动入手,而不能仅仅依据其主体和形式要素来进行判断。

西南财经大学中国金融研究中心名誉主任曾康霖教授表示,民间金融是一种金融现象,研究民间金融首先要了解金融的整体发展态势。随后,曾康霖教授指出,研究金融必须遵循以下三个原则:第一,金融研究要关注权威的导向,而在当前,最权威的导向无疑就是十九大报告。除此之外,还需要关注由中央权威专家撰写的有关十九大辅导报告,这些文件是金融发展方向最权威的导向。第二,金融研究要掌握充分的信息,关注金融领域新信息,了解金融行业领域最新动态。第三,金融研究要把握发展趋势。十九大报告中提到的有关金融三大内容,即深入金融体制改革、试行双杠杆的调控政策、守住金融的底线,无疑将是金融业未来的重点发展方向。

西南政法大学经济法学院王煜宇教授指出,目前学界对“民间金融”一词的内涵与外延的认定没有达成一致,民间金融与正规金融的界限问题也一直是专家、学者们争论的热点。随着研究的深入,我们不禁发出这样的追问,民间金融是否真的存在,当金融法对民间金融行为进行规制之后,民间金融是否还能称作“民间金融”。这些都是值得我们深入思考的问题。随后,王煜宇教授谈到了目前我国金融法研究范式存在的问题。王煜宇教授指出,我们不能总是在具体问题出现以后才对相关现象进行研究,用一种现象加在金融法上面来作为我们研究的范式是有问题的。一味地把金融创新作为“老鼠”,把金融监管当做“猫”,事实上就是让金融监管去迎合具体的金融行为,这样的研究实际上没有穿透金融的本质,这样的监管也无法形成有效监管。

高风险性是民间金融的一大特征,与会的各位专家、学者也对民间金融为何具有这一特征的问题展开了深入的讨论。西南交通大学经济管理学院博士李涛介绍了中国式民间金融乱象出现的原因。李涛博士表示,我国目前民间金融的高利贷化现象非常严重。四川省爆发民间金融风险不仅仅是民间金融自身的问题,其深层原因在于:第一,银行对民间金融进行高度抑制。银行无风险信用偏好,这使得银行在事实上形成对中小企业的信贷歧视,中小企业在银行获得信贷的难度较大。第二,商业信用先天不足。中国社会的市场经济是从传统社会直接过渡到社会主义市场经济的,这也就意味着中国并没有形成完整的商业信用体系,也就没有完整的资本配置渠道。这两个体系的生长不足导致如今民间金融频发各种负面情况。

西南财经大学中国金融法博士后张一林博士以案例的形式简单地介绍了民间金融风险出现的原因。张一林博士认为,或许公司或个人在借款之时并无欠钱不还的想法,而是到最后欠钱太多而又没有收益导致无法清偿债务,这是一个我们在探究民间金融高风险性特征出现之原因时值得思考的方向。

(二)民间金融的规范化发展:微观层面

面对民营金融机构的失范行为,监管机构需要作出回应,及时规范行业秩序。金杜律师事务所李葆山律师,提出了民营银行在治理时存在的问题及解决意见。他说到一般的有限责任公司,股东在融资的时候存在股东的债权人超额质押问题,他认为超过的质押应当承担法律后果,地方银行向相关部门备案。董事担任专业委员会应当不超过两个,否则无法进行相应的风险监控。对此,李葆山律师给出的建议是可以选举股东代表提起诉讼。

除了民营金融机构以外,各地法院一线审判人员也提出了法院在处理民间金融案件时,发现的民间金融行为不规范所导致的纠纷问题。四川省高级人民法院办公室主任秦海提出了金融债权和建设工程款优先权实现程序的冲突。首先体现为主体冲突。建设工程款相关主体是发包人和承包人,金融债权的相关主体是出借人和借款人,这其中还涉及抵押权等,债权主体会出现冲突。其次体现为程序上的冲突。建设工程的承包人在主张建设工程款时,会主张建设工程款优先权,与金融机构和出借人在优先权和请求权上有冲突。金融机构的抵押权人或出借人,他的债权和建设工程款债权能否放到一起考虑。秦海主任研究发现,各界观点并不一致,其中一种观点认为,银行作为抵押权人不能卷入建设工程款请求权或优先权纠纷中。如建设工程价款优先权权力过大,超过建筑物的价格,银行将无法收回债权,而很多法院不会受理这种诉讼请求。秦海主任就发包人与承包人之间的争议,提出了自己的观点,他认为,发包人与承包人的争议不是是否有优先权,而是建设工程款的多少,消极性抗辩的出现,会对银行和其他人的债权有很大影响。在实际诉讼中,当事人双方都提优先权,从而让其他债权落空,这种实务问题引起了法院的思考。建设工程款优先权和建设工程给付请求权在一个诉讼里面处理是不是恰当?作为银行等其他债权人能否作为第三人加入诉讼?都是我们要思考的问题。秦海主任认为,诉讼应当分离,才有可能建立一个可对抗的诉,银行和其他债权人,应当有权作为第三人加入诉讼中。

新事物在不断发展的过程中必然会面临困境和挑战。四川金融资产交易所王世杰谈到了民间金融发展中两个亟待解决的问题:第一,举证责任的问题,应当在司法中明确如何合理分配各方当事人的举证责任。国外是采取举证责任倒置的方式,如果在我国能够借鉴实施的话,这对于打击高利贷具有重要意义。第二,强制执行公证文书的问题。法官是否具有执行以外的裁定权值得在学界中进行进一步的探讨与研究。

民间金融发展不规范,必然导致出现不良资产,对于此问题,四川资产管理有限责任公司副总经理张勇,在地方资产管理公司处置不良资产相关法律问题初探中,谈到了他对规范公司处置不良财产的理解。作为民营金融公司的负责人,对公司中产生的不良资产深有感触。张勇经理介绍,作为第一家从事批量收购不良资产的公司,四川资产管理有限责任公司自2015年成立至今,已经收购了四十多笔不良资产,总金额达到了一亿多元。参加不良资产收购的主体还在不断攀升,2016年国家发文规定每个省只允许增加一家,形成4+2+N的模式,导致不良资产的价格不断攀升。同时,张勇经理也谈到,目前公司也面临法律规定不清晰的困扰,如诉讼主体的问题。最高人民法院有一个关于诉讼主体的解释,但由于地方资管成立比较晚,现在没有明确的条文规定明确变更主体,如果要求重新变更主体,难度将会加大。另外是瑕疵债权的问题,如果遇到债权有瑕疵,应该有一个诉讼途径。债权转让的报备程序还需要法律予以明确。

(三)民间金融的规范化发展:宏观层面

民间金融的发展亟待规范化,需要合理的引导和科学的管理,正视民间金融发展中存在的问题,探究规范发展之路径显得尤为重要。

西南政法大学经济法学院王煜宇教授指出,民间金融的发展亟待规范化,需要合理的引导和科学的管理。业界当前规避民间金融风险普遍采取在事前对金融行为的主体进行划分,根据行为主体的不同而实施不同的监管措施。但是,这种监管方式可能无法有效规避民间金融风险。事实上,我们应当把关注的重点放到信息上,构建信息体系,以此提高民间金融借贷交易人对交易风险的认知能力,这样才能有效避免其被短期的、宣传的高利息所诱惑而忽视交易的风险。

达州市人民政府市长助理彭建平认为,建立民间金融登记中心能有效实现民间金融规范化。他指出,应当统一建立民间融资行业协会公司,由公司组建融资中心,把面下的融资拿到面上来,同时指导定价,以此实现民间金融规范化。

攀枝花市人民政府副秘书长杜强阐述了民间融资的风险定价问题。杜强副秘书长指出,银行的监控主要基于财务报表与大数据来实现,但大数据监控与财务报表监控对未来的监管逻辑完全不一样,如何形成一套民间价格发现机制是民间金融的核心所在。随后,杜强副秘书长指出,政府介入的根本逻辑是金融面临公共风险,政府需要加强指导,形成一个相对规范统一的市场,这是未来民间金融和民间融资的方向。

厦门大学法学院王兰副教授阐述了民间金融的规制佯谬及其化解问题。王兰副教授指出,民间金融的治理难题,实质上是两种规制模式的失灵:单一的硬法规制存在阿喀琉斯式的疑似佯谬,无法走出国家中心治理观下,监管反向诱致民间金融地下化发展这一困境,而纯粹的软法规制则存在马歇尔冲突造成的真佯谬,无法解决社会网络治理一维观产生的民间金融声誉执行脱域问题。前者肇因于民间金融的外部监管,无法消解金融抑制带来的法外运行激励,后者则始于内部软法治理有限性与现代民间金融扩张性的冲突。民间金融的治理应遵循软硬法混合规制机理,借助差别化利率管理、选择性登记准入等方式完成对硬法规制的激励补强,通过司法强制执行完成软法规制的增强。然而,混合规制模式自身也难以克服层级阴影下国家干预与营商激励的冲突,而需通过政府与社会网络的协同共建,来形塑民间金融新型的软硬法合作规制模式。

中央军委法制局原校法制员张建田指出民营企业进入国防领域,国家优惠政策很难真正实行,民营企业竞争地位不平等,同时希望西南财大利用此平台,对西南军工企业进行调研,为我国出台相关政策、立法提供一些依据,为建立财政税收激励机制,能提供一些必要保障。

二、民间金融的创新与风险

由科技推动的金融创新正在以急切的步伐向前迈进,而民间的金融创新也正在如火如荼地进行。浙江农林大学法政学院副教授张永亮认为,科技金融是这个时代的一个新命题。金融科技的涌现印证了"十二五"规划提出的概念,"十三五"规划又提出新的内容,用金融来支持科技创新并反哺金融发展。张永亮副教授阐明了当代科技金融的现状和特点,并列举了相关实际案例。中国证监会北京监管局叶琦也对新时代背景下的金融科技发展与金融监管有深刻的把握与认识。他认为,金融监管宏观审慎,提高对大型金融机构的监管力度。金融科技导致市场主体分散化、碎片化,更容易受风险影响。同时,金融科技的发展也面临新的挑战:金融主体的分散化;金融科技公司业务不透明,监管机构监测困难;对金融科技监管的工具不够、专门知识不足、合作机制不成熟。其原因在于,第一,金融科技公司受商誉制约不如大型公司,行为规则不明确;第二,参与者太多,在现有公司规模下,合规运营收益少;第三,金融公司寿命普遍短,以短期收益为主。对此,叶琦同志提出自己的建议是激励金融监管机构与金融科技公司合作及限制风险传导,并且注重金融科技公司的自律监管,加强跨境监管合作。

(一)当代主流金融创新形式

金融发展不再拘泥于传统的形式,出现了形式多样化的金融创新。金融创新是金融发展的主要动力源,但金融创新的步伐越来越快,其带来的风险也成为不可忽视的问题。中央军委法制局原大校法制员张建田主要谈了民间金融进入国防领域的法律规制问题,并指出对这一领域的研究基本属于空白。张建田大校指出,"军民融合"这一概念首先是由胡锦涛总书记2005年提出来的,从党的十七大到十九大,也体现了军民结合到军民融合的政策变化。张建田大校认为,对于军民融合的立法、规则还未体现效果,目前主要存在以下问题:第一,民营企业与军工企业存在事实上的不平等。国家给予民营企业的优惠政策难以落到实处,现行的军队装备采购都是由国有企业垄断。第二,目前尚未出现关于军工产品质量问题的司法案例。张建田大校认为,需要改变思维模式,从体制、机制、政策上落实军民融合。

中国东方资产管理股份有限公司首席经济学家吴庆围绕大数据人工智能时代金融创新与金融监管谈了他的观点:第一,基于技术推动,中国金融领域的创新已经进入了一个停不下来的状态,而且越来越快。第二,金融领域的创新不仅和技术关系大,和制度的关系也很大,我们的政府正在构建统一的监管体制。第三,新的技术对于监管的改变也是很难的。不仅金融监管在经历大数据,其他很多方面也是大数据。他还谈到了人工智能机器人可能代替监管及他个人对于人工智能的金融监管的担忧。此外,吴庆还谈到了比特币的问题,他指出,比特币与我们的货币金融体制存在明显的冲突。他认为,由于人类追求的目标是多元的,面对技术推动的金融创新,在金融监管上需要考虑限制某些进步,有些考虑是面向全世界的,是人类共同的话题。

中央民族大学法学院邓建鹏教授对于比特币这一新生事物,也阐述了他的困惑:第一,比特币是否属于刑法规制的财产?第二,假如比特币是财产,那么它是否属于非法集资中的资金?第三,虚拟货币是否是刑法视野中的财产?第四,比特币可否导致非法集资罪?他用可管理性、可转移性、价值性这三个标准阐述了虚拟货币是刑法视野中的财产的观点。从国务院出台的文件和最高人民法院发布的司法解释进行分析得出:比特币在实践中的操作又可以等同社会资金,如满足了非法集资的要件,则构成非法集资。

(二)大数据时代下的风险控制

金融机构的数据量呈爆炸式的增长,促使金融机构在大数据应用方面不断进行探索和尝试,这也改变着金融监管的现实环境。西南财经大学中国金融研究中心副主任王鹏的发言主要谈到了金融科技环境下对金融机构的监督问题。他认为,近年来金融科技突飞猛进,规模不断扩大。金融科技对金融机构的冲击主要表现在将金融机构的服务链分解并外化,这对于金融生态的冲击也很巨大,主要因为其平台性、非网点性、轻资产重数据的特点,给金融机构、消费者、基础设施、监管和法律带来新的挑战。

天府金融租赁股份有限公司副总裁曹铎介绍了天府银行利用创新技术为中小企业设计了“一体两翼”风控体系。一体是主动全面风险管理体系，两翼分别是中小企业金融租赁和家庭金融租赁。核心是金刚钻防控体系，钻头主要是解决金融界制度的流程和执行，做到制度明确，流程清晰，主要通过技术创新实现。钻身要做到中小企业和广大企业的风险防控。钻尾主要是机制创新，包括虚拟股权、合伙人制、满负荷弹性工作制。金刚钻计划架构体系的核心是选好客户进退机制。四川新网银行数据科学专家韩晗谈到新网银行开发的产品的全程在手机上操作，具有碎片化的特点。同时有三个高可得：第一，客群高可得；第二，时效高可得；第三，时长高可得。风控技术主要在设备真实和人真实两个方面引入反欺诈技术。

申万宏源证券温州营业部副总经理江衍妙首先谈到了国内及温州 P2P 行业的发展现状：根据网贷之家最新的统计数据显示，浙江省排名靠前，而温州又占了大约三分之一。其次谈及了国内及温州 P2P 行业发展的风险分析：平台缺乏规范引导，发展过于迅猛，偏离服务小微实体经济目标；出现了新一波提现困难、诈骗跑路等风险事件；存在非法集资风险，缺乏征信管理系统，网络系统安全问题频发、易发生洗钱危险、易发生非法套现危险。王衍认为，发生风险的主要原因在于：执法无主体，监管缺依据；准入无门槛，行业无标准；宣传涉违规，广告多误导；事前监管难，多为事后打击；分平台泛滥，规范难度大。最后建议：加快顶层制度建设，完善相关法律、法规；注重对金融消费者的保护，强化风险教育；畅通信息共享渠道，建立综合监管机制。

蚂蚁金服微贷事业群消费金融风险管理负责人薛凯谈及了蚂蚁金服在利用大数据人工智能方面的风险防范举措。蚂蚁金服至今成立三年时间，以支付宝起家，打造开放的计算系统，帮助信用企业实现产品的升级。其平台上的商家如果受到利益侵害，平台也将会承担责任，现在推出账户安全险，蚂蚁的安全管理体系是其企业的生命线，1500 名员工从事风险风控工作，大数据的能力和作案的创新是紧密相关的。在消费信贷领域，蚂蚁服务客户超过一亿人，所有的信用评价基于大数据完成的，也只有大数据才能完成这个体系的智能化。蚂蚁金服强调自己实际上是一家人工智能公司，希望创造开放的平台，培养大众的金融意识，利用金融和技术帮助机构开放。

西南科技大学法学院副教授廖天虎认为，P2P 借贷平台是近年来兴起的一种网络借贷服务平台，其主要表现形式从平台的具体结构模式来看有纯线上模式、线上和线下相结合模式、助学平台模式，对 P2P 平台的刑事法律风险提出了贯彻宽严相济的刑事政策,慎用刑法处置方式,完善监管制度,引导网贷平台平稳正常发展,完善金融体系,为民间金融发展提供成长空间的相应防范对策。

三、民间金融监管

金融是经济的血脉。一个人的血脉出了问题,小则重伤,大则丧命。金融乱了,整个宏观经济的运行也将发生紊乱。对于正在转型升级、结构调整的中国而言,不发生系统性金融风险,是金融工作的底线。

进入21世纪以来,中国金融业不断进行深度调整。首先金融行业内部分工不断深化。在银行、信托、券商、保险等传统金融之外出现了形式多样的互联网金融。新的金融业态在冲击传统金融的同时也挑战着陈旧的监管规则。如何找准未来民间金融监管的方向也成为学者们热议的话题。

(一)民间金融监管的重点方向

四川省高级人民法院白宗钊副院长结合法院在审理非法集资案件中的体会,谈了自己对金融监管的认识。他指出,最近几年,四川全省法院共受理非法吸收存款的案件2000多件,目前已经顺利审理1000多件,剩下400多件处理困难。2014年~2015年是四川省非法集资案件的爆发期,案件急剧增长,主要集中在成都、德阳等地,此类案件最大的困难是如何挽回参与人的资金损失。白院长介绍说,在案件审理过程中,他们分析了非法集资案件频发的原因:第一,中小企业融资和公众投资渠道不畅;第二,对民间融资的监管滞后,监管体制错位;第三,非法集资的新手段层出不穷;第四,社会公众无法分辨投资渠道是否合法。那么该如何加强对民间融资的监管?他认为:第一,明确监管主体,避免各监管部门之间相互推诿。第二,扩大合法投资的渠道,为社会闲散资金提供更多的投资渠道。第三,加强对非法集资危害的宣传工作,提高民众对非法集资犯罪的认识,强化大众对非法集资的识别能力。

成都中级人民法院副院长蒋敏介绍了如何利用大数据对集资诈骗案件进行分析。她指出,在理论方面,非法集资具有一个演进的过程。从案例层面来看,最高人民法院尚未发布非法集资的典型案例,对此,省级高院可以做一些非法集资典型案例的研究。在实践中,还有许多亟待解决的问题,如非法集资罪与非罪的界限、集资诈骗和民间借贷的界限、刑法占有还是民法占有、非法吸收公众存款与集资诈骗的区别等。蒋敏副院长认为，应该充分发挥大数据在案件研究中的作用。

成都市人民检察院副检察长苏云对新型非法集资方式——售后包租作了解读。他指出，利用售后包租变相非法吸收公众存款的案件主要有涉案金额大、收益高、处置难等特点。在司法实践中，此类案件存在的问题主要包括：缺乏明确的标准认定非法集资；一律运用刑法打击明显不当；在案件中，主张购房合同无效无法得到法院支持；售后包租类案件风险很大等。应该出台相关法律对售后包租现象予以规制，对于此类刑民交融的案件，应先刑后民，妥善处理。

成都市金融工作局金融风险稳定处李健处长指出，2017 年中央成立了国务院金融稳定发展委员会，明确提出金融稳定的理念，并将其上升到事关国家稳定的高度，第一次把稳定放在发展前面。对于地方监管机构而言，监管太严则阻碍经济发展，太松又很容易爆发金融风险，地方政府面临很大的维护金融稳定的压力。在互联网金融治理中，地方政府没有相应的执法权，需中央政府进一步授权明确职责范围。对于非法集资问题，李健处长建议：第一，引进资产管理公司，使用市场手段解决问题；第二，建立防火墙；第三，重视科技手段的运用，特别是大数据技术的运用等；第四，在处置非法集资案件时，法院执行应该前置。

在“互联网 +”背景下，如何对民间借贷进行法律规制？四川师范大学车云霞博士认为，“互联网 +”背景下，民间融资十分便捷，但同时市场风险也更加突出，应该通过建立民间借贷的市场准入法律制度，健全征信体系，完善民间借贷法律监管体系等方式，加强对“互联网 +”视野下民间借贷行业的法律规制，维护我国互联网金融消费者的合法权益。

广东启源律师事务所张振华律师指出，应该对非证券类私募投资基金实行强制托管。《证券投资基金法》对私募投资基金、非证券类投资基金未作明确规范，使得投资人权益难以得到有效保护。《证券投资基金法》对私募投资基金的“范畴”规定不明确，导致监管部门不明，国家发改委与证监会一直对私募投资基金的监管存在争议。此外，采用有限合伙制形式设立的私募投资基金在制度设计上有漏洞，特别是所募集资金未被强制托管的问题。那么该如何解决这些问题？第一，在制度上废除除外条款；第二，在托管人内部对管理人做分级预测；第三，要求管理人对投资人明确提示，是否将募集资金进行托管；第四，在基金合同中明确纠纷解决机制。

(二)民间金融的创新实践

关于民间金融的实践创新,北京金信网银金融信息服务有限公司李崇纲指出可以利用大数据检测预警金融风险,将科技手段应用于金融监管,运用监管科技提升监管有效性和投资者保护力度,同时金融科技带来金融发展的机遇与风险,实现金融创新健康发展。比较典型的一个案例是2015年北京金信网银金融信息服务有限公司检测e租宝,发现该公司有自融资、自担保的特征。接下来是HYKL扩张情况的分析,通过复杂的族谱发现7个核心企业被三个人分工控制。其核心技术是自然语言处理NLP。

金诚同达律师事务所王坤林律师根据其在实践中的经验,提到了民间金融并购的问题,对民间金融参与并购的疑难问题进行了探究:做融资公司、民营企业很难生存。小贷公司的天花板问题,使其信用无法与银行相比。关于P2P问题,王坤林律师认为,P2P本身的商业模式很难得到正常的利润,这是建立在合法合规的前提下,提出了自己的思考:第一,对投资人的教育。第二,从金融监管的角度,设立金融监管局。对民间金融执法监管局,赋予执法权,杜绝非法集资,就像遏制毒品一样,重点是在立法。第三,人工智能,投资人能不能承担负荷。投资问路,能够承受的投资金额是多少?此外,他认为需要一个使老百姓普遍使用的人工智能软件,可能会缓解非法融资的问题。关于并购的问题,王坤林律师认为,最近出现很多买方违约,其中存在很多夹层。现有问题还没有解决,又一波并购开始了。其设想在2018年会爆发因并购、房和地而导致的大问题。

成都市人民检察院检察长吕瑶则对于检察机关如何加强金融监管以推动金融创新、检察机关如何进一步发挥职能作用、服务金融改革发展发表了看法:首先,要树立正确的价值理念。要认识到,从经济社会发展大局、国家经济安全的高度,金融工作尤其是金融安全有极端重要性。习近平总书记强调,金融是核心竞争力,金融安全是国家安全的重要组成部分。另一方面,金融业存在高风险性和脆弱性的特点。金融风险可能被进一步放大,金融风险在过去大多只是局限于某地区或单位,在当前移动互联网条件下,风险可能迅速传递到其他行业和机构。在金融行业内,对金融监管有一个公式,金融创新要坚持三个有利于:有利于服务实体经济,有利于提高金融风险管控能力,有利于加强消费者保护。检察机关肩负着巨大的责任,逐步摸索两或三个标准:第一,检察机关办理金融刑事案件,符合国家产业政策导向,营造有利于发展的社会氛围,助推新经济发展。第二,符合惩治犯罪,实现包容审慎,有效平衡监管,最大限度地减少投资人损失。第三,依法开展追赃挽损、维护社会和经济稳定。

其次,检察机关要把握正确法律政策界限。检察机关要把防控金融风险作为重中之重,综合运用打击预防监督教育保护等措施,防范和化解金融风险,保障金融安全,其认为,检察机关应该在惩治犯罪和保证金融市场活力之间,寻找平衡点。一方面规范和保障金融业态健康发展,还要教育领导投资人识别金融风险的能力,理性投资。另一方面要对金融创新有容忍度,确保刑法的谦抑性。对此,主要从以下方面思考,对金融犯罪,在理念上,摒弃刑法万能主义,主动适应培育金融新业态,推动各金融业态创新,对金融新业态建立实质重于形式的思维,对新犯罪行为不盲目扩张刑事处罚范围,主动提供保障性服务,创新驱动发展战略,进一步加大保护力度。

金融业深度调整出现的问题蕴含了发生金融风险的可能。而当其遭遇到经济下行压力时,无异金融风险发生的概率进一步放大。中央一再强调"确保不发生系统性金融风险"正是基于对目前经济金融运行的准确判断。如何确保不发生系统性金融风险,保住底线?加强金融监管。而民间金融事关人民之福祉、国家经济社会之稳定,更需要围绕服务抓金融机构监管、围绕标准透明抓金融产品监管、围绕细微抓金融监管规则,多措并举,同心协力,更好地规范民间金融的发展。

金融科技监管的路径转换与中国选择*

杨　松　张永亮**

内容提要　科技创新的爆发式增长及监管环境的变化使得新兴金融科技企业利用以“数字”为核心的新技术直接为消费者和中小企业提供金融服务，开启了以数字为核心的金融科技的新革命，预示着金融业及其金融监管将迈向新的发展范式。金融科技监管应从“命令—控制型监管”（静态监管）转向“调适性监管”（动态监管），并且注重规则监管与原则监管的相机适用，同时需要更多的包容性监管和监管的国际协调。科技在金融监管中的应用须转化为有效的、具体的法律制度方能达致良治之功效，故而，金融科技监管的核心在于监管科技的法制化。监管科技不仅仅意味着是一种有效的监管工具，更是诱发监管领域范式转换的关键变量，是未来金融监管的必然发展趋势。

关键词　金融科技监管　科技大数据　动态监管

一、金融科技：以“数字”为核心的新革命

金融科技（FinTech）的基本含义是指以诸如区块链、

---

* 该文曾在《法学》2017年第8期发表，特此声明。

** 杨松，辽宁沈阳人，辽宁大学法学院院长、教授。张永亮，河南南阳人，辽宁大学法学院博士研究生，浙江农林大学法政学院副教授。

大数据、智投顾问等数字为核心的技术广泛应用于金融业之中，这些极具“破坏性”[1]和“替代性”的新技术重新定义了金融世界，使金融消费模式发生了重大改变，给金融体系带来了结构性影响，金融科技的发展态势正一日千里。全球金融科技公司的数量从2015年4月前的800多家增至2016年12月的2000多家，[2]2016年全球金融科技公司的投资达到232亿美元，而前三年这一数字分别是40.5亿美元、122亿美元和191亿美元。作为世界金融科技的领先者，2016年中国金融科技投资增长逾两倍至100亿美元，相关交易为55宗，占亚太地区金融科技投资的90%。[3] 美国商务部发布的《2016顶尖金融科技市场报告》显示，阿里巴巴、百度等中国金融科技公司的用户数量已等同甚至超越了银行业。[4]

金融科技“热潮”引起了实务界与学术界的高度关注。对金融科技的界定，国际社会尚未达成共识，各方讨论的金融科技所涵盖的范围虽不完全一致，[5]但核心要素都基本囊括“金融”“科技”“创新”“效率”等内容。究其实质，笔者认为，金融科技借助网络协议，通过软件和服务器等新技术代替传统金融服务，实现了金融服务手段和方式的创新，给金融市场带来了结构性影响，一方面优化了金融资源配置、提高了金融服务效率，另一方面尤其是对发展中国家而言，大大提升了普惠金融的发展水平。金融科技的主体既包括新兴金融科技企业，也包括传统金融机构，但以前者为主。

---

〔1〕 商业中的破坏性是指一种商业模式对旧商业模式的存在构成重大挑战，并逐步统治市场，占据大部分市场份额，最终取代现存的商业模式。

〔2〕 参见沅野：《科技驱动金融服务业重构》，载《首席财务官》2016年第8期。

〔3〕 参见 http://www.mofcom.gov.cn/article/i/jyjl/m/201703/20170302525504.shtml，2017年3月1日访问。

〔4〕 根据毕马威与投资公司 H2Ventures 的最新评选，在2016年全球金融科技百强榜单中，中国金融科技公司占据前五名中的四席，分别是蚂蚁金服（第一名）、趣店（第二名）、陆金所（第四名）和众安保险（第五名）。

〔5〕 对金融科技的定义主要有如下观点：(1)金融稳定理事会（FSB）认为，金融科技是“指技术带来的金融创新，它能创造新的产品、流程或应用或业务模式，从而对金融市场、金融机构或金融服务的提供方式产生重大影响”。(2)美国《金融科技监管框架》白皮书中使用涵盖内容最广泛的技术创新概念，包括支付、投资管理、融资、存贷款、保险、监管合规及金融服务领域的其他活动。(3)Lawrence G. Baxter 认为，金融科技是利用区块链技术、云计算、大数据、物联网、预测编码法、模型分析及其他技术平台和处理器、传输系统提供金融服务。金融科技区分为“保持类型金融科技”（sustaining FinTech）和“破坏类型金融科技”（disruptive FinTech），前者是指传统金融机构为保护其市场地位而使用的信息技术，后者则是指新兴的金融科技企业通过提供新型的金融服务和金融产品从而对传统金融梦见构成挑战。(4)陈生强认为，金融科技是“遵从金融本质，以数据为基础，以技术为手段，为金融行业服务，从而帮助金融行业提升效率、降低成本”，他认为金融科技公司主要功能是向传统金融机构提供科技类的基础设施服务。(5)巴曙松认为，金融科技是金融和科技的融合，就是把科技应用到金融领域，通过技术工具的变革推动金融体系的创新。

回溯历史,金融与科技的结缘并非偶然,也非当代所独有。实际上,金融与科技从未截然分开过,两者相互促进、相互制约。[1] Douglas W. Arner等人将金融科技的演化分为三个阶段:金融科技 1.0 时代(1866 ~ 1967年)、[2]金融科技 2.0 时代(1967 ~ 2008 年)、[3]金融科技 3.0 时代(2008 年至今)。[4] 2008 年国际金融危机之后,监管环境的变化及科技创新的爆发式增长,使得新型金融科技企业利用智能手机、云计算、人工智能等以大数据为核心的金融新技术直接为消费者和企业提供金融服务,显然"搅乱"甚至"颠覆"了传统金融的生态格局。[5] 此次金融危机是金融科技跃向新阶段的分水岭,孕育了金融科技发展的土壤,开启了以数字为核心的金融科技新时代,也标志着金融业及其金融监管迈向了新的发展范式。

(一)金融科技与互联网金融

认识金融科技,有必要先从厘清与互联网金融的联系与区别入手。目前对两者存在截然相反的两种言说:一是"同质论";二是"异质论"。持"同质论"者认为,互联网金融与金融科技有着相同的本质和核心,皆为利用技术驱动金融创新,由此提高效率并降低成本;[6]金融科技公司只是互联网金融公司的一个"新马甲"。FinTech 源于 20 世纪 90 年代的美国,是一个针对机构的概念,即 B2B、B2C 概念,如 IBM 这类企业为金融机构提供技术支持;

[1] 金融科技起始于 15 世纪的简单分类记账法。以此为基础,从 1860 年电报的发明到一个世纪后分类记账的数字化,一系列的科技创新行为缔造了现代金融支付体系和清算体系的基础。1960 年 ATM 机的发明和 20 世纪 80 年代网上银行和经纪业务的诞生、新世纪开始的移动银行业务,这些科技创新行为均极大地推动了金融业的进步。See MarkCarney, *The Promise of FinTech – Something New Under the Sun*? Accessed May 31,2017. http://www. bankofengland. co. uk/speeches.

[2] 19 世纪晚期,金融与科技的相互结合引致了第一次金融全球化。此时,电报、铁路、船舶、蒸汽机等科技的进步促进了国与国之间的金融联系,金融信息、金融交易和金融支付以更快的速度在全球开展。同时,金融业也为科技的进步提供了必要的资源。此一阶段,尽管金融业与科技联系紧密,但从公众的视角看,它仍然是模拟(类)工业,故可将其概括为金融科技 1.0 时代。

[3] 1967 年计算机和 ATM 的发明开启了金融科技的 2.0 时代。通讯和交易处理程序的日益数字化已将金融从类工业转型为数字化行业。20 世纪 80 年代中后期,发达国家的金融业不仅高度国际化而且数字化。此一阶段,金融科技由以银行为代表的传统金融机构所主导,故此阶段可称之为金融科技的 2.0 时代。

[4] See DouglasW. Arner, JanosBarberis, Ross P. Buckley, "The Evolution of Fintech: A New Post-Crisis Paradigm?" *Georgetown Journal of International Law*, 2016, 47(4), pp. 1271 – 1320.

[5] 马云在 2017 年 4 月 2 日中国(深圳)IT 领袖峰会上发言谈及,第一次技术革命的能源是煤,第二次技术革命的能源是石油,第三次技术革命的主要能源是数据,所有的业务必须数据化,所有的数据必须面对业务。

[6] 参见叶纯青:《FinTech 与互联网金融》,载《金融科技时代》2016 年第 8 期。

而中国本土发明的“互联网金融”是一个针对老百姓的概念，即B2C的概念，如其典型代表余额宝。对比国内外对两者的定义，本质上是一回事。[1]持“异质论”者认为，互联网金融与金融科技本质区别，不仅是文字表述之不同。金融科技为互联网金融的较成熟阶段，它利用的技术、解决的问题都较互联网金融要更深入一个层次，不可忽视这种循序渐进的提升。金融科技的范畴除互联网技术之外，更强调在金融体系中融入更多的现代科技元素，提倡利用大数据、区块链等互联网创新技术进行风险控制和平台管理。[2]金融科技除了需要运用传统的互联网技术之外，还包括大数据、移动计算、量化模型、云服务、分布计算、人工智能、机器学习、生物识别、区块链等技术要素。[3] 金融科技通过“提供技术使金融服务更有效率”的内涵更加广泛，涵盖了互联网金融“利用互联网和信息通信技术实现资金融通、支付、投资和信息中介服务”的概念。[4] 较之于互联网金融，金融科技不只局限于互联网技术，在业务上，其更多聚焦于中后台业务，包括记账、清算、客户画像、资产定价、风险管理，甚至数字货币发行，直达金融的心脏。简言之，互联网金融可视为金融科技的基础版，金融科技则是升级版。金融科技有望推动金融业的整体代际跃迁，而不仅是个别服务的模式创新。在中国，金融科技是互联网金融发展遭遇瓶颈后对自身突围的一次新探索。[5] 结合上述两个言说，可以发现金融科技与互联网金融的内容既在一定程度上有相通之处，如基本上都包括移动支付、P2P网贷、网上众筹、网上理财等，但区别亦十分显著。首先，从词源上看，互联网金融的概念兴起于中国，而金融科技是西方国家惯用的概念。其次，从技术元素上看，互联网也是一种技术，“互联网＋金融”属于互联网技术在金融业的运用，而金融科技除了运用互联网技术之外，还包括其他技术元素，如人工智能、区块链、生物认证等，这些技术元素对金融业的影响更加深刻、更为久远。最后，从业务范围上看，金融科技不仅涉及支付、借贷、投资等互联网金融业务，其更多地聚焦于中后台业务，如记账、清算、风险管理等，甚至数字货币发行。由此可见，互联网金融

---

〔1〕 参见叶大清：《中小型金融机构是互联网金融的创新的主体》，载《银行家》2016年第8期。

〔2〕 参见吴益强：《金融科技的本质与金融业的创新发展》，载《国际金融报》2016年8月8日，第14版。

〔3〕 参见符威、赵晓星：《金融科技正在全面渗透传统金融》，载《21世纪经济报道》2016年12月26日，第33版。

〔4〕 参见蔡浩：《当金融科技遇到泡沫》，载FT中文网：http://www.ftchinese.com/story/001068237?print=y，2017年5月30日访问。

〔5〕 参见李新彬：《对金融科技是否具有颠覆性的探讨》，载《金融时报》2017年1月23日，第9版。

是金融科技发展过程中的一个阶段、一个分支、一个组成部分,隶属于金融科技。

(二)金融科技对传统金融监管体制带来重大挑战

一方面,科技“改变”了金融生态,将对传统金融机构起到潜在的“替代”效应;另一方面,科技可能会颠覆传统金融立法方式。基于大数据和智能算法的人工智能可以让立法机关更好地预测人类行为及其后果,并根据特定情形、特定地域和特定对象自动化地制定细致、精准的法律适用规则,甚至能够一事一议。传统上以典型类型、普遍状态和静态经验为基础的立法,以及由此导致的规范不确定性和立法滞后性将不复存在,司法机关的事后介入和作为办案依据的司法解释也将不像以往成为当事方寻求救济的最重要途径。[1]

1. 金融科技企业对当下金融法制的挑战

现行金融法制对金融科技所带来的“变化”明显“水土不服”。对于新兴金融科技企业的法律地位如何界定、该适用何种法律,金融科技企业提供的金融服务中哪些与传统金融机构在功能上相似、又有哪些不同,对于金融科技公司提供的金融服务应适用哪些法律、依据何种程序,这些问题的法律适用面临重大挑战。

2. 金融科技企业“混业化”对机构监管模式的挑战

我国金融监管模式传统上属于机构监管(分业监管),但金融科技的快速发展,使金融科技公司成为新型金融服务主体,其业务范围逐渐渗透到传统金融的各领域,混业经营特征尤为显著。蚂蚁金服、京东金融、陆金所、百度金融、PINTEC 品钛、人人友信、宜信等都是提供综合金融服务的金融科技公司,这些变化对机构监管模式构成重大挑战。

3. 金融科技企业“技术化”对监管方式的挑战

新型金融科技企业利用互联网、大数据、云计算、区块链等新兴技术为消费者提供金融服务,“技术化”是其区别于传统金融机构的显著特征,也因此,其服务效率明显优于传统金融机构。然而,技术的参与令风险更加分散,也更具有系统性和传染性,增加了监管空白和监管套利的可能性,给金

---

〔1〕 参见许可:《人工智能如何变革法律?》,载 FT 中文网:http://www.ftchinese.com/story/001072412?full=y,2017 年 5 月 6 日访问。

融监管和宏观经济带来新的挑战,如分步式技术会加剧风险的传染,智能化将导致对于人的监管、对机构的监管转化为对技术的监管等。消费者面临个人信息泄露、潜在远程电子欺诈的风险,金融科技公司并未纳入安全网的防护(如存款保险制度)。金融科技还会产生操作风险、系统失灵风险、网络风险、黑客攻击风险等。英格兰银行行长 Mark Carney 指出,政策制定者为了保持金融稳定,应对金融科技的风险进行细致管理。[1] 因此,政府部门应该采取更审慎的标准、更规范的管理工具、更技术化的监管措施进行监管。

二、金融科技监管原则与理念的转变

(一)金融科技的健康发展需要金融监管

科技创新不断改变着金融服务的渠道与形态,但这并未改变其背后的风险逻辑。面对日益更新的金融科技,金融监管陷入如下的两难境地:一方面,天生具有创新基因的金融科技无疑有助于实现金融民主化和普惠金融理想,在其发展初期最需要政策扶持;另一方面,科技与金融的整合,具有更强、更广泛和更快的破坏性,其对金融体系的冲击所带来的后果难以预测,因此更加需要规范和引导。频发的安全问题与监管难题令许多潜在投资者心怀疑虑、望而却步。技术创新不是免除监管的"免死金牌",金融科技也绝非监管的"法外之地"。金融科技的快速发展引发了各国监管部门的高度重视,监管部门正在评估如何用最好的监管办法来支持金融科技行业的发展,从而确保金融稳定、保护消费者权益并激活市场创新。挑战在于如何构建一个既具有灵活性、前瞻性以促进金融创新,又能确保市场稳定、维护消费者权益、激励投资者信心的监管框架。

2008 年国际金融危机之后,再次引发了关于市场与监管之间的巨大争议。一种观点认为,一方面应强化对单个金融机构的市场行为监管和审慎监管,另一方面应注重金融的总体稳健监管;[2] 另一种观点认为,应继续去监管化,政府的错误干预是引发金融危机的根本原因。监管在很多领域是无效的,导致监管窒息(压制)。然而,只有最极端的市场支持论者认为政府

---

[1] See Mark Carney, "The Promise of FinTech – Something New Under the Sun"? Accessed May 31, 2017. http://www.bankofengland.co.uk/speeches.

[2] See Davis Polk&Ward well LLP, "Dodd-Frank Progress Report (2016)", Accessed May 31, 2017. https://www.davispolk.com/publications/dodd-frank-progress-report-six-year-anniversary.

监管无任何积极作用,倘若无一定程度的政府监管,金融市场不可能自发有效地运转,其关键在于如何拿捏监管的“度”,以最小的监管“成本”实现最大的监管收益并达致有效监管。监管者及强化监管的支持者指出,为了使监管工作更好地开展,监管主体需要更多的监管资源。例如,对于美国众多中小银行而言,更为棘手的问题是,它们缺乏足够的资源去开发和维护依据《多德—弗兰克华尔街改革和个人消费者保护法案》(Dodd-Frank Wall Street Reform and Consumer Protection Act,以下简称《多德—弗兰克法案》)所要求的合规平台,此举对于中小银行是一笔不菲的开支。对于金融科技公司应适用何种法律和程序并未有统一的答案,解决之道在于设计一个可兼顾金融科技行业、消费者与监管主体的监管对策,有利于保护消费者权益和实现金融稳定。[1]

(二)从“命令—控制型监管”(静态监管)转向“调适性监管”(动态监管)

信息不对称、代理人问题、道德风险等会导致市场失灵。监管同样会出现失灵,如监管俘获、资源不足、目标冲突,特别是政策性目标,均会导致监管无效。当前的监管模式依然是静态监管,各种规制或罚款依然是“命令—控制”(command-and-control)型的规制方式。此种规制方式需要事先制定行为规则,要求监管对象遵从这些规则。当金融机构违法时,监管者就会发出监管指令,轻则警告,重则彻底查封。此种模式似乎是监管法治的理想模式,监管者知道他们应在何时该采取温和的或严厉的监管行动。然而,事实并非如此。因为,金融市场是高度动态的、易变的和自我调整的,事先制定的规则可能滞后于社会的发展,不仅起不到规制作用,有时甚至会起到副作用,针对一个问题的规则往往会产生更多新问题。目标监管往往导致自我挫败,因为理性的市场参与者会灵活地依据新目标创造的“确定性”迅速调整自己的行为模式,从而使其行为符合监管目标。

现代金融监管的困境亟需探寻新的监管路径,要充分认识到金融市场是一个复杂、多层次、不断演变的市场。以此为视角,命令—控制型监管规则只为金融监管提供了“框架”,监管者需要更多的监管自由裁量权。同样重要的是,监管者需要与市场主体一样,时刻关注市场的变化,拥抱金融科

〔1〕 See Douglas W. Arner, Janos Barberis, Ross P. Buckley, “The Evolution of Fintech: A New Post-Crisis Paradigm?” *Georgetown Journal of International Law*, 2016, 47(4), pp. 1271 - 1320.

技,用技术武装监管基础设施,监管思维须从“命令—控制型监管”转向“调适性监管”,应将监管的重点置于调适性监管,这是与“命令—控制型监管”相左的监管模式。同时,应根据企业的风险水平实施多方法、分层式监管,而风险水平往往与企业的规模相关。金融科技在过去十年快速发展的同时带来了巨大的挑战(特别是在亚洲和非洲),在很短的时间内,金融科技企业已从当初“太小不必理会”(too small to care)变为“太大而不能倒”(too big to fail)。正因为如此,引发了中国对金融科技企业监管方法的重新认识,这也证实了监管者确有必要监控金融业的最新发展态势,以便能够更好地理解金融业发生了什么,其有何意义。

(三)规则监管与原则监管的相机适用

对新兴金融科技企业施加严格的监管无助于其集中精力开拓创新。在企业发展早期阶段,因为金融初创企业资源有限,都会尽量节约开支,将资源重点置于金融创新。因此,对其适用宽松和灵活的监管政策比较好,这就是“原则监管”模式。原则监管的重心在于从宏观层面把握监管的基本原则和理念,尽最大可能地为其营造创新环境、搭建平台,做好后勤保障,不太注重具体的微观层面的监管规则和程序,令监管对象在监管框架内享有更多的自由空间。以美国 CFTC 为例,它充分意识到金融科技时代的金融监管必须适应技术驱动型金融市场的需求,CFTC 特别强调原则性监管方法的适用。全球的监管者亦应加强监管合作,对金融科技的监管要创新适用原则监管方法,采用试验性和灵活的监管方法。原则监管与规则监管不同,后者具有明确的监管规则和程序,这对金融初创企业而言合规成本极大,耗费其大量的资源用在监管上,不利于其业务的创新发展。

应该看到,原则监管与规则监管各有利弊,各有其适用的领域,并产生相应的激励机制。对于原则监管而言,一方面具有足够的灵活性,但其内容又具有不确定性,可能会令监管对象无所适从,另一方面又为受监管对象提供了生存和成长的空间,有利于其发展壮大;对于规则监管而言,监管对象的行为模式明确而清晰,哪些行为该为、哪些不该为均是确定无疑的,但是缺乏激励机制,限制了监管对象的创新行为。

传统金融机构和新兴金融科技企业如何灵活有效地适用规则监管和原则监管?解决之策在于:跳出“要么这样、要么那样”的绝对理念,规则监管与原则监管并非相互排斥、不能包容。监管对象应遵守的监管义务并非一成不变,需依据其规模大小、从事业务种类的变化而变化。譬如,原则监管对于初创企业早期发展具有灵活性优势,有助于其业务模式的开拓和创新,但此种监管模式却限制了其业务的可预知性,而投资者基于风险的考量,期望监管者能够提供清晰和明确的监管规则。因此,对金融初创企业而言,为了吸引更多的投资者,需要在法律的可预知与规则监管的高成本之间作出衡量和选择。随着初创企业的成熟,有更多的金融资源可供支配,其接受监管的能力也会随之成熟。规则监管的高成本和复杂性不管是对公司还是投资者而言,都具有优势,其实,规则监管对于新竞争者进入某行业是一种门槛,无形中阻止了新竞争者的加入,从而对现存企业形成竞争红利。[1]

(四)金融科技需要更多的包容性监管

包容性监管作为一种监管理念,其核心在于"宽容"和"接纳"。一方面,监管者对金融科技创新要持鼓励和开放的态度,给予创新一定的试错空间,包容科技创新过程中出现的过错;另一方面,这种宽容和接纳决不意味着对金融科技创新风险的放纵,不是放任自流,而是监管手段和工具的多样化和多元化,特别是金融消费者利益的保护始终是监管的宗旨和核心价值。其实,监管者对每一项金融科技创新事无巨细地实施监管,不仅大量耗费监管资源,还可能出现监管失灵,最终导致监管无效和浪费。理由如下:(1)科技创新成果最终价值的确认和推广需要时间检验,正式监管介入之前创新工具的运用由市场决定。(2)成熟的技术也并不意味它将会被广泛采用。(3)监管可能会影响市场创新或技术标准的设定。在多数情况下,监管者应保持对科技运用的中立,重点关注科技运用的后果。监管主体采取观望的态度有利于其充分了解市场是否接受该技术,利用历史数据信息观察科技所产生的风险,以便制定更具针对性的监管措施。当下,国际社会对金融科技实施统一监管标准的时代尚未到来,仍需在监管措施和监管科技建设方面作出更多的探索和创新。因此,对金融科技企业应秉持包容性监管的态度。

2015年7月18日中国人民银行等十部委联合发布的《关于促进互联网金融健康发展的指导意见》(以下简称《指导意见》)是我国互联网金融发展的第一个官方纲领性文件,为互联网金融业态的发展奠定了主基调,即"鼓

---

〔1〕 See Douglas W. Arner, Janos Barberis, Ross P. Buckley, "The Evolution of Fintech: A New Post-Crisis Paradigm?" *Georgetown Journal of International Law*, 2016, 47(4), pp. 1271 – 1320.

励创新,支持互联网金融稳步发展”,提出“要制定适度宽松的监管政策,为互联网金融创新留有余地和空间”,遵循“依法监管、适度监管、分类监管、协同监管、创新监管”的原则。英国2011年4月提出将Fintech作为国家发展战略,2014年又宣布“将英国打造成为全球金融科技之都”的战略愿景,政府专设创新项目(project innovate)并增设创新中心(innovation hub)支持Fintech发展。为激发金融创新,2015年英国金融行为监管局(FCA)推出“沙箱监管”制度,[1]为进入“沙箱”的企业提供灵活的监管制度,以支持它们的金融创新。

(五)金融科技监管需要国际协调

各国金融科技监管的趋势有很大不同,就目前来看,主要有三种监管模式:以美国为代表的限制型监管(restricted regulation)、以中国为代表的被动型监管(passive regulation)和以英国、新加坡为代表的主动型监管(active regulation)。[2] 从全球金融科技的监管现状看,各国监管措施各异,缺乏统一的标准和框架。[3] 当前,金融科技大部分处于监管的灰色地带,金融科技企业经营一些银行业所从事的业务,却并未受到同样的监管。各国监管当局比较担心的问题在于监管套利,因为许多金融科技产品是数字化的,极易出现跨国流动,因此,开展国际层面的监管合作确有必要。[4] 在国际层面,国际组织已开始着手调研,并推出了初步的评估框架。2016年3月16日,金融稳定理事会(FSB)在日本召开第十六届全会,首次正式讨论了金融科技的系统性风险与全球监管问题,标志着金融科技的监管正式迈入全球协调协作的新阶段。此次金融稳定事理会全会审议了题为“金融科技的全景描绘与分析框架”的报告,初步评估了各主要类别金融科技的微观与宏观影响,认为从金融稳定的角度出发,需要各国监管者之间协调一致共同应对。因此,FSB要求各监管机构既要积极监测国内金融科技的发展,也要与国际

---

[1] “沙箱监管”是指允许企业在一个安全的环境中进行产品、服务、商业模式和通道机制等领域的创新,并不会因该创新立即招致不利的监管后果。英国FCA已经为“沙箱监管”制度的运营建立了一个实施框架,目标在于:(1)以较低的成本缩短金融产品或服务的上市时间。(2)提高金融服务的可得性。(3)激励更多的金融创新产品走向市场。该制度被英联邦国家纷纷效仿。

[2] 参见蔡凯龙:《全球FinTech的3种监管模式》,引自“互联网金融”微信公众号,2017年3月3日。

[3] 参见廖岷:《全球金融科技监管的现状与未来走向》,载《新金融》2016年第10期。

[4] See Aditya Narain, “New financial technologies hold both promise and pitfalls”, *Finance & Development*, September 2016, pp. 20 – 21.

组织和制定国际规则的机构在业务监测、风险分析和共同应对等方面展开合作。目前,FSB 正在考虑这种新金融科技对金融稳定的影响,评估现行监管体制对其风险的防控程度,将在 2017 年 7 月 G20 峰会上报告金融科技的发展状况。2017 年 3 月 15 日,国际货币基金组织(IMF)执行董事拉加德(christine lagarde)宣布成立金融科技高级咨询小组。该工作组将与国际货币基金组织中的财政和技术部门展开密切合作,深入研究经济和监管因素对于金融科技领域发展的重要影响。咨询小组由众多金融科技领域的尖端人才组成,小组将通过发表提案的方式,帮助国际货币基金组织深入了解金融科技领域的发展状况。[1]

三、金融科技监管的核心:监管科技(RegTech)

(一)监管科技是未来金融监管的必然走向

监管科技(RegTech)是监管(regulatory)与科技(technology)的缩写,是信息科技在监管领域的运用。换言之,监管科技即监管过程的科技化。根据 FCA 的界定,监管科技是金融科技的组成部分,其核心在于科技令监管更为便利、更为有效,极大地提升了监管能力。此一评判虽富有实际意义,但视角过于狭窄。Douglas W. Arner 等学者并不同意这种观点,[2] 他们认为,监管科技不属于金融科技的分支,监管科技不仅仅意味着是一种有效的监管工具,更是诱发监管领域范式转换的关键变量。整体而言,监管科技代表着未来金融监管的逻辑演进趋势,是支撑整个金融业发展的坚实基础。随着人类金融监管体制的发展,监管技术是主要的,监管体制并不重要。[3] 监管机构应树立技术驱动型监管思维,在行业内业已成熟的大数据和云计算

---

〔1〕 该金融科技高级咨询小组的成员包括:Circle 首席执行官 Jeremy Allaire、蚂蚁金融服务首席战略官陈龙博士、BBVA 金融监管首席经济学家 Santiago Fernandezde Lis、DTCC 总经理兼首席信息官 Robert Garrison、Ripple 执行主席 Chris Larsen、Chain 首席执行官 Adam Ludwin、Digital Asset 首席执行官 Blythe Masters、澳大利亚证券与投资委员会主席 Greg Medcraft、麻省理工斯隆学院 Robert Merton 教授、哈佛伯克曼克莱因中心研究员 Patrick Murck、Cooley 律师事务所合伙人 Marco Santori、Northbird Passage Ventures 首席执行官 Alex Tapscott、加拿大银行高级副行长 Carolyn Wilkins 和 Kount 首席执行官 Bradley J. Wiskirchen。

〔2〕 See DouglasW. Arner, JànosN. Barberis&RossP. Buckley, "FinTech, RegTech and the Reconceptualization of-FinancialRegulation", *Northwestern Journal of International Law& Business*, 2017, 37(3), pp. 371 – 414.

〔3〕 参见谢平:《人工智能与金融监管》,2017 年 3 月 24 日在中国金融学会学术年会暨中国金融论坛年会论坛中的主旨演讲。

技术上建立实时、动态的监管系统。[1] 创新金融科技的监管机制,引入“沙箱监管”制度,运用监管科技,提升监管水平。

2008 年国际金融危机后,监管标准大幅提高。为寻求降低合规成本的方法,发达国家大型金融机构大量采用新技术以应对监管之需。数据科学的发展,比如人工智能和深度学习,使非结构化的数据结构化;[2] 市场规模不断扩张和金融跨境市场的不断发展对监管者的监管能力提出了严峻的挑战,监管主体需要利用科技手段提升监管能力。特别是在发展中国家,监管者面临金融科技和新兴金融科技企业快速发展的挑战,如何平衡金融创新和风险防控进而确保金融稳定是监管者面临的长期挑战。在此背景之下,监管机构努力改进监管工具以提高监管效率,有效实现市场竞争、金融稳定和市场一体化等监管目标。未来监管者寻求提高监管能力将是监管科技发展的下一轮驱动力量。

由于金融市场的高流动性和自我调节性、监管资源的有限性,监管者完全依靠人力资源履行风险评估似乎不太现实。尽管依据监管自由裁量权所形成的判断非常重要,但此判断的形成高度依赖数据,需要对数据进行跟踪、搜集、推理,并需借助自动化的技术对数据进行分析和推理。唯有如此,监管者方能将其专业知识、经验运用于具体监管行动中去。监管科技业已在监管实践中开始运用。如美国财政部每天对上百万份货币交易报告的监管是以自动化监控为基础的。市场行为和审慎监管者利用自动化技术监管高频交易。巴塞尔协议Ⅱ和巴塞尔协议Ⅲ支柱 2 的风险管理框架是在监管领域的应用。

科技在监管与合规领域的运用卓有成效地降低了传统金融机构和新兴金融科技企业的合规成本。[3] 监管科技实现了持续监管的理想,降低了金融机构的资本要求,缩短了调查违规企业时间,大幅提升了监管效率。[4] 不

---

〔1〕 参见杨东:《互联网金融治理新思维》,载《中国金融》2016 年第 23 期。

〔2〕 包括密码技术、数据挖掘方法、机器学习、区块链技术、机器人与视觉分析等在内的新技术提高了数据分析能力和管理水平。

〔3〕 See Adrian Shedden, Gareth Malna, “Supporting the Development and Adoption of RegTech: No Better Time for a Call for Input”, *BURGESSALMON*2 (Jan. 2016), Accessed May 31, 2017. https://www.burges-salmon.com/-/media/files/publications/openaccess/supporting_the_development_and_adoption_of_regtech_no_better_time_for_a_call_for_input.pdf.

〔4〕 See Lawrence G. Baxter, “Adaptive Financial Regulation and Regtech: A Concept Articleon Realistic Protection for Victims of Bank Failures”, *Cornell Journal of Law and Public Policy*, 2011, 21(1), pp. 175 – 200.

仅如此,监管科技借助实时监控可以了解整个国家和全球金融市场的运行状况,提前识别风险并采取行动,居安思危,未雨绸缪,有备无患。"从合规角度来看,金融机构采取对接和系统嵌套的方式,将规章制度、监管政策和合规要求翻译成数字协议,以自动化的方式减少人工的操作风险,更加高效、便捷、准确地操作和执行,有效地降低合规成本"。[1] 故此,监管科技对金融业和金融监管将是一个方法论意义上的深刻转型。

(二)金融监管框架重构的核心:监管科技的法制化

科技在监管中的应用须转化为具体、有效的法律制度方能达致良治之功效。随着金融科技发展,货币数字化走向数据货币化,以往金融监管框架中未能涉及的内容,诸如数字主权、算法监管等内容,[2] 必将纳入金融监管框架之中。金融科技的可持续发展离不开监管科技的法制化。

1. 优化金融基础设施以充分激活金融市场的功能

金融市场的发展离不开金融基础设施的支持和保障,而科技对于金融基础设施进步和优化起着关键的作用。以 SWIFT 为例,[3] 它正在致力于通过结构的改进以完善全球支付系统。从技术层面来讲,区块链技术具备在未来将取代 19 世纪所创立的清算和结算方法。一些大型金融机构正在研发基于区块链技术的外汇交易清算和结算系统。总体而言,区块链技术在各领域的运用都需要监管者与金融机构的紧密合作,这样才能确保成功,从而有利于提升金融市场功能的发挥,并极大地降低成本。

在发展中国家,印度栈(India Stack)为印度金融科技的转型提供了坚实的基础和保障,极大地提高了金融业的服务效率,令更多人获得金融服务,同时令金融市场更加开放,激活市场竞争,使更多的企业、科技初创企业和 IT 企业、商务企业参与进来。该思想来自于印度一个 IT 团队,涉及四个层

〔1〕 参见李伟:《金融科技该如何监管》,引自"互联网金融"微信公众号,2017 年 4 月 9 日。

〔2〕 See Douglas W. Arner, Jànos N. Barberis&RossP. Buckley, "FinTech, RegTech and the Reconceptualization of-Financial Regulation", *Northwestern Journal of International Law& Business*, 2017, 37(3), pp. 371 – 414.

〔3〕 SWIFT 即环球同业银行金融电讯协会,成立于 1973 年,是一个国际银行间非盈利性的国际合作组织,总部设在比利时的布鲁塞尔,同时在荷兰阿姆斯特丹和美国纽约分别设立交换中心(Swifting Center)并为各参加国开设集线中心(National Concentration),为国际金融业务提供快捷、准确、优良的服务。SWIFT 运营着世界级的金融电文网络,银行和其他金融机构通过它与同业交换电文(Message)来完成金融交易。除此之外,SWIFT 还向金融机构销售软件和服务,其中大部分的用户都在使用 SWIFT 网络。目前全球大多数国家大多数银行已使用 SWIFT 系统。SWIFT 的使用,为银行的结算提供了安全、可靠、快捷、标准化、自动化的通讯业务,从而大大提高了银行的结算速度。

次，并得到了印度政府和印度中央银行（Reserve Bank of India，RBI）的支持。第一层次是国家生物识别系统。身份识别是金融业的准入基础，也是所有金融从业者面临的重大挑战。在印度，解决此问题是通过创建基于十个指纹和两个视网膜扫描的国家生物识别卡。自2010年以来，已经发放了超过100多万张这样的ID。第二层次是建立银行账户，用来作为国家支付诸如退休金、健康及其他福利支出及转移。至今，已开立了超过2亿个银行账户，极大地扩展了金融服务的可得性。第三层次是通用支付API，可使任何人通过由RBI支持的系统进行支付。第四层次是涉及一系列电子化的KYC（Know-Your-Customer，KYC）行动项目，允许个人保有自己的金融业务的活动细节，并将其提供给金融机构和其他相关部门以满足其KYC要求。[1] 上述举措为印度金融业的转型提供了坚实的基础。

2. 数据驱动型监管科技的制度内容

第一，模拟监管政策的应用制度。新兴技术，比如基于个体模型（agent-based modelling）的测试可以用来模拟新政策在正式立法之前可能产生的影响及其对当前监管政策的实际影响，如是否存在监管冲突、是否符合国家的监管目标、是否符合金融发展实践等。自美国里根政府以来，监管效果的经济分析向来是一个重要的政策工具，并日益被其他国家所采用，包括欧盟和国际组织，诸如FSB、BIS、BCBS。为了制定良好的监管政策，监管部门须具备政策模拟效果的经济分析能力。美国SEC经济风险分析办公室（Department of Economic Risk Analysis）即是一个典型例子。第二，统一合规报告标准制度。在多个司法管辖区发展共同合规标签和报告标准，就可以在重叠的司法管辖区监管者之间实现强制性信息的共享，从而有利于降低金融机构合规报告所面临的挑战性，为宏观审慎政策分析提供更好的数据。主要的国际组织诸如G-20、FSB、IMF也曾专门就数据鸿沟问题发起过专门的讨论。第三，开发系统性风险评估工具制度。监管部门应鼓励学术界研发一系列用于风险评估的数字技术作为监管者重要的监管工具。尽管该过程还处于早期阶段，但是，一些国家中央银行与学术界之间合作的日渐增多，未来可产生更多的有实践价值的系统风险分析工具。第四，监管协调制度。国家间金融监控系统的协调制度的构建无论对谁都是大有裨益

---

〔1〕 See Douglas W. Arner，Jànos N. Barberis& RossP. Buckley，"FinTech，RegTech and the Reconceptualization of-Financial Regulation"，*Northwestern Journal of International Law& Business*，2017，37（3），pp. 371－414.

的。当前金融机构面临着不同国家不同的监管要求,即使在一国内部,金融机构也面临着不同监管主体不同的监管要求。标准化的、协调的合规报告对金融机构和监管者都是有利的。这种做法已经被 FSB、IMF、G20 所倡议和支持。当下,国际 OTC 衍生品交易报告与信息共享的努力正在进行中。然而,真正的挑战依然在于执行环节。第五,统一合规工具。由于合规正变得越来越具有分析性,监管机构可能会鼓励开发一套开放源代码(open-source)的合规工具,这将为金融科技的发展提供契机,从而有利于新兴金融科技公司的发展。[1]

(三)监管科技无法取代人工判断

自动化不仅为有效监管提供了解决方案,也给金融监管带来了巨大的挑战。一方面监管主体需要监管自由裁量权,另一方面这种自由裁量的判断必须依赖更加多样的、复杂的数据信息,并进行数据跟踪和推理,这就必须借助科技的力量,使监管者能依据其专业知识作出更有效的监管判断。[2]

但是,监管科技终究无法取代监管自由裁量,监管者基于经验和市场整体判断的监管决策依然起着关键作用。监管科技无法取代人力依据市场变化作出的监管模式调整,它离不开对自动通知、修复算法出现异常之时的人工调整。因此,高水平的人力监管者依然是必需的。例如,数据可能产生金融行为发生偏离正常轨道的信号,但是,某种特定的趋势是否需要给予特别关注,是否需要监管干预,仍需由监管自由裁量权决定。宏观审慎和公共政策目标决定了监管者是否有必要采取监管行动,它必须超越个别金融机构个体利益的束缚。监管者需要模型和算法,但是,其所需要的模型与算法不应与银行所开发和使用的完全相同,因为监管者与银行风险管理的服务目标截然不同。前者具有公共利益目的,后者则是为了实现银行利益的最大化。监管者所设定的算法规定必然包含一定的政策选择和法律有效性问题。监管者必须证明其系统是可靠的,保持对该系统的自由裁量是其法律权力范围之内的事情。总之,监管者将继续发挥至关重要的作用,他们只是比目前更多地依靠自动化。

---

〔1〕 See Douglas W. Arner, Janos Barberis, Ross P. Buckley, "The Evolution of Fintech: A New Post-Crisis Paradigm?" *Georgetown Journal of International Law*, 2016, 47(4), pp. 1271 – 1320.

〔2〕 See Lawrence G. Baxter, "Adaptive Financial Regulation and Regtech: A Concept Articleon Realistic Protection for-Victims of Bank Failures", *Cornell Journal of Law and Public Policy*, 2011, 21(1), pp. 175 – 200.

四、中国金融科技监管的路径选择

近年来,以BAT为代表的金融科技企业在中国异军突起、成就显著。中国金融科技的应用场域主要体现在网络借贷、股权众筹、互联网支付、互联网理财等领域,未来仍需通过提升技术品质,提高金融服务效率,达致普惠金融之目标。2015年之前,中国基本上对金融科技采取包容和宽松的监管政策。直至2015年7月中国人民银行等十部委发布《指导意见》对互联网金融发展提出了原则性的监管意见,这是我国互联网金融发展的第一个官方纲领性文件,成为我国金融科技监管立法的开始。在支付领域,中国人民银行早在2010年就开始对互联网支付行为加强监管,出台了一系列监管法规,[1]2015年12月28日,中国人民银行发布《非银行支付机构网络支付业务管理办法》明确了互联网支付机构的定位。在网络借贷领域,2016年8月24日,中国银监会等四部委发布《网络借贷信息中介机构业务活动管理暂行办法》,使P2P网络借贷有了法律依据。在互联网众筹领域,法律法规仍处于空白状态。由于缺乏系统的监管法规,一些互联网金融机构偏离正确的创新方向,打着互联网金融的旗号行欺骗之实,"伪创新"扰乱了市场秩序,产生了"劣币驱逐良币"效应,损害了金融消费者的利益。基于此,2016年10月13日国务院发布《互联网金融风险专项整治工作实施方案》,中国银监会、中国证监会、中国保监会、国家工商行政管理总局也分别出台了相应的具体整治方案。

由于金融科技是新生的金融业态,尚未有固化的经营模式、成熟的规制机制与监管体制。我国当下与互联网金融有关的法律制度与监管构架均存有不足,监管法规的前瞻性、有效性不足,欠缺技术支撑,致使监管实效大打折扣;监管沟通协调机构不畅,监管成本高昂,监管套利盛行。故而,一方面,需反思现行监管困局,吸取教训;另一方面,需紧跟世界金融科技监管走向,借鉴国外有益的监管经验和做法,结合中国金融科技发展现实,革故鼎新,构建符合中国实际的金融科技监管框架。中国金融科技之实践,无论规

---

〔1〕 中国人民银行发布的与互联网支付有关的监管法规主要有:2010年6月发布《非金融机构支付服务管理办法》、2010年12月发布《非金融机构支付服务管理办法实施细则》、2013年6月发布《支付机构客户备付金存管办法》、2012年4月发布《支付机构反洗钱和反恐怖融资管理办法》、2014年10月国家外汇管理局发布《支付机构跨境电子商务外汇支付业务试点指导意见》、2014年8月发布《关于加强商业银行与第三方支付机构合作业务管理的通知》等。

模、技术水平抑或影响力均处于世界前端,监管层及学术界理应为世界贡献金融科技监管的中国经验与制度方案。

第一,亟待厘定与金融科技相关基本范畴的概念和内涵。学者对于金融科技与互联网金融、金融科技与科技金融、新兴金融科技企业与传统金融机构、金融科技与监管科技等概念的内涵及区别并未取得一致意见。对上述概念给予澄清和界定关乎社会利益的分配,有利于深刻地认识金融科技的风险,如何配置风险,并决定了对风险应采取怎样的法律制度应对。但是,基于金融科技"技术"的不完备性及人类认识的局限性,对其基本范畴、发展模式等研究急需深入。特别是金融科技与互联网金融存在法律定位上的差异,其表现形态和金融功能都呈现不同特征,因此,需要对金融科技进行跨学科、跨领域的研究,把握其内涵和外延、种类、性质、风险,才能制定真正符合科技金融规律的金融运行及监管法制。

第二,对金融科技实施包容性监管。金融科技是新事物,它重塑了金融生态格局,给各国金融法制和金融监管体制带来了新挑战。实践中,并无成熟经验和模式可资借鉴,即使某些国家尝试了制度创新(如英国的"沙箱监管"制度),也是依据本国实际情况所做的试验性、暂时性举措,尚未形成成熟的金融科技法制模式和监管"模板"。中国在正式立法未能出台之前,应遵循《指导意见》所倡导的"依法监管、适度监管、分类监管、协同监管、创新监管"的原则,鼓励金融科技创新。可在适当时机推出中国版的"监管沙盒"制度,为金融科技创设安全的容错空间。同时加大信息披露,保护消费者权益,确保金融稳定。就新兴金融科技企业而言,其希望监管主体对金融科技实施自由放任的监管政策,让其自由成长,等其发展到一定程度之时,再对其实施监管。以中国监管层为例,2015 年之前对互联网金融基本采放任态度,但由于一些 P2P 平台出现"跑路"现象,自 2015 年开始,中国监管部门集中对金融科技出台了较为严格的监管措施。

第三,创新运用监管科技。金融科技的快速发展,特别是全球性大型金融机构及基础设施提供者在支持系统、证券交易和清算体系领域的科技进步,对金融监管构成巨大挑战,监管者与金融机构在技术领域的代沟越拉越大:金融业已经信息化、计算机化、自动化,而监管者在此方面却是相当落后。2008 年国际金融危机后,由于监管标准的提高,金融机构向监管者提交海量的数据信息,需要监管者采用科技手段处理、分析这些信息,以形成正确的监管判断和决策。随着数据科学和分析技术的进步,监管科技的发展使监管更加自动化，此举将大大降低合规成本，也将减少监管诉讼和罚款的发生。迄今为止的监管科技主要聚集于人工报告和合规程序的数字化，然而，监管科技的未来发展远不止于此。在监管科技的支撑之下，未来的监管体制可以实现对金融风险的即时识别并提出有效的解决方案，令合规监管更为方便和有效。金融科技的发展，新兴市场的快速发展，监管者在谋划监管沙盒创新中的积极姿态，这些变化必将有利于监管模式的转型。科技进步必将构建一个以大数据和数字身份识别为基础的全新的金融监管框架。

第四，构建数据监管法律制度。金融科技时代，金融机构数据争夺战日益激烈，各大银行和金融科技企业纷纷抢占数据市场。对于监管者而言，数据的精准性、安全性及如何管理和使用将变得愈发重要，这不仅关乎消费者权益的保护，更关乎监管思路和决策的方向性、正确性及宏观金融风险的防控。2016 年 4 月欧盟通过《数据保护监管总规》，目的在于扩大用户对个人数据的控制权，加大对数据盗窃违法行为处罚力度。随着金融体制从“了解你的客户”（Know-Your-Customer principles）转向“了解你的数据”（Know-Your-Data approach），一个全新的监管范式业已出现，它不仅涉及数字身份的识别，更会衍生数据主权问题，而这已远远超出金融的范畴。

第五，利用监管科技构建有效的监管协调机制。在监管体制和监管法规不甚完备的当下，为杜绝监管套利，不同监管主体之间的监管协调就变得举足轻重。在我国分业监管体制之下，不同监管主体之间的监管协调机制向来是较为棘手的难题，监管科技为解决此痼疾带来了机会和曙光。金融科技时代，监管协调机制随着新兴金融科技企业流动性、混业性的增强而变得愈发重要。为解决数据代沟问题，可设立标准化的合规报告标准，统一合规工具，并在监管者之间实现强制性信息共享，此举有利于降低金融机构合规报告的高昂成本，也为宏观审慎政策分析提供科学的数据，鼓励在不同的监管者之间实施有选择性的数据信息共享，如金融机构的不良记录或违法行为可在不同的监管者之间实现同步共享。

第六，积极参与金融科技监管的国际合作。随着金融业的网络化、数据化和全球化，整合全球金融监控系统对国家、金融主体及消费者均是百利而无一害。金融机构面对不同国家不同的监管要求，极大地增加了合规成本，而标准化、协调一致的合规报告对金融机构和监管者都是有利的。这种做法已经得到 FSB、IMF、G－20 的倡议和支持。金融科技产品大多以数字化的形式存在，这意味着无法将其完全限制在一国境内，为避免监管套利，国际监管协调就变得非常有必要。在国际层面,FSB 已着手调研,并推出了初步的评估框架。金融科技跨境展业趋势已经显现,但监管合作应对不足。中国作为世界上金融科技的领先者,应以积极的姿态参与金融科技监管的国际合作,为金融科技监管国际规则的构建贡献中国的制度经验和规制方案。

五、结语

2008 年国际金融危机之后,金融市场的低效及金融监管标准的大幅提高,公众对传统金融机构的信任度降低,技术的突破性创新,中小企业融资难、融资贵、融资无门等诸多因素均为金融科技发展提供了契机。在此背景下,技术的进步促使金融监管技术和监管文化发生了变革。技术的突破性创新要求监管者及时识别金融业中出现的诸如主体、行为模式、方法甚至意识形态和文化的变化,并考虑这些变化对金融业所产生的结构性影响。因此,监管者需要评估其监管范围是否有效、监管原则能否满足监管目标的实现、监管规则和监管方法是否需要变革及如何变革等问题。监管者应尽量避免由金融创新所引发的监管迟滞、监管套利和监管空白,应尽可能采取具有前瞻性的监管措施。我们不能期待每一项监管措施都会产生积极的效果,但为了实现金融稳定和投资利益的保护,监管者需要构建具有前瞻性的、宏大的、高屋建瓴的监管视野和政策框架设计。

金融监管的专业化、标准化、流程化亟待监管科技的发展。对于监管者而言,监管科技有利于监管者构建一个以风险为基础的更为合理的监管框架,使数据的获取和管理更为细密、更为有效,从而令监管决策更具合理性。监管科技的发展将使金融监管最终走向"遵守设计"(Compliance by Design)的监管框架,使监管者自动监控合规标准的执行程度。监管科技还有利于减少监管者被监管捕获的风险,是对全球金融数字化的必然反映。2008 年国际金融危机爆发之前,"数据建议远远滞后于金融创新以及市场和金融机构的结构性改变。数据的缺口导致监管者无法及时识别风险、评估风险,以及制定危机解决方案。"[1]这也意味着在数据的安全和使用方面,要比以往任何时候都更加重视消费者权益的保护,审慎监管将专注于算法的合规性,金融稳定也将关注金融网络安全。当下,金融监管科技的方法与制

〔1〕[荷]乔安妮·凯勒蛮、雅各布·德汗、费姆克·德弗里斯著:《21 世纪金融监管》,张晓朴译,中信出版社 2016 年版,第 46 页。

度并未完全成熟,仍处于发展阶段。智能时代,大数据和智能革命必将推动金融监管范式的转换,未来的金融监管将构建一个以大数据和数字身份识别为基础的全新金融监管框架。

构建金融科技创新与安全相平衡的合作监管沙盒制度*

唐清利**

内容提要 近几年来，中国金融科技呈井喷式增长。“金融科技”(FinTech)概念在全球范围内迅速兴起，根据国际金融稳定理事会(FSB,2016)的定义，金融科技是技术带动的金融创新，即金融供应商运用互联网、大数据、云计算、区块链、生物科技及人工智能等各种技术创造与优化业务模式、应用流程及产品和服务。金融科技产生的根源是传统金融企业基于风险防控的行业特点致使效率降低、成本攀升、用户满意度持续减弱，服务质量难以满足中小企业、小微企业及个人客户的要求；其根本目的是通过敏锐捕捉传统金融企业的痛点，运用技术手段克服其固有行业特点，在降低成本、提高效率的同时提升用户体验，提升盈利能力。监管沙盒制度创宇英国创于英国，将金融科技与金融创新置于安全空间，致力提供稳定的监管环境，本文借助监管科技，探索构建金融科技创新与安全相平衡的有效路径。

关键词 金融科技 金融监管 监管沙盒 监管科技

---

* 本文系作者在《金融时报》2017年10月9日第7版发表的专访文章。

** 唐清利，西南财经大学中国金融法研究中心常务副主任，教授，博导。

一、金融科技的发展现状

近几年来,中国金融科技呈"井喷式"增长。根据国际金融稳定理事会(FSB,2016)的定义,金融科技是技术带动的金融创新,即金融供应商运用互联网、大数据、云计算、区块链、生物科技及人工智能等各种技术创造与优化业务模式、应用流程及产品和服务。金融科技产生的根源是传统金融企业基于风险防控的行业特点致使效率降低、成本攀升、用户满意度持续减弱,服务质量难以满足中小企业、小微企业及个人客户的要求;其根本目的是通过敏锐捕捉传统金融企业的痛点,运用技术手段克服其固有行业特点,在降低成本、提高效率的同时提升用户体验,提升盈利能力。

我国金融科技历经传统金融与信息技术初步融合的探索、基于互联网基因的金融创新、高新技术驱动下的金融变革三个阶段,2011 年,金融科技(FinTech)概念正式提出,经过近几年的发展,覆盖了支付清算、融资模式、基础设施和投资管理四大应用领域,并受到 FSB、IMF 等国际金融组织的高度关注。金融科技公司不直接从事金融服务,仅通过提供核心技术与专利,与监管部门、金融机构、互联网企业建立战略合作关系,为金融监管、基础设施建设和产品创新提供新思路。当前,金融科技正在向第三阶段转型,云计算、区块链、人工智能等技术将持续推动金融创新,为传统金融的基础框架和生态体系带来全面而深刻的变革。

根据 CBInsights 今年年初的独角兽榜单显示,金融科技已经成为仅次于互联网软件与服务的最热门创投领域。从 2010 年起,FinTech 领域融资金额的规模和交易宗数不断攀升,2015 年全球 FinTech 融资额度达到 76 亿美元,未来市场规模前景巨大。根据 KPMG 的统计,仅 2016 年第一季度,全球对 Fintech 领域的融资共 468 起,融资额达到 57 亿美元,其中 128 起融资在北美,融资额为 18 亿美元;最引人瞩目的是,同时期在中国 Fintech 领域融资额达到 26 亿美金。2017 年金融科技的风投交易速度相比于 2016 年开始放缓,金融脱媒风险逐渐加大,金融交易有脱离现有监管的风险,甚至出现传销、诈骗、非法集资、盗窃、黑客攻击等违法问题。为此,2017 年 9 月 2 日互联网金融风险专项整治工作领导小组办公室发布了《关于对代币发行融资开展清理整顿工作的通知》(整治办函〔2017〕99 号),我国三大 ICO 平台相继宣布暂停相关业务,比特币等价格大幅下挫,金融科技的风险再一次暴露出来。但是,随着互联网技术、人工智能等与金融进一步融合的加深,不应该去考虑是否要禁止金融科技存在,而是应该尽快完善金融监管科技制度,通过建立金融创新、金融安全与金融监管相平衡的制度,保护金融科技规范发展。

二、金融科技对我国金融行业生态格局的影响

金融科技的突飞猛进对金融业的各种功能产生了一系列的颠覆性冲击,正在重塑金融机构、消费者、市场基础设施、监管和法律等金融生态。一是加速金融脱媒化。金融科技降低了行业的壁垒,加速了金融机构和非金融机构的深度融合,是一种开放共享的金融服务模式,可降低金融供给方对金融机构的依附性,传统金融机构作为资金中介的角色作用逐步下降。近年来,金融科技企业在支付结算领域和融资理财领域带走传统银行的大量长尾客户和资金,加速了金融脱媒化,大量的金融活动游离于传统金融监管之外,也对传统金融行业和监管机构构成了巨大压力。二是场景与金融的融合。移动互联网和智能终端技术使金融服务与各种消费场景相互融合、渗透,传统金融机构和互联网公司通过提升对特定消费场景的把控能力、对目标客户群的低成本触达能力及风险识别能力,才能在竞争中占据优势。科学技术的纵深推进可能为金融带来更为专业化分工,催生独立的业务形态。三是金融科技更多地向平台化和开放共享式方向发展,延伸和拓展了金融服务领域,极大地提升了金融服务水平。金融科技也建立了一种去中心化信任体系。时下引起广泛关注的ICO就试图借助区块链技术基于加密算法建立一种点对点的互信机制,满足“交易共担、业务共识、信息共享”的需求。四是真正实现普惠金融。金融科技企业在提供强有力的技术支持的基础上,针对中小企业、小微企业及个人客户创新金融产品,提升用户满意度,在传统金融行业痛点处发力,进一步促进普惠金融落地。同时,金融科技催生了许多新型金融业态,主要分布在借贷、支付、监管科技、数字货币、数据与分析、保险、资本市场、财富管理、众筹、区块链和会计核算等领域,大大降低了融资成本,提高了融资效率。在经济金融化趋势不断加深的背景下,中国金融科技的发展需要依托开放共享的服务理念,利用信息技术拓宽共享经济的适用范围,提高社会资源的配置和利用效率,促进资本和信息的高效流动,降低供给方对商业组织的依附性,进一步实现共享经济的普惠效应。

三、金融科技的优势与风险

金融科技在为金融机构提升效率、节约成本的同时,其风险也日益凸显。金融科技的本质是金融,科技是服务金融的手段,因此,金融科技的核心仍是风险防控。金融科技的风险主要存在于技术风险、信用风险、市场风险、操作风险、垄断风险和制度风险六个方面,其鲜明的互联网科技特征更加强化了这六类风险。

一是技术风险。互联网和人工智能等科技手段在金融领域的应用,实现了各部门之间的跨界融合共享,但同时也带来了一系列技术风险。比如,如何防止信息失真、黑客攻击、信息泄露、数据毁损等风险?如何解决跨领域、跨行业、跨机构之间的信息和数据交换?如何确定交易价格?要解决这些问题既需要有技术上的突破,也需要有更大运算能力的计算机系统,还需要有完善的不可逆、不可篡改的加密算法。

二是信用风险。大数据的普及和区块链技术的应用为金融科技企业的数据采集提供了多种渠道,信息采集环节可能造成信息泄露。比如,一些金融科技企业将项目进行外包,增加风险管理难度和金融交易数据泄露的风险。一些金融科技公司假借金融科技之名包装自己,营销"伪创新"技术。信息数据的不透明、不公开,信息系统相互孤立导致传统金融企业难以选择,可能产生较高的信用风险。

三是市场风险。信息技术的错综性、隐蔽性和蔓延性,导致环节众多,加大了事前、事中、事后监管的难度,增加了风险的隐蔽性,对单一机构的不满情绪,有可能导致债券市场、股票市场与外汇市场的系统性风险。金融科技企业的破产倒闭会对其中小企业、小微企业与个人客户带来严重的甚至毁灭性的打击。

四是操作风险。金融科技依托互联网产生,具有极高的创新价值,产品在组合过程中程序和算法更加复杂,"试错性创新"产品的推出、区块链技术中对记忆容量的限制、对于隐私的保护、同步信息耗时过长等尚未解决的技术问题,更加容易产生较为严重的合规风险和操作风险。

五是垄断风险。金融科技使技术优势方取代了原有传统金融机构资金优势方在金融交易中的主导地位,同时通过技术控制为垄断市场提供了极大的方便,从而带来了垄断风险。

六是制度风险。金融科技的迅速发展壮大对立法者带来挑战。一方面法律界对包括人工智能、区块链技术在内的理解和深入程度的不足使立法进程推进缓慢,区块链技术的具体应用和未来的发展方向、适用范围目前仍未定性。另一方面借助云平台发展的金融科技企业的风险形态正在发生根本性变化,随着其风险节点的复杂化和风险传导能力的增强,以正态分布为基本方法论的金融风险管理体系或将不再适用于金融科技,亟需新的监管理念和监管规范。

四、金融科技监管面临的挑战

一是对于监管方式和监管者的专业能力形成挑战。随着金融科技手段的快速发展,金融交易的主导方发生变化,传统的监管手段已经不能满足金融科技带给金融市场的变化,监管者需要快速更新知识结构,提高识别潜在风险的科技手段,增强监管有效性。二是增加了风险监测和管控的难度。区块链和大数据等科技手段分布式、去中心化等结构特点,使金融获得了跨界融合、多点互动的机会和能力,在提升金融服务效率和提高金融服务能力的同时,金融的技术门槛进一步提高,单一的金融监管模式已不能满足风险监测和管控的要求。同时,技术包装以后的金融行为,大大超越了金融消费者本身的识别能力和理解能力,这为投机留下了较大的空间,给监管部门造成了较大的监管困难。三是可能带来监管秩序和监管体系的根本性变革。金融监管也将尝试结合科技手段,通过人工智能将规则引入程序设计,进行一系列探索。但是,传统金融监管建立在专业化分工的基础上,无论是分业监管,还是混业监管、机构监管、功能监管或行为监管,强调的都是监管行为本身的专业性和强制性,没有按照跨界、共享的思维,充分运用科技手段,以加强平台监管的方式去进行监管。

五、国际上对金融科技监管的监管经验

目前国际上对金融科技的监管主要有两大类:第一类是以英国为代表的主动型监管模式。英国金融行为监管局(FCA)在2015年11月开创性地提出对金融科技实施“监管沙盒”的计划,所谓“监管沙盒”是指一个“安全空间”,在这个空间内,金融科技企业可以测试其创新的金融产品、服务、商业模式和营销方式,而不用在相关活动碰到问题时立即受到监管规则的约束。“监管沙盒”的主要目的是帮助金融创新在实际的生活场景中进行测试,而

这种测试不能对消费者造成损害，且应遵守必要的法律规定。这种监管模式以追求金融创新和金融安全相平衡为目的。第二类是以美国为代表的限制性监管模式。美国形成了以技术创新为主要驱动力的金融科技业态。针对这样的特性，美国采用功能性监管，即不论金融科技以何种形态出现，抓住金融科技的金融本质，把金融科技所涉及的金融业务，按照其功能纳入现有金融监管体系，对于具有强大的创新力的美国金融科技公司，采取适当偏严的监管措施。

我国对金融科技监管在一段时期内要相对宽松一些。一方面中国的巨大市场需求长期不能得到金融的有效满足，国家对金融创新，尤其是科技金融持比较鼓励的态度；另一方面"互联网 +"被列为国家战略，人工智能、大数据、区块链技术成为全球发展最快的国家，金融科技获得了前所未有的发展空间和技术支持。但是，中国法律采用的是大陆法体系，对金融科技的监管依靠成文的法律法规，因此，灵活性和时效性相对不足。例如，目前行业内诟病的按行业属性主管部门的监管，不符合金融科技发展需要，形势发展在倒逼监管部门出台有效的措施。传统的监管理念、监管模式、监管手段及监管体制机制难以胜任对金融科技的监管。传统监管主要依赖制度规则的立、废、改去规制瞬息万变的金融科技，而后通过执法和行政手段去强制金融科技按传统的金融模式运行，缺乏技术手段和科技理念渗透在监管制度当中，这无疑有削足适履的尴尬，与当前金融科技发展不匹配，必定会影响监管效果和监管质量。

不过，2016 年后，通过有针对性地加强专项整顿，监管已经从被动监管向主动监管改变，由机构监管向功能监管转变。有人提出我国可采用"穿透式"监管方法，意在强调透过业务和产品的表象，分析创新背后的深层次原因，从而判定业务本质属性，明确创新活动应遵循的行为规则。对于市场主体而言，在创新时要守好法律底线，注重防范风险，做好产品信息披露，保护消费者合法权益。从未来发展看，我国监管模式应当做到既鼓励创新，又审慎监管、及时监管和有效监管。英国的"监管沙盒"是一个很好的监管创新模式，通过借鉴"监管沙盒"的创新实践，建立"合作沙盒监管"新模式，确立科技平台的金融监管责任和义务，力争使我国的监管科技能够适应包括互联网金融在内的金融科技发展的需要。当前，我国也已经具备了实施"合作监管沙盒"的基础条件。一方面，一些由央行牵头的统一监管新规正在陆续出台，可以弥补现有金融监管在应对金融科技创新方面的不足；另一方面，互联网金融监管规则及与之配套的第三方支付、P2P 监管规则都已经或正在出台,为实施“合作监管沙盒”奠定了制度基础。下一步,可以建立由央行统管的“合作监管沙盒”机制,负责“合作监管沙盒”的实施、管理和改进,以便更好地鼓励金融科技创新,积极支持实体经济,并能有效防范金融科技风险和系统性金融风险,维护国家金融安全。

六、我国金融科技应建立合作监管沙盒制度

金融科技监管应从机构监管、功能监管、行为监管走向平台监管、合作监管、跨境监管。金融科技是一种共享经济,具有开放、分布式、去中心化、平台化、跨界、跨领域等特征,供需双方在技术平台的支撑下实现金融资源的互换共享,因此,技术平台比传统监管部门更能适时掌握供需双方的动态,是对供需双方金融活动的监管者,适合承担对金融供需双方进行监管的责任。同时,技术平台及技术优势,掌握了金融交易的主导权,成为信息不对称的优势方,需要国家监管部门按穿透式、一致性原则,建立健全金融科技监管规则体系对其进行监管,同时,要改变传统监管都由国家单方负担的方式,由金融科技的最大受益方与国家按一定的比例各自选出本方相应的监管人员实行合作监管,从而保证监管的专业性、适时性、强制性和有效性。无论何种类型的从业机构,只要从事金融业务、提供金融服务,就必须接受基本一致的市场准入政策和监管要求。要完善金融科技统计监测和风险监测体系,持续地、动态地跟踪金融科技发展、演进和风险变化。此外,建立金融科技信息披露、合同登记、风险提示等制度,提高金融科技服务全流程的透明度,建立合格投资人制度。加强金融科技消费者和投资人教育,增强其理性认识和维权意识,从而加强对金融科技平台的社会监督。以国家和金融科技平台合作的方式,建立健全金融科技行业自律监管组织,实现由传统监管模式向合作沙盒监管模式转变。如此,合作沙盒监管模式可以实现金融科技健康发展、有效创新与稳定安全之间的平衡。

科技金融下的沙箱监管:域外考察与启示*

柴瑞娟**

内容提要 世界范围内的金融生态正在发生剧烈变化,科技和金融在前所未有地加速深度融合,全球已步入科技金融时代。为应对科技金融的挑战,维持自身科技金融全球领先者的地位,2015 年英国率先对自身的金融监管体制进行了适应性变革,创制了沙箱监管制度,为可能具有破坏性和众多风险的金融创新提供一个安全的测试环境和监管试验区。澳大利亚、新加坡、我国香港地区等紧随其后,在借鉴英国的基础上,推出了各自的沙箱监管制度。从体量规模上看,中国已成为全球金融科技领域的绝对主导者。科技安全风险和传统金融风险叠加的科技金融对我国现行的监管理念和模式提出了严峻的挑战。多国考察视角下的沙箱监管模式为我们应对科技金融时代提供了很好的启示和借鉴:在监管模式上,我国有必要实现从"行政区域实验"到"产品服务实验"的转变;在监管理念上,我们有必要进行从"监管限制产品服务"的被动监管到"产品服务引领监管"的主动监管的理念更

---

* 该文曾在《法学》2017 年第 8 期发表,特此声明。

** 柴瑞娟,河南鹤壁人,山东大学法学院讲师,法学博士,山东大学法学博士后流动站博士后,中法联合培养博士。

迭;在制度架构层面,有必要结合我国土壤,建立中国版的沙箱监管制度。

关键词 沙箱监管 科技金融 金融创新 金融监管

世界范围内的金融生态正在发生剧烈的变化,随着金融科技的蓬勃发展,人工智能、区块链、大数据、云计算、智能投顾等全面渗透金融领域并深度融合,这些新兴技术驱动了金融产品、经营模式和业务流程的变革,智能化、去中介化和跨界化趋势日益明显,我们已经步入科技金融时代(Financial technology,FinTech)。作为科技驱动的金融创新,科技金融使金融创新的进化和迭代速度飞快,金融业务也更加精细化,提升了金融服务的可获得性和便捷性,也使得交易成本大幅降低,金融服务的能力和效率大幅提升。金融、科技、法律监管从未像当下一样彼此挟裹又相互依赖相互制约。在科技金融这一新的时代浪潮下,各国都纷纷将金融科技定为自身国策,争先恐后地发力部署自身的金融科技创新战略,力图谋求提升自身的国际金融地位,如何更好地激励金融科技创新,在各国强劲竞赛中占据一席之地,成了各国面对的新的课题。在众多影响科技金融创新的因素中,至关重要的无疑是各国的金融监管制度。合适的金融监管无疑会直接助力金融创新,不适的金融监管也无疑会压抑金融创新。故探求一种适应科技金融时代的新的监管方式,进行金融监管的自我完善和变革,成了各国刻不容缓的使命,也成了各国新的竞赛场。[1]

为了维持自身的国际金融中心和科技金融全球领先者的地位,2015 年 11 月英国率先对自身的金融监管体制进行了适应性变革,创制了“监管沙箱”(Regulatory Sandbox),成为全球第一个推行沙箱监管的国家。[2] “沙箱”取自计算机用语,指用于计算机安全领域的一种虚拟技术,是在受限的安全环境中运行应用程序,并通过限制授予应用程序的代码访问权限,为一些来源不可信、具备破坏力或无法判定程序意图的程序提供试验环境,因为有预设的安全隔离措施,不会构成对受保护的真实系统和数据的修改或安全影响。英国将“沙箱”理念引入金融监管领域,创制了“监管沙箱”概念,为可能具有破坏性和众多风险的金融创新提供一个安全的测试环境和监管试

〔1〕 See Mary Starks,“Competition Policy in Financial Markets – the view from the regulators”, https://www.fca.org.uk/news/speeches/competition-policy-financial-markets-view-regulators; Tracey Mc Dermott, *The regulatory challenge*, https://www.fca.org.uk/news/speeches/regulatory-challenge.

〔2〕 See Conor Brennan,“Regulatory Sandbox a new form of policymaking”, 7th December 2015, http://inlinepolicy.com/2015/regulatory-sandbox-a-new-form-of-policymaking.

验区。[1] 换言之,"沙箱监管"提供一个不受当下金融监管体制监管的"安全港",在这个微型的、缩小版的真实市场内,获批进入的公司可以在其中对自身金融创新的产品、服务、模式等进行大胆的尝试,及时发现该金融创新的缺陷和风险,并寻求解决方案,监管者也可以通过该测试进行风险评估,决定是否允许该金融创新正式进入市场推广,是否需要调整甚至改变金融监管规则。"沙箱监管"可以在风险可控的前提下激励金融创新,确保金融科技的健康发展而不伤及金融消费者利益,从而在金融创新和金融监管间达成一种新平衡。

在英国首推沙箱监管之后,2016 年澳大利亚、新加坡、泰国、印尼及我国香港和台湾地区等纷纷加以借鉴引入,结合本地土壤,推出了各自的沙箱监管制度。截至目前,我国学界和官方对这一"沙箱监管"潮流关注和研究还远远不够,是故本文试图选取沙箱监管制度构建比较完备的英国、澳大利亚、新加坡及我国香港地区进行比较考察,以求对我国在当下科技金融时代如何为层出不穷的金融创新提供制度支持,如何相应进行金融监管体制的完善和变革思考一二。

一、沙箱监管的诞生:英国的首创与运行实践

(一)允许"破坏性创新"才能促进创新:英国首创沙箱监管的背景与底层逻辑

近几十年在与美国的强劲竞争中,英国逐渐丧失了国际金融规则制定者的领导地位。金融与科技的发展和深度融合,使英国敏锐地意识到科技业和金融业是一国最具价值的核心资产之一,英国政府科学办公室 2015 年 3 月发布了《金融科技的未来:英国作为世界金融科技的领导者》报告,指出科技金融是未来金融的发展趋势,也是英国经济和国家繁荣的关键,更是一国未来国际金融地位的核心竞争力,要想在科技金融浪潮中博得头筹成为全球的金融创新中心,强化自己在金融科技领域的世界领先地位,英国必须为金融创新提供强大的制度支持和优质的金融生态环境。[2] 而英国金融行

〔1〕 See Financial Conduct Authority,"Regulatory sandbox November 2015",https://www.fca.org.uk/publication/research/regulatory-sandbox.pdf.

〔2〕 See Government Office for Science,"FinTech futures: the UK asa world leader in financial technologies",https://www.gov.uk/government/uploads/system/uploads/attachment_data/file/413095/gs-15-3-fintech-futures.pdf.

为管理局(Financial Conduct Authority,FCA)被赋予了特定的权限来促进金融经济竞争,并肩负为不断改进的金融创新提供制度支持的使命。[1] FAC促进竞争的途径之一,就是站在金融创新主体的立场进行监管思考:(1)金融创新主体对当下监管的体验如何?(2)现行的框架是否对其提供了正确的保护,是否让客户对这些新业务充满信心?(3)这些监管框架下是否留有足够的创新空间?(4)在巨大的技术变革中,如何培养真正具有创新和创造力的环境,而不是将风险加深到不可接受、不可控制的水平?在FCA看来,有限度地允许"破坏性创新"才是促进有效竞争的关键,监管金融创新的目的是为了支持金融创新,从而提供新的金融产品和服务给客户,挑战现有的商业模式。要做到这一点,FCA必须积极建设金融创新业务,并为其消除不必要的监管障碍。[2] 这是FCA在面对日新月异、竞争空前激烈的科技金融时代时针对性地推出沙箱监管模式的底层逻辑——为了实现金融创新,必须允许一定范围内的"破坏性创新",并专门为此开辟"监管的绿色通道"。正基于此,2014年FCA设立了创新项目(project innovate)和创新中心(innovation hub),为金融创新企业提供与金融监管的对接、沟通、协作等各种支持。[3] 创新中心运行一年成果斐然,FCA开始进一步研究"监管沙箱"的可行性,并向社会公开征求意见,最终于2015年发布了《监管沙箱》(regulatory sandbox),开始启动运行沙箱监管制度。[4] FCA希望通过支持"破坏性创新"来促进竞争。据资料统计英国的金融高科技企业所产生的收入约为每年200亿英镑,其金融科技企业的新技术具有极高的价值。欧洲一半有前途的"破坏性创新"的科技金融初创企业在英国。[5] 为保持其在欧洲乃至世界范围内领先的科技金融枢纽地位,英国必须确保为金融市场继续

[1] See Christopher Woolard (Director of Strategy and Competition at the FCA), "UKFinTech: Regulating for innovation, delivered at the FCA'sevent on UKF inTech: Regulating for innovation on 22 February 2016", https://www. fca. org. uk/news/speeches/uk-fintech-regulating-innovation.

[2] See Christopher Woolard (Director of Strategy and Competition at the FCA), "The FCA's role in promoting innovation", Delivered at the BBAF in Tech Banking Conference. https://www. fca. org. uk/news/speeches /our-role-promoting-innovation.

[3] See FCA, "Innovate and Innovation Hub", https://www. fca. org. uk/firms/innovate-innovation-hub.

[4] See Financial Conduct Authority, "Regulatory sandbox November 2015", https://www. fca. org. uk/pu blication/research/regulatory-sandbox. pdf.

[5] See Ernst&Young, "Land scaping UKFinTech", https://www . gov. uk/government/uploads/system/uploads/attachment_data/ file/3413 36/Landscaping _UK_Fintech. pdf(EY2014).

建立一个适当的、有吸引力的监管框架。正是基于以上初衷和背景,FCA 开发首创了的“沙箱监管”这种新型监管模式。沙箱是一个法律监管之外的“安全空间”——很多金融创新是很难适应现有法律的合规框架的,但要求其完全合规又会限制甚至消损金融创新和进步,故沙箱为不合当下之规的金融创新提供了一个“安全港”,金融企业可以在其中测试其创新的产品、服务、商业模式和交付机制等而不必受制于当下的监管规则,当然其同时也必须确保消费者得到适当的保护。“沙箱监管”通过隔离风险的试验区,支持金融企业正在开发的创新产品和服务,以求真正提高创新金融对消费者的可及性和可获得性,同时支持国内金融产品和服务在国际范围的竞争和增长。支持创新在促进消费者利益的竞争中发挥着重要作用,沙箱不仅使创新的想法能够进行测试,也有助于减少时间和成本并将产品迅速推向市场。沙箱监管的目标异常明确:帮助鼓励金融创新,通过破坏性创新,最终维护消费者的利益和促进竞争。[1]

(二)促进创新与保护消费者利益:沙箱监管的核心

沙箱作为一个监管的“安全空间”,企业可以测试其创新产品、服务、业务模式和交付机制,而没有立即招致从事这些活动的所有正常的监管后果问题。简言之,FCA 的沙箱监管可以减少创新想法进入市场的时间,而金融产品和服务的革新,又可以在确保消费者利益保护的基础上,为消费者提供更好的消费体验。具体而言,“监管沙箱”的潜在益处是显著的:(1)降低金融产品上市时间以降低潜在成本,使得创新的想法能迅速推向市场:监管的不确定性正在影响金融创新的第一推动者和阻止创新,有证据表明通过沙箱监管,金融产品上市时间可以缩短约三分之一,以这种方式可以降低产品生命周期约 8% 的成本。[2] (2)更好地获得融资支持:金融创新依赖于投资,其中大部分是股权融资。而监管的不确定性,会直接影响投资者对投资企业的风险评估和投资意向,这种负面影响对金融科技创新公司尤甚,会使得其筹集资金和提高估值变得更加困难。研究数据表明:由于金融监管的不确定性,金融高科技公司估值可能会减少约 15%,而因此未能获得投资的

〔1〕 See Martin Wheatley, “Regulation as a spur to growth”, https://www.fca.org.uk/news/speeches/regulation-spur-growth.

〔2〕 See Financial Conduct Authority, “Regulatory sandbox”, https://www.fca.org.uk/firms/project-innovate-innovation-hub/regulatory-sandbox.

公司数量更是无法估计。(3)使更多的创新产品能到达市场：由于监管的不确定性，一些金融创新被遗弃在早期阶段，甚至从来没有尝试过。而“沙箱监管”框架，可以使企业在测试阶段管理监管风险，从而寻求更多的解决方案后，再将该金融产品引入市场。(4)为消费者提供更好的金融可及性：沙箱监管可以通过监管模拟，将金融创新公司的产品和服务的范围扩大，从而降低成本，为消费者提供更好的金融可及性。沙箱监管也可以使FCA与创新者合作，在金融创新的新产品和服务真正进入大众市场之前，确保适当的消费者保护措施得以建立——沙箱设置的目的之一是测试新的金融产品和服务的风险的解决和化解方案，如果沙箱测试结果表明，其所带来的风险无法有效化解，则表明沙箱测试失败，其将无法投入市场。

是故FCA在设计沙箱监管时主要考虑了三个关键问题：(1)现行监管障碍——科技金融公司在提出创新时，面临哪些监管障碍，这些监管障碍可以降低什么程度？(2)保障措施——在金融创新测试过程中，什么样的保障措施应该到位，以确保消费者和金融系统在测试过程中得到适当的保护？FCA相信，为那些金融创新公司减少监管壁垒的同时，辅助以一定的安全措施可以促进金融创新公司的发展，为此亦有可能考虑改变监管金融服务的法律。[1]

(三)英国监管沙箱的准入标准、运行程序与消费者保护措施

明确申请进入沙箱的准入标准，将有助于确保对待所有企业公平和透明，同时也确保FCA专注于真正造福消费者的主张。FCA的沙箱准入标准主要围绕以下几点展开：(1)申请主体的范围：既可以是新的金融产品方案设计，也可以是新的金融服务。(2)真正的创新：新的金融产品和服务必须显著不同于现有的产品和服务。(3)消费者利益：金融创新给消费者提供了良好的前景和可识别的益处，且这个标准应该持续满足整个沙箱测试期间。(4)确需进行沙箱监管测试：企业确实需要在沙箱框架内进行测试，且测试目的明确。(5)申请企业背景调查：企业投入了适当的资源，开发新的解决方案，了解适用的法律法规，并努力减轻创新可能衍生的风险。具体而言，

---

〔1〕 See Christopher Woolard, “Innovate Finance Global Summit”, https://www.fca.org.uk/news/speeches/innovate-finance-global-summit; Christopher Woolard, Competition and innovation in financial services: the regulator's perspective.

公司申请进入沙箱的准入标准如表1所示。[1]

表1　公司申请沙箱测试的准入标准

标准	关键的问题	积极指标	负指标
什么样的公司能够申请“沙箱监管”	公司是否寻求创新,是否支持受FCA监管的英国金融市场业务	创新似乎是针对英国市场;该公司的相关产品受FCA监管或旨在为FCA监管的公司提供服务	创新似乎并不打算在英国使用;该公司的相关产品不在FCA的监管制度的范围内或不为FCA监管的公司提供服务
什么是真正的创新	创新可以突破或构成一个显著不同的市场供给	市场上很少或没有可比的产品;内部专家认为它构成了真正创新的技术、方法、产品或服务,有越级性变化	有许多类似的产品或服务已经在市场上出现;内部专家认为,它创新性不足,与当下无明显差异化
消费者是否能受益	金融创新直接或通过激烈的竞争,给市场提供了良好的发展前景,给消费者提供了可识别的好处	金融创新可能会直接或间接地为消费者带来更好的交易,例如:更高质量的服务或更低的价格; 已确定该业务任何可能的消费风险;创新将促进有效竞争	可能对消费者、市场或金融体系造成不利影响; 看起来旨在规避监管或对消费者赔偿的义务
是否确实需要沙箱监管	测试创新的需要	金融创新难以适应现有的监管框架,从而难以推向市场或推出成本昂贵; 在现场环境进行该产品或服务的测试是显然必要的; 该业务没有其他办法实现测试目标	该公司金融创新所反映的问题无法通过沙箱测试解决; 即使没有FCA的支持,该公司产品和服务也很容易进行测试; 一个专门的主管或创新中心就可以回答需要测试的问题
公司是否准备好测试	企业是否准备好在一个真实的消费环境中测试它们的创新	测试计划有明确的目标、参数和成功标准; 该公司有在沙箱测试所需的工具和资源;该公司有足够的保障措施保护消费者利益,并能够提供适当的补救措施	测试目标不明确,或测试计划不成熟; 该公司没有必要的资源进行沙箱测试; 客户保障措施不充分或公司不能提供适当的补救措施

〔1〕 See Financial Conduct Authority, “Regulatory sandbox”, https://www.fca.org.uk/firms/project-innovate-innovation-hub/regulatory-sandbox.

在明确了沙箱的准入标准之后,公司进行沙箱测试的程序如下:(1)申请公司向 FCA 提交进入沙箱的申请,在申请材料中,申请公司必须表明自己符合准入标准;(2)FCA 进行评估并审批,如果不符合准入条件则直接拒绝,如果符合准入条件则会指定专门的官员作为与该公司的联络负责人;(3)FCA 与公司一起合作建立最合适的沙箱选项、测试参数、解决方案和安全措施;(4)FCA 准许公司开始进行沙箱测试,FCA 进行全测试过程的监管;(5)公司提交最终测试报告,FCA 对报告进行评估并决定该创新是否能够进入市场;(6)如果该创新被 FCA 拒绝进行市场,则公司可以决定是否在沙箱之外继续寻求并提供新的解决方案,以求进行下一次沙箱测试或直接取消该创新。

如前所述,"沙箱监管"不仅可以促进创新竞争,也可以为消费者提高金融服务的可及性。[1] 由于进入沙箱的创新可能是"破坏性"的,故 FCA 对参与沙箱测试的消费者也设置了多种保护措施:(1)在沙箱测试前,公司必须通知客户潜在的风险与有效补偿措施,确保客户知情权,并测试他们对该金融创新潜在风险解决方案的反应;(2)FCA 根据进展对沙箱测试活动进行适当的披露、保护和补偿;(3)FCA 为客户投诉公司提供保障,同时保障消费者得到金融申诉服务(FOS)的权利,并使得客户在一家公司未能补偿损失的情况下,有机会获得金融服务补偿计划(FSCS)的补充补偿;(4)进行沙箱试验前,要求公司证明其有给客户补偿任何损失(包括投资损失)的能力。[2]

(四)沙箱监管在英国的运行实践

2016 年 7 月 8 日,公司开始申请进入第一批沙箱测试。[3] 截至 2016 年底 69 名申请者中有 24 名被接纳为沙箱测试公司。第二批沙箱测试共收到 77 家公司申请,2017 年 5 月底开始测试,第三批沙箱测试于 2017 年 6 月开始申请。FCA 鼓励各种规模的公司进行申请,故这些被批准的公司各异:有

---

[1] See Christopher Woolard, "Innovation and improving outcomes", Published: 17/06/2016, delivered at the Global Digital Banking Conference on 16 June 2016, https://www.fca.org.uk/news/speeches/innovation-and-improving-outcomes.

[2] See Financial Conduct Authority, "Regulatory sandbox November 2015", https://www.fca.org.uk/publication/research/regulatory-sandbox.pdf.

[3] See FCA, "Financial Conduct Authority sregulatory sandbox opens to applications", https:// www.fca.org.uk/ news/press-releas es /financial-conduct-authority's-regulatory-sandbox-opens-applications.

早期初创企业,有挑战传统金融产品和服务的公司,也有历史悠久的大公司。在沙箱测试过程中,FCA 一直与被测试公司合作,共同商议测试方法,并建立各自的消费者保障措施。目前测试周期为 12 个月,具体的参与沙箱测试的公司举例如表 2 所示。[1]

表 2　参与沙箱测试公司

公司名称	被沙箱监管测试的创新金融产品和服务
Billon	基于手机使用的应用程序,基于分布式分类技术建立电子货币平台,以便于安全传输和持有基金
BitX	以数字货币、区块链技术为基础的跨境转账服务
Blink Innovation Limited	一种具有自动索赔功能的保险产品,允许旅客在航班取消时立即在移动设备上预订新机票
Bud	一个在线平台和应用程序,允许用户管理他们的金融产品,并提供个性化的见解和建议
Citizens Advice	一个半自动化的咨询工具,它允许债务顾问和客户比较可用债务解决方案的主要特点
Epiphyte	支付服务提供商,旨在提供使用锁定链技术跨境支付
Govcoin Limited	一个技术提供商,已经与工作和养老金部(DWP)确定使用非现金或更快的支付的可行性。支付平台将使用区块链允许 DWP 移动设备直接向第三方支付
HSBC	与 Pariti 技术公司合作开发一个应用程序,帮助客户更好地管理他们的财务状况
Issufy	一个基于网络的软件平台,简化了投资者、发行公司及其顾问的首次公开募股(IPO)发行流程
Lloyds Banking Group	一种方法,通过在线和电话体验,旨在改善分行客户的体验
Nextday Property	一个以互联网为基础的物业公司,如果客户在 90 天内无法出售他们的财产,其将提供免息贷款担保金额给客户

[1] See FCA, "Financial Conduct Authority unveils successful sandbox firms on the second anniversary of Project Innovate", https://www.fca.org.uk/news/press-releases/financial-conduct-authority-unveils-successful-sandbox-firms-second-anniversary.

续表

公司名称	被沙箱监管测试的创新金融产品和服务
Nivaura	一个平台,采用自动化和区块链对于私募证券发行和生命周期进行管理
Otonomos	一个平台,私营企业股份在区块链技术下电子化,使它们能够管理持股,进行在线询价,方便转让
Oval	一个应用程序,帮助用户通过节省少量的钱建立储蓄。这些存款可以用来偿还现有贷款,与 Oakam 消费信贷公司联合测试一些贷款客户
SETL	在智能卡功能的零售支付系统的基础上建立 Opencsd 分布式总账
Tradle	基于 web 的服务在分布式分类账上创建个人或商业身份和可验证文件的应用程序,提供一个自动化的客户身份认证系统
Tramonex	电子货币平台,基于分布式分类技术,便于使用"智能合同"捐款给慈善机构
Swave	一个微型储蓄的应用程序,提供了一个跨账户的咨询方案。根据用户的消费行为,每次用户花钱数额,计算出一个负担得起的储蓄金额

二、以"许可证豁免"为核心:澳大利亚沙箱监管运行实践

(一)严格的金融许可证监管:澳大利亚推出沙箱监管的背景

英国首推沙箱监管理念后,澳大利亚进行了迅速的关注和借鉴。2017年2月在历经了官方酝酿讨论和社会公开征求意见后,澳大利亚证券和投资委员会(the Australian Securities and Investment Commision,ASIC)发布了《监管指南257:在未持有金融服务和信贷许可证下对科技金融产品和服务的测试》(Regulatory guides 257 testing fintech product sand services without holding an AFS or credit licence),对获得批准的金融科技公司进行金融许可证豁免,即其无须持有金融服务或信贷许可证即可测试其金融创新的特定业务,从而确立了本国的"沙箱监管"制度。

一直以来,澳大利亚对其金融业都实施严格的金融牌照许可管理。通

常情况下,公司在发布新的金融产品或服务、从事信贷活动前必须获得ASIC颁发的澳洲金融服务许可证或澳洲信贷许可证。在澳大利亚受监管的金融产品的范围为:(1)为客户提供金融产品咨询,如向客户或公众推荐应购买哪些金融产品。(2)进行金融产品交易,如代表客户买卖股票、发行支付产品或在管理投资计划中派发利息。(3)为金融产品创造市场,如定期提供买卖金融产品的报价。(4)经营一个已注册管理投资计划。(5)提供保管或存放服务,如以信托形式持有金融产品或金融产品中的受益人权益。(6)提供传统的受托人公司服务,如准备房地产管理职能。但金融许可证的获取成本极高,这种时间和成本对于急于在市场情势瞬息万变中将创新产品服务推上市场的公司尤其是新兴公司而言,是一个极大的障碍。

澳大利亚证券和投资委员会作为金融监管机构,致力于促进金融创新,确保以适当的方式,对金融新产品和服务进行监管,在可能为投资者和金融消费者带来良好结果的情况下,鼓励和促进金融服务和信贷的创新,以提升投资人和金融消费者的信任和信心。正是基于该使命,ASIC在寻找促进创新型产品和服务发展的过程中,为保障金融创新产品和服务的监管是适当且有效的,也为保证金融市场运行的公平、有序且透明,借鉴引入了英国的沙箱监管制度,以帮助本国的金融科技公司毫无后顾之忧地、大刀阔斧地在金融创新领域施展拳脚。

(二)"沙箱监管"下的"许可证豁免":准入标准与运行实例

在以下三种情况下,澳大利亚金融公司可以在不持有金融许可证的前提下测试其产品和服务,这包括:(1)现行监管框架中本就有灵活性规定或法律中对其已存在豁免,并不需要牌照。(2)ASIC对金融科技公司的许可证豁免(Fin Tech Licensing Exemption),具体包括两类:"ASIC公司概念验证许可豁免"(Concept Validation Licensing Exemption)和"ASIC信贷概念验证许可豁免"(Concept Validation Licensing Exemption),ASIC允许符合资格的公司在不持有相关许可证的情况下测试某些指定的产品和服务。(3)ASIC给予单独豁免,允许某一特定产品或服务进行测试。所有这些措施构成了澳大利亚的沙箱监管框架。

ASIC所确立的"许可证豁免"的准入标准以客户数量和数额限制及消费者保护为核心,其具体标准如表3所示。

表3 许可证豁免标准

条件	详 情
客户限制	(1)享受金融科技豁免许可企业提供服务散户数量不得超过100人; (2)批发客户数量无限制
数额限制	(1)每位散户和测试服务相关的存款产品、简单投资产品、证券、政府债券和支付产品金额不超过10,000澳元; (2)与服务相关的信用合同规定的信用额不得超过25,000澳元; (3)与测试服务相关的一般保险合同规定的保额不得超过50,000澳元; (4)批发客户无开发限额限制; (5)总共参加测试的客户参与金额不得超过500万澳元
消费者保护措施	(1)提供金融服务的测试企业必须告知客户《金融服务指南》中的相关信息,如服务、佣金和争议处理程序; (2)提供信贷协助的测试企业必须告知客户《信贷指南》中相关信息,如服务、佣金和争议处理程序
适当赔偿安排	(1)测试企业必须有适当的赔偿安排; (2)测试期间适当赔偿安排的主要要求: (a)最低要求:专业损害赔偿保险中,任何索赔和累计索赔最低限度为$100万澳元; (b)"停业后赔偿"保险:测试公司可根据合理步骤,获取12个月的"停业后赔偿"保险
争议处理	(1)符合澳大利亚证券投资委员会标准和要求的内部争议处理程序; (2)并持有澳大利亚证券投资委员会批准的一个或多个外部争议处理方案; (3)测试企业需在测试期间(包括测试延期)和停业后12个月内持有外部争议处理方案

只有满足以上沙箱准入条件,公司方可获得许可证豁免,ASIC将以书面的形式通知申请公司沙箱测试开始时间。在拒绝豁免方面,ASIC主要考虑以下因素:监管不会造成商业利益变小,净监管效益明显超过豁免所带来的风险和成本;是否有足够的替代监管制度。

澳大利亚沙箱监管实施以来,运行实例众多,如表4所示。

表4　沙箱监管实例

申请进入行业类别	申请公司情况	沙箱测试选项/豁免类型
数字化咨询行业	一家公司希望测试一项新的数字化咨询业务,该业务将向批发客户提供有关澳洲上市证券的建议	可以有资格依靠金融科技许可豁免来测试其服务,公司必须符合针对批发客户的$5,000,000发行数额限制
市场借贷平台	一家公司希望测试新的市场借贷平台,该平台可允许零售客户对消费者贷款进行投资	根据平台的结构,公司在开展运作前可能需要以下许可证:(1)AFS许可证连同管理投资计划相关的授权;(2)授权其向消费者提供贷款的信贷许可证。尽管金融科技许可豁免不适用于这些约定,但公司可以申请ASIC发放单独豁免,以测试其产品
支付类产品	一家公司希望测试一个新的预付支付产品,该产品可允许用户使用内置于腕表中的芯片进行支付	ASIC已为"小额低价值"非现金支付产品提供了许可豁免,因此如果产品的余额不超过$1000,所有产品的余额不超过$1000万且公司符合其他条件,公司可在不持有许可证的情况下提供该产品
数字钱包产品	一家公司想要测试新的在线"钱包",该钱包可允许用户持有数字货币并对他人进行转账	根据公司法,数字货币如比特币不受ASIC监管。这意味着公司无须持有AFS许可证来提供钱包(或与钱包相关的服务)
某飞机分时段使用权购买计划豁免	这个飞机分时使用计划投资后,投资者获得航空器分时计划的权益,使他们有权在一定时间内使用飞机进行个人、娱乐和商业用途	ASIC为该飞机分时段使用权购买计划的销售及推广、招股说明书披露提供了豁免。ASIC认为如果完全符合《公司法》的相关条款会造成不必要的负担,而且投资者在购买这个产品的时候,不认为自己在购买金融产品,而是认为购买一个私人飞机使用计划。ASIC对该项目的豁免条件是:要求在发行计划中披露显著的风险提示警告,提供基本的消费者保护,而不施加额外的监管负担
对某共同风险产品拒绝豁免	申请人寻求以下金融服务的豁免:(1)从事风险管理产品;(2)提供保管或存放服务;(3)对风险管理产品提供金融产品建议	ASIC拒绝向其豁免持有AFS许可证的要求,因该产品涉及对指定风险进行任意覆盖。该豁免带来的商业利益是极小的,明显低于净监管效益

(三)澳大利亚"沙箱监管"中的消费者保护措施

1. 测试期结束停止经营的预前准备依靠金融科技许可豁免

沙箱实体无须在12个月的测试期内持有许可证。但沙箱公司应当提前规划并在需要的情况下有步骤地管理测试期的最后阶段,如果在测试期快要结束的时候,ASIC还没有授予许可证或单独免除,则沙箱公司应当确保在测试期结束时停止经营。

Next Generation Financial PtyLtd(NGF)在过去的10个月一直依靠金融科技许可豁免与客户来测试其创新性金融服务。NGF在测试期第10个月的时候向ASIC提交AFS许可证的申请。NGF明白如果在测试期结束前未获得AFS许可证,它将不得不停止业务,直到获得ASIC发放的许可证。NGF已做好不得不停业的准备,在测试期的第11个月,NGF修订了其网站,移除了应用程序着陆页,并发出通知提示将不再接受新客户,直到获得AFS许可证。NGF同样通知现有的客户,告知他们NGF将停止业务,直到获得许可证。NGF向客户提供信息清单,上面有客户问询的联系信息和出现争议时他们可以联系的ASIC批准的外部争议解决方案计划细节。NGF已为测试期结束做好准备。测试期结束后不久,NGF获得了ASIC的许可证,并已重新开始其业务。

2. 测试完成后的报告义务

ASIC要求获测试企业在测试期截至两月内提供给ASIC一份简短的报告。报告应包括测试企业在测试期内的详情:(1)测试期内客户数量;(2)客户统计数据信息(如年龄与位置);(3)收到并处理的投诉数量和投诉性质;(4)上升到外部争议处理的投诉数量和投诉性质;(5)描述测试期间出现的问题并阐述问题的解决方案;(6)发展障碍的可行性监管要求;(7)财务报告信息如营业收入和支出信息。所提供信息将用于协助ASIC审查金融科技豁免申请的运行和效果,发现测试企业与消费者所面临的主要风险和问题,非涉及必要的公众利益,报告提供的详情将不会被公布。[1]

---

〔1〕 See RG257.119-RG257.121,"Regulatory Guides 257:Testing fintech products and services without holding an-AFS or credit licence",pp. 29 – 30. http://download.asic.gov.au/media/4160999/rg257-published-24-february-2017.pdf.

3. 强制建立争议解决程序

享受许可豁免进入沙箱的公司必须有适当的争议处理体系,这种体系包括:(1)符合 ASIC 的标准和要求的内部争议处理;(internal dispute resolution procedures);(2)有 ASIC 批准的一个或多个外部争议处理方案(external dispute resolution schemes)。这些是澳大利亚金融服务持照人和信贷持照人的关键要求。在测试期间,设立内部争议处理方案并持有外部争议处理方案,将协助沙箱公司在测试期结束后,转为正常经营的金融持照人。ASIC 使用外部争议处理方案是对金融服务业和信贷产业消费者的重要保护措施,外部争议处理方案为消费者和投资人提供了正式法律制度之外的更便捷、更经济的处理争议的手段。[1]

4. "停业后赔偿覆盖"(Run-offcover)与申请人信用体系

争议处理体系延续到沙箱监管测试结束后 12 个月。消费者通过"停业后赔偿覆盖(Run-offcover)能够继续在 12 个月测试期结束后继续处理争议。如果沙箱公司在此要求期间,无法持有外部争议处理方案资格,或不服从外部争议处理方案做出的决定,将违反金融科技豁免许可要求。ASIC 在今后评估许可申请或是豁免申请时,将考虑到测试企业或企业相关人员的此类行为。[2]

三、"放松监管":新加坡的沙箱监管制度及其运行

(一)致力于全球智能金融中心

新加坡引入沙箱监管的背景是新加坡对自身的发展目标定位于全球智能金融中心,李显龙总理曾经多次督促新加坡金融部门要紧随科技金融急速发展的步伐,新加坡金融管理局(Monetary Authority of Singapore, MAS)也多次公开表示其非常欢迎各类金融创新,即使和当下法律法规有所冲突,亦可考虑。[3] 故新加坡在金融创新监管政策的开放程度上也远超其他亚洲

---

〔1〕 See Dispute Resolution, "Regulatory Guides 257: Testing fintech products and services without holding an AFS or-credit licence", pp. 25 – 26. http://download. asic. gov. au/media/4160999/rg257-published-24-february-2017. pdf.

〔2〕 See RG257. 105, "Regulatory Guides 257: Testing fintech products and services without holding an AFS or credit licence", p. 26. http://download. asic. gov. au/media/4160999/rg257-published-24-february-2017. pdf.

〔3〕 参见李强:《新加坡监管部门对于区块链创新态度:Justdoit!》,载搜狐网:http://mt. sohu. com/20160607/n453383068. shtml。

国家。

在全球步入金融科技时代后,技术被广泛应用,金融创新无处不在。然而迅速发展的金融技术进步使得新兴的金融服务正变得越来越复杂,创新是否符合监管规定越来越具有不确定性。[1] 很多金融科技公司都热衷于创制成本低、效益高的金融服务和产品,但在不清楚新金融产品服务是否符合法律和监管要求的情况下,一些金融机构或初创企业可能会谨慎行事,保守选择不实施创新。[2] 但这一结果并不可取,因为有前途的创新可能会被扼杀,而这会直接导致错过新一轮的金融竞争经济机会。故此,新加坡金融管理局认为,将新加坡转变为智能金融中心的一个关键因素,是提供一个有利于科技创新运用的监管环境,以提高企业价值,提高金融服务效率,更好地管理金融风险,为自身创造新的机会,进而改善新加坡民众的生活。为此,在结合本国土壤的前提下,MAS 借鉴引入了英国的沙箱监管制度。新加坡政府于 2015 年 8 月在新加坡金融管理局(MAS)下设立金融科技和创新团队(Fintech & Innovation Group,FTIG),在 2016 年 11 月发布了《金融科技监管沙箱指南》(Fintech Regulatory Sandbox Guidelines),确立了本国的沙箱监管制度。[3]

MAS 通过沙箱监管鼓励更多的金融科技产品和服务进行实验,这样有前途的创新可以推向市场,使其在新加坡和国外有一个被广泛采用推广的机会。为了实现这一目标,金融机构或任何有兴趣的公司都可以申请进入监管沙箱,以创新的金融服务或产品的形式,在一个明确的空间和持续的时间内试验,MAS 将依据每个申请人的情况来放宽具体的法律和法规要求,与此同时,沙箱监管也包括适当的保障措施,以遏制实验失败的后果,保持金融体系的整体安全和稳健。MAS 设立沙箱监管的目标是通过鼓励采用创新和安全的金融技术,使新加坡成为一个世界智能科技大国和全球智能金融中心。[4]

---

〔1〕 See Monetary Authority of Singapore, "Technology Risk Management Guidelines", June2013. http://www. mas. gov. sg/~/media/MAS/Regulations% 20and% 20Financial% 20Stability/Regulatory% 20and% 20Supervisory% 20Framework/Risk% 20Management/TRM% 20Guidelines% 20% 2021% 20June% 202013. pdf.

〔2〕 See Ravi Menon (Managing Director of MAS), "FinTech – Harnessing its Power, Managing its Risks", at Singapore Forumon 2 April 2016. http://www. mas. gov. sg/News-and-Publications/Speeches-and-Monetary-Policy-Statements/Speeches/2016/FinTech-Harnessing-its-Power-Managing-its-Risks. aspx.

〔3〕 See "Fintech Regulatory Sandbox Guidelines", November2016. http://www. mas. gov. sg/~/media/Smart% 20Financial% 20Centre/Sandbox/FinTech% 20Regulatory% 20Sandbox% 20Guidelines. pdf.

〔4〕 See Ravi Menon(ManagingDirectorofMAS), "Singapore's FinTech Journey – Where We Are, What Is Next", at Singapore FinTech Festival-FinTech Conference on 16 November 2016. http://www. mas. gov. sg/news-and-publications/speeches-and-monetary-policy-statements/speeches/2016/singapore-fintech-journey. aspx.

(二)新加坡"沙箱监管"的准入标准

金融创新申请人要进入沙箱,必须提供必要的支持信息,以描述他们的产品能够满足沙箱以下多重准入标准:(1)拟测试的金融服务和产品使用了新兴的技术,或虽使用现有的技术但以创新的方式呈现,在新加坡市场很少或根本没有可比的产品;(2)推出的金融服务或产品可以解决当下难题,或给消费者或行业带来益处;(3)创新产品或服务退出沙箱测试后,申请人有意向和能力,在更大的范围内推出;(4)沙箱的测试和预期结果应明确,沙箱公司应根据约定的进度向 MAS 报告测试进度;(5)应明确界定适当的边界条件,使沙箱测试能有意义地执行,同时充分保护消费者的利益,维护行业的安全和稳健;(6)推出的金融服务如果有可能产生重大风险,应评估如何减轻,有初步测试发现风险和减轻风险的预警方案;(7)有明确的测试产品或服务退出策略,应明确什么情况下测试的金融服务或产品必须停止,什么情况下可以退出沙箱,继续在更广泛的市场上部署。[1]

具体而言,其准入和审核评价的标准如表 5 所示。[2]

表 5 准入和审核评价的标准

评价标准	评估(说明性和非穷尽性)
推出的金融服务或产品是否使用了新兴技术,或以创新的方式使用了现有的技术; 推出的金融服务或产品能否解决问题或给消费者或行业带来好处	(减分)拟申请的金融服务在新加坡是不可用的; (加分)它利用新兴技术提高了客户体验和简化了操作
在新加坡,退出沙箱测试后,申请人是否有意向和能力,在更大范围内推广被测试的金融服务	(加分)如申请人最近获得了 100 万美元资金支持,员工人数比去年翻了一番,并提供了一个业务计划和路线图,有能力在新加坡部署更广泛的规模推广该金融服务或产品

〔1〕 Application and Approval Process, "Fintech Regulatory Sandbox Guidelines", November 2016, pp. 7-8. http://www.mas.gov.sg/~/media/Smart%20Financial%20Centre/Sandbox/FinTech%20Regulatory%20Sandbox%20Guidelines.pdf.

〔2〕 Extending or Exiting the Sandbox, "Fintech Regulatory Sandbox Guidelines", November 2016, p. 6. http://www.mas.gov.sg/~/media/Smart%20Financial%20Centre/Sandbox/FinTech%20Regulatory%20Sandbox%20Guidelines.pdf.

续表

评价标准	评估(说明性和非穷尽性)
测试的场景和测试的结果是否明确,边界条件是否合适	沙箱将被限制在50个客户以内、运行6个月,以此来衡量和改善客户体验,并同时验证风险识别和风险缓解措施
重大风险评估和减轻风险的措施是否存在; 有无明确的退出和转型战略	(加分)所推出的金融服务已经在内部测试环境中测试了各种风险; (加分)万一推广的金融服务必须停止,沙箱测试的消费者能够被提前通知,以确保产品顺利退出

(三)新加坡"沙箱监管"的运行

MAS收到申请后,用沙箱的准入评价标准来进行评估,包括具体的法律和监管要求,沙箱的持续时间。MAS收到一套必要的评估的完整信息后21个工作日内,应该告知申请人是否获批,以及其适合什么样的沙箱测试。经批准后,申请公司将进入"试验阶段"。沙箱公司应通知其客户,其金融服务或产品是在沙箱实验中运行的,并披露相关的关键风险,沙箱公司需要获得客户的认可,即他们已经阅读并理解这些风险。如果沙箱公司准备在"试验阶段"对实验中的金融服务或产品进行实质性更改,其应至少提前1个月向MAS申请,提供更改的详细信息。在MAS审查变更请求期间,沙箱公司可以继续原有的解决方案。为提供信息给客户保证透明度,所有获批的沙箱公司的有关信息,如申请人的名称,以及沙箱实验的开始和到期日期,将刊登在MAS的官方网站。[1]

在沙箱测试结束时,由于MAS豁免的法律和法规的特许即将过期,故沙箱公司必须从沙箱中退出。如果沙箱公司需要测试期的扩展,其至少应在测试期届满前1个月向MAS申请延展,并提供延展的理由。例如,由于客户反馈或纠正缺陷,需要额外的时间对金融服务或产品进行改进,或者沙箱公司需要更多的时间以完全遵守相关的法律和法规要求。MAS将视具体情况审查和批准。从沙箱退出后,只要(1)MAS和沙箱公司对测试结果都

[1] See HKMA, "2016ANNUAL REPORT", http://www.hkma.gov.hk/media/eng/publication-and-research/annual-report/2016/AR2016E.PDF.

很满意,预期的测试结果已经达到,或(2)沙箱公司已经完全可以遵守相关法律法规要求,则沙箱公司可以在更大的范围内进行金融服务或产品的推广。

在下列情况之一下,"沙箱监管"运行将停止:(1)在之前与沙箱公司商定的预期成果和时间表下,MAS认为沙箱测试已经达不到预期的目的;(2)沙箱公司在沙箱测试期结束时无法完全遵守相关的法律和法规要求;(3)金融服务或产品的实验中发现漏洞,且其所带来的风险大于收益,沙箱公司承认该缺陷在沙箱测试的时间无法解决;(4)MAS终止沙箱测试,如沙箱公司违反强制性的测试期间;(5)沙箱公司通知MAS自己决定退出沙箱,同时沙箱公司应确保,其金融服务或产品的客户在实验中任何现有的义务都必须全部解决,才能退出或停止沙箱。[1] 但遗憾的是,可能是由于推行时间较短的缘故,关于新加坡沙箱监管的运行实例,笔者多方搜集资料,尚未找到公开数据。

四、"弹性监管"与"窄化简化":我国香港的"沙箱监管"体系

随着全球金融科技的发展,香港金融管理局(The Hong Kong Monetary Authority,即HKMA)已意识到更多的创新技术包括移动支付服务、生物认证、区块链、机器人人工智能技术等正在开拓金融业务领域。香港金融管理局认为需要有更灵活的监管安排,如果金融机构在正式推出产品服务前,能进行更及时的现场实景测试,这将有助于金融机构更有效率地收集真实的数据和用户反馈,有助于这些产品或服务的改进。[2] 因应香港银行业的呼吁,在借鉴英国沙箱监管制度之下,2016年9月6日香港金融管理局发布《金融科技监管沙箱》(Fintech Supervisory Sandbox,FSS),面向香港的本地银行,推出针对金融科技领域的监管沙箱,进入沙箱的银行获准开展数量有限的客户试验(如员工或选择客户)试点,对其实行弹性监管,不需要在测试期内实现完全符合通常的监管要求,以鼓励银行更加进取开发金融创新。

与其他沙箱监管对象相比,当前我国香港的"沙箱监管"制度呈现出明显的"窄化"特征:其只适用于银行,对其他公司尚不适用。被"沙箱监管"的

---

〔1〕 See "Fintech Supervisory Sandbox", http://www.hkma.gov.hk/media/eng/doc/key-information/guidelines-and-circular/2016/20160906e1.pdf.

〔2〕 See "Fintech Supervisory Sandbox", http://www.hkma.gov.hk/media/eng/doc/key-information/guidelines-and-circular/2016/20160906e1.pdf.

银行应当满足下列要求:(1)边界:对沙箱测试有明确的界定范围和阶段(如客户的规模和类型、技术类型等),持续时间和终止安排。(2)消费者保护:在测试过程中,有充分的措施保护顾客的利益。这些措施一般包括:客户了解相关选择的风险,自愿加入试验,保障投诉处理程序,由测试的任何故障所造成的损失,为客户提供及时、公正的补偿机制,并为客户退出试验作出适当安排。(3)风控手段:合理控制以减少由于不完全符合监管要求而产生的风险,并向参与测试的消费者言明风险的构成。(4)接受监管测试的准备:所涉及的系统已准备好进行试验(如经过合理测试和其他展开准备)。此外试验会被香港金融管理局密切监测,使沙箱公司可以及时识别和处理任何可能出现的重大问题或事件(包括公众和客户沟通的问题)。

与其他沙箱监管制度相比,当前我国香港的沙箱监管还呈现出了明显的“简化”特征:香港金融管理局并不打算制定一份详尽的监管规定,包括相关的安全电子银行服务的要求,以及推出新技术服务之前对时机的独立评估等。有意进入沙箱的银行应及时与香港金融管理局取得联系,香港金融管理局将随时准备与沙箱公司个别讨论适当的监督灵活性。由于沙箱监管是一项新的监管安排,香港金融管理局会根据实施经验和行业发展,逐步改善安排。

五、我国金融监管理念的更迭与沙箱监管的引入

(一)科技金融时代:风险及其对我国当下监管的挑战

世界范围内的金融生态正在发生剧烈的变化,我国亦不例外。最近几年我国历经了以第三方支付、P2P、股权众筹、互联网理财等为代表的互联网金融的野蛮生长,随着金融科技的蓬勃发展,人工智能、区块链、大数据、云计算、智能投顾等全面渗透金融领域并深度融合,这些新兴技术驱动了金融产品、经营模式和业务流程的变革,智能化、去中介化和跨界化趋势日益明显,我们当下已经步入科技金融时代。从体量规模上看,中国已成为全球金融科技领域的绝对主导者。著名咨询服务机构安永 2017 年发布的《中英金融科技行动指南》中称 2015 年中国的金融科技投资额约为 20 多亿英镑,仅次于美国,2016 年受蚂蚁金服约 30 亿英镑融资进程的推动,中国的金融科技投资额达 65 亿英镑,跃居全球首位。2016 年中国金融科技领域融资总额

占全球的77%。[1]

与此同时我国电子支付规模遥遥领先于其他国家,占全球总体规模的近50%,在互联网信贷领域,中国市场规模占全球市场规模的75%。[2]

然而科技驱动金融创新的特质又决定了其要面临科技安全风险和传统金融风险的叠加,金融科技加速了风险外溢,使金融风险外部性扩大,稍有不慎即可能引发局部或系统性金融风险,危及金融稳定。在金融科技高速发展的进程中,也可能泥沙俱下,真伪创新俱存,甚至出现劣币驱逐良币的逆向选择。科技金融也对现行的监管提出了严峻的挑战:数字化、智能化、移动化等的技术使得金融子行业的界限越来越模糊,进一步强化了金融混业的格局,跨行业、跨市场交叉性金融风险加剧,监管难度进一步加大,在我国现行的分业监管、监管协调机制尚未建立的体制之下,监管真空、监管重叠、监管套利、监管寻租、监管俘获和监管失效等问题更加突出,混业经营和分业监管体制之间制度性错配的矛盾更加激化。[3] 再加上金融监管和相关法律又总是滞后于金融创新,在金融科技迅猛发展的局势下,这种滞后性会更加凸显,监管被动和监管抑制甚至阻碍金融创新会进一步加剧。而在此过程中,无论是风险的加剧,还是监管的滞后和错配,都最终会威胁到实体经济和金融消费者的权益,或者最终都会由金融消费者来买单。故如何更迭监管理念和制度,进行金融监管的变革和自我完善,构建有效的金融监管体制、制定合适的监管规则来消解金融创新所衍生的众多风险,在金融创新和金融风险间寻求新的平衡稳定金融市场,并最终保护金融消费者的利益是科技金融时代的新难题。

(二)我国金融监管理念的更迭与“沙箱监管”的引入

“沙箱监管”模式为我们应对科技金融时代提供了很好的启示和借鉴。各国和地区监管沙箱制度各有自身特色,有同有异,有繁有简,有严有松,各有侧重。英国的最为完善精细,以促进竞争和消费者保护为核心;澳大利亚以“许可豁免”为核心,突出消费者人数和金额限制,亦突出消费者保护;新加坡以放宽现行法律、法规监管为核心,重视沙箱公司创新产品和服务的推

[1] 参见丁雅雯:《2016年中国金融科技领域融资总额占全球的77%》,载《金融界》2017年1月13日。

[2] 参见蒋华:《中国成为全球金融科技产业领导者》,载《经济日报》2017年3月8日。

[3] 参见BR互联网金融研究院主编:《互联网金融报告——金融创新与规范发展》,中国经济出版社2017年版,第120~122页。

广能力;我国香港地区的沙箱则简明弹性。异中求同,横向比较之下,不难发现,其在沙箱准入标准上都注重必须是实质性创新,在沙箱监管过程中,都注重风险的充分暴露和消费者的利益维护。

当下科技金融的模式和业态不断发展变化且层出不穷,相应的规则也在随之摸索,其中的规律和应然规则都难以明晰,无法制定确切的监管规则,故围绕科技金融的风险属性、消费者保护和服务实体经济等核心点,先期进行试验田性质的沙箱监管,确实是减少金融科技创新的规则障碍,实现金融创新与管控风险双赢的最具适应性的选择。2017 年 5 月中国人民银行成立金融科技(FinTech)委员会开始金融科技工作的研究规划和统筹协调,[1]我国当下对科技金融的监管的关注和研究刚刚起步。沙箱监管制度对我国启示良多:

第一,观念变化:从"行政区域实验"到"产品服务实验"的转变。其实我国是有类似监管沙箱的制度设计的,如我国的自由贸易试验区就是典型例子。

以上海自贸区为例,在自贸区内部分法律是可以不适用的——根据全国人民代表大会常务委员会《关于授权国务院在中国(上海)自由贸易试验区暂时调整有关法律规定的行政审批的决定》和国务院《关于在中国(上海)自由贸易试验区内暂时调整有关行政法规和国务院文件规定的行政审批或者准入特别管理措施的决定》,自贸区有调整法律适用的权力。换言之,我国的法律法规在自贸区内是可以被变通执行的,这类似在沙箱监管中,金融监管机构可以放宽或者豁免法律的适用。只不过我国是以行政区域为界,而沙箱监管是以产品和服务为界。然而金融创新分散于全行业和全国,不可能只存在于固定行政区域,沙箱监管打破了区域限制和边界,以创新产品和服务为对象提供法律监管试验区,所以,我们必须更迭观念,实现从专注于"行政区域"到专注于"产品服务"的转变,在监管理念上实现从"行政区域实验"到"产品服务实验"的转变,围绕金融创新产品和服务建立监管试验田和安全港,围绕创新性、市场额度、消费者数量、保障措施、风险控制措施等,为金融创新服务和产品建立一个监管的试验区。

第二,理念更迭:从"监管限制产品服务"的被动监管到"产品服务引领监管"的主动监管。长久以来,我国金融监管从立法到执法的惯性思维和做

---

[1] 参见中国人民银行:《中国人民银行成立金融科技(FinTech)委员会》,载中国人民银行网站:http://www.pbc.gov.cn/goutongjiaoliu/113456/113469/3307529/index.html。

法有着明显的特征:

(1)金融监管在前,金融产品和服务在后,监管不因产品服务而动,或者远滞后于产品服务而变,金融监管主动限制着金融产品和服务的种类;(2)金融监管在上,金融产品服务在下,监管是“上位”的国家部门的事情,产品服务的供给是下位的经营者的事情,监管机构和监管对象互为“对立面”,博弈明显,信息不对称严重,但双方平等友善的沟通、协作、信任和知识共享明显缺乏;(3)金融监管更多的是为了金融维稳,消费者只是附带受益,行政意味明显,没有重视突出以消费者获益为根本,没有重视突出金融监管必须以促进竞争公平、促进金融资源最优配置为使命。

“沙箱监管”的理念和做法与我国现行的监管则明显相反:(1)产品服务在前,监管在后,先有产品服务,后有相对应的具体监管措施,针对创新金融产品和服务设定监管框架,根据产品或者服务的特点来设置风险防控、消费者保护的措施,产品服务引领监管、监管围绕产品服务而行特征明显;(2)产品服务在上,监管与产品平行甚至监管在下,监管机构与市场主体的沟通互动平等顺畅,双方知识共享和合作意愿明显,监管机构时刻与创新主体沟通,与创新人员共同探讨,根据产品或服务的特殊性,设定沙箱测试的标准、框架、方式、期限、范围、结果的采集方式等;(3)监管的目的和宗旨直接与消费者相关,创新主体必须主动提供周全的消费者保护措施,才能准许进入沙箱。金融监管不是为了满足大而化之的金融稳定和行政需要,而是旨在保护具体的消费者。

在金融机构日益国际化且竞争日益白炽化,金融产品与服务更新与迭代空前加速且其设计日益跨界化,整个金融生态千变万化且日新月异的金融科技时代,显然前者更清晰科学,也更具有前瞻性和时代适应性。时代的剧烈变迁必然带来监管理念的变革,如果不想固守金融监管的滞后与无效,我国金融监管理念必须提升与更迭:实现从“监管限制产品服务”的被动监管到“产品服务引领监管”的主动监管的转变;监管主体与市场主体平等沟通良性互动,更好地实现金融民主,同时知识共享以降低博弈和信息不对称成本,才能更有效地监管;提升消费者利益保护和公平竞争的金融生态构建在监管目的中的位置,更好地实现金融监管的人性化与公平化。

第三,制度架构:我国“沙箱监管”的制度引入在是否建立中国版沙箱的问题上,当然不能简单地持“别人有,我们就也必须有”之态,盲目地照抄照搬,在我国法律制度中的教训并不少见。但金融科技已然是大势所趋,且必将深度影响甚至重构着世界金融生态,鉴于沙箱监管对科技金融时代的强适应性,笔者主张我国引入“沙箱监管”制度:其对内可以减少科技金融创新的制度障碍,增强监管的适应性,为金融创新提供强劲的制度支持,实现金融创新和有效监管双赢;外可助力我国的科技金融发展战略,以引领新一轮的国际金融竞赛而不至于错失良机处于下风,在新的世界金融变革中寻求规则主导权。

在具体的制度架构方面,首先是沙箱监管的负责主体问题,在我国当前“一行三会”分业监管的金融监管布局之下,各金融子行业分别设置沙箱监管制度显然是叠床架屋资源浪费,虽然金融现实混业已经开始倒逼分业监管体制的改革,但迄今为止官方层面尚无实质性变革的信号和动作,且改革前景明显的道阻且长,再兼当下各监管机构之间的协调机制又一直虚化,要确定一家沙箱监管的负责主体委实不易。比较折衷务实的态度,就是以沙箱监管制度引入为契机,将各监管机构之间的协调机构地位和权力“实化”,由其负责沙箱监管的具体实施,此举亦可为金融监管机构的下一步改革投石问路。

在“沙箱监管”的具体制度方面,如准入标准、运行程序、运行期限、客户数量限制、金额总额限制、消费者保护措施等,前述各国和地区都为我们提供了众多的借鉴模本,准入标准必须具有真实的创新性,以剔除伪创新;运行程序和期限既不能过长,以使金融创新可以及时进入市场,但也必须给予风险充分暴露的时间,故也不能过短;对客户数量和金额总额进行限制,是比较客观且具可操作性的防止风险外溢的直接手段,可以加以采用;消费者保护措施可以包括与创新主体相应的赔偿机制和相关风险保险险种的推出和购买。在设计具体的专业制度架构上,监管层可根据自身的监管经验和专业知识,对国外经验加以吸纳,并结合我国国情加以本土化。

大数据时代下的 P2P 发展风险及其防范研究*

——以温州 P2P 发展监管为例

江衍妙**

内容提要 近年来国内互联网金融发展迅猛,其中P2P网络借贷行业规模不断扩大和野蛮生长,目前针对P2P尚未出台明确的法律法规进行监管,导致整个行业不断发生的洗钱、诈骗、非法集资、技术漏洞和信用卡非法套现等风险问题不容忽视。本文以温州 P2P 发展监管为例,分析 P2P 发展现状,对行业风险进行分析,正视当前整治难度,并提出 P2P 行业健康发展的对策建议。

关键词 大数据 P2P 发展风险 防范

"P2P 是民间借贷的渠道网络化升级版。"近年来,国内互联网金融发展迅猛,其中,P2P 网络借贷行业规模不断扩大和野蛮生长,据网贷之家最新统计的数据显示,2014 年底的网贷平台共计 14,000 多家,到 2017 年 10 月底降至 5949 家,其中浙江有 223 家,而温州又占了其中近

---

* 本文为温州市"551"人才工程支持阶段性成果,本文的相关成果转化为信息建议,获民建中央、中央统战部、全国政协采用。

** 江衍妙,现任申万宏源证券温州营业部副总经理、私人银行家 CPB、国家高级理财规划师、券商律师,兼任四川省高等学校人文社科重点研究基地中国经济法治研究中心研究员、民建浙江省财政金融委员会副主任。

三分之一。目前针对P2P尚未出台明确的法律、法规进行监管,导致整个行业不断发生的洗钱、诈骗、非法集资、技术漏洞和信用卡非法套现等风险问题不容忽视,特别是2014年10月以来全国出现了新一波P2P平台的“跑路潮”和“倒闭潮”,其涉及平台急剧增多、数额巨大、受害人群极广、地区蔓延较快,其中有部分P2P平台是温州人所为,这严重伤害了P2P行业形象,也严重破坏了温州民间金融信用环境,严重影响社会稳定(大多涉及老年人群体),此类显性风险亟待出台监管措施,防止情况蔓延和恶化,尽快化解行业“大、空、悬”问题,即总量大、监管空、风险悬问题。

自2016年4月以来,国务院组织14个部委在全国范围内启动互联网金融领域(P2P是重点)为期一年的专项整治工作,从温州市基层整治P2P的过程反馈来看,仍存在多方面问题亟待顶层制度设计和地方监管共同推进解决,以实现P2P整治工作合法合理开展,真正推动P2P金融行业健康有序发展。

一、国内及温州P2P行业的发展现状

第一,国内及温州的P2P行业发展情况:据网贷之家最新统计的数据显示,截至2017年10月底,目前全国正在运营的网贷平台共计5949家。网贷平台数量最多的地区为北京、广东、上海、浙江,其中浙江有339家,而温州又占了其中近三分之一。据温州市公安局经侦支队相关人士介绍,成立P2P公司的资金门槛较低,运营主体只需在工商部门注册电子商务或投资咨询类公司,注册资本从100万元到3000万元不等。接着,在网上花不足2000元,就能买到一个网站模板,修改一下域名即可上线运营,成为一个P2P网贷平台。据业内统计,温州市目前经过备案的P2P公司共有70家左右。

第二,国内及温州P2P行业跑路潮情况:根据温州市金融办统计数据显示,全国跑路P2P平台的总数已经超过了140家,跑路平台数量已经接近国内P2P平台总数的十分之一,而2015年3月至今,温州市公安部门共查处7家P2P公司,占温州市全部P2P公司的10%,其中,5家在鹿城区,2家在瑞安市。据浙江省公安厅经侦总队调查数据显示,在杭州地区的41家中仅一家没有问题;其中仅2014年10月出现了淘贷宝、银坊金融、融益财富(温州)、万通财富(温州)、如通金融(温州)等6家平台共卷走投资人超5亿资金,涉及受害投资者已超1000人;2014年11月4日瑞安“富城贷”公告倒闭;2014年12月温州金融港出现提现困难。

第三，国内及温州 P2P 行业出现的新苗头及坏账率情况：伴随着 2015 年上半年股市上涨行情，P2P 股票配资的热潮也被引爆，二十余家 P2P 平台已经开展了股票配资业务，其中包括 PPmoney、658 金融网等，但自 6 月 19 日起的“股灾”，让 90% 的温州民间 P2P 配资公司出现巨亏，各类风险不断显现。而在 P2P 行业的坏账率方面，陆金所董事长计葵生就多次在公开场合“自曝”该平台的坏账率年化约为 5% ~6%，引发外界对 P2P 不良情况的诸多揣测，根据融 360 调研了解，目前有些 P2P 平台的坏账率已经上升到 20% 以上，其中不乏一些知名度较高和规模较大的平台。

这也让很多国内投资人谈“温州平台”色变，甚至有不少投资者表示要撤资过冬。虽然网贷平台降低了贷款与投资的双重门槛，理论上有利于解决温州地区“民营企业多，融资难”和“民间资金多，投资难”的双重难题，但是，由于 P2P 网贷行业属于新兴行业，相关部门监管存在滞后性，因此在实践中容易被犯罪分子利用作为非法融资的工具。

二、国内及温州 P2P 行业发展的风险分析

第一，国内 P2P 网贷平台缺乏规范引导，发展过于迅猛，偏离服务小微实体经济的目标。根据网贷之家和申万研究所的统计，截至 2016 年，我国网络借贷平台数量已超 5900 多家，正常运转 2448 家，网络借贷成交量为 1058 亿元，同比增长 399%，其中网贷贷款余额为 268 亿元，同比增长 378%，网贷出借人数为 25 万人，人均累计出借金额为 19.68 万元；网贷平均利率为 19.67%，平均期限为 4.73 个月；目前的集体坏账率保守预计在 8% ~10%；相当于温州民间借贷利率，这样过高利率和过高坏账率都很难服务好中小微企业。而且，绝大多数 P2P 借贷公司平台的经营许可范围为商务咨询顾问、信息技术咨询等，但其从事的都是资金撮合业务，行为明显越红线；没有行业的统一准入标准、行为规范和法律责任等约束，从业人员良莠不齐，道德底线常被破坏。

第二，P2P 网贷平台出现了新一波的提现困难、诈骗跑路、歇业关闭等风险事件，破坏民间金融信用环境，动摇非正规金融发展的根基。与温州小贷公司 1.5 倍杠杆形成鲜明对比的是，目前 P2P 网贷杠杆可以放大到 100 倍，2011 年至 2014 年 10 月底，出现的 P2P 问题平台数量已超 230 家（2013 年是 76 家），其中比较典型的几个案件：（1）中宝投资，上线 3 年，涉及金额为 4.7 亿元；（2）中贷信创，上线 13 个月，文交所系列涉及金额超 70 亿元；（3）铜都

贷,上线5个月,涉及金额1亿元;(4)网赢天下,上线4个月,涉及金额2亿元,集中出现了新一波的“跑路潮”和“倒闭潮”。目前,贵州、四川、重庆等地也发生了P2P平台的兑付风波。

第三,P2P网贷平台存在着大量非法集资的风险。由于网络借贷借款实行“一借多”的模式和会员的社区化管理,要求网贷平台对出借人采取“账户式”操作。比如,温州的出借人(某些老人)在网贷平台上注册后,需要将计划出借的资金转到平台的账户上,而这些账户大都是网贷平台在第三方支付平台上开设的企业账户。因此,这些账户积聚了社会大众的资金,而且国内大多数网贷平台都有保障本金的承诺,挑战了正规金融的“不轻易承诺保本保收益”的法则。在我国金融管理体制下,只有银行等金融机构可以吸收公众资金。如果这些公众资金进入平台公司或者公司个人账户,则可能属于非法集资或变相的吸收公共存款。同时,秒标和拆标现象存在,某些借款人运用非法手段进行融资。

第四,P2P平台缺乏征信系统管理,网贷信息透明度极低。P2P网贷平台的信息透明度主要集中在平台自身的信息披露和担保公司的信息披露。基于温州的平台信息披露,主要是要求平台不仅要披露借款人信用状况、平台经营情况,而且还要披露平台运行过程中,历史上的逾期风险情况。基于温州担保公司的信息披露,即要求担保公司能够就自身的担保业务及以往的担保经历进行信息披露。但根据调研情况来看,目前针对借款人的信息非常缺乏,信息的不透明和征信体系的匮乏导致这个行业的风险逐步积聚。调研中提到了近几年发展比较快的宜信公司,其信息透明度还很低。

第五,P2P平台的网络系统频现安全漏洞,存在技术风险。从目前来看,黑客攻击平台并要挟收取保护费的情况时有发生,主要因为网贷平台系统本身安全漏洞比较多,温州的P2P平台存在互联网技术落后的瓶颈。一旦有黑客入侵,对出借人来说会造成不好的影响:一是平台系统出现问题后导致出借人无法登录,有可能会引起出借人的集体恐慌;二是数据的信息会被篡改或者删除。网贷平台系统记录了出借人的银行账户、账户余额、待收和资金记录,一旦这些数据被修改,将会影响出借人的资金安全。

第六,P2P平台对投资者身份识别缺失,极易发生洗钱风险。从中国人民银行温州中心支行的调查情况来看,P2P平台运营者仅注重借款人身份资料信息的提供,对于投资者的资料要求过于简单,如投资者要投资,仅需在网站选择免费注册账号,输入用户名、密码、邮箱地址、真实姓名,进行邮箱认证和上传身份证正反面照片实名认证后提交审核即可,没要求其填写工作单位、家庭收入等信息及资料证明,在资金来源无法核查的前提下,加上无法匹配其实际收入、家庭背景情况,或投资者伪造相关资料或证件通过审核,就难以认定其资金来源的合法性,仅知道是从某个银行账户过来的,有可能投入平台的资金是通过走私、贩毒等非法途径所得然后通过平台贷出去,绕一圈后再顺利收回,完成资金的黑洗白。另外,P2P 平台无法识别网络账户的实际控制人或受益人,难以识别可疑客户或可疑行为。因此,P2P 平台为洗钱犯罪分子提供了极大的便利。

第七,信用卡充值管理不严格,极易诱发信用卡非法套现风险。在人民银行温州中心支行的调查中发现,温州有 14 家平台通过第三方支付机构支持投资者使用信用卡充值投资。信用卡透支资金用于网络信贷投资,使得银行信贷资金变相进入网络信贷领域,在操作上已涉嫌信用卡非法套现,特别是当信用卡充值到 P2P 平台个人账户,而其再立即申请取现或投资者与借款人为同一个人时,P2P 平台容易成为信用卡非法套现平台,而且一旦借款逾期形成坏账,借款人无法偿还信用卡欠款,导致网络借贷风险向银行体系传导,以深圳市某 P2P 公司为例,2013 年成交额已超 77 亿元,其绝大部分的投资者正是利用信用卡的免息期"刷卡"投资赚取利息,而中间环节发生了坏账直接导致信用卡欠款无法偿还。

三、P2P 地方整治难度大的原因分析

第一,执法无主体,监管缺依据。目前,由于《网络借贷信息中介机构业务活动管理暂行办法(征求意见稿)》(中国银监会等四部于 2016 年 8 月 17 日发布,银监会令〔2016〕1 号)还未落地实施,"谁审批、谁监管、谁负责"等责任主体也不明确,行业发展基本处于监管真空地带。在日常管理中发现平台设资金池、信用担保、发布虚假标等违规行为,又面临"执法无依、处罚无据"等现实问题。同时,P2P 网贷行业又涉及金融关联性、业务复杂性、经营涉众性等因素,而监管职责又分散在市场监管、银监、金融、公安等各职能部门,导致整个行业发展一直处于"执法无主体,监管缺依据"的尴尬局面。

第二,准入无门槛,行业无标准。当前,地方政府对 P2P 网贷行业管理的政策文件,只有国家层面《关于促进互联网金融健康发展的指导意见》(银发〔2015〕221 号)。由于顶层制度设计层面没有出台相关法律、法规和部门规章,缺乏统一的监管政策与制度,导致行业发展中存在"无准入门槛,无行

业标准"等问题现象。几张桌子几台电脑,甚至淘宝都能低价购买到网站平台模板,简简单单就能上线,如果没有多少资金,又想在注册资金上做得漂亮,也可以找代理机构操作。甚至个别 P2P 网贷平台由线下高利贷公司直接转型而来。在注册资本金、从业人员资质、信息披露规则、资金存管约束等方面更是无章可循。

第三,宣传涉违规,广告多误导。P2P 网贷平台通过报纸杂志、广播电视、户外广告、传单、QQ、微信等形式公开向社会不特定对象兜售各类理财产品、抵(质)押贷款等业务,存在夸大宣传、违规宣传等现象。不少广告传播内容以承诺 15% ~18% 的高收益来抢占眼球,吸引投资。一些媒体平台、协会甚至以收取手续费的形式公开参与理财产品营销,擅自搭建品牌宣传平台,变相为理财产品提供政府与行业增信,目标受众群体主要为 50 岁以上风险意识淡薄的中老年人。甚至一些平台在社区、公园等人群聚集地有针对性地向中老年人进行推销,淡化持牌类金融机构和 P2P 理财的区别,模糊投资风险。若出现兑付问题,极易引发涉稳事件。部分平台广告投入营销成本十分惊人,如 3. 41 亿元夺取央视标王的翼龙贷,本土个别平台 2015 年投入广告费用也在 1000 万元以上。

第四,事前监管难,打击均事后。目前,从运营情况分析,P2P 网贷行业违规存在"平台自融""发布虚假标的""私设资金池"等现象。地方政府部门对违规经营的 P2P 网贷平台,也多以约谈、现场检查业务和财务台账,对问题平台发放整改通知书、风险提示函为主要形式开展管理,对存在风险隐患的 P2P 网贷平台事前介入加强监管力度十分有限,显得力不从心。而目前,由于 P2P 网贷行业的管理涉及方方面面,单靠个别部门监管面临诸多政策协调和管理难题,同时,从顶层设计到地方政府"纵横交织"的监管责任体系网络还处模糊阶段,直接导致 P2P 网贷行业的政府监管部门难以事前主动介入,往往要等到投资者因提现困难向公安部门报案,或是构成涉嫌非法集资犯罪后才由公安部门介入处置,造成事前监管打击乏力,事后介入处置被动的局面。

第五,分平台泛滥,规范难度大。地方金融管理部门在日常的监管过程中发现,总部在外地的分公司平台,多数以将投资理财端设在一个地方,贷款端则另设在其他地区为主要运作模式。一方面,这类公司的业务台账、财务报表均不落在当地,不少公司在现场检查中均以上交总部公司为由拒绝提供相应检查台账。因外地公司的分公司不具备独立法人资格,对其采取行政处罚措施,也因法人资格的缺失而障碍重重,而监管取证上更是难上加难。以温州为例,P2P 分公司在温州本地的理财端口资金规模很大,多数平台年吸收投资者资金金额均在亿元以上,一旦发生提现困难等风险事件,将给温州本地投资者造成严重损失。同时,即使被公安机关立案,也会由于其总部公司未立案且总部所在地公安等部门的配合度等问题,直接导致公安机构立案查处过程困难重重。

四、P2P 行业健康发展的对策建议

在坚持 P2P 四条监管底线前提下,我国要积极借鉴英美等成熟国家对 P2P 的监管模式,加快出台监管细则,以填补国内对 P2P 主体及其行为的监管真空地带。温州作为综合金融改革试验区,民间金融的监管有待进一步细化和强化,以 P2P 发展为突破口,正在探索出一套民间监管的方法和经验,以营造更有利于温州发展的金融环境,并希望对全国 P2P 金融发展提供借鉴。

第一,加快顶层制度设计,出台完善 P2P 金融法规,明确互联网金融的法律地位和监管主体。一是加快明确互联网金融的法律地位和整体的监管框架。互联网金融法律环境完善的首要任务就是要明确各个模式的法律定位及监管主体。建议国家层面加快推进 P2P 网贷行业的立法工作,建议央行为促进互联网金融健康发展出台相关的部门规章;建议“一行三会”对各互联网金融业态实施分类监管出台相关的实施细则,即要根据平台定位是否提供担保为标准,对平台的注册资本、团队等做出“类金融机构”的监管要求,尤其要通过杠杆倍数进行限制(调研获知像红岭创投目前的风险备付金在 7000 万元左右,而一些小公司才 300 万 ~500 万元左右,未来监管的杠杆将和风险备付金挂钩,最高杠杆倍数就只能为 10 倍左右);必须配套类似银行的资金强制托管方案。二是加快实施行业准入制度,完善退出机制。根据互联网金融不同模式的特性及运营方式,对部分模式探索实施通过设立审批或者备案制,设立资本金、风险控制能力、人员资格等准入条件,并对同一模式中不同业务种类实行不同标准的差异化准入要求,排除不及格企业。由于互联网金融涉及金融相关服务,牵连到公众利益,建议建立负面清单制度,同时引入退出机制。在这轮倒闭潮来临引起社会恐慌的背景下,也彰显了采取发放牌照的模式来对 P2P 行业进行监管的必要性。三是赋权地方金融主管部门要结合本土实际,积极探索行业监管措施。P2P 发展规模较大的

地区实施试点工作,比如应当尽快授权温州市政府进一步修改完善《温州市民间融资信息服务企业管理暂行办法》和《关于加强 P2P 网络借贷平台管理的若干意见(征求意见稿)》等法律文件,并做好行业整治的方案制订、组织协调等各项牵头工作,以期未来为地方政府部门在行业监管中"执法有依、处罚有据"打好基础。

第二,注重金融消费者保护,强化风险警示教育,严禁消费宣传误导,强化 P2P 的自律管理。美国和英国针对互联网金融都有非常严格的消费者保护法。消费者在权益的分配方面处于弱势地位,是互联网金融的主要风险承受载体。建议加快建设 P2P 的争端解决方式,完善金融消费者投诉处理机制。一是要加强金融消费正面宣传引导、警示风险。需要各级政府进一步提升金融消费者辨别真伪和风险识别能力,保护金融消费者权益,特别要改变"正规金融监管过严、民间金融监管缺位"局面。二是鼓励各级政府建立健全投资理财类产品媒体宣传的管制机制。进一步规范投资理财类产品的宣传,探索事前预审和事后加大处罚的联动机制,切实防范金融风险,保护投资者合法权益,比如温州市就积极探索立法规定"消费误导的媒体、单位、个人承担出险后的连带责任",从源头上防止金融消费宣传误导的发生。三是加快成立互联网金融行业协会,发挥行业自律的作用。中国互联网金融协会由央行条法司牵头筹建,旨在对互联网金融行业进行自律管理,该协会成员单位应当涵盖银行、证券、支付、互联网、P2P 等多个领域。例如,根据目前的了解情况,申请入会的 P2P 行业协会成员有四大准入门槛:(1)从业人员中必须有 3 人以上在银行做过 5 年风控;(2)公司要具备自有资金;(3)公司注册资金要达到 1000 万元,净资产超过 500 万元;(4)公司技术人员必须通过公安部的二级安全认证等。温州应当更好地做实"互联网金融协会"的职能。

第三,畅通信息共享渠道,建立综合监管机制。一是探索建立地方版的联席会议制度(应以地方政府一把手牵头作为组长)领导机制。特别要对 P2P 监管中碰到的重大问题及时进行磋商,开展信息沟通的无缝对接,定期交流行业监管信息,提高监管效率。二是加强建立各级银行、银监、公安、工商、电信等部门之间信息共享机制。必须尽快推进地方金融监管信息大数据交互平台建设,建议各部门之间建立实现公安经侦立案数据、工商注册登记数据、电信 ICP 备案数据、金融管理部门备案数据之间的互通和共享,建立 P2P 行业信息数据库和从业人员名单库,健全各职能部门之间对 P2P 行业查证违法违规经营行为的抄告、移送、处罚等行政执法机制,同时建议参考英国 FCA 的规定,要求 P2P 机构建立信息披露制度。建议加快引入合格投资人概念,认真履行反洗钱义务,防范洗钱风险发生。三是有效开展互联网金融风险的联合整治,实行常态化联合监管。各部门各司其职,分工协作,打好监管组合拳,根据排查出来的问题及风险,建立"条块结合、纵横交织"的监管网络,实行常态化行业联合管理和风险排查。四是建立"发现风险、快速预警、快速处置"的行业应急处置机制。地方要主动发挥基层派出站所、居委会等的力量,探索建立非法集资"网格化"管理模式,将地方金融风险信息监测关口前移,风险及时预警,进一步强化地方金融风险防范和处置能力。

大数据背景下 P2P 网贷平台的风险防范与多元化监管研究

张古月*

内容提要 在当前大数据时代的背景下,互联网的发展使传统的金融行业发生着巨大的变革,P2P 网贷平台在全民理财的热潮中得以快速发展。但是,高速发展的背后却隐藏着巨大的危机。当前,我国 P2P 网贷平台面临着违法犯罪风险、主体信用风险、信息披露风险和网络安全风险。从 2011 年开始,相关部门陆续出台了针对 P2P 网贷平台的政策性规定,为规范 P2P 网络借贷指明了方向,但网贷新规仍无法弥补社会信用立法和征信体系的缺陷,还需要结合大数据,从多方面对 P2P 网贷平台的监管机制进行优化。

关键词 大数据 P2P 互联网金融

引言

近年来,互联网金融类产品不断在我国的金融市场中涌现,网络理财的模式不断植入社会公众的观念之中,以其高效性、便捷性的特点引发了全民理财的热潮。目前我国的 P2P 网络贷款平台搭建门槛低,而收益率很高,同时种类也呈多元化发展趋势,以此获得了很多投资人

* 张古月,四川省社会科学院研究生。

的青睐。我国 P2P 网贷模式从 2015 年开始呈现出爆炸式的增长,但在快速增长的背后也涌现了诸多的问题。P2P 模式在给金融行业注入新鲜血液的同时,也对监管模式提出了新的挑战。

一、我国 P2P 网贷平台的发展现状

(一)我国 P2P 网贷平台的行业发展现状

P2P 模式(Peer-to-Peer lending)2005 年始创于英国的 Zopa 公司,P2P 网络贷款平台是指通过第三方互联网平台进行资金借、贷双方的匹配,借贷的双方可以通过平台来寻找交易的对象,具体的法律关系如图 1 所示。2007 年 5 月,我国第一家 P2P 网贷平台"拍拍贷"正式上线运营,开启了中国 P2P 贷款模式的网络化的新纪元。

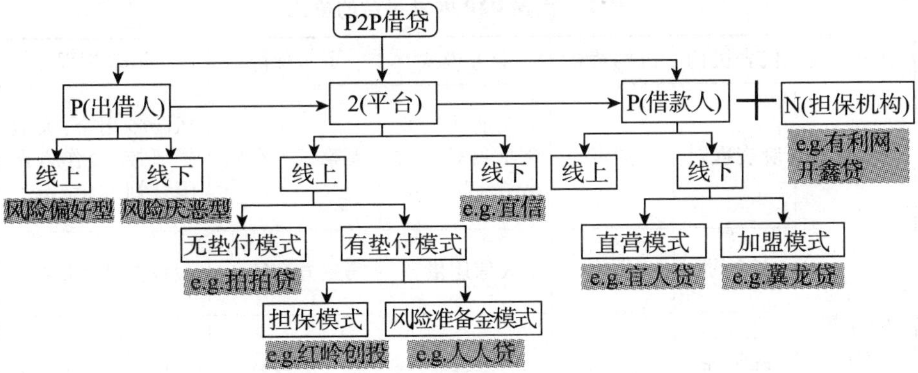

图 1　P2P 网贷平台的法律关系

我国 P2P 网贷平台的发展经历了四个时期:起步期,发展期,爆发期,稳定期。起步期是指 2007 ~ 2011 年,这一时期主要是借鉴了国外的 P2P 模式,以信用贷款为主,但由于我国公民信用体系的不健全及民众对互联网金融缺乏认识,这一时期的 P2P 网贷平台的发展非常缓慢。2012 ~ 2014 年,P2P 网贷平台处于发展期,业务模式主要是地区性借贷,P2P 平台的业务和区域范围都在不断发展。爆发期处于 2015 ~ 2016 年,这期间 P2P 网贷平台激增,仅 2015 年就发展出 2659 家,随之而来的是诈骗、跑路等一系列的问题,这一时期也是各项监管政策出台的高峰期,最高人民法院、中国银监会、中国人民银行等都陆续出台了一系列监管文件。各项政策的出台,大大提高了 P2P

网贷平台的准入门槛,并对平台提出了更高的要求,许多资质欠缺的 P2P 平台难以继续运营和发展,因此,从 2017 年开始,我国 P2P 网贷平台的发展进入了稳定期。

我国 P2P 网贷平台的性质是中介机构,根据中介的性质不同,可以分为纯信息中介性平台和复合中介性平台;根据经营机构的背景不同可分为上市公司系、国资系、银行系、民营系四类,其中,民营系是我国 P2P 网贷平台的主力军,占据了我国市场总体份额的 96% 以上。其业务模式主要集中在个人消费贷款、企业融资贷款、债权转让、小额分散、理财、房产抵押等方面,大部分 P2P 网络贷款平台处于多种经营的混业状态。P2P 平台的资金保障主要是第三方存管和无第三方存管方式如表 1 所示。在当前的市场环境和经营模式下,我国对于 P2P 网贷平台监管主要是对民营系的多种经营模式进行监管。

表 1　我国 P2P 网贷平台的模式

中介性质	代表机构	机构背景	业务模式	资金保障	风险担保
纯信息中介性平台	麻袋理财	国资	个人消费贷款,企业融资贷款,小额分散	无第三方存管	风险备用金,大数据风控,合作方保障计划
	拍拍贷	民营	个人信用借款	第三方存管	大数据魔镜风控
	陆金所	银行	债权转让	第三方存管	大数据风控,第三方担保,合格的投资者
	宜人贷	上市	无抵押无担保信用借款	第三方存管,质保服务专款偿付	大数据风控
复合中介性平台	互融宝	国资	债权转让,抵押借款	第三方存管,本息保障	风险准备金,小贷公司,融资性和非融资担保公司
	红岭创投	民营	债权转让,小额分散	无第三方存管	风险准备金,实地考察,质押或抵押

续表

中介性质	代表机构	机构背景	业务模式	资金保障	风险担保
复合中介性平台	小牛在线	银行	理财	无第三方存管	质量保障服务专款制度,银行风控,合作机构连带担保
	PPmoney	上市	消费理财,汽车金融,房产抵押	第三方存管,资金保险制度	风险准备金

自 P2P 网贷平台引进国内以来,便具有蓬勃发展的态势。2015 年我国 P2P 网络贷款平台的发展更是呈井喷式增长,仅仅一年的时间就发展出 2659 家,当年的成交规模达到 8956 亿元,中国一度成为国际金融市场中份额最大的 P2P 网络贷款市场。截至 2017 年 4 月 30 日,我国 P2P 网贷平台数量为 4863 家,4 月 P2P 网贷行业全国成交额为 2021.77 亿元,同比上涨 53.16%。但是,快速发展的背后相应的问题也随之显现,2015 年年内我国出现问题的 P2P 网络贷款公司高达 967 家,而 2016 年上升至 2265 家,到 2017 年 4 月 30 日,累计问题平台达到了 3084 家。据统计,多数出现问题的 P2P 网络贷款平台经营都未满 1 年。[1]

P2P 平台交易风险的隐蔽性、广泛性和突发性,给我国金融行业的健康发展带来巨大隐患。作为金融模式的 P2P 网络贷款平台,在出现客观问题时,不仅影响到投资人的直接利益,也对其行业的健康发展产生不利影响。但毋庸置疑的是,P2P 网络贷款对我国金融市场具有促进作用,对我国实体经济具有促进作用,这也是其成为我国政府包容和推崇的主要因素。那么,促进 P2P 行业的健康发展,以及网络环境和市场环境的稳定,自然成为了现阶段我国金融体制需要正面直视的问题。

(二)当前我国 P2P 网贷平台的监管情况

早在 2011 年 8 月,中国银监会办公厅就发布了《关于人人贷有关风险提示的通知》,该通知就 P2P 的主要问题与风险、监管措施与要求进行了分析,该文件中提及的"七大风险"在 P2P 平台的发展中被不断地验证。中国小额

〔1〕 参见崔玉静、刘超、李继业:《我国 P2P 网络贷款监管之现实问题及对策研究》,载《河北工程大学学报(社会科学版)》2017 年第 3 期。

信贷联盟于2013年8月发布的《个人对个人（P2P）小额信贷信息咨询服务机构行业自律公约》明确了P2P平台的性质，对行业自律管理提出要求。2015年7月，中国人民银行等十部委联合发布的《关于促进互联网金融健康发展的指导意见》（银发〔2015〕221号）明确指出P2P的借贷中介身份，明确P2P平台由银监会监管，遵守小额贷款公司相关监管规定，不得提供增信服务，不得非法集资等。

2016年8月24日，银监会、工信部、公安部、国家互联网信息办公室联合发布了《网络借贷信息中介机构业务活动管理暂行办法》，明确了“行为监管+备案登记”模式的监管框架，总结了十二项规范化的禁止行为。2017年3月《网络借贷资金存管业务指引》的颁布，为网贷平台加速银行存管指明了方向，加快了平台的合规化进程，同时也规定对于逾期未整改的平台将按照有关规定执行，对于不合规平台具有重大影响，进一步加速不合规平台退出P2P网贷行业。至此，P2P网贷行业监管的政策法规不断完善，监管政策不断严格化，进入门槛不断提高（P2P平台监管适用法的具体内容如表2所示）。

表2　我国关于P2P平台监管的适用法

时间	颁布机构	名称	主要内容
2011年4月	商务部	《第三方电子商务交易平台服务规范》	规定了第三方交易平台的设立与基本行为规范、平台经营者对站内经营者的管理与引导、监督管理等问题
2011年8月	中国银监会办公厅	《关于人人贷有关风险提示的通知》	该通知就P2P的主要问题与风险、监管措施与要求进行了分析，认为银行业金融机构必须采取有效的措施，做好风险预警监测与防范工作
2011年12月	最高人民法院	《关于依法妥善审理民间借贷纠纷案件促进经济发展维护社会稳定的通知》	要求高度重视民间借贷纠纷案件的审判执行工作，加大对民间借贷纠纷案件的调解力度，积极促进建立健全民间借贷纠纷防范和解决机制
2013年8月	中国小额信贷联盟	《个人对个人（P2P）小额信贷信息咨询服务机构行业自律公约》	明确了P2P平台的性质，对行业自律管理提出要求，限制了不当竞争，规范了信息披露、IT系统安全等内容

续表

时间	颁布机构	名称	主要内容
2014年3月	最高人民法院、最高人民检察院、公安部	《关于办理非法集资刑事案件适用法律若干问题的意见》	主要对涉及非法吸收公众存款、集资诈骗等犯罪的客观条件具体认定的问题、共同犯罪的认定问题、涉及民事案件的处理问题等进行了规定
2015年7月	人民银行等十部委联合	《关于促进互联网金融健康发展的指导意见》(银发〔2015〕221号)	指出P2P的借贷中介身份,明确P2P平台由银监会监管,遵守小额贷款公司相关监管规定,不得提供增信服务和非法集资等
2015年8月	最高人民法院	《关于审理民间借贷案件适用法律若干问题的规定》	明确规定"网络贷款平台的提供者通过网页、广告或者其他媒介明示或者有其他证据证明其为借贷提供担保,出借人请求网络贷款平台的提供者承担担保责任的,人民法院应予支持"
2016年8月	中国银监会	《网络借贷信息中介机构业务活动管理暂行办法》	明确了"行为监管+备案登记"模式的监管框架,用"负面清单"方式对P2P平台禁止事项作出详细规定,包括禁止提供担保、自融、平台归集用户资金、对项目进行期限拆分等
2016年8月	中国银监会	《网络借贷资金存管业务指引(征求意见稿)》	要求存管银行必须在官方指定的网站公开披露包括交易规模、客户数量、网贷机构逾期率、不良率等信息报告,并要求存管银行不应外包或由合作机构承担,不得委托网贷机构和第三方机构代开出借人和借款人交易结算资金账户
2016年4月	国务院办公厅	《互联网金融风险专项整治工作实施方案》	要求有关部门配合开展互联网金融领域专项整治,推动对民间融资借贷活动的规范和监管,整治的重点为开展金融业务的互联网企业
2016年10月	中国互联网金融协会	《互联网金融协会信息披露自律管理规范》	规定参与会员定期接受检查,违反规定更高的要求

续表

时间	颁布机构	名称	主要内容
2017 年 3 月	中国银监会	《网络借贷资金存管业务指引》	为网贷平台加速银行存管指明了方向,加快了平台的合规化进程,同时也规定对于逾期未整改的平台将按照有关规定执行,对于不合规平台具有重大影响,进一步加速不合规平台退出 P2P 网贷行业

2016 年 3 月,“中国互联网金融协会”的成立,标志着我国互联网金融的监管正式向行业自律管理的迈进。2017 年全国金融工作会议明确指出,设立国务院金融稳定发展委员会,确认“机构监管”变为“功能监管、行为监管”,改变了原有的单一性的监管模式,使互联网金融的监管向着多元化、市场化的方向发展。

当前我国 P2P 网贷平台的监管措施不断发展,在不同程度上推进 P2P 网贷行业的健康发展,为规范 P2P 网络借贷指明了方向。但网贷新规无法弥补社会信用立法和征信体系的缺陷,也无法解决信息不对称引发的道德风险等问题。

二、我国 P2P 网贷平台面临的风险

在大数据时代的背景下,互联网的高效、迅捷、技术性、易删改等特点,为金融行业开辟了一个低成本、高效率的投资方式,却也因其交易信息缺乏有体物作为载体,使监管部门难以对交易的信息进行实时认定。P2P 网贷平台在面临着巨大风险的同时,也给传统的监管模式带来了挑战。

(一)违法犯罪风险

当前我国的 P2P 网贷平台呈现出多元化的经营模式,不同运营模式的设计缺乏与之相配套的规范制约,就容易在产品设计和经营管理上触犯法律的边界,触犯法律所禁止的“非法集资”“非法吸收公众存款”等罪名。最高人民法院、最高人民检察院、公安部《关于办理非法集资刑事案件适用法律若干问题的意见》中对“向社会公开宣传”的认定进行了明确,由于互联网信息的广泛性、容易获取性,P2P 平台在进行宣传的过程中容易触犯这一条款,触及法律的红线规定。另外,一些 P2P 网贷平台宣传的保本保息的投资

产品，严重触犯了金融市场的规律，违背了金融秩序，很容易走上诈骗的道路。

（二）主体信用风险

由于我国 P2P 网贷平台起步时期的市场准入门槛较低，大批信用等级低、资金运营能力不足、缺乏金融从业经验的公司进入该领域中，其投资管理能力和风险调控能力遭到了质疑。很多平台公司对自家的投资产品进行夸大、虚假宣传，产品的控制、定价、风险评估中的多种问题也在 P2P 网贷平台中普遍存在，信用风险累积到一定程度会产生破产和倒闭的客观现象，不仅给平台自身造成了巨大的风险和损失，还会使投资者血本无归，影响互联网金融业的健康发展。

（三）网络安全风险

网络技术安全风险主要是基于互联网的安全技术相对性而产生的交易信息传输、交易密码保密、交易者的身份确认等方面的风险，这是互联网金融所固有的风险。[1] P2P 网络借贷平台业务开展和数据存储必须依托互联网技术和计算机技术，网络的不安全性使得 P2P 网贷平台诞生之初就面临着各种木马病毒、网络黑客入侵的危险。实践中，P2P 网络借贷平台过于注重资金的收益，往往造成对安全的忽视。据 21 世纪经济报道记者不完全统计，自 2014 年以来，由于黑客攻击造成的 P2P 网络借贷平台瘫痪，大量数据被修改的已经有 150 多家。[2] 尤其是在 2015 年 4 月，我国互联网安全漏洞平台——乌云网通过后台审核，通过了名为"芝麻金融 P2P 网站数据库泄露可导致用户千万级资金受影响"的漏洞，这一漏洞目前已经使得八千多名用户的个人信息遭到泄露，涉案金额已经高达 3000 万元。[3] 一旦平台的数据遭到了泄露和篡改，将会给平台的客户带来巨大的财务损失。面对多种多样、变化莫测的钓鱼软件、木马病毒的入侵，P2P 平台依靠自身的软件升级防护，显然无法给用户营造绝对安全环境，还须依赖于网络大环境的整体安全。

---

〔1〕 参见冯果等著：《网上证券交易法律监管问题研究》，武汉大学出版社 2011 年版，第 36 页。

〔2〕 参见姚莎：《P2P 网络借贷平台法律监管研究》，西南财经大学 2014 年硕士学位论文，第 18 页。

〔3〕 参见李玫、王泽君：《我国 P2P 网络借贷的法律监管探究》，载《电子科技大学学报（社科版）》2017 年第 5 期。

(四)信息披露风险

部分网贷平台在项目收益率、门槛、平台服务费等方面披露信息模糊或者隐匿信息,甚至披露虚假信息,诱导借款者参与网络借贷,部分借款者甚至因此陷入“高利贷”陷阱。同时,由于信息的双重不对称,受时间和空间局限,出借人很难完全获知和辨别借款人的信息是否真实,包括借款人身份信息、借款用途、实际经济情况等,因此,可能存在和面临着严重的道德风险。部分网贷平台的借款者利用虚假的财务报表信息、虚假身份信息等手段来骗取平台和借款者的信任,从而获得了借款。一旦借款人违规、违法使用平台借款,便会存在恶意借取、逾期不还的现象。

三、P2P网贷平台多元化监管模式的构建

(一)构建法律法规监管体系

加强互联网金融领域的相关立法,对于规范我国金融市场的发展、促进政府监管法制化建设、发挥互联网金融的活力具有重要的作用。当前我国的P2P平台被定性为信贷中介机构,其监管依托于整个互联网金融制度的保障。虽然相关部门已经针对P2P模式出台了相关的政策,但是,大多停留在规范的层面,很少上升到法律、法规层面,应当尽快出台相关的法律、法规,对互联网金融的监管主体、监管对象、监管手段、监管内容等作出明确的规定;还要制定信息安全法来保障互联网环境下的金融安全,保护大数据背景下的个人隐私,以此来构建一个完整的监管体系,使互联网金融的监管有法可依。

(二)明确行业自律和跨行业监管机制

当前我国已经成立了“中国互联网金融协会”,并发布了《互联网金融协会信息披露自律管理规范》,这标志着我国互联网金融已经跨出了行业自律的第一步。行业自律规则也叫俱乐部规则,是有组织的市场的活动准则。但是由于我国行业协会的法律地位不具有明确性,导致了行业协会很难独立,要从行业内部加强制度建设,就必须确立行业自律规则。P2P作为互联网平台,其交易行为不仅涉及金融行业领域,还与其他的领域有着复杂的利益关系。利益不一致导致预期不一致,政府监管需要协调利益关系和利益

矛盾。[1] 这就需要建立跨行业、跨区域的监管机制,以实现对 P2P 网络信贷平台的有效监管。

(三)健全信息披露制度

信息披露是保护投资者最有效的手段,针对互联网金融虚拟性、迅捷性的特点,监管部门应当通过信息技术非现场监管建立有效的信息公开机制,提高互联网金融的信息披露标准,保障信息披露的真实、透明、及时、充分、完整,建立健全的信用风险评估机制。[2] 通过健全互联网信息披露制度,提高 P2P 网贷平台经营活动的透明度,有助于投资者了解平台运营者与金融机构及监管机构之间的信息,充分了解资金的运行后进行投资。

(四)加强互联网金融的风险监管

加强互联网金融的风险监管,需要建立完善的信贷风险监测体系,强化 P2P 网络信贷平台的风险调控能力。可以仿照传统的金融机构,征收一定的风险储备金,以提高网络信贷平台的风险应对能力,为投资者提供更好的保障。在风险管理上,坚持审慎监管的原则,除对平台基本业务进行监管外,还要满足大数据信息建设的基本要求,加强信用信息的对接和共享,利用大数据平台对平台信用进行监管,实时进行大数据风险监测。利用大数据对互联网金融风险进行管控,对系统性信贷风险设置提前预警,以防范互联网金融的风险。

结论

P2P 网贷平台的发展离不开互联网金融的大环境,只有互联网金融的整体环境得到净化,P2P 网贷平台才能健康稳定地发展。在大数据的背景下,加强大数据信息平台的建设,利用大数据库对网络信息进行整合、对接与共享,将对互联网金融产生积极的作用。科学技术的每一次进步都对金融领域的革新产生巨大的影响,大数据时代的来临将把金融行业带向一个崭新的未来。

---

〔1〕 参见李拉亚:《央行政策与公众对策互动关系的利益机制分析》,载《经济研究》2016 年第 10 期。

〔2〕 参见张古月:《网络证券投资的风险及其监管——以“余额宝”为例》,载《经济研究导刊》2015 年第 20 期。

信息供给视角下民间借贷风险的司法防控*

王煜宇　张　霞**

内容提要　数字市场经济条件下，民间借贷的规模性、分散性、多元性、隐蔽性等特征导致其信息不对称问题突出，形成高成本与高利息的恶性循环，不仅极易产生违约风险，也极易累积为区域性、行业性、系统性金融风险，影响金融稳定，威胁金融安全。建立科学有效的民间借贷信息供给机制是解决问题的关键。由于民间借贷主体没有信息供给的动力、现有监管机构缺乏信息供给的能力，强化民间借贷信息资源的司法供给势在必行。民间借贷司法信息供给机制能够全面、客观、准确的体现民间借贷运行状况，反映民间借贷风险要素和风险指标，解决民间借贷信息不对称问题，有效防控民间借贷风险。

关键词　民间借贷　信息不对称　司法专项信息　风险防控

* 本文研究得到首批"国家特殊人才支持(万人)计划"青年拔尖人才计划支持。本文系作者主持的2014年国家社科基金重点项目"农村金融制度创新研究"(14AZD034)，西南政法大学校级重大项目"农村金融立法研究"(2017XZZD09)，中国市场经济法治研究中心重大招标项目"金融安全法律问题研究"(CMEL14ZD06)的阶段性成果。

** 王煜宇，西南政法大学教授、博士生导师；张霞，西南政法大学博士研究生。

一、问题的提出

"民间借贷"是在正规金融体系之外自发形成的、受价值规律自由支配的内生性资金供需活动。在法律意义上,民间借贷一般是指自然人、法人、其他组织之间及其相互之间进行资金融通的行为。[1] 由于民间借贷的贷款人大多是因不能提供充分担保而难以从正规金融体系获得贷款的"自然人、法人和其他组织",因此,借款人对贷款人信用状况、还款能力等信息资源的认知判断是决定民间信贷资源配置的关键环节。传统民间借贷根植于熟人社会,在一定的血缘、人缘和地缘范围内,资源流动的封闭性使信息传递较为充分,民间借款人信息获取方式灵活多样,在信息成本上有明显优势,能够有效避免信贷资源配置中的信息不对称问题。[2] 在数字市场经济环境下,民间信贷资源流动在全社会范围内呈现开放状态,民间借贷日益显现出规模性、分散性、多元性、隐蔽性等新型特征,对借款人的信息获取形成巨大挑战,民间借贷信息不对称问题日益凸显。与银行等正规金融机构相比,民间借贷经营主体多元而分散,各自的信息相对封闭,难以形成共享共通的信息共享机制。并且,银行等金融机构的征信系统只有相关国家机关为公务所需或公民本人申请才能查询,[3] 民间借贷主体难以充分借助金融机构的信用信息体系,更多依赖于借款人的声誉、口碑等私人信息来源,信用信息的客观性、及时性难以保障。与传统授信渠道相比,民间借贷经营主体授信平台的规模化和网络化,加剧了信贷双方信息交换的隐蔽性,信用信息的真实性、准确性难以判辨,借款人难以把握贷款人的真实财务状况及偿债能力。信息经济学认为,在信息高度不对称的情况下,拥有信息的一方在利益驱动下总会利用自身的信息优势使自身利益最大化,损害信息弱势方利益,实施"道德风险"。因此,在民间借贷信息不对称的根本约束下,借贷双方信息博弈的最终结果往往表现为借款人借款给愿意付高利息的贷款人而不考虑其是否有还款能力,有还款能力的贷款人因为不愿支付高利息而借不到

---

〔1〕 参见最高人民法院《关于审理民间借贷案件适用法律若干问题的规定》第1条:本规定所称的民间借贷,是指自然人、法人、其他组织之间及其相互之间进行资金融通的行为。

〔2〕 参见最高人民法院《关于审理民间借贷案件适用法律若干问题的规定》第1条:本规定所称的民间借贷,是指自然人、法人、其他组织之间及其相互之间进行资金融通的行为。

〔3〕 参见中国人民银行《个人信用信息基础数据库管理暂行办法》第7条:商业银行不得向未经信贷征信主管部门批准建立或变相建立的个人信用信息基础数据库提供个人信用信息。第15条规定:征信服务中心可以根据个人申请有偿提供其本人信用报告。

钱的"劣币驱逐良币"的"逆向选择"。不仅如此,高息借款人为支付高利息而四处举债、"借新债还旧债"的行为又导致借款需求增加、借贷利率上升。

民间借贷的信息不对称导致高风险,出借人往往用高利息来对冲高风险,而高利息往往超出借款人的承受能力,加剧信用违约风险。最高人民法院《关于审理民间借贷案件适用法律若干问题的规定》确定司法保护的民间借贷年利率是24%,已支付利息认可36%的年利率。实践中,很多民间借贷的利率远远超过36%。[1] 当事人之间一旦发生纠纷,无法寻求合法保护,而暴力追债、社会黑恶势力的参与又进一步增加实现债权的成本,推高利息,形成"高风险—高成本—高利息"的恶性循环。另外,民间借贷关系中个体之间的资金链条("民间借贷圈"),民间群体与个体之间的资金链条(民间借贷的各种"会"),民间借贷机构与个体之间的资金链条彼此链接、相互作用,[2]使得民间借贷资金最终集中于能源行业、房地产行业等少数暴利行业。如果发生国家宏观经济政策调整、经济周期下行等情况,资金密集行业就会因盈利水平、偿债能力整体下降而无法支付民间借贷的高额利息,部分企业的偿债危机将在资金链传导下产生"多米诺骨牌"效应,不断向整个社会扩散,从而引发行业性、区域性乃至系统性金融风险,影响金融稳定,威胁金融安全。2011 年温州、鄂尔多斯,2013 年陕西神木,2014 年湖南娄底,2015 年河南南阳、洛阳等民间借贷危机的相继爆发,均反映出由于信息不对称所引发的金融风险形态由"违约风险—行业风险—区域风险—系统风险—社会风险"的步步累积、层层叠加,并最终由风险量变导致风险质变。

可见,信息不对称是造成民间借贷风险累积、叠加、衍变的根本原因。正是由于信息不对称,导致借贷双方将利率作为判断信用能力的唯一标准。于是,民间借贷的资金流向不是建立在借款人真实偿债能力的基础上,而是片面追求高利率,借款约定的高利率与实际偿债能力又相互脱离,导致民间借贷资源配置效率低、债权实现成本高、利率畸高、违约风险加剧。只有加强民间借贷信息的有效供给,让借款资金流向有实际偿债能力的实体经营者,降低债权实现成本和违约风险,才能实现信用资源的有效配置,发挥民

---

〔1〕 从各种调查统计资料及民间走访资料来看,温州、宁波等民间融资较为活跃的地区,月利率普遍在2分、3分以上,高者甚至达到5分以上,即年利率超过60%……借贷双方通常会采取提前扣息、实际履行利率高于约定利率等做法,给法院认定借贷事实带来重重困难。

〔2〕 参见侯玉京等:《民间借贷风险防控体系的重要一环——建立系统性信息报告制度的调研和思考》,载《江南论坛》2015 年第 3 期。

间借贷服务中小企业的积极意义。既往研究比较一致地发现了传统民间借贷的信息优势,[1]侧重于对民间借贷行为主体、利息等合同内部要素的"法律规制"与"激励监管",[2]没有意识到信息不对称是造成数字市场经济条件下民间借贷违约的根本原因,没有意识到建立科学有效的信息供给机制是防控民间借贷风险的"治本之策"。本文将由此出发,通过分析现有信息供给的现状和问题,探讨如何建立科学有效的民间借贷信息供给机制。

二、民间借贷司法信息供给的必要性

解决信息不对称问题首先需要有效的信息供给,民间借贷的信息来源主体包括民间借贷主体、行政监管机构、人民法院等,下面逐一分析其信息供给状况。

(一)信息分散化:民间借贷主体难以构建信息体系

银行等金融机构通过财务会计报告公示制度实现定期的信息公开,利率水平、不良贷款率、资产充足率等信息公布的具体规则明确,行业内部交流途径通畅,信息整合具有制度化、体系化的特点。民间借贷没有统一的管理机构及运行制度,经营行为有自主性、自发性、灵活性等优点,但另一方面也有分散性、盲目性的不足。浙江温州等地试行的民间借贷登记制度试图构建信息披露的制度,通过借贷双方在登记机构的集中登记,及时反映每一笔借款的利率、金额、时间等数据,并通过统计分析形成社会借贷总规模、利率平均水平等宏观数据信息体系,为民间借贷查询及行业风险防控提供服务,但是,这一制度的运行并不理想。2014 年 3 月《温州市民间融资管理条例》规定,"单笔借款金额 300 万元以上""借款余额 1000 万元以上""向 30 人以上特定对象借款"等民间借贷情形必须向中心备案登记,不在强制要求

---

〔1〕 史晋川、叶敏(2001)认为,由于民间非正规金融机构在信息成本上有明显优势,使得违约的可能性、道德风险在一个较大的程度上可以避免;林毅夫、孙希方(2005)认为,由于中小企业信息不透明,且常常不能提供充分的担保或抵押,正规金融机构难以有效克服信息不对称造成的逆向选择问题,而非正规金融机构在收集中小企业的"软信息"方面具有优势。

〔2〕 通过在中国知网检索期刊论文,以"民间借贷法律规制"为主题关键词检索到 303 篇期刊论文,以"民间借贷监管"为主题关键词检索到 1504 篇期刊论文;以"民间借贷激励"为主题关键词检索到 69 篇期刊论文。主要代表性观点有:岳彩申认为,对民间借贷规制应当选择市场准入、区域竞争、税收减免、价格上限、信息保护、主体身份转换等激励规制工具,优化法律制度设计,构建差异化、多样性的规制机制,形成科学的法律激励结构;杜万华、韩延斌认为,对民间借贷法律漏洞问题,亟需建立和完善符合我国国情的以法律规制为主的综合性民间借贷监管体系;冯辉认为,应堵疏并举、厉行改革与从严执法并重,从依法规制非法借贷、风险提示与信息供给、利率市场化、促进合作性金融等角度进行民间借贷监管。

备案范围的,借款人也可以自愿报送备案,对拒不履行备案义务的民间借贷行为将按照规定予以处罚……截至2015年9月1日,温州全市共完成民间借贷备案15,487笔,成交总金额236.99亿元。但这相比温州每年800亿的民间借贷规模来讲,成效不是十分显著。[1] 民间借贷主体不愿意主动公布经营信息主要有以下因素:首先,民间借贷主体大多属于中小企业或个人,我国现行法律制度对上市公司以外的其他经营主体并没有强制信息披露的要求,是否向社会公布经营状况、财务数据等属于企业自主决定的范围。其次,出于商业竞争的考虑,民间借贷出借人不愿意公布其经营的利率、规模、不良资产率等信息,民间借贷借款人为了扩大商业合作、维护商业形象,不愿意公布自己的负债信息。最后,民间借贷以追逐利润为首要目标,不免有收取超高利息、逃避税收监管等一些不规范的行为,由于各种利息、费用超出了国家允许的范围,民间借贷主体担心国家调控及法律规定的制约,不愿意公布经营信息。

P2P网贷平台虽然对借贷成交量、利率水平有一定信息公布,但具有业务营销、展示企业形象等动机,并不能保证信息的客观真实性。而且,P2P网贷平台未能与中国人民银行征信系统连接,无法进入该系统查询借款人的信用记录,只能根据借款人提供的资料评定借款人的信用状况,难以保证信用信息的准确性和公正性。[2] 虽然,"国内绝大部分民间借贷网络平台都建立了黑名单系统,专门公示存在恶意逾期欠款行为的借款人,并且在其借款未足额还清前,禁止其继续发布借款需求。由于目前的'黑名单'系统是各家网站分别建立的,缺乏与其他民间借贷网络平台信息的互动,使信息知晓者仅限于本网站的用户。而恶意借款人还可以在其他借贷网站乃至小额贷款公司、消费金融公司、商业银行等放贷机构继续申请贷款。"[3] 因此,P2P网贷平台信息仍然受到民间借贷分散性特点制约,不能全面准确的反映民间借贷运行状况。

(二)信息来源不足:行政监管机构无力提供信息供给

我国目前没有专门的民间借贷监管立法,也没有明确的民间借贷监管

---

〔1〕 参见王萌、陈燕、诸佳慧:《温州民间借贷登记服务中心存在的问题研究》,载《北方经贸》2016年第4期。

〔2〕 参见伍坚:《我国P2P网贷平台监管的制度构建》,载《法学》2015年第4期。

〔3〕 参见李爱君:《民间借贷网络平台的风险防范法律制度研究》,载《中国政法大学学报》2012年第5期。

机构、监管措施和监测制度，民间借贷的市场准入、资金筹集及流向、经营地域及范围等均不受行政审核、备案等程序制约。民间借贷的行政监管弱化有其深层次的原因：首先，行政监管是以政府主导的国家——控制法范式，“国家——控制法范式以寻求一种强制性法秩序为行动指向，将推行自上而下的命令——服从方式当做获得法秩序的基本手段。”〔1〕而民间借贷的主体是私有财产主体，其权利义务属于私权的范畴，倡导竞争和创新，由优胜劣汰进行资源配置并形成市场秩序，因此，对民间借贷组织的权利、义务及法律责任的制度供给应更多呈现对民间融资自由权、民间融资公平权及普惠性融资权的保障。〔2〕行政监管对民间借贷并不能进行直接强制性干预，而应当尊重民事主体的权利与意思自治，这也是民间借贷无法建立强制性信息公布制度的重要原因。其次，国家政策对民间借贷主体呈现从限制到放宽的趋势，《关于鼓励和引导民间投资健康发展的若干意见》等鼓励民间投资的政策、法规均体现出减少主体资格限制的倾向。〔3〕资格审查、登记备案的监管模式不符合民间借贷的发展要求，行政监管机构对民间借贷主体资格无法限制，企业、自然人均可成为民间借贷主体。现有行政监管大多针对小贷公司、网络借贷平台，难以涉及自然人的借贷行为。〔4〕因此，行政监管对自然人借贷主体出现“监管盲区”，难以全面掌握民间借贷主体数量、经营规模等信息。最后，民间借贷没有被纳入金融体系之内，中国人民银行等监管机构均是针对特定金融行业，行政监管体系中没有专门针对民间借贷的监管机构，对民间借贷的日常经营行为，行政监管机构并不能直接获取信

〔1〕 参见罗豪才、宋功德著：《软法亦法——公共治理呼唤软法之治》，法律出版社2009年11月版，第15～16页。

〔2〕 参见岳彩申、车云霞：《民间借贷法律监管的新进路》，载《河北法学》2016年第5期。

〔3〕 参见1998年7月中国人民银行发布的《非法金融机构和非法金融业务活动取缔办法》（2011年已修订）规定，除部分小额信贷、不计息的亲友借款之外，其他非正规金融组织或活动均属非法。2005年国务院《关于鼓励支持和引导个体私营等非公有制经济发展的若干意见》提出，“城市商业银行和城市信用社要积极吸引非公有资本入股；农村信用社要积极吸引农民、个体工商户和中小企业入股，增强资本实力。”2008年5月，银监会和央行联合发布《关于小额贷款公司试点的指导意见》，允许民间资本进行经营性的借贷活动。2010年5月，国务院出台《关于鼓励和引导民间投资健康发展的若干意见》，明确规定“鼓励和引导民间资本进入金融服务领域”及“允许民间资本兴办金融机构”。

〔4〕 参见国务院《关于印发推进普惠金融发展规划（2016～2020年）的通知》第5条第2项及国务院《关于进一步做好防范和处置非法集资工作的意见》（国发〔2015〕59号）第18项，上述规定均提到推动制定非存款类放贷组织条例、典当业管理条例、小额贷款公司管理办法、网络借贷管理办法等规定。中国银监会《关于银行业风险防控工作的指导意见》（银监发〔2017〕6号）第27、28、29项提出：严格执行《网络借贷信息中介机构业务活动管理暂行办法》和备案登记、资金存管等配套制度，督促网络借贷信息中介机构加强整改，做好“校园网贷”及“现金贷”的清理整顿工作等，侧重于对中介机构的监管。

息。综上,在行政监管弱化的基础上,行政监管机构难以掌握民间借贷运行状况,信息来源不足。此外,由于行政监管对自然人借贷行为的“监管盲区”,司法实践中反映出大量以自然人名义出借资金来规避监管的现象。我们以M地区中级人民法院2014年至2016年民间借贷一审案件当事人的构成状况来说明这一问题。[1]

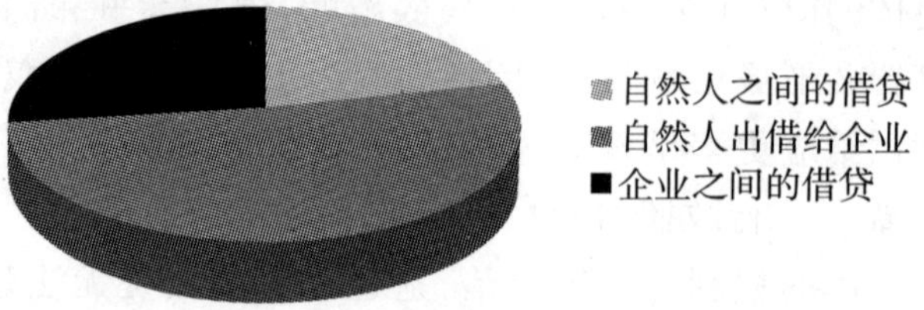

图1　M地区民间借贷案件当事人构成状况

数据来源:M市法院2014年至2016年法院年度工作报告。

从图1可以看出,民间借贷纠纷案件的出借主体以自然人为主,企业之间的借贷较少。但是,大量关联案件反映出一定地域内出借人较为集中,往往是投资咨询公司、小额贷款公司、担保公司等民间借贷经营机构的员工或负责人专门从事放贷活动,形式上是个人出借,但实质上是各种民间借贷机构(其中一部分没有进行工商登记)的筹资、经营等有组织的运作。以自然人名义发放贷款的行为使大量民间借贷游离在监管体制之外,民间借贷的中介机构“隐形化”现象加剧了行政监管机构的信息来源不足,使其无力从宏观层面掌握民间借贷的风险状况。

(三)信息客观全面:人民法院司法信息供给的优势

全国法院受理民间借贷纠纷案件的数量在2008年以前相对平稳,2008年之后案件数量开始大幅度上升。2012年收案747,809件,比2008年的488,301件上升53.15%,占各类借款合同的58.48%。2012年比2011年增长22.90%。

---

〔1〕 根据M市中级人民法院2014年至2016年的法院年度工作报告,2014年全市审理民间借贷案件14,872件,其中自然人主体之间的借贷3592件,自然人出借给企业的借贷6935件,企业之间的借贷4345件;2015年全市审理民间借贷案件19,425件,其中自然人主体之间的借贷4215件,自然人出借给企业的借贷9473件,企业之间的借贷5737件;2016年全市审理民间借贷案件23,692件,其中自然人主体之间的借贷4923件,自然人出借给企业的借贷12,835件,企业之间的借贷5934件。取平均值后,自然人主体之间的借贷占21.95%,自然人出借给企业的借贷占50.43%,企业之间的借贷占27.62%,统计地区中级人民法院受理的一审民商事案件的标的额为人民币1000万元以上。

2013 年上半年继续呈大幅增长态势,收案 443,631 件,同比增长 25.09%,涉案标的由 2008 年案均额 12.75 万元上升至 2013 年上半年的 31.60 万元,增长 1.74 倍。[1] 最高人民法院研究室发布的 2015 年全国法院各类案件审判执行情况中,新收民间借贷纠纷案件 1,536,681 件,上升 41.48%;金融机构同业拆借案件 9873 件,上升 10.8%;企业之间借款案件 12,278 件,上升 3.87%;其他借款合同纠纷 802,738 件,上升 24.09%。[2] 通过统计中国裁判文书网公布的民间借贷纠纷一审裁判文书,2013 年为 122,090 件、2014 年为 487,389 件、2015 年 477,847 件、2016 年 939,570 件。公布的民间借贷裁判文书呈现下列趋势。[3]

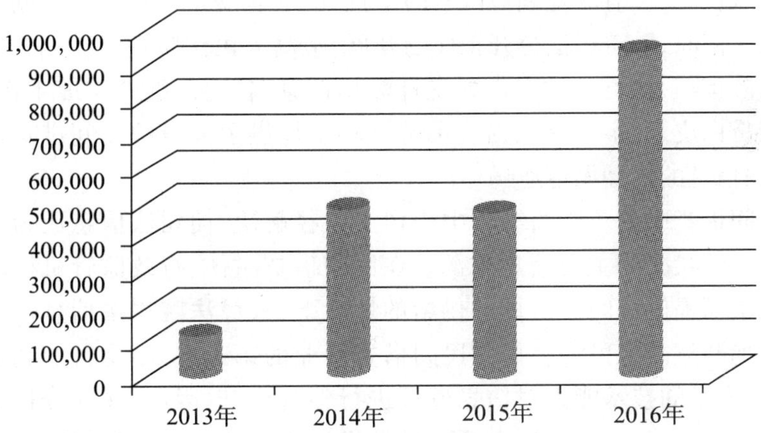

图 2　2013～2016 年全国民间借贷案件裁判文书公布情况

从上述数据可以看出:民间借贷案件数量长期增长且保持高位运行。数量庞大的借贷行为固然是导致大量民间借贷纠纷最后走向司法程序的原因之一,但是,当大量的纠纷涌向"正义的最后一道防线"来寻求庇护,也说明了司法程序之前的纠纷解决机制面对民间借贷纠纷的失效。[4] 司法诉讼成为解决民间借贷纠纷的主要途径,客观上使得司法信息能够充分反映民

〔1〕 参见佟季:《对全国法院近五年审理民间借贷案件的数据分析》,载《法制日报》2014 年 2 月 19 日,第 4 版。

〔2〕 参见张春波:《2015 年法院司法统计数据"新鲜出炉"新收一审案件数量首次突破千万》,载《中国审判》2016 年第 3 期。

〔3〕 本图中的统计数据依据中国裁判文书网公布的裁判文书数量,不包含因调解、涉及商业秘密等原因未上网的裁判文书。

〔4〕 参见程金华:《四倍利率规则的司法实践与重构——利用实证研究解决规范问题的学术尝试》,载《中外法学》2015 年第 3 期。

间借贷的运行状况,信息具有全面性。另一方面,法院信息化建设为民间借贷专项司法信息体系的建设提供了强大的数据基础,截至2015年,法院专网实现全国3512个人民法院网络全连通、数据全覆盖、业务全开通。最高人民法院建成信息集控管理中心,建成"人民法院数据集中管理平台"的一体化综合枢纽,实现全国法院信息存储、展示、交换和整理,全国四级法院新收、旧存、已结、未结案件数据自动生成,实时汇聚到最高人民法院,已汇集全国近5年7000余万件案件数据和3800万份裁判文书,并以日均5万至6万件的案件数量递增。[1] 并且,司法信息是司法机关基于中立的立场对案件情况的客观反映,没有其他利益因素的干扰,能够客观全面地反映民间借贷运行状况。同时,随着司法公开工作的开展,最高人民法院每年定期公开发布全国法院审理、执行各类案件的统计数据信息;各地法院的年度工作报告、民间借贷白皮书、金融审判白皮书等资料也提供了大量的民间借贷司法数据,司法信息的传播渠道通畅。

民间借贷中的矛盾纠纷集中于司法途径解决,使司法信息成为反映民间借贷风险状况的主要信息来源。在民间借贷主体、行政监管机构均难以从宏观层面提供民间借贷信息供给的情况下,人民法院司法信息供给的必要性更加凸显。人民法院作为民间借贷行业的第三方,不受行业利益的牵制,具有充足的技术能力对信息资源进行整合提升,因此,深入分析司法信息中的风险要素,通过司法专项信息的供给解决信息不对称问题是民间借贷风险防控的重要手段。

三、民间借贷司法信息供给的要素机制

目前的司法信息主要是案件数量、金额等数据统计,对民间借贷领域的专题研究和专项数据分析还不足,尤其是司法与监管、司法与社会风险防控等跨部门、跨领域的综合性信息应用还有待于深化。最高人民法院《关于进一步加强金融审判工作的若干意见》提出:"充分挖掘运用司法大数据,加强对金融案件的审判管理和分析研判,定期形成金融审判大数据分析报告,研究解决具有普遍性、趋势性的法律问题,为区域性、行业性、系统性金融风险的防范预警和重大决策提供信息支持。"为了更好地发挥司法信息的风险防控功能,需要对借贷总规模、利率水平、借贷用途等信息进行统一分析整合,

---

[1] 参见最高人民法院:《人民法院工作年度报告(2015)》,法律出版社2016年版,第74、75页。

结合相关社会经济指标进行定量分析,以充分反映民间借贷的总体规模、发展动态、风险状况、相关法律、法规实施效果等,具体从以下方面提升司法信息的风险防控功能。

(一)完善信息关联分析以实现民间借贷风险评估

民间借贷能弥补正规金融的不足,提高信贷市场资源配置的效率,是正规金融的有效补充,两者在同一社会宏观经济环境下相互影响,民间借贷风险与人均GDP、社会投资增长率等经济指标数据密切相关。因此,民间借贷的风险评估应充分考虑资金市场的实际供求、实体经济产能过剩、银行不良贷款率等因素,从社会宏观经济环境、货币政策、金融系统性风险等各个方面综合评判民间借贷的风险状况。通过对社会经济指标的解读,研究民间借贷与金融指标的关联规律,评估民间借贷风险状况,以增强民间借贷风险防控的预警性。另一方面,对同一债务人涉及多起诉讼的借款高度集中现象,应加强关联案件的信息关联分析。司法程序中关联案件由固定审判团队集中办理,对同一债务人的多起诉讼"集约化"审判,以便于全面掌握当事人的债权债务状况。在案件汇总数据基础上分析债务人的债务总额与资产状况的差距、持续融资能力、偿债能力与到期债务的比例等基础信息,建立动态的风险评估机制,避免偿债危机引发群体性事件。

(二)构建专项信息分析以控制民间借贷风险成本

首先,公布利率信息以降低交易成本。高利率是民间借贷高风险的主要来源,高利率又与高成本密切相关。为了弥补大量无法追回的借款及追债产生的高额费用,民间借贷利率被不断推高。有学者提出:美国证交所架构的主要功能是揭示股票的价格信息,同样的道理,中国各地的民间借贷市场也应建立相应的利率信息公布机制……使关于借贷的信息流变得更加顺畅,从而降低民间借贷的交易成本。通过借贷市场的建设(市场价格信息使市场趋于一致),使各地的借贷利率趋于一致。[1] 银行等金融机构定期公开发布的利率信息缩小了银行借款利率的差距,而民间借贷由于缺少公开透明的利率信息揭示机制,借款人缺乏市场平均利率、利率离散度等定量分析信息的参考,在信息不对称下的决策风险较大,不利于借贷资源的均衡配

---

〔1〕 参见陈志武:《反思高利贷与民间金融》(下),《北方经济时报》2005年8月17日,第7版。

置。诉讼中的民间借贷利率信息能够反映出实际利率与法定利率的偏离程度、实际利率的分布状况等，使民间借贷主体对市场平均利率水平有科学的数据参考，合理配置借贷资源，从而降低民间借贷的交易成本，实现低成本、低利率、低风险的良性借贷模式。

其次，分析借贷主体、借款用途、借款期限等司法信息的风险防控要素。借款合同中不一定写明借款用途，但特定的借款主体间接上界定了借款的用途。例如，房地产企业在借款主体中所占比例较高时，结合房地产行业的经济增长率、国家宏观调控政策的定性分析及数据统计对比的定量分析，足以判断房地产行业的债务风险累积程度。当民间借贷诉讼过度集中于国家产业调控的行业时，是明显的风险警示信号，及时公布司法信息分析结果，可以为国家宏观调控提供决策依据，为民间借贷主体的风险防控提供客观全面的信息供给。民间借贷资金的高利率、高风险特点决定其主要价值是解决流动资金短期周转问题，合理的民间借贷期限以 1 年以下的短期借贷为主，1 年以上的中长期借贷比重过大往往隐含着偿债风险，通过大量诉讼信息的统计和归纳总结，揭示中长期借款的债权实现率和短期借款的债权实现率，并形成借款期限合理配比值的相关参考指标，有利于国家宏观调控及民间借贷主体合理控制债务风险。

综上，民间借贷司法信息的风险防控要素可以概括如表 1 所示。

表 1　民间借贷风险防控司法信息要素体系

<table>
<tr><th colspan="2">民间借贷司法信息</th><th>风险防控要素</th><th>关联信息</th></tr>
<tr><td rowspan="5">当事人基本情况</td><td>自然人在借款主体中所占比率</td><td>比率越高，民间借贷受金融监管越少</td><td>自然人的借款个体集中度</td></tr>
<tr><td>借款行业分散度</td><td>分散度越高越有利于避免行业性债务危机</td><td>相应行业发展指标、国家产业宏观调控政策</td></tr>
<tr><td>借款地域分散度</td><td>分散度越高越有利于避免地区性债务危机</td><td>各地区 GDP 数据、投资状况、经济总容量</td></tr>
<tr><td>借款个体分散度</td><td>分散度越高，风险越小</td><td rowspan="2">与当地非法集资事件、企业破产案件的关联性</td></tr>
<tr><td>借款个体集中度（累计借款总额的占比）</td><td>集中度越高，资金越集中于少数主体使用，风险越大。借款集中度如果超过一定的警戒值，很可能引起社会稳定风险，是风险防控的重点</td></tr>
</table>

续表

民间借贷司法信息		风险防控要素	关联信息
民间借贷案件数(占同期民商事案件比率)		案件增长速度反映着民间借贷的风险累积程度,迅速增长的民间借贷案件表明社会总体偿债能力的下降	同期非法集资、高利转贷等高利贷刑事案件数量,同期金融借款案件数量
借款额分布	100万元以下借款比率	小额借款比例越高,潜在债务风险越小。大额借款比例越高,潜在债务风险越大	同期银行贷款总规模、社会固定资产投资总额100万元至1000万元规模
	100万元至1000万元借款比率		
	1000万元至5000万元借款比率		
	5000万元至1亿元借款比率		
	1亿元以上借款比率		
借款期限分布	短期借款(1年以下)比率	短期借款比率越高,潜在风险越小	同期短期、中长期金融借款的规模及占比
	中长期借款(1年以上)比率	中长期借款比率越高,潜在风险越大	
	提前到期借款比率	提前到期借款比率越高,违约风险越高,债权实现率越低	
担保方式	保证	债务成本低、法律风险小	信用借款违约率越低,信用信息体系的作用越完善
	抵押	债务成本较高,法律风险较小	
	质押		
	无担保	信用贷款比例越高,信用信息越完善	

续表

民间借贷司法信息		风险防控要素	关联信息
利率信息	约定利率12%以下的比率	利率离散度越大,民间借贷发展越不均衡。约定利率平均值反映出民间借贷利率水平的可行性	同期金融机构存贷款利率、借款利息与农业、工业、服务业各行业平均盈利水平的对比
	约定利率12%至24%的比率		
	约定利率24%至36%的比率		
	约定利率36%以上的比率		
	判决利率与约定利率平均值之比	判决利率与约定利率平均值之比反映出法律的适用度	同期国家货币政策、通货膨胀率
	自动履行率	自动履行率越高,债务风险越小	同期金融借款案件的自动履行率
	执行率(含实际执行数额与裁判数额的差距)	债权实现比例越高,债务风险越小	同期银行不良贷款率、金融借款案件执行率
	失信被执行人比率	信用体系中的失信惩戒信息	相关社会信用体系

通过以上风险防控要素与指标体系的内容,法院的司法信息足以形成对民间借贷的监测机制,为风险防控提供依据,并通过长期分析借贷利率、债权实现率等司法数据的变化幅度及其与通货膨胀、投资规模等宏观经济信息的关联性,实现风险评估、风险预警等功能。

四、民间借贷司法信息供给的实现途径

民间借贷司法信息具有充足的资源优势,但目前尚没有建立专项信息体系。

在法院信息化建设和司法公开的基础上,进一步加强司法专项信息的机制建设,是实现民间借贷司法信息风险防控功能、发挥司法工作参与社会风险综合治理作用的重要途径。司法专项信息的机制建设包括以下几个方面:

（一）健全信息收集、分析、管理的统一标准以实现风险评估的科学性

《美国电子政务法》第205条规定，“所有联邦法院必须建立独立的法院网站，公开法院基础信息，”其公布信息的范围扩展到“任何对社会公众有用的法院信息”，此外，《俄罗斯法院信息公开法》第6条第3款规定：“在互联网和电信网络上公布有关法院活动的相关信息。”第14条、第15条对在互联网站上发布有关法院活动的信息内容和在互联网门户网站公布司法信息的具体要求进行了详细而具体的阐述和分类，为司法信息网络途径的公开提供了具体操作的指南。我国目前尚没有司法信息管理相关立法，实践中主要由最高人民法院根据《司法公开示范法院标准》等司法文件指导全国法院的信息标准统一问题。由于司法信息供给是解决民间借贷信息不对称的风险来源的重要渠道，因此，只有按照统一标准收集、分析、管理的信息才能实现兼容共通，准确地进行宏观风险评估。因此，最高人民法院作为司法信息汇集的中枢，有必要在司法文件的基础上进一步明确民间借贷风险防控信息的采集标准、汇总程序、分析流程、使用原则等标准，以实现法院收集、处理该专项信息的统一工作机制。同时，对司法信息应当遵循“制作→审核→发布”的三级管理：首先，案件信息“谁办理谁制作”；其次，由司法机关内部行政人员对信息“随到随审”，而不是“集中审核”，避免审核步骤延误公开时限，并且审核的目的主要是查漏补缺，并非加以限制；最后，设立专门岗位负责及时整合、发布信息，在新媒体平台和传统平台同步公开。[1] 通过有效的信息管理提升其价值，从而提高民间借贷风险评估的科学性。

（二）建设专业网络平台以实现风险防控的体系化

从信息经济学的角度来看，信息公开就是为了解决信息拥有者与信息匮乏者之间的信息不对称问题，从而有助于平衡各方的利益。[2] 美国设有法院电子记录公共访问系统（Pacer. gov），社会民众在该网站上注册个人账号后即可查阅相关法院电子记录。我国通过互联网平台进行司法专项信息公开的制度始于2013年最高人民法院《关于推进司法公开三大平台建设的

〔1〕 参见谭世贵、谢澍：《我国司法信息公开的问题与出路》，载《法治研究》2014年第9期。

〔2〕 See George A. Akerlof, “The Market for ‘Lemons’: Quality Uncertainty and the Market Mechanism”, *The Quarterly Journal of Economics*, Vol. 84, No. 3 (Aug., 1970), pp. 488 – 500.

若干意见》首次提出“审判流程公开平台、裁判文书公开平台、执行信息公开平台”三大网络信息平台,使审判流程、裁判文书及执行信息实现专业化、体系化,其利用价值和社会影响度由此得到提升,裁判文书的类案检索功能、失信被执行人名单的信用惩戒功能对审判工作、社会信用体系建设等产生了积极的促进作用。此外,还出现了全国企业破产重整案件信息网、人民法院知识产权审判网、行政执法与刑事司法衔接信息共享平台等司法专项信息平台,但尚没有建立民间借贷专项司法信息平台。建设面向社会公开司法专项信息的网络平台,及时发布民间借贷利率、借款规模、借款分布、借款集中度等信息,为民间借贷的经营、调控等决策提供有益参考,是民间借贷风险司法防控的重要载体。因此,建设民间借贷专项司法信息的网络平台具有充分的必要性。网络平台建设中应对网站建设具体模块进行统一规范,使其标准化,并编制民间借贷风险防控信息的目录、指南,形成检索体系,避免公众获取信息困难。对于网络平台的信息更新问题,应从软件和硬件两个方面着手:一方面,强化司法工作人员及时将信息上传至网络平台的意识;另一方面,针对司法信息公开的不同内容,设立相应的公开时限,实现法院内部各个科室之间的联合联动。此外,对公开不及时的行为进行相应的程序性制裁。[1] 在我们所处的互联网时代,碎片化的信息并不能全面反映风险、防控风险,反而易产生“失之毫厘,谬以千里”的偏差,专业信息网络平台是加强信息关联度、提高信息供给覆盖面、实现民间借贷风险防控的重要途径。

(三)建设信用信息体系以实现民间借贷风险制约

2016年4月18日,中央全面深化改革领导小组第二十三次会议审议通过的《关于建立完善守信联合激励和失信联合惩戒制度加快推进社会诚信建设的指导意见》提出“通过信用信息公开和共享,建立跨地区、跨部门、跨领域的联合激励与惩戒机制……鼓励有关部门和单位开发税易贷、信易贷、信易债等守信激励产品,引导金融机构和商业销售机构等市场服务机构参考使用市场主体信用信息、信用积分和信用评价结果,对诚信市场主体给予优惠和便利……各地区、各部门要结合实际,制定信用信息归集、共享、公

[1] 参见高一飞:《网络时代的媒体与司法关系》,中国民主法制出版社2016年版,第86页。

开、使用和守信联合激励、失信联合惩戒的工作流程和操作规范。”[1]司法信息所包含的丰富内容是社会信用体系建设中不可或缺的重要组成部分。社会信用体系建设包括守信激励体系建设和失信惩戒体系建设。对失信被执行人实施联合惩戒是建立失信联合惩戒制度的有益探索。[2]法院的失信被执行人名单使拒不履行债务当事人受到无法向银行金融机构贷款、不得担任企业法定代表人、被限制高消费等惩戒,对失信惩戒体系建设起到积极作用。但失信被执行人名单的信息量较为单一,通过司法信息的守信激励体系建设以发展信用借贷、降低民间借贷风险成本,实现从“失信被执行人名单”到“信用信息体系”的突破是我们从信息供给角度进行民间借贷风险防控的重要内容。

由于民间借贷的服务对象主要是中小型企业,其虽然有无形资产与偿债能力,但没有充足的固定资产,抵押型的借贷模式让其陷入融资难、融资贵的困境。能源、钢铁等重工业企业凭借实物资产能提供充足的抵押物获得大量贷款,但由于产能过剩对资金并没有实际需求。司法实践中反映出一些重工业企业从银行借出资金投入民间借贷获取利息收入的现象,这进一步加大了中小企业的融资成本,导致金融资源配置的扭曲。发展信用借贷,中小企业可凭借其良好的信用评价获得贷款,摆脱对抵押物的依赖,从而解决中小企业融资难、融资贵问题。信用借贷的基础在于信用体系的建设。人民法院不仅要及时公布民间借贷信用信息,以充分的信息供给为民间借贷风险防控提供支持,还应加强与工商机关、税务机关、公安机关、金融机构等的信息共享,探索将司法信息数据接入人民银行征信系统,建立与金融信用信息数据库具有映射关系的民间借贷专项信息体系,实现不同领域数据库信息在更大范围内的共享利用,促进社会信用体系发展。从而激励企业珍惜信用信息、提高资金利用效率,全面优化社会信用环境,降低融资成本。

司法信息不仅为审判工作服务,还应延伸审判职能,积极融入社会信息共同体建设,通过信息共享参与社会风险综合治理,为民间借贷风险防控提供制度化的信息供给,从而在源头减少信息不对称,降低民间借贷经营成本

---

〔1〕 参见《关于建立完善守信联合激励和失信联合惩戒制度加快推进社会诚信建设的指导意见》(国发〔2016〕33号)。

〔2〕 参见刘贵祥:《加大信用惩戒力度建立联合信用惩戒机制——〈关于加快推进失信被执行人信用监督、警示和惩戒机制建设的意见〉的解读》,载《人民法院报》2016年9月26日,第3版。

及风险。

五、结语

民间借贷的非体制性是其本质属性,但风险防控需要制度化的保障。面对信息不对称问题,民间借贷经营者难以整合行业信息资源,行政监管部门难以全面监管所有经营主体,而法院的司法信息在民间借贷诉讼数量庞大的背景下,依托法院信息化建设及司法公开的制度力量,形成了丰富的数据来源、强大的技术支撑、稳定的制度保障,司法信息特有的客观、全面、稳定的信息资源优势凸显。我们通过加强司法信息的风险要素内容及机制建设,从平面的失信被执行人名单到立体的风险防控信息体系,以司法信息供给减少信息不对称问题,并充分实现对民间借贷风险的预警、评估、防控等功能。"法律应当有效地回应各种社会需要和愿望,使法制具有开放性和灵活性"。[1] 通过民间借贷司法专项信息体系使民间借贷风险防控从传统的司法事后调整转化为面向社会的事前预防,能够有效配置借贷资源、降低民间借贷风险、促进民间借贷健康发展。

---

〔1〕[美]诺内特、塞尔兹尼克著:《转变中的法律与社会:迈向回应型法》,张志铭译,中国政法大学出版社2004年版,第16页。

互联网金融监管组织设计的原理与框架*

靳文辉**

内容提要 互联网金融监管组织的科学构造，是决定互联网金融监管合理性的关键要素，其对互联网金融监管目标的确定、监管手段的运用、监管工具的选择都会产生决定性影响。传统的“统合监管”和“分业监管”等金融监管组织模式，和互联网金融均存在某种程度的非契合性。互联网金融运行的基本事实和风险的具体状态，决定了对互联网金融的监管必须是综合整体性监管和专业性监管的复合型监管，必须是灵活、适应和富有弹性的回应型监管。以此为依据，建立由正式监管组织、行业协会和互联网平台构成的多中心监管组织，通过文化、资源、责任和技术等途径来构建监管组织的跨部门协调机制，引入专家知识、强化监管队伍建设以提升监管组织的专业能力，实现互联网金融风险评估组织的独立运行，是互联网金融监管组织设计中应该遵从的路径。

关键词 互联网金融 监管组织 监管原理 组织框架

一、引言

以移动支付、大数据、云计算、社会网络、搜索引擎等为主要内容的互联网技术，在有机结合传统金融基础上

---

* 本文发表于《法学》2017年第4期，特此声明。

** 靳文辉，重庆大学法学院教授，博士生导师。

所形成的互联网金融,已成为一股颠覆性力量,深刻地影响着原有的金融产业和金融格局。互联网金融改变了传统金融业对中高端市场的过度偏好,打破了金融垄断,转向聚合碎片化的大众需求并形成"长尾"效应,重塑了金融领域的竞争格局。其凭借互联网的信息储存和分享技术及价格发现能力,有效克服了金融领域中的信息不对称和融资歧视,其内生的普惠、脱媒等特质,以及资金获得上的快速、高效和低成本优势,引起了理论界和实务界的巨大热情和重视。

然而,互联网金融在拥有上述诸多优势的同时,其所具有的法律风险、操作风险、传染风险、声誉风险、流动性风险、信用风险和市场风险也会不断叠加和积聚,尤其是在我国,经济体制、金融产业结构及现行制度框架,更是加剧了互联网金融领域中创新与安全、自由与规范之间的纠葛和撕扯。2013年底以来,互联网金融领域内的风险逐渐暴露,违约事件频发,大规模的倒闭、跑路,资金周转困难和欺诈问题也随之出现。[1] 2015年的e租宝风险事件,更是让互联网金融的乱象暴露无遗,互联网金融尤其是P2P网贷,一度成为"非法集资"的代名词而被社会所诟病。我国监管层正是基于互联网金融发展领域乱象丛生这一事实,2015年底以来,加快了对互联网金融行业的整顿步伐,密集下发了互联网金融的监管规则和整治法案。[2] 其中,2016年10月13日,以国务院办公厅为首,十几个部委联合,一天出台了7份有关互联网金融治理的文件,掀起了一场互联网金融的"整治风暴"。

在笔者看来,电子商务的兴起以及传统金融的服务盲区为互联网金融的发展创造了机会,金融业不可能对互联网技术和信息技术所带来的便捷和高效视而不见,同时,互联网技术的广泛渗透性也决定了其不可能对金融业漠然置之,两者结合是必然的。因此,互联网金融存在的风险不是因噎废食的理由,我们必须认识到互联网金融的创新价值以及广阔的发展空间。同时,也要认识到兼具互联网和金融双重因子的互联网金融所具有的特殊风险,不能放任其野蛮生长,更应制定合理的制度予以规范。毋庸置疑,在互联网金融监管的制度设计中,对监管组织及运行机制的科学构造,是决定

---

〔1〕 参见杨东:《互联网金融的法律规制——基于信息工具的视角》,载《中国社会科学》2015年第4期。

〔2〕 分别为《互联网金融风险专项整治工作实施方案》《非银行支付机构风险专项整治工作实施方案》《通过互联网开展资产管理及跨界从事金融业务风险专项整治工作实施方案》《P2P网络借贷风险专项整治工作实施方案》《股权众筹风险专项整治工作实施方案》《互联网保险风险专项整治工作实施方案》《开展互联网金融广告及以投资理财名义从事金融活动风险专项整治工作实施方案》。

监管合理性的关键要素。特定的互联网金融监管组织对应着特定的行为样式,其对于监管目标的确定、监管手段的运用,监管工具的选择都会产生决定性的影响,监管组织的设计事关互联网金融的健康发展和监管绩效。基于此,本文拟对其监管组织设计的基本原理进行研讨,对互联网金融监管组织的框架进行勾勒,试图从监管组织设计的角度,为提高互联网金融监管的效率,规范互联网金融的发展,进而为促进整个行业的良好健康发展,提出一种可行的思路和建议。

二、"统合监管""分业监管"组织模式与互联网金融的非契合性

学术界对一般意义上的金融监管组织体制有较多的研究积累,并将之分为统一监管和多边监管两大模式。近年来,随着综合经营模式成为金融业发展的基本走向,学界大都认为,统合监管应成为未来我国金融监管变革的趋势,因为其更适应金融集团化发展的需要,[1]或者认为统合监管至少应成为我国金融监管的发展方向。[2]实践界也以统合监管为基本思路,试图对金融监管的机构加以变革。[3]就互联网金融而言,由于其本质是"金融而不是互联网",它"只是金融服务的提供方式和获取方式发生改变,是直接融资和间接融资在互联网上的延伸",[4]那么,一个顺理成章的结论是,互联网金融也应以统合监管作为其构造监管组织体系的基本依据。但互联网金融急速发展的事实和多种要素参与的形态,决定了其和统合监管之间存在难以弥合的裂痕,同时,分业监管与互联网金融之间也存在着某种程度的悖论。本文认为,以分业监管的弊端分析代替统合监管的正当性论证,或者以统合监管的弊端论证来代替分业监管正当性的分析,都是对金融监管组织

---

〔1〕 参见杨东:《后金融危机时代金融统合法研究》,载《法学杂志》2010年第7期;张鹏、解玉平:《金融监管组织架构变迁的趋势、原因及对中国的启示》,载《现代管理科学》2012年第3期;许凌艳:《金融统合监管法制研究:全球金融法制变革与中国的选择》,载张育军、徐明主编:《证券法苑》2010年卷(法律出版社2010年版)等。

〔2〕 参见杨东、陆徐元:《我国金融业统合监管体制的实现路径分析》,载《社会科学研究》2000年第6期;张鹏、解玉平:《金融监管组织架构变迁的趋势、原因及对中国的启示》,载《现代管理科学》2012年第3期。

〔3〕 比如实务界提出的将"银监会""证监会""保监会"合并至中国人民银行的"超级央行"模式,保留中国人民银行,将"银监会""证监会""保监会"合并成立"金融监管委员会"的"一行一委"模式。2018年4月8日,中国银行保险监督委员会成立,取消了中国保险监督管理委员会,保留了中国证券监督管理委员会,是"一行二会"模式。

〔4〕 参见陶娅娜:《互联网金融发展研究》,载《金融发展评论》2013年第11期。

模式选择的简单化处理,互联网金融的特殊性决定了其监管组织模式不是对现有模式的简单套用,也不是在现有模式间的仓促转换,其独特的发展规律和风险特征决定了必须重新思考其监管组织模式的构造问题。

(一)互联网金融风险的系统性、融合性与"分业监管"的悖论

一般认为,互联网金融是互联网技术和金融业务多重交错、融合和渗透基础上出现的金融服务方式和融资方式。从形态上来讲,它是指各种以互联网为手段或平台并在形态结构和运作机制等方面有别于网下现实环境中的银行、保险、信托、证券等传统金融领域的新的金融现象,[1]其跨时空、跨行业和跨领域的混业经营特征和贯穿多层次市场体系的属性更为明显。从风险发生的过程来看,由于多个金融机构和金融市场因互联网而相互联结,每一个关联点都有可能成为风险的传染通道,风险的传导性和感染性由此增大,风险因相互交织而更加复杂,系统性风险更加突出。同时,和传统金融相比,互联网金融业务的参与主体众多,传播速度迅速,风险的控制和处置更为困难,这些因素的叠加使得互联网金融风险关联的不仅仅是产业本身,还和社会稳定直接相关。比如,昆明泛亚有色金属交易所股份有限公司于2011年推出的"日金计划""日金宝"等互联网金融产品,吸收投资430多亿元,签约投资者达22万左右,2015年的兑付危机所引发的市场恐慌及社会稳定隐患,便是典型例证。因此,对互联网金融的监管必须是整体的,系统的和全面的,需要在统筹全局的基础上对风险予以整体的认知和把握,预防风险的扩散,避免大规模的风险形成,甚至社会动荡的发生。但以分业监管模式作为思路来构造互联网金融监管组织,其弊端显而易见,以下详述之。

首先,互联网金融监管的目标,是维护互联网金融体系的稳定与有效,从整体上预防和化解可能出现的各种风险。这需要监管者对互联网金融的多个片段和环节进行统筹考虑,强化监管的系统性和连续性,对互联网金融各个阶段、各个节点的风险进行系统的认知和把握。但是,在分业监管模式下,监管主体的监管行动是根据细分的金融市场和金融业务来确定的,不同的监管机构只是针对某一具体金融产品或金融业务的风险加以预防和规制,监管主体间缺乏必要的信息共享机制,行动的一致性难以保障。一个监

[1] 参见杨东:《互联网金融监管体制探析》,载《中国金融》2014年第8期。

管者的行动难以对其他监管者的行动造成影响,单个的监管主体无法通盘考虑互联网金融风险的系统性问题,也无法顾及自身的监管行动对于整个金融市场运行中的利弊得失。这对于互联网金融系统性风险的防范,对互联网金融风险传染性的防控,显然是力所不逮。

其次,互联网技术的渗透性和开放性,强化了金融业务边界的模糊性,原有的金融产品因互联网技术的注入变得更加交错和重叠,互联网金融产品和服务常常表现为多主体、多层次、多环节的资产叠加和技术叠加。但是,分业监管是依据监管对象来确定监管主体的监管模式,监管行动由监管主体围绕监管职责展开,对其职责之外的事项,缺乏关注的依据、动力和激励,监管组织间的联动机制难以形成。由此导致的结果是,互联网金融产品和服务的供给和消费链条上要么出现监管真空和监管漏洞,要么出现监管冲突和监管重叠,相互推诿、相互扯皮,监管缺位、监管错位等情形在所难免。其不仅会增加互联网金融监管本身的成本,也难以对金融消费者的利益给予充分有效的保护,"由于监管机构对混业经营模式下金融产品创新和交易缺乏有效规制,使得那些处于法律交叉地带的投资者面临无法保护的危险境地。"[1]而且,分业监管形成的"碎片化"监管格局,使得某些互联网金融风险缺乏明确的监管主体,权责脱节由此形成。因此,分业监管和互联网金融的运行状态有着某种程度的悖论,如果互联网金融监管组织设计照搬传统的分业监管模式,不仅会造成监管效率的低下,还可能因对互联网金融业的"人为隔离"诱发风险,甚至阻碍整个行业的发展。

(二)互联网金融风险性的多样性、专业性与"统合监管"的悖论

统合监管是在金融业务形态的日趋复杂,行业界限日益模糊,金融创新产品层出不穷的背景下,由一个权威的监管部门对不同金融机构共同参与的金融产品和金融活动给予统一监管的监管组织模式。该模式被认为是克服分业监管中监管重叠、监管真空的重要举措,也是实现信息共享、加强合作和促成监管行动一致性的有效手段。按照学界的归纳,统合监管可以最大限度地实现监管政策的连续性,保证监管政策的稳定性,给被监管者带来稳定的预期,对于被监管者尤其是社会公众而言,也有利于他们加强对监管

---

〔1〕 参见徐凌艳:《金融统合监管法制研究:全球金融法制变革与中国的选择》,载张育军、徐明主编:《证券法苑》2010年第2卷,法律出版社2010年版,第45页。

机构的了解,降低社会公众的识别成本和困难。[1] 但是,互联网金融的参与主体的多元性、范围的扩张性、业务的专业性,以及发展过程中的高度变异性,决定了统合监管和互联网金融之间也存在着显而易见的冲突和悖论。

首先,互联网金融涉及的领域和业务范围异常广泛,比如支付清算领域的移动支付和网络支付、数字货币、综合性支付业务、分布式账本技术应用、跨境支付平台;融资领域的股权众筹、P2P 网络借贷;技术支持和设施领域的大数据、云计算、机密与智能合约技术、数字身份识别技术;投资管理领域的电子交易、网上投资、智能金融理财服务;保险领域的保险分解和联合保险,等等,其业务形态的产品类型不仅众多,而且繁杂,且处于不断发展变化当中。这种事实和状态意味着不可能将所有的互联网金融监管主体整合到"大一统"的金融监管机构中,我们都难以将基于互联网技术而形成的信息风险、软件操作运行风险,整合到传统金融监管机构之中——当然,也许有人认为,笔者对统合监管中的"统合"存在误解——"统合监管"中的"统合"只是"金融业务",而不是外部条件和工具,但作为外部条件和工具的互联网技术与金融业务的融合,恰恰是互联网金融的典型特征,互联网金融运行中的技术风险是互联网金融风险的重要类型,"统合监管"的核心指向,不正是对金融业运行中的各类风险进行综合监管吗?

一个显见的事实是,互联网技术使得互联网金融业务有了更为复杂的结构安排和程序编码,其风险的科技属性和专业性更为明显。作为技术带动的金融创新,互联网金融领域的"信息科技风险和操作风险更加突出,不论是在互联网业务运营的各个流程,还是在后台的网络维护、技术管理等环节,出现任何技术漏洞、管理缺陷、人为因素等,都会导致整个业务系统瘫痪,影响机构的正常运营"。[2] 对技术风险的监管不仅涉及传统的信息保护部门,而且可能还会有更多的部门介入,比如当前正在发展中的指纹、声纹、虹膜、人脸识别等生物识别及跟行为的识别相结合的综合生物识别技术,可能都会成为保证信息安全的重要依赖,这也许意味着未来对信息安全的保障,可能需要生物学领域的知识(主体)参与。监管主体多元化发展的趋势异常明显,统合监管中的"统合"有必要的限度,不可能无限地扩张。

---

〔1〕 参见吴风云、赵静梅:《统一监管与多变监管的悖论:金融监管组织结构理论初探》,载《金融研究》2002 年第 9 期。

〔2〕 参见朱太辉、陈璐:《Fintech 的潜在风险与监管应对研究》,载《金融监管研究》2016 年第 7 期。

进一步讲，谁能穷尽互联网金融的业务模式？谁能保证未来的互联网金融组织和业务的综合化，所"综合"的仅仅是传统的金融、证券、保险等业务，而不是与其他经济形态整合而生成的一种新形态？制度、工具、机构和市场是决定互联网金融运行的基本要素，随着互联网技术的发展和商业模式的创新，互联网金融的运行过程中的客户定位创新、销售策略创新、产品类型创新、支付手段创新和互联网技术创新，都会成为互联网金融发展中必然出现的形态，这些事实意味着互联网金融所涉及的领域、工具、手段和功能会不断革新，所涉及的行业和领域也会不断增加。因此，除非一个新的监管组织能够涵盖所有的互联网金融产品和服务并能对所有的风险加以监管，否则，保证互联网金融运行规范和安全必然是多个机构的责任。

而且，监管机构的合并，并不能理所当然地解决监管目标和行动的冲突问题。主体间职能的重叠、疏漏和冲突，以及主体间合作与沟通的难题，并非仅存在于独立的机构之间，也可能存在于一个机构内部的多个部门之间。互联网金融中与业务相关的银行业务、证券业务和保险业务，与技术相关联的电信业务，金融信息业务和互联网信息业务，所涉及领域的不同决定了对其监管的目标、手段和工具等方面有显著的区别，一味地"统合"只是完成监管机构形态上的合并，并不会解决监管机构的角色冲突问题，而仅是从"外部"角色冲突转化为"内部"角色冲突而已，统合监管所企及的目标并不会因监管机构"物理"形态的统合而必然达致。

三、互联网金融监管组织设计的基本原理：从互联网金融运行的基本事实出发

互联网金融运行的基本事实和目标期待，是决定互联网金融监管组织设计的逻辑前提，监管组织的设计应以互联网金融风险的特点、类型和形态等因素为依据，应与互联网金融的监管目标相契合。互联网金融风险的系统性，决定了互联网金融监管应是统筹全局、能形成监管合力的整体性监管，互联网金融专业性、多样性和技术性，决定了互联网金融的监管应该是专业性监管。显而易见，整体性监管和专业性监管分别与"统合监管""分业监管"相关。前文所论，统合监管并不一定能带来监管协调性的提升和规模效应，分业监管造成的监管真空和监管重叠也客观存在，纯粹的统合监管和分业监管并非完美，但它们之间也不是绝对排斥的，相互对立的，非此即彼的关系，而是存在着整合的可能。在笔者看来，既然分业监管和统合监管的

优势为互联网金融监管所必须,那么整合分业监管和统合监管,在保留各自的优势的同时克服可能存在的弊端以形成一种宏观上的协调一致,微观上的专业精准的监管形态——笔者将之称为“复合型”监管,是互联网金融监管走出分业监管困境,同时克服统合性监管局限的可行路径。另外,互联网金融的创新性和风险的快速变动性,意味对其监管应该是灵活、富有弹性的回应型监管。复合型监管和回应性监管构成了构造互联网金融监管组织的基本要求,互联网金融监管组织模式的设计应以此为依据展开。在本部分中,笔者将论述互联网金融监管组织机构改革和职能调整的基本原理,对于具体的框架和方法的设计,将在下一部分探讨。

(一)互联网金融复合型监管要求与监管组织设计原理

和对现有金融监管组织体制“另起炉灶、重新设计”的改革思路不同,也和监管组织体制在分业监管和统合监管中择一适用的路径相区别,互联网金融的复合型监管更强调对现有组织资源加以利用,它要求监管主体通过对自身拥有的和外部可利用的资源和能力进行整合和创新,它强调在日益动态、复杂的互联网金融运行环境中,监管行动既要考虑到互联网金融风险的系统性、融合性和交错性,也要考虑到风险的多样性、专业性和领域性。从监管组织及其职责设计的角度讲,复合型监管要求下监管组织及其运行机制的设计应符合以下要求。

第一,监管组织的多中心化。从应然的角度讲,互联网金融监管是一个多元主体(多中心)参与并有共同目标的联合行动,它反对操纵和控制的单中心结构,其包含着主体间独立基础上的互动与协同。因此,“多中心化”不仅和互联网金融监管的整体性、系统性要求并不相悖,而且为监管组织的协同与合作提供了必要的空间。按照“多中心”概念提出者迈克尔·博兰尼在《自由的逻辑》一书中的说法,“多中心”既强调行为单位的相互独立,又注重相互调适,它不是凭借终极权威,通过一体化的上级指挥与下级服从的长链条来维系自身的运转,而是受特定规则制约并在社会的一般规则体系中找到各自的定位以实现相互关系的整合,[1]在指挥秩序中,“除非其终极的权威无所不知,”否则“下级便会扭曲信息,取悦上级,信息丧失和信息的扭曲,

---

〔1〕 参见王芳:《合作与制衡:环境风险的复合型治理初论》,载《学习与实践》2016年第5期。

会导致失控,绩效与期望出现差距”。[1] 互联网监管组织的多中心化意味着多个监管决策主体和监管行动主体的多样化并得到了制度的确认,尽管它们在形式上相互独立,但它们可以在相互关联的基础上开展多种契约性和合作性事务,这和互联网金融监管所要求的网络性行动相契合。

除此之外,多中心监管组织还有着充分的效率价值,由于不同的监管行动有着不同的成本曲线,监管行动应互联网金融风险的具体情势来整合、构建和配置资源。监管组织多中心化意味着监管主体之间可以自由组合,使多元化规模经济的运用成为可能。“多中心治理结构为公民提供机会组建许多个治理当局,”[2] 监管行动究竟是由单个的监管机构进行,还是几个监管主体在一定规模的基础上进行,抑或在所有监管主体参与的基础上进行,取决于互联网金融风险出现的领域和风险的类型和严重程度,以及监管行动规模经济效应和范围经济效应的要求。它拥有单一监管主体所不具备的动态性和灵活性,从而有效避免了重复性支出,降低了成本,提高了监管效益。

第二,建立监管组织的联动和协同机制,保证互联网金融宏观监管的协调性和一致性,各监管主体在监管决策和监管行动中形成一种协同合作、相互平衡、优势互补的互联网金融监管网络,防止监管行动的碎片化,保障互联网金融的运行安全,防止系统性风险。“协调通常能取得实质性的收益,协调工具能够不同程度地减少政府和私人部门的监管成本,改进专业知识,减少行政机构推卸责任的风险;协调还有助于保持多部门监管的功能性收益,比如促进机构间竞争和问责性,同时将诸如不协调政策之类的副作用最小化。”[3] 由于“局部的实践能够为某一实践范围内的、得到了许可的行为提供理由,也能够为错误的观点的理解提供理由”,[4] 微观监管个别最优的加总,并不一定能保证监管整体的最优。监管的技术和方法作为一种支配性力量或能力,尽管常常是在局部领域发挥作用,但局部目的和个别价值并不能保证技术本身是合乎理性的。事实上,不仅是互联网金融,一般意义上的

---

〔1〕 [美]迈克尔·麦金尼斯著:《多中心体制与地方公共经济》,毛寿龙译,三联书店 2000 年版,第 77 页。

〔2〕 [美]埃莉诺·奥斯特罗姆著:《制度激励与可持续发展:基础设施政策透视》,陈幽泓等译,三联书店 2000 年版,第 204 页。

〔3〕 Jody Freeman & Jim Rossi, “Agency Coordination in Shared Regulatory Space”, *Harvard Law Review*, Vol. 125, 2012, p. 1133.

〔4〕 [美]丹尼斯·M. 帕特森著:《法律与真理》,陈锐译,中国法制出版社 2007 年版,第 348 页。

金融监管组织间的联动也异常重要——有学者曾深刻地指出,分业监管在实践中的乏力,这与其说是分业监管体制出了问题,还不如说是不同监管者之间的联动机制出了问题,当前更有意义的做法或许是对这种联动机制的运行模式、效果进行排查评估,而非将现有体制进行全盘否定。[1] 多个监管主体的充分参与和广泛协商,能保证对互联网金融风险的判断、认知、识别和预期更为全面和准确,监管行动中工具、方法的采取等制度安排更为理性和规范,其为整体主义上统筹考虑风险提供了组织机制的保证,这对于化解互联网金融的系统性风险尤为重要。

同时,监管组织间的联动和协调可以提高互联网金融风险治理的效率和能力,避免互联网金融风险的转移和扩散。互联网金融监管中存有大量需整合的问题,现实中的互联网金融风险,绝非"是如同政府组成方式那样是按照功能组织起来的,它们跨越部门边界,绝非单一部门机构所能解决"。[2] 前文已论述,监管机构功能的碎片化是其难以适应互联网金融监管的最大障碍,监管组织的联动机制和协调机制的建立,可有效克服"跨部门职能运作层面主要体现为一个机构对于其他机构转嫁困难与成本、项目的互相冲突性、重复性、目标的互相冲突性、缺乏或者差劲的排序、回应多元化需求时的狭隘排他性、服务的不易获得或对于其可获得性的困惑、服务提供或干预中的遗漏或差距等问题"。[3] 这对于破解互联网金融监管中监管主体组织结构的分割,功能重叠、部门主义、各自为政等情形,整合监管主体力量以形成监管合力,实现监管的系统化和整体化,都异常关键。

(二)互联网金融的回应型监管与监管组织的设计原理

互联网金融既是金融创新的方式,也是金融创新的结果。任何一个互联网金融产品的出现,都不可避免地经历一个发育、成长和试错的过程,它的发展速度常常会脱嵌并超越原本应该制约它的社会结构与制度的容量,因为"互联网金融创新本身可看成是金融机构为了规避监管、躲避管制而产

---

〔1〕 参见沈伟:《风险回应型的金融法和金融规制—— 一个面向金融市场的维度》,载《东方法学》2016 年第 2 期。

〔2〕 参见谭学良:《整体性治理视角下的政府协同治理机制》,载《学习与实践》2014 年第 4 期。

〔3〕 Perri 6, Diana Leat, Kinbery Selter, Gerry Stoker, *Towards Holistic Governance: The New Reform Agenda. New Reform Agenda*. New York: palgrave, 2002. pp. 37 – 39.

生的”,[1]其更多依赖于人的主动性而形成的自发秩序体系而非人为的建构。因此,对互联网金融风险的监管,也只能在其发展过程中去识别而不可能超前预估,过度严格的监管是对金融业经营自由的侵犯,阻碍金融创新。在此意义上,不是所有的互联网金融风险都能“防患于未然”,互联网金融监管应该是“风险回应型的,必须回应市场,形成风险对应性的监管格局”。[2]回应型监管和监管组织的设计存在密切的关系。按照回应型法研究的集大成者、美国学者诺内特、塞尔兹尼克的说法,具有回应型特点的法律,其“持续权威和法律秩序的完整性来自设计更有能力的法律机构”,[3]其深刻地表达了回应型法律与法律组织间的关联。笔者认为,专业化的监管组织是保证其成为“有能力的法律机构”的关键。同时,“回应”要以明确的回应“对象”为前提,传达给监管实施者的风险形态、发展趋势和危害性等信息,是决定监管目标、行为方式的重要参数,它事关着监管对象和监管手段的选择,是保证监管方式与监管要求之间的适配和协调的重要因素,因此,构建专门风险评估组织,以准确识别互联网金融运行中的风险信息,对于互联网金融的回应型监管的实现亦很关键。专业化的监管组织和专门的风险评估组织,是回应型监管要求下互联网金融监管组织构建的基本要求。

第一,强化监管组织的专业能力,实现互联网金融的精准监管。“加强回应性的策略之一是专业化的补救,”[4]互联网金融监管组织的专业化,既是监管对象的专业化的逻辑延伸,也是互联网金融实现回应型监管的基本要求。马克斯·韦伯曾说,“专业化的知识素养”是提升组织效能的途径之一,它构成了现代管理组织结构一个普遍化原则。[5] 与其他经济监管行为相比,互联网金融的复杂性和专业性而使得该领域知识的形态愈加“弥散”,分工更加多样,知识之间的界限更加明显,每个主体都只能拥有“知识的一小部分”,非专业的主体对于特定知识必然处于一种“无从救济的无知”之

---

〔1〕 Peter S. Rose, Donald R. Fraser, *Financial Institutions*, Business Publication, Inc. , 1985, p. 26.

〔2〕 参见沈伟:《风险回应型的金融法和金融规制—— 一个面向金融市场的维度》,载《东方法学》2016 年第 2 期。

〔3〕 [美]诺内特、塞尔兹尼克著:《转变中的法律与社会:迈向回应型法》,张志铭译,中国政法大学出版社 2004 年版,第 87 页。

〔4〕 [美]迈克尔·麦金尼斯著:《多中心体制与地方公共经济》,毛寿龙译,三联书店 2000 年版,第 269 页。

〔5〕 [德]马克斯·韦伯著:《经济与社会》,阎克文译,上海世纪出版集团 2010 年版,第 1096 页。

中,[1]互联网金融监管具有更为严格的专业化要求和“技艺”属性,所涉领域的分化使得监管的专业化分工成为必要,互联网金融监管权应该由拥有专门知识、经验或者技能的主体来行使。因此,为保证互联网金融监管行动的精准性,就需要通过专业化的分工把任务分解给能胜任的主体,由受过训练的人员执行监管任务,构成监管主体的工作人员必须在技术素质上合乎要求,“让更合格、更灵活的操作者(即专业人士)去处理这种复杂性。”[2]监管职务的确认取决于“候选人的资格或做出的成绩,或者同时参考两方面”。[3]总之,监管组织的专业化构成是监管行动精准回应互联网风险的组织保证,通过专业化的组织是实现互联网金融回应性监管在组织结构上的要求。

第二,构建独立的互联网金融风险评估组织。互联网金融风险回应型监管,是指监管主体依据互联网金融市场所反映出来的信息和实施,有针对性地采取监管行动的过程。和所有的风险监管一样,其既涉及价值偏好的选择,也涉及对风险进行科学意义上的评估。在监管实践中,对风险的认知和评估无疑构成了互联网金融监管行动发生的前提性知识。“行政机关的风险规制活动包含一系列的步骤和环节,如风险识别、登记、预防、评估、设定标准等。在这一系列环节中,风险评估是关键环节。”[4]从组织设计的角度讲,由于“风险评估和风险管理是风险行政的两项基本职能,风险行政组织法的关键即在于风险评估和风险管理的机构设置”。当下世界各国在诸多的风险监管领域都采取了风险评估和风险管理机构的分别设置模式,“为了解决问题,分解并建构适当的程序和组织,将风险问题分阶段解决是适当的。”[5]笔者认为,设置独立的风险评估组织,意味着风险的识别、特征、危害描述等过程在方法、程序、主体等方面具备了基本的规则,评估机构的中立与独立,参与和透明及评估本身的科学性有了组织保障,风险监管的决策有了统一、客观的科学标准,决策过程中不合理的经验、偏好、直觉、价值判断和系统性偏见等因素得以避免,这对于实现互联网金融风险的精准化监管,无疑具有重大的意义。

---

〔1〕[英]哈耶克著:《法律、立法与自由》(第一卷),邓正来译,中国大百科全书出版社 2000 年版,第 68 页。

〔2〕[美]理查德·斯格特著:《组织理论:理想、自然和开放系统》,黄洋等译,华夏出版社 2002 年版,第 238 页。

〔3〕[德]马克斯·韦伯著:《支配社会学》,康乐等译,广西师范大学出版社 2004 年版,第 25 页。

〔4〕参见戚建刚:《风险规制过程合法性之证成——以公众和专家的风险知识运用为视角》,载《法商研究》2009 年第 5 期。

〔5〕参见王贵松:《风险行政的组织法构造》,载《法商研究》2016 年第 6 期。

四、互联网金融监管组织构建及运行的框架设计

从本质上讲,风险监管是要以一种明智的方式来保证风险被正确的人在正确的时间所理解,以确定性战胜不确定性的过程。[1] 它既需要正确的原理支撑,更需要构建可操作的技术,需要在理论和经验的基础上创设或归纳出一种可实现的秩序和制度安排。当然,互联网金融监管组织的框架设计,无疑是一个宏大的命题,本文仅以上文所提出的互联网金融设计的基本原理为依据,同时参考我国现有的法律框架和经验做法,以及当下互联网金融的主要实践类型,从多中心监管组织的设计路径、监管组织之间的协调路径、监管组织专业化的构建方法、监管评估组织建构的方法等方面,来探讨互联网金融监管组织实践构造的框架。

(一)多中心监管组织构建的实践路径

在当下我国的互联网金融实践中,其业务类型主要表现为互联网支付、P2P 网络借贷、股权众筹融资、网络银行、互联网网络消费金融业务、互联网信托、互联网保险、互联网基金销售、持牌金融机构开展的其他金融业务,等等。2015 年 7 月,由中国人民银行牵头工信部、公安部、财政部、工商总局、国务院法制办、中国银监会、中国证监会、中国保监会、国家互联网信息办公室制定的《关于促进互联网金融健康发展的指导意见》(以下简称《指导意见》)对我国互联网金融的总体监管框架进行了设计,提出了“分类监管、协同监管”的基本要求,确认了互联网金融多中心监管的监管组织模式。

《指导意见》规定,对属于支付清算范畴的互联网支付,由人民银行负责监管;对属于民间借贷范畴的 P2P 网络借贷,由中国银监会来负责监管;股权众筹属于股权融资范畴,由证监会负责监管;互联网保险、互联网信托和互联网消费金融,其本质属于保险业务、信托业务和金融消费业务借助于互联网技术的拓展和延伸,由中国保监会和中国银监会监管更为合理;互联网基金销售,由证监会监管更具有技术和经验优势;对于其他金融机构开展的其他金融业务,由其对应的金融业务和金融机构进行监管;对于信息科技和技术操作风险,由工信部及国家互联网信息办公室承担监管职责更为恰当。笔者认为,目前我国监管组织设计的方式符合互联网监管组织设计的基本

[1] 参见邢会强:《证券期货市场高频交易的法律监管框架研究》,载《中国法学》2016 年第 5 期。

原理,也能和我国现有金融监管组织有效对接,值得肯定。

其次,除了依据各个互联网金融的业务属性和我国金融监管组织的既有体制来设计互联网金融监管组织的多中心构造之外,互联网金融监管多中心监管还需要各种行业协会的参与。作为一个拟制出的组织形态,行业协会可充当传统社会"熟人社区"的角色,不仅可以强化自发私人秩序中的"信息中介"功能,还能便利地为"社区"内的成员收集和传递失信成员的违约信息,同时具有对行业领域内争议进行裁决,以及对违约者进行统一惩戒的功能。〔1〕 在我国,银行业协会,证券业协会,保险业协会,以及于2015年7月成立的互联网金融业协会,都应该充分发挥对本行业运行风险的预防与监测功能。至于行业协会行使监管权的方式、范围及弊病防范,现有文献已有充分研究,本文不再赘述。

另外,在互联网金融运行中,互联网平台的事前登记义务,事中违法信息或行为的发现义务,违法信息停止传输、保存、报告义务,以及事后配合执法等义务履行与否,也与互联网金融风险的形成、积聚、传播、处理不可须臾分离。因此,在互联网金融监管多元组织的设计中,互联网平台的监管义务同样需要特别强调。事实上,随着近年来互联网技术在各个行业的普遍适用,加重互联网平台的义务和责任,已成为我国互联网立法的重要特征之一,互联网平台的事前义务、事中义务和事后义务已在多部法律和规范性文件中有所体现。〔2〕 笔者认为,在互联网金融监管的组织设计中,应该将互联网平台作为监管组织中的重要主体,完善互联网金融的市场准入制度,通过互联网平台强化对互联网金融的事中和事后管理,明确互联网平台在尽职调查、项目审核、信息披露、隐私保护等方面的监管职责,使其与正式的政府金融监管机构、行业协会一道,形成立体交叉的监管格局,这对于互联网金

〔1〕 参见雷华顺:《众筹融资法律制度研究——以信息失灵的矫正为视角》,华东政法大学2015年博士学位论文,第8页。

〔2〕 事前义务如《网络商品交易及有关服务行为管理暂行办法》(已失效)规定,网络交易平台服务的经营者应当对申请通过平台的经营主体身份进行审查;《食品安全法》第62条规定,对网络食品交易第三方平台提供者需履行实名登记入网经营者的义务。事中义务如《互联网信息服务管理办法》规定,互联网信息服务提供者对明显违反"九不准"内容的信息,要承担发现、停止传输、保存及报告的义务;《网络安全法(草案)》规定,网络运营者和电子信息发送服务提供者,对包括用户发布和发送信息在内的法律、行政法规禁止发布或传输的信息,有发现、停止传输、消除、保存及报告的义务。事后义务如《网络交易管理办法》要求,对于工商行政管理部门发现平台内有违反工商行政管理法律、法规、规章的行为,主管部门可依法要求第三方交易平台经营者履行采取措施予以制止的配合义务,以及要求第三方交易平台经营者履行按照工商部门的要求提供在其平台内涉嫌违法经营的经营者的登记信息、交易数据等资料的义务等。

融风险的预防与消解,也很关键。

(二)监管组织跨部门协调机制建立的实践策略

互联网金融监管组织跨部门协调机制,是在充分发挥各个独立的监管机构的优势,降低各自领域金融风险的同时,为克服分业监管的弊病,实现信息、资源共享、一致行动所做的努力。和所有的部门协调一样,它涉及基础设施、行政管理、信息系统及专业人员的集中调配等若干问题。有学者认为,跨部门协调合作机制的基本要素包括目标与责任、组织文化沟通、领导者、角色与责任的明晰、参与者、资源、书面合作指南与协议等内容,[1]笔者将互联网金融监管组织协调机制建立的基本要素归纳为文化、资源、责任和技术等四个要素。限于篇幅,下文笔者仅择取上述四个要素的关键点,对互联网金融监管组织跨部门协调的路径框架做一简要分析。

文化要素和资源要素是互联网金融监管协调得以实现的动力基础和物质保障。文化要素要求互联网金融监管过程中,各监管主体确立共同的目标,注重对长期利益的考量,塑造民主、平等、信任等合作文化,发挥文化背景下共同信念和行动约束力,以此为基础,实现在互联网金融监管中各方主体间的利益协调、分工协作、团队塑造和责任共担,克服隔阂与分裂,追求共赢结果。资源要素要求互联网金融监管组织的协调要求充分的资金,足够的人员配置和匹配的技术系统。因此,充分保障监管机构协调机制所需的资金并规范资金的使用,配备具有合作知识、技术和能力的人员,充分利用新时代的信息网络技术,实现信息的互通与共享,是实现互联网金融组织间协调中的资源基础。

责任要素和技术要素是互联网金融协调机制得以实现的方法和过程保障。从责任的角度来讲,监管组织间的协调意味着众多行动者间多重、共享的责任关系形成,落实这种责任类型的关键点在于把纵向的责任机制融合于个体机构的绩效体系当中。[2] 实践中,可通过法律、法规、规章、政策或合作协议来明确各个监管机构的责任范围,划定责任边界,实现事、责、权的统一,同时建立规范的绩效考评与奖惩机制以促成责任的落实,并在责任范围

[1] 参见马英娟:《走出多部门监管的困境——论中国食品安全监管部门间的协调合作》,载《清华法学》2015 年第 3 期。

[2] 参见谭学良:《政府协同三维要素:问题与改革路径——基于整体性治理视角的分析》,载《国家行政学院学报》2013 年第 6 期。

确定和比例设定的基础上构造责任共担机制,是互联网金融监管组织协调机制有效实现的责任保障。从技术角度来讲,和所有的跨部门协调一样,互联网金融监管组织的协调机制也可分为结构性协调和程序性协调机制,结构性协同机制侧重协同的组织载体,即为实现跨部门协同而设计的结构性安排,如联席会议、专项治理小组等;程序性协同制则侧重于实现协同的程序性安排和技术手段,如监管行动的启动方式和程序性安排,参与的人员确定,促进协同的技术手段、财政手段和控制工具等。[1] 这些都是建立互联网金融监管组织协同机制,减少重复性支出、实现规模经济,从而达到合理使用资源、降低成本、提高监管效益值得依赖的手段和技术。

(三)提升监管组织专业化能力的实践方案

互联网金融监管组织设计中强调多中心的监管模式,目标在于保证各领域有集中精力和实践,完善各自领域的监管政策、监管制度和监管机制以实现集中、统一、权威、精确和高效的监管,其本身就是监管组织专业化的努力和表现。但是,在互联网金融业务分工日益精细、所涉行业日益深入的背景下,仅仅通过监管机构的分工来实现专业化是远远不够的,互联网金融监管组织的专业化还需借助于其他手段来加以强化。本文认为,互联网金融监管中专家知识的引入和监管队伍的专业化建设,是互联网监管中提升监管组织专业化能力的可行路径。

在现代社会,专家知识已成为时代标签之一,专家系统是现代性各种制度和事务正当化的关键方法,也是人们预判未来和减少风险的主要依据。[2] 正是基于这一缘由,中共中央《关于加强党的执政能力建设的决定》中规定,"对专业性、技术性较强的重大事项,要认真进行专家论证、技术咨询、决策评估。"专家体制既是专家参与公共决策的制度化方式,又是政治决策合法性的技术来源,[3] 在互联网金融监管领域,对风险的判断和治理的过程,很大程度上是一个具有专业性和技术性的科学问题,其并不涉及激烈的价值

---

〔1〕 参见周志忍、蒋敏娟:《中国政府跨部门协同机制探析——个叙事与诊断框架》,载《公共行政评论》2013 年第 1 期。

〔2〕 参见赵万里、李艳红:《专家体制与公共决策的技术——政治过程》,载《自然辩证法研究》2009 年第 11 期。

〔3〕 参见赵万里、李艳红:《专家体制与公共决策的技术——政治过程》,载《自然辩证法研究》2009 年第 11 期。

冲突,主要与工具理性相关联,工具理性是"运用专业能力充分地解释其决策基础,这种专业能力通常会与行政机关的事实发现功能紧密相连"。[1] 互联网金融的监管"不仅要求诀窍、经验以及一般的'聪明能干',而且还要有一套专门化的但相对(有时则是高度)抽象的科学知识或其他人认为该领域内某种智识结构和体系的知识",[2]但互联网的急速发展和变动的事实又决定了行政机关在"理解相关政策问题在智力和经验上的局限性"极为明显,[3]因此,让"成功占据外行所不具备的具体技能和专门知识"[4]的专家,成为互联网金融监管决策的参与者,借助于其所拥有的专家理性完成互联网金融监管中知识、经验和技能的补给,是保证对互联网金融风险的识别、判断更为准确,方法与工具更为得当的重要路径。

结合互联网金融监管的要求及内容,笔者认为,互联网金融监管中专家知识运用的重点内容,主要包括对互联网金融运行状态的判断,风险发生及变化的预估,风险性质的界定,监管目标的设定,监管手段的确定及有效性评估等。就参与的模式而言,应让专家实质性地嵌入到互联网金融监管机构并加以体制化,成为互联网金融监管系统中的确定构成,唯有此,才能保证互联网金融监管中专家知识利用常态化。制度设计中可就互联网金融风险评估、决策组织中的专家代表数量、选任标准、选任程序予以明确,通过一整套连续和统一的制度、组织与规范体系,将专家真正吸纳到监管框架当中,提升互联网金融监管行动的专业性。

除了专家参与之外,监管队伍的建设也是提升监管组织专业化的关键要素。实践中可就互联网金融监管队伍的职业准入、资格认定、专业水平、实践能力、考核机制、教育培训体系等方面,制定明确的规范。比如互联网金融监管职业准入,实践中可参照会计人员、司法工作人员的模式,建立监管人员资格考试制度,从专业知识方面设置监管人员的胜任条件,再比如建立持续的定期业务培训、升职培训的教育体系,来构造更为专业的监管队伍,提升监管组织的专业化水平。至于金融监管队伍专业化建设的具体路径,现有文献已有较多研讨,笔者不再赘述。

---

〔1〕 参见赵鹏:《风险评估中的政策、偏好及其法律规制》,载《中外法学》2014 年第 1 期。

〔2〕 [美]理查德·波斯纳著:《超越法律》,苏力译,中国政法大学出版社 2001 年版,第 44 页。

〔3〕 See Drucker, Peter F., "The Discipline of Innovation" *Harvard Business Review*, 1985(3): 63.

〔4〕 [德]乌尔里希·贝克等著:《自反性现代化——现代社会秩序中的政治、传统与美学》,赵文书译,商务印书馆 2001 年版,第 106 页。

(四)风险评估机构组织设计的实践路径

在所有的风险治理行动中,风险评估不仅是风险分析框架的基本构成,而且还处于“灵魂性”的位置,是监管决策和执行的依据。“风险评估不仅决定了某一风险是否应当优先纳入行政机关的规制日程,而且也决定了行政机关应当采取何种处置手段或措施,设定何种规制标准,进而作出进一步决策。”[1]正是基于这种重要性,在食品安全、药品安全、农产品安全监管领域,现行法律对风险评估机构的设立进行了明确规定,如《食品安全法》第13条规定,国务院卫生行政部门负责组织食品安全风险评估工作,成立由医学、农业、食品、营养等方面的专家组成的食品安全风险评估专家委员会进行食品安全风险评估;《农产品质量安全法》第6条规定,国务院农业行政主管部门应当设立由有关方面专家组成的农产品质量安全风险评估专家委员会,对可能影响农产品质量安全的潜在危害进行风险分析和评估。另外,国家食品药品监督管理总局成立的保健食品安全风险评估专门委员会、化妆品安全风险评估专门委员会,质检总局的全国国境口岸公共卫生风险评估委员会,均是风险评估机构独立运行的例证。笔者认为,互联网金融风险监管也应参照上述模式来构造自己的评估机构。

关于互联网金融风险评估机构的定位问题,按照我国学者王贵松的研究,在职能分配上,其应该是辅助机关中的咨询机关,在内部领导体制上,其是合议制而非独任制机关,在上下级关系上,其应该是具有独立性的机关。[2] 互联网金融监管中的风险评估机关,也应该以此定位来构造自身。其次,关于评估主体的构成问题,在当下,评估主体多元化构成已是任何风险评估主体设计的主流趋势,政府监管机构人员、利益相关者、专业评估机构、专家学者、公众都应该成为评估组织的参与者,实践中,可就各个参与主体的权利与责任,参与的范围与参与的方式,参与的形式与参与的程序,以及评估主体间的权责关系进行明确,赋予各个评估主体特定权力,同时要求其依法承担相应的评估责任,实现互联网金融评估组织的法治化运行,以此来保证评估机构的民主性、科学性和独立性。

---

〔1〕 参见戚建刚:《风险规制过程合法性之证成》,载《法商研究》2009年第5期。

〔2〕 参见王贵松:《风险行政的组织法构造》,载《法商研究》2016年第6期。

五、结语

“组织实质性地影响了当今社会生活的每一个方面。”〔1〕互联网金融监管组织设计的合理与否,决定着互联网金融监管的正当性、效率,甚至成败。互联网金融的产生和发展,的确对传统的金融监管组织体制提出了挑战,但尊重事物本身的性质,从互联网金融运行的基本事实出发,来探究互联网金融监管组织设计的基本原理及框架设计,无疑是我们必须遵从的一个前提。而且,“除非处于极端情形,学者们似乎不应动辄抛弃现行依然有效的金融监管制度,依据抽象公理或域外法制对金融法实施一次又一次的‘重构’,”〔2〕作为一种不可否认的力量,我国特定的经济体制、行政管理体制、法律环境和制度背景,必然会影响到互联网金融监管组织设计的原理和框架,这种“路径依赖”同样是我们在互联网金融监管组织设计中应认真对待的问题。否则,相关的理论构造和制度设计不仅会陷入自说自话的尴尬,也会消解理论的解释力和制度本身的有用性,在此意义上,本文所揭示的互联网金融监管组织设计的原理和实践逻辑,对于一般意义上的金融监管的组织设计,也有比较重要的认知和参考价值。

〔1〕 [美]理查德·斯格特著:《组织理论:理想、自然和开放系统》,黄洋等译,华夏出版社2002年版,第1页。

〔2〕 彭岳:《互联网金融监管理论争议的方法论考察》,载《中外法学》2016年第6期。

论 P2P 网贷的刑事法律风险防范*

廖天虎**

内容提要 P2P 网贷具有操作简便、难度小、成本低的优势，作为传统金融的补充，P2P 平台和涉及的借贷金额近年来都呈现了爆发性的增长，但伴随着 P2P 行业创业者的增加，资金链断裂、跑路事件却大面积发生。P2P 网贷平台是民间借贷与网络结合的产物，P2P 线上网络借贷包含了民间借贷本身信用借贷的特征，也包含了网络环境所特有的特征。其刑事法律风险主要表现为："资金池"引发的非法集资风险、信用缺失引发的其他类型的诈骗风险、大量资金流动引发的洗钱犯罪风险等。对 P2P 刑事犯罪的治理和风险的控制应该坚持宽严相济的刑事政策和依法治理的正确路径，即刑法在金融领域的适用，必须在金融自由和金融安全之间寻求平衡，并加强事前监管与金融体系的创新。

关键词 P2P 犯罪法律风险 刑事政策防范

---

* 本文系西南科技大学博士研究基金资助项目——《我国地下金融风险的刑法控制》（项目编号：14sx7108）的成果。

** 廖天虎，法学博士，西南科技大学法学院副教授，硕士生导师，四川省哲学社会科学重点研究基地——四川省犯罪防控研究中心研究员。

随着互联网的全面普及，民间借贷等地下金融正以网络方式得以传播，P2P[1]借贷平台就是近年来兴起的一种网络借贷服务平台，为有资金需求的借款人和有理财需求的出借人搭建了一个互动平台，即借款人在网上发布借款请求，通过信用评估后，获得出借人的信用借款资金支持，而出借人则获得一定的经济收益。P2P 网络借贷平台在英美等发达国家发展已相对完善，这种新型的理财模式已逐渐被身处网络时代的普通民众所接受。我国的 P2P 网络借贷平台是近些年才发展起来的，虽然规模在不断扩大，但是风险也在随之上升。

根据零壹财经发布的 2016 年中国 P2P 网贷行业年度报告显示，截至 2016 年年末，零壹研究院数据中心监测到的 P2P 借贷平台国内正常运营的平台数量仅余 1625 家，占行业累计上线平台的 33%；累计问题平台 3201 家，其中 2016 年有 1106 家，同比减少 15.4%。2016 年交易额接近两万亿，为 19,544 亿元，累计交易额保守估计为 3.36 万亿元；年末贷款余额(本金部分)达到 8303 亿元，同比增长 95.4%；年平均借款期限和投资利率分别为 231 天和 9.93%；活跃借款人和投资人分别在 572 万人和 998 万人左右；已实现银行直接存管或银行直连的平台共有 117 家；P2P 网贷行业全年获得 VC、PE 等投资约 193 亿元，其中 B 轮及以上投资额共 134 亿元。据零壹研究院数据中心统计，2016 年网贷交易额集中分布北京、广东、上海和浙江四地，规模分别达到 5162 亿元、4975 亿元、4100 亿元和 2216 亿元，合计占到全国总量的 84%。2016 年问题平台共分布在全国 30 个省市，其中 5 个省市超过 100 家，分别是广东、上海、北京、浙江和山东。此外，云南、广西、江西、贵州、辽宁[2]等 15 个省市全年问题平台少于 20 家，主要是这些地区平台数量处于低水平。正常的 P2P 借贷平台有一套规

---

[1] P2P 借贷是“Peer-to-PeerLending”的缩写，中文翻译为“人人贷”，这是一种随着互联网的发展和民间借贷的兴起而发展起来的新的金融模式。P2P 网络贷款模式是个人通过网络平台相互借贷。其运营模式是 P2P 网站提供平台，借款人在网站上发布资金需求，贷款人(即投资人)通过网站将资金借给对方，借款人向贷款人支付一定报酬，P2P 平台从中收取佣金。这种金融模式首先出现在英国和美国，英国第一个 P2P 贷款公司是于 2005 年 2 月建立的 Zopa 公司，美国最早这种金融模式平台是设立于 2006 年的 ProsperLoansMarketplace，Inc. 成立于 2006 年的宜信汇才商务顾问(北京)有限公司是我国最早的 P2P 贷款服务平台。

[2] 参见《2016 中国 P2P 网贷年度报告：全年交易额近两万亿》，载零壹财经网：http://www.01caijing.com/article/12992.htm，2016 年 2 月 28 日访问。

避风险的制度设计,[1]但也有一些鱼龙混杂所谓的P2P网络借贷平台,故意以高利率吸引他人出借款项并将资金用于套利或者以欺骗手段骗取他人出借款项,利用P2P网贷平台“圈钱”。例如某些P2P网贷平台推出的所谓的“秒标”,其网站推出的实际是虚构的一笔借款,辅以较高的利息吸引投资人来竞标投钱,承诺在满标后连本带息立即还款,但这实际上是利用新投资者的钱向老投资者支付利息和短期回报,制造赚钱的假象,以骗取更多投资人的钱财,无疑就是“庞氏骗局”。[2] 目前,在某些网站的一些网页上经常悬挂着“无抵押贷款”“只需要凭身份证即可办理”等各种诱惑的广告,这些看起来非常简便的贷款方式,实际上蕴含着巨大的风险,目前由网络借贷诱发非法集资已成为新的案件高发点。[3] 对于很多初创企业来说,很容易面临的就是资金短缺的问题,而初创期的企业向银行申请贷款不仅困难,时间还很漫长,现代商业稍纵即逝,为了抓住盈利机会,很多人会选择这种“短、平、快”的P2P融资平台模式。正是由于P2P网贷具有操作简便、难度小、成本低的优势,作为传统金融的有益补充,P2P网贷平台和平台借贷金额近年来都呈现了爆炸性的增长,但伴随着P2P行业创业者的增加,资金链断裂、跑路事件却也是大面积发生。[4] 2015下半年以来,以e租宝、大大集团为代表的重大风险事件频发,监管部门加紧了对包括P2P网贷在内的互联网金融的规范和整治,因此2016年被誉为互联网金融监管之年,国家相继出台了系列的规范性文件,以此来规范P2P网贷

---

〔1〕 出借保障具体包括:(1)第三方账户托管:出借人的资金全部存储在第三方支付平台出借人的虚拟账户中,由第三方支付平台进行托管。(2)信用评估:在借款人提出借款申请后,宜人贷平台会根据借款人的基本资料对其还款能力和还款意愿进行评估,并通过多种可掌握的有效渠道对借款人进行详实、仔细的调查。(3)建立催收制度最大限度的保障出借人的收益不受损害。

〔2〕 “庞氏骗局”是一种最古老和最常见的投资诈骗,由意大利人查尔斯—庞兹(CharlesPonzi)设计了一个金字塔骗局的变体的投资计划,利用新投资者的钱来向老投资者支付利息和短期回报,以制造赚钱的假象,进而骗取更多的投资,后来将这种骗术称为“庞氏骗局”。

〔3〕 中国人民银行于2013年11月25日对外公布了“以开展P2P网络借贷业务为名实施非法集资行为”的界定:第一类为资金池模式,将借款需求设计成理财产品出售给放贷人,或者先归集资金、再寻找借款对象等方式,使放贷人资金进入平台的中间账户,产生资金池,此类模式涉嫌非法吸收公众存款。第二类为不合格借款人导致的非法集资风险,即一些P2P网络借贷平台经营者发布大量虚假借款信息,向不特定多数人募集资金,用于投资房地产和股票等市场或直接将非法募集的资金高利贷出赚取利差,这种行为涉嫌非法吸收公众存款。第三类是发布虚假的高利借款标募集资金,并采用在前期借新贷还旧贷的“庞氏骗局”模式,此类模式涉嫌非法吸收公众存款和集资诈骗。参见史进峰、张烁:《央行划界,三类P2P涉嫌非法集资》,载《21世纪经济报道》2013年11月26日,第1版。

〔4〕 参见熊定中:《P2P的法律风险:可能涉及严重刑事犯罪》,载《中国青年报》2015年3月17日,第10版。

行业的发展。[1] 尤为引起社会广泛关注的是 P2P 网络借贷平台引起的刑事法律风险，由于涉及面广，社会影响大，对此，防范措施专门进行研究显得很有必要。

一、P2P 网贷的法律性质界定

追根溯源，英国是网络借贷(P2P)业务模式的鼻祖，在其国度诞生了世界首家 P2P 平台 Zopa，其互联网金融市场的发展也备受关注。Zopa 于 2005 年成立，是英国首家 P2P 平台，目前已成为英国最大的 P2P 机构，它拥有超过 50 万客户，截至 2012 年累计已发行贷款总额 2.44 亿英镑。基于 P2P 平台存在的这类风险，英国政府于 2012 年 5 月承诺通过替代性金融渠道向小企业投资 1 亿英镑，其中就包含 P2P 网贷平台。据估算，在 2012 年，P2P 网贷平台已经提供高达 2 亿英镑的贷款。在英国，P2P 网贷平台都需要遵循 P2P 金融协会所制定的规则。从事 P2P 网贷的投资者并不被纳入金融服务补偿计划(FSCS)范围，不能享受类似存款保险的保障。[2] 美国 P2P 网络借贷肇始于 2006 年，平台 Prosper 于 2006 年 2 月在美国成立，是美国首个 P2P 网贷平台。不久之后，Lending Club 及其他一些网贷平台也逐渐发展起来。这些网贷平台在发展初期，并没有对借款人的资格进行有效的限制，因此，借款人的违约率很高。另外，不同的投资者认为这些贷款缺乏流动性，其收益率无法完全保障，因此，大多投资的最长期限是 3 年，这不利于资金的长期稳定的使用，更容易增长借贷风险。2008 年，美国证券交易委员会正式确定了 P2P 网贷平台发布的标的为“证券”，所有 P2P 网贷平台均须获得美国的证券经纪人牌照且在美国证券交易委员会进行相应注册。注册过程较为繁琐，Lending Club 和 Prosper 不得不都暂停了部分业务以进行相应的注册筹备，Zopa 及其他一些企业则被迫退出美国市场。为了提高流动性，Prosper 及 Lending Club 都与 Folio

[1] 2016 年 2 月，国务院发布《关于进一步做好防范和处置非法集资工作的意见》，要求各地区有关部门密切关注 P2P 网络借贷等领域，完善法规，尽快出台 P2P 网络借贷等领域的监管细则。2016 年 3 月，由中国人民银行牵头组建的中国互联网金融协会正式成立，协会对 P2P 平台信息披露、统计数据报送进行了规范。2016 年 4 月，国务院组织 14 个部委召开电视会议，将在全国范围内启动为期 1 年的专项整治活动，对 P2P 提出“不设资金池”“不自融自保”等要求；工商总局等 17 个部委出台了有关互联网金融广告的专项整治工作实施方案。

[2] See Zeng Rongxin, “Legal Regulations in P2P Financing in the U. S. and Europe”, *US-China Law Review*, 2013, Vol. 10, p. 230.

Investing 合作开发了一个二级市场供票据交易。二级市场的出现大大提升了 P2P 网贷市场的流动性、透明度。P2P 公司也因此被要求不断更新招股说明书以提供最新的信息,而相关的信息会在 EDGAR(电子化数据收集、分析及检索系统)系统中公布。[1] Zidisha 借贷平台于 2009 年成立,是美国的一家非营利性网贷平台,他们可以跨越国际边界限制,也不涉及当地的任何机构,由于缺乏借贷数据记录,这使借贷者的风险增加,尤其是在 2000 年金融危机后,银行提高了他们的借贷利率,这使对 P2P 平台的借贷需求更为旺盛,然而 P2P 平台的投资者并没有做好承受不必要风险的准备。[2]

综合来看,P2P 融资模式比较简洁:即有可支配现金的人不再需要借助银行,而是通过一个平台就可以将资金借给有需要的人。在借款人与贷款人之间,通常会有一个第三方网站平台通过处理申请人的申请,以支持交易的完成。P2P 融资模式在 2006 年之后得以在全球迅速发展,这得益于 Zopa 运行理念和运作模式被广泛传播。P2P 融资模式发展初期并未引起传统银行业界的关注,这主要是由于 P2P 借贷交易涉及的资金量较小,然而令传统银行业始料未及的是,这一新型融资模式的出现会对其传统贷款业务带来了沉重打击。在近些年全球银根缩紧和信贷紧缩时期,金融部门面临资金短缺压力,导致了贷款业务的正常运作无法维持,以致金融机构不得不收紧信贷政策,这种情形使得借款人,尤其是风险评级较高的顾客要获得贷款变得更为困难,促使借款人不得不寻求其他的融资渠道,[3] P2P 融资模式便得以较快发展。因此,从 P2P 网贷平台的发展过程来看,其本质在于为借款人与出借人(即贷款人)实现直接借贷提供信息搜集、信息公布、资信评估、信息交互、借贷撮合等服务。

(一)P2P 网贷是网络化的民间金融

P2P 网络借贷作为一种新型投融资模式,是利用互联网平台将社会闲

[1] See Zeng Rongxin, Legal Regulations in P2P Financing in the U. S. and Europe, US-China Law Review, 2013, Vol. 10, p. 231.

[2] See Zeng Rongxin, Legal Regulationsin P2P Financing in the U. S. and Europe, US-China Law Review, 2013, Vol. 10.

[3] See Zeng Rongxin, Legal Regulationsin P2P Financing in the U. S. and Europe, US-China Law Review, 2013, Vol. 10, pp. 232 – 233.

散资金出借给资金需求者。与通常的借贷方式不同的是,P2P 网络借贷借款人的各项资料审核及融资行为等均可通过网络技术实现。因此,P2P 网络借贷实质上可被视为“互联网 + 民间借贷”的模式。P2P 网贷作为金融中介的创新与延伸,其将互联网思维与信贷市场运作体系两者融合,并依托于当前大众创业、万众创新的政策背景,既满足了个人投资的高收益需求,又拓宽了中小微企业融资渠道,符合我国社会经济发展的长期需求。中国银监会、工业和信息化部、公安部、国家互联网信息办公室于 2016 年 8 月 24 日联合发布《网络借贷信息中介机构业务活动管理暂行办法》(以下简称《暂行办法》),明确了网贷监管体制、网贷业务规则,对网贷业务管理和风险控制提出具体要求,《暂行办法》同时明确网络借贷是指个体和个体之间通过互联网平台实现的直接借贷,即 P2P 网贷属于民间借贷范畴,网贷信息中介机构的本质是信息中介而非信用中介,因此不得吸收公众存款、不得归集资金设立资金池、不得自身为出借人提供任何形式的担保等。在明确信息中介的定位之后,最为关键的是对网贷平台的信息传播行为及社交功能的开发和使用不断加以规范。[1]

所谓民间金融是指没有纳入政府监管范围的金融组织和金融行为,其形式包括个人、企业和个人与企业之间的借贷行为、各种合会、标会、地下钱庄,甚至洗钱、资金和外汇黑市交易和金融诈骗等各种方式的金融行为。[2] 对于民间金融的界定,国内学者大多从资金运行的金融活动是否被纳入国家的金融监管体系作为判断标准,有时将民间金融与地下金融在词义上等同使用。当然也有观点将金融主体的所有制属性作为标准以界定民间金融这一概念,这种观点认为民间金融的内涵和外延最大,非正规金融和地下金融都包含在其中。[3] 民间金融在世界各国,特别是在发展中国家广泛存在,就我国而言,民间金融在农户和农村小型企业中的融资功能甚至超过了正规金融部门。P2P 借贷平台是民间借贷与网络结合的产物,P2P 线上网络借贷包含了民间借贷本身信用借贷的特征,也包含了网络环境所特有的特征,例如,无纸化借贷模式、电子化借贷过程、贷前审

---

〔1〕 参见杜晓:《定位信息中介指明网络借贷方向》,载《法治日报》2016 年 8 月 27 日,第 7 版。

〔2〕 参见张元红著:《中国农村民间金融研究——信用、利率与市场均衡》,社会科学文献出版社 2012 年版,第 15 页。

〔3〕 参见王相敏、张慧一:《民间金融、非正规金融、地下金融:概念比较与分析》,载《东北师大学报》(哲学社会科学版)2009 年第 6 期。

核网络化及网络空间本身具有虚拟性、即时性等特点。[1] 与民间借贷一样,P2P借贷平台参与主体以自然人为主,借贷双方主体均是通过个人身份认证,实行网络实名制。在P2P线上网络借贷中,审核和整合信息均是通过互联网技术来完成的。P2P线上网络借贷的主体包括借款人、贷款人、中介平台、资金托管第三方这四方主体。从实质上来看,这里形成的三角法律关系是:借款者与贷款者的借款合同法律关系、贷款者与第三方支付平台的消费保管合同关系、借款者与中介平台的中介服务合同关系。

然而与正规金融不同,民间金融的"法外运行"的特征,决定了其更强调道德调整与社会约束,以确保偿还机制的实现,因此,民间金融是一个由血缘、地缘和业缘组成的有机体,且不同的组织体之间存在着一定的差异。"通过道德的社会化,民间信用力图在组织内部建立起成熟完美的道德体系,为组织的正常运转创造条件。"[2] 这是民间金融自我保护和自我发展的一个重要制度保障。但要注意民间金融的道德风险和逆向选择,由于民间金融更多靠自律,缺乏明确的法律保障,从维护和保障利益的角度出发,大多民间金融组织会创设一些追缴机制来打击违约行为,但往往由于其行为方式的不合法性,如采取非法拘禁等强制方式索取债务的行为又极易产生新的社会问题。民间金融满足了市场不同主体的需求,能够弥补正规金融的不足,对市场机制的发展和完善起到积极的推动和促进作用,但由于民间金融并未得到政府的正式认可,难免带有一些不规范的运行特征,再加上运行机制和资金实力因素的影响,所以民间金融也会产生一些风险。民间资本与金融业务融合,既给民间资本开辟了一条道路,但也给正常的金融秩序带来了冲击和影响。[3] 例如,P2P融资平台聚集了庞大的民间资本,除以参股金融机构、组建小额贷款公司等方式合法进行金融业务外,还有大量游离于金融监管之外的民间资本。随着互联网的产生,人与人之间逐渐步入了陌生人时代,在目前银行借款门槛高和自然人及中小企业融资难的情形下,网络借贷便应运而生,尤其是有资金需求且熟悉网络的学生、打工族、网店经营业主及其他个体工商户为主的资金需求方,有力推进了

---

〔1〕 参见齐爱民、刘颖著:《网络法研究》,法律出版社2003年版,第13~15页。

〔2〕 江曙霞著:《中国民间信用——社会、文化背景分析》,中国财政经济出版社2003年版,第25页。

〔3〕 参见李明岩:《金融改革重在滤清地下金融之水》,载《中华工商时报》2013年9月4日,第7版。

民间借贷的网络化。基于 P2P 网贷这类民间金融在现实经济生活中的积极功能，不论是理论界还是新闻媒体，在使用“民间金融”一词时并不带有否定的色彩，[1]认为类似 P2P 网贷的民间金融应当是“一种合理的存在”，其形式并不违反法律的明确规定，尤其是不会触犯刑法的规定，实际上 P2P 网贷方式在运行过程中暗含着很多违法乃至犯罪的行为，这需要甄别与规范。

(二) P2P 网贷的主要表现形式

我国 P2P 网贷的畸形繁荣主要基于中国金融压抑的现状。在中国金融压抑的政策下，金融体系主要控制在国有大型金融机构手中，中小企业的融资需求和个人消费信贷都受到压抑而并不发达；同时，理财渠道也极度缺乏，使大量的富裕资金除了银行存款，缺乏足够的投资去向。P2P 网贷模式的出现，给民间金融提供了一种新的商业模式。对于借款人来说，借助网络平台，一是可大幅度降低向社会公众集资的成本，二是可突破民间借贷的地域限制，三是在某种程度上有助于借款人隐藏身份。对于投资人来说，P2P 网络借贷为民间融资披上了金融创新的外衣，再加上高利贷，可获得更高的收益。P2P 网贷在中国的迅速发展，在某种程度上已经改变了 P2P 网贷的典型模式，极具中国特色：一是借款的主要类型不是个人的消费信贷，而是中小企业的商业融资；二是基于中国的信用环境，很多 P2P 网贷平台发展出了线上和线下相结合的模式；三是为了吸引更多投资者和资金加入，很多 P2P 网贷平台为投资者提供本金和收益担保安排；四是有些 P2P 网贷平台还通过拆分债权或者拆标，实现期限转换。在这种模式下，借款需求通过网贷平台实现了期限转换，存在期限错配、金额错配的问题，很可能引发流动性风险。[2] 然而，由于网络的普及和业务使用率的不断上升，P2P 网络借贷作为一种新生事物已开始融入我们的生活，一定程度上满足个人资金需求和提高社会闲散资金的利用率等。

我国 P2P 平台公司一般注册为电子商务、金融咨询类公司，但实质是在利用互联网开展借贷活动，即民间借贷的网络版。网站在工商部门和公

---

[1] 关于“民间金融”合法化的呼声一直很高，这源于民间金融为中小企业提供了大量发展资金，使之与官方银行形成良性的互补式竞争，很多学者认为实现民间金融合法化为大势所趋。

[2] 参见彭冰：《P2P 网贷与非法集资》，载《金融监管研究》2014 年第 6 期。

安机关网监部门注册登记,经营范围是网络信息技术,但实质却在从事与金融相关的业务。由于法律并不禁止个人之间的借贷,P2P这一形式规避了中国金融业牌照管制。在P2P网贷平台的发展过程中,许多平台逐渐转向以理财销售为核心的经营模式,迅速线下化、大众化。

1. 从平台的具体结构模式来看,主要表现为以下三种方式:[1]

(1)纯线上模式:主要是借鉴Prosper模式,采用竞标方式实现在线借贷过程,利率由借款人和竞标人的供需市场决定。例如典型方式为拍拍贷,只对借款人有信用要求而无须抵押担保,对出借人也不承担保证责任。

(2)线上、线下结合模式:线上主要借鉴Zopa模式,即根据信用等级确定借款人的利率;线下发展销售队伍向出资人做理财,信贷员审核借款人,保证信息可靠和贷款质量。

(3)助学平台模式:这种平台模式颇具公益色彩,但也有可观的利润。面对经济分层现象严重的大学生,将目标锁定在能交学费但需要参加大学之外教育培训和投资的学生。这种平台模式与一些高校开展合作,向学生提供可协商利息的贷款。

2. 从平台的营运方式来看,可以分为三类:[2]

(1)纯粹的信息中介模式:该运营模式中,平台仅仅提供借贷信息汇聚与匹配服务,并不直接涉及交易或提供担保,主要为借贷双方的信息匹配与撮合服务,具有金融脱媒性。信息中介平台本身并不参与借款,而是实施信息匹配、工具支持和服务等功能,借款人的借款利率在最高利率限制下,由自己设定。作为最原始的运营模式,该类平台的盈利模式较为单纯,利润来源主要为两方面,即利息管理费与借款管理费。

(2)提供担保的网贷模式:目前,担保模式在我国网络借贷平台中占比最大,该模式特点为提供投资本金甚至利息的担保服务。对投资本金提供担保后,P2P平台以担保机构性质参与到交易过程中,已具有间接融资的本质。该类网贷平台服务内容更加丰富,包含客户挖掘、风控审核、担保服务与匹配借贷需求等,不仅作为借贷交易的信息中介,还发挥着资金与风险中介的作用,是所有风险的聚焦点,相应增加了担保费收入,大约为借

〔1〕 参见艾金娣:《P2P网络借贷平台风险防范》,载《中国金融》2012年第14期。

〔2〕 参见江苏省互联网金融协会2015年10月22日发布的《P2P平台企业收费规定指导意见(征求意见稿)》。

款金额的3%。

(3)债权转让模式:债权转让是指传统金融机构将其信贷资产利用互联网平台实现对外的分散销售形式,主要特点是金额标的更为零散、资金期限更为灵活。P2P 网贷中的债权转让模式,即投融资双方并不直接发生债权债务关系,由第三方向借款人发放贷款,再通过第三方把债权转让给借款人,也可称为“多对多”模式。该类平台的操作步骤可简述为三部分:一是对第三方实施债权的资金标的拆分与期限错配;二是拆分、合并成某类理财产品的债权包;三是向投资人宣传销售。债权转让模式通过第三方个人从根本上改变了借贷关系,形成了具有独特性、创新性的“多对多”债权关系。在该模式下,P2P 网贷平台能够获取一定利差收益,也相应地承担着对融资方的资质审查与资金监督责任。

二、P2P 网贷的主要刑事法律风险表现

P2P 网贷的出现可以说是互联网技术发展到一定阶段后和金融行业的结合。它区别于传统的以商业银行为中介的借贷模式,即“储蓄者—银行—贷款者”的模式。P2P 网贷和网络技术密不可分,通常是由互联网平台把投资人和借款人进行撮合匹配,然后通过网上银行、电子支付转账等技术在线完成借贷,但由于 P2P 网络借贷与互联网联系紧密,其又具有互联网企业的一些特点。近几年来,P2P 网络借贷平台的恶性欺诈违约事件屡有发生,尤其是少数投资者卷款潜逃的事件,使 P2P 网络借贷这个新生儿的成长过程多了点波折。[1] 如 P2P 网络贷款平台——淘金贷仅仅用 6 天时间就完成了开业上线并吸纳投资人资金后将逾百万元客户资金卷包的“空手套白狼”全过程,这一事件不仅令 P2P 网贷领域面临信任危机,同时也再度将 P2P 网络贷款平台的监管缺失之弊暴露在监管层和社会大众面前。

(一)刑事法律风险的类型

P2P 网贷作为一种新型的金融形式,其在运行过程和发展过程中可能涉及不同类型的刑事法律风险,涉及的常见具体罪名有:集资诈骗罪、非法吸收公众存款罪、擅自发行股票债券罪和虚假广告罪等。

---

〔1〕 例如,先后发生的哈哈贷事件、淘金贷事件、优易网事件、东方创投事件、天力贷事件,为新生的 P2P 网络借贷平台的发展蒙上了一层阴影。

1.“资金池”引发的非法集资风险

P2P网贷平台利用“资金池”吸纳资金而引发的非法集资风险是最为常见的。由于P2P线上网络借贷中全额支付借款标的额的条件是借款标满额且经P2P线上网络借贷平台审核通过,这样资金才能从第三方支付平台流向借款者。在此时间间隙中,滞留在第三方支付平台的资金就构成沉淀资金,从而形成一定数量的“资金池”。具体而言,目前的P2P网贷平台的一般投资的程序是:每个投资人用身份证在网贷平台上注册一个账号,绑定银行卡账号,注册后,投资人通过线上和线下的方式汇款给该德赛财富网贷平台指定的银行账号或第三方支付平台。账号充值后,投资人选择发布的投资标的进行投资,即投资人通过该平台将资金借给第三方。例如涉嫌非法集资的德赛财富平台规定,每个标50元起投,期限不定,设有一天标、一个月标、二个月标和四十天标等。借款期满后,网贷平台将投资本金及利息打回投资人账号。投资人需要提现时,向平台提出申请,申请批准后将金额汇到账号绑定的银行账号里。德赛财富平台宣称以中间人的身份撮合借款人和出借人达成借款协议,同时该平台提供本息担保。经统计,平台注册的投资人有1000名左右,不过绝大多数是僵尸账户,即系平台工作人员自己注册的。真实的投资人在100余人,向社会吸收了2000万元左右的资金,截至案发,尚有1000万元左右资金未归还。[1] 由于现实中的P2P线上网络借贷行业鱼龙混杂,不少中介平台为图方便,根本未与第三方支付平台建立合作关系。更有甚者,打着第三方支付平台资金安全保障的幌子,随意提取资金、卷钱潜逃。P2P网贷的价值实质在于依靠网络技术就能实现“借小贷大”“借短贷长”,又可以保持独立的中介身份,所以不应过多介入到交易当中去。如果P2P网贷成了“变相的担保公司”,或者利用网络平台吸取资金的“小额贷款公司”,无论哪一种都存在极大风险,无法长期生存。而且一旦具有了担保的性质就意味着必须有足够的风险准备金、必须控制坏账率和控制业务总量。一旦通过担保把坏账风险转移到自身平台上来,在做大规模之后往往面临随之增长的坏账,资金链断裂的风险也随之而来。

2.信用缺失引发的其他类型的犯罪风险

由于P2P平台门槛低、市场大,在缺乏法律规制和外部监管的情况下,尤其是我国的目前征信体系还不健全,P2P平台没有接入央行的征信系统,

---

[1] 参见浙江省瑞安市人民法院(2015)温瑞刑初字第247号刑事判决书,来源:中国裁判文书网。

且央行的征信体系对于小微个体企业并不能完全覆盖的情形下,P2P 网络借贷存在的风险不断凸显,容易出现的法律风险情形:一是逾期还款,即借款人不按期偿还本息,易由追债引起非法拘禁等刑事案件;二是借款人涉嫌诈骗,即通过网站借到资金后消失了,放款人利益受损;三是借贷网站涉嫌诈骗,在放款人将保证金打到网站账户后携款逃走,同样导致放贷人利益受损。四是虚构项目,平台或者借款方利用出资方信息不对称及对 P2P 平台的信任,虚构项目,诈骗出资方款项。

3. 大量资金流动引发的洗钱犯罪风险

P2P 网贷模式的核心,在于利用了互联网时代诞生的支付宝的担保信用额度方式。如果通过个人账户划转款项,平台经营者的账户往往用作出借人与借款人转账的中间账户,平台经营者在某个时期能够控制平台内的大部分滞留资金,形成体外循环的情况。平台经营者通过虚拟账户和在途资金,将沉淀的大量客户资金用于风险较高的投资活动,可能引发流动性风险、信用风险和操作风险,加大了引发洗钱、套现等非法活动的风险。[1]

4. 网贷平台技术漏洞引发的风险

P2P 网贷平台由于技术上的漏洞,具有容易受到攻击和被侵入的风险,进而导致信息泄露或者网络数据被篡改导致财产损失。例如王某于 2014 年 7 月至 9 月通过非法手段入侵宁波昱天财富投资管理有限公司的 P2P 网贷平台,在该网站管理平台中注册了虚假的管理员账号,王某利用漏洞在该网站后台数据库中上传虚假客户信息,并为该客户充值,用自己的管理员账号通过审核。次日,王某通过电话联系要求宁波昱天财富投资管理有限公司返还其虚假账户中的充值款至指的银行卡,骗取该公司人民币 49, 850 元。[2]

(二)风险识别因素

P2P 网贷作为一种新型金融创新,面临的风险与传统金融风险既有共性,也有其特殊之处,其风险因素主要体现在以下方面。

1. 平台参与主体

在 P2P 网贷的风险链中,投资人、借款人和 P2P 平台为网贷的参与主

---

〔1〕 参见艾金娣:《P2P 网络借贷平台风险防范》,载《中国金融》2012 年第 14 期。

〔2〕 参见浙江省宁波市鄞州区人民法院(2015)甬鄞刑初字第 331 号刑事判决书,来源:中国裁判文书网。

体。首先参与主体的角色不同,所面临的风险类型和特征各异。对于投资者来说,其风险来源于P2P平台技术、借款人信誉、市场环境及监管制度等,具体表现为操作风险、信用风险、市场风险等。其次是P2P平台面临的风险较为复杂,主要来源于平台技术限制、市场环境和国家监管政策的变化等。最后,对于借款人来讲,其风险点主要在于对于平台操作失误和因技术系统原因而泄露借款人信息等风险。从目前已发生的相关案例来看,如若运营P2P网贷平台的主体是单个人,或者在网上都无法查找到该平台,则基本上可以判断该平台为问题平台。尽管有些平台的创始人团队看上去阵容强大,但仍不可避免地发生了跑路事件,因此,对于平台的参与主体的信息掌握应尽可能详细,不能仅仅只看平台或网络的介绍与宣传。

2. 平台融资状况

通常来讲,一个成熟的平台的出借人和借款人应当是比较分散的,如果通过在某个网贷平台上发布的交易信息发现个别身份识别号码(ID)经常出现,不论是出借人还是借款人,则这个平台就存在自融的可能性就很大,甚至存在虚假借款的情形。因此,判断平台融资状况好坏的关键在于放贷人与网贷平台是否背离信息中介本质、是否存在关联交易关系、是否进行了资金存管、是否有虚假债权和重复转让等行为。对于平台融资主体,应重点关注其是否有不良信用记录、其经营项目是否正常稳定、其资本属性和资产规模的大小是否合理、是否能提供抵押担保物,多方综合这些因素来确定关键指标,以判断平台融资项目的真实与好坏。

3. 借款项目描述

通过综合分析问题平台的症结来看,正常的借款人为了能够实现借款的目的,一般会比较详细的说明借款用途和还款保证及相关利率。对于某个平台上已经成功的借款案例,如果借款人描述非常简单,或者多个借款需求之间表述几乎完全一致,则虚假借款的可能性比较大。具体而言,应从项目性质、资金用途、抵押率、借款人风险、财务风险、信用审核等多个维度细分类别,建立差异化的核保政策和风控体系,并综合分析多个借款需求之间表述内容是否具有一致性。

4. 借款利率大小

利率的大小是吸引投资者的最为关键的因素,但如果收益远远超出了正常的理财市场收益率,则要谨慎。一般而言,P2P网贷平台的借款年利率超过15%的风险就很大,这是因为如果借款人将借款用于经营,那么大多数行业的利润无法承受如此高的资金成本；如果借款人是用于个人消费，则其风险性更高，因此，借款年利率超过 15% 的平台很可能就是庞氏骗局，应当敬而远之。

5. 运营信息披露

P2P 网贷平台的公开资料越详细，则其可信度越高。因此，如果某个 P2P 网贷平台能够定期披露平台的运营情况，例如，涉及详细的融资项目、成交金额、平均借款成本等信息的，则该平台具有较高的可信度。信息披露的目标在于使 P2P 网贷行业达到"三个透明"，即通过披露从业机构、年度报表、股东高管与平台经营等信息，达到机构自身透明；通过披露资金存管、还款代偿等信息，达到客户资金流转透明；通过披露借款用途、合同条文、相关风险及借款人信用等信息，达到业务风险透明。

三、P2P 网贷的刑事法律风险防范相应对策

导致 P2P 网贷刑事犯罪的原因是多方面的，同样，预防 P2P 网贷刑事犯罪的措施也应是综合性的，是一个系统性的工程，其涉及有关政治、经济、法律和文化等多方面的内容。因此，打击 P2P 网贷刑事犯罪，刑法凭一己之力是收效甚微的，需要从多个层面和运用多种手段来达到预防和控制此类刑事法律风险之目的，尤其应抓住网贷平台掌握了信息传播的主动权的特点，针对网络借贷的立法、执法、监管工作，应该围绕"网贷信息中介机构的本质是信息中介而非信用中介"展开，不仅要严格禁止网贷平台涉足信用中介的领域，而且要从法律层面大力规范网贷平台搜集、使用、传播信息的行为，[1] 形成一个综合治理的联动机制。

（一）贯彻宽严相济的刑事政策，慎用刑罚处置方式

近年来，从中央到地方都开展了不同规模的整治非法集资专项行动，严厉打击 P2P 网贷等网络金融刑事犯罪。虽然这种运动式"严打"能够在一定程度上收到遏制 P2P 网贷刑事犯罪的效果，然而，这种犯罪打击扩大化的风险也是显而易见，不利于我国金融的自由发展，对 P2P 网贷刑事犯罪的治理和风险的控制应该坚持宽严相济的刑事政策和依法治理的正确路径。随着我国金融市场不断深化改革，今后的刑事立法与刑事司法应当以金融风险

---

〔1〕 参见杜晓：《定位信息中介指明网络借贷方向》，载《法治日报》2016 年 8 月 27 日，第 7 版。

控制为重点来构建刑法规范与司法解释。在刑事立法时,应当以保护金融的自由发展和防止金融市场的系统性风险为原则,构建网络金融刑事控制的具体法律规范,将严重危及金融市场秩序和严重危害市场运行的行为纳入规制范围;刑事司法则应当秉承司法效果的正义体现,“过滤”网络金融违法行为,从实质解释的视角规定P2P网贷刑事犯罪定罪量刑标准,同时将弥补和减少涉众型金融犯罪被害人的经济损失作为刑事处理的一个重要考虑因素,近期已经试点的认罪从宽制度与P2P网贷类案件的处理的有效衔就是一个有益尝试。

合理的刑法结构是刑法机制运行顺畅的重要保证,也是宽严相济刑事政策在我国刑法中的体现,这就要求一方面严密有关P2P类型网络金融犯罪刑事法网并严格网络金融犯罪的刑事责任;另一方面在司法上进行限缩,防止对金融市场滥用刑罚权,以免对金融市场的过度干预,影响经济的发展,因此,需要配置相应的排除机制,以此体现出“宽严”两个方面。[1] 刑法在金融领域的适用,必须在金融自由和金融安全之间寻求平衡,刑法在介入网络金融领域进行规制时,应当同时关注金融的自由,“金融自由实际上就是金融行为自由,从法律角度上即金融主体可按照自己的意志在法律规定和允许的范围内设立、变更和终止金融权利和义务。”[2]当然,由于金融本身的复杂性,在具有不可预知和多变属性的市场经济条件下,形成了参与金融市场的投资人的有限理性和市场失灵之间的矛盾,这就需要政府适度的干预和协调,并需要法律的强制性规范,以保证金融市场的和谐与稳定,但刑法对金融领域的介入应当张弛有度,做到宽严相济,[3]既保证刑法在打击金融犯罪和维护金融市场秩序的功能,又能为金融市场的健康自由发展提供良好的环境。在目前的司法实务中,如果这些类似由P2P网贷平台引起的非法集资者能够安稳度过企业危机并偿还了所借的高利息借款,则不会作

〔1〕 参见曲伶俐等著:《刑事政策视野下的金融犯罪研究》,山东大学出版社2010年版,第45页。

〔2〕 张宇润:《金融自由和安全的法律平衡》,载《法学家》2005年第5期。

〔3〕 最高人民法院于2009年2月8日发布了《关于贯彻宽严相济刑事政策的若干意见》,最高人民法院刑二庭结合审判工作实际,就有关经济犯罪案件审判工作中贯彻宽严相济刑事政策作了进一步的规定:例如,对于“边缘案”“踩线案”、罪与非罪界限一时难以划清的案件,认为要从有利于促进企业生存发展、有利于保障员工生计、有利于维护社会和谐稳定的高度,依法妥善处理,可定可不定的,原则上不按犯罪处理,特别是对于涉及企业、公司法定代表人、技术人员因政策界限不明而实施的轻微违法犯罪,更要依法慎重处理。参见最高人民法院刑二庭:《〈宽严相济在经济犯罪和职务犯罪案件审判中的具体贯彻〉的说明》,载《人民法院报》2010年4月7日,第6版。

为刑事案件处理,但如若非法集资的企业没能度过生存危机而情况恶化时,若债权人索债而出现较大社会影响时,刑法便会介入并最终定罪处罚。[1] 实际上,刑法干预应当具有适当性和必要性,适当性原则强调必须是基于维护公共利益和社会秩序的需要,而必要性原则强调国家刑罚权的发动限于迫不得已需要第二次法的干预,但如果能采取其他法律方式干预的,应尽量不选择刑法反应方式。[2] 有观点认为:"刑法不仅要对现实生活中具有严重危害性的行为做出规定,也应当对可预见的未来的严重危害社会的犯罪行为加以规定,特别是对金融犯罪加强超前立法,以避免因社会经济形势发展而导致的刑法滞后问题。"[3] 笔者不太赞同这种观点,首先,"可预见的未来的严重危害社会的犯罪行为"判断标准本来就很模糊,如果刑法中有太多这样的规定,将会使民众在社会生活中畏手畏脚,打击人们的创新积极性。其次,虽然经济的发展有其一定的规律可循,但经济发展在调控的同时,更多是鼓励其自由发展,如果金融犯罪超前立法,无疑会损害经济的发展。最后,刑法作为最后的保障法,只有穷尽了民事法律和行政法律之后才动用刑法方式,如果刑法实施了超前立法,但相应的民商事法律中并没有前提性的规定,这会使刑法的相应规定成了"无源之水,无本之木",并破坏了法律体系内部的统一性和协调性。

某种风险如果被允许,便意味着对一定范围内的侵害结果予以了容忍,当立法者对风险的性质做出界定时,便对行为人的注意义务进行了分配:如果风险被容许,则相应的行为人并未被科以具有刑法意义的注意义务;如若风险不被允许,则行为人势必需要谨慎履行其注意义务,否则要承担相应的刑事责任。风险是否被容许,其界定或判断本身带有很大的主观性,它往往取决于政策上的决策。[4] 因而针对我国当前网络金融刑事法律风险愈演愈烈的态势,应该坚持立法范围的严密和司法适用范围的限缩,即从经济体制与具体经济环境变化及制度变革的角度,对有关 P2P 网贷等网络金融刑事犯罪的立法予以完善,以充分发挥刑法的特殊预防和一般预防的功能。在依法对 P2P 网贷刑事犯罪行为定罪量刑的同时,不能仅仅依据法律条文,还

---

〔1〕 参见薛进展:《从吴英集资诈骗案看刑法保护的平衡性》,载《法学》2012 年第 3 期。

〔2〕 参见梁根林著:《刑事政策:立场与范畴》,法律出版社 2005 年版,第 111 页。

〔3〕 康均心、王敏敏:《发挥刑法保护功能,完善金融法治体系》,载《武汉公安干部学院学报》2009 年第 1 期。

〔4〕 参见劳东燕:《风险分配与刑法归责:因果关系理论的反思》,载《政法论坛》2010 年第 6 期。

应该考虑到犯罪原因,金融检察部门可以通过发检察建议、案例通报、金融检察白皮书等方式,进行金融犯罪风险预测和预警提示,为执法办案及相关行业主管部门提供综合服务,以防范金融风险的发生。

(二)完善监管制度,引导网贷平台平稳正常发展

德国著名的刑法学家李斯特有一个著名的论断——“最好的社会政策就是最好的刑事政策”。对于P2P网贷涉及的刑事犯罪而言,如果仅是考虑从刑法的角度去惩治P2P网贷刑事犯罪,以控制其风险,而不能辅之以相应的社会政策,则这一良好的初衷却未必能够实现。网贷领域的风险具有复杂性、隐蔽性、突发性、涉众性、传染性,在统筹考虑各种突发风险的前提下,制定完备的处置预案,有序化解存量风险,有效控制增量风险,坚决守住不发生系统性、区域性金融风险的底线。[1] 例如,Zopa是全世界第一家P2P企业,Zopa在设立时,发起人主动寻求金融监管部门的支持,金融监管部门比如英格兰银行也会不断了解Zopa具体做什么,并告诉他们可能存在的哪些风险。所以,对Zopa金融监管是一个互动的、持续的、动态的与业界交流的过程。英国于2014年4月,发布了全球第一部P2P网络借贷行业法案——《关于网络众筹和通过其他方式发行不易变现证券的监管规则》,对P2P行业的最低资本、客户资金管理、投资标的流转,信息披露、合格投资人等各方面都进行了细致的规定,并将消费者(投资人)的保护放在最重要的位置。[2] 根据目前的我国相关规定来看,对P2P网贷平台具有监管职责的主体有金融监管部门、通信管理局、工商局。P2P网络借贷平台作为新兴的金融业态,行政监管部门在鼓励其创新发展的同时,应当加强制度建设,合理地设置业务边界。

1. 健全银行存管和金融备案制度

从银行存管制度设置来看,实现平台资金严格在银行直接存管是其合法合规经营的关键一步。银行直接存管的实现将有利于杜绝平台涉嫌资金池、卷款跑路等非法红线问题,切实保障了投资人的资金安全和合法权益。P2P网贷平台向地方金融监管部门申请的备案登记证明,也是其申请增值电

---

〔1〕 参见《关于印发〈P2P网络借贷风险专项整治工作实施方案〉的通知》(银监发〔2016〕11号)。

〔2〕 参见唐逸如:《英国互联网金融行业为何发展又好又快》,载《国际金融报》2016年2月29日,第13版。

信业务许可与银行存管的前置条件。网贷平台与银行进行资金存管主要采取两种模式:一种是银行直连模式,如金联储上线的银行存管模式就是采用和广发银行直连;另一种是“银行 + 支付公司”的联合存管模式。按照相关要求,资金被存管后,P2P 网贷平台的所有交易资金都在托管主账户里,托管主账户由银行完全监管,P2P 平台无权调动这个账户里面的任何资金;P2P 网贷平台自有资金(包括服务费、市场费等费用)需单独开设自有资金账户,以此保证 P2P 网贷平台自有资金与交易资金隔离。平台进行资金存管后,P2P 网贷平台的所有交易合同必须在银行备案,在 P2P 网贷平台提交投资人和借款人的交易给银行后,银行会按照合同进行校验,不符合合同的交易不允许通过,银行也会随时抽查合同内容。P2P 网贷平台的借款人和投资人必须实名在银行开立虚拟账户,投资人投资的资金从投资人虚拟账户直接划转到借款人虚拟账户,虚拟账户挂在托管主账户里,所有资金都是在托管主账户里流动。对 P2P 网贷平台来说,银行存管对平台的安全性、技术复杂性、账务严谨性无疑都会有更高要求。而大部分平台在接入存管前,都需要先进行底层系统升级改造,包括完善账户系统设计、建立清结算及对账系统、改造产品流程以适应银行存管要求等。[1] 2015 年 9 月正式上线的中国支付清算协会互联网金融风险信息共享系统的建立和不断扩容就是为了降低风险,以此来推动平台行业数据的共享。[2] 当众多网贷平台接入该系统后,将有利于聚集 P2P 网贷行业机构的共同力量,形成行业风险控制合力,提升 P2P 网贷行业的整体风险控制能力。中国支付清算协会互联网金融风险信息共享系统上线运行后,能够将各个 P2P 网贷机构零散、分散的数据有机整合起来,彼此间共享贷款信息,降低 P2P 网贷机构与借款人之间的信息不对称。平台一旦接入该系统,将能准确地评估被授信人的信用价值,降低出借人的风险。[3]

2. 完善通信管理部门的许可证制度

根据国务院发布的《互联网信息服务管理办法》(国务令第 292 号)规

---

[1] 参见何晓晴:《资金存管模式摸底仅 35 家 P2P 平台对接银行系统》,载《21 世纪经济报道》2016 年 7 月 6 日,第 1 版。

[2] 2014 年底,由央行指导、中国支付清算协会下属的互联网金融专业委员会决定成立这个系统,该互联网金融委员会有官方背景,各个网贷企业的政府关系部门都很重视。由于中国支付清算协会背靠央行,其建立的互联网金融风险信息共享系统,未来有可能与央行的其他数据合并,直接反映到个人信用记录,对于平台和借款人具有威慑力。

[3] 参见潘洁:《信息共享,P2P“老赖”无所遁形》,载《国际金融报》2016 年 2 月 29 日,第 13 版。

定,互联网信息服务分为经营性和非经营性两类。CP 备案即域名备案,是指在中华人民共和国境内提供非经营性互联网信息服务,应当依法履行备案手续。一般来讲,所有网站都要有 ICP 备案,因此,P2P 理财平台大都有 ICP 备案。而 ICP 经营许可证是指经营性网站办理的增值电信业务经营许可证。P2P 网贷平台是个体和个体之间通过互联网平台实现的直接借贷,平台为投融资双方提供信息服务并从中收取费用,是经营性信息服务平台,因此,需申请 ICP 许可证。目前的 ICP 许可证申请门槛较高,包含注册资金应在 100 万元或者 100 万元以上、有业务发展计划及相关技术方案、拥有健全的网络与信息安全保障措施企业等要求,并且需要提供金融服务的企业要由地方金融管理部门出具前置审批。由于设置的门槛较高,致使目前获得 ICP 许可证的平台寥寥无几。因此,电信监管部门应结合 P2P 网贷平台的实际情况,细化 P2P 网贷办理增值电信业务许可证操作规则,如明确要求需提交《增值电信业务经营许可证申报表》、业务发展可行性研究报告和技术方案,若申请开展信息服务业务互联网接入服务业务和互联网数据中心业务的则需要补充提交相应的材料。

3. 严格执行互联网金融领域广告的监管要求

P2P 网贷行业乱象丛生,部分违规广告的宣传起了推波助澜的作用。突出表现在有些 P2P 网贷平台对金融产品和业务进行不当宣传乃至虚假宣传,违规使用安全、保证、承诺、保险、避险、有保障、高收益、无风险等与产品风险收益特性不匹配的表达的内容;对投资理财产品或者服务的重要特性和与产品有关的重要事实的表述不准确和不清晰及引用不真实、不准确或未经核实的数据和资料;对未来效果、收益或者与其相关的情况作出保证性承诺,明示或者暗示保本、无风险或者保收益等内容,如使用“名列前茅”“位居前列”“最有价值”等夸大过往业绩的表述。P2P 网贷平台线下投放的渠道主要有电视、电影院线、楼宇电梯、地铁、公交站牌和高铁等,短时间对消费者进行轰炸式宣传,特别是利用广告排查漏洞,重金包装,密集宣传,形成恶性营销,以致让很多投资人上当受骗,社会影响恶劣。为防范、打击金融违法行为,切实维护市场经济秩序,2016 年 4 月,工商总局、中央宣传部、中央维稳办等 17 个部门联合印发了《开展互联网金融广告及以投资理财名义从事金融活动风险专项整治工作实施方案》(〔2016〕61 号),要求依法加强涉及互联网金融的广告监测监管,加强沟通协调,就广告中涉及的金融机构、金融活动及有关金融产品和金融服务的真实性、合法性等问题,通报金融管理部门进行甄别处理。对公安机关认定涉嫌经济犯罪及有关职能部门认为已经构成或者涉嫌构成非法集资活动的，工商部门依法责令停止发布广告，各有关部门依法、依职责进行查处，严厉打击发布虚假违法广告行为。落实广告发布前审查，防范违法违规广告发布，这也是从宣传源头去强化监管，以免部分平台利用互联网理财广告包装进行夸张宣传。

（三）完善金融体系，为民间金融发展提供成长空间

金融创新与金融监管是对立统一的关系，金融监管可能抑制金融创新的效率，但同时金融创新又包含和促进了金融监管的创新。根据凯恩斯的规避监管型创新理论，认为为了获得最大化的利润，金融市场的主体在运行过程中会通过创新来规避政府的管制，但当金融创新危及金融制度稳定时，政府又会加强管制，从而导致新一轮的创新，并形成一种动态博弈过程，以推动金融创新的不断发展和金融监管水平的不断提高。[1] 我国在金融创新的过程中，同样面临着一些可能造成潜在风险的发展趋势。例如，部分创新产品或交易模式法律地位不明确、性质模糊和难以按国内和国际标准归类，容易造成由于缺乏明确法律地位，无法被视为标准化的金融产品而纳入现有监管框架；另一些同业业务、通道业务为规避监管，设计出复杂的交易结构，其复杂性给监管带来难题。解决之道在于推动金融创新的阳光化、透明化、规范化和标准化，推动发展正规金融市场的规范金融工具，使风险真正暴露在阳光下。[2] 这是我国在处理 P2P 网络金融案件时，应当坚持的方向和路径。金融创新的观念并未在我国刑法学界引起高度重视，由于我国现行金融刑事立法是建立在传统金融交易方式之上的，立足于基础性的金融工具，对于新型的金融方式和金融工具则较少涉及，这就导致刑法对新型金融犯罪反映过慢，从而弱化了金融刑法的风险防控功能。“随着全球以金融自由化、金融国际化、金融一体化、金融证券化为特征的金融变革不断发展，各国法律制度对金融立法同样经历了从管制（control）到监管（regulation）和放松监管（deregulation）的立法变化。”[3] 民间金融脱离了国家的监管而备受争议和诟病，原因在于我国的金融监管政策一直奉行金融抑制和严格监管

〔1〕 参见戎生灵著：《金融风险与金融监管》，中国金融出版社 2007 年版，第 142 页。

〔2〕 参见王冠：《如何让金融创新在阳光之下更透明?》，载《21 世纪经济报道》2014 年 1 月 3 日，第 9 版。

〔3〕 曹建明：《论我国金融安全的法律保障》，载《毛泽东邓小平理论研究》1999 年第 2 期。

的思路。执行严格的准入和审批制度,导致我国的正规融资形式大部分为间接融资方式,即通过银行等金融中介机构来获取资金,但由于金融机构的风险偏好,中小企业很难通过这种间接融资的方式获取资金。在通过发行股票或通过产权转让股权融资的直接融资方式门槛过高的情形下,急需资金的企业和个人只能转而"求助"于民间金融。在现代市场经济中,直接融资与间接融资应当是并行发展和互相促进,在当代金融制度发达的国家,直接融资的规模要大于间接融资规模,鼓励金融市场的"契约自由"并已形成了深厚的"股权文化"。[1] 为了创建灵活且具生机的金融市场,我国应当鼓励和创建"股权文化",减少行政审批制度,以法律的方式确认让更多的直接融资方式与间接融资方式共同发展,做到法律配置和金融市场之间的协调与平衡。我国金融监管中的金融抑制政策一直未有效改变,面对我国地下金融的乱象,必须改变我国金融抑制政策的理念,树立金融自由的观念,政府应当承认政策制度对金融监管的有限性。因此,监管部门还要以法律的形式确定地下金融的法律边界,对属于法律边界之内的地下金融予以规制,而不需要法律调整的法律边界之外的地下金融应当让其自由发展。

P2P 网贷平台类的网络金融风险的出现除受经济因素和市场风险影响外,还受诚信的丧失和征信体系的缺失的共同作用。征信体系是现代金融体系运行的基石,是金融稳定的基础。征信体系的作用是通过提供信用信息产品,使金融交易中的授信方或金融产品购买方能够了解信用申请人或产品出售方的资信状况,从而防范信用风险,保持金融稳定。同时通过准确识别企业、个人身份,保存其信用记录,有助于形成促使企业、个人重视保持良好信用记录的约束力。[2] 征信体系的建立,将有效防止 P2P 网贷案件中的恶意逃债或"跑路"情况的发生,也将有助于把 P2P 网贷金融行为契约化。现阶段,还可以在完善公司信用级的基础上,积极发展公司债券,并可以考虑创设"风险投资"渠道,为符合条件的中小企业提供资金。当前金融脱

---

〔1〕 股权文化因各国经济发展水平、文化不同而有一定的差异性,但其内涵和实质在于鼓励投资人、鼓励投资股权的文化,尊重股东的文化,保护中小投资人的文化及理性投资、专业投资、价值投资的文化。参见张育军:《塑造健康股权文化》,载《浙江日报》2012 年 3 月 20 日,第 9 版。

〔2〕 参见中国人民银行原副行长苏宁在 2006 年 1 月 16 日召开的"个人信用信息基础数据库正式运行新闻通气会"上的讲话,载中国人民银行网:http://www.pbc.gov.cn/publish/hanglingdao/48/1152/11528/11528_.html,2016 年 12 月 22 日访问。

媒[1]既预示现行金融压抑政策已不合时宜,又倒逼银行等金融机构加快金融服务流程和服务生态的重塑;同时,互联网等数字技术今后将广泛在金融机构使用,推动整个金融生态体系变革,让银行等金融机构逐渐适应后现代的金融市场诉求。[2] 这些都是从根本上防范 P2P 网贷等网络金融刑事法律风险的有效方式。

四、余论

党中央、国务院高度重视互联网金融的发展和风险防范,党的十八届五中全会明确提出"规范发展互联网金融"的任务。就 P2P 网络借贷领域的整治而言,其重点是落实网络借贷机构信息中介定位,禁止网络借贷机构突破信息中介职能定位开展设立资金池、自融自保、发放贷款等违法违规活动。目前,P2P 网贷投资收益率水平的下降趋势在一定程度上缓解了资产端借款主体的融资成本,使其逐步回归理性水平,也慢慢改变了市场对 P2P 网贷等同于"高利贷"的偏见。监管部门通过对 P2P 网贷平台企业的专项整治,从备案登记、银行存管、信息披露、投资指南等多个方面提供了较为科学合理完善的指引和标尺,初步勾勒出以专业监管为主、行业自律为辅的条块结合监管体系,整个 P2P 网贷行业日渐由粗放增长向精细合规方向转变。

总之,P2P 网络借贷平台作为一种新兴金融业态,在鼓励其创新发展的同时,首先应明确四条边界:一是要明确平台的中介性质,二是要明确平台本身不得提供担保,三是不得归集资金搞资金池,四是不得非法吸收公众资金。其次,对行业存量累积风险进行全面摸底、评估、防范和化解,规避行业风险"硬着陆",同时扶优限劣,规范行业健康发展,做好传统金融的有效补充,做好实体经济的普惠服务,使 P2P 网贷朝着合规小额普惠化方向发展。最后,要整合多方力量,形成法律规制、政府监管、行业自律和社会监督的多位一体的综合治理体系。

---

〔1〕 金融脱媒(Financial Disintermediation),又称金融非中介化,一般是指在进行金融交易时,不需要中间人而直接在供需双方间进行交易,即更多地采用直接融资方式,而不是通过银行等传统金融媒介。

〔2〕 参见雷东辉:《后现代金融生态思辨》,载《21 世纪经济报道》2014 年 1 月 1 日,第 4 版。

公募股权众筹的逻辑困境与治理机制

仇晓光*

内容提要　公募和私募两条路径发展股权众筹已经成为国内理论和实务界的共识。传统上市公司、风险投资、天使投资治理机制难以应对公募股权众筹中信息不对称、代理成本、不确定性的逻辑困境。因此,公募型股权众筹应以群体智慧和大数据作为基础理论依据,创新初创企业治理机制。

关键词　股权众筹　公募　私募　治理机制

一、问题的提出:公募股权众筹发展的逻辑困境

(一)公募与私募股权众筹

股权众筹(Equity Crowdfunding),是指从大量人手中为小型公司或者初创企业筹集少量资金的一种新型融资模式,其正在世界范围内迅速扩张。过去只能由少数富有群体和熟人关系才能投资初创企业状况,已被普惠金融与金融民主化理念所改变,这在现行美国联邦证券法中表现为《初创期企业推动法案》(Jumpstart Our Business Start-ups Act,以下

* 仇晓光,吉林财经大学财经法律研究中心常务副主任,吉林省法学会财经法学研究会会长;吉林财经大学法学院副教授,法学博士。

简称《JOBS 法案》或法案)项下第三章内容,[1]即公募股权众筹制度。这种制度推动了股东类型创新,其通过网络平台投资初创企业,并非属于美国传统证券法上的“获许投资者”(accredited investors),[2]区别于传统上市公司、天使投资、风险投资的投资者。由于美国公开发行市场以机构投资者为主,[3]小额投资者(retail investors)数量极少,[4]并且天使/风险投资中又设定了较高的获许投资者标准,因此,投资经验相对匮乏的中产阶级小额投资者成为美国公募股权众筹市场的主要群体。

分别以公募和私募两条路径发展股权众筹,在国内理论和实务界众筹公司人数超过 500 人时被认定为公开公司身份,其目的是避免其适用公开公司强制信息披露要求。因此,借由股权众筹平台组建的公司,仍依循公开公司的基本治理结构。其次,在公司控制权问题上,法律似乎采取了更为中立的态度。具体体现为,《众筹条例》要求发行人信息披露内容包括了发起人的董事、高管及各持有发行人已发行的有表决权股票,并按表决权比例计算达到或超过 20% 的各权益所有人的姓名。可见,立法者更加关注公司实际控制权归属,并且给市场预留了充分的选择空间。

实践中,美国学者已经对股权众筹公司治理模式展开更进一步的探讨。Verret 提出股权众筹公司治理新路径,[5]其中之一便是利用手机 APP (application,手机应用程序)来实现信息共享,减少股东参与公司治理成本。作为众筹先驱的 kickstarter,在利用 APP 与投资者进行互动的实践已经收到良好效果。Verret 参考 Bainbridge[6]观点后认为,如果董事会作为决策形成与促进股东参与之间的必要中介时,该类公司应该在 APP 上被默认推

---

〔1〕 2012 年 4 月 5 日,美国国会通过著名的《JOBS 法案》,授权美国证券交易委员会并要求按照《JOBS 法案》第三章内容制定更为细致的《众筹条例》(Regulation Crowdfunding),该条例于 2015 年 10 月 30 日正式公布。

〔2〕 参见郭雳著:《美国证券私募发行法律问题研究》,北京大学出版社 2004 年 2 月版,第 44 页。

〔3〕 参见美国公开发行市场机构投资者占有 70%。参见 Edelman PH, Thomas RS, Thompson R B, "Shareholder Voting in an Age of Intermediary Capitalism", *Southern California Law Review*, 2014, Forthcoming, pp. 1359 – 1519。

〔4〕 这与我国 A 股市场正好相反。参见顾铭德:《证监会新主席含金量最高的一句话:A 股小额投资者为主》,载搜狐网:http://business.sohu.com/20160320/n441185323.shtml,2016 年 7 月 29 日访问。

〔5〕 See Verret J W. "Uber-ized Corporate Law: Toward a21st Century Corporate Governance for Crowdfunding and App-Based Investor Communications", *Journal of Corporation Law*, 2016, 41(4): pp. 927 – 970.

〔6〕 See Bainbridge S M, Henderson M T, Boards-R-Us: "reconceptualizing corporate boards", *Stanford Law Review*, 2014, 66(5), pp. 1051 – 1120.

荐为董事会中心模式,赋予董事会对企业的高度控制权。股权众筹投资者希望能够与企业之间形成高度互动,并通过传统投票选举董事方式行使股东权力,而利用APP则可能实现传统方法似乎难以达到的目的。因此,股权众筹需要以现代技术为基础,采取更为灵活的治理模式,当然,这也对现有法律制度提出新挑战。2014年底,中国证券业协会发布《私募股权众筹融资管理办法(试行)(征求意见稿)》及在2015年8月10日发布《场外证券业务备案管理办法》第20条第10项将"私募股权众筹"修改为"互联网非公开股权融资"(以下简称"私募股权众筹")两项内容,确立了私募股权众筹在我国的合法地位。而2015年3月《证券法》修订草案增加公募股权众筹豁免条款,2015年7月18日十部委发布《关于促进互联网金融健康发展的指导意见》,中国证监会随后于7月24日表态,认定股权众筹应具有"公开、小额、大众"的特征,这是对公募股权众筹的立法探索。因此,在我国现行法律体制下,只有被称为"互联网非公开股权融资"以私募方式进行的股权众筹是合法的。在美国也存在相似情况,美国证券交易委员会(Securities and Exchange Commission, SEC)于2015年10月30日正式发布《众筹条例》(《众筹条例》分为意见稿和最终稿,下文在使用意见稿内容时会特别标注),到2016年5月正式生效,其效果如何还有待验证。其中,私募股权众筹市场前景更为乐观,其能够成功并不是因为本身创造了新型融资模式,而是较传统天使/风险投资相比实现了两点突破:第一,网络能够降低传统天使/风险投资的运营成本;第二,通过互联网能够更加便利的吸引更多投资人。但反观之公募股权众筹的发展,似乎并非十分乐观。

(二)公募股权众筹的逻辑困境

公募股权众筹作为证券公开发行行为,面临三个重要逻辑困境:信息不对称、代理成本、初创企业的不确定性。

1.信息不对称

信息不对称是指发行人掌握投资者不了解的信息,其出现的直接结果是逆向选择,并最终导致股权众筹市场失灵。潜在投资者意识到由于发行人往往掌握很多未公开的重要内容,很难以现有信息辨别发行人质量高低,因此,投资者会进而降低对该市场中所有发行人的评价,优质发行人难以获利最终被迫退出,而市场中会仅留下劣质公司,即出现"柠檬问题"。这种现象在股权众筹市场中表现更为明显，[1]这也成为公募股权众筹发展的核心困境。有学者认为，优质投资者更加倾向于将资金投向更可靠的私募股权众筹市场，而被筛选后剩余的次优或者劣质项目会进入公募股权众筹市场。[2] 因此，在未能有效缓解信息不对称问题时，公募股权众筹市场发展前景十分堪忧。

2. 代理成本

代理成本是制度经济学企业理论的重要组成部分，诚如 Jesen 和 Meckling 所言："委托人希望不费分文就使代理人（受托人）按照自己的观点做出看来是最优的决策，这几乎难以实现。"[3] 由于代理人往往试图最大化自身利益，这便导致委托人和代理人之间出现目的分歧，由此产生的损失即代理成本。与传统公开发行市场类似，公募股权众筹中也必然存在代理成本，发行人可能利用经营管理特权侵占投资者利益。

3. 初创企业的不确定性

相比于已经步入稳定运营的公司，初创企业自身抗风险能力有限，各种不确定因素都会左右企业发展，潜在投资者也可能因此望而却步。[4] 因此，不确定性在某种程度上增加了企业融资成本。

上市公司及私募股权融资市场都针对上述三项逻辑困境给出相应对策，然而这些传统治理工具似乎难以适用于公募股权众筹之中。因此，本文在提出三项逻辑困境并阐述传统治理对策失灵原因后，以国外学者相关理论研究及 SEC《众筹条例》部分内容为基础，对公募股权众筹市场治理机制创新进行评介。

二、公募股权众筹语境下的传统治理机制失灵与解析

股权众筹作为一种全新融资模式，具有"公开、小额、大众"的基本特征，并且面向非获许投资者公开发行，故传统融资治理机制难以适用其中。

---

〔1〕 See Ibrahim D M, Equity Crowdfunding: A Market for Lemons? Minnesota Law Review, 2015, 100, pp. 561 – 607.

〔2〕 参见彭冰：《"诺米多"诉飞度"人人投"股权众筹合同纠纷案评析》，载《中国法律评论》2016 年第 2 期。

〔3〕 Jensen M C, Meckling W H, Theory of the firm: Managerial behavior, agency costs and ownership structure, Journal of financial economics, 1976, 3(4), pp. 305 – 360.

〔4〕 参见傅穹、杨硕：《股权众筹信息披露制度悖论下的投资者保护路径构建》，载《社会科学研究》2016 年第 2 期。

(一)上市公司治理机制

首次公开发行(Initial Public Offering,IPO)是最为传统和标准的企业融资方式。相比于信息不对称和不确定性,代理成本是上市公司需要解决的主要问题。

1. 强制信息披露

强制信息披露制度作为现代证券法基石,能够反映证券这种特殊商品的价格及内在品质,因此,准确、完整地披露真实信息能够有利于投资者利益保护,保证公平、公开、公正原则目标实现。信息披露能够缓解投资者与发行人之间信息不对称问题,同时也便于股东行使监督权,以减少代理成本。[1] 然而这项制度在公募股权众筹领域内似乎难以发挥应有功能。Omri Ben-Shahar 和 Carl Schneider 教授在《过犹不及:强制披露的失败》[2]中系统解释了为何强制信息披露制度会失败。一方面,由于披露内容的专业型很强,普通投资者根本无法理解披露信息内容。另一方面,股权众筹市场并不符合有效市场假说(Efficient Capital Markets Hypothesis,ECMH),该市场中的投资者无法根据信息披露内容作出理性决策。[3]

2. 并购

在代理成本理论中,公司并购是缓解管理者与股东冲突的有效机制,由于管理者的不称职会导致企业成为并购或被接管的目标,而管理者会在被并购后丧失企业控制权,这也被称为"敌意收购"。例如,与近期宝能万科、康达尔、上海新梅等一系列股权争夺案例情况相似,美国《威廉姆斯法案》对于一致行动人收购超过公司 5% 股票的违规行为,非但没有科以类似内幕交易的刑事责任,并且处罚措施也十分有限。这也是利用公司控制权机制,来抑制内部人士懈怠和专权,降低代理成本。[4] 由于公募股权众筹股

---

[1] Paredes TA, "Blinded by the light: Information overload and its consequences for securities regulation", *Washington University Law Review*, 2003, 81(2), p. 417.

[2] 参见[美]沙哈尔、[美]施奈德著:《过犹不及:强制披露的失败》,陈晓芳译,法律出版社 2015 年 5 月版,第 61~116 页。

[3] 参见傅穹、杨硕:《股权众筹信息披露制度悖论下的投资者保护路径构建》,载《社会科学研究》2016 年第 2 期。

[4] 参见清澄君:《店大莫欺客:为什么不许董事会剥夺股东表决权?》,载微信:http://mp.weixin.qq.com/s?biz=MzI3MjExMDYyNg==&mid=403921847&idx=1&sn=b572336d0d2920640d31b064f6690ee3&scene=1&srcid=0813JAqknhy2Znb7TrsAy16I#rd,2016 年 7 月 29 日访问。

权构成过于分散，加之缺乏流动性，因此，通过并购解决代理成本问题似乎并不可取。

3. 股东派生诉讼

美国判例法对公司管理者科以忠诚勤勉的信义义务，在其实施侵害公司利益行为时股东可以提起诉讼。除此之外，美国亦规定了证券集团诉讼制度来保护投资者权益。[1] 然而，这两项制度在股权众筹领域内面临的困境十分相似，即因为诉讼成本与收益不成比例，导致对股东和律师都无法形成有效激励。[2]

（二）风险投资治理机制

风险投资关注处于发展早期的高风险、高成长型初创企业，由于任何一项决策都有可能影响企业发展及最终成败，因此，风险投资面临的主要障碍是结果不确定性过高。风险投资者与筹资人之间信息不对称是最重要的影响因素，当然，其中也存在代理成本问题。即便如此，风险投资之所以能够成功是由于其通过风险投资合同，实现了投资人对初创企业发展全过程的监管。

1. 分段投资制度

风险投资者往往通过分阶段投资方式实现对管理人的控制和督促。分段投资能够有效减少发行人夸大宣传公司发展前景，并且通过设立阶段性目标，来激励发行人赢取下一阶段投资。[3] 然而分段投资机制在股权众筹中作用似乎十分有限，由于《JOBS 法案》并没有设计直接分段投资制度，作为中介的平台在融资结束后应将所有募集资金交付给发行人，其并没有权利决定能否进行分阶段支付。相应的，《JOBS 法案》通过允许发行人每年发行固定上限额度来实现类似分段投资功能，但这种类分段投资机制对发行人的激励远远弱于风险投资。传统风险投资的投资者享有看涨期权，其不仅能够追加投资，同时也可以放弃投资前景黯淡的项目，这对发行人来说会形成足够的压力，一旦投资者放弃后续注资，企业便很难从其他途径获得后

---

〔1〕 参见郭雳：《美国证券集团诉讼的制度反思》，载《北大法律评论》编辑委员会编：《北大法律评论》2009 年第 2 辑，北京大学出版社 2009 年版。

〔2〕 参见耿利航：《论我国股东派生诉讼的成本承担和司法许可》，载《法律科学》（西北政法大学学报）2013 年第 1 期。

〔3〕 See Bartlett R P. Venture capital, "Agency Costs, and the False Dichotomy of the Corporation", *UCLA Law Review*, 2006, 54, pp. 37 – 116.

续资金支持。[1] 而股权众筹中则相反,由于发行人每次发行融资行为之间几乎是完全独立的,达到既定目标也仅仅能够获得次年再次融资的权利,现有投资人并没有继续追加投资之义务,因此,发行人能否获得后续融资结果并不确定。此外,假设初创企业能够成功,发行人也可能不会再次选择股权众筹作为融资方式,而是选择风险投资或者银行贷款等更为便捷、成熟的融资路径。

2. 优先股制度

优先股被广泛应用于美国风险投资领域中,[2]其赋予股东优先分配利润、清算等权利,但会受到表决权方面的限制。[3] 在应对风险投资中的信息不对称和代理成本问题时,优先股具有独到优势。通常来讲,发行人足够自信并且相信公司潜在价值大于优先股利润分红时才会选择发行优先股,这便给投资者传递出优质企业的暗示。相对的,在协议中通过附加条款限制优先股股东权利以减少代理成本,能够激励发行人实现管理目标。[4] 然而,优先股适用是基于发行人与风险投资者之间能够进行充分、专业的协商,来划定各方权利义务内容,[5]这与公募股权众筹所追求的低成本显然背道而驰。此外,可转换优先股是风险投资中最为常见的一种形式,[6]这可能导致控制权在发行人和投资者之间转移,[7]对发行人控制权造成威胁。

3. 股权激励

公司通过与高管或员工与签署股权激励协议,使员工持有部分公司无表决权股份或利润分红权,以激励其遵守信义义务并勤勉工作,来减少代理成本。我国已有上市公司和非上市公众公司实行股权激励相关制度,[8]但

〔1〕 参见马乐声等:《风险投资在信息不对称条件下的委托代理风险防范研究》,载《科学管理研究》2006年第3期。

〔2〕 参见于莹、潘林:《优先股制度与创业企业——以美国风险投资为背景的研究》,载《当代法学》2011年第4期。

〔3〕 参见汪青松:《优先股的市场实践与制度建构》,载《证券市场导报》2014年第3期。

〔4〕 参见曾智等:《我国私募股权投资中引入优先股的理论解析与现实思考》,载《山东社会科学》2014年第3期。

〔5〕 See Wroldsen J S, "Social Network and the Crowdfund Act: Zuckerberg, Saverin, and Venture Capitalists' Dilution of the Crowd", *Vanderbilt Journal of Entertainment and Technology Law*, 2012, 15(3), pp. 583-636.

〔6〕 参见曾智等:《我国私募股权投资中引入优先股的理论解析与现实思考》,载《山东社会科学》2014年第3期。

〔7〕 参见于莹、潘林:《优先股制度与创业企业——以美国风险投资为背景的研究》,载《当代法学》2011年第4期。

〔8〕 《上市公司股权激励管理办法》,中国证券监督管理委员会令第126号,2016年8月13日实施;《非上市公众公司监管问答——定向发行(二)》中规定了员工持股平台。

这套股权激励体系似乎难以适用于公募股权众筹。一方面,掌握初创企业控制权与利润分红是发行人的主要激励因素,发行人并不希望过度稀释公司股份,倾向于通过债权等其他方式进行融资。另一方面,由于股权激励制度设计也需要斟酌,公募股权众筹投资者显然没有更多精力来过问具体制度应如何设计。

(三)天使投资治理机制

与风险投资有所区别,天使投资主要是以个人为核心开展的初创企业投资行为。[1] 天使投资人在面临与风险投资者类似问题时,没选择采用设计复杂的投资合同,而是简化条款,仅仅要求几项关键的投资人保护条款,[2]并以自己的丰富投资经验和专业知识亲身参与初创企业治理。

1. 专业知识

天使投资人往往是具有专业知识和一定量自有资金的企业家、创业家,其通常会选择与其专业知识相关并且熟知的领域进行投资,投资人的专业知识是解决企业初期发展不稳定的有效工具。同时,天使投资人通过参与企业管理,能够最大限度化解信息不对称和代理成本问题,而这在面向普通投资者融资的公募股权众筹中几乎无法实现。专业知识的另一种解释是"群体智慧"(后文对群体智慧有详细论述),即在满足一定条件下,群体的智慧可能要高于其中的任何单一个体,传统经济学相信市场能够发挥"看不见的手"功能,就是群体智慧的结果。[3] 在公募股权众筹中,每个投资者独有知识和经验所作出的贡献,对于初创企业来说都有可能成为"专业知识",但这种"专业知识"并不能像天使投资人一样直接影响初创企业发展,而仅仅作为一种参考或辅助性建议被采纳。

2. 参与管理

天使投资人参与到初创企业日常经营管理中,发挥类似董事的职能,在这种高强度的监督环境下,能够最大限度降低代理成本。然而公募股权众

---

〔1〕 参见王佳妮、刘曼红:《天使投资的行为、组织与政策研究综述》,载《经济问题探索》2014 年第 11 期。

〔2〕 See Ibrahim D M, "The (Not So) Puzzling Behavior of Ange Linvestors", *Vanderbilt Law Review*, 2008, 61(5), pp. 1405 – 1454.

〔3〕 参见彭冰:《公募众筹的理论基础》,载郭锋主编:《证券法律评论》(2016 年卷),中国法制出版社 2016 年版,第 34 ~ 55 页。

筹投资者与上市公司投资者更加相似,均为被动参与状态,甚至某种程度上抱有“搭便车”的心态。当然,要求小额投资者花费时间和精力去关注并参与企业监督,本身也不符合逻辑。

综上所述,各类传统融资治理模式均有与其相应的治理机制来应对信息不对称、代理成本和不确定性的逻辑困境,但这些治理机制似乎难以完全移植至股权众筹之中,因此,基于股权众筹“小额、大众”的基本特征,需要更新治理理念和治理机制。

三、公募股权众筹治理理论

尽管公募股权众筹的制度设计饱受美国学者批判,但其作为一种新型融资模式,仍然吸引了众多学者不断探索、丰富治理理论,其中最为主要的两项创新在于群体智慧理论(the wisdom of crowds)和大数据(big data)的作用。

(一)群体智慧理论基础

公募股权众筹在筹资过程完成之后,因缺少有效后续监督机制,面临更为严峻的信息不对称和企业发展不确定性问题。群体智慧理论认为,在大量个体共同努力下,能够及时发现企业问题并提出有效对策,这相比于少数专家的指导和监督更为有效,并且在足够的物质条件激励下,这种激励更为明显。[1] 因此,群体智慧的作用机理十分简单,由于群体的多元化构成能够平衡个体过高或过低的错误认知,及时发现潜在风险和不确定因素,形成较为理想和准确的平均结果。[2] 吸引传统风险/天使投资者项目最为重要的特点是巨大利润增长空间和短期投资回报,[3]但从另一个角度看,私募获许投资者尽管具有专业知识,但毕竟人数有限,群体智慧更容易发现部分专业获许投资者并不知晓的特殊领域内的优势初创企业。实际上,《JOBS 法案》及《众筹条例》中已有群体智慧理论应用,例如,发行人必须达到预定的募集

---

〔1〕 See K Hueffer, M A Fonseca, A Leiserowitz, K M Taylo, “The Wisdom of Crowds: Predicting-a Weather and Climate-Related Event”, *Judgment and Decision Making*, 2013, 8(2), pp. 91 – 105.

〔2〕 See Mennis E A, “The Wisdom of Crowds Why the Many Are Smarter than the Fewand How Collective Wisdom Shapes Business, Economies, Societies, and Nations”, *BusinessEconomics*, 2006, 41(4), pp. 63 – 65.

〔3〕 参见彭冰:《“诺米多”诉飞度“人人投”股权众筹合同纠纷案评析》,载《中国法律评论》2016 年第2 期。

额度才能算作成功发行;[1]以及投资者有权取消之前的投资决定。[2] 因此,当有足够投资者愿意为企业投资时,也在很大程度上证明其价值及合理性,即便这些项目曾经并没有得到风险投资者的关注。

然而,群体智慧理论在实践中的发挥似乎并不是十分稳定,其可能成为"疯狂"与"理智"的集合体。[3] James Surowiecki 作为群体智慧概念的提出者认为,分散化(这里分散化主要强调概念和观念上的群体智慧)能够成功的一条理论依据[4]是"众多投资者参与者中,不乏具有相关专业知识背景的专业人才,其能够为发行人提供专业建议并促进项目改进"。然而,这条设想理论状态是否能付诸实践?传统风险投资中,投资人基于高额利润回报激励,能够指导、帮助初创企业发展。反观公募股权众筹市场,《JOBS 法案》认为,投资者在排除利他主义、名誉或者其他额外物质回报情况下,仍然能够激励投资者积极贡献相关信息。[5] 由于法律规定每个投资者投资额度上限并且必须达到预期发行额度才能成功发行,若掌握优势信息的投资者不将自己掌握的内容进行分享,则项目可能因无法达到预期筹资额度而发行失败,因此,将有价信息进行共享是投资者和发行人实现共赢的最优选择。

(二)社交媒体、信誉评价与大数据

社交媒体、信誉评价可以理解为运用大数据对发行人和投资者行为进行预测[6]的工具集合。社交媒体和信誉评价作为解决公募股权众筹信息不对称的信息工具,[7]能够起到风险揭示的基本作用。[8] 信誉是社会对于

---

〔1〕《JOBS 法案》302b(a)(7):确保只有当筹集的资金总额达到或超过目标发行总额时,发行收益才能属于发行人,并允许所有投资者可以撤销其出资承诺,委员会应当制定规则确定适当方式。

〔2〕《美国联邦法规》227.304(a):一般情况。投资者在发行人的发行说明书所确定的截止时间 48 小时之前可以无理由撤销投资承诺。截止日期前的 48 小时内除依据本小节(c)条外,禁止撤销投资承诺。

〔3〕See Heminway J M L, Investor and Market Protection in the Crowdfunding Era: Disclosing to and for the Crowd, *Vermont Law Review*, 2013, 38(4), pp. 827 - 848.

〔4〕See Surowiecki J, *The Wisdom of Crowds*, New York: Anchorbooks, 2005, p. 10.

〔5〕参见彭冰:《公募众筹的理论基础》,载郭锋主编:《证券法律评论》(2016 年卷),中国法制出版社 2016 年版,第 34~55 页。

〔6〕大数据的核心作用在于预测。[英]迈耶—舍恩伯格著:《大数据时代》,盛杨燕译,浙江人民出版社 2013 年版,第 16 页。

〔7〕See Tomboc, Gmeleen Faye B. The Lemons Problem in Crowdfunding, *John Marshall Journal of Information-Technology and Privacy Law*, 2013, 30(2), pp. 253 - 280.

〔8〕参见杨东:《互联网金融的法律规制——基于信息工具的视角》,载《中国社会科学》2015 年第 4 期。

个人和组织的概括总结或一般观念上的评价,[1]这类信息一旦被聚集,便可以帮助有类似需求的个体做出决策。信誉能够迫使个体关注行为后果,在个人和组织中形成群体道德约束力,促使个体在实施行为时遵守社会道德标准,以避免信誉受损。由于股权众筹活动所有过程都经由网络完成,并且在现代科技环境下,试图在网络上删除或隐藏一些记录变得更加困难,[2]故而利用大数据的记录功能来影响和约束股权众筹活动参与者行为,是一条减少信息不对称和代理成本的可行路径。此外,由于《JOSB 法案》302b(a)(5)条要求融资中介平台:"按照 SEC 制定的规则采取措施,降低交易的欺诈风险,包括对销售证券的发行人的所有高管、董事或任何拥有超过 20% 已发行股票的股东的背景及其证券执法监管历史进行核查,"而大数据也在某种程度上发挥此条款要求之作用。具体而言,社交媒体和信誉评价实质上是大数据在非正式和正式两个层面的运用:

1. 非正式层面的社交媒体大数据[3]

由于缺少原始数据来源并且投融资双方信任关系难以建立,故大数据的实践可行性也受到质疑[4]而发行人和投资者的"微博"和"博客"等社交媒体内容,可能成为其信誉的基础数据来源。股权众筹发行人可以通过各类社交媒体主页上发布链接将项目关联到股权众筹平台,利用现有网络信誉基础向投资者提供许诺,而这似乎也符合《JOBS 法案》相关规定。[5] 目前,利用社交媒体提供的网络信誉进行推介融资项目已经运用于美国奖励型众筹。例如,在 Indiegogo 网站上,投资者通常会选择由 Facebook 授权金牌账户推荐的融资项目,并且 Indiegogo 也在其网站上声明:我们提供这些附

---

〔1〕 See Mc NamaraL, *Reputation and Defamation*, Oxford: Oxford University Press, 2007.

〔2〕 这主要涉及一项新兴人格权"被遗忘权"的问题,我国司法实践中已经开始关注这项权利构成及救济路径。参见杨立新、韩煦:《被遗忘权的中国本土化及法律适用》,载《法律适用》2015 年第 2 期。此外,有学者对"被遗忘权"定位及内涵开展进一步探讨,并指出这项权利已经被欧洲所接受,但是美国却基于宪法上言论自由作为基本人权理论持坚决反对意见。参见段卫利:《论被遗忘权的法律保护——兼谈被遗忘权在人格权谱系中的地位》,载《学习与探索》2016 年第 4 期。

〔3〕 社交媒体实际上也具有本文前述"交流渠道"之功能,但从笔者已掌握资料来看,SEC 的《众筹条例》并不倾向于鼓励投资者使用官方以外的社交媒体渠道交流信息,因此,本文采社交媒体另外一项功能,即信用或声誉的载体。

〔4〕 参见彭冰:《公募众筹的理论基础》,载郭锋主编:《证券法律评论》(2016 年卷),中国法制出版社 2016 年版,第 34 ~ 35 页。

〔5〕 《JOBS 法案》302b(b)(H)(V)(2)条款要求:除指引投资者至集资门户和经纪商的告示外,不得对发行条件进行广告宣传。

加信息,能够有助于您的投资决策。[1] 通过社交媒体账户进行推荐,也可能将发行人网络信誉置于不利境地,一旦出现违约行为,投资者在网络上发表的批评言论会迅速传播。由于社交媒体的实名制度,导致投资者在发表一些评论时也会遵守道德标准,这种个人信誉"枷锁"能够对发行人和投资者双方构成约束,有效控制恶意言论出现。

2. 信誉评价系统

除利用既有社交媒体外,股权众筹平台还应建立类似于电商的信用评价系统。理论上认为,这种电商评价机制起到三个作用:其一,尽管消费者可能面临风险和欺诈,但评价机制也实现了鼓励参与网络消费活动之目的;其二,通过匿名评价机制积累,能够逐渐降低风险及欺诈的发生概率;其三,评价机制在商家和消费者、消费者与平台之间建立双重信任关系。然而,在股权众筹中适用信誉评价系统面临的最关键问题在于发行人可能并不会像普通电商一样长期销售产品,并逐渐累积用户评价。因此,信用评价系统在这种情况下的表现则弱于社交媒体。但从另一个层面看,信誉评价系统能够吸引优秀创业者同时开展多项创业,通过信誉累积,其后续或其他融资项目将更容易吸引投资者关注。

综上所述,就笔者已掌握资料看,群体智慧理论实际上已经在《众筹条例》中有所体现,而大数据的信用评价机制仍处于学理探讨和尝试阶段。因此,下文中将分析群体智慧理论的实现机制及其他新型治理机制问题。

四、公募股权众筹治理机制的实现

(一)群体智慧理论的实现机制

若在公募股权众筹中将群体智慧理论付诸实践,需要两项制度相互结合:其一,确保信息准确性;其二,畅通股东交流渠道。而这两项制度都依赖于公募股权众筹平台监管职能的发挥。

第一,信息准确性是群体智慧理论发挥功能并减少信息不对称问题的基础,如果投资者接收到误导或者虚假信息,则群体智慧也难以实现应有功能。这其中,《JOBS 法案》沿用了美国《1933 年证券法》中确保信息披露准

---

〔1〕 "About Verifications", INDIEGOGO, Accessed August 2, 2016. https://support.indiegogo.com/hc/en-us/articles/202179638-About-Verifications.

确性的规制思路,要求信息由发行人提供,并对信息内容真实性负责,而中介则是负责对上述信息进行审核。[1] 因此,在确保“群体”获得信息准确性方面,《JOBS 法案》并没有太多实质性制度创新,而仅仅降低了发行人信息披露义务的标准。

第二,畅通的股东交流渠道是确保群体智慧理论功能发挥的重要工具,中介平台有责任进行检查、确保交流渠道正常运转。SEC 强调由中介平台设立官方的股东交流渠道,主要有如下两方面因素考量:

1. 交流信息统一监管

SEC 认为,要求中介平台向不熟悉社交媒体的人群提供官方交流渠道并使其参与到在线讨论中,能够减少投资者寻求非官方网站获取信息情况的发生。[2] 投资者交流的内容和方式已经引起 SEC 关注,由于法律并没有禁止投资者在平台提供的官方交流渠道以外进行信息交换,因此,缺少集中交流渠道可能会导致部分投资者遗漏重要信息。

SEC 指出,由各种非官方渠道流出的涉及发行人违规行为信息,中介机构也有责任进行调查,如果这些信息确属为真,则发行人应该承担相应责任。鉴于 SEC 上述要求,中介平台可能会面临三个问题:其一,平台声誉及责任。如果发行人提供虚假信息是由于中介对于发行人审核不够充分引起的,那么中介需要对上述负面信息(官方或非官方渠道)进行调查、审核并处理,若结果属实,则可能会有损于中介信誉。其二,信息完整性。中介平台建立官方交流渠道后,投资者需要经过注册才可以发言,在理想情况下,官方交流渠道理应成为发行人和投资者进行交流的唯一路径,并记载所有与发行有关的交流信息。其三,实现发行人与投资者的互动。发行人需要通过官方交流渠道回应投资者提出的问题,平台可以根据发行人对一些关键问题的回答内容,判断发行人陈述是否存在欺诈或重大遗留。因此,为确保交流信息完整性,中介应要所有发行人利用官方交流渠道,以确保所有投资

---

〔1〕 参见傅穹、杨硕:《股权众筹信息披露制度悖论下的投资者保护路径构建》,载《社会科学研究》2016 年第 2 期。

〔2〕《美国联邦法规》第 227. 303(c)关于交流渠道的要求。中介必须在其平台上提供交流渠道,以供人们互相交流和与发行人代表就中介平台上的发行进行交流,前提条件是:(1)如果中介是集资门户,除了制定交流规则和移除辱骂性或潜在欺诈性信息外,不加入任何交流之中;(2)中介允许公众查看交流渠道中的讨论;(3)中介仅允许已经在中介平台开设账户的人在交流渠道中发布评论;(4)中介要求每次在交流渠道中发布评论时,明确而醒目地披露评论人是否是代表发行人从事推广活动的发行人员工和创始人,或是已经或预期因推广发行获得报酬的人。

者都能知悉与发行相关的信息。美国最大的股权众筹平台之一 Rocket Hub 在 2014 年向 SEC 提交一份关于《众筹条例(意见稿)》的报告[1]中提到,投资者很可能将与融资有关的信息发布在 Twitter 或者 Facebook 等社交媒体网站上,而中介平台发现后则需要再次通知发行人进行处理,其建议发行人应积极引导投资者通过官方渠道进行交流。

2. 控制发行过程中的欺诈

中介平台积极构建符合 SEC 要求的交流渠道还有另一项重要作用,即控制发行过程中恶意促使发行成功的欺诈行为。具体而言,发行人可能利用其他关系人账户或者通过向部分投资者承诺投资保证的方式,在发行初期形成融资项目受到高度投资关注的假象。由于《众筹条例》赋予投资者在投资后直至发行说明书所确定的截止时间 48 小时之前享有无条件反悔权,[2]后续普通投资者跟进投资后,虚假投资者将逐渐缓慢撤回前期投资,以此营造项目发行即将成功或者达到预定数额的假象来欺骗后跟进的投资者,这种欺诈发行行为被 Rocket Hub 称为"pump and dump"。[3] 然而,在 2015 年 10 月 30 日最终通过的《众筹条例》中,并没有对条例意见稿中该条款内容进行修改,采用类似于意大利股权众筹中 7 天反悔权制度设计。[4] 对此,SEC 给出的解释为:给予投资者足够反悔权期限,是为实现群体智慧充分发挥与投资者利益保护之间的平衡,督促投资者持续关注交流渠道上的探讨内容,直到发行结束后的 48 小时内来确实发行人最终是否能够成功发行。投资者需要足够长的时间来形成群体智慧结果,正如意见稿中给出的说明:"群体智慧与群体兴奋(excitement of the crowd)是两个完全不同的概念。"尽管这种行为在后期很容易通过计算机技术来证明,并追究发行人责任,但在项目开始融资时却难以被察觉,因为发行人和投资者在表面上都是经过审核且符合标准的。不可否认,该条款是引起操纵欺诈行为出现的根源所在。

---

[1] Rocket Hub, Implementation of Crowdfunding: Building on Title III of the JOBS Act: Response to Proposed Rules, Accessed August 1, 2016. https://www.sec.gov/comments/s7-09-13/s70913-206.pdf.

[2] 《美国联邦法规》227.304(a):一般情况,投资者在发行人的发行说明书所确定的截止时间 48 小时之前可以无理由撤销投资承诺。截止日期前的 48 小时内除依据本小节(c)条外,禁止撤销投资承诺。

[3] Rocket Hub, Implementation of Crowdfunding: Building on Title III of the JOBS Act: Response to Proposed Rules, Accessed August 1, 2016. https://www.sec.gov/comments/s7-09-13/s70913-206.pdf.

[4] CONSOBReg. n. 18592/2013。参见冯果、袁康:《境外资本市场股权众筹立法动态述评》,载北京大学金融法学研究中心主编:《金融法苑》2014 年第 2 期,中国金融出版社 2014 年版。

因此,了解并准确识别每个投资者是最为有效的应对策略。准确识别投资者还有另外一个原因,SEC曾提醒发行人,其竞争对手可能会扮演投资者参与融资,并且在关键时刻撤资,故意造成发行失败。因此,强调由中介组织提供官方交流渠道有益于融资活动的所有参与者。通过交流渠道,非成熟投资者能够快速了解投资项目所有相关信息,发行人能够解答投资者提问,同时也便于平台进行集中监管,缓解发行中恶意欺诈行为出现。可见,作为群体智慧理论实践重要的机制—交流渠道—所承载的价值功能远不止于简单的信息沟通。

(二)公募股权众筹公司治理结构

控制权是企业融资领域内的永恒论题,尤其在创业企业中,控制权更是激励创始人的重要工具。公募股权众筹控制权归属带来两个问题:第一,并不是所有的创业者都是扎克伯格。[1] 囿于个人能力有限和初创企业特殊状况,控制权完全由发行人掌握,无法发挥出群体智慧作用。第二,集体行动的逻辑困境。制度经济学在阐述集体行动的一个重要问题便是"搭便车"(free-ride),[2]由于人们通常寻求自我利益最大化,那么在集体行动当中,除非有更大的激励或独立的激励,否则个人通常不会采取行动以实现他们共同的或集团的利益。[3] 为解释上述两个问题,需要对《JOBS法案》中的规制逻辑进行解读。

首先,美国公司法以公开公司作为默认调整对象,其他公司类似适用公司法时,采用简化或者选择适用的方式。[4] 《JOBS法案》在第303条款中,取消了股权众筹公司人数超过500人时被认定为公开公司身份,其目的是避免其适用公开公司强制信息披露要求。因此,借由股权众筹平台组建的公司,仍依循公开公司的基本治理结构。其次,在公司控制权问题上,法律似乎采取了更为中立的态度。具体体现为,《众筹条例》要求发行人信息披露内容包括了发起人的董事、高管及各持有发行人已发行的有表决权股票,并按表决权比例计算达到或超过20%的各权益所有人的姓名。由此可见,立

[1] 马克·艾略特·扎克伯格(Mark Elliot Zuckerberg),Facebook公司创始人,为实现对公司的绝对控股,其不仅采用了双层股权结构,并且与投资者签署了一系列表决权代理条款。

[2] 参见卢现祥著:《新制度经济学》,北京大学出版社2012年版,第260~262页。

[3] 参见奥尔森著:《集体行动的逻辑》,格致出版社2011年版,第70~80页。

[4] 参见邓峰著:《普通公司法》,中国人民大学出版社2009年9月版,第91页。

法者更加关注公司实际控制权归属,并且给市场预留了充分的选择空间。

实践中,美国学者已经对股权众筹公司治理模式展开更进一步的探讨。Verret 提出股权众筹公司治理新路径,[1]其中之一便是利用手机 APP (application,手机应用程序)来实现信息共享,减少股东参与公司治理成本。作为众筹先驱的 kickstarter,在利用 APP 与投资者进行互动的实践已经收到良好效果。Verret 参考 Bainbridge[2]观点后认为,如果董事会作为决策形成与促进股东参与之间的必要中介时,该类公司应该在 APP 上被默认推荐为董事会中心模式,赋予董事会对企业的高度控制权。股权众筹投资者希望能够与企业之间形成高度互动,并通过传统投票选举董事方式行使股东权力,而利用 APP 则可能实现传统方法似乎难以达到的目的。因此,股权众筹需要以现代技术为基础,采取更为灵活的治理模式,当然,这也对现有法律制度提出新挑战。

---

〔1〕 See Verret J W. Uber-ized Corporate Law: Toward A 21st Century Corporate Governance for Crowdfunding and App-Based Investor Communications, Journal of Corporation Law, 2016, 41(4), pp. 927 – 970.

〔2〕 See Bainbridge S M, Henderson M T, "Boards-R-Us: Reconceptualizing Corporate Boards", *Stanford Law Review*, 2014, 66(5), pp. 1051 – 1120.

互联网金融的发展与法律监管的博弈

——以互联网金融消费者为视角

滕　腾*

内容提要　互联网金融以其普惠性、成本低、效率高等特点，对传统金融业务及其监管带来挑战。互联网金融商业模式及其创新存在的负外部性，需明确互联网金融创新的法律边界在于公共利益保障与个体利益实现之间的平衡，借助国家公权力有效协调创新及其监管，改变过去的监管思路，重视和保护互联网金融消费者的合法权益。

关键词　互联网金融　法律监管　消费者权益

在“大众创新”的创业时代，互联网技术的飞速发展使互联网金融这一新的金融发展模式应运而生。互联网金融在中国的兴起是金融自由化趋势与互联网技术发展这两大历史潮流交汇的结果，但囿于我国互联网环境和创业环境还不够稳定，现有的关于互联网金融的法律规范均分散于金融领域内的相关法律法规中，并没有一个较为系统的规范，因此，目前尚无法有效规制互联网金融可能存在的潜在风险，尤其无法保护互联网金融消费者

* 滕腾，四川省委党校（四川行政学院）法学教研部，西南财经大学经济法博士，讲师。

的合法权益。

一、互联网金融的消费者面临维权困境

互联网金融发展十分迅猛,以余额宝业务为例,开通约 18 个月后的 2014 年底用户已达 1.85 亿人,资金规模 5789.36 亿元。另据全球领先的移动互联网第三方数据挖掘和整合营销机构 iiMedia Research 发布的《2014 年中国互联网金融用户研究报告》显示,2014 年 9 月中国互联网金融产品和服务的网民渗透率已达 61.3%。[1] 近三四年来,一些以 P2P 民间借贷为名、行传销或诈骗之实的机构发布虚假标的,由于互联网金融企业尚未受到有效监管,且信息严重不对称,消费者对互联网金融发布的各类融资项目缺乏识别真相的专业能力,因此,大量消费者受骗上当,血本无归。由于互联网金融的法律监管机制尚不完善,导致互联网金融的消费者面临维权困境。

首先,互联网金融通过网络提供金融产品和服务,其注册登记所在地与消费者所在地之间的空间距离往往相去甚远,这无疑增加了消费者维权的成本。

其次,在 P2P 网络借贷行业及股权众筹领域,消费者往往被鼓励进行小额分散投资,以降低风险,但一旦特定某笔小额投资遭遇逾期、坏账或者欺诈,消费者往往因为维权难度过大、成本高昂而不得不放弃。

再次,电子数据是互联网金融交易的重要凭证,但缺点是极易被篡改和灭世,互联网金融消费者受限于使用习惯和电子数据认证的成本,往往不会购买第三方的保存电子数据和认证服务,这导致消费者维权举证困难,即使消费者能够出具其保存的电子数据,但在未经有公信力的机构出具证明时,其证明力较弱,极易不被法官采信。

最后,互联网金融产品的风险具有滞后性,带有不可预测性,甚至引发系统性风险,其涉及面广,并不断飞速变化,这导致难以由统一的监管机构对企业日常业务进行检查,也加剧了对消费者事前或事中保护的难度。

根据 2015 年中国人民银行等十部门发布《关于促进互联网金融健康发展的指导意见》(银发〔2015〕221 号),当前监管机构仍然更趋于分业监管的思路,根据互联网金融企业不同业态分别进行监督,其缺陷是无法顾及新型

---

〔1〕 参见刘天利、顾颖、霍芙蓉:《互联网金融模式创新的法律边界与规制》,载《西北大学学报(哲学社会科学版)》2017 年第 3 期。

业态,且不容易应付互联网金融的混业趋势,比如互联网金融消费者在一家互联网金融平台上可能同时消费不同的产品,分业监管模式便很难有效监管。[1] 另外,2015 年 11 月,国务院办公厅发布了《关于加强金融消费者权益保护工作的指导意见》(国办发〔2015〕81 号),这是近年中国政府部门涉及金融消费者颁布的重要文件。但这一指导意见主要旨在表达监管部门要加强金融消费者保护的态度,并无实际可操作性。

因此,互联网金融消费者的权益保护缺乏专门的法律依据,工商部门的事前、事中监督检查缺乏法律授权,而消费者协会更显力不从心,譬如,轰动全国的 e 租宝事件,累计成交数据为 703 亿元,行业排名第四。截至 2015 年 12 月 8 日,E 租宝总成交量 745.68 亿元,总投资人数 90.95 万人,待收总额 703.97 亿元。2015 年 12 月 16 日,e 租宝涉嫌犯罪,被立案侦查。E 租宝非法集资 598 亿余元,集资款未兑付 380 亿余元。2017 年 9 月 12 日法院以非法吸收公众存款罪、集资诈骗罪等对涉案人依法判刑,这一事件的持续发酵,引发了 P2P 行业的市场恐慌,大量投资人申请赎回投资,打乱了一些公司的发展规划,被迫暂停业务。e 租宝事件波及全国 90 多万名金融消费者,即使司法部门积极干预,极力为消费者挽回损失,E 租宝受害者也将面临 30% 的本金损失。因此,互联网金融消费者作为弱势群体,其权益更需要法律保障,更需要有权机构捍卫其权益。

二、互联网金融的发展与法律规制的滞后

2013 年 6 月 13 日,阿里巴巴公司基于支付宝平台的余额宝产品上线,这一标志性事件开启了中国互联网金融元年;2014 年,国务院总理李克强强调要"促进互联网金融健康发展",[2] 2015 年政府工作报告用"异军突起"来形容互联网金融的发展势头;[3] 2016 年和 2017 年,政府工作报告中对互联网金融的态度已由过去的正面肯定转化为强调"规范发展",[4] 甚至是"高度警惕"。[5] 2016 年 4 月 12 日国务院办公厅发布的《互联网金融风险专项整治工作实施方案》标志着整个互联网金融行业全面进入"风险治理"的新

〔1〕 参见邓建鹏:《互联网金融消费者困境及其权益保障》,载《银行家》2016 年第 11 期。

〔2〕 参见《政府工作报告》,2014 年 3 月 5 日,第十二届全国人民代表大会第二次会议。

〔3〕 参见《政府工作报告》,2015 年 3 月 5 日,第十二届全国人民代表大会第三次会议。

〔4〕 参见《政府工作报告》,2016 年 3 月 5 日,第十二届全国人民代表大会第四次会议。

〔5〕 参见《政府工作报告》,2017 年 3 月 5 日,第十二届全国人民代表大会第五次会议。

阶段。

互联网金融的发展模式主要有 P2P 模式、众筹、第三方支付、大数据金融等种类,其与传统金融业务的根本区别在于金融交易结构以网络平台为依托,但其飞速发展的速度远远超过国家金融机构的监管能力。

以股权众筹为例,该模式是依托网络平台开展的发散性、无中心且点对点的融资活动,在信息接受者范围、交易流程等方面均与传统股权流转不同,因而以现有立法规范难以实施有效监管。首先,众筹平台作为筹资计划的审核方目前尚无准入门槛和资质要求,其对筹资计划审查缺乏公信力。其次,《证券法》规定向不特定人群或特定人群发行证券累计超过 200 人的均属于公开发行证券,即股权众筹的人数限额为 200 人以内才符合规定,否则属于非法公开发行证券。但由于众筹是利用"小额"散户的长尾效应,加上互联网没有空间、时间的限制,企业能在短时间内用最低的门槛融到不亚于发行债券所融到的资金,[1]且股东人数极有可能超过 200 人。因此,股权众筹中股权代持情况较为普遍,互联网金融消费者的股权权益风险增大。再次,投资完成后的项目监督、管理及投资退出机制不完善,也增大了互联网金融消费者的投资风险。最后,这种融资模式的爆发式增长、行业内竞争的加剧导致很多规模小、操作不规范的平台面临倒闭,互联网金融消费者作为弱势群体,在信息披露制度不健全的情况下,专业能力不强,识别风险的能力不足,使其面临的投资风险更加险峻。

另外,网络平台独立于交易方而存在,促成交易发生却不直接参与交易,其功能类似于居间人,但居间合同中的居间人仅有义务向委托人提供交易机会并有权收取交易佣金,这与股权众筹中的网络平台还有不同。由于股权众筹具体运作模式的差异,网络平台在交易中不仅可获得佣金收入,还可能参与筹资人的收益分配,不同的功能定位直接涉及其在股权众筹交易模式中的权利义务关系,也会直接影响筹资人与投资人的实体权利实现。但目前并未明确网络平台的法律地位,网络平台在交易模式中的法律地位及其权利义务边界并不明确。

因此,尽管互联网金融创新模式一定程度上弥补了传统金融业务的缺陷,但由于监管机制长期缺位,导致整个互联网金融行业发展的可持续性

---

〔1〕 参见黄洁、林晶婷:《信息工具视角下互联网金融发展与法律规制的博弈》,载《商业经济研究》2016 年第 21 期。

降低。

三、互联网金融发展与法律规制的博弈

为最大限度降低互联网金融创新发展所带来的负外部性,有必要从金融创新与防范风险的关系着手,实现创新、监管、再创新的良性循环过程。从法经济学角度来看,一项法律制度优劣的标准在于其实施后的收益与成本之间的差额是否达到最大化,是否接近帕累托最优。即如果法律制度构建秩序规则的实施成本不断增加,边际收益不断减少,并限制了经济自由,那么该法律规则就需要修订。互联网金融是网络经济背景下的新金融模式,是传统金融业务创新的产物,但这一创新不能违背既有立法的强制性规范,其自由限度应在现有法律秩序框架下。因此,法律规制的目标应当是促进投融资的便利,优化互联网金融市场价格调节功能,同时不抑制互联网金融的创新性。

另一方面,司法及监管实践应对互联网金融创新持宽容态度,以不违背现行立法强制性规范为边界。[1] 2015 年 9 月,在"人人投"众筹融资案的审理中,法院在不违背强制性规则的前提下,对新型互联网众筹融资的法律关系进行了认定,判定众筹平台公司"人人投"与诺米多餐厅签订的融资合同有效,这无疑是对金融创新一定程度上的支持。随后,各地证监局对互联网股权众筹融资机构进行专项检查,可见,在对互联网金融创新给予支持和肯定的同时,也应加强风险管理和控制。

四、完善互联网金融监管立法体系,保障互联网金融消费者合法权益

首先,根据互联网金融跨界运营的特性,创新金融监管思路,逐步建立统一监管体制。我国的金融法体系是以银行、保险、证券等板块对金融市场实行分业监管,这种监管模式并不能有效弥补各个监管机构权限之间的真空地带。建议借鉴英国和日本的统一监管体制,设立统一的金融监管机构,全面监管金融机构、金融市场和金融业务,有效解决监管职责不明确及职权冲突问题。

其次,重视互联网金融消费者的合法权益,树立消费者参与金融关系的

---

〔1〕 参见刘天利、顾颖、霍芙蓉:《互联网金融模式创新的法律边界与规制》,载《西北大学学报(哲学社会科学版)》2017 年第 3 期。

信心。从国外立法来看,美国、英国和日本都特别强调保护消费者权益,重视惩治违法行为,控制金融风险。因此,互联网金融监管立法应在维护金融信息资源尽量公开的前提下,从市场准入、知情权保障、强化网络平台义务和责任、筹资人融资担保等方面切实管控风险。[1]

最后,强调行业自律组织对互联网金融监管的积极作用。2011 年 10 月,我国 P2P 网络借贷平台成立了中国小额信贷服务中介机构联席会,并发布了《小额信贷服务中介机构行业自律公约》,这对我国小额信贷服务中介机构的全国性行业自律有积极影响,但与此同时,行业自律组织需要做好自身的管理工作,吸纳会员与合作机构,扩大影响力,做好信息登记与有效管理,需要探索、规范、促进行业的业务发展,协助建立起各贷款平台的信息共享与交流机制、学术研究与培训平台、行业标准与监督规范等。

结语

互联网金融飞速发展之时,法律规制尚未找到明确的方向,法律措施往往强调的是只堵不疏,对各类金融产品做出限制性规定,这并没有解决互联网金融发展带来的各种问题,反而抑制其发展活性。因此,我们需要变革法律规制的思路,在遵循效率与自由的基础上,金融创新不触及法律强制性规定,强调鼓励创新、防范金融风险并保障金融消费者权益,实现有效创新与维护公共利益等法律边界的平衡。

---

〔1〕 参见胡光志、周强:《论我国互联网金融创新中的消费者权益保护》,载《法学评论》2014 年第 6 期。

“互联网+”视野下民间借贷的法律规制

车云霞*

内容提要 “互联网+”视野下民间借贷具有简易快捷性、多元开放性、借贷方式多样性、“掠夺性”放贷等特征。“互联网+”技术在促进民间借贷行业蓬勃发展的同时也导致风险集中与频发，出现诸如借贷平台的“变相”高利贷行为、借款人难以如期履约、资金出借人的收贷风险及金融消费者信息泄露的风险。由于我国目前存在民间借贷市场准入法律制度不明确、征信体系不健全、法律监管体系分散化等困境，现有的互联网金融法律制度难以发挥对“互联网+”视野下的新型民间借贷行为的良好治理功能。因而通过建立民间借贷的市场准入法律制度、健全征信体系和完善民间借贷法律监管体系等方式，加强对“互联网+”视野下的民间借贷行业的法律规制，以维护我国互联网金融消费者的合法权益。

关键词 民间借贷 “互联网+” 互联网金融 金融法治

近几年，民间借贷行业借助“互联网+”技术衍生出许多新型的发展形态，诸如P2P、过桥贷、校园网贷、消费

---

* 车云霞，四川宜宾人，四川师范大学讲师，法学博士。研究方向：经济法学、金融法学。

分期贷、现金贷等。在形态多样、繁荣发展的同时,"互联网+"视野下的民间借贷风险也在不断累积,并导致了一系列暴力催债、大学生自杀、"掠夺性"高利贷等社会问题,破坏了民间金融的发展秩序。为减少民间借贷的负面社会效应,规范"互联网+"视野下民间金融的良善发展,需要解析"互联网+"视野下民间借贷的新型特征,剖析我国规制"互联网+"视野下民间借贷的法律制度上存在的缺漏,并提出完善法律治理的具体路径。

一、"互联网+"视野下民间借贷的特征

互联网有其鲜明的特性,民间借贷也有其行业特征,而以"互联网+"这个新视野来观察民间借贷,就会发现其又有了新的特征。

(一)"互联网+"的含义与特征

1."互联网+"的含义

2012年我国首次出现了"互联网+"概念。"互联网+"即"互联网+传统行业",是指互联网的一整套信息技术在经济、社会生活等领域的扩散与应用过程。"互联网+"有利于发挥互联网在资源配置过程中的优化和集成作用,有助于互联网技术的创新成果深入融合于经济、社会生活等领域之中,增强全社会的创新能力和生产力,形成更广泛的以互联网为基础和工具的经济发展新形态。近二十多年以来,我国互联网领域飞速发展,受众不断扩大,2016年年底我国网民规模已高达7.31亿元,普及率为53.2%,居世界第一。[1]

2."互联网+"的特征

"互联网+"让传统行业得到创新与升级,创新和升级后的传统行业又与互联网构成一个新的生态圈,使得"互联网+"呈现出独一无二的新特征。其一,"互联网+"具有创新性。"互联网+"的创新不是传统行业简单地将互联网作为工具,而是互联网与传统行业的深度融合。"互联网+"作为一种新的技术手段和经济形态,打破了传统行业之间的资源、地域、技术之间的藩篱,加快了创新成果的转化利用,促进了资源的合作共享,构建起新的创新体系。其二,"互联网+"具有开放性。互联网的准入门槛低,任何自然人或组织在法律允许的范围内都可以参与进来,利用互联网实现新的应用和服务。此外,互联网突破传统行业内部原有的数据和资源的封闭状态,促

[1] 参见中国互联网络信息中心(CNNIC)第39次《中国互联网络发展状况统计报告》。

进传统行业向全社会开放,增进传统行业内部市场主体的多元化发展。其三,“互联网+”具有直通性。[1] 在“互联网+”时代,互联网挤占流通环节,减少了市场交易的中间环节,促使卖方直接与买方相通。

(二)“互联网+”视野下民间借贷的法律特征

“互联网+”视野下的民间借贷与传统民间借贷相比,既有相同点也有不同点。从以往的“线下”交易转变为在互联网借贷平台“线上”交易的方式,在本质上依然是借贷行为,但交易方式、行为的目的发生了变化。

1.具有简易便捷性

“互联网+”视野下的民间借贷,在交易方式上已出现了较大的变化。传统的民间借贷将借贷活动更多的局限在熟人社会之间,其交易方式也大多是私密下进行的,借贷手续不齐全,缺乏法律保障,还伴随着抵押担保。而“互联网+”视野下的民间借贷发生在网络社会的“陌生人”之间,借贷双方的交易通过互联网借贷平台进行。尽管各类互联网技术支撑下的民间借贷形态有所不同,互联网借贷平台的运营模式不尽一致,借贷交易方式也存在差异,但都在“线上进行”,一切认证、记账、清算和交割等流程均通过互联网,十分简便、快捷,并且逐渐通过大数据分析等手段,形成线上项目申请与审核、借贷合同签署、发放借贷资金、风险管理、催债等业务流程。

2.具有多元开放性

“互联网+”下民间借贷活动的参与主体也出现新的变化。在传统民间借贷模式中,参与主体来源单调,多为单一出借人对单一借款人,而在“互联网+”下民间借贷的参与主体趋于多元化。其一,互联网借贷信息中介平台。因一切借贷行为都是在互联网上进行的,所以互联网借贷平台作为媒介必不可少。最高人民法院于2015年通过的《关于审理民间借贷案件适用法律若干问题的规定》和2016年中国银监会出台的《网络借贷信息中介机构业务活动管理暂行办法》对互联网借贷平台进行了清晰的界定,确定了互联网借贷平台为依法设立并且专门经营网络借贷业务的金融信息服务中介机构,明确了互联网借贷平台的法律责任,它们也是新模式下的参与者。其二,民间资金的出借人。通过互联网借贷平台,一位出借人可以把资金投资在不同的互联网平台或者投资项目之中,一人的资金实际上被分成了若干

[1] 参见郭萍:《浅析“互联网+”的时代特征及意义》,载《经济研究导刊》2016年第3期。

份,可以出借给不同的借款人。其三,资金的借贷者与需求者。在互联网借贷平台上,一位借款人的借款也可以来自多位出借人。因此,"互联网+"下的民间借贷具有参与主体多元化的特点。"互联网+"下的民间借贷虽然依旧是私人交易行为,但因其交易速度更为便捷、参与主体更加广泛,互联网借贷平台中借贷项目、收益更为公开透明,只要在法律允许的范围内,符合互联网借贷平台要求的条件,任何不特定的社会公众都可参与,使其具有显著的开放性。

3. 平等主体间的债权关系

"互联网+"视野下的民间借贷与传统民间借贷相比,尽管存在交易模式、参与主体来源等不同,但外在的表现不同并不会影响其本质,其仍然是民间借贷行为所形成的法律关系。"互联网+"视野下的民间借贷依旧是发生在平等民事主体之间,基于自愿和真实的意思表示而达成合约的借贷行为,形成的也仍是债权债务关系。正是基于以上原因,"互联网+"下的民间借贷依旧接受现行有关民间借贷活动的法律法规调整。

(三)"互联网+"视野下民间借贷存在的风险

"互联网+"下的民间借贷作为一种新兴的借贷模式,有借贷手续简便、借贷速度快捷等优势,这让"互联网+"民间借贷行业规模增长十分迅猛。截至2016年底,全年通过互联网达成的民间借贷金额,突破了2万亿元,达到20,638.72亿元。[1] 尽管这种新模式已广为人知并为公众所接受,但依然潜伏着许多新的风险。以"互联网+"视野来观察民间借贷行业蕴藏的新风险,可以从三个参与主体方面来认识。

1. 互联网借贷平台的金融犯罪风险

互联网借贷平台作为"互联网+"下的民间借贷模式下的新参与主体,是借贷活动中连通借贷双方的重要纽带,它引起的风险具有基础性和广泛性。

平台在一定时间掌握借贷双方资金却缺乏监管是具有相当大的风险的。尽管法律规定互联网借贷平台为依法设立,专门经营网络借贷业务的金融信息服务中介机构,但由于互联网借贷平台准入条件并无严格限制,缺乏有效的外部监管,导致部分平台不仅仅是信息中介机构,为了吸引投资

〔1〕 参见《2016年中国网络借贷行业年报(完整版)》,载金融之家网:https://www.jrzj.com/185731.html。

者,这些平台同时也扮演借款人的角色,以高额利息来诱骗投资者的资金。在这种情况下,平台债务增加,给平台带来还款压力,一旦资金链出现问题,就会导致平台跑路的风险增加,提高了平台集资诈骗的可能性。

另外,随着“互联网+”下的民间借贷行业快速发展,互联网借贷平台快速增加,平台间的竞争也越发激烈。这导致许多平台不甘只做居间人。为了招揽业务及赚取更多利润,部分平台要求出借人将出借资金转存平台控制的账户,由平台依借贷双方的约定来发放贷款,同时也采取同样的模式向出借人偿还贷款。这使得平台可以从中获取沉淀资金的利息收入,这种转存放贷业务因其高额利润吸引了众多平台的加入。但这种转存放贷业务极易演变为未经央行批准而向不特定对象吸收资金,并承诺在一定期限内还本付息的非法吸收公众存款行为,入罪的风险悄然增加。

2. 出借人的收贷风险

“互联网+”视野下的民间借贷关系仍是平等主体间的债权关系,出借人存在的风险也仍是资金收回的风险。在“互联网+”借贷模式中,出借人将其资金通过互联网借贷平台撮合,提供给借款人,借款人的身份信用和职业收入决定着放款人资金的安全。由于平台信息的不对称,使平台对借款人的相关信息无法得到确切的核实。一旦借款人无力还款时,因平台仅为信息中介,不承担担保责任,最终该损失将会转嫁给出借人,使得出借人资金收回遭遇风险的可能性提升。

3. 借款人的违约风险和信息泄露风险

一般来说,通过互联网借贷平台借贷的借款人主要是信用和还款能力较低的中小企业和个人,甚至是没有任何经济来源的大学生群体。这部分群体因缺乏还款能力被传统金融机构排除在信用贷款之外,但互联网借贷平台因招揽业务的需要,而为这部分借款人提供信用贷款。这类借款人的还款能力相对较弱,极易拖欠款项,大大增加了借款人的违约风险。

另外,借款人本身的个人信息也有一定的泄露风险。因我国“互联网+”下的民间借贷行业提供的是信用贷款,这就需要借款人提供许多自身信息来证明其信用水平。借款人为了成功借款,会尽可能地提供一系列真实完整的个人信息及其亲人、朋友、同学等基本信息。例如,在大学生校园贷中,互联网借贷平台会要求借贷学生提供10个左右与该学生有密切关系的电话号码与联系地址,一旦发生违约风险,平台就会通过广泛发布催款信息甚至是“诉讼”信息告知其亲朋好友,以增加学生及其家属的心理负担,达到催款的目的。这些信息通常极具隐私性,而大多数互联网借贷平台对这些信息的肆意使用,以及利用这些信息对他人进行“骚扰”的行为就体现出我国个人信息的隐私与安全难以得到切实保障。

二、“互联网 + ”视野下民间借贷的法律困境

目前,具有针对性的“互联网 + ”民间借贷的法律文件仅有中国银监会发布的《网络借贷信息中介机构业务活动管理暂行办法》。此规定在法律体系中位阶较低,主要适用“互联网 + ”下民间借贷的个别问题,效力及覆盖范围有限。从整个民间借贷视野来看,《民法总则》只规定了合法的借贷关系受法律保护,却对此并无解释性条款。《合同法》虽在有名合同中规定了借款合同,可对“互联网 + ”民间借贷适应力不强。《刑法》和民间借贷有关的罪名主要是非法吸收公众存款罪、集资诈骗罪等罪名,倾向打击关联犯罪。从现行法律法规可以看出我国对民间借贷多持重点监管的态度,以维护传统金融机构对融资市场的垄断地位,这也导致我国对“互联网 + ”下的民间借贷也持审慎态度。但是,“互联网 + ”民间借贷的存在是市场选择的结果,对其采取的抑制性政策并不利于我国金融体制改革和创新。总而言之,现有的法律制度对“互联网 + ”民间借贷模式缺乏有效管控,使其面临诸多法律困境。

(一)市场准入法律制度不明确

前文介绍了“互联网 + ”视野下的民间借贷具有开放性,任何不特定的社会公众都可参与。然而,开放性特征也让“互联网 + ”民间借贷行业的市场准入门槛低,缺乏规范的市场准入法律制度。从当今社会实际中可以看到,由于缺少规范的市场准入法律制度又导致整个“互联网 + ”民间借贷行业极不规范,鱼龙混杂。首先以借贷平台为例,在缺乏规范的市场准入法律制度情况下,成立一家借贷平台的成本极低,仅需几台电脑和几名懂程序制作的员工,对于注册资本、经营许可、从业人员要求等门槛几近于无。

对于注册资本的最低限额现今的学术界主要有两种观点:一种观点认为,注册资本最低限额应当设定较高,这样可以把不具备资质的企业排除在外,有利于提高平台的经济实力和抗风险能力,增强行业的安全保障;另一种观点认为,现今“互联网 + ”民间借贷的主要对象是中小型企业和个人,单笔借贷金额较低,最低限额过高会限制借贷平台数量的发展,不利于平台为

这些缺乏资金的群体提供贷款支持,也不利于"互联网+"民间借贷行业的整体发展,更和普惠金融[1]的观念不符,所以最低限额应当较低。但这些现在都仅限于学术讨论,现实却没有最低限额,这导致许多明显缺乏资质的平台参与进"互联网+"民间借贷行业。由于不能对这些平台进行有效鉴别,对其中部分平台假借借贷之名行诈骗之实的行为也不能监管;还有部分平台尽管从事信息中介,但其大多缺少实力,对风险的抵御能力很差,容易导致平台跑路。再从出借人视角来看,由于我国对出借人也无市场准入规范,平台又因为业务需求因素多对出借人的真实身份和出借资金的合法性不做审查,这就使得用借贷来进行洗钱活动的行为无法被发现。[2] 最后从借款人的角度来看,对借款人缺乏市场准入规范,导致现今许多不具备还款能力的群体成为了借款人,而这部分借款人还不上借款,让出借人负担了资金本息损失,使得出借人对行业丧失信心,最终影响整个"互联网+"下民间借贷行业健康发展。

(二)征信体系不健全

通过"互联网+"视野来观察民间借贷行业,会发现此行业提供的贷款类型主要是无抵押无担保的信用借款。在这种情况下,要想尽量确保资金本息的顺利收回,借款人的信用信息就尤为重要。尽管我国的征信法律体系在近些年已经建立起来了,但依然存在一些问题。首先是我国目前的征信体系中的个人信用信息被中国人民银行管控,处于行政垄断之中,借贷平台并没有直接纳入央行的征信体系,借款人在平台的逾期还款记录也不影响其在央行的个人信用信息,这导致借贷平台对于借款人在其他平台的借款信息一无所知,加剧了平台和出借人的风险。借贷平台的借款记录没有纳入征信体系,这导致借贷平台不能共享个人信用信息,平台只能依靠借款人提供的个人信息来对借款人信用水平进行评判,或者要求借款人提供他人的隐私信息,以"骚扰"借款人家属或亲属的方式进行催款。这使得平台内部的信用评级缺乏客观性,而缺少借款人的真实全面的个人信用信息又使借款行为的风险性大大增加。与此同时,虽然我国各个借贷平台之间都

〔1〕 这一概念由联合国在2005年提出,是指以可负担的成本为有金融服务需求的社会各阶层和群体提供适当、有效的金融服务,小微企业、农民、城镇低收入人群等弱势群体是其重点服务对象。

〔2〕 参见岳彩申、车云霞:《民间借贷法律监管的新进路》,载《河北法学》2016年第5期。

有建立各自的借款信用制度,但这些信用制度是各平台分别建立的,并没有相互交换和整合,更没有形成全行业普遍使用的健全的征信体系。总之,现有的征信体系不对我国“互联网 +”民间借贷行业开放,导致我国“互联网 +”民间借贷缺乏相应适用的征信体系是我国“互联网 +”民间借贷行业面临的一大法律困境。

(三)监管体系分散化

“互联网 +”视野下民间借贷模式存在互联网借贷平台、出借人和借款人三类参与主体。在现行监管法律制度中,工商行政管理部门、信息业管理部门、银监会等多部门看似都有权对这些参与主体进行监管,然而这些监管更多流于形式,未触及实际内容,形成“监管乏力”与“监管真空”。以互联网借贷平台的监管为例,要成立一家互联网借贷平台,首先需要向工商管理部门申请营业执照;其次是在当地银监部门备案,然后再向工信部门申请经营许可证;在成功取得经营许可证之后又回头向工商部门申请许可经营项目;前面几项都申请成功之后,最后还要办理网站备案和公安机关信息备案。[1] 从以上可知,并没有对互联网借贷平台形成一个专门明确的监管主体,而工商行政管理部门、工信管理部门等机构对借贷平台仅仅是进行资料审查,并不审查日常经营活动这类实质内容;地方银监部门、公安部门的备案审查这一监管方式也流于形式,并最终导致平台集资诈骗和“平台跑路”事件络绎不绝。

除了对平台这一信息中介监管不力之外,对借贷双方的借贷行为也缺少监管。在社会实际中,因对“互联网 +”下的借贷行为缺少监管导致行业乱象丛生。一是部分出借人利用借款人急于用钱消费的心理,对借款付以高额利息,影响行业健康发展,并且一旦借款人还不上贷款,又引申出非法催债,并引发违法犯罪行为;[2] 二是还有的出借人要求借款人提供“裸条”担保,这显然违背社会公序良俗,更因这部分“裸贷”借款人多为在校大学生,其危害不言而喻,引起了社会的广泛关注。而公安机关多对这些当做普通借贷纠纷处理,轻拿轻放,对其缺乏监管。就整个“互联网 +”视野下的民间借贷行业而言,多部门各自流于形式的监管使得监管环节漏洞百出,形同虚

[1] 《网络借贷信息中介机构备案登记管理指引》(银监办发〔2016〕160 号),2016 年 10 月 28 日中国银监会办公厅、工业和信息化部办公厅、工商总局办公厅发布。

[2] 参见李永升、胡冬阳:《P2P 网络借贷的刑法规制问题研究——以我国近三年的裁判文书为研究样本》,载《政治与法律》2016 年第 5 期。

设;工商行政管理部门、工信管理部门、公安等监管机构之间也缺少紧密联系的监管协调机制,也更谈不上形成以一个监管部门为主导,联合其他部门,相互配合的监管体系。

三、“互联网+”视野下民间借贷法律规制的完善进路

我国现有的“互联网+”民间借贷的法律、法规滞后性突出,这导致司法审判中缺乏相应的法律适用。有鉴于此,需要完善相应的法律规范。笔者认为,应当适时修改有关“互联网+”民间借贷的法律法规,来针对性的解决现有问题。

(一)建立规范的市场准入法律制度

“互联网+”民间借贷行业的市场准入法律制度是我国对此行业进行管理的基础,也是政府对“互联网+”民间借贷行业健康发展的调控手段。我国现今暂无“互联网+”民间借贷行业的市场准入法律制度,这在一定程度上造成行业内鱼龙混杂。因此,建立相关市场准入法律制度迫在眉睫。

首先要建立借贷平台的市场准入法律制度。前文所述,设立一个借贷平台成本极低,对于注册资本、经营许可、从业人员要求等门槛几近于无。注册资本的问题看似容易解决,仅需要在注册平台时对注册资本有一个确定的金额即可,但最关键的却是注册资本的最低限额问题。具体的最低限额应当认真仔细的探讨,综合前文所述的两种主要观点,遵循普惠金融理念,划定一个具体可行的准入资本最低限额。对于其他的经营许可、从业人员要求等问题,可以参考银行业和保险行业,但标准应当适当降低,让其更为适应“互联网+”视野下的民间借贷行业。

另外,为了保障借贷双方的权益,对于借款人也可以有一定的限制,对未满相应年龄的无收入群体不得发放贷款,例如类似银监会新规中对未满18周岁的学生不得发放贷款的规定。这样在一定程度上有利维护出借人的利益,也有利于减少“校园贷”对学生的危害。

(二)健全“互联网+”视野下民间借贷的征信体系

良好的征信体系的重要性对于“互联网+”视野下的民间借贷行业是不言而喻的。关于完善我国“互联网+”视野下民间借贷的征信体系笔者有以下建议:

1. 将借贷平台纳入央行征信体系

前文提到我国现今并未将互联网借贷平台纳入央行的征信体系，产生了一系列的问题。我国对借贷平台的暂行管理办法要求平台须加强和征信机构的业务合作，依法提供、查询和使用有关金融信用信息；[1]而《征信业管理条例》中也规定了借贷平台这类信息使用者使用个人信息的方式。[2] 但这是不够的，2016 年“互联网 +”民间借贷行业成交量达到 2 万亿元，这表明相当多的人通过借贷平台进行借贷，却不把借贷平台纳入央行征信体系，则是对整个市场的视而不见。而将借贷平台纳入央行征信体系有利于整个“互联网 +”视野下民间借贷行业的健康发展，它将减少借贷平台查询借款人的其他平台贷款记录所需的花费，也不用再麻烦各个平台建立统一整合的征信记录，而且平台掌握更真实全面的借款人征信信息更可以有效降低借贷风险，保障金融安全。

2. 建立统一合理的信用评级制度

将借贷平台纳入央行征信体系后也不是什么都不用管了，还需要建立合理的信用评级制度来合理区分借款人。我国“互联网 +”视野下民间借贷行业提供的多为信用贷款，由于没有抵押和担保，借款发放的审核也是依靠借款人的资料，一旦借款人还不上借款，出借人损失就极为严重。因此，建立统一合理的信用评级制度就极其重要。信用评级制度应当严格依据借款人的收入、工作和征信记录来划分等级，每一等级对应某一范围的借贷金额，对信用等级较低的借款人借款要严格把关，对于信用等级较高的借款人可以适当减少一些手续。通过这些方法，发挥好统一合理的信用评级制度对“互联网 +”视野下民间借贷行业的规范作用。

（三）完善“互联网 +”视野下民间借贷的监管体系

前文述及我国“互联网 +”民间借贷行业的监管法律体系仍然存在许多问题，亟待完善。首先是对互联网借贷平台的监管问题，我国现行法律将借贷平台定性为金融信息中介机构，但实际中许多平台经常突破信息中介机

〔1〕《网络借贷信息中介机构业务活动管理暂行办法》第 21 条：网络借贷信息中介机构应当加强与金融信用信息基础数据库运行机构、征信机构等的业务合作，依法报送、查询和使用有关金融信用信息。

〔2〕《征信业管理条例》第 28 条：金融信用信息基础数据库接收从事信贷业务的机构按照规定提供的信贷信息。金融信用信息基础数据库为信息主体和取得信息主体本人书面同意的信息使用者提供查询服务。国家机关可以依法查询金融信用信息基础数据库的信息。

构这一限制却缺少监管。而依照《银行业监督管理法》的规定,中国银监会有权对非银行金融机构进行监管。因此,可以将中国银监会作为监管主体,对借贷平台日常经营等行为进行监管,触及其实质内容。此外,对于借贷活动滋生的违法犯罪行为,公安部门也要加大打击力度,确保金融安全和社会和谐。而根据"互联网 +"下民间借贷行业的特殊性,公安部门、工信管理部门等机构之间应当形成一个密切联系、相互配合的监管机制,才能对三方参与主体及整个"互联网 +"民间借贷行业进行有效监管。依照金融监管机构的最新改革成果,可以将民间金融的监管也纳入金融稳定委员会的监管项目,并可对互联网民间借贷与传统民间借贷进行分别监控。

另外,完善"互联网 +"视野下民间借贷行业的监管法律体系还要明确监管原则。我国对传统的民间借贷行业采取的是"抑制性"政策,因此对传统民间借贷行业实行审慎监管原则,〔1〕严格管理。但这种监管原则并不完全适合"互联网 +"民间借贷行业,它不利于我国金融结构的创新转型,为了让"互联网 +"民间借贷行业得到更好发展,应采取相对宽松的非审慎的重点监管原则。〔2〕这样既有利于促进"互联网 +"民间借贷行业健康发展,又有利于行业的风险管控。

结语

民间借贷行业在互联网时代有了新发展,交易方式简易便捷、参与主体多元、形态多样。通过"互联网 +"这一独特视野来考察新类型下民间借贷的发展特征与风险问题,可以为互联网时代的民间借贷法律规制提供新的思路。"互联网 +"视野下民间借贷的三类市场参与主体都存在不同程度的风险,再加之我国民间借贷法律监管制度在民间借贷行业市场准入法律制度的不明确、征信体系的不健全和监管体系的分散化等方面仍存困境,致使行业乱象丛生,严重影响互联网金融与民间金融的有序发展。因此,通过建立规范的市场准入法律制度、健全征信体系、完善监管体系,实行非审慎的重点监管原则,可以有效地对"互联网 +"视野下的民间借贷行业进行法律规制,从而完善民间金融的法律监管,维护互联网时代下民间金融消费者的合理正当利益,保障互联网金融的规范与安全发展。

---

〔1〕 审慎监管是指监管部门以防范和化解银行业风险为目的,通过制定一系列金融机构必须遵守的周密而谨慎的经营规则,客观评价金融机构的风险状况,并及时进行风险监测、预警和控制的监管模式。

〔2〕 参见岳彩申:《互联网时代民间融资法律规制的新问题》,载《政法论丛》2014 年第 3 期。

知识产权 P2P 融资风险控制的公私合作机制建构*

宣 頔**

内容提要 P2P 网贷开始介入知识产权质押融资,形成基于互联网金融的创新性知识产权价值实现机制。目前,知识产权 P2P 融资的运作模式和交易架构可以概括为金开贷模式和知商金融 I2P 模式。尽管新型融资方式有利于拓宽资金渠道,但两者融合造成了叠加的涉众、信息不对称、信用和法律风险。既有的知识产权质押融资风控模式和互联网金融监管措施无法完全消弭知识产权与 P2P 融资的固有风险与叠加风险,需要在知识产权金融法律体系,知识产权 P2P 融资工具,大数据体系,以及多层次知识产权交易市场等方面建构公私合作的风控机制。

关键词 知识产权融资 P2P 网贷 风险控制 公私合作机制

2015 年 3 月 30 日,国家知识产权局发布《关于进一步推动知识产权金融服务工作的意见》,以加快促进知识产权与金融资源融合。2015 年 12 月 22 日,国务院发布

---

* 本文系国家社科基金青年项目“系统性金融风险治理的公私合作法律机制研究”(项目批准号:17CFX032)和江苏省高校哲学社会科学基金资助项目“互联网金融创新动态监管机制研究”(项目批准号:2016SJD820020)的阶段性成果。

** 宣頔,法学博士,常州大学史良法学院讲师,从事金融法、知识产权法研究。

《关于新形势下加快知识产权强国建设的若干意见》,强调创新知识产权投融资产品,完善知识产权信用担保机制,探索知识产权创造与运营的众筹、众包模式。可见,建立知识产权价值多元实现机制的对策建议已进入官方视野。而市场回应也很灵敏,近年,将互联网金融与知识产权融资相结合的制度安排十分昌隆。2015 年 4 月,西安金知网和陕西金开贷共同发起了全国首例专利质押 P2P 融资项目,通过 P2P 线上融资平台分别为西安奇维科技、西安灵境科技融资 300 万元。[1] 在广东,P2P 平台壹宝贷与广东海科资产管理公司宣布拟发布知识产权质押融资类产品“展业宝”,[2] 汇桔网推出专门的知识产权 P2P 融资平台“知商金融”。[3] 知识产权融资方式需要通过金融创新改造以适应知识经济与互联网时代的社会需求。近年以互联网为代表的现代信息科技对人类金融模式产生颠覆性影响,[4] 互联网金融革新为知识产权融资革命提供了无限的遐想空间。但是,我国 P2P 网贷方兴未艾,一度野蛮生长、缺乏监管,e 租宝、中晋系等平台跑路频发,[5] 其与知识产权融合,在拓宽融资渠道的同时是否会对后者造成额外的金融风险,如果这种风险存在,传统知识产权质押融资风控制度是否可以有效应对,除此之外,新的风险规制模式是否存在,如何建构。这些问题的探讨无疑对互联网金融时代知识产权融资的良性发展大有益处。

一、知识产权 P2P 融资的运作模式与交易架构

知识产权传统融资方式主要包括质押贷款、技术入股、融资租赁、资产证券化等,其中知识产权的质押融资发展最为成熟,在国内外都有相当规模。[6] 但因为这种方式的风险程度与国内银行特别是大中型商业银行风险偏好并不匹配,所以,我国纯粹以市场主导的知识产权质押融资发展并不顺畅。就在该领域,P2P 网贷平台最早介入,实现了知识产权与互联网金融的

---

〔1〕 参见杨斌鹄:《“全国首例知识产权(专利)质押 P2P 融资”项目上线》,载《西安日报》2015 年 5 月 5 日,第 6 版。

〔2〕 参见黄倩蔚:《P2P 试水知识产权质押融资》,载《南方日报》2015 年 1 月 23 日,第 A17 版。

〔3〕 佚名:《知识产权金融助力破解融资难》,载网易网:http://media.163.com/15/0403/15/AM9M7TV000763N4O.html,2016 年 8 月 12 日访问。

〔4〕 参见谢平、邹传伟:《互联网金融模式研究》,载《金融研究》2012 年第 12 期,第 11 页。

〔5〕 参见车辉:《时髦的 P2P,如何拒绝野蛮生长?》,载《工人日报》2016 年 5 月 22 日,第 2 版。

〔6〕 参见李平、侯雅锋:《知识产权融资研究综述》,载《电子科技大学学报》(社科版)2016 年第 2 期,第 55 页。

相互融合。

所谓知识产权 P2P 融资,是指借助 P2P 网贷平台、采用知识产权质押作为增信手段以实现金融交易的融资方式。在经典意义上,P2P 网贷平台作为信息中介,将具有资金需求的借款人与具备闲散资金和投资意向的贷款人扭结起来,撮合双方交易并收取手续费。[1] 知识产权网贷融资就是利用 P2P 平台的资金引流作用,实现基于知识产权质押的借贷交易。与传统知识产权质押融资相比,这种安排的最大不同在于资金的提供方由银行转变为以中小投资者为显著特征的 P2P 平台注册投资人,资金的来源、渠道、方式和风险偏好都发生了显著改变。就目前国内上线的知识产权 P2P 网贷融资项目来看,主要分为两种模式:

1. 金开贷模式

在该模式中,涉及西安科技金融服务中心、金开贷、金知网、融资企业四方主体。西安科技金融服务中心负责甄选、推荐融资企业并提供推荐函;金开贷作为 P2P 网贷平台按照其项目管理审核流程,通过市场部、风控部、审贷会三级审查借款企业还款能力和资信水平,并将借款需求作为单独的融资项目发布于平台;金知网作为第三方为融资企业提供融资担保服务;为保障金知网在承担担保责任后对融资企业的追偿权,融资企业将发明专利等知识产权质押给金知网以提供反担保。

在借款出现逾期时,首先由金知网先行代偿,西安科技金融服务中心提供本金 50% 作为风险补偿金。值得注意的是,西安科技金融服务中心是西安市科技局直属单位,因此,在责任的最终分担上,政府与提供担保的企业几乎各占一半。

金开贷模式的显著特点在于,政府对企业借贷提供了显性担保,这与我国各地所采的由地方财政兜底的政府支持型知识产权质押融资模式极为相似。这是政府担保型知识产权质押融资模式融入互联网金融的一种新的创新。

2. 知商金融 I2P 模式

知商金融是国内首家专门的知识产权互联网金融平台,通过建立无形资产评估与风险控制体系,为科技型企业创新发展提供融资渠道,目前拥有知商创新券、知商交易宝、创客贷、展业贷、新手标等多款金融产品。其中涉

---

[1] 参见冯果、蒋莎莎:《论我国 P2P 网络贷款平台的异化及其监管》,载《法商研究》2013 年第 5 期。

及知识产权质押的P2P产品有两类,一类为知商交易宝,另一类为创客贷和新手标。

前者的融资主体是专业从事知识产权投资、管理及运营的知识产权运营机构,通过知商金融平台发起借款,借得款项用于购买专利、商标等知识产权资产包或跟研发机构合作定向开发创新型技术。借款人将其自有或第三方的知识产权质押给知商金融平台作为担保,后者委托第三方资产管理公司对用于质押的知识产权进行管理。在借款到期无法归还本息时,由知商金融的风险准备金进行先行垫付;同时,很多项目中融资企业股东对债务承担连带保证责任。另一类的创客贷和新手标与前一类知商交易宝基本相似,所不同的是融资主体是一般企业而非知识产权运营机构,款项一般用于生产经营的短期流动资金周转。

知商金融融资项目的交易架构类似于传统知识产权质押融资的反担保模式,不同点在于:一方面,第三方平台提供的并非保证担保,而是用风险准备金进行垫付,风险准备金怎么提取、是否托管、谁来监管、能否覆盖坏账均无明确说明;另一方面,传统的反担保模式往往有政府提供担保或补贴融资成本,而知商金融的融资项目完全没有政府介入。

二、P2P网贷对知识产权融资的叠加风险

知识产权因为无形性等特征,预期经济前景难以预测,后续产生侵权冲突的可能性较高,权属不甚确定,此外,知识产权自身价值也会因为市场变化和技术更新而产生波动,更会因为缺乏变现渠道而无法最终实现。[1] 上述属性会使知识产权质押融资产生极高的法律风险、估值风险、经营风险和处置风险。[2] 在P2P网贷与知识产权融资相结合的金融创新中,前者的制度安排是否会消解后者的固有风险,还是催生新的风险,这是一个值得探讨的问题。我们认为,知识产权融资与P2P网贷都存在着固有风险,两者的融合会叠加新的风险,具体表现在以下四个方面。

---

〔1〕 参见张伯友:《知识产权质押融资的风险分解与分步控制》,载《知识产权》2009年第3期,第32~33页。

〔2〕 参见周丽:《我国知识产权质押融资面临的困境、挑战及对策》,载《电子知识产权》2011年第7期,第37页。

（一）P2P 网贷增加知识产权质押融资风险的涉众性

在传统知识产权质押融资中，融资风险承担者较为固定，除商业银行，风险扩散只局限于担保机构、保险公司、政府等有限主体之间。与之不同，P2P 平台置身于互联网，每个人都可搜索获得，更有甚者通过在线下向不特定对象投放广告而吸引投资，如银谷财富在央视、北京地铁、高铁投放广告，翼龙贷通过线下七家实体店进行宣传、推介，E 微贷通过便利店、报刊亭宣传、推介。因此，知识产权 P2P 网贷融资项目面向的是社会公众，其风险辐射范围很广、人数众多，具有明显涉众性。

另外，目前国内 P2P 平台对投资人一般不做区分，可以是自然人也可以是法人，在《证券法》等金融法中被广泛作为阻隔风险，保护金融消费者、投资者的适合（格）性制度，在互联网金融领域也处于缺位状态。缺乏监管的 P2P 金融使知识产权融资项目的投资者几乎没有边界，这意味着一些没有投资经验、知识、能力，财产状况无法承受损失，或者年龄较大的投资者将会暴露在知识产权融资风险中，从而使这种风险具有空前的涉众性。

（二）P2P 网贷加强知识产权质押融资的信息不对称

目前运行的 P2P 平台信息披露普遍较差，如平安陆金所“稳盈安 e”、拍拍贷“散标”对借款信息描述过于简单，宜人贷“宜定盈”对借款项目的信息完全没有信息披露等。当 P2P 网贷介入知识产权质押融资后，信息不对称会进一步加剧。一方面，相关监管细则和自律规范尚未出台，即便出台，如何适用，各地监管部门执行的尺度怎样，这些目前都无法预期。我国互联网金融环境彻底改善尚须整个金融法治体系的完善，P2P 网贷消弭信息不对称的大数据和信息技术优势还无法显现。

另一方面，传统知识产权质押融资的信息对称机制会因为 P2P 金融介入而不复存在。首先，资金供给方由银行转化为 P2P 平台注册投资者会导致信息不对称。依托银行严苛的事前审查、贷后管理等授信合规制度所形成的融资者与金融中介间完备的信息对称机制，在新模式中并不存在。其次，借贷交易从线下转化为线上为主并依托互联网环境，这使实地走访、查看等审查行为缺失，网络与知识产权的双重虚拟性会使信息传递发生扭曲。最后，借款人在融资时往往最大程度提高知识产权估值，在这方面中小投资者的专业水平远不如金融机构，因此，在对质押物的价值信息占有上，借贷双方的不对称程度有所加强。

(三)P2P 网贷的增信手段加大知识产权质押融资的信用风险

就目前所掌握的融资项目来看,在以知识产权质押作为增信手段之后,平台往往撤除了 P2P 项目中惯用的融资性担保公司担保而改为一般第三方企业提供保证。而传统知识产权质押融资惯用的增信方式也基本弃而不用,譬如捆绑知识产权质押与实物抵押,限定知识产权质押贷款用途,并将知识产权质押逐步置换为贷款购置的不动产、机器设备等动产抵押等。

产生上述现象的原因在于,P2P 金融的经典范型即为无担保点对点贷款,平台和第三方都不提供额外担保;而在国内,为弥补社会征信体系的缺失,P2P 平台通过采用额外增信手段、承诺刚性兑付来确保项目融资顺利,但增信本身会带来交易成本,在引入知识产权质押后,相应减弱其他增信手段也是平台控制成本的表现。然而如前所述,知识产权的固有风险始终存在,完全依靠知识产权质押作为增信手段势必会加大 P2P 融资的信用风险。

(四)P2P 网贷的模式异化放大知识产权质押融资的法律风险

在我国,出现了许多 P2P 网贷的异化模式。譬如通过 P2P 平台向不特定投资者转让债权(如点融网部分散标项目),平台投资者将未到期债权转让于其他投资者(如人人贷债权转让项目),以及平台高管个人贷款给借款人并汇集、拆分、打包债权转让给平台投资人(如宜信类固定收益产品),以上统称为“债权转让模式”。再如小贷、融资租赁、保理等机构将各类债权的收益权转让给平台并由其打包、重组、分割后进行销售(如 PPMoney 消费分期项目),以及平台对信托计划、券商资管计划、基金子公司资管计划、私募投资基金等金融产品收益权进行拆分转让(如陆金所零活宝部分产品),这两种谓之“收益权转让模式”。[1]

这些模式不论交易结构多么繁复都属监管套利,势必产生较大法律风险,包括违反各类信托计划、资管计划、私募投资基金的“合格投资者”监管规定,以及涉嫌自融、虚构债权、构建资金池并最终触犯非法集资的监管底线。而即便刚性的监管细则对上述行为加以禁止,也不能完全杜绝新的 P2P

〔1〕 具体参见宣頔:《我国 P2P 网络借贷之异化、风险与法律监管》,江苏省哲学社会科学界第九届学术大会(青年专场)会议论文集,2015 年 12 月。

金融创新进行监管套利。因此,不论是将知识产权质押融资设置于变异的交易架构中,还是将相关项目放置于销售变异产品的平台之中,都会放大知识产权融资的法律风险。

三、知识产权质押融资风控的既有安排与适用困境

(一)知识产权质押融资的主要模式与风控路径

目前,国内知识产权质押融资主要有以下模式:第一,政府担保模式。融资企业将知识产权质押给政府设立的担保机构,委托其对银行贷款提供担保并承担95%以上的贷款违约风险,以上海浦东和四川成都为代表。[1] 第二,政府补贴模式。由政府对贷款企业和中介机构进行贴息和费用补贴。分为两类:一类为新北京海淀模式,融资企业直接与银行进行知识产权质押贷款业务,政府除补贴融资成本,还成立贷款风险处置资金池以补偿银行贷款风险;[2] 另一类为武汉模式,除政府对融资企业进行贴息外,由第三方担保公司提供担保,企业以知识产权向担保公司提供反担保。[3] 第三,政府指令模式。政府通过行政命令要求银行给指定企业发放知识产权质押贷款并承担风险,以四川内江为代表。[4] 第四,政府推动模式。政府不提供担保、补贴,只搭建服务平台,为银行推荐融资企业等,以南京、深圳为代表。[5]

此外,辽宁、山东、广东、四川四个专利质押融资风险补偿基金试点省份正在尝试引入专利质押融资保证保险机制,该保险由银行、保险、风险补偿基金和服务机构按约定比例共担风险,以开启专利质押融资与知识产权保险相互促进、融合发展的新兴模式。[6]

---

〔1〕 参见陆铭、尤建新:《地方政府支持科技型中小企业知识产权质押融资研究》,载《科技进步与对策》2011 年第 16 期,第 93 ~ 94 页。

〔2〕 参见勒川、蒋文杰:《中国首个知识产权质押融资产品"智融宝"发布》,载《中关村》2016 年第 6 期,第 67 页。

〔3〕 参见刘楠、杜少南:《小微企业知识产权质押融资的困境及出路》,载《知识产权》2015 年第 11 期,第 111 页。

〔4〕 参见章洁倩:《我国知识产权质押融资模式多元化的思考》,载《武汉金融》2011 年第 4 期,第 40 ~ 41 页。

〔5〕 参见程守红、周润书:《知识产权质押融资中的政策工具及模式研究》,载《华东经济管理》2013 年第 2 期,第 163 ~ 164 页。

〔6〕 参见国家知识产权局:《国家知识产权局发出通知不断完善专利质押融资风险补偿机制》,载中华人民共和国国家知识产权局网:http://www.sipo.gov.cn/zscqgz/2017/201703/t20170301_1308606.html,2017 年 3 月 30 日访问。

上述融资模式的风险控制逻辑在于,通过扩大责任主体范围以期对融资风险加以强制性分散。但问题在于,对担保公司、资产评估公司、律所等中介机构强加违约风险,往往造成中介业务成本、收益倒挂,而银行等金融机构因为知识产权的固有风险也无开展相关业务的激励,这就造成在构建各方激励机制的过程中,政府需要深度介入,最直接的方式就是以财政资金作为基础提供担保或贴补融资成本,以降低、消弭其他主体的成本和风险。但由政府兜底的风控制度只是形成了一套把大部分风险从金融机构转嫁到地方财政的机制,而对真正分散甚至消化知识产权质押融资风险来说并无裨益。政府为控制自身风险,往往提高融资门槛、设置严苛的融资企业甄选条件。但是,事前审核的方式不仅无法杜绝逆向选择和道德风险,还会使这种新型的融资方式仅为大中型、发展期企业所用,从而背离扶持中小科技型企业的初衷。

(二)既有风控模式运用于知识产权 P2P 融资的困境

值得注意的是,融入 P2P 金融后,知识产权质押融资风险更为繁复,既有风控制度或将捉襟见肘。具言之:首先,P2P 网贷驱动下的融资项目愈发市场化,融资主体、需求、风险程度更加多样化,政府无法直接对融资项目进行主导、干预、甄选,所有项目都由政府增信十分困难。其次,既有风控制度未把 P2P 网贷叠加的涉众、信息不对称、信用和法律风险考虑在内,控制方式和路径比较单一。再次,既有风控制度过于注重责任分担,对融资风险事前、事中、事后的全程管控关注不够。最后,融合了互联网金融创新的知识产权融资,其风控制度也需融入互联网思维,使用最新的互联网信息技术实现科技风控。

尽管最近两年互联网金融发展趋于规范,监管措施相继出台,譬如 2015 年 7 月 18 日,中国人民银行等十部委联合发布了《关于促进互联网金融健康发展的指导意见》,标志着互联网金融在我国的发展正式进入有法可依阶段;2016 年 8 月 17 日,中国银监会等四部委发布了《网络借贷信息中介机构业务活动管理暂行办法》(以下简称《网贷暂行办法》),确立了四足鼎立的监管体制、明确的业务边界和审慎的经营规则,[1]被学者称为 P2P 监管的重大

---

〔1〕 参见阮红玲:《普惠金融下 P2P 网络借贷行业大洗牌——〈网络借贷信息中介机构业务活动管理暂行办法〉解读》,载《银行家》2016 年第 11 期,第 127 ~ 129 页。

突破。[1] 但与此同时,信息中介定性抑制金融创新和异质风险同质化处理等弊端又随之产生,[2]另外,中央与地方相关配套监管细则、自律规范并未完全出台,《网贷暂行办法》央地两级的具体实施情况仍有待观察。根据中国人民银行等部门联合印发的《关于进一步做好互联网金融风险专项整治清理整顿工作的通知》的最新部署,P2P 等互联网金融整改实施应最迟于 2018 年 6 月底前完成,其最终成效还有待各地金融监管部门深入评估。由此可见,互联网金融的规范化监管尽管有利于消弭 P2P 网贷对知识产权融资的叠加风险,但可能的变数仍须引起学界和实务界的足够重视。可以预见,既有的知识产权融资风控模式在互联网金融环境中将无法有效运行,另外,单纯希冀依靠某些监管政策的出台彻底解决知识产权 P2P 融资风险,这种诉求也过于理想和简单化。其中最根本的问题是,在控制融资风险上,政府的角色定位到底为何,是完全充当兜底风险的信用背书者,还是融资环境的营造者、监督者和服务者,这是需要重新厘清和解决的问题。具言之,作为监管者,政府制定与实施法规、政策的范围边界和强度怎样拿捏,以实现知识产权 P2P 融资创新与风险防控的平衡;作为市场参与者,政府强制性转嫁风险甚至兜底风险是否可以实现各方主体成本收益平衡,并使知识产权 P2P 融资安排具有可持续性。这些问题的解决都需要我们建构一套有别于既有风控模式的更为合理和科学的法律机制。

四、知识产权 P2P 融资风险的公私合作控制机制建构

很显然,在知识产权 P2P 融资市场中,政府既不是纯粹的监管者,更不是完全的参与者。在整个风险控制安排中,政府介入的方式、内容和程度之所以难以把握,根本原因在于政府并非无所不能,其在信息的亲缘性、业务的专业性、实施的效率、行动的积极性方面未必比私主体更优,公共选择存在固有的弊端,另外,政府也会因预算和人力资源有限而导致"执行缺口","俘获"、臃肿、分散、寻租等问题在所难免。

在宏观环境建构方面,金融、知识产权法律的制定需要考虑知识产权 P2P 融资市场私主体间的具体契约安排,法规、政策的有效实施需要公私主

[1] 参见杨东、高戚昕峤:《P2P 监管的重大突破》,载《中国金融》2016 年第 19 期。

[2] 参见刘骏:《个体网络借贷规制进路分析》,载《中南大学学报(社会科学版)》2017 年第 1 期,第 36~38 页。

体的通力合作;在微观层面,政府的风控行为不能恣意和非理性,特别在涉及私主体利益时,更应完善激励机制,激发私主体基于成本收益考虑做出多维度的风险控制安排。总而言之,我们认为,在互联网金融时代,需要从置身于互联网的政府、自律组织、市场主体各方的功能与职责入手,建构基于共生共赢的市场化治理模式和激励机制基础上的多方合作的风险控制机制,以期在为知识产权融资创新提供宽松、良性金融环境的同时,尽可能把金融风险控制到最低程度和最小范围。

(一)健全知识产权金融法律体系,创造合作风控的制度环境

1. 完善激活知识产权 P2P 融资创新的法律制度

目前,不论知识产权质押融资还是 P2P 互联网金融都遇有诸多法律障碍,需对相关法律制度加以完善。第一,扩大知识产权质押范围,应把知识产权许可使用权、商业秘密、动植物新品种权等也纳入质押标的。第二,统一知识产权质押登记机关、程序、公示制度,知识产权查询和信息披露规则。第三,允许质押人继续使用作为质押标的的知识产权,但授予质权人优先受偿许可收益的权利。第四,建立知识产权最高额质押制度。第五,建构互联网金融一体化的私法交易制度,以捕获未知交易类型。[1] 第六,对既有互联网金融风险程度定量化,探索适合不同风险程度的不同强度监管类别(市场自律监管、注册备案监管、交易行为监管、微观审慎监管、宏观审慎监管、金融产品审核监管等)及其具体工具(组合)的法律适用机制。

2. 建立政府、行业协会、ADR 组织联动的多元法律运行机制

一方面,知识产权 P2P 融资风险控制不仅需要宏观层面完善的法律、行政法规等,还需各级政府根据本地实践综合运用知识产权、金融、财税、科技等政策工具制定本地的相关规范性文件,形成知识产权融资政策的地方竞争态势。另外,中国互联网金融协会可就知识产权 P2P 融资制定专门的管理规则和行业标准以约束协会成员。另一方面,建立政府监管、自律惩戒及在线互联网金融 ADR 多元互动的法律、政策实施机制,以实现事前、事中、事后全程公私合作的风险控制。

[1] 具体参见宣頔:《金融法律调整的私法转向与理论建构》,载《郑州大学学报》(哲学社会科学版)2016 年第 2 期,第 38 ~ 39 页;宣頔:《金融法重构之社会基础:金融利益关系统合化运动》,载《中南大学学报》(社会科学版)2015 年第 2 期,第 49 ~ 50 页。

（二）建构公私合作的知识产权 P2P 融资大数据体系，夯实风险控制的技术基础

理想的互联金融市场可以通过大数据信息系统、移动互联网和云计算等技术，实现支付清算和资金融通等领域内的信息对称。[1] 因此，需要建构政府、商业机构的二元合作机制，共同建构知识产权 P2P 融资大数据体系。

首先，由政府主导建立知识产权融资征信体系。征信体系是知识产权 P2P 融资大数据的重要内容，对融资项目审核、具体交易架构设计、全程风险管理和事后处置变现等环节至关重要。知识产权管理部门应联合金融、税务、工商、房地产等政府职能部门和司法机关、仲裁机构，建立信用信息共享平台，在构建知识产权融资信用模型基础上利用云计算等大数据挖掘技术分类、筛选相关数据，评估知识产权所有人信用状况并建成专门的知识产权公共服务领域大型信用数据库。该数据库应免费对从事知识产权 P2P 融资业务的互联网金融平台开放。

其次，P2P 网贷平台应与大型互联网电商、搜索、社交平台联动，形成知识产权质押融资项目的大数据风控机制。通过嵌入成为子公司或付费方式采集大型互联网平台积累的海量 B2B、C2C、B2C 交易信息、社交信息，以及消费金融、供应链金融和第三方支付信用数据，辅之建立互联网金融自律组织内部的信息披露和共享机制，以此作为基础挖掘有价值的信用数据，用于融资项目贷前审核、贷后跟踪管理的全程风险控制。

（三）创新公私合作的知识产权 P2P 融资工具，补强风险控制的动力来源

1. 建立创投引导基金、创投基金、P2P 平台投贷联动机制

在知识产权 P2P 融资特别风险控制中需要发挥政府作用，但不应采用风险最终转嫁给政府的方式，唯有通过公私合作的市场化运作方式，才能提高财政资金的使用效益。具言之，各地政府应通过成立创投引导基金作为母基金，自己投入并引导社会资本一同设立创投子基金，框定高新产业特别是高科技企业投向，由经验丰富的管理团队进行基金管理。具体操作上，对于融资金额较大的项目，P2P 网贷平台可以对接创投基金推荐项目，企业接受创投股权投资和 P2P 网贷的双重融资。通过投贷联动有利于企业的经营

[1] 参见杨东：《互联网金融的法律规制——基于信息工具的视角》，载《中国社会科学》2015 年第 4 期，第 108 页。

改善及再融资,创投介入的价值发现过程和市场化甄选机制本身也是一种很好的风控手段,另外,从分散融资金额上也可降低风险。

2. 在知识产权P2P融资中引入可转换债、期权、分红权等金融工具

分散知识产权P2P融资风险的最好方式是扩大责任承担主体范围,但为规避传统方式各方主体激励普遍不足、最后由政府兜底风险的弊端,需要在融资中重新调整各方主体的收益分配方案。对于P2P平台投资者来说,融资风险除通过投资收益还可采用其他金融工具加以消化。譬如引入可转换债,通过P2P平台实现的债权在融资企业符合一定条件时,贷款人享有将债权转换为股权的权利,而转换条件可通过协议具体约定,譬如年营业额达到某一数值,甚至某一事件发生,如被并购或实现上市等。而对担保人来说,可通过赋予股票期权和分红权化解知识产权和P2P金融的叠加风险。通过创新金融工具,可以避免相关主体成本收益倒挂,引入更多的政府和社会资金,真正实现激励机制之上的风险公私合作分散。

(四)建立公私合作的多层次知识产权交易市场,拓展风险控制的退出渠道

及时退出变现是控制知识产权P2P融资风险的重要手段,知识产权交易市场体系不仅有助于实现权利价值,还有利于风险定价以使相关主体进行精准的融资行为成本收益分析。

目前,我国知识产权交易市场以各地分散和专利交易为特点,变现难被作为知识产权固有风险,是知识产权质押融资困难的重要原因。因此,为推动知识产权P2P融资发展,需要通过公私合作方式拓展责任主体的多元退出渠道。

首先,政府、商业机构合作建立多层次的知识产权交易市场。在中央应建立全国性知识产权交易所,各省市试点建立第二层次的知识产权交易市场,同时为与P2P等互联网金融平台实现良好对接,鼓励商业机构特别是大型互联网公司建立第三层次的网络知识产权交易平台,通过三个层次的建构形成符合不同质素知识产权变现需要的多元竞争交易体系。其次,在公私多元交易体系竞争态势中创新交易品种、交易方式、评估模型及其他配套服务。将交易标的从专利、技术项目拓展到著作权、商标权甚至知识产权证券化产品等衍生工具。在有序监管、防控投机风险要求下探索知识产权份额化交易。推广知识产权的在线交易方式,建设便捷、友善、安全的电子竞价系统。最后,建立健全多层次知识产权交易市场的法律制度体系,以及有关交易机制、规则、流程、结算等内容的交易市场业务规范文件。

P2P网贷平台的异化及法律风险控制

傅逸雯*

内容提要 P2P网贷平台最早发迹于英国,后风靡全球,但国外的P2P网贷平台定位为信息中介,以信用和信息为主要经营对象,通过借贷交易成功达成后收取一定中介费或服务费作为运营资金,平台本身不参与任何借贷关系,仅提供投资咨询、双向信息交流等中介服务。但P2P网贷模式引入中国后却在一定程度上发生了异化,平台为获得更多投资不再驻足于信息中介的功能定位,而开始向信用中介、企业借贷等方向演变,由此衍生出一系列不同于传统借贷模式的风险点。本文旨在通过对P2P平台概念、传统发展模式及具有中国特色的异化发展进行梳理,挖掘出当前中国P2P平台存在的法律风险,探索出适合中国特色P2P网贷平台的法律控制路径。

关键词 P2P平台 异化 风险 法律控制

自2013年以来,金融领域对信息技术的运用愈发频繁,其中,尤以各项指标均呈高升态势的P2P网贷平台为甚。我国P2P网贷平台的迅猛发展并非偶然,其反映了时代发展的风向标:一是当前中国经济发展遭遇瓶颈期,

* 傅逸雯,女,研究生毕业,2015年毕业于西南政法大学,现任成都市锦江区人民法院法官助理。

改革进入攻坚期、深水区,亟待通过挖掘新的经济增长点实现新一轮经济增长;二是为响应大众创业、万众创新的时代号召,中小微企业如雨后春笋般纷纷涌现,但中小微企业往往发展资金不足,加之金融机构放贷时为降低呆账率、坏账率,往往采取差异化放贷方式,对中小微企业设置较高的贷款门槛,使其不得不放弃向金融机构申请贷款,转而向非正规金融机构求助;三是随着互联网的大众化、普及化,互联网经济呈爆炸式增长,通过互联网整合碎片化贷款需求的巨大潜力和红利亟待释放。

正是在这样的时代背景下,P2P 网贷平台作为一种新型借贷模式的载体应运而生。

一、P2P 网贷平台发展现状

(一)P2P 网贷平台的概念

我国无论理论界亦或实务界都未能赋予 P2P 网贷平台一个统一明晰的概念——不仅国内较为知名的一百一十家 P2P 网贷平台〔1〕自我界定混乱不堪,主管金融业务的中国人民银行和中国银监会亦未能给出明确界定。本文认为,P2P 网贷平台——英文名称 peer-to-peer,即通常所说的“点对点借贷”——主要指在借鉴无抵押小额贷款银行金融模式基础上,借助当今日益蓬勃的互联网经济发展起来的一种新型金融模式,它摆脱了中间机构,仅通过互联网平台撮合陌生人之间的无担保消费信贷,〔2〕建立起直接债权债务关系,实现投资者与借款人的直接、对等对接。P2P 网贷平台的核心是金融脱媒,又称非中心化,即将互联网中的“数据交换”延伸(或者说是具体化)作“商品交易”,〔3〕参与模式为“公众化”的“点对点”信息交互和资金流动,一般而言可拆分为两个部分,即 P2P 交互〔4〕和贷款服。〔5〕 P2P 网贷平台不仅仅是民间借贷在互联网领域的扩张,更是一种点对点、网格化的对等网络〔6〕思

---

〔1〕 网贷之家对该一百一十家网络借贷平台的每日成交总量、标数等均有详细统计,因此,该一百一十家网络借贷平台所受关注较多,知名度较大。

〔2〕 See Verstein, Andrew, “The Misregulation of Person-t-Person Lending”, University of California, Davis. 45*U. C. D. L. Rev*. 4452011 – 2012(2011). p. 448.

〔3〕 参见周礼贤:《P2P 网贷平台的法律监管制度研究》,中国政法大学 2014 年硕士学位论文。

〔4〕 P2P 交互指的是独立借款人和出借人之间通过一种 Ebay 式方式相互连接匹配。

〔5〕 贷款服务指的是帮助相互有意愿的借款人和出借人建立借贷关系。

〔6〕 全国科学技术名字审订委员会将其定义为包含与其控制和运行能力等效的节点的计算机网络。

潮的延伸。

（二）国外 P2P 网贷平台的健康运营模式

1. 复合中介型——Zopa

Zopa 成立于 2005 年，是世界上第一家网贷平台，现已将触角延伸至意大利、日本等地。其运营机制为，首先，由平台对实名制注册的会员进行初步筛选，确定会员名单；其次，平台联系信用评级机构 Equifax 对申贷会员进行信用评级——一般分为 A＊、A、B 三个等级（A＊最高，A 次之，B 最次），并根据信用评级机构划定的三级信用评级和四档贷款期限（分别为 2 年～3 年、3 年～4 年、4 年～5 年、5 年～6 年四个档次）将借贷市场划分为 12 个不同规模、不同形式的市场；再次，由平台根据当日成交情况、资金需求分布及成交利率每日定时更新贷款利率，贷款人仅可通过“贷款计算器”获知当日利率情况；最后，平台自动根据借款人借款需求及还款能力匹配贷款市场，并鼓励投资者将投资额划分为大小不等的若干小额资金——投资至少覆盖 50 名借款者。[1] 不仅如此，平台还会向借贷双方提供一系列配套服务，包括根据借款人自身经济条件、日常消费情况、还款预算情况等为借款人量身制定还款计划表；借款人逾期未归还时，雇佣代理机构为出借人追讨欠账，[2] 并降低其信用级别。

值得一提的是，目前全球最大的 P2P 平台 Lending Club 尽管划定了更高的注册门槛——信用评分必须达到 660 分才能申请注册，制定了更严格的信用评级——将信用评级划分为 35 个等级，其本质仍然是复合中介型的 P2P 平台，利率制定权仍然在平台手中——由平台根据信用信息、借款信息等确定利率值。不仅如此，为提高出借人的放贷积极性，Lending Club 还特地成立了专门的投资管理公司 LCAdvisor 为出借人提供专业的投资咨询与理财分析。[3]

2. 纯中介型——Prosper

Prosper 是美国本土第一个网络借贷平台，现归美国证券交易委员会管

---

〔1〕 参见颜宝成：《我国 P2P 网贷平台风险防范法律对策研究》，山东财经大学 2015 年经济法专业硕士学位论文。

〔2〕 参见辛宪：《P2P 运营模式探微》，载《商场现代化》2009 年第 21 期。

〔3〕 参见颜宝成：《我国 P2P 网贷平台风险防范法律对策研究》，山东财经大学 2015 年经济法专业硕士学位论文。

辖。运营特色:较之于 Zopa,首先,Prosper 拓宽了用户范围,将信用评分 640 分以上、拥有个人社保号、银行卡号的美国公民均纳入申贷范畴;其次,设定了信用评级的双重标准,即将信用评级机构 Experian 评分与内部信用评分相结合;再次,Prosper 在信用评定中引入了客户组的概念——同一客户组的借款人中如果出现违约情形,将直接影响该客户组的信用评定及利率优惠;最后,打造借款人专属的个人借款信息列表及竞标借款模式,即出借人可根据借款人列表自主选择符合其出借意向的借款人进行为期 14 天(或借款足额筹措)的竞标——竞标过程中必须明确预期的出借金额和出借利率——并通过降低利率的方式进行竞标。

3. 非盈利型——Kiva

Kiva 作为当今最大的非盈利型 P2P 网贷平台,主要向发展中国家的贫困创业者发放贷款、提供帮助。

运营特色:与其他盈利型 P2P 平台不同,Kiav 具有自己的运营特色,其主要采用线上线下相结合的方式,即通过当地的小额贷款机构向借款人发放贷款,并由小额贷款机构跟踪贷款流向、收集返还贷款。

由此可见,现存的国外 P2P 网贷平台中,无论性质为何——纯中介型、复合中介型,无论模式为何——纯线上模式、线上线下相结合模式,都游离于债权债务关系之外,始终秉持着撮合双方交易,为双方提供中介服务的角色定位,代替银行成为交易中间人。

二、我国 P2P 网贷平台的异化

无论是 P2P 网贷平台的概念界定,还是国外现存的健康运营模式都说明,P2P 网贷平台只能以“非债权债务方”身份开展活动,只能负责信息展示、需求配对、服务撮合,而不能突破该边界,主动参与债权债务关系,介入风险经营。否则,P2P 网贷平台将实际以“中心主体”而非独立第三方而存在,“点对点交互”的运营宗旨和价值理念亦将不复存在。但实践中,P2P 网贷平台往往由于缺乏合法性地位和合理性监管等问题逾越“红线”、骑虎难下。

(一)传统信息中介模式

由于 P2P 网贷平台的合法地位尚未确定,征信系统亦未完善等多重原因,在面对确有投资需求的借款人和纯粹诈骗者时,无论是 P2P 平台还是投资者都难辨雌雄,只能凭感觉将资金出借给约定利率更高的诈骗者,因此,根据信息经济学观点,借贷市场最终会只剩诈骗者。

即便两者确能清楚辨认借款人和诈骗者,但面对风险高级别低的借款人时,投资者仍可能忽视信用好但利率低的借款人,而将资金出借给信用较低的借款人。根据风险定价的一般理论,投资者往往倾向于低风险投资,过高风险投资不具吸引力,而纯中介模式恰就是风险定价理论中的高风险投资。

不仅如此,P2P 网贷平台发展之所以蔚然成风,就在于金融机构的差异化放贷将经营状况较差、信用等级较低的客户拒之门外,只寻求经营状况好,信用等级高、风险率低的客户。但正是这些处于消费市场"长尾"[1]的人群构成了 P2P 平台的基础客户群,这些高风险人员的集聚必然会为社会带来更大的负外部性。[2]

由此可见,类似拍拍贷一样的纯中介平台,虽然一直借鉴并秉持 Prosper 的经营理念,采用纯中介运营模式,既不垫付本息、提供担保,也不参与吸储放贷,但由于我国特殊的市场环境,对借款人提供的不真实信息、伪造材料时很难进行实质审核、准确判定,因此,其发展举步维艰,且逐步呈式微之势。

(二)平台定位的异化

平台数量经井喷式增长后,借贷市场竞争进一步加剧,为更多吸引投资者注意力,更好激发投资者放贷积极性,P2P 平台开始不同程度地介入债权债务关系,向"信用中介"过渡:一是借款人违约后,不仅主动引入催收机制,将催收权交由专业的催收公司代为行使,同时在全平台通报逾期情况,通过黑名单制度对其贷款资格予以限制;二是建立保障金制度及风险备用金制度,在发生借贷风险时,由平台动用保障金向投资者预先垫付资金,或引入第三方担保公司、设立担保子公司,在借款人逾期未还时,由担保公司予以垫付;三是不仅运用线上流程辅助平台经营,还依托线下网点对借款人进行更为全面细致的资信审核。如宜信和人人贷都打破了原有的中介机构职能定位,自行融入到借贷关系之中,红岭创投成立了自己的担保公司,通过引

---

〔1〕"长尾"的概念由 Chris Anderson 最初提出,主要用来说明面对正态分布曲线时,人们往往选择关注曲线的"头部",而忽视了处于曲线"尾部"需要花费更多时间精力才能了解到的人和事。

〔2〕参见谢平、邹传伟、刘海二著:《互联网金融手册》,中国人民大学出版社 2014 年版,第 86 页。

入第三方担保为客户提供借贷保障。

(三)服务内容的异化

出于拓展业务、挖掘客户、追逐利润的需要,部分本土化网贷平台逐渐背离了小额、分散的原则,不再局限于为个人消费提供资金支持,还为中小微企业提供经营融资和商业贷款。这种融资模式主要表现为金额错配和期限错配。金额错配如常见的将大额债权拆分为若干个小额债权进行转让,而期限错配则是指 P2P 平台为放大成交量,满足投资者短期投资需要,与小额贷款公司取得合作,将长期项目拆分为短期标的上线融资,用该项目的未来收益、融资资金抵扣过去的应付本息。这一模式与庞氏骗局殊途同归,都是游走在法律边缘地带,一旦资金链断裂,势必会导致平台倒闭、跑路,投资者血本无归。

(四)服务模式的异化

随着 P2P 平台的进一步纵深发展,越来越多拥有金融牌照和优质客户资源的传统金融机构——如线下担保公司、小贷公司、放贷、车贷、融资租赁公司等[1]——纷纷由于融资渠道狭窄、自有资金不足等原因向 P2P 网贷平台寻求合作,意图通过该新型融资渠道降低成本、拓宽市场、挖掘优质借款人。由此,因信息中介模式中的投资人已难以辨清最终借款人,因此,原有借贷关系中的出借人逐步演变为购买类金融机构通过 P2P 平台发行的理财产品的投资者。P2P 平台发展进入"个人受让类金融企业债权、资产收益权"的异化阶段——不仅线上努力获取客户资金,线下也竭力增设投资项目。这一模式主要以 P2P 网贷平台与商业保理公司及融资租赁工作的合作为代表。

(五)传统类金融机构的"监管套利"

类金融机构的"监管套利"主要表现为两种模式,一是商业保理公司、融资租赁公司等按照现有 P2P 网贷模式的运营规范——实名认证、资金托管、第三方支付——自建 P2P 平台,由此规避投融资禁止条款,进行监管套利,这一模式通常通过调整股权结构、实施股权代持实现,因此,P2P 平台、担保

---

〔1〕 参见丁付举:《我国 P2P 借贷模式异化的风险及监管研究》,深圳大学 2016 年硕士学位论文。

人及最终借款人很可能由一人掌控，风险隔离亦无法发挥应有作用；二是对信托计划、券商及基金子公司资管计划等私募类产品实施变相拆分转让，[1]进行委托投资，由此规避投资人身份限制。这一模式将“募集关系”转换为“委托投资关系”，以准公募形式引入资金后未尽披露义务，变相规避了金融法对私募产品的投资、推介限制。[2]

三、我国 P2P 网贷平台的法律风险

即便国外 P2P 网贷平台风控机制已经相当完善，坏账率依然高居不下，反观我国，不仅 P2P 网贷平台自身定位不明，相关法律制度尚不健全，社会征信体系亦不完善，国家对 P2P 平台还缺乏必要监管，因此，我国引入 P2P 网贷平台后走上异化发展之路也属应有之意，而这种异化演变势必将为我国 P2P 平台发展带来更多更大的法律风险。

（一）传统民间借贷原生风险

1. 资金难以回收

无论是传统民间借贷，还是 P2P 新型网贷，都无法规避借款人逾期不还款的风险。如传统借贷模式中，借款人往往因经营不善导致资不抵债，丧失偿债能力，或故意逃避责任承担。相比之下，P2P 网贷平台因借贷环境变化，借款人违约成因更加多元，主要表现为：我国现有征信体系不甚完善，平台只能通过借款人提交的电子材料审核其基本信息，而无法查验信息的真实性，因此，部分借款人采取伪造材料等手段骗取贷款；部分 P2P 平台成立之初就存在非法占有意图，获取资金后即发生平台倒闭、跑路等突发状况，导致投资者血本无归。

2. 诉讼请求难以得到支持

最高人民法院《关于审理民间借贷案件适用法律若干问题的规定》第 26 条明确规定：“借贷双方约定的利率未超过年利率 24%，出借人请求借款人按照约定的利率支付利息的，人民法院应予支持。”但无论是传统的小额贷款公司还是新兴的 P2P 网贷平台，为更好地保障自身收益，吸纳投资者资金，都规定了比 24% 更高的年利率，因此，当投资者因借款人逾期不履行债

---

〔1〕 参见丁付举：《我国 P2P 借贷模式异化的风险及监管研究》，深圳大学 2016 年硕士学位论文。

〔2〕 参见丁付举：《我国 P2P 借贷模式异化的风险及监管研究》，深圳大学 2016 年硕士学位论文。

务诉至法院时,对于超出法律规定上限的利息法院往往不会支持,投资者权益难以获得保障。而P2P平台的特殊性在于其除规定高额利息外,还须从借款本金中预先扣除咨询费、服务费等费用,因此,其所诉利息其实远高于国家规定标准。

(二)P2P网贷平台衍生风险

1. 身份合法性未予确认

虽然P2P网贷平台已在我国遍地开花,获得了长足发展,但其概念界定不清、性质定位不明、法律规范不完善已经成为制约其发展的瓶颈因素。

尽管中国银监会处置非法集资部际联席会议为P2P平台业务边界划定界限时更倾向于将其定义为中介机构——明确平台的中介性性质,不得搞资金池,不得非法集资,平台自身不得提供担保——但最终仅提供了倾向性意见,而未能明确P2P网贷平台的性质究竟是准金融机构,还是信贷服务中介机构,法律对此亦无明确规定,由此导致P2P平台的法律适用缺乏统一标准,只能参照《合同法》《民法通则》《贷款通则》及最高人民法院出台的司法解释等予以适用。[1] 不仅如此,性质定位不明必然导致权责归属无章可循,所以,P2P网贷才能长期隐匿于法律缺失的灰色地带中,凭借法律规范的空白,实施一些边界模糊的法律行为。[2]

2. 缺乏合理的设立标准

P2P网贷平台的设立通常只需经过以下步骤:第一,向工商部门申请营业执照;第二,向通信局申请ICP备案;第三,在经营范围中增设"互联网信息服务"。由此可见,P2P网贷平台的成立几乎不需要任何门槛,设立条件及流程限制亦与普通公司相同,由此导致平台类别多种多样——投资公司、电子商务公司、股权投资基金公司、科技公司等——平台运营资质良莠不齐。

不仅如此,依据《互联网信息服务管理办法》的相关规定,互联网信息服务分为经营性信息服务和非经营性信息服务,[3] 两者主要区别在于是否为客户提供了有偿服务,按此标准,P2P显然应归于经营性信息服务,应适用行

---

〔1〕 参见林荣琴:《论我国P2P线上网络借贷的法律风险控制》,中国政法大学2014年硕士学位论文。

〔2〕 参见邹志鹏:《P2P借贷网络平台分析》,载《中国市场》2012年第32期。

〔3〕 参见宋二猛:《P2P网贷平台运营法律规制研究》,西南政法大学2015年经济法专业硕士学位论文。

政许可而非行政备案制度,因此,仅为 P2P 网贷平台办理行政备案不符合现行法律规定。

3. 征信制度尚不完善

P2P 网贷的无担保小额借贷模式必然要求 P2P 平台运用更为现代化、智能化、科技化的手段对当事人身份信息及信用记录进行评查核定,因此征信系统就成为了排查伪造材料、不真实信息必不可少的手段。但是,当前我国征信系统建设乏善可陈:一方面,我国庞大的人口基数及过快的人口流动使得个人信息搜集困难重重,个人征信体系建设与民间借贷发展秩序略有错位;另一方面,国内较为权威的央行征信系统虽然完善,但却仅供内部使用,不对外开放;同时,线下征信这一优质排查方式也将极大增加 P2P 平台的运营成本和运营压力,使平台不得不放弃无担保小额贷款优势,转向非法经营和资本运作;[1]不仅如此,尽管个别 P2P 平台能够对借款人信息进行实质筛查,但这种极少数个例不具有可复制性,大部分网贷平台都只能通过书面审查对借款人上传信息进行核实,如现存 P2P 平台中征信手段相对多样的拍拍贷,尽管其在信用评级中引入了公安部身份信息系统,教育部学历信息系统、法院诉讼数据系统及工商信息系统,交易风险由客户自担,但由于信息不对称,仍难避免借款人伪造身份信息,加之当今社会人口流动性较大,信用风险实难得到有效保障。

4. 监管机制有待健全

一般而言,现存 P2P 网贷平台所涉监管问题主要为资金托管问题、互联网推广问题及信息披露问题。

就资金托管而言,现有托管模式主要有银行托管与第三方支付机构托管两种。但是,所谓的银行托管,其实质却是银行存管,即银行对平台资金进行隔离,但不负责审查资金来源及去向。而第三方支付平台则根本不具备资金托管资格及能力——从事大规模托管业务等同于变相集资。

就互联网推广而言,P2P 网贷平台往往通过搜狐、百度等网络搜索引擎进行品牌包装和业务推广,而用户往往会基于对知名搜索引擎的盲目信任选择投资平台,从而导致许多以非法集资和诈骗为目的的平台倒闭、跑路时投资者蒙受巨大损失,同时由于相关法律、法规对互联网推广商该种情况下

---

[1] 参见李晨文:《论我国 P2P 网贷平台的法律风险及其防控对策》,山西财经大学 2015 年硕士学位论文。

的责任规定不明,投资者往往欲告无门。

就信息披露而言,无论是平台为吸引投资的自身身份造假还是运营过程中违反信息披露制度,法律都没有明文规定其应当承担的义务与责任,同时,对于平台随意、不真实公布成交金额、坏账率等关键性经营数据的行为,法律也未能出台相应规制措施。

5. 权益难以保障

互联网的持续扩张使 P2P 网贷平台线上模式愈发普及,尽管传统民间借贷、小额借贷中也会要求借款人填写诸多个人信息、提交若干个人证明材料,也可能存在泄露或贩卖个人隐私的危险,但是,P2P 平台相比于传统借贷模式而言,其特殊之处在于对网络安全技术的依赖性更大,对信息安全保障的要求更高,个人隐私泄露的风险更大,但凡传统信息技术中的病毒感染、黑客勒索、恶意程序植入,以及恶意攻击都可能造成信息泄露、网站瘫痪、平台信用降低等严重后果,甚至可能造成平台因挤兑而资不抵债、资金链断裂,从而导致平台倒闭和跑路。

不仅如此,无论国外还是国内的 P2P 平台都存在将大额投资拆分为小额投资出借给不同借款人的操作模式,如此一来,传统民间借贷中的"一对一模式"即发展为 P2P 网贷下的"一对多模式"或"多对一模式"。值得注意的是,这一模式在国外征信体系及监管体系都较为完善的情况下可能有其合理性,但在我国人口流动性大、个人征信记录无迹可寻的现状下,一旦 P2P 平台因业务量暴增而随机配对借款人和投资金额,则平台关闭、跑路后,出借人将因无法准确获知出借人及出借金额而导致诉讼主体不适格。

6. 涉嫌犯罪

P2P 网络借贷与非法吸收公众存款外观非常相似,二者都具有未经中国人民银行批准从事借贷服务,向社会上不特定多数人吸纳资金,并承诺在一定期限内以高于年利率 24% 标准还本付息等特征,同时非法吸收公众存款往往以借贷形式出现,[1]甚至存在行为时不具有非法吸收公众存款的目的,最终因经营失败演变为非法吸收公众存款的情形,因此,在实际认定中,这两个概念界限非常模糊,难以对其进行精确剥离。

除非法吸收公众存款外,P2P 网贷最容易涉嫌的另一个罪名即是非法集

〔1〕 参见吕来明、毛海龙:《民间借贷与非法吸收公众存款行为的区分要素》,载《商业时代》2013 年第 2 期。

资罪。由于 P2P 准入门槛较低、审核不严,因此,不乏浑水摸鱼者以非法占有为目的,打着高息、短期标等旗号诓骗投资者、吸纳资金,这类平台往往吸收资金后便秒倒闭、秒跑路,截至 2014 年 12 月,涉嫌提现困难、倒闭跑路的问题平台已达 338 家。

另外,个别平台在借款人出现逾期未归还的情况后,会为投资者提供催收业务,国外的 P2P 平台联系的催收机构往往存在长期合作关系,且运营较为正规,但国内催收行业的发展却不甚健全,催收过程中往往伴随着暴力和侮辱,催收手段极不规范,平台可能因此涉嫌违法。

四、我国 P2P 网贷平台的法律风险控制

(一)完善 P2P 网贷平台的立法规制

1. 明确平台定位

P2P 平台目前在我国处于尴尬境地:由于我国金融监管部门未确定具体监管部门,亦未将其纳入监管范畴,同时我国金融监管机构未向其发放“金融许可证”,P2P 网贷平台本身不具备从事吸存放贷业务的资质,加之对其进行规制的相关法律、法规也一直处于或空白或模糊的状态,甚至有人直白地提出:“现在这个阶段,对这个行业的评价过多,实际上,无论是好的或者差的评价,都还缺乏完整的时间序列和相应的数据来支持,行业还需要一定的发展观察期。”[1]因此,我国现有 P2P 网贷平台均处于性质不明、定位不清、“野蛮生长”的尴尬境地,但通过梳理 P2P 网贷平台具体服务形式——借贷信息公布、信用审核法律手续、投资咨询、逾期贷款追偿、资金托管结算等,本文认为,应当认定 P2P 平台事实上就是一个从事着各类金融活动的准金融机构——与地方经济发展有密切关系、未纳入国家金融监管部门监管范围的、不具备国家金融监管部门发放的“金融许可证”但从事金融业务的机构[2]——并从立法上赋予其合法性地位。

2. 提高设立门槛

当前,P2P 网贷平台的成立条件与普通公司并无二致,但鉴于其从事业务的特殊性,有必要通过法律进一步细化和规范平台准入门槛。在此之前,

---

〔1〕 史进峰、张烁:《央行划界,三类 P2P 涉嫌非法集资》,载《21 世纪经济报》2013 年 11 月 25 日。

〔2〕 参见黄震:《P2P 网贷平台的法律风险及规范》,载《风险管控》2013 年第 2 期。

必须先明确一个前提,即 P2P 网贷平台若实施牌照制度势必会影响经济的快速发展和行业创新,因此本文认为平台设立仍宜采取备案制度。在此基础之上,应将 P2P 平台设立标准以法律形式固定下来,即适当提高平台运营的注册资本——有限责任公司不低于 1000 万元,股份有限公司不低于 3000 万元——以防部分犯罪分子借 P2P 之名为非法集资之实;严格主发起人身份标准——提交申请前的一个会计年度内的净资产额不应低于 3000 万元,资产负债率不能高于 70%,在提交申请前的四个会计年度里连续处于盈利状态;[1]严厉整改不合格平台——对未取得"互联网信息服务增值电信业务经营许可证"的平台,应由平台所在地的省级电信管理机构限期整改,逾期未整改的禁止继续从事经营性信息业务。[2]

3. 划定行为界限

对 P2P 平台干预过多势必影响经济正常运转,对平台放任不管,势必造成市场秩序混乱,因此,对平台应坚持"宜疏不宜堵"的原则。对于表现为理财产品的债权转让服务,法律应当规定必须经由行政部门的严格审批后方可销售;对于中国银监会划定的"四条红线"——明确平台中介性、平台自身不得担保、平台不得搞资金池、平台不得非法吸收公众存款——由于其描述不够具体,划定范围过于宽泛,因此,可以在制定法律的过程中通过列举"负面清单"的方式进一步细化禁止范围。

(二)完善 P2P 网贷平台征信系统

1. 完善个人征信体系

由于我国人口基数、人口流动性较大,因此,个人信息采集、评价、跟踪体系尚未建立,为更好地完善个人征信体系,有必要从以下几个方面着手:一是将《征信业管理条例》上升到法律层面,并将非法获取他人信息、利用他人信息非法牟利等行为纳入配套法律措施之中;二是实现 P2P 网贷平台与央行征信系统的信息对接、信息共享,一方面可以丰富央行征信信息,另一方面能够为平台审核提供支撑;三是按照信息重要等级及不同类别建立信息分级制度,将个人身份信息与平台运营信息、财务信息等区别开来,并对

[1] 参见宋二猛:《P2P 网贷平台运营法律规制研究》,西南政法大学 2015 年经济法专业硕士学位论文。

[2] 参见宋二猛:《P2P 网贷平台运营法律规制研究》,西南政法大学 2015 年经济法专业硕士学位论文。

不同信息设置不同的查阅主体和查阅权限,实现定制化查阅。

2. 完善内部评价机制

互联网时代,谁掌握了信息,谁就掌握了主动权。因此,在外部征信平台暂未搭建的情况下,架构行业内部评价机制就是应有之意了。行业内部评价机制的重心在于信用信息的智能数据库建设和数据库信息共享机制,即实现各平台之间借款人基本信息、借款数额、还款明细等信息的对接和共享。为保证数据库的顺利建成,可在《征信业管理条例》等相关法律法规的规定范围内,由 P2P 行业自律组织在监管部门的监督下自行筹备,并由各 P2P 网贷平台共担数据库筹建费用、共享数据库信息红利,对于未缴纳建设费的平台,可限制或禁止其使用。

3. 规范平台信用评级

投资者往往根据身份认定、信用记录等选择借款人,因此,规范 P2P 平台的信用评级大有裨益。首先,科学合理划分信用等级,将每一项认证材料都换算为信用积分,通过对各项积分设置不同权重来合理配置信用等级,如与资金安全相关的税务、银行记录等可设置较高权重,而家庭住址、学历证明等可设置较低权重,同时可将网站社区服务引入评级考核体系;其次,平台可根据信用评级划分信用市场,在借款人进入平台时,根据其贷款额度、还贷情况、经营情况等信息自动匹配符合其信用等级的信用市场,并在该市场中详细列明并公开评级机制、评级标准、评级结果及对应的贷款额度、投资风险,实现双方信息对称,为双方科学决策奠定基础。

(三)健全 P2P 网贷平台监管机制

1. 建立资金安全保障制度

P2P 网贷平台风险频发,平台关闭、负责人跑路事件层出不穷,因此,建立资金安全保障制度就显得尤为重要。一是应该建立风险分散机制,投资者可根据借款人的信用等级、经营状况、风险高低等进行决策匹配,对于高风险借款人少投、慎投;二是建立风险提示机制,如将借款标示为高风险标、低风险标、安全标,或在投资者预备投资高风险、低信用项目时通过短信推送等方式提示潜在风险;三是建立资金托管机制,严禁第三方支付机构实施资金托管,同时将银行托管与平台运营挂钩,不仅对平台资金进行隔离控制,还须严格审查资金来源的合法性,监管资金流向。

2. 健全互联网推广制度

互联网推广若不加以严格审核,将对投资者造成难以估量的损失。因此,首先应当制定互联网推广相关法律、法规,明确县级以上工商行政部门的监管地位及监管权限;其次,对于确有推广需要的P2P平台应当就推广业务进行报备审查,县级以上工商行政部门应当就推广内容的真实性、合法性进行严格审核;最后,对于推广商确知或应当确知P2P平台虚假宣传、非法集资的,如推广商无法提供平台真实注册情况等信息,应与平台承担连带赔偿责任。

3. 加强信息披露制度建设

实践中,P2P网贷平台往往以保护隐私权为由拒绝披露运营信息,但信息披露是影响投资者做出投资决策的重要因素,一味以隐私权为由规避披露,可能造成更为严重的后果:一是区分必要性身份信息和选择性身份信息,必要性身份信息包括营业执照、ICP证号、股权结构、公司架构、分支机构等,而选择性身份信息则包括股东信息、合作单位、关联信息等,必要性身份信息只能通过P2P平台官方网站进行强制披露,而选择性身份信息则可依据平台意愿自行披露;二是P2P平台应将运营信息——成交量、投资人数量、资金杠杆、累计代还金额等——区分为定期披露信息和临时披露信息,定期披露信息以30天为一个披露周期,而临时披露信息则是针对重大事件的随时披露,运营信息披露除须得到主管部门登记备案外,还可安排专人负责与投资人及媒体的对接,打造“阳光化”P2P运营,减少由于平台信息缺失而导致的法律风险。[1]

---

〔1〕 参见姚海放、彭越、肖建国、左坚卫:《网络借贷平台的法律规制研究》,载2013年《P2P网贷行业法律环境及其相关制度研讨会》。

关于集资诈骗罪案件的大数据分析

蒋　敏　张　燕　杨志农　刘玉娟　张　朋　申秋艳*

内容提要　近年来,集资诈骗犯罪不断发生,这类案件具有涉及受害人数众多、涉案金额大、处置及善后工作难度大、社会影响恶劣,易造成或引发社会不稳定因素等风险特征,给司法办案机关带来非常大的压力。本报告从理论和实证两个方面入手,利用司法数据,对集资诈骗罪的罪与非罪、此罪与彼罪、非法占有目的、量刑及诈骗数额等司法实务中的难点进行研究分析,提出从审判能力、监管方式、金融秩序、法律制度及宣传教育等方面应对,解决集资诈骗罪的实务难点。

关键词　集资诈骗罪　非法占有　罪与非罪　此罪与彼罪

引言

随着经济发展的多元化,个人及经济组织在集资过

* 蒋敏,女,汉族,成都市中级人民法院党组成员、副院长,三级高级法官,法学硕士。研究方向:司法制度,行政法;张燕,女,汉族,成都市中级人民法院刑事审判第二庭庭长,三级高级法官,法学硕士,研究方向:刑事司法;杨志农,男,汉族,成都市中级人民法院信息技术室主任,软件工程硕士,研究方向:数据分析;刘玉娟,女,汉,电子科技大学,实习于成都市中级人民法院,法官助理,研究方向:宪法学与行政法学;张朋,男,汉族,武汉理工大学法学专业,成都市锦江区人民法院刑事审判庭法官助理,研究方向,刑事审判实务;申秋艳,女,汉族,西南财经大学,统计学专业,任职成都数联惠法科技有限公司,产品总监,研究方向:法律大数据产品及应用。

程中采用的手段也呈现出复杂化,以集资名义敛财的犯罪现象时有发生,特别是集资诈骗类犯罪案件常见多发。此类案件往往涉及的被害人人数众多、地域较广,涉案金额较大,“非法占有为目的”认定困难,赃款大多去向不明,很难查处。集资诈骗犯罪既严重扰乱金融监管秩序,又危害国家和人民的财产安全,直接影响社会的稳定与和谐。因此,研究集资诈骗犯罪特点,对于及时打击此类犯罪,最大限度挽回被害人经济损失、减少被害人群体上访事件的发生,有着重要的现实意义。

当前办理集资诈骗犯罪中遇到的主要问题是罪与非罪、此罪与彼罪界限不清,如将民事纠纷作为刑事案件来对待。典型的情形有:企业主由于生产经营的需要而向特定的对象集资,后因经营不善不能兑现承诺的利息或红利,甚至导致血本无归,此时由于涉案的对象众多,社会影响大,有些地方容易以影响社会稳定为由而将其当作刑事案件来对待。另一种倾向是将集资诈骗犯罪作为非法吸收公众存款犯罪来对待。由于两种罪的主要区别在于主观故意(即是否是“非法占有为目的”),而主观上的认证往往很难用客观证据形式证明,并且集资诈骗罪存在一个追偿返还被害人损失的问题,因此有些地方往往将集资诈骗案件弱化为非法吸收公众存款案件处理。特别是在金融危机的形势下,这种弱化处理有时甚至被披上保护企业的外衣。对集资诈骗罪的构成缺乏明确的认识和分析,是造成以上情况出现的重要原因。

为此,成都市中级人民法院根据最高人民法院《关于确定第二届司法大数据专题协作研究单位的通知》要求,通过司法大数据的手段对集资诈骗罪进行实证研究,以增强对集资诈骗罪的认识,为刑事立法及司法实务贡献力量。成都市中级人民法院成立课题组,吸收了成都市中级人民法院资深法官、锦江区人民法院及西南财经大学相关专业人员为课题组成员,通过利用法院深厚的审判实务经验和数据资源及高校丰富的文献资源,为课题的顺利开展保驾护航,实现资源共享、优势互补。课题主持人成都市中级人民法院党组成员、副院长蒋敏高度重视课题的实证研究工作,多次组织召开课题研讨会,加强课题组成员单位之间的交流、沟通与协调,对课题调研过程中的重大事项集思广益,部署推进课题写作。

本课题报告结合民间借贷纠纷、非法吸收公众存款罪,运用大数据分析集资诈骗罪的罪与非罪、此罪或彼罪问题。课题组收集整理成都市中级人民法院及全国各地法院 2014 年 ~ 2017 年上半年一审和二审审理的以集资诈骗罪、非法吸收公众存款罪为案由的案件数据。运用大数据思维及分析技术,通过对办案系统中可以提取到的结构化数据及对非结构化数据进行提炼、筛选、清洗、聚合、计算、分析,基于相关数学模型,围绕集资诈骗犯罪特点、构成要件、案件审理情况、全国和地区案件的特点、与非法吸收公众存款罪的特征差异等维度,深入分析挖掘数据,着力寻找信息关联,发现能够反映集资诈骗犯罪特点和相关审判规律的有价值信息,并以简练的文字和直观的图表等方式精准呈现,力求进一步增强对集资诈骗罪构成的认识,更清晰了解罪与非罪、此罪与彼罪的界限,全面优化信息系统数据的记录与存储。

一、理论梳理

(一)文献综述

非法集资刑事案件均为涉众型经济犯罪案件,具有极为严重的社会危害性。防范和打击非法集资违法犯罪,是司法机关在当前和今后一段时间值得认真思考和急待解决的重要课题。最高人民法院于2010年12月13日发布了《关于审理非法集资刑事案件具体应用法律若干问题的解释》,为非法集资刑事案件的审理工作提供了明确指导。但该解释对于界定非法集资的关键要素仍然不够明确。集资诈骗罪作为非法集资犯罪中的一种,是市场经济条件下资金与发展之间矛盾的产物,作为"头号"的金融犯罪形式,在金融诈骗罪体系中占有重要地位。"非法占有目的"作为集资诈骗罪的主观要件,是认定行为人的主观罪过形态、区分此罪与彼罪的关键,对其进行研究有重要意义。域外刑法中并没有集资诈骗罪这一罪名,而是通过各具特色的立法体例对集资诈骗行为进行刑法规制。如《德国刑法典》对集资诈骗行为的规制则体现在其第二十二章诈骗及背信犯罪中。其第263条关于诈骗罪的规定,以及第264条a关于诈骗投资的规定等则在一定程度上对集资诈骗行为进行了刑法层面的规制。再如《日本刑法典》中也没有集资诈骗罪这一罪名,对该类犯罪行为的规制主要体现在其第三十七章关于欺诈的规定中。对于非法占有虽然德日刑法典并没有提起,但在学术界及司法实务界,一般通过"排除意思+利用意思"来认定非法占有,也即排除他人占有,并将其据为己有。而在我国,学术界对非法占有有两种观点,大多数学者持"排除、利用说",如张明楷教授、周光权教授。周光权教授认为,非法占有指的是"永久而非暂时的排除他人的占有,将他人之物作为自己之物,并遵从其经济价值加以利用或者处分的意思”。[1] 少数学者认为排除意思只是利用意思的一种表现形式,仅有利用意思即可对非法占有进行认定。

同时,本课题组对有关集资诈骗罪的文献资料进行了数据研究分析。通过在百度学术网站上对截至到2017年为止的关于集资诈骗的学术论文进行的查阅、不完全统计和分析,发现全国对集资诈骗罪的研究走势从1995年到2017年呈直线上升趋势,关于集资诈骗罪“非法占有目的”的研究(或认定)的论文占关于非法集资论文的86.2%,可见全国对集资诈骗罪“非法占有目的”认定问题的重视、困惑和争议。如图1中展示了集资诈骗罪相关热搜词的分布情况,其中民间借贷、民间融资、非法占有目的、非法吸收公众存款罪都进入了前十热度搜索,由此可见,全国对集资诈骗的构成、罪与非罪、此罪与彼罪问题的关注。论文中全国学者大都采用了关联研究、学科渗透法、SPSS数据统计法、个案分析法、抽样统计法等研究方式。

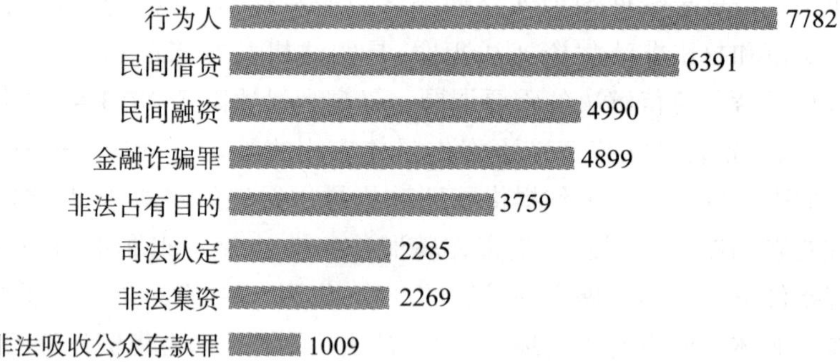

图1 集资诈骗罪论文热搜词检索频次分布

受全球金融危机的影响,近年来,我国各地集资诈骗案件频繁发生,手段翻新,严重破坏了社会和金融秩序。除了上述研究中使用的方式方法,在互联网蓬勃发展的今天,大数据在司法审判领域还未被广泛运用,全国各家法院海量有价值的审执信息长期处于休眠状态,成为一座座“信息孤岛”。2016年最高人民法院院长周强在出席天平司法大数据有限公司成立活动时强调,要充分认识新形势下加强司法大数据研究应用的重要性,运用大数据蕴藏的巨大潜能,服务司法工作。因此,本课题偏重应用司法大数据库、个案分析法、学科交叉法、Python数据分析法等方式,对该罪在司法实践中的

---

〔1〕 周光权著:《刑法各论讲义》,中国人民大学出版社2003年版,第81页。

罪与非罪、此罪与彼罪、非法占有目的、量刑、诈骗数额等方面的难题进行了成都本地化和全国对比的分析,并提出相应的对策和意见。

(二)相关规定

1. 集资诈骗罪法律及司法解释

关于集资诈骗罪的立法规定,法律有2件,司法解释及司法解释性质文件共8件,失效1件。其中法律层面对集资诈骗的规定有1995年人大通过的《关于惩治破坏金融秩序犯罪的决定》及《刑法》。这两部立法在法律层面对集资诈骗罪进行了规制。司法解释及司法解释性质文件分别有1996年12月最高人民法院印发的《关于审理诈骗案件具体应用法律的若干问题的解释》(现已失效),2004年11月,最高人民法院发布的《关于依法严厉打击集资诈骗和非法吸收公众存款犯罪活动的通知》,2010年最高人民法院发布《关于贯彻宽严相济刑事政策的若干意见》《关于审理非法集资刑事案件具体应用法律若干问题的解释》(以下简称《解释》)《关于充分发挥刑事审判职能作用深入推进社会矛盾化解的若干意见》,2011年最高人民法院发布《人民法院为实施"十二五"规划纲要提供司法保障的意见》,2012年最高人民法院发布《关于当前形势下加强民事审判切实保障民生若干问题的通知》,以及2014年最高人民法院、最高人民检察院、公安部发布《关于办理非法集资刑事案件适用法律若干问题的意见》。

其中,1996年司法解释对如何认定集资诈骗罪的诈骗方法、非法集资行为及非法占有目的进行了细化规定,此外对集资诈骗罪的诈骗金额也予以明确规定,在司法解释层面第一次对集资诈骗罪予以明确;2010年《关于审理非法集资刑事案件具体应用法律若干问题的解释》,详细列举了构成集资诈骗罪的11种行为和8种情形;而2014年《关于办理非法集资刑事案件适用法律若干问题的意见》,则对集资诈骗等犯罪的行政认定、"向社会公开宣传""社会公众"的认定、共同犯罪、涉案财物的处置、证据的收集及涉及民事案件处理的问题进一步予以明确,为司法实务提供了操作指南。余下6个司法解释强调人民法院要依法加强对集资诈骗类犯罪的审判力度,依法从严惩处。

2. 集资诈骗罪最高法院文件

对于集资诈骗罪的最高法院文件共6个。随着市场经济的快速发展,集资诈骗犯罪活动日益增多,因其具有涉案人数众多,涉案金额大等特点,这类犯罪对社会的影响非常大。近年来,最高人民法院通过发布一系列工作文件,加大对集资诈骗罪的审判力度和惩处力度,他们分别是:2011 年最高人民法院发布《2011 年人民法院工作要点》,强调人民法院应当坚持能动司法,依法严厉打击集资诈骗犯罪活动;2012 年最高人民法院发布《关于人民法院为防范化解金融风险和推进金融改革发展提供司法保障的指导意见》及《关于人民法院为企业兼并重组提供司法保障的指导意见》,强调要依法惩治集资诈骗犯罪,强调维护金融安全;2015 年最高人民法院《关于充分发挥审判职能作用切实维护公共安全的若干意见》,强调要强化集资诈骗类型犯罪案件的审判工作,依法严厉惩治;2016 年 2 月,最高人民法院发布《2016 年人民法院工作要点》《关于为京津冀协同发展提供司法服务和保障的意见》,强调要贯彻总体国家安全观,人民法院要依法履行审判职能,依法惩治集资诈骗等犯罪。

3. 典型案例

关于集资诈骗罪的典型案例,最高人民法院共发布 7 个,其中 1 个属于最高人民法院公布的诈骗犯罪的典型案例,其余 6 个为最高人民法院公报案例。典型案例为 2015 年发布的“刘玉珊等集资诈骗、非法吸收公众存款案”。在该案中,刘玉珊等人非法骗取数千人 6000 多万元财产,且金额大多难以追回,社会影响巨大,该案被最高人民法院确立为典型案例予以宣传教育。其余 6 件公报案例分别为:被告人唐某某集资诈骗案;被告人孙某某集资诈骗案;被告人吕某某集资诈骗案;被告人吕某某集资诈骗案;江苏省南京市人民检察院诉许官成、许冠卿、马茹梅集资诈骗案,以及上海市浦东新区人民检察院诉上海安某生物科技股份有限公司、郑戈擅自发行股票案。这 6 件典型案例的共同点在于犯罪人都是以高额回报为诱饵通过不同的名义骗取数人乃至数百人钱财,涉案金额从几千万元到几亿元不等,给社会带来极大的影响,其中 4 件案件被告人被依法判处死刑。对于江苏省南京市人民检察院诉许官成、许冠卿、马茹梅集资诈骗案,法院在判决书中从其集资还款能力、用于经营的金额比例和归还集资款的能力等方面,认定行为人是否具有“非法占有目的”的标准。

(三)罪名演进

1. 与非法集资的关系

非法集资犯罪活动属于典型的涉众型犯罪,具有很强的社会危害性。受 2008 年全球金融危机和国家宏观调控的影响,银行紧缩银根,企业资金链紧张，资金供需矛盾日益突出，非法集资犯罪活动加速暴露。

尽管“非法集资”这个词被广泛使用，最高人民法院在司法解释中也将其作为一个专有名词来使用，但《刑法》上并没有“非法集资罪”这一罪名。根据2010年《解释》，涉及非法集资活动的罪名一共有7个，“非法吸收公众存款罪”（《刑法》第176条）、“集资诈骗罪”（《刑法》第192条）、“欺诈发行股票、债券罪”（《刑法》第160条）、“擅自发行股票、债券罪”（《刑法》第179条）、“组织、领导传销活动罪”（《刑法》第224条）、“非法经营罪”（《刑法》第225条）、“擅自设立金融机构罪”（《刑法》第174条第1款）。以上7种非法集资活动同时具备四个条件：(1)未经有关部门依法批准或者借用合法经营的形式吸收资金。(2)通过媒体、推介会、传单、手机短信等途径向社会公开宣传。(3)承诺在一定期限内以货币、实物、股权等方式还本付息或者给付回报。(4)向社会公众即社会不特定对象吸收佣金，即“非法性、公开性、利诱性、社会性”四个条件。

从逻辑关系上看，非法集资处于第一层次，包含非法集资犯罪和非法集资违法两类，[1]其中非法集资违法不属于本课题讨论范围，在此不做赘述；非法集资犯罪处于第二层次，包括“使用”型非法集资和“占有”型非法集资。其中“使用”型非法集资指的则是“非法吸收公众存款罪”（《刑法》第176条）、“欺诈发行股票、债券罪”（《刑法》第160条）、“擅自发行股票、债券罪”（《刑法》第179条）、“非法经营罪”（《刑法》第225条）等，而“占有”型非法集资则指的是本课题所研究的非法集资罪。据此从逻辑关系而言，集资诈骗罪是“非法集资”案件中的一种。同时，因为这类案件的特点、社会影响力、危害程度和复杂的认定标准等，受到了司法界和民间的广泛关注。

2. 集资诈骗罪的演变

探寻集资诈骗犯罪的演变，首先要探寻诈骗犯罪的历史踪迹。诈骗犯罪的历史源远流长，我国早在西周奴隶制社会，就有了关于诈骗罪的规定。诈骗犯罪作为一种社会现象，同一定的时代特点紧密相连，其外延和内涵都是随着社会经济的变迁而改变的。在自然经济为主的奴隶社会和封建社会中，诈骗犯罪主要侵害的是公私财产的所有权，属于传统意义上的诈骗罪或者说是典型意义上的诈骗罪。19世纪下半叶以来，随着商品经济的空前发展，商业往来日益频繁，传统意义上的诈骗罪发生了变化，出现了大量新型

〔1〕 参见叶良芳：《从吴英案看集资诈骗罪的司法认定》，载《法学》2012年第3期。

的诈骗犯罪。犯罪手段的多样性,导致诈骗犯罪分类的具体性。随着资本市场的发展,投资主体不断增多,金融领域的诈骗犯罪迅速蔓延,集资类型的诈骗犯罪即是其一。西方资本主义国家由于较早进入市场经济社会,发生和出现集资类型的诈骗犯罪也就较早、较多。典型的投资诈骗犯罪案例如美国的“庞氏骗局”、[1]英国史上最大的庞氏骗局 Kautilya Pruthi[2]等。集资诈骗犯罪是市场经济条件下资金与发展之间矛盾的产物。市场经济是集资诈骗犯罪产生的土壤,资金与发展之间存在的矛盾是集资诈骗犯罪产生的条件,这个矛盾越尖锐、越突出,集资诈骗犯罪发生的概率就越高。通常认为只有社会对资金的需求量大而资金相对不足时,才会发生集资诈骗犯罪。但当社会对资金的需求量小而资金相对过剩时,同样会大量发生集资诈骗犯罪。因为这时的社会资金绝对剩余,银行信贷资金放贷不出去,根据价值规律,银行存款利率势必很低,社会闲散资金持有者将资金存到银行所获得的利益与其所期待获得的利益就相对较少。不法分子同样会利用人们的获利心理,大肆以高利为诱饵,通过诈骗手段,进行犯罪。因此,我国集资诈骗罪的立法规制与我国市场经济的发展密切相关,其主要经历了立法空缺、专项罪名的设立和立法的完善三个阶段。[3]

第一个阶段:立法空缺时期。

这一时期主要指的是1995年发布《关于惩治破坏金融秩序犯罪的决定》之前的时间。虽然我国于1979年制定第一部《刑法》,但由于当时市场经济还未建立,十年“文革”的动荡给经济、金融的发展带来很大的阻碍,在金融业并不发达的背景下出台的第一部《刑法》,自然未对集资诈骗进行相关的规定。随着经济的发展,20世纪90年代市场经济逐步建立,集资诈骗等金融类犯罪呈现出迸发式增长的态势,对集资诈骗进行立法规制势在必行。

第二个阶段:专项罪名的设立时期。

这一阶段主要指的是1995年人大发布《关于惩治破坏金融秩序犯罪的决定》到1997年《刑法》颁布时。在这一阶段,随着市场经济的发展,集资诈骗类犯罪逐渐增多,相关的法律、司法解释逐步对集资诈骗类犯罪进行规

---

〔1〕 俞燕:《试析打击高利贷犯罪的域外司法实践》,载《中国检察官》2014年第6期。

〔2〕 See Britain's Bernie Madoff jailed for 14 years for£ 115m swindle: Sports stars, actors and a pop singer among his victims, Accessed November 13, 2017. http://www.dailymail.co.uk/news/article-2111820/Kautilya-Pruthi-Britains-Bernie-Madoff-guilty-115m-swindle.html,2017年11月13日访问。

〔3〕 参见赵秉志:《金融诈骗罪新论》,人民法院出版社2001年版,第53页。

制。1995年,全国人大制定《关于惩治破坏金融秩序犯罪的决定》,第一次从法律的层面对集资诈骗行为作出了规定。但该立法较为抽象,对诈骗金额等没有细化的规定,给审判实务带来操作性的难题。1996年12月最高人民法院发布《关于审理诈骗案件具体应用法律的若干问题的解释》(现已失效),则对《关于惩治破坏金融秩序犯罪的决定》中的集资诈骗行为进行了细化规定,明确"以非法占有为目的,使用诈骗方法非法集资的,构成集资诈骗罪"。同时对集资诈骗罪的诈骗方法、非法集资行为及非法占有目的进行了细化规定,此外对集资诈骗罪的诈骗金额也予以明确规定,以解决实务中操作难的难题。

第三个阶段:立法的完善时期。

1997年《刑法》在吸收《关于惩治破坏金融秩序犯罪的决定》及1996年司法解释的基础上,对集资诈骗罪在法律层面进行规制。这次刑法的修改将集资诈骗罪的量刑进一步予以细化,同时规定个人犯罪的,可以适用死刑。随后,2010年11月,最高人民法院发布《关于审理非法集资刑事案件具体应用法律若干问题的解释》,对集资诈骗罪进一步予以细化,列举了构成集资诈骗罪的11种行为和8种情形。2015年8月,《刑法修正案(九)》正式通过,废止了个人犯集资诈骗罪的死刑规定。

(四)犯罪构成

犯罪构成理论是刑法科学中极其重要的理论,在整个社会主义刑法理论体系中占据中心的地位,是正确认定犯罪的理论基础,也是区分罪与非罪、此罪与彼罪的具体标准和唯一规格。

集资诈骗罪的构成要件有以下四部分:

1. 犯罪主体

本罪的主体是一般主体,任何达到刑事责任年龄、具有刑事责任能力的自然人均可构成本罪。单位也可以成为本罪主体。从2014年~2017年全国集资诈骗罪的实证数据来看,在非法集资类案件自然人被告人数24,201人中,集资诈骗罪的被告人有3377人,其中男性占62.2%,女性占37.8%。集资诈骗罪的被告人在年龄、文化程度及户籍等方面都有一定的规律,可以为我们规制集资诈骗罪提供一定的思路及路径。

2. 犯罪主观方面

本罪在主观上由故意构成,且以非法占有为目的。即犯罪行为人在主观上具有将非法聚集的资金据为己有的目的。所谓据为己有,既包括将非法募集的资金置于非法集资的个人控制之下,也包括将非法募集的资金置于本单位的控制之下。在通常情况下,这种目的具体表现为将非法募集的资金的所有权转归自己所有或任意挥霍或占有资金后携款潜逃等。最高人民法院《关于审理非法集资刑事案件具体应用法律若干问题的解释》规定了可以认定为"以非法占有为目的"的8种情形。具体而言,包括:(1)集资后不用于生产经营活动或者用于生产经营活动与筹集资金规模明显不成比例,致使集资款不能返还的;(2)肆意挥霍集资款,致使集资款不能返还的;(3)携带集资款逃匿的;(4)将集资款用于违法犯罪活动的;(5)抽逃、转移资金、隐匿财产,逃避返还资金的;(6)隐匿、销毁账目,或者搞假破产、假倒闭,逃避返还资金的;(7)拒不交代资金去向,逃避返还资金的;(8)其他可以认定非法占有目的的情形。同时,从最高人民法院公布的典型案例来看,在认定非法占有目的时,应当坚持主客观相统一的标准。既要避免单纯根据损失结果客观归罪,也不能仅凭被告人的自述,应当根据案件的具体情况分析被告人不能偿还集资款的原因,对被告人是否具有"非法占有目的"进行认定。

3. 犯罪客体

刑法理论界学者指出:集资诈骗罪是以非法集资的形式对国家金融管理秩序造成损害,同时,该罪以非法占有为目的,使用诈骗的方法非法集资,侵害了出资者的公私财产所有权。[1] 据此,通说认为,集资诈骗罪的犯罪客体为复杂客体,既侵犯了国家金融管理秩序,又侵犯了公私财产所有权。对于集资诈骗罪具有双重法益,学术界并无太大的争议,但对于两个法益的优先顺序,学者们具有不同的看法。多数学者认为,国家金融管理秩序为集资诈骗罪的主要法益,公私财产所有权为集资诈骗罪的次要法益。其主要理由在于:第一,集资诈骗罪被规定在《刑法》分则第三章"破坏社会主义市场经济秩序罪"的第五节"金融诈骗罪"下,据此,破坏社会主义市场经济秩序罪、金融诈骗罪所共有的属性,集资诈骗罪必然具有。第二,集资诈骗罪指的是"以非法占有为目的,使用诈骗方法非法集资"行为,该种行为必然违反国家金融管理秩序。综上,多数学者认为从立法的目的和精神来看,《刑法》对集资诈骗罪的规制,保护的首先是国家金融管理秩序,其次才是公私财产所有权。还有部分学者认为,公私财产所有权是集资诈骗罪的主要法益,国

---

[1] 参见张明楷著:《刑法学》,法律出版社2006年版,第576~577页。

家金融管理秩序是集资诈骗罪的次要法益。其主要理由为:第一,从集资诈骗罪的立法沿革来看,我国最初并没有关于集资诈骗罪的立法条文,随着立法的发展,金融诈骗罪逐渐成为独立的罪名,从诈骗罪中分离出来,1997 年《刑法》正式在金融诈骗罪一节下明确规定集资诈骗罪。据此,诈骗罪所保护的公私财产所有权也必然是集资诈骗罪所保护的法益。第二,普通诈骗罪与金融诈骗罪存在包容关系,两者在犯罪构成上也存在包容性。据此诈骗罪与集资诈骗罪构成一般法条与特殊法条的关系。也即诈骗罪所保护的法益——公私财产所有权,就是集资诈骗罪保护的法益。

4. 犯罪客观方面

本罪在客观方面表现为行为人必须实施诈骗方法非法集资,数额较大的行为。

构成本罪行为人在客观方面应当符合以下条件:第一,以非法占有为目的,使用诈骗方法进行非法集资。对于“非法占有”前面已作论述,在此不再赘述。对于使用诈骗方法,2010 年 11 月最高人民法院发布的《关于审理非法集资刑事案件具体应用法律若干问题的解释》(以下简称《解释》)详细列举了 11 种行为:(1)不具有房产销售的真实内容或者不以房产销售为主要目的,以返本销售、售后包租、约定回购、销售房产份额等方式非法吸收资金的;(2)以转让林权并代为管护等方式非法吸收资金的;(3)以代种植(养殖)、租种植(养殖)、联合种植(养殖)等方式非法吸收资金的;(4)不具有销售商品、提供服务的真实内容或者不以销售商品、提供服务为主要目的,以商品回购、寄存代售等方式非法吸收资金的;(5)不具有发行股票、债券的真实内容,以虚假转让股权、发售虚构债券等方式非法吸收资金的;(6)不具有募集基金的真实内容,以假借境外基金、发售虚构基金等方式非法吸收资金的;(7)不具有销售保险的真实内容,以假冒保险公司、伪造保险单据等方式非法吸收资金的;(8)以投资入股的方式非法吸收资金的;(9)以委托理财的方式非法吸收资金的;(10)利用民间“会”“社”等组织非法吸收资金的;(11)其他非法吸收资金的行为。

第二,行为人非法集资的数额必须达到“数额较大”的程度。对于数额较大的范围,最高人民法院《关于审理非法集资刑事案件具体应用法律若干问题的解释》也进行了界定,个人集资诈骗数额在 10 万元以上,以及单位进行集资诈骗数额在 50 万元以上的,为集资诈骗罪的“数额较大”;个人集资诈骗数额在 30 万元以上,以及单位集资诈骗数额在 150 万元以上的,为集资诈骗罪的"数额巨大";个人集资诈骗数额在100万元以上,以及单位集资诈骗数额在500万元以上的,为集资诈骗罪的"数额特别巨大"。

据此,对于集资诈骗罪的客观方面必须上述两个条件同时具备,既要以非法占有为目的,使用诈骗方法非法集资,集资诈骗数额又要达到"较大"的标准。

二、实证分析

(一)罪与非罪

1. 区别"刑法占有"与"民法占有"

作为一种法定目的犯,集资诈骗罪是指行为人以非法占有为目的,使用诈骗方法非法集资,数额较大的行为。从立法技术角度分析,刑法规定某些犯罪的成立必须具有特定目的,即在某些场合下,行为人的主观恶性及其行为的社会危害性程度是区分罪与非罪的界限。

民法上占有他人财物,并不等于取得财产所有权,所有权人照样可以行使财产所有权的其他权能(如处分、收益);同时民法上的占有也只是暂时性而非永久性的对财物进行控制。刑法上的占有是指人对财物事实上支配、管理的状态。非法占有即指非法地对财物进行事实上的支配,不仅如此,它还意味着行为人有排除所有权人的意思。

2. 集资诈骗与民间借贷的界限

民间借贷是指公民、法人相互之间以信用为基础调剂小额资金余缺的行为。

对于这种行为,法律不仅不予禁止,甚至还规定允许借款人收取一定的利息。1992年8月13日最高人民法院《关于审理借贷案件的若干意见》(已废止)规定,民间借贷的利率可以适当高于银行利率,各地人民法院可根据本地区的实际情况具体掌握,但最高不得超过同类利率的四倍(包括利息本数)。超出此限度的,超出部分的利息不予保护。

判断是否属于民间借贷纠纷的关键在于:(1)看借贷目的。民间借贷的目的多是为了生活、生产经营暂时性资金短缺,而集资诈骗的目的是侵吞投资者的投资款。借贷行为人可能在借贷行为中有一些欺骗成分存在,但只要不具有非法占有所得款项的目的,就不构成犯罪。(2)看回报率的高低。一般情况下,集资诈骗行为人都会抛出高额回报以吸引众多人进行出资,其承诺的利息远高出银行同期存款利率。(3)看两者处分财物的方式。在诈骗罪当中,行为人在取得财物后往往在短时间加以挥霍,或者携款潜逃,并改变联系方式逃避他人的追讨。(4)看行为人在借款到期后的表现。在集资诈骗罪当中,行为人没有积极寻找还款的方法,也不和债权人协商还款的期限,而在民间借贷中,行为人在借款到期后,往往会和债权人协商还款方式、还款期限,并积极寻求还款的方法。

3. 诈骗数额区分罪与非罪

集资诈骗罪以“数额较大”为犯罪构成要件,未达到数额较大标准的,以一般违法行为处理,不应认定构成犯罪。可见,“数额较大”也是区分集资诈骗行为罪与非罪界限的重要标准之一。根据《解释》的规定,个人进行集资诈骗数额达到10万元、单位进行集资诈骗数额达到50万元即达到“数额较大”的标准,这一规定同最高人民检察院、公安部2010年5月7日印发的《关于公安机关管辖的刑事案件立案追诉标准的规定(二)》一致。

(二)此罪与彼罪

1. 集资诈骗与普通诈骗的界限

集资诈骗与普通诈骗的一个重要区别是,一般诈骗是事前故意,即事先预谋、策划,以获得他人财物为唯一目的,得款后往往立即潜逃,其非法占有他人财物的故意一目了然;而集资诈骗更多的是事中、事后故意,集资活动的开始限于规模和罪犯的谨慎性,往往无法判断其故意内容,随着集资金额的增加,罪犯对集资款才表现出挥霍、任意处分的行为,事后(中)故意性更明显。

2. 非法吸收公众存款与集资诈骗之间的转化

集资诈骗罪“非法占有目的”司法认定的困难,因“非法占有目的”认定的差异,经常产生非法吸收公众存款罪与集资诈骗罪认定结果的意见分歧,拿本院两种犯罪之间的转化为例,大体发现有以下六种情况:

(1)公安机关认定为集资诈骗罪,而公诉机关改变起诉罪名为非法吸收公众存款罪的案件;

(2)公安机关认定非法吸收公众存款罪而公诉机关以集资诈骗罪起诉的案件;

(3)公诉机关指控犯集资诈骗罪,而辩护人主张非法吸收公众存款罪的案件;

(4)公诉机关指控犯集资诈骗罪,而辩护人主张无罪的案件;

(5)一审法院改变公诉机关起诉的集资诈骗罪为非法吸收公众存款罪的案件;

(6)一审判集资诈骗罪,二审改判为非法吸收公众存款罪的案件,如表1所示。

表1　非法吸收公众存款与集资诈骗的认定分歧

认定分歧情况	集资诈骗罪	非法吸收公众存款罪	无罪
情况一	公安机关认定	公诉机关改变起诉罪名	—
情况二	公诉机关起诉	公安机关认定	—
情况三	公诉机关起诉	辩护人主张	—
情况四	公诉机关起诉	—	辩护人主张
情况五	公诉机关起诉	一审法院判决	—
情况六	一审法院判决	二审法院改判	—

3. 集资诈骗与非法吸收公众存款的界限

在数据分析中本课题组发现当前各地在办理集资诈骗犯罪中感觉到最难把握的就是集资诈骗罪与非法吸收公众存款罪之间的界限。根据《刑法》第176条的规定,非法吸收公众存款罪是指违反国家金融管理法规,非法吸收公众存款或者变相吸收公众存款,扰乱金融秩序的行为。其与集资诈骗罪具有较多的相似之处:犯罪主体都是一般主体;客观方面都是非法募集公众资金的行为;都侵犯了社会主义市场经济秩序,扰乱了国家的金融管理秩序等。两者的区分应当注意以下几个方面:

第一,犯罪目的不同。认定行为人的犯罪目的应该是从行为人的行为和结果中判断。集资诈骗罪的目的是"非法占有",而法律并没有明确规定非法吸收公众存款罪的犯罪目的。一般认为是为了获得生产经营所需资金,或者是出于抢占市场、将非法吸收来的存款高利转贷出去、进行证券投资等以谋取不法利润为目的,而没有非法占有公众存款的目的。但如果行为人在非法吸收公众存款时,并无非法占有存款或公众资金的目的,但在将公众存款吸收到手后,产生了将该笔存款或资金非法占有目的的,应当如何处理?有一种观点认为应以侵占罪论处。也有观点认为,此时,行为人的行为已由原来的非法吸收公众存款转化为集资诈骗,应以集资诈骗罪论处。结合其行为表现是否挥霍、携款逃匿等情形,我们倾向于可以认定其构成集资诈骗罪。

第二,犯罪客观方面不同。任何犯罪的成立都必须有刑法规定的危害行为。集资诈骗的犯罪行为人必须使用诈骗的方法,即必须使用隐瞒真相、虚构事实、使人产生错误认识的方法,才能构成犯罪,使用诈骗方法是其客观方面的构成要件。前文已述其主观表现,在此不再赘述。非法吸收公众存款一般表现为两种形式:一是非法吸收公众存款,即未经中国人民银行批准,在不具有吸收公众存款的资格的情形下,向不特定对象吸收资金,出具凭证,承诺在一定期限内还本付息的活动。二是变相吸收公众存款,即未经中国人民银行或者其他金融机构或有权批准的国家机关的批准,通过投资、集资入股,成立各种名目的基金会等形式或者名义,面向社会,吸收公众资金,从而达到吸收公众存款的目的。非法吸收公众存款罪不须用诈骗方法,不以使用诈骗方法为构成犯罪的要件之一,无论行为人是否对存款人掩盖其行为的非法性,都不影响该罪的成立。如若使用欺诈方式,仅仅是行为人为达到其犯罪目的而中间采取的环节性辅助行为,在行为人承诺归还存款本息上,绝对没有诈骗存款人,否则就不能以该罪论处,因而其欺诈性因素并不决定罪质。

第三,犯罪类型不同。集资诈骗罪是结果犯,本罪的既遂不仅要求非法集资这一行为,而且要求骗取集资款这一现实的物质性结果出现。集资诈骗罪必须以行为人非法集资的数额达到法定的“较大”标准为条件,否则,只能当做一般违法行为处理。而非法吸收公众存款罪是行为犯,即只要行为人实施了非法吸收公众存款或变相吸收公众存款,扰乱金融秩序的行为,且达到一定程度即构成犯罪。

4. 小结

集资诈骗与非法吸收公众存款的界限:(1)犯罪目的不同,集资诈骗罪的目的是“非法占有”,而法律没有明确规定非法吸收公众存款罪的犯罪目的;(2)客观方面不同,集资诈骗的犯罪行为必须使用诈骗方法,必须使用隐瞒真相、虚构事实,使人产生错误认识的方法才能构成本罪,非法吸收公众存款一般表现为未经有关机关批准,包括没有批准权限的部门批准及有审批权限的部门超越权限批准,面向社会吸收资金,不以使用诈骗方法作为必要要件;(3)犯罪数额计算标准不同,集资诈骗罪以最后不能归还的数额计算犯罪金额,而非法吸收公众存款罪以吸收的所有金额作为犯罪数额,退还的部分仅作为量刑情节予以考虑。

(三)集资诈骗与非法吸收公众存款案件数据分析

1. 全国两类案件的对比

在用数据分析全国两类案件的情况时,本课题组主要选取的维度有:两类案件地域性的分布、案件走势和审理程序、量刑分布情况、被告人性质(性别、年龄、文化程度、户籍)和法条的引用情况。

(1)案件地域性分布。

2014~2017 年全国非法集资类案件自然人被告人数共 24,201 人。[1]其中,犯非法吸收公众存款罪的有 20,824 人,每 1000 人有 2.1 个人为再犯;犯集资诈骗罪的有 3377 人,每 1000 人有 6.5 个人为再犯。

由下图可以看出,2014 年及 2015 年,我国集资诈骗案件主要集中在东部部分省份及南部沿海地区,2016 年,四川省及广东两省增长迅速,2017 年,整体分布较上年变化不大,如图 2 所示。

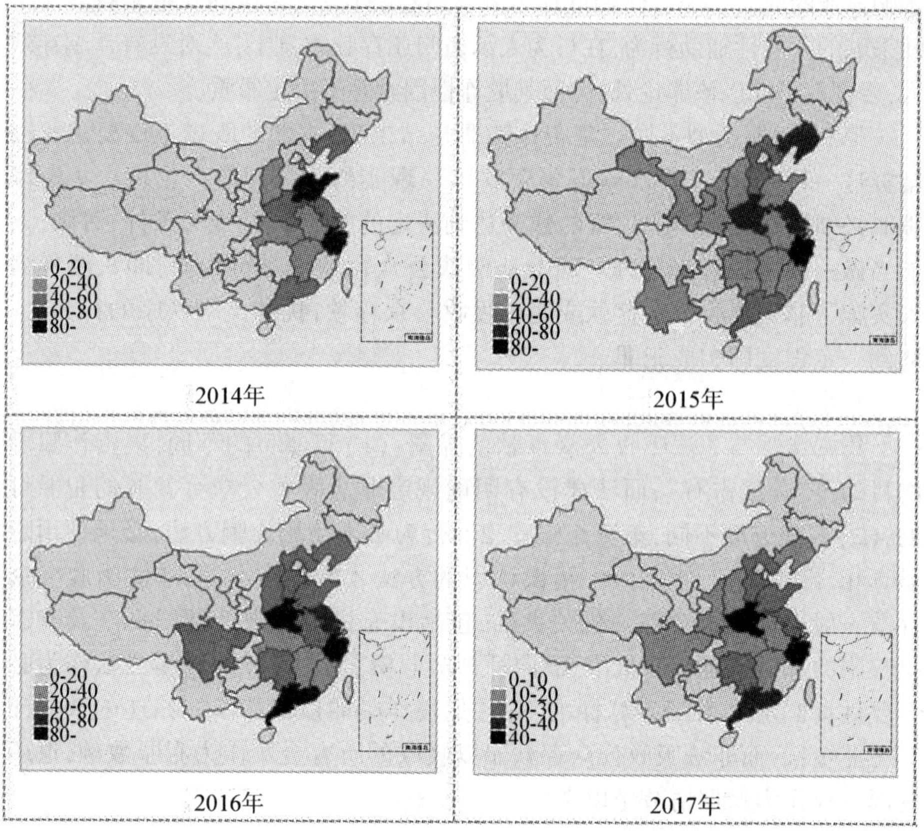

图 2　2014~2017 年集资诈骗案件地域性分布情况

[1] 本课题收集分析数据的起止时间是 2014 年 1 月 1 日至 2017 年 6 月 30 日。

图3展示了非法集资案件2014~2017年地域分布的变化。2014年，我国非法吸收公众存款案件主要集中在河南省及东部沿海地区，2015年开始逐渐向南部沿海地区及河北延伸，2016年，除相邻的河南、河北、山东、江苏四省持续作为非法吸收公众存款案件高发地带之外，地处西南的四川省爆发大量的非法吸收公众存款案件，2017年四川省及山东省案件量有所减少，总体地域分布趋于稳定，如图3所示。

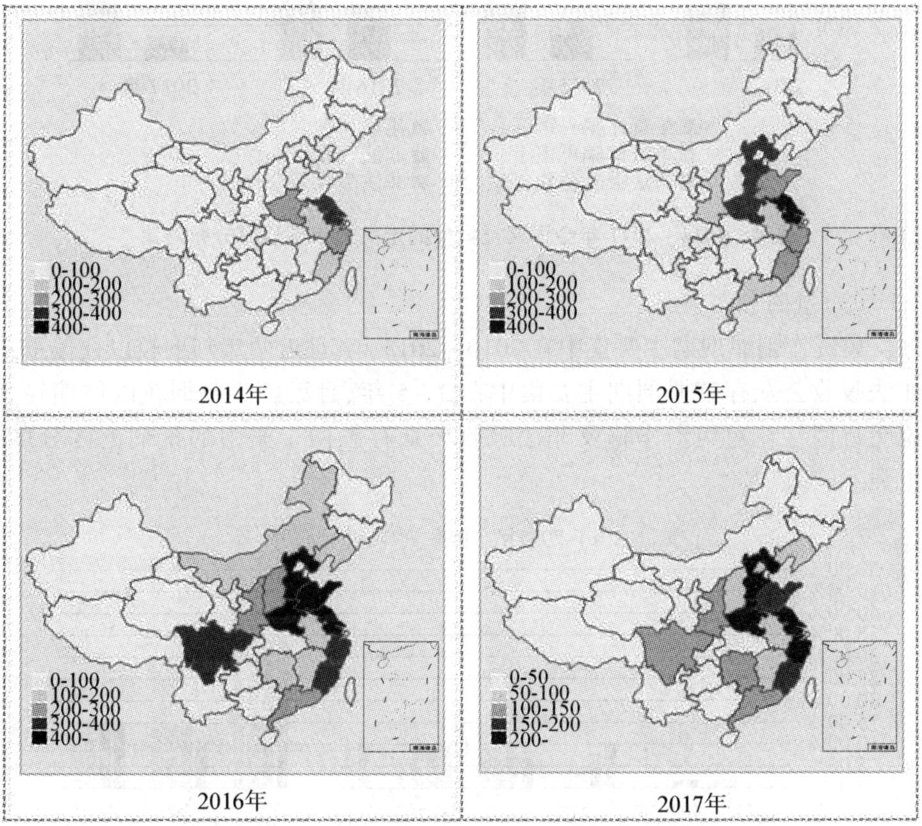

图3 2014~2017年非法吸收公众存款案件地域性分布情况

(2)案件走势&审理程序。

2014年1月1日至2017年6月30日全国各级人民法院审理的集资诈骗罪一审案件2939件，二审案件1365件，再审案件17件。2014年1月1日至2017年6月30日全国各级人民法院共审理非法集资类案件22,073件。其中，一审16,484件，二审5505件，再审84件。各年趋势如图4所示。

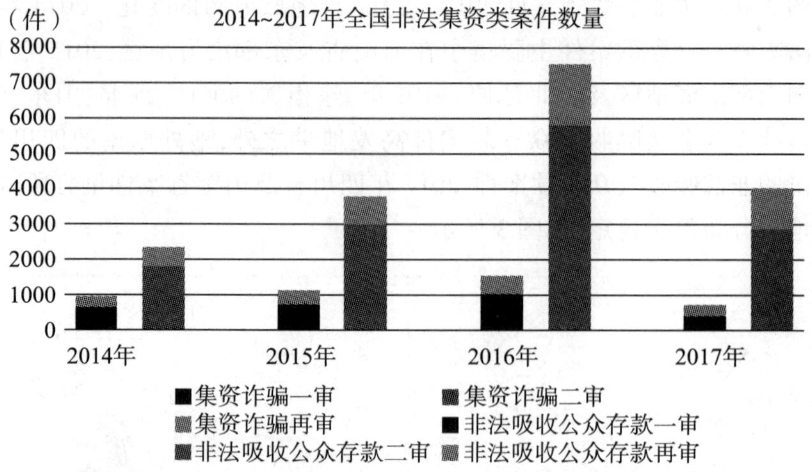

图 4　2014～2017 年全国两类案件的走势及审理程序分布对比

(3)量刑分布情况。

集资诈骗罪刑期主要集中在 2010～2015 年,且近两年判刑较以往偏重;非法吸收公众存款罪刑期主要集中在 3～5 年,且近两年判刑较以往偏轻。说明近两年在对集资诈骗及非法吸收公众存款两个案由的量刑上区分度更强。

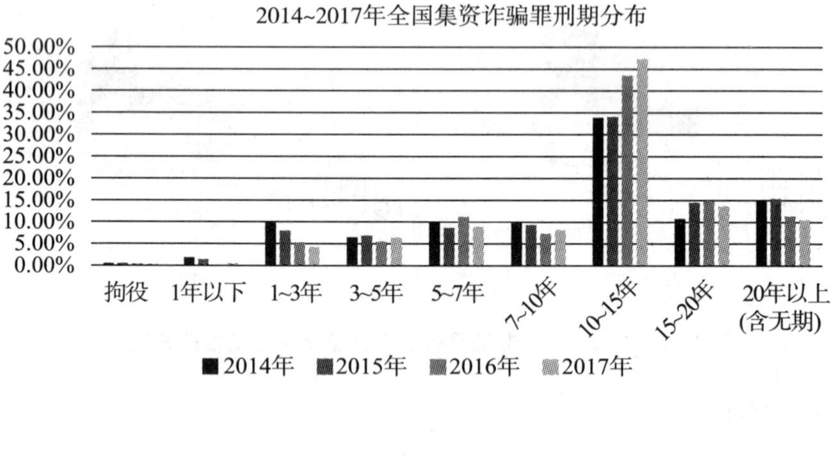

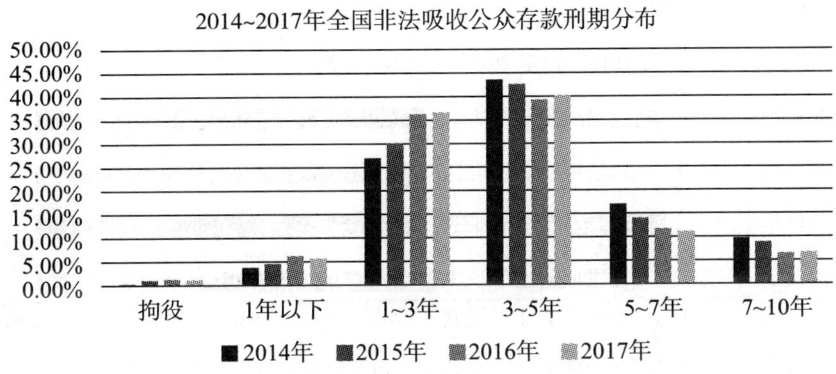

图 5　2014～2017 年全国两类案件量刑分布情况对比

(4)被告人性质。

①性别。2014 年 1 月 1 日至 2017 年 6 月 30 日全国各级人民法院共审理的非法集资类案件中,被告人主要为男性,共 1.42 万人,占被告人总数的 62.2%,女性有 8653 人,占被告人总数的 37.8%。从图 6 可以看出,女性被告人更倾向于从事非法吸收公众存款犯罪,而男性被告人则更多涉及集资诈骗罪。

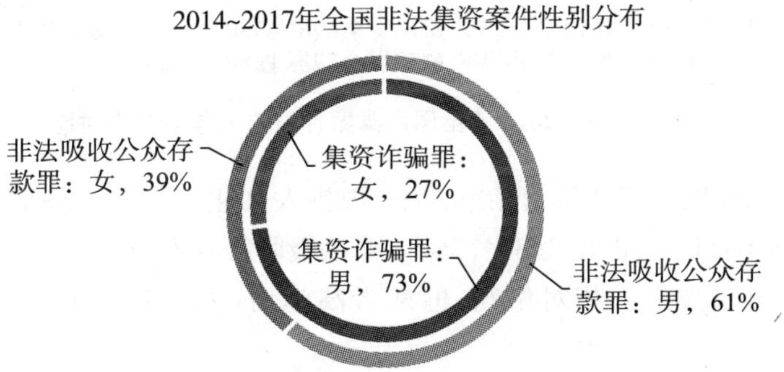

图 6　2014～2017 年全国两类案件被告人性别分布对比

②年龄。图 7、图 8 分别展示了集资诈骗罪及非法吸收公众存款罪被告人的年龄分布情况。非法集资类案件被告人年龄主要集中在 40 岁至 49 岁,共 6458 人,占被告人总数的 31.91%。可以看出,集资诈骗案件被告人较非法吸收公众存款案件被告人更加年轻化。

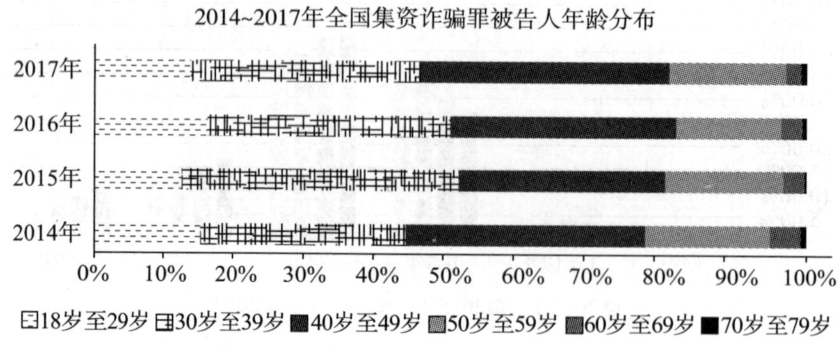

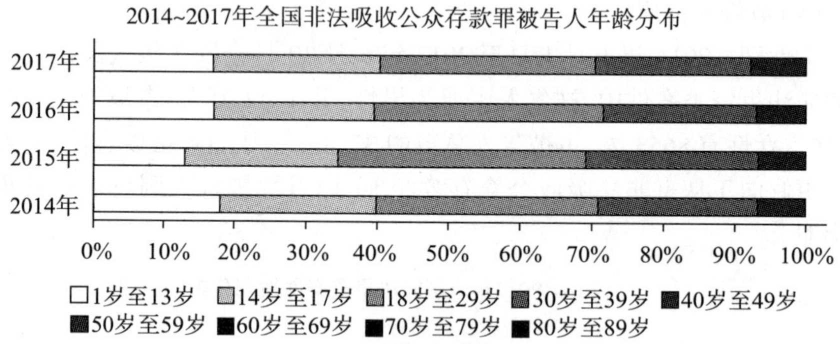

图7　2014～2017年全国两类案件被告人年龄分布对比

③文化程度。非法集资类案件中，被告人文化程度普遍偏低，主要为初中，人数为6451人，占比为33.73%。非法吸收公众存款罪被告人文化程度较集资诈骗罪被告人相对偏高，但两者高学历（本科以上）被告人的比例相仿。

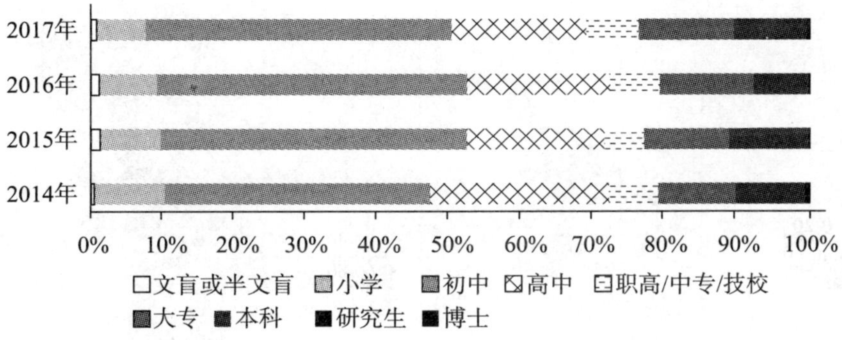

2014~2017年全国非法吸收公众存款被告文化程度分布

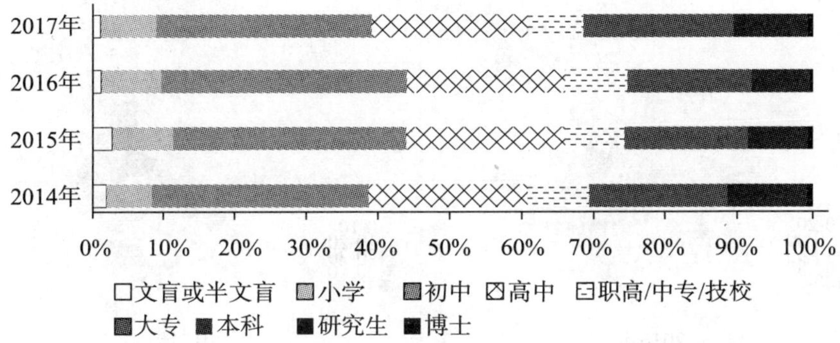

图 8　2014 ~ 2017 年全国两类案件被告人文化程度分布对比

④户籍。2014 年,集资诈骗罪被告人户籍地主要在河南、安徽和江苏三个省份;2015 年,福建户籍被告人集资诈骗活动猛增;2016 年上述各省集资诈骗活动逐渐扩散至邻近省份,仅四川及黑龙江两省集资诈骗活动暂未发现影响周边省份的迹象;2017 年,集资诈骗罪被告人除广东户籍人数增长较为明显以外,总体户籍地分布与上年相变化不大。

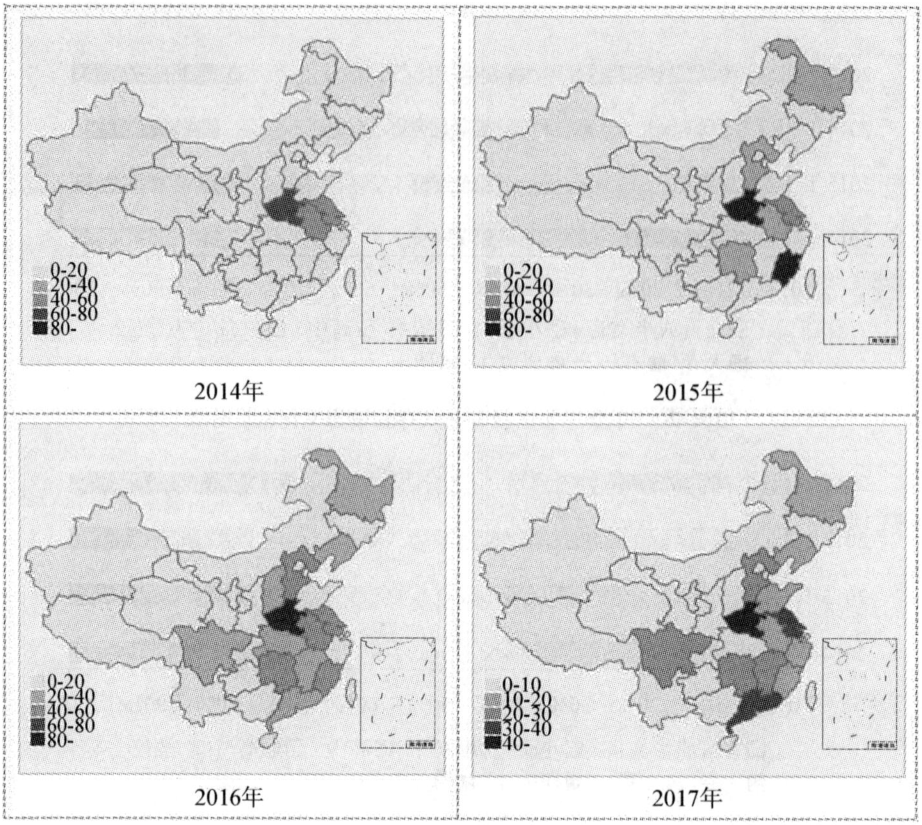

图 9　2014～2017 年全国集资诈骗案件被告人户籍分布情况

2014 年,非法吸收公众存款罪被告户籍地主要在河南和江苏两个省份;2015 年,非法吸收公众存款活动迅速蔓延至河北省,同年,福建户籍被告人集资诈骗活动猛增;2016 年,四川、山西两省从事非法吸收公众存款活动的人数剧增;2017 年,非法吸收公众存款罪被告人除广东户籍人数增长较为明显以外,总体户籍地分布与上年相比变化不大。

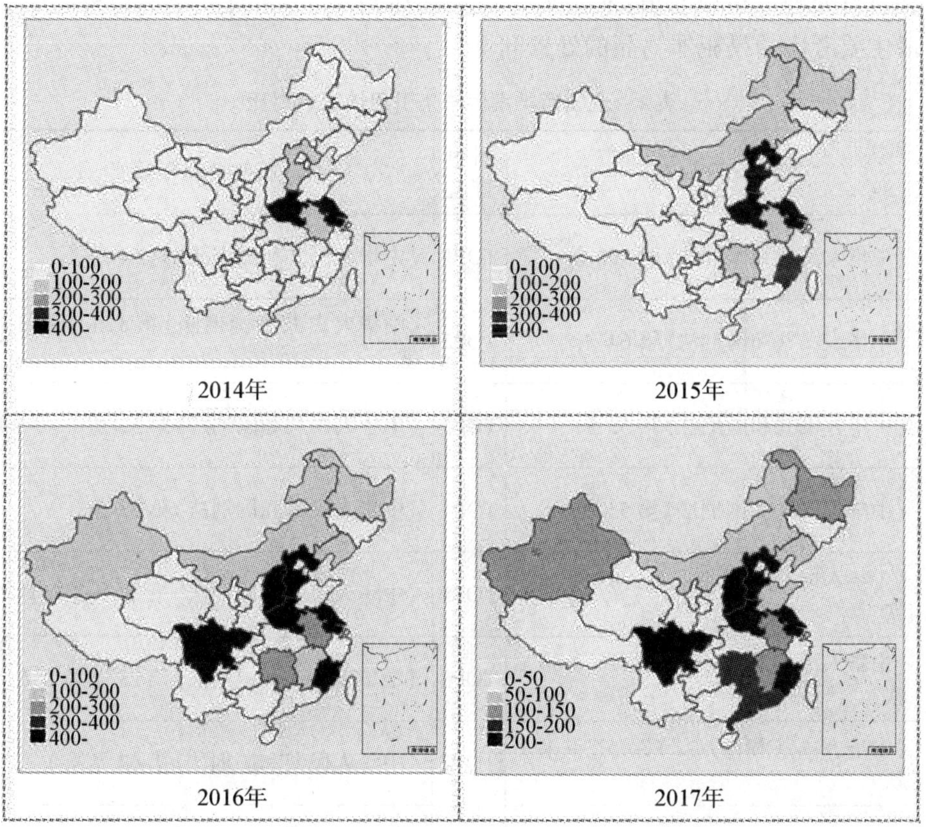

图10　2014～2017年全国非法吸收公众存款案件被告人户籍分布情况

(5)法条的应用情况。

表2列举了集资诈骗罪及非法吸收公众存款罪案件,审理法官引用次数排名前十的法条,其中集资诈骗罪特有的法条有:“《中华人民共和国刑法》第一百九十二条”“《最高人民法院〈关于审理非法集资刑事案件具体应用法律若干问题的解释〉》第五条”“《中华人民共和国刑法》第五十七条第一款”;非法吸收公众存款罪特有的法条有:“《中华人民共和国刑法》第一百七十六条”“《中华人民共和国刑法》第六十一条”。除两者特有的法条以外,共同引用排名第一的法条为:“《中华人民共和国刑法》第六十四条。”其完整描述如下:“【犯罪物品的处理】犯罪分子违法所得的一切财物,应当予以追缴或者责令退赔;对被害人的合法财产,应当及时返还;违禁品和供犯罪所用的本人财物,应当予以没收。没收的财物和罚金,一律上缴国库,不得挪用

和自行处理。”可以看出,非法集资类案件在判决时,除对其定性以外,法官最主要考虑的是犯罪物品的处置问题。

表 2　全国两类案件法条引用情况的对比

集资诈骗罪	引用排名	非法吸收公众存款罪
《中华人民共和国刑法》第 192 条	TOP1	《中华人民共和国刑法》第 64 条
《中华人民共和国刑法》第 64 条	TOP2	《中华人民共和国刑法》第 176 条第 1 款
《中华人民共和国刑法》第 52 条	TOP3	《中华人民共和国刑法》第 52 条
《中华人民共和国刑法》第 53 条	TOP4	《中华人民共和国刑法》第 53 条
《中华人民共和国刑法》第 67 条第 3 款	TOP5	《中华人民共和国刑法》第 67 条第 3 款
《中华人民共和国刑法》第 25 条第 1 款	TOP6	《中华人民共和国刑法》第 25 条第 1 款
《中华人民共和国刑法》第 67 条第 1 款	TOP7	《中华人民共和国刑法》第 67 条第 1 款
《中华人民共和国刑法》第 27 条	TOP8	《中华人民共和国刑法》第 176 条
《最高人民法院〈关于审理非法集资刑事案件具体应用法律若干问题的解释〉》第 5 条	TOP9	《中华人民共和国刑法》第 27 条
《中华人民共和国刑法》第 57 条第 1 款	TOP10	《中华人民共和国刑法》第 61 条

注:表左侧为非法吸收公众存款罪未出现在 TOP10 的法条,表右侧为集资诈骗罪未出现在 TOP10 的法条。

(6)小结。

全国审理的两类案件的数据分析:第一,2014 年及 2015 年,我国集资诈骗案件主要集中在东部部分省份及南部沿海地区,2016 年四川及广东两省增长迅速;2014 年我国非法吸收公众存款案件主要集中在河南省及东部沿海地区,2015 年开始逐渐向南部沿海地区及河北延伸,2016 年四川省爆发大量的非法吸收公众存款案件。第二,近两年集资诈骗量刑较以往偏重,非法吸收公众存款量刑较以往偏轻,两类案件的量刑区分度更高;女性被告更倾向于从事非法吸收公众存款犯罪,而男性被告则更多涉及集资诈骗罪。第三,集资诈骗罪被告较非法吸收公众存款罪被告更加年轻化。第四,非法吸收公众存款罪被告文化程度较集资诈骗罪被告相对偏高,但两者高学历(本科以上)被告的比例相仿。第五,非法集资类案件被告人身份主要为无业人员,但农民身份的被告人更倾向于从事非法吸收公众存款活动,私营/个体身份的被告人更倾向于从事集资诈骗活动。

2. 四个典型省市进行两类案件的对比

本课题选取四川省、北京市、河南省和江苏省作为两类案件的对比参考省市。

选择依据是:第一,选择四川省是意图通过本院所在地的两种案件情况,以分析本地化案件的特点,辅助未来办案。第二,北京市作为首都、直辖市、发达地区和外来人口密集地区,两类案件可能都具有特殊性和典型性。第三,江苏省作为沿海发达地区,紧邻上海,投资项目活跃、案件量多,具有分析价值。第四,河南省相对其他三个省市是内陆经济发展较落后的地区,且案件量大,其他省市两类案件的被告人户籍为河南的也非常多,故选取进行分析。

(1)四川省两类案件的对比。

在数据分析四川省两类案件的情况时,本课题组主要选取的维度有案件量走势、地域性、量刑分布情况、被告人性质(年龄、文化程度、户籍)。

①案件量走势。2014 年 1 月至 2017 年 6 月,四川各级人民法院共审结集资诈骗刑事一审案件 105 件,案件量呈上升趋势。2014 年 1 月至 2017 年 6 月,四川各级人民法院共审结非法吸收公众存款刑事一审案件 545 件,案件量呈上升趋势。集资诈骗案件占比两类案件总和从 2014 年的 29%,下降至 2017 年的 10%。

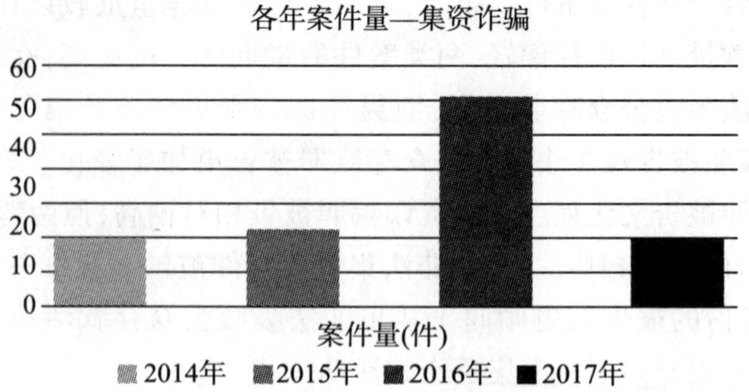

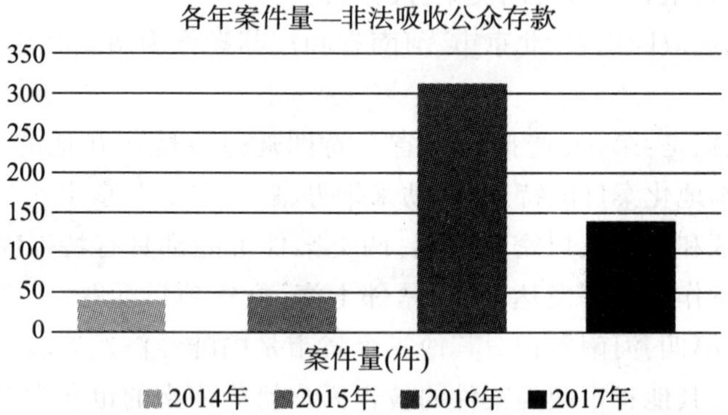

图 11　四川省两类案件各年案件量走势和对比

②地域性。四川省集资诈骗案件量最多的城市是成都,占全省总案件量的 30%,全省占比呈明显上升趋势。其次是南充市和内江市,但两个城市的集资诈骗案件全省占比处于下降趋势。非法吸收公众存款案件量最多的城市也是成都,占全省总案件量的 55%,在全省占比平稳。其次是遂宁市和内江市,其中遂宁市案件在全省占比处于上升趋势,内江市案件全省占比处于下降趋势。值得注意的是,两种非法集资案件都聚集较多的城市是成都市和内江市。

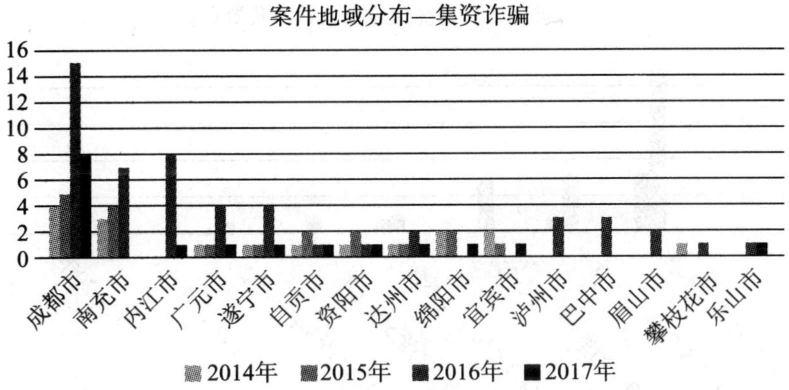

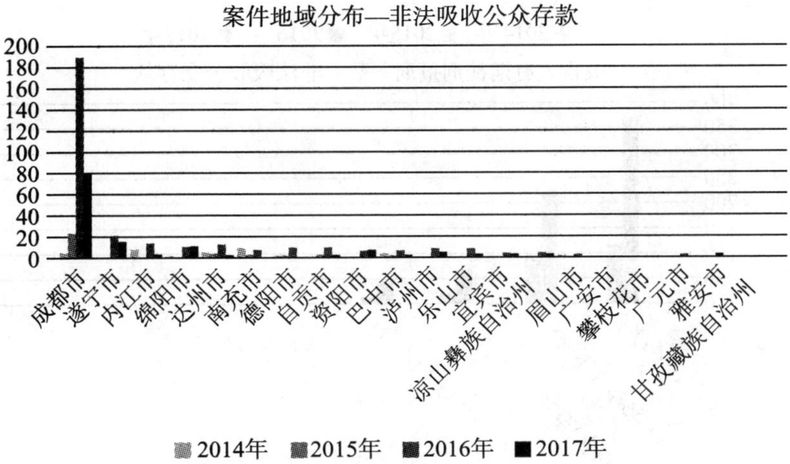

图 12　四川省两类案件地域分布对比

③量刑分布情况。集资诈骗罪量刑主要分布在 10 年～20 年，占比为 71%，其中刑期为 10 年（含）至 15 年（不含）的量刑结果占比增长明显。非法吸收公众存款罪量刑主要分布在：1 年～5 年，占比为 73%，其中刑期为 1 年（含）至 3 年（不含）量刑结果占比略有增长。

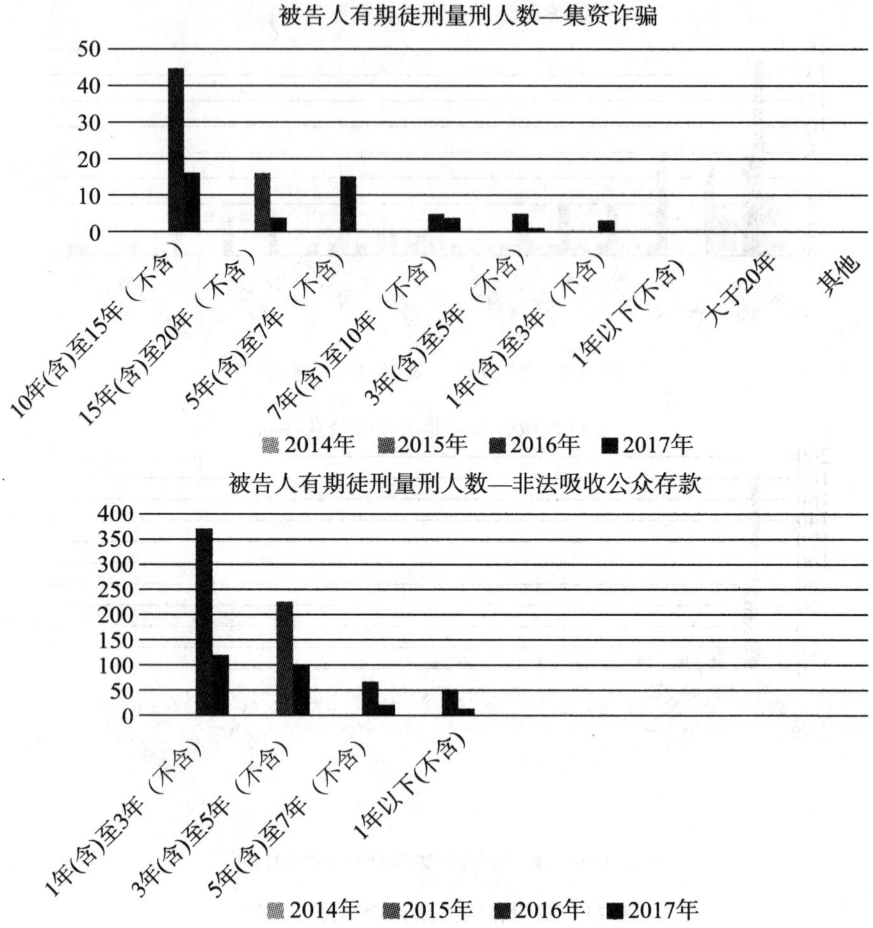

图 13　四川省两类案件量刑分布情况对比

④被告人性质。第一,年龄,集资诈骗罪被告人年龄分布以 40 岁 ~49 岁为主,占比 34%,占比下降明显;50 岁 ~59 岁增长明显。非法吸收公众存款罪被告人年龄分布以 18 岁 ~29 岁为主,占比 28%,下降明显。非法吸收公众存款罪被告人明显比集资诈骗罪被告人更加年轻化。

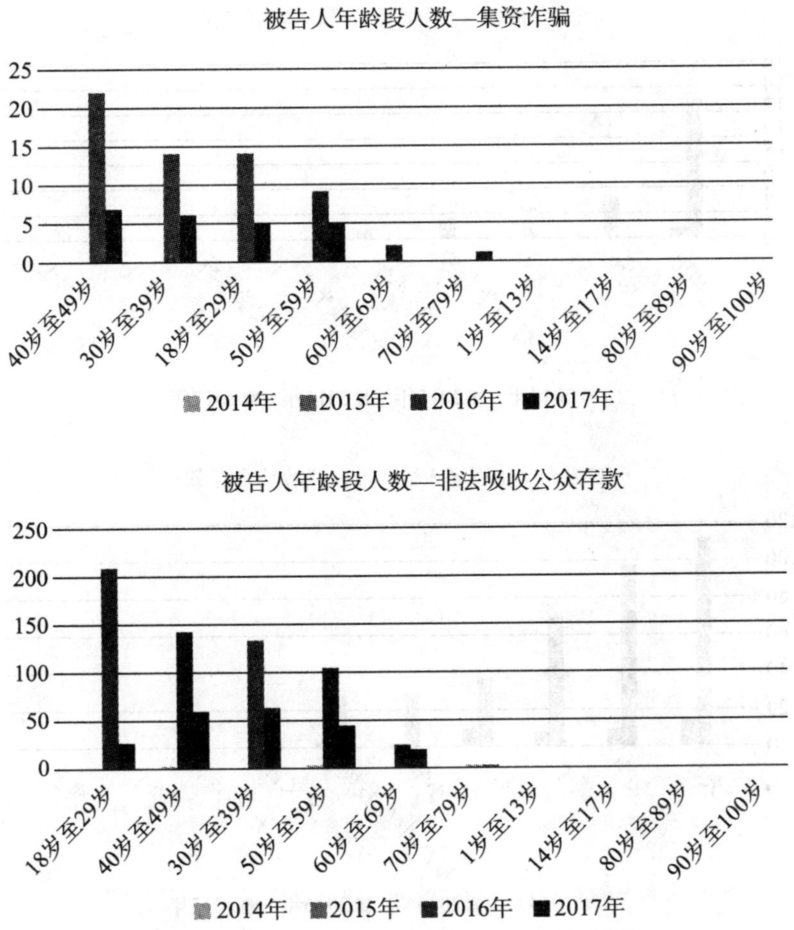

图 14　四川省两类案件被告人年龄分布对比

第二,文化程度。集资诈骗罪被告人以初中学历为主,占比 60%。非法吸收公众存款罪被告人以大专为主,占比 30%。

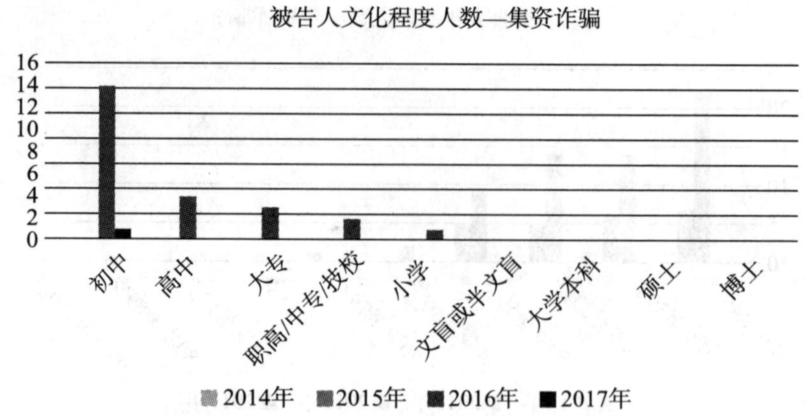

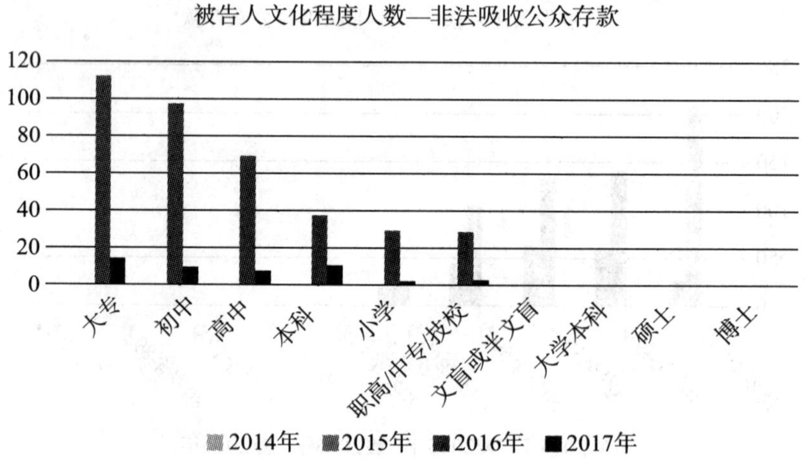

图 15　四川省两类案件被告人文化程度分布对比

第三,户籍。数据显示:两类案件在四川省犯案最多的被告人均为江苏户籍,但值得关注的是近几年户籍为河南、黑龙江的在集资诈骗案件中比重突显,分别占全省案件的9%和8%。

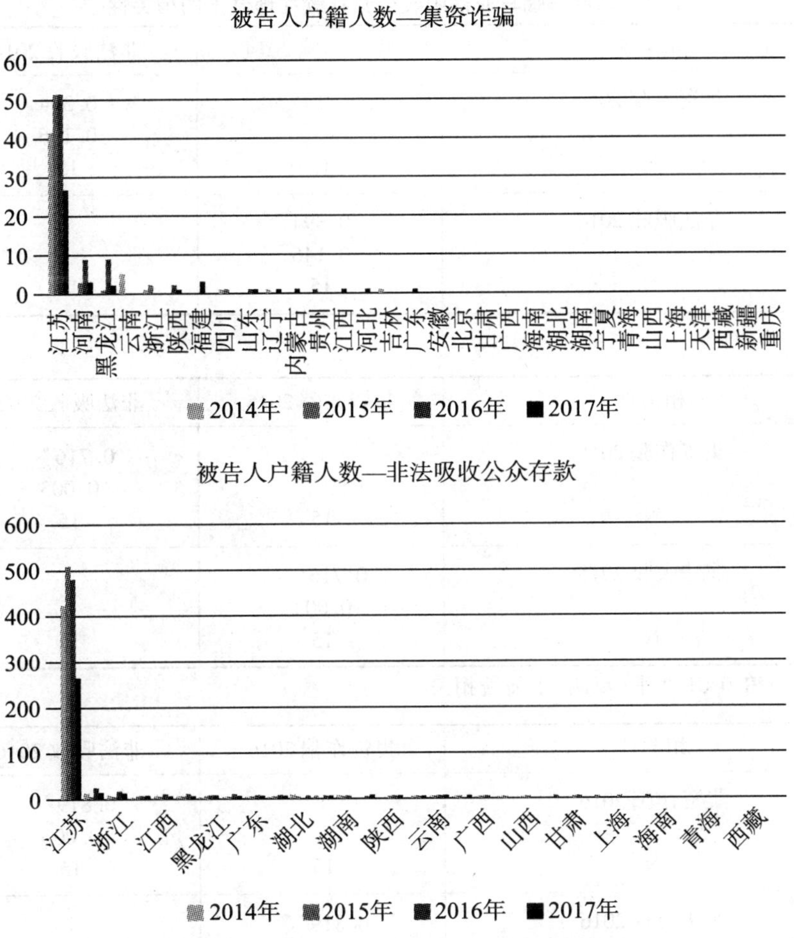

图 16　四川省两类案件被告人户籍分布对比

⑤相关性。使用 SPSS18.0 分析四川各地集资诈骗和非法吸收公众存款罪案件量 2014 年到 2017 年的地域相关性。

2014 年集资诈骗和非法吸收公众存款案件量在地域上不存在相关性。

2015 年～2017 年集资诈骗和非法吸收公众存款案件量在地域上存在明显的相关性，且是正相关（同增同减），意味着某地集资诈骗案件多或非法吸收公众存款案件多，则该地非法吸收公众存款案件量或集资诈骗案件量也多。

表 3　集资诈骗与非法吸收公众存款在地域上的相关性

相关性	集资诈骗 2014	非法吸收 2014
集资诈骗 2014	1	0.394 0.146
N	15	15
非法吸收 2014	0.394 0.146	1
N	15	15

相关性	集资诈骗 2015	非法吸收 2015
集资诈骗 2015	1	0.716 * * 0.003
N	15	15
非法吸收 2015	0.716 * * 0.003	1
N	15	15

* * 在 0.01 水平(双侧)上显著相关。

相关性	集资诈骗 2016	非法吸收 2016
集资诈骗 2016	1	0.819 * * 0.000
N	15	15
非法吸收 2016	0.819 * * 0.000	1
N	15	15

* * 在 0.01 水平(双侧)上显著相关。

相关性	集资诈骗 2017	非法吸收 2017
集资诈骗 2017	1	0.969 * * 0.000
N	15	15
非法吸收 2017	0.969 * * 0.000	1
N	15	15

* * 在 0.01 水平(双侧)上显著相关。

(2)北京市两类案件的对比。

在数据分析北京市两类案件的情况时,本课题组主要选取的维度有案件量走势、判决结果、量刑分布情况、被告人性质(年龄、文化程度)。

①案件量走势。2014 年 1 月至 2017 年 6 月,北京各级人民法院共审结集资诈骗刑事一审案件 37 件,逐年案件量基本持平。2014 年 1 月至 2017 年 6 月,北京各级人民法院共审结非法吸收公众存款刑事一审案件 200 件,案件量呈上升趋势。集资诈骗案件占比两种案件之和,从 2014 年的 25.6% 降到了 2017 年的 12%。

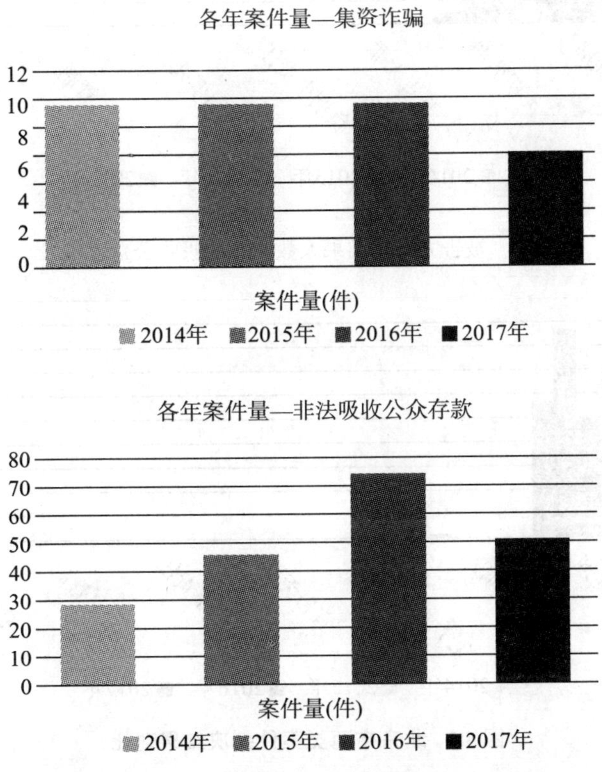

图 17　北京市两类案件各年案件量走势和对比

②判决结果。集资诈骗罪判处以有期徒刑为主,占比74%;其次为无期徒刑,占比26%。非法吸收公众存款罪的裁判结果以有期徒刑为主,占比95%;拘役占比2%。

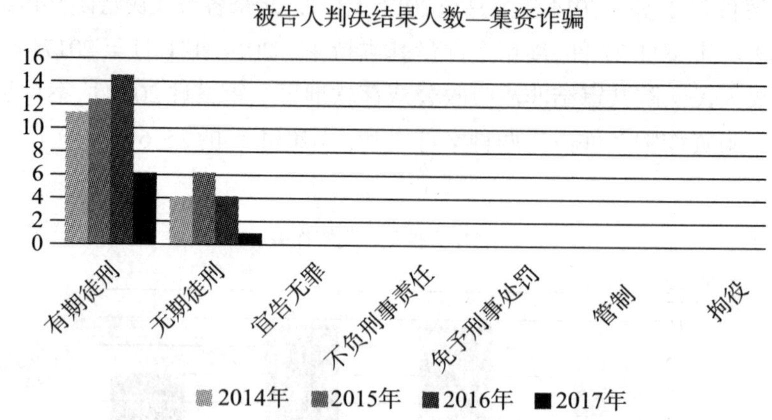

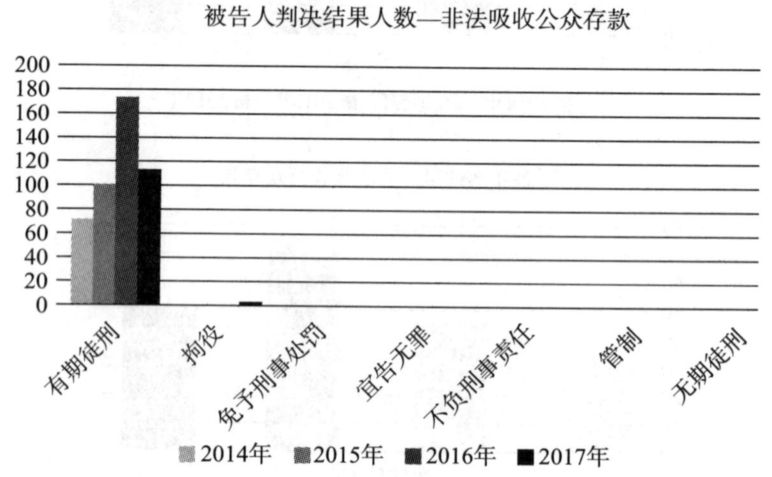

图18　北京市两类案件判决结果对比

③量刑分布情况。集资诈骗罪量刑以10年~20年为主,占比为90%;其中刑期为10年(含)至15年(不含)的量刑占比下降明显,15年(含)至20年(含)的量刑占比增长明显。非法吸收公众存款罪量刑主要分布在1年~5年,占比为71%。

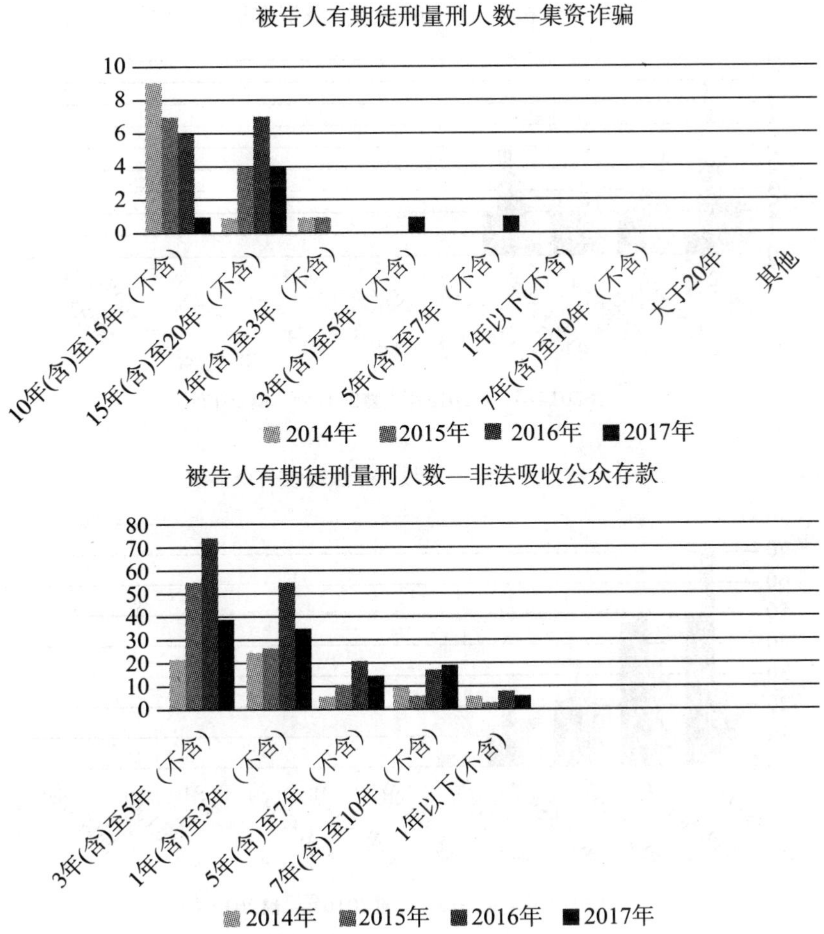

图 19　北京市两类案件量刑分布情况对比

④被告人性质。第一,年龄。北京市的集资诈骗罪被告人主要以 30 岁～39 岁为主,占比 29%,且占比下降明显。非法吸收公众存款罪被告人年龄主要以 18 岁～24 岁为主,占比 34%,但 30 岁～39 岁的人数占比增长明显。非法吸收公众存款罪被告明显比集资诈骗罪被告更加年轻化。

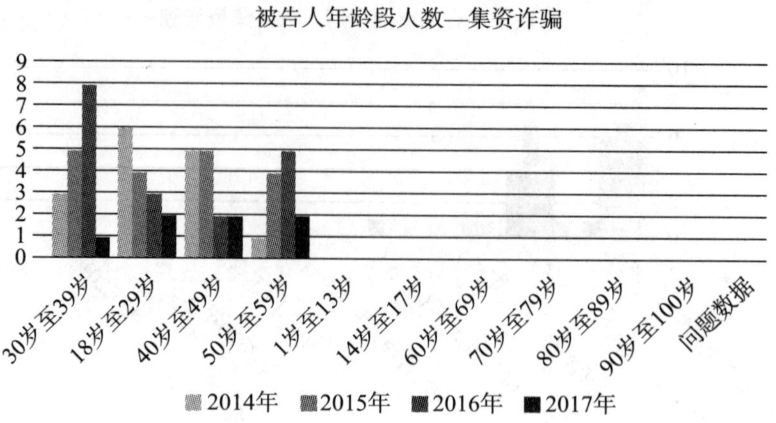

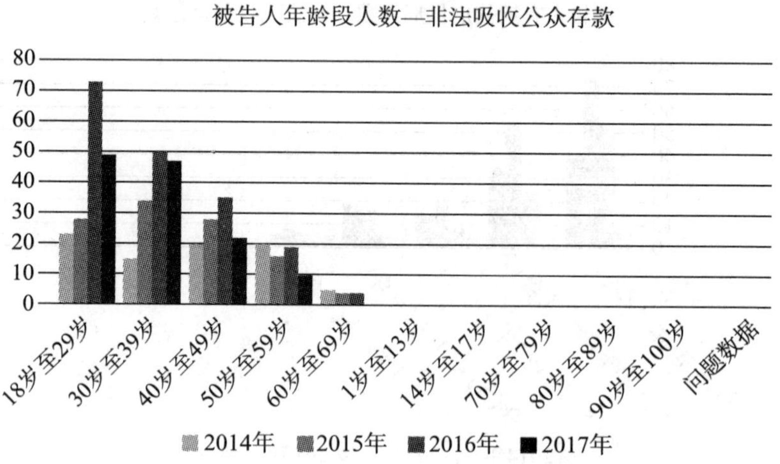

图20　北京市两类案件被告人年龄分布对比

第二,文化程度。集资诈骗罪被告人文化程度占比最多的为高中学历,占比29%。非法吸收公众存款罪被告人文化程度多为本科,占比30%;其次为大专学历,占比21%。北京市两类案件中非法吸收公众存款罪的被告人文化程度普遍高于集资诈骗罪的。

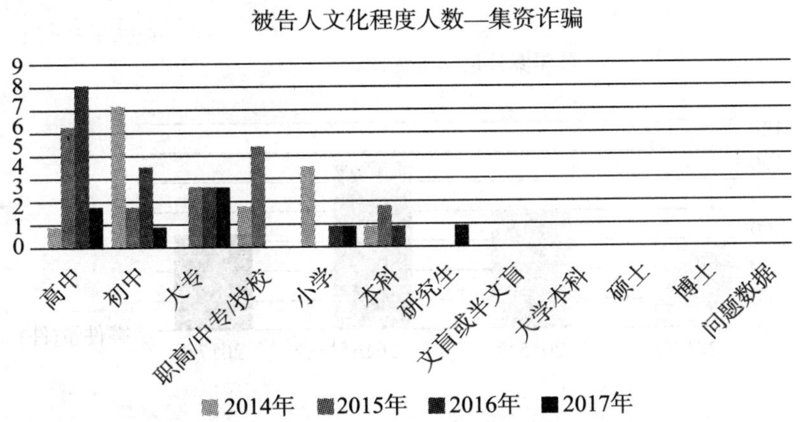

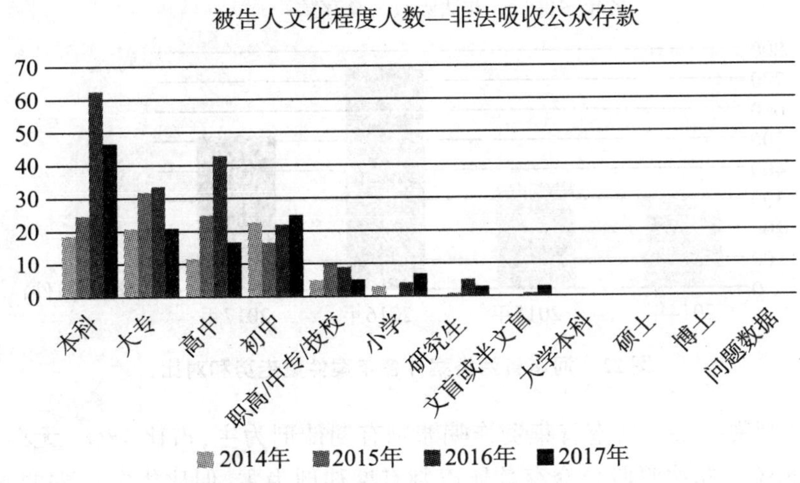

图 21　北京市两类案件被告人文化程度分布对比

(3)河南省两类案件的对比。

在数据分析河南省两类案件的情况时,本课题组主要选取的维度有案件量走势、判决结果、量刑分布情况、被告人性质(性别、年龄、文化程度)。

①案件量走势。2014 年 1 月至 2017 年 6 月,河南各级人民法院共审结集资诈骗刑事一审案件 287 件,案件量呈上升趋势。2014 年 1 月至 2017 年 6 月,河南各级人民法院共审结非法吸收公众存款刑事一审案件 1856 件,案件量呈上升趋势。

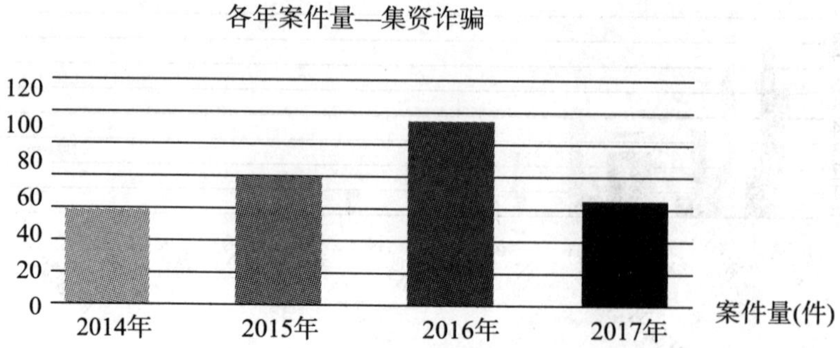

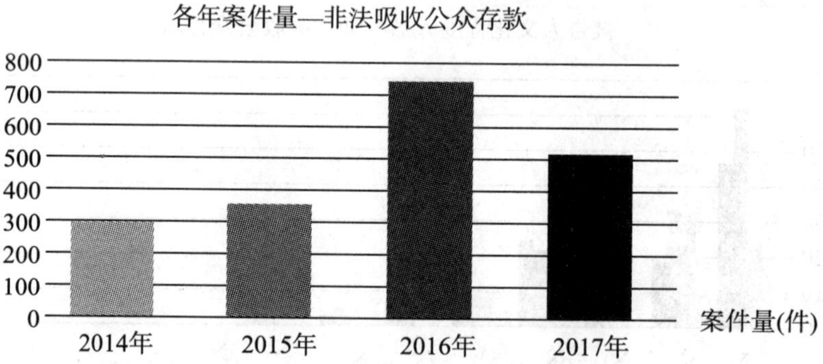

图 22　河南省两类案件各年案件量走势和对比

②判决结果。河南省集资诈骗罪判有期徒刑为主,占比 78%,无期徒刑占比 20%。非法吸收公众存款罪以判有期徒刑为主,但比集资诈骗罪多,占比 96%。

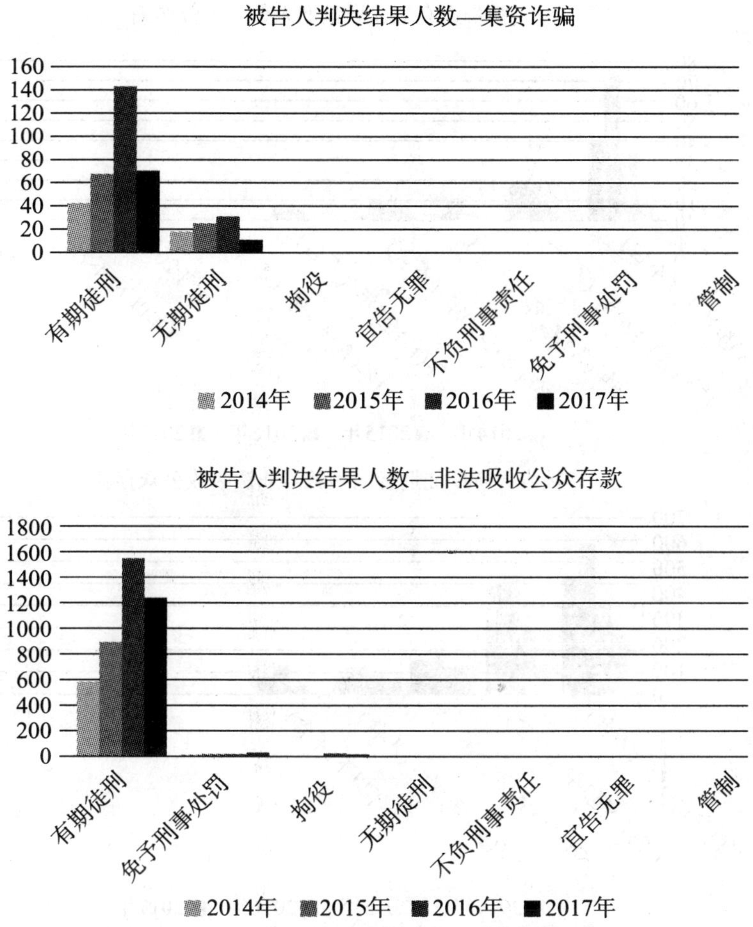

图 23　河南省两类案件判决结果对比

③量刑分布情况。集资诈骗罪量刑主要分布在 10 年 ~ 20 年，占比为 78%。非法吸收公众存款量刑主要分布在 1 年 ~5 年，占比为 69%。

被告人有期徒刑量刑人数—集资诈骗

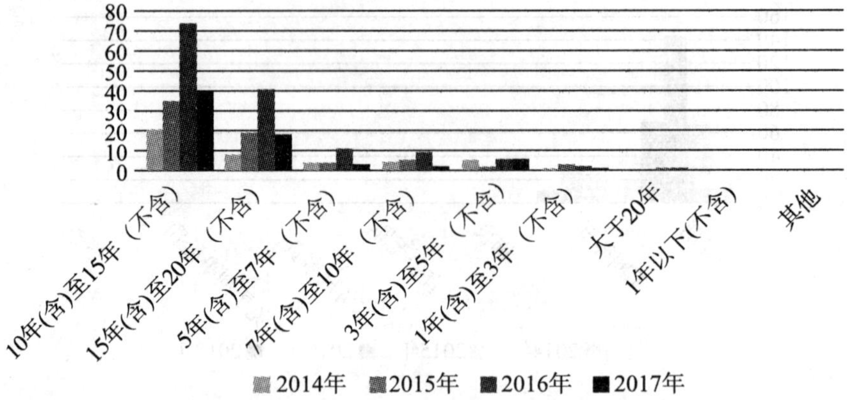

被告人有期徒刑量刑人数—非法吸收公众存款

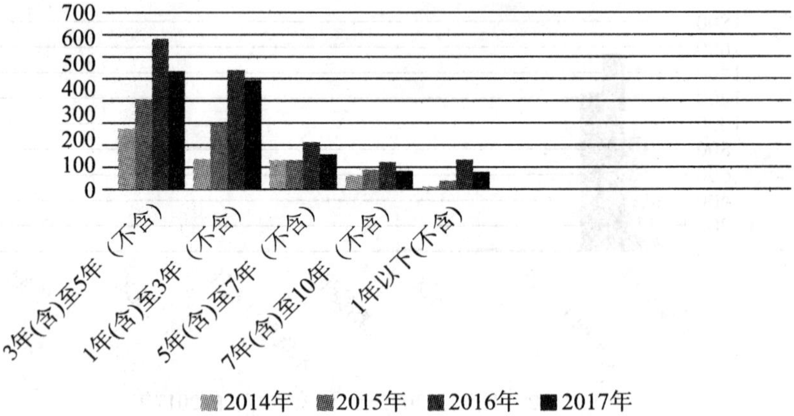

图 24 河南省两类案件量刑分布情况对比

④被告人性质。第一,性别。集资诈骗罪被告为男性的占比为 71%,占比稳定。非法吸收公众存款罪被告为男性的占比为 51%,占比稳定。

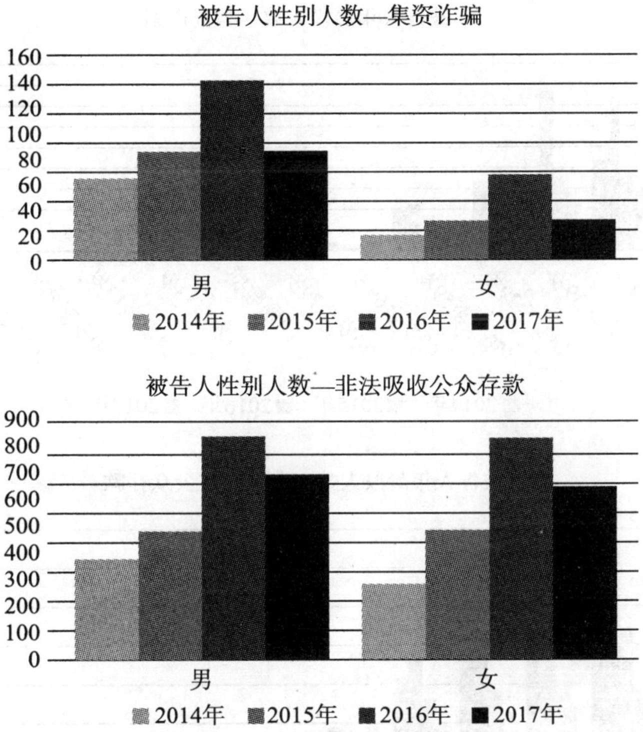

图 25　河南省两类案件被告人性别分布对比

第二，年龄。集资诈骗罪被告人年龄在 40 岁 ~49 岁为主，占比 34%；50 岁 ~59 岁的占比 13%。非法吸收公众存款罪被告人年龄以 40 岁 ~49 岁为主，占比 33%；50 岁 ~59 岁的占比为 21%。在河南省两种案件的被告人年龄分布基本一致。

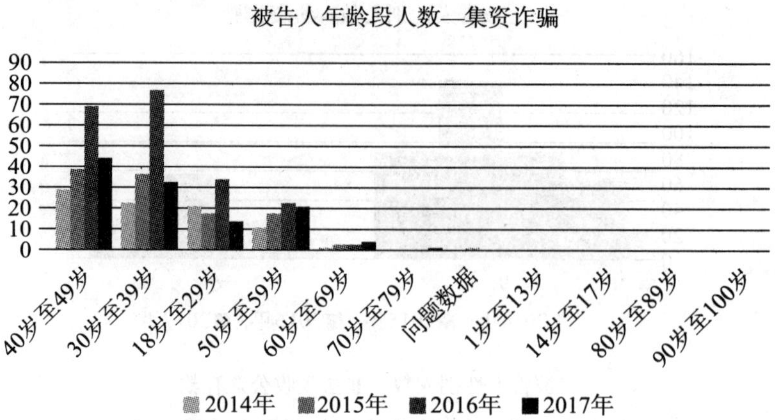

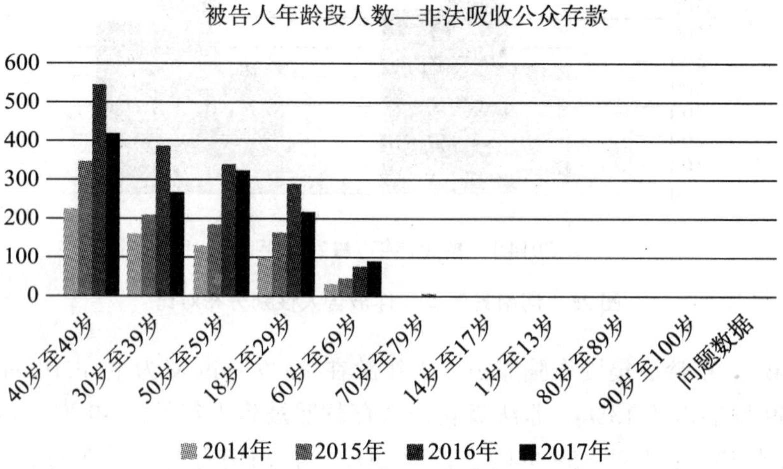

图 26　河南省两类案件被告人年龄分布对比

第三,文化程度。集资诈骗罪被告人以初中文化程度为主,占比 34%。非法吸收公众存款罪被告人以高中学历为主,占比 28%。对比其他三个省市,河南省两种案件被告人的文化程度都相对较低。

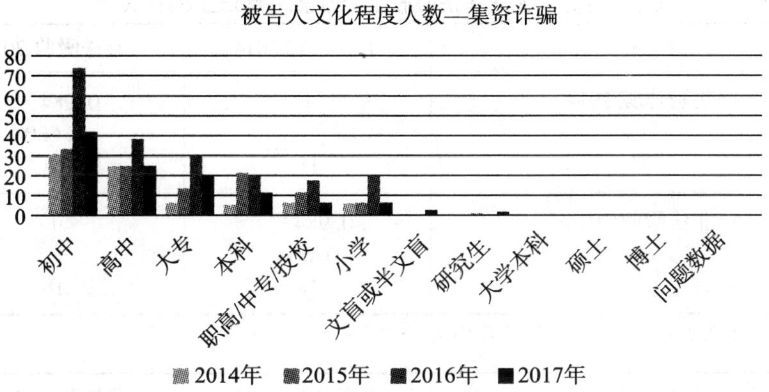

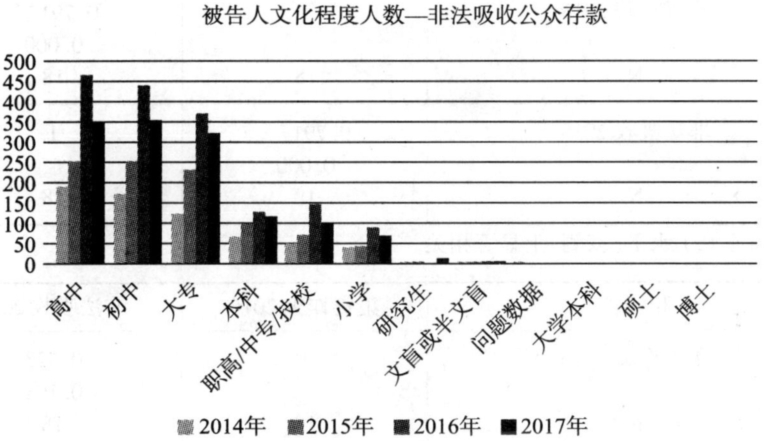

图 27　河南省两类案件被告人文化程度分布对比

⑤相关性。使用 SPSS18.0 分析河南各地集资诈骗和非法吸收公众存款罪案件量 2014 年到 2017 年的地域相关性。

2016 年集资诈骗和非法吸收公众存款案件量在地域上不存在相关性。

2014 年、2015 年、2017 年集资诈骗和非法吸收公众存款案件量在地域上存在明显的相关性，且是正相关（同增同减），意味着某地集资诈骗案件多或非法吸收公众存款案件多，则该地非法吸收公众存款案件量或集资诈骗案件量也多。同时 2017 年的地域相关性明显弱于 2014 年和 2015 年。

表4　集资诈骗与非法吸收公众存款在地域上的相关性

相关性	集资诈骗 2014	非法吸收 2014
集资诈骗 2014	1	0.984** 0.000
N	18	18
非法吸收 2014	0.984** 0.000	1
N	18	18

**在0.1水平(双侧)上显著相关。

相关性	集资诈骗 2015	非法吸收 2015
集资诈骗 2015	1	0.791** 0.000
N	18	18
非法吸收 2015	0.791** 0.000	1
N	18	18

**在0.1水平(双侧)上显著相关。

相关性	集资诈骗 2016	非法吸收 2016
集资诈骗 2016	1	0.323 0.191
N	18	18
非法吸收 2016	0.323 0.191	1
N	18	18

相关性	集资诈骗 2017	非法吸收 2017
集资诈骗 2017	1	0.693** 0.001
N	18	18
非法吸收 2017	0.693** 0.001	1
N	18	18

**在0.1水平(双侧)上显著相关。

(4)江苏省两类案件的对比。

在数据分析江苏省两类案件的情况时,本课题组主要选取的维度有案件量走势、地域性、量刑分布情况、被告人性质(年龄、户籍)。

①案件量走势。江苏各级人民法院共审结集资诈骗刑事一审案件204件,案件量有升有降。

2014年1月至2017年6月,江苏各级人民法院共审结非法吸收公众存款刑事一审案件1408件,案件量呈上升趋势。集资诈骗案件占比平稳,维持在11%的水平。

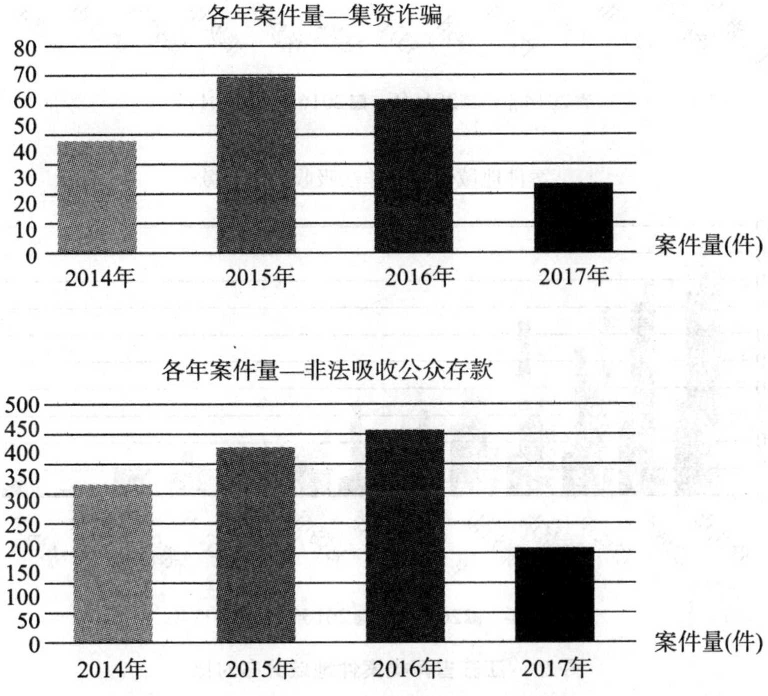

图28　江苏省两类案件各年案件量走势和对比

②地域性。在江苏省,集资诈骗案件量最多的城市是连云港市,占全省总案件量的27%,占比有升有降。其次是徐州市和南京市,徐州市案件全省占比处于下降趋势,南京市案件全省占比处于上升趋势。非法吸收公众存款案件量最多的城市为徐州市,占全省总案件量的20%,全省占比有下降趋势。其次是盐城市和宿迁市,盐城市案件全省占比处于上升趋势,宿迁市案件全省

占比有下降趋势。值得注意的是,两种非法集资案件都聚集较多的城市是徐州市。

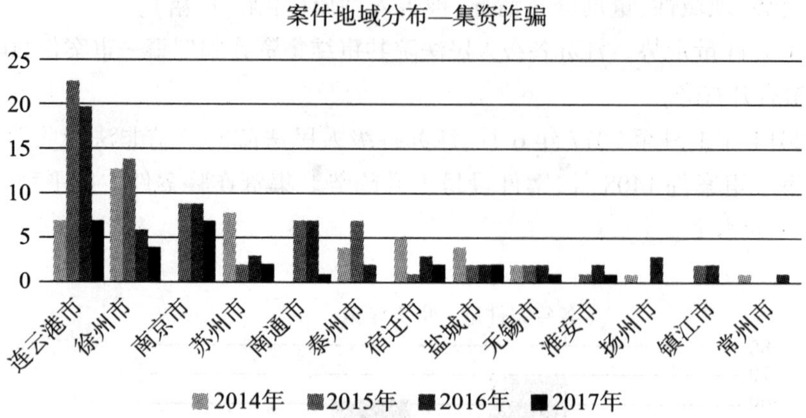

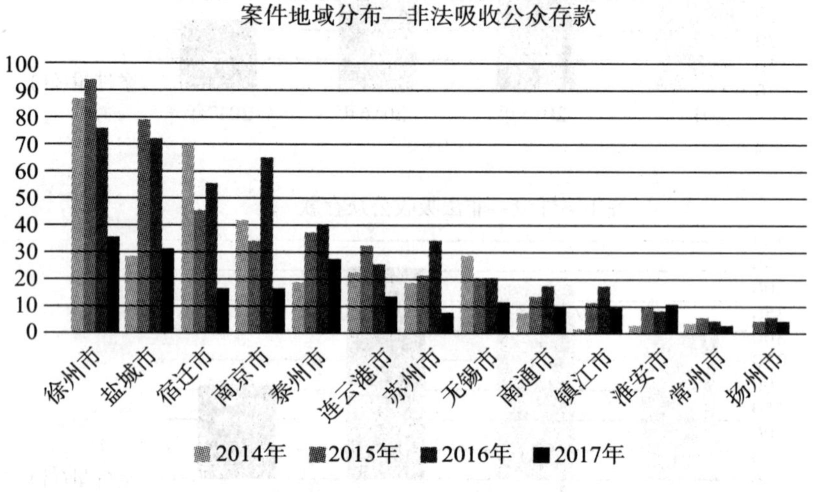

图 29　江苏省两类案件地域分布对比

③量刑分布情况。集资诈骗罪量刑主要分布在 7 年～15 年,占比为 73%,其中刑期为 7 年(含)至 15 年(不含)的量刑结果占比增长明显。非法吸收公众存款案件量刑主要分布在 1 年～5 年,占比为 73%,其中刑期为 1 年(含)至 3 年(不含)量刑结果占比略有增长。

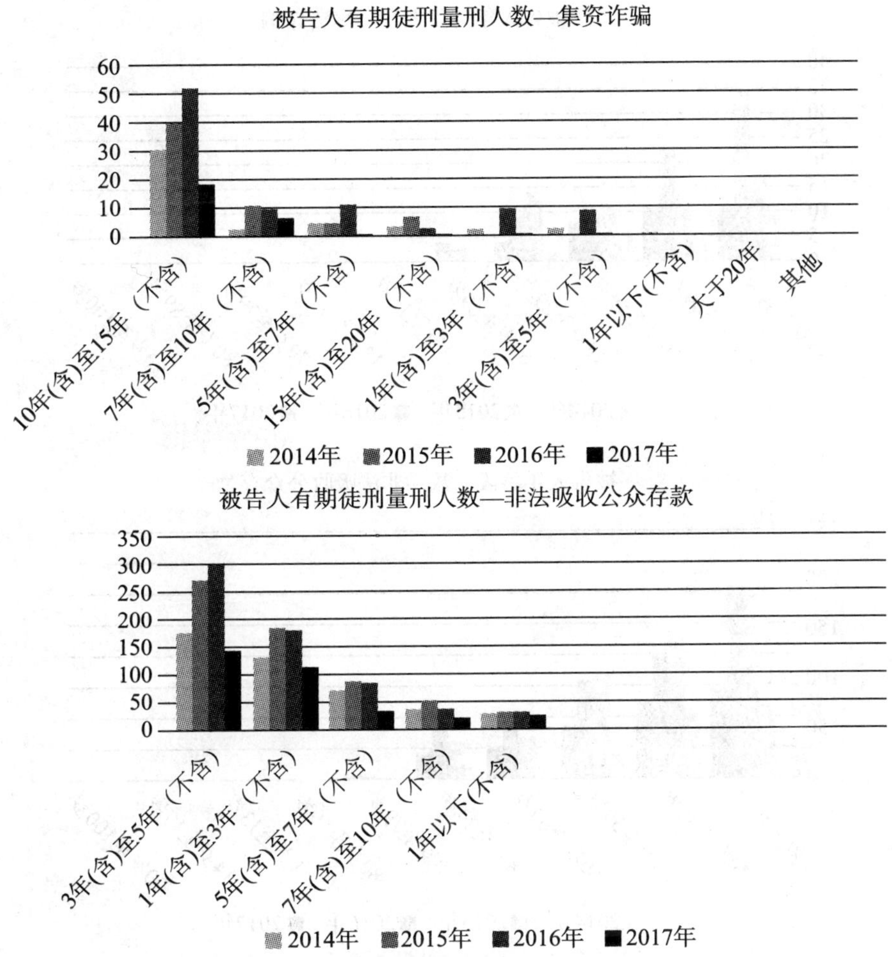

图 30　江苏省两类案件量刑分布情况对比

④被告人性质。第一,年龄。集资诈骗案件中被告人主要以 30 岁 ~39 岁为主,占比 26% ,50 岁 ~59 岁人数增长明显,最高年龄在 60 岁 ~69 岁之间。非法吸收公众存款案件中被告人主要以 40 岁 ~49 岁为主,占比 34%。最高年龄超过 80 岁。

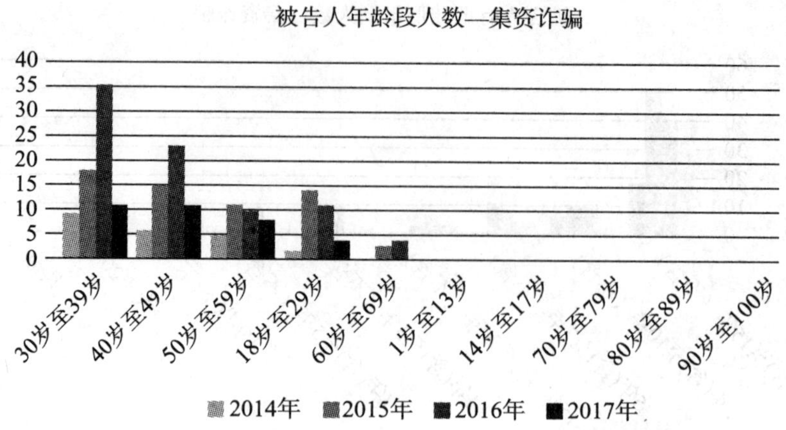

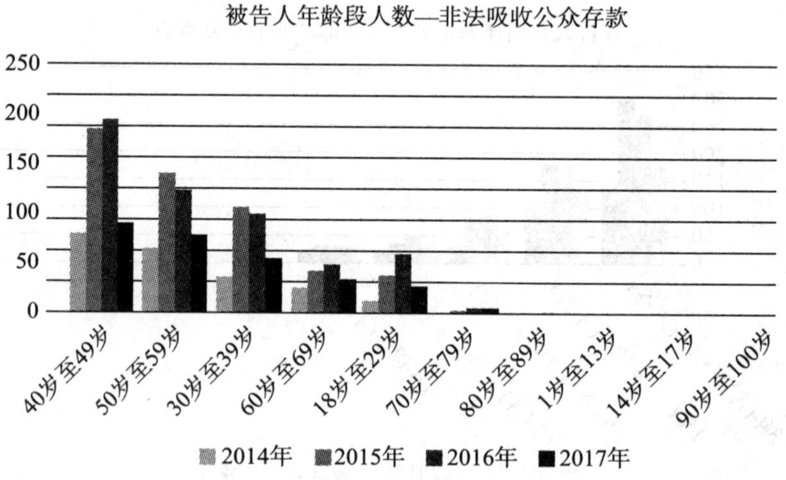

图 31　江苏省两类案件被告人年龄分布对比

第二,户籍。数据显示两类案件的被告人中户籍均为本省的犯案最多,但值得关注的是近几年户籍为河南、黑龙江的在集资诈骗案件中的凸显,分别占全省案件的 9% 和 8% 。

被告人户籍人数—集资诈骗

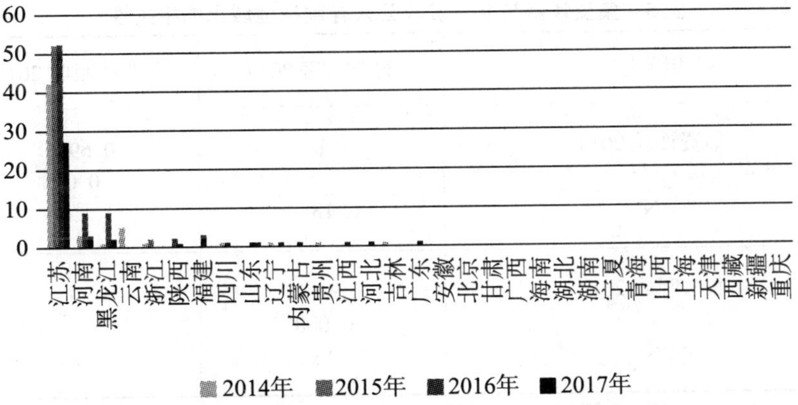

被告人户籍人数—非法吸收公众存款

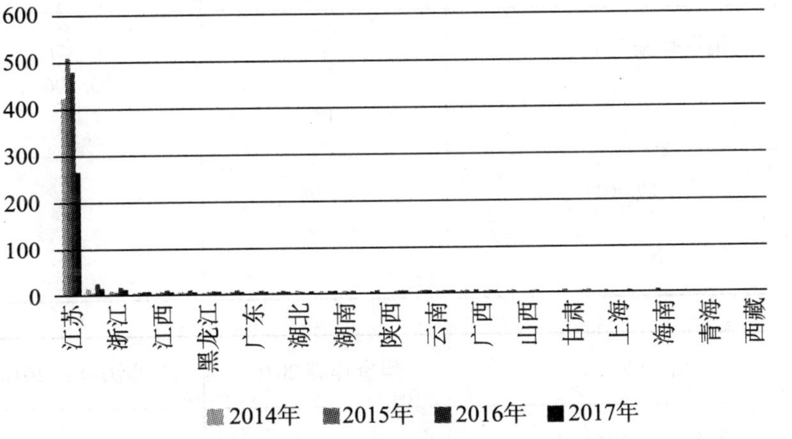

图 32　江苏省两类案件被告人户籍分布对比

⑤相关性。使用 SPSS18.0 分析江苏各地集资诈骗和非法吸收公众存款罪案件量 2014 年到 2017 年的地域相关性。

2014 年集资诈骗和非法吸收公众存款案件量在地域上存在明显的相关性，且是正相关（同增同减），意味着某地集资诈骗案件多或非法吸收公众存款案件多，则该地非法吸收公众存款案件量或集资诈骗案件量也多。

2015 年～2017 年集资诈骗和非法吸收公众存款案件量在地域上不存在相关性。

表 5　集资诈骗与非法吸收公众存款在地域上的相关性

相关性	集资诈骗 2014	非法吸收 2014
集资诈骗 2014	1	0.695**
		0.008
N	13	13
非法吸收 2014	0.695**	1
	0.008	
N	13	13

**在 0.1 水平(双侧)上显著相关。

相关性	集资诈骗 2015	非法吸收 2015
集资诈骗 2015	1	0.376
		0.206
N	13	13
非法吸收 2015	0.376	1
	0.206	
N	13	13

相关性	集资诈骗 2016	非法吸收 2016
集资诈骗 2016	1	0.125
		0.685
N	13	13
非法吸收 2016	0.125	1
	0.685	
N	13	13

续表

相关性	集资诈骗 2017	非法吸收 2017
集资诈骗 2017	1	0.248 0.414
N	13	13
非法吸收 2017	0.248 0.414	1
N	13	13

(5)小结。

四种典型地区两类案件的差异:第一,河南省两类案件量均呈上升趋势;集资诈骗被告人男性更多、文化程度更低。第二,北京市集资诈骗案件量比非法吸收公众存款案件的走势平稳;集资诈骗被告人年龄更长、文化程度更低。第三,江苏省两种案件都爆发较多的城市是徐州市;集资诈骗被告人更年轻、户籍为河南的案件有上升趋势。第四,四川省两类案件在2016年都有明显的上涨;两种案件都爆发较多的城市是成都市和内江市;集资诈骗被告人更年长、文化程度更低。

(四)集资诈骗罪的区域数据分析

1. 相关性分析

表6 集资诈骗区域数据分析

相关性	集资诈骗案件量 2017	集资诈骗被告户籍数 2017	人口数	GDP
集资诈骗案件量 2017	1	0.880** 0.000	0.688** 0.000	0.555** 0.001
N	31	31	31	31
集资诈骗被告户籍数 2017	0.880** 0.000	1	0.529** 0.002	0.299** 0.102
N	31	31	31	31
人口数	0.688** 0.000	0.529** 0.002	1	0.844** 0.000
N	31	31	31	31
GDP	0.555** 0.001	0.299 0.102	0.844** 0.000	1
N	31	31	31	31

**在0.01水平(双侧)上显著相关。

使用SPSS18.0,计算2017年集资诈骗案件量(截至2017年6月)、集资诈骗被告人户籍数(截至2017年6月)、人口数(截至2016年年底)、省市GDP(截至2016年年底)四个维度的相关性。计算结果显示,集资诈骗案件量与集资诈骗被告人户籍数呈强相关,集资诈骗案件量与人口数显较强相关,集资诈骗案件量与GDP显较强相关,集资诈骗被告人户籍数与人口数显较强相关,集资诈骗被告人户籍数与GDP没有相关性,人口数与GDP显强相关。

2.聚类分析

使用SPSS18.0,通过欧氏距离法,使用上文中的各省市2017年集资诈骗案件量、集资诈骗被告人户籍数、人口数、各省市GDP四个维度数据,对各省市进行聚类分析,聚类结果将省市分为八类。各类省市数量和指标特征如表7所示。

表7　集资诈骗罪的区域分布聚类分析

类名	数量	集资诈骗案件量2017年平均值	集资诈骗被告户籍数2017年平均值	人口数据2016年平均值	GDP2016年平均值
7	17	46	59	3443	19,052
8	4	3	4	625	2729
6	3	110	183	7044	29,347
5	2	157	107	10,348	73,260
4	2	195	118	4689	37,502
3	1	203	288	7976	76,086
2	1	525	1376	9480	40,160
1	1	349	557	7425	31,827
总体	31	94	137	4423	25,562

类别说明如下:

类7:包含17个省市分别为:山西、陕西、辽宁、内蒙古、上海、江西、重庆、北京、湖北、黑龙江、天津、贵州、甘肃、吉林、新疆、广西、云南,此类别四指标低于整体平均值,体现了GDP和人口数量在接近均值水平的中国大部分省份的表现。

类8:包含4个省分别为:海南、宁夏、青海、西藏,此类四个指标表现均远远低于平均水平。

类6:包含3个省分别为:四川、安徽、湖南,此类四个维度上的数据表现处于中部,均略高于均值。

类5:包含2个省分别为:山东、广东,此类在GDP和人品数据上均远高于均值,但集资诈骗案件,集资诈骗被告户籍数案件量处于均值附近。

类4:包含2个省分别为:浙江、福建,此类四个维度上的数据表现处于中部,相对于类6,人口少,案件量却相对较高,被告本地户籍数量更低。

类3:包含1个省,江苏,此类GDP和人数量远高于均值,案件量相比类5略有增长,处于中部。

类2:包含1个省,河南,此类在案件量,本地户籍人数,人口数均远超其他组。

类1:包含1个省,河北,此类在案件案件量,本地户籍人数,人口数上均处于高位,仅低于河南。

表8 聚类省市明细

组名	省份	组名	省份	组名	省份	组名	省份
1	河北	6	安徽	7	重庆	7	新疆
2	河南	6	湖南	7	北京	7	广西
3	江苏	7	山西	7	湖北	7	云南
4	浙江	7	陕西	7	黑龙江	8	海南
4	福建	7	辽宁	7	天津	8	宁夏
5	山东	7	内蒙古	7	贵州	8	青海
5	广东	7	上海	7	甘肃	8	西藏
6	四川	7	江西	7	吉林	—	—

通过聚类我们可以推测相同类别的省份集资诈骗罪发案情况较为相似。

(五)集资诈骗罪的量刑

1.按被告人在组织架构中的角色

对成都市中级人民法院审理的集资诈骗案件进行分析,发现有组织的共同犯罪情况较为普遍,这主要源于集资诈骗罪的被告人均有注册公司,以经营合法生意之名,行集资诈骗之实。其中各被告人在组织架构中担任不同的角色,包括法定代表人、实际负责人、业务经理、业务员等。公司实际控制人掌握公司资金流向,控制资金用途,策划了整个公司的经营模式,是犯罪行为的始作俑者,对广大被害人的损失负主要责任,系主犯,在量刑时从严掌握;业务经理负责管理、培训业务员,按照控制人的安排从事工作,相对于前者主观恶性较小,量刑时应有所区别。而具体负责联系客户的业务员,是在上述两者的管理和培训下,按照公司安排进行工作,地位和作用相对较轻,一般可认定为从犯,且有的业务员将本人或其亲戚朋友的钱款拉来作为业绩,其本身也是受害者,在能主动退缴违法所得且认罪态度较好的情况下,在量刑时应从轻处理。

2. 按犯罪数额

犯罪数额,是指能够表明犯罪的社会危害程度,以货币或其他计量单位为表现形式的某种物品的数量或者经济价值量。我国《刑法》分则中有大量的以数额大小或数额的多少作为定罪量刑标准的罪名,据统计约有 70 项罪名有明确规定,约有 20 项罪名与数额或数量问题有关。因此,数额的认定问题非常重要,尤其是在包括集资诈骗罪在内的经济犯罪中,它直接决定着定罪与量刑,是衡量经济犯罪社会危害性严重程度的主要根据。

在处理具体案件时要注意以下两点:(1)不能仅凭“较大数额”的非法集资款不能返还的结果,推定行为人具有非法占有的目的;(2)行为人将大部分资金用于投资或生产经营活动,而少量的资金用于个人消费或挥霍的,不应仅据后一事实认定具有不法所有的目的。正确认定“诈骗方法”,主要考察两方面:第一,看目的,本罪目的是非法占有集资款,而不是为了生产经营;第二,看诈骗方法是否是集资的主要或唯一手段,本罪采用诈骗方法,往往是取得集资款的主要或唯一手段,而不能将非法集资过程中行为人可能会有一定成分的欺诈手段统统认定为本罪的诈骗方法。

《最高人民法院关于审理诈骗案件具体应用法律的若干问题的解释》第 2 条第 2 款规定:“利用经济合同诈骗的,诈骗数额应当以行为人实际骗取的数额认定,合同标的数额可以作为量刑情节予以考虑。”第 9 条规定:“对于多次进行诈骗,并以后次诈骗财物归还前次诈骗财物,在计算诈骗数额时,应当将案发前已经归还的数额扣除,按实际未归还的数额认定,量刑时可将多次行骗的数额作为从重情节予以考虑。”

在集资诈骗中,普遍存在“拆东墙补西墙”的连环诈骗现象,对此类诈骗的数额认定应充分考虑诈骗分子既有“骗”的一面,又有“还”的一面。本课题组认为,在没有新的法律或者司法解释出台之前,司法实践中应当按照《解释》,在认定集资诈骗犯罪的数额时,应当扣除案发前已经返还的数额,以实际未归还的数额作为定罪量刑的根据。这样既充分考虑了被害人的实际损失情况,又较为公平合理,也符合罪刑相适应原则。至于连环诈骗的次数及总数额,反映了诈骗分子诈骗活动的规模及社会危害程度,在量刑时应作为重要的量刑情节予以考虑。根据共同犯罪“一人行为共同承担”的原则,应以共同犯罪所得总额认定;就量刑数额而言,应当在共同犯罪所得总额所达到的量刑基础上,综合分赃数额、参与数额、负担数额等方面予以考量。

表9　诈骗数额的认定 vs. 在量刑上的考虑

诈骗形式	诈骗数额的认定	量刑考虑
利用经济合同诈骗	实际骗取的数额	合同标的数额
多次诈骗	实际未归还的数额	多次行骗的数额(从重)
集资连环诈骗	实际未归还的数额	连环诈骗的次数和总数额
共同犯罪	共同犯罪所得总额	分赃数额、参与数额、负担数额

(六)集资诈骗犯罪案件的风险特征

1. 集资诈骗犯罪的涉众性

集资诈骗犯罪案件的基本风险特征是涉及的受害人数众多、涉案金额大、处置及善后工作难度大、社会影响恶劣,易造成或引发社会不稳定因素。首先表现为犯罪人数多,往往表现为共同犯罪的形式,因为独立的犯罪个体通常难以实施非法集资类犯罪。其次,表现在非法集资犯罪辐射面广,侵犯对象往往具有不确定性,案件集资人数常达千人以上。最后,表现在众多受害人的损失难以追回,为司法机关办案带来巨大压力,不利于社会和经济的稳定发展。

2. 集资诈骗犯罪与经济违法行为的界限不明

集资诈骗犯罪通常是集资者首先违反了国家的民事、经济、行政法律法规,然后由违法行为的恶性程度逐渐升级为触犯刑法的程度,实践中非法集资与民间借贷往往只有一步之差,稍不注意就会越过雷池。一些企业为了满足融资需要,往往打“擦边球”,使司法实践中处理此类案件存在困惑,如果单纯按照民事行为处理似乎显得过于轻缓,但若按照刑法规定的犯罪行为处理,则会使刑法效益难以实现,而且一旦按照集资诈骗犯罪处理,根据司法解释,个人集资诈骗金额达到20万元即属于数额“巨大”,100万元以上就构成数额“特别巨大”,按照当前案件形势,涉案金额上千万甚至上亿的案件大量存在,大多数集资诈骗犯罪金额都会达到数额特别巨大的标准,对被告人判处10年以上有期徒刑或者无期徒刑,两种处理模式对集资人的处理有天壤之别,造成极大的差异。现实中司法机关对非法集资行为的处理方式不统一,同一行为在不同省市有的作为刑事案件处理,有的作为民事案件审理,有的由政府主持协调,以盘活企业返还集资人财产。由此造成法院审判环节刑事、民事案件在多地并存,涉案资产被多家法院多个环节查封扣押冻结,集资人对案件处理表现出不满。

另外,各地对刑事政策掌握不同,做法也存在很大差异。有些地区为了社会稳定、平息民愤,将非法吸收公众存款上升为集资诈骗罪予以重判,根本原因在于经济犯罪的定罪与政策的规定关系密切,但政策本身又具有易变性,导致经济犯罪在定罪上存在一定困难。

3. 集资诈骗手段快速更新、隐秘高超、难以甄别

非法集资者的伪装手段非常高超,缺乏分辨能力的普通投资者难以区分伪装的非法行为与正常的商品交易活动。以营口东华经贸(集团)有限公司董事长兼总经理汪振东非法集资诈骗一案为例,其以养蚂蚁致富为诱饵,与养殖户签订蚂蚁销售合同,承诺超高年回报率。本案中,汪振东如果只是出售蚂蚁,没有委托养殖和回收约定,该行为有可能不会被认定为集资诈骗,但由于双方在合同中规定了固定回报和回收条款,使该行为的性质发生改变——投资者不是为了消费购买蚂蚁,而是为了获得投资收益。而且汪振东虚构养蚂蚁高额利润,用养殖户的资金搞无效益“投资”,编造“有实力”假象,欺骗养殖户。其非法集资规模达30亿元,其中挪用养殖户资金7.98亿元用于个人挥霍、偿还个人贷款、借给个人或单位使用。

在震惊全国的蚁力神案件中,有了汪振东的“前车之鉴”,蚁力神天玺集团有限公司改变了诈骗策略,不再向养殖户出售蚂蚁,而是委托养殖户为蚁力神公司养殖蚂蚁,但是养殖户要向公司交纳高额的保证金,在养殖期满后,保证金退还,公司向养殖户支付劳务费,作为养殖的报酬。两起案件的交易模式的区别在于一个是蚂蚁买卖合同,另一个是委托代理合同。中国

人民银行曾经认为后一种模式养殖户的收益来自其自己的努力(养殖蚂蚁、提供劳务)并不构成非法集资。但养殖户支付的保证金实际是集资的本金，蚁力神支付的劳务费标准远远高于市场上类似劳务费的标准,委托养殖的实质是以保证金方式收取本金定期支付固定回报的非法集资行为。蚁力神的这种伪装手法大大加大了认定集资诈骗或其他非法集资的难度。

4. 被害人追赃方式较为极端,甚至不惜以违法方式挽损

非法吸收存款案件被害人众多,且被告人与被害人之间往往存在借还款协议,借款担保合同等民事法律关系表现形式。在部分被害人报案,公安机关以刑事案件立案侦查的情况下,仍有部分被害人坚持以民事借贷纠纷、合同纠纷起诉,并希望通过民事诉讼挽回损失。

另一方面,那些在集资诈骗案件中受骗上当的人,容易产生让骗局维持下去的愿望,因为只要骗局维持下去,他们就有可能继续赚取不切实际的高额利息,并在他们自认为适当的时候完全退出骗局,从而把亏损转嫁给后进入者。然而,这类受害人没有想到的是尽管骗局可以长期维持而不被拆穿,它仍然是注定要破产的。骗局应该尽早发现和尽早拆穿,这样造成的社会危害就越小,而不是给张罗骗局的人再多点资金,再多点时间,以期望发生奇迹,更不应该成为帮手和助推器,滋养犯罪行为的生长。

三、非法集资案件处置的成都实践

非法吸收公众存款犯罪案件和集资诈骗犯罪案件作为群体性经济类犯罪案件,如何保障被害人的诉讼权利、最大限度追缴赃款,直接影响案件审理能否顺利进行,在审判这两类案件时若不能妥善处理上述问题,很可能导致被害人诉求得不到满足,被害人损失无法挽回,甚至引发群体性事件,造成恶劣的社会影响。因此,对于这两类案件的审理,不能单纯考虑案件的定罪量刑,还应结合风险防控、矛盾化解等因素,从社会综合治理方面进行综合考量。成都市中级人民法院结合非法集资罪案高发的特点,总结出以下实践经验:

(一)加强组织领导

一是市政府第一时间成立处置非法集资工作领导小组,并设立处置非法集资工作领导小组办公室,作为处置非法集资工作的常设机构,并从公检法等部门抽调相关工作人员负责办公室日常工作。二是明确非法集资案件

查处实行属地管理,各县(区、市)设立处置非法集资领导小组办公室,负责本辖区内非法集资案件的受理、调查、立案、认定和处置善后等工作,掌握辖区内涉嫌非法集资的苗头和动向,同步研判形势,做到提前排查消除隐患,防范经济金融风险和社会稳定风险。三是由处非办牵头,对于相同系列公司的非法集资案件成立专案组,负责系列公司非法集资案件的线索初查、司法介入、资产处置等各个环节。

(二)强化协调配合

各县(市、区)政府各职能部门在处置非法集资工作中始终保持一盘棋,对涉及多个区域的大规模非法集资,做到统一指挥协调、统一办案要求、统一资产处置,分别侦查诉讼、分别解决诉求,强化沟通、密切配合、互通信息、资源共享,形成处置合力。公安机关负责受理单位或个人举报、报案、移送的涉嫌非法集资案件,及时依法立案侦查;对非法集资活动单位或个人依法采取强制措施;依法查询、冻结、扣押涉案资产,最大限度挽回经济损失;协调县(市、区)政府做好维护社会稳定的工作。检察机关负责依法做好非法集资案件的审查批捕、审查起诉和诉讼监督工作;加强与有关部门的沟通与联系。审判机关负责非法集资案件的受理、审判和执行工作;积极参与处置非法集资工作中需要协调的事项;配合有关部门开展处置非法集资案件的宣传工作;为打击非法集资活动提供法律咨询和指导。工商行政部门负责加强对集资企业媒体广告发布情况进行监测和检查,依法查处涉及非法集资活动的违法广告;依法处理投资理财类中介公司超范围经营形成的非法集资;依法加强对开展从事小额借贷、理财融资等高风险金融企业的监督;依照有关部门的认定意见,对非法集资的企业予以处罚。金融办、人民银行、银监局负责对涉嫌非法集资活动单位或个人的金融资产依法进行监测;配合县(市、区)政府及公安、工商、司法等部门对非法集资案件进行查处与取缔。

(三)加大舆情研判

各县(市、区)政府处非成员单位内部建立起重大问题、敏感问题的定性、定量预警监测机制,加强跟踪、监测、分析,及时发布风险提示信息,重要信息及时上报同级人民政府,同时通报打击和处置非法集资领导小组办公室和各成员单位。对于矛盾较为突出的系列案件,实行专案专报,提前研判可能出现的舆情风险，做好应对准备工作，出现舆情后第一时间把握舆情的状况和态势，进行深度分析，提出有情况、有分析、有对策的意见和建议。

（四）妥善清退资产

坚持在专案组的统一指挥下开展司法执行及资产处置工作，相同系列公司的非法集资案件，由一家法院主导，多家法院配合，统一部署，统筹行动，合并执行。一是在政府的主导下，专案组负责对涉案单位、个人的民事案件、刑事案件统筹进行债权、债务清理工作，将各涉案地查封、扣押、冻结的涉案资产的情况进行汇总，同时查明资产的权属、性质、现状。二是对易贬值、不易保管或者保管成本高的涉案资产，及时依法拍卖变现，实现回收效益最大化。对不易贬值、易于保管的涉案资产，在案件审理结束后依法处置变现。三是依法对涉案公司和人员的违法所得及其收益进行追缴。收缴的范围包括向社会公众非法吸收的资金，集资款投资所产生的收益，以及其他依法应当追缴的资产。四是建立涉案资金归集统一账户，各涉案地已追收的和依法执行变现后的资金，均归集到指定账户，不得擅自清退返还。五是根据确认的资金数额，按照“统一标准、统一返还”原则，确定清退人员范围、数量，按比例计算统一清退率，编制资金清退方案，经领导小组审定后实施。

（五）化解信访难题

各县（市、区）政府部门高度重视群众诉求，坚持高层接访、专人接访，有访必接，深入剖析个体根源，有针对性地制定化解举措。一是畅通信访渠道，各部门设立信访办公室，对外公布信访电话及接访人信息，建立信访台账，对长期信访问题进行跟踪化解，坚持定期通报制度，及时通报信访、接访和化解情况。二是通过媒体、网络、工作人员等正确引导舆论，稳定群众的情绪，争取各方理解和支持。司法机关在办理非法集资案件时实时掌握群众诉求，从审判过程中的突出问题着手，逐个化解矛盾，避免问题扎堆难以解决。三是在做好群众工作的同时，全面实行集资参与群众属地化解，各街道办事处、社区协助负责所辖范围内集资群众的信息沟通和诉求反映，设立缓冲带，避免集资群众与司法机关直接对立冲突。

四、防范非法集资犯罪的对策建议

(一)提升能力,坚持主客观相统一

审判集资诈骗罪应坚持主客观相一致的原则,即集资理由、集资方法、履约表现和违约后的态度,结合整个集资诈骗活动的综合表现,既要避免单纯根据损失结果客观归罪,也不能仅凭被告人自己的供述,应当紧密结合事前、事中、事后的各种主客观因素,进行综合认定。

认定"非法占有为目的"时,需注意几个问题:(1)集资诈骗罪"以非法占有为目的"的认定应当结合客观证据,对于有证据证实确系事中产生非法占有故意的,应当按照主客观相统一的原则,对其产生非法占有故意之前吸收的金额,应当从其集资诈骗金额中扣除。(2)非法占有的时间长短并不影响非法占有之性质,更不能因此而否认行为人意图非法占有集资款的客观事实状态。(3)非法占有并不一定体现为实际持有,只要行为人在实际上排除了原所有人的合法占有,将资金实际上转为自己所控制和支配,即非法占有。(4)非法占有并不仅限于自己占有。现阶段集资诈骗罪呈现出犯罪集团化的特点,所以,"非法占有"既可以是自己占有,亦可以是为第三人占有,更可以理解为与第三人共同占有。

(二)强化协作,运用大数据等新监管方式

审理非法集资案件可充分运用最高人民法院裁判文书网、最高人民法院统计分析系统等数据平台,吸收、借鉴其他地方法院审判经验,避免出现类案处理差异过大的情况。案件审判后,应针对审理中发现的监管漏洞及时与工商、银监、税务部门沟通,提出司法建议。同时建议工商行政部门审批公司注册时,不仅要加强形式上的审查,而且还要做实质上的审查;不仅要审查注册公司的资质,同时也应利用大数据、人工智能等现代科技,对这些可疑企业的行为进行实时监控,一旦发现问题能够及时处理,避免造成更大的损失。对于负有监测可疑资金职责的银行业等金融机构也要尽到责任,注意对企业大项、经常性流动资金的监测,及时向有关部门反馈通报信息,防止形成影响较大的案件。税务部门要加强企业税务监督,通过税务系统反映出企业经营状况异常的,要及时向工商、银监部门通报,进行重点监控,防范金融风险。

(三)加强宣传,进一步提高群众自我保护能力

通过典型案例加大普法力度,各级法院应及时选取已生效的典型案例进行公开宣传,分析犯罪分子的行为模式、表现特征,提示广大群众提高警惕,正确区分合理合法的理财产品与非法吸收项目。人民法院在审理该类案件时采取公开审理,邀请群众代表参加。已审结生效的该类案件可制作为警示案例,联合司法行政部门选取公园等法治文化阵地进行宣传,以案说法,提高广大群众的风险识别能力和防范意识,从根本上铲除滋生非法集资活动的土壤。同时针对非法集资人惯用的手段,制作宣传防范手册,通过各街道办事处、社区发放给当地居民,充分发挥基层组织的力量,打防结合、群策群力,提高居民防范意识。

(四)健全体系,维护良好金融秩序

近年来,我国经济飞速发展,社会公众手中闲散资金激增,大家都想将自己的资金投入运转以期增值,但是目前我国个人投资特别是金融领域投资的门槛高、种类单一,导致各地地下资金市场的萌发,严重扰乱了金融秩序。因此,在坚持严厉打击该类金融犯罪的同时,我们也希望能够尽快地健全并完善我国的金融市场,为社会公众提供安全可靠、种类多样的投资形式,力求"打防结合、重在引导",从而在根本上减少犯罪,化解社会矛盾。习近平总书记在十九大报告中指出,"要加快完善社会主义市场经济体制,创新和完善宏观调控,健全财政、货币、产业、区域等经济政策协调机制,健全金融监管体制,"而2013年国务院批复建立的由央行牵头的"金融监管协调部际联席会议"在监管协调方面作用并不突出,成立强有力的金融监管机构势在必行。2017年11月8日,为贯彻"十九大"精神,落实全国金融工作会议要求,国务院金融稳定发展委员会正式成立。作为金融监管的实体机构,其职责重点在于:统筹协调、分析研究、风险应对处置及监管问责等。可以预见,在金融协调监管方面,国务院金融稳定发展委员会的作用将非常突出。在健全金融市场监管体系的同时,最高人民法院也应充分发挥民商事审判的社会引导作用,通过相关司法解释指引民间金融合法投资,清除妨碍市场统一和公平竞争的障碍,激发市场主体活力。

(五)完善制度,建立健全系列配套机制

国家有关部门应尽快制定民间借贷的相关规定,将其纳入金融监管范围,明确高利贷的概念、性质和范围,正确引导和规范民间借贷。在民间借贷活跃的地区可设立相应管理机构,为借贷双方当事人提供咨询和指导,并对因借贷引起的纠纷进行调解和处理。进一步建立协调案件管辖及涉案资产返还工作机制,提高侦查工作效率,使非法集资得到及时有效打击。最高人民法院、最高人民检察院应针对当前非法集资犯罪案件高发的态势,定期发布非法集资专题指导案例,引导全国各级法院统一裁判尺度,及时解决审判实践中出现的新问题,指导各级法院妥善处理非法集资案件,化解社会矛盾。

五、结语

近年来,社会经济得到高速发展,但与之配套的经济、金融制度和法律规范尚未健全,社会诚信体系缺失,由此导致集资诈骗犯罪逐年上升,并逐步由大中城市向小城镇蔓延。本罪为涉众型经济犯罪案件,因其具有涉案人员多,金额大,损失一般难以挽回等特点,对市场经济秩序和社会稳定产生严重的影响。课题组通过司法大数据技术,搭建集资诈骗犯罪的分析模型,通过对集资诈骗犯罪及非法吸收公共存款犯罪的地域性分布、案件走势、审理程序、量刑分布、被告人性质和法条引用情况等几个维度进行实证分析,对两类案件的联系与区别予以总结和归纳。在实证研究的基础上,课题组结合成都中院审理集资诈骗犯罪的特点,总结应对集资诈骗犯罪的成都经验,提出五点建议。其一,提高法官的审判业务能力,坚持集资诈骗罪主客观相一致的原则;其二,强化司法机关、行政机关协作能力,通过大数据等新技术、新手段对集资诈骗犯罪及时进行预防和监管;其三,加强社会宣传和教育,提高群众的风险防范意识;其四,响应"十九大"的号召,健全和完善金融管理秩序;其五,健全和完善法律制度,通过完善立法、发布指导性案例等,统一集资诈骗案件的裁判尺度,化解社会矛盾。

课题组通过文献分析和实证研究,提出以上建议和对策,期望能为预防、监管和审理集资诈骗犯罪贡献一份力量。与此同时,因数据有限,本课题还有很多未涉及的事宜,部分重要数据无法提取,实证分析有待进一步深入。远方很远,步履不停,课题组也将不断向前,为中国的法治事业贡献自己的一份绵薄之力。

利益衡平背景下的思考：非法集资案件审理疑难问题研究

——以成都法院788件案件为样本

马丽莎*

内容提要 由于社会资金供需矛盾突出并缺乏相应监管，各地民间借贷市场交易异常活跃，与此对应的是非法集资类刑事案件大量爆发，受行政引导和结果导向的影响，该类纠纷在罪与非罪的识别、具体罪名的适用、被害人身份认定、善意取得在追赃中的适用、刑民交叉案件处理等方面存在较大偏差。本文以成都市法院近三年来受理的788件案件为样本，对该类案件进行了总体梳理，包括适用罪名基本情况、特点和被告人判处刑罚情况等。本文第二部分选取了上述困扰审判实践的几个重大疑难问题进行分析，这些问题中，有些涉及程序，有些涉及实体，有些涉及审理，有些涉及执行，均是笔者和同事在实际审理中的一些困惑和思考。在本文第三部分相应问题的求解中，笔者提出应在利益衡平的大背景下坚持运用宽严相济原则甄别罪与非罪、精准识别犯罪要件确定此罪与彼罪、在否认被害人身份基础上参照其有限度保护存款人权益、兼顾市场交易秩序区分善意情形进行追赃、

* 马丽莎，四川成都人。1997年至2004年在西南政法大学主修法律，先后获得法学学士和法学硕士学位。

破除传统理念合理选择刑民交叉处理路径等多条合理化建议,以期对厘清该类案件的审理思路、正确作出裁判起到一定帮助。

关键词 利益衡平 非法集资案件 疑难

近年来,受宏观经济形势及国家货币政策调整影响,中小企业融资难问题逐渐凸显,资金供需矛盾日益突出,加之缺乏相应监管,民间借贷市场交易异常活跃。在此背景下,成都市民间借贷及以其为表象的非法集资案件也大量爆发。该类纠纷前期隐蔽性高、涉众性强、社会关注度广,蕴含矛盾错综复杂,甚至引发群体恶性事件,对当地经济发展和社会稳定产生巨大影响。加之该类案件涉及的相关法律规定不明确、政策倾向不易把握、相关利益主体较多,审理疑难问题较为突出。本文拟从笔者所在成都市两级法院近三年受理的788件非法集资类刑事案件,梳理出该类案件的收结案情况、呈现特点、被告人判处刑罚情况等,并结合工作实际提出了困扰审判实践的几个重大疑难问题,深入论证后提出相应建议。

一、成都市两级法院受理非法集资类案件的总体考察

非法集资类刑事案件不是一个准确的法律术语,虽然在最高人民法院及行政机关的官方文件中都以一个专有名词来使用,但纵观我国《刑法》,没有这样一个罪名或类罪名。在金融领域,这类犯罪通常以民间借贷为表象,通常涉及四个罪名:非法吸收公众存款罪、集资诈骗罪、高利转贷罪、非法经营罪(涉嫌放高利贷)。经查阅,近三年成都市两级法院审理的非法集资类刑事案件主要集中在非法吸收公众存款罪和集资诈骗罪。其中非法吸收公众存款罪652件,集资诈骗罪136件,如表1所示。

表1 近三年全市两级法院非法集资类刑事案件收结案情况

类型		2015年	2016年	2017年 1月至10月
非法吸收公众存款罪	收案数(新收)	194	244	214
	结案数	55	254	196
集资诈骗罪	收案数(新收)	18	73	45
	结案数	9	56	27

该类案件主要有以下特点:第一,高利诱惑。非法集资方承诺的年收益

率通常在20%以上，有的甚至高达200%。第二，涉案金额巨大，调阅的案卷中，100万元以下的较少，多数为100万元以上，甚至1000万元以上的案件，受害人损失巨大。第三，受害人众多，大多为辨识能力较差且有积蓄的中老年人。受害人少则十余人，多则几百人，最多一案达2176人，涉众特征明显。第四，犯罪潜伏期长。从开始集资到最后案发，基本长达1年以上。第五，吸收资金手段具有隐蔽性和欺骗性。如养殖仙人掌、奶牛、黑蚂蚁、马铃薯、青梅，入股建酒厂、快餐店、工程项目、生态观光农业等。三年来，共对279名被告人判处刑罚，其中宣告缓刑的有67人，判处3年以下有期徒刑的131人，3年～5年有期徒刑57人，5年～10年有期徒刑的16人，10年～15年有期徒刑的8人，如图1所示。

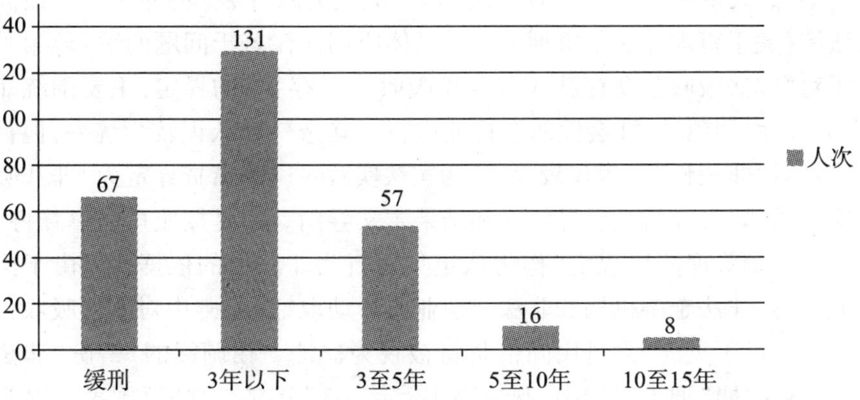

图1　近三年非法集资类刑事案件被告人判处刑罚情况

二、利益的冲突：审理非法集资类案件疑难问题解读

非法集资类案件审理面临的不仅仅是法律问题，更多的是背后隐含的经济问题和社会问题，其间蕴藏着诸多利益冲突，如保障国家金融秩序与满足中小企业资金需求、维护国家金融利益与支持民间游资的投资权益、不同集资形态和相关人的合法权益保护、保障投资人的民事权益和打击犯罪的国家利益等，这些利益冲突反映在审理中主要表现在：罪与非罪的辨识，个人犯罪与单位犯罪的区分，辐射性集资行为性质的认定，非法吸收存款罪与集资诈骗罪的区分，追赃过程中善意取得问题及对涉案财物的退赔标准和程序，刑民交叉问题的处理等，下面，将就上述疑难问题做详细解读。

(一)罪与非罪难界定

合法的民间借贷与非法集资的界定和区别历来是一个难题。目前,司法实践在行政引导和结果主义导向下,注重加强打击,有将民间借贷泛刑法化的趋势。主要表现在:

第一,将非法经营罪的扩张化,将高利贷入罪的情况越来越多。一些法院扩张了非法经营罪中第4项"兜底条款"("其他非法经营行为")的解释,认为此种情况下民间高利贷行为符合非法经营罪的行为构成要件。[1] 虽然根据收集的数据显示,成都市目前没有该类案件,但对高利贷入罪的司法倾向应所有注意,尽量避免动用刑事处罚干预高利贷行为。

第二,大量民间借贷行为引入"非法吸收公众存款"的罪名中。最高人民法院《关于审理非法集资刑事案件具体应用法律若干问题的解释》第1条关于对"非法吸收公众存款或者变相吸收公众存款"的界定,主要围绕非法性、公开性、利诱性、社会性四个特征进行。其余三性认识较为统一,但目前理论界对"非法性"的争议较大,认为司法实践对民间借贷界定为"非法吸收公众存款罪"存在行政引导倾向和结果主义导向。一是按照司法解释将"违反国家金融管理法律规定"作为认定集资行为非法性的依据。但由于国务院颁布的《非法金融机构和非法金融业务活动取缔办法》中对非法吸收公众存款定义过于宽泛,大量民间借贷将被视为非法。在调阅的33份"非法吸收公众存款罪"刑事案卷中,判决书本院认为部分都有"违反国家金融管理法律规定"的表述,但均未对此进行说理,而是一笔带过。另外,"扰乱金融秩序"如何论证,如果企业吸收存款用以生产经营,而非资本货币经营,是否扰乱了金融秩序,该后果和影响是否应由金融监管部门或者其他专业机关出具专业鉴定意见均值得进一步探讨。二是结果导向化。目前,大多民间借贷交易处于灰色地带,对此我国缺乏相应管理规范和明确监管主体。行政执法与司法机关多以集资者是否发生清偿纠纷引发社会矛盾为标准进行事后追究,而不是以非法集资犯罪的核心法律特征为标准进行严格判断。在前几年成都市民间借贷市场活跃发展时期,全市大街小巷充斥着各类融资公司的身影,市内各大主流报纸媒体上关于融资广告也屡见不鲜,有关部门对此基本不予关注和监管,如前述养殖仙人掌公司在当地一度是绿色明

---

〔1〕 参见袁春湘:《民间借贷中罪与非罪的判断与处理》,载《人民法院报》2014年10月1日。

星企业。而一旦公司出现资金链断裂、挤兑风潮、管理层失联、债权人上访等群体性事件,有关部门出于维稳等各种需要,立刻采取措施启动刑事立案程序,对相关公司和个人予以刑事追诉。在此种导向下,法院在界定合法民间借贷纠纷和非法集资犯罪上具有相当难度。

(二)此罪与彼罪难区分

1. 非法吸收公众存款罪与集资诈骗罪

非法吸收公众存款罪指的是"非法吸收公众存款或者非法变相吸收公众存款,扰乱金融秩序的行为",而集资诈骗罪,是指"以非法占有为目的,使用诈骗方法非法集资,数额较大的行为"。两者虽然同属于非法集资类犯罪,但重要区别在于后者有"非法占有"的主观要件,在客观要件上需采取"诈骗方法",理论上两者一般不宜混淆。但在实践中,一些集资行为往往具有辐射性质,金字塔顶端的参与人员与中端、底端的参与人员通常涉及同一集资项目,但由于各自作用不同,对资金掌握、流向、使用各异,在两罪之中如何适用具有争议;集资行为公司化运作模式中,公司老总、财务和一般业务经理、行政人员的罪名在主观故意上如何区分亦是一大难点。实践中,由于证据收集及主观认定等有难度,有将集资诈骗罪降格为非法吸收公众存款罪的倾向,并且由于数额认定也有难度,被告判处刑罚偏轻,由图 1 所示,在 279 名被告中,3 年以下有期徒刑及缓刑的有 198 名,约占总数 70%。在调阅的 788 份非法集资类刑事案卷中,非法吸收公众存款案被告人主要辩护意见集中在客体与客观方面,如正常民事借贷、未公开宣传、未获利、金额认定有误、正积极退赔等,而集资诈骗案的被告人主要辩护意见在主观方面和客观方面兼而有之,如不知公司运营情况、无非法占有故意、未分账款、未公开宣传、金额认定有误等。

2. 诈骗罪与集资诈骗罪

集资诈骗罪与诈骗罪都以非法占有为目的。一些诈骗案件中,被告以非法占有为目的分别向不同的人借款,形式上极易混淆为面向公众的集资诈骗罪,司法实践中法院对此与检察机关也屡有不同认识。如余某被控集资诈骗罪一案中,余某虚构从事烟酒生意、钒铁生意,以 8% ~12% 的年息为诱,分别向 13 名熟人及介绍的朋友借款共计 3293 万元,除少量用于支付利息外,其余全用于个人挥霍,造成 2613 万元的损失。检察院以集资诈骗罪提起公诉,法院审理后认为余某虽采取虚构事实,但未公开向社会广为传播,人数虽然众多,但并不针对不特定公众,因此该行为应定为诈骗罪。

(三)诉讼地位难认定

非法吸收公众存款中的存款人是否可以作为被害人,成都市法院刑庭有两种观点:第一种观点认为,非法吸收公众存款人应当作为受害人,理由在于:第一,非法吸收公众存款行为既侵犯了国家金融管理秩序,也侵犯了存款人个人的财产权益;第二,在我国,民间借贷有其悠久的历史渊源和经济内在需求的基础,存款人的行为动机只是获取高额利息回报,并没有破坏金融管理秩序的意愿;第三,存款人遭受了物质损失。第二种观点认为,非法吸收公众存款人不应作为受害人,理由在于:第一,非法吸收公众存款罪属于刑法分则第三章所规定的破坏社会主义市场经济秩序罪,其侵犯的法益是国家金融管理秩序,并不包括存款人利益;第二,存款人明知非法集资仍参与存款,如认定为被害人加以保护,对今后遏制相应犯罪不利。然而,存款人是否可作被害人的争议远非限于纯理论上的技术探讨,司法实践中,这一身份的认定将直接影响存款人在诉讼中的诸多权利,[1]如庭审中出庭参加诉讼,不服刑事裁判后向检察机关提起申诉权,在执行程序中要求以被害人的身份优先参与分配等,因此,存款人身份亟待厘清。

(四)追赃问题难统一

非法集资类案件的追赃过程中面临着与其他刑事案件追赃的一个共性问题,即赃物是否适用善意取得。如果参照关于诈骗罪中赃物是否可以一追到底,我们发现最高人民法院的态度在不断修正。1992 年 8 月 26 日最高人民法院研究室《关于对诈骗后抵债的赃款能否判决追缴问题的电话答复》规定:“对犯罪分子转移、隐匿、抵债的,均应顺着赃款赃物的流向,一追到底,即使是享有债权的人善意取得的赃款,也应追缴。”该解释明确了“一追到底”的原则,并完全否认了赃物的善意取得。但“两高”于 2011 年 4 月 8 日实施的《关于办理诈骗刑事案件具体应用法律若干问题的解释》(以下简

---

〔1〕 根据《刑事诉讼法》的规定,被害人享有报案、控告权,请求立案权,申请侦查机关补充鉴定或重新鉴定的权利,申请回避的权利,委托诉讼代理人的权利,提起附带民事诉讼的权利,发表意见的权利,对不起诉决定申诉和起诉的权利,参加诉讼的权利,申请法庭通知新的证人到庭,调取新的物证,以及申请重新鉴定或者勘验的权利,对公安机关、人民检察院不予追究的案件有起诉的权利,提请抗诉和申诉的权利等。

称《解释》)中,最高人民法院观点发生了大幅度改变,第10条[1]规定了四种"应当依法追缴"的情形,并且第2款中明确规定"他人善意取得诈骗财物的,不予追缴",明确了诈骗案件中赃物可以适用善意取得制度。2014年《关于办理非法集资刑事案件适用法律若干问题的意见》基本沿袭了前述司法解释的提法,列举了四种应当追缴的情形,并用"其他依法应当追缴的"予以兜底,但恰恰未提善意取得集资诈骗财物的,是否予以追缴。与之对应,司法实践中也有两种做法,一种是沿用一追到底的模式,第二种是对善意取得的赃物可以网开一面。

(五)刑民交叉难处理

过去,法院在审理刑民交叉案件时常采用"刑事优先"的原则,在民间借贷纠纷和非法集资类案件交织时也莫能例外。主要根据1998年4月9日最高人民法院颁布《关于在审理经济纠纷案件中涉及经济犯罪嫌疑若干问题的规定》(以下简称《规定》)第11条、第12条,[2]法院认为有经济犯罪嫌疑的,应驳回起诉裁定,并将案件移送公安机关处理。至此,民事纠纷被刑事案件所吸收。调研中发现,不少法院基于传统的做法和畏难情绪,但凡涉及非法集资的民间借贷纠纷均全案移送至公安机关,虽然在最高院的相关文件中这种做法似乎也找得到支撑。[3] 然而,近年来理论界和实务界越来越多的人对"先刑后民"的模式提出质疑,认为存在诸多弊端:第一,由于我国刑诉法并未确立缺席审判制度,倘若犯罪嫌疑人一直未能抓获归案,客观上

---

〔1〕 该《解释》第10条规定:行为人已将诈骗财物用于清偿债务或者转让给他人,具有下列情形之一的,应当依法追缴:(1)对方明知是诈骗财物而收取的;(2)对方无偿取得诈骗财物的;(3)对方以明显低于市场的价格取得诈骗财物的;(4)对方取得诈骗财物系源于非法债务或者违法犯罪活动的。他人善意取得诈骗财物的,不予追缴。

〔2〕 该《规定》第11条规定:"人民法院作为经济纠纷受理的案件,经审理认为不属于经济纠纷案件而有经济犯罪嫌疑的,应当裁定驳回起诉,将有关材料移送公安或检察机关。"第12条规定:"人民法院已立案审理的经济纠纷案件,公安机关或检察机关认为有经济犯罪嫌疑,并说明理由附有材料函告受理该案的人民法院的,有关人民法院应当认真审查。经过审查,认为确有经济犯罪嫌疑的,应当将案件移送公安机关或检察机关,书面通知当事人,退还案件受理费……"

〔3〕 "两高一部"于2014年3月25日颁布的《关于办理非法集资刑事案件适用法律若干问题的意见》中规定,"对于公安机关、人民检察院、人民法院正在侦查、起诉、审理的非法集资刑事案件,有关单位或者个人就同一事实向人民法院提起民事诉讼或者申请执行涉案财物的,人民法院应当不予受理,并将有关材料移送公安机关或者检察机关。人民法院在审理民事案件或者执行过程中,发现有非法集资犯罪嫌疑的,应当裁定驳回起诉或者中止执行,并及时将有关材料移送公安机关或者检察机关。"

将导致被害人的赔偿请求无限期搁置。[1] 第二,容易导致当事人滥用先刑后民规避民事审判,以刑阻民。第三,将已进入民事诉讼的纠纷全案移送公安机关似有不妥,即便是经验丰富的民事法官也不能很好地界定刑事案件,另外一些法官可能会为推卸责任而将案件移交公安、检察机关。[2] 第四,不能充分保障当事人的合法权益。刑事判决一般采取继续追缴退赔的方式赔偿受害人,当以此先刑后民的原则处置完毕后,民事不会再启动,作为有担保情况的借贷,或者约定有违约金、逾期利息的借款合同,出借人的利益都得不到充分的保障。[3] 第五,刑事周期过长。涉及非法集资类刑事案件,一般涉及面广,人数众多,侦查周期长,待刑事结案后,很多被告的财产均已转移。而在民事诉讼中,单个债权人在发现债权可能得不到清偿时,可以及时启动民事诉讼,并开展民事诉讼中特有的诉讼保全程序,将清偿风险化解。近年来,一些法院将已采取诉讼保全且民事诉讼已基本审理清楚的案件又移送公安,引发当事人的强烈不满,进而质疑法院公信引发群体性事件。因此,刑民交叉时案件应如何处理、标准是什么、后续程序是什么,确有在传统认识和做法上进行再探讨的价值和意义。

三、利益的衡平:非法集资类案件审理疑难问题的相应求解

司法的核心问题即是对各种利益作出判断并进行裁决,这种衡平在多种利益交织的非法集资案件审理中显得尤为重要。在维护国家金融秩序、严厉打击非法集资犯罪的传统思路下,如何深入识别并谨慎评判背后另外隐含的各种利益冲突,如何顺应我国即将面临的深刻金融改革,如何支持中小企业的合理资金需求和持续发展,如何引导民间资本配置的规范有序,如何保护投资人的合法民事权益,更是每一位法官在案件审理中需要认真思考和探究的问题。

(一)坚持运用宽严相济原则甄别罪与非罪

关于合法民间借贷和非法集资的区分问题,笔者认为,我国正处于重大的金融转型过程中,金融市场和模式快速发展变革,十九大明确提出深化金

---

〔1〕 参见赵文艳:《先刑后民原则的异化和扬弃——兼论刑民交叉案件的处理模式》,载《福建警察学院学报》2009 年第 1 期。

〔2〕 参见周培芳:《论刑民交叉案件的司法处理方式》,载《湖北经济学院学报》2011 年第 11 期。

〔3〕 参见李海荣、张玉平:《民间借贷案件中涉及刑民交叉的处理方式》,载《中国审判》总第 88 期。

融体制改革的任务之一是要“提高直接融资比重，促进多层次资本市场健康发展”，“温州金改”也在深入试点，这一系列改革必将导致行政层面对非法集资的界定放宽。今后解决该类问题的关键应着重于加强地方性监管和出台相应的登记、披露和规范的细则。目前非法集资类刑事案件入罪门槛低，泛刑化趋势明显，不但助长了金融业的集中和垄断，其大量动用刑罚手段遏制“非法”集资的行为也广受社会各界尤其是民企经济体的诟病，废除“非法吸收公众存款”罪的呼声也越来越高。因此，在解决中小企业融资难和维护国家金融秩序稳定上，法院应进行合理平衡。鉴于目前“吸收公众存款”尚未去罪化，司法在尊重现有法律框架下，应带有适度的前瞻眼光，保持刑法谦抑性。应从有利于促进企业生存发展、有利于保障员工生计、有利于维护社会和谐稳定出发，在审理中应重点查明吸收资金的管理、使用、用途和去向，对于一般企业由于正常生产经营需要，吸纳利用社会资金的，应谨慎入罪；对行为人因资金周转一时陷入困境仅为躲债、回避矛盾等暂时躲避的，也不能一概认定为具有非法占有目的，避免失之过严。当然，如果吸收资金者以“非法占有为目的”进行集资诈骗的，司法机关应予严厉打击，坚决保护投资人的财产权益，不能仅凭行为人供述或怠于收集证据，将集资诈骗行为降格认定为非法吸收公众存款。

（二）精准识别犯罪要件确定此罪与彼罪

第一，从主观要件入手区分集资诈骗罪与非法吸收公众存款罪。集资诈骗罪与非法吸收公众存款罪虽然在多数案件中表现出客观行为模式一致，但审查的重点仍是从主观要件中出发。在集资诈骗罪中，“员工不知公司经营情况”的抗辩意见最多，审理中应加强对该抗辩意见的审查。有5件集资诈骗案中的部分被告以此被改变起诉罪名，在该5件案中法院查明，部分被告人为公司一般员工，其受公司安排拉拢客户、推销理财产品、吸收资金，不知公司实际经营情况和偿还能力，不掌握资金去向和用途，最终法院变更起诉罪名，认定其只构成非法吸收公众存款罪。另外，一般雇员如打字、前台等文员，只是为了获取工资报酬，没有参与犯罪的主要活动，情节显著轻微，危害不大的，法院认为可以不作为犯罪处理。有1件非法吸收公众存款案的起诉罪名变更为集资诈骗罪，被告人为保健品公司普通员工，在主管的授意下，伙同他人以投资人身份参与保健品合作经营，并给予高额回报进行虚假宣传，骗取被害人资金，该案中被告对集资的资金用途、流向，公司的实际运营情况均知情,因此,虽为员工,法院认定其已构成集资诈骗。因此在实践中,对"没有非法占有故意"的辩护意见,要重点审查能反映集资意图等主观目的证据,如非法集资方案、宣传手段,资金来源、管理、使用、流向等方面的书证,尤其是所集资金的管理、使用、用途,以及集资项目实际经营情况等影响非法集资行为定性方面的证据,以准确认定集资行为人是否具有非法占有他人财物的主观故意,以及是否有肆意挥霍资款、携款逃匿、拒不交代资金去向等情节。

在非法集资活动呈现辐射样态,形成金字塔或圈层构造时,笔者认为应做如下分类认定:对于金字塔顶、圈层原点的集资行为人,有证据证明其非法占有故意的,应认定构成集资诈骗罪;对于金字塔中层、中间圈层的集资行为人,证据不足以证明其有非法占有故意的,可认定构成非法吸收公众存款罪;对于金字塔底层、外圈层的集资行为人,有证据证明其实施了非法吸收公众存款行为,且涉案较深的,应认定构成非法吸收公众存款罪的共犯,情节较轻的,可认定为从犯;对于在整个集资行为中,主要从事事务性或劳务性工作,仅获取劳务报酬,涉案不深且退还不法或不当收入的,不认定为犯罪。

另外,作为"单位犯罪"的辩护意见在两类案件中均有出现,但最终在刑事判决中均未被采纳,笔者认为应该按照最高院《关于审理单位犯罪案件具体应用法律有关问题的解释》第 2 条规定,如果非法集资行为体现了单位意志,应以单位犯罪论。反之,如存在下列情形,依法应认定为个人犯罪行为:一是个人为进行非法集资犯罪活动而设立公司的,或公司设立后,以非法集资犯罪为主要活动的;二是公司资本显著不足,公司资本与公司经营业务和风险明显不成比例;三是公司人格混同,公司与股东在财产、机构、人事、业务等方面严重公私不分;四是其他明显利用公司规避法律责任的情形。

第二,从公开性入手区分诈骗罪与集资诈骗罪。在司法实践中,应注意集资诈骗罪的客观方面要素主要包括"诈骗方法""非法集资"两项。其中"非法集资"涵义应与非法吸收公众存款罪相同,需包含"公开性"和"社会性",即要通过公开宣传向社会公众集资,如果仅虚构事实向特定人集资,即便人数众多,也只是次数问题,该关系存在"即定性",没有"不特定性",不满足"公开性"和"社会性"的特征,因此,性质和罪名不会发生改变,应以诈骗罪论,反之应考虑集资诈骗罪。

（三）在否认被害人身份基础上参照其有限度保护存款人权益

笔者认为，非法吸收公众存款中的存款人不具有被害人身份。首先，一个行为之所以构成犯罪，首先需要具备法益侵犯性，根据罪刑法定原则，保护的法益应当反映在单个罪名的规定中，《刑法》第176条规定，非法吸收公众存款罪的客观要件是“非法吸收公众存款或者变相吸收公众存款，扰乱金融秩序的”，其侵犯的法益是“扰乱金融秩序”，该行为之所以要入罪的可责难性也在于此。

按照文义解释的方法，该罪名保护的法益并不包括存款人的财产权益，因此，存款人不能作为该罪的被害人。其次，从体系解释上看，非法吸收公众存款罪处于《刑法》第三章“破坏社会主义市场经济秩序罪”中的第四节“破坏金融管理秩序罪”，该类犯罪侵犯的法益主要是金融管理秩序，即破坏我国的货币、外汇、有价证券管理制度及对金融机构、证券交易和保险公司组织和行为的监督管理制度。从体系上考察，该罪名也并不关注存款人的财产权益，只要做了非法吸收存款行为，并扰乱金融秩序，即可入罪。最后，一般非法吸收公众存款案件涉众特征非常明显，存款人少则数十上百，多则几千上万，如果均设定为被害人身份，需要多大程度参与诉讼和影响案件结果，这样的设计现行法院是否可以承受值得仔细斟酌。虽说如此设问带有功利色彩，但在司法实践中这是无法不去考量的一个现实问题。[1]

虽然否定存款人的被害人身份，但笔者认为可以在现有制度下对其参照被害人身份，进行有限度的保护。一是知情权：司法机关及时向存款人通报案件审理进展情况和追赃情况；二是参加诉讼权利：存款人可作为证人参加诉讼，以证明集资行为违法性；三是旁听庭审权利：存款人可旁听庭审，但在存款人数量众多情况下，应推选代表进行旁听。除此之外，一般被害人享有的参与法庭调查、辩论权，抗诉、申诉权等核心权利不应赋予存款人。

（四）兼顾市场交易秩序区分善意情形进行追赃

刑事追赃活动主要作用是查证犯罪并保护他人因犯罪遭受的财产损

[1] 在调研访谈中，成都市某法院一位刑庭副庭长告诉笔者，其承办的一件非法吸收公众存款罪中有近千名存款人要求确认被害人身份，进而直接参与庭审。在当前案多人少的实际情况下，如果允许存款人的请求，他将直接面临两大现实难题：一是无法找到容纳这么多人的开庭场地；二是无法协调到足够的法警维持法庭秩序。

失,其具有两重属性:一是侦查措施属性,二是民事强制履行措施。侦查措施的属性只是解决了追赃过程的合理性,但追赃结果如何处理,仍是落入民事法律关系的调整中。在侵财型案件中,无论第三方买受人是否善意,追赃一追到底体现了公权力强势介入民事物权保护的法律关系,这在偏重于保护静态财产安全的计划经济时代有其存在的合理性,但随着市场经济的发展,这样的模式值得商榷,首先不分青红皂白、忽略买受人善意的主观心态,一律一追到底显得简单粗暴,与现代文明执法理念不符,其次将买受人善意取得的赃物强制性追缴收回再发放给受害人,破坏了市场交易秩序,市场交易安全无法得到保障。因此,笔者认为,非法集资类刑事案件可参照适用最高院 1996 年关于诈骗案件追赃的司法解释,对赃物可以适用善意取得,只需要对善意取得进行"主管善意""合理市场价格""已取得物权"等严格限制。

具体条文可做如下规定:"被告人将集资款、物用于清偿债务、转让或者设置其他权利负担,第三人善意取得涉案财物的,执行程序中不予追缴,作为原所有人的受害人对涉案财物主张权利的,法院应当告知其通过诉讼程序处理。但具有下列情形之一的,法院应予追缴:(一)第三人明知是涉案财物而接受的;(二)第三人无偿或者以明显低于市场的价格取得涉案财物的;(三)第三人通过非法债务清偿或者违法犯罪活动取得涉案财物的;(四)第三人通过其他恶意方式取得涉案财物的。"

(五)破除传统理念合理选择刑民交叉处理路径

在处理非法集资类案件的刑民交叉情形之前,一个重要的问题需要厘清,即非法集资类刑事案件惩罚的行为与单笔借贷行为合法性的问题。借款方已构成非法吸收公众存款罪或者集资诈骗罪的情况下,其与自然人订立的借款合同是否有效?实践中有些法院倾向于认定借款合同无效,认为借款人已经构成了犯罪,合同不可能有效。但最高人民法院民一庭观点认为,在此类借款合同纠纷中,违反强制性规定的仅为借款人一方,认定合同无效并不利于相应强制性规定规范目的的实现,并且认定合同无效反而有利于犯罪的借款人,因此,应当认定合同有效。[1] 笔者赞同最高人民法院民一庭的观点,刑法对非法吸收公众存款类犯罪行为的评价重点在于对违反

---

〔1〕 参见最高人民法院民一庭(杜万华、韩延斌、张颖新、王林清):《建立和完善我国民间借贷法律规制的报告》,载《人民司法》2012 年第 9 期。

或扰乱国家金融管理秩序行为进行否定,惩戒的是借款人的多笔不特定对象民间借贷的整体行为,而非对双方当事人合意借贷的效力进行评价。[1]另外,刑事上的否定评价是给予犯罪人自由或财产上的惩罚,但民事上对合同进行无效认定并不能给予罪犯相应惩罚,甚至可能减轻罪犯的民事责任,或损害案外人的合法权益。如果承认单笔借贷合同效力可以脱离非法集资犯罪单独进行认定,那么"刑民并举"模式的开展就有了前提基础。因此,笔者认为,如无违反合同法中关于合同效力的其他情形,单个借贷合同应认定为有效。具体分析如图 2 所示。

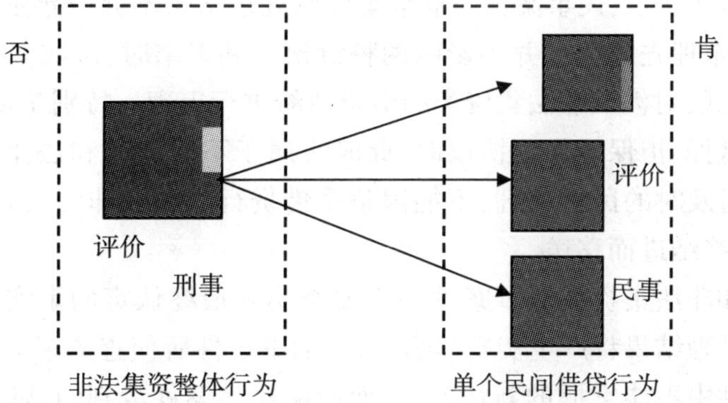

图 2　借贷合同应认定为有效的分析

关于刑民交叉案件的处理模式,从世界范围看主要有两种,一是分离模式,二是附带模式。英美法系国家(包括大陆法系的日本)主要采取分离式,即民事诉讼与刑事诉讼完全分离,民事赔偿问题只能通过民事诉讼程序解决。大陆法系国家主要采取附带模式,即当事人可以刑附民提起诉讼,[2]但赋予了被害人相对自由的程序选择权。如在法国,被害人不仅可以选择附带民事诉讼,还可以选择单独向有管辖权的民事法庭提起,民事法院可以对民事诉讼立即进行裁判,而不需要等待提起公诉及对公诉作出判决。[3]

---

〔1〕 参见崔永锋、李红:《非法吸收公众存款犯罪中民间借贷合同之认定》,载《中国检察官》2012 年第1 期。

〔2〕 参见袁春湘:《民间借贷中罪与非罪的判断与处理》,载《人民法院报》2014 年 10 月 1 日。

〔3〕 参见[法]卡斯东 · 斯特法尼等著:《法国刑事诉讼法精义》,罗结珍译,中国政法大学出版社 1999 年版。

笔者认为,20世纪80年代[1]逐步确定的“先刑后民”的审理原则强调的是把打击犯罪放在第一位的重刑轻民的司法理念,当犯罪行为与民事侵权并存时,强调被害人首先要无条件服从国家追究犯罪的需要。这一原则在设计之初,并未考虑到如何及时保护民事案件原告权益的问题。在私权与公权得到同样尊重和保护的现代社会,应当摒弃固守适用“先刑后民”的审理原则,而应区别不同具体情况,灵活处理。

一是如前论述,在单个民间借贷合同效力并非与非法集资类犯罪定性直接挂钩的情况下,对单笔民间借贷合同的效力、金额、法律关系在民事审理中可以查明认定,民事案件与刑事案件的处理结果不会引起矛盾,也不会相互依赖,审理先后顺序并不影响两种诉讼顺利审结时,法院应实行“刑民并行”的模式,对涉及非法集资类的借贷纠纷进行审理。特别是涉及借贷协议中又有抵押、担保等保证协议时,此时应属于不同事实和法律关系,法院应对此进行及时的民事审理,不能因整个借贷行为涉及非法集资犯罪而将案件中止、终结进而移送。

二是如非法集资类刑事案件中需要查明和最终认定的事实,对于民事案件中的处理结果将产生实质影响,或是刑事案件所侦查的事实,可能出现在民事案件中不能掌握的新情况,进而影响民事案件裁判的,则应根据《民事诉讼法》第150条第5项“本案必须以另一案的审理结果为依据,而另一案尚未审结的”的规定,对案件中止审理,但要注意适用该条的情形:一是“必须”,二是“要以另一案的结果为依据”。即便如此,如果刑事程序长期停滞在侦查阶段,一定期限内根本无法结案的,也可以根据民事案件的优势证据规则认定事实,作出判决,以保障民事原告人的合法权益。

---

〔1〕 1985年“两高一部”发布《关于及时查处在经济纠纷案件中发现的经济犯罪的通知》(现已失效),1995年12月9日最高法院出台的《关于审理经济纠纷案件发现违法犯罪必须严肃执法的通知》,随后1987年“两高一部”颁布了《关于在审理经济纠纷案件中发现经济犯罪必须及时移送的通知》(现已失效)。

非法吸收公众存款罪量刑偏离的大数据矫正应用

赵永巍*

内容提要 近年来,受经济下行压力和货币政策等因素影响,资金供需矛盾日渐突出,中小企业融资难、融资贵问题更加严重,民间金融市场异常活跃,非法集资问题日益凸显,全国87%的地市州盟均有发生。其中,非法吸收公众存款作为非法集资的重要手段,相关案件频发,尤其是2014年以来呈爆发态势,无论是发案数量、涉案金额,还是参与人数均大幅上升。仅以四川省为例,2015年全省检察机关起诉非法吸收公众存款罪犯罪人数达883人,同比上升471.2%。

我国刑事审判的核心问题是量刑问题,而非定罪问题。[1] 司法实践中,非法吸收公众存款案件由于受法定刑设置、自由裁量权、非法律因素等影响,普遍存在同案不同判、量刑失衡等问题,尤其体现在一审判决之中。为此,2017年3月,最高人民法院发布了《关于在全国法院开展扩大量刑规范化范围试点的通知》,将非法吸收公众存款罪纳入其中。本文选取了2014年以来全国各地法

---

* 赵永巍,四川省成都市中级人民法院研究室工作人员。

[1] 参见陈瑞华:《论量刑程序的独立性—— 一种以量刑控制为中心的量刑程序理论》,载《中国法学》2009年第1期。

院上传至中国裁判文书网的涉非法吸收公众存款罪所有二审生效改判判决书，共计148份。[1] 虽然样本案件仍不可避免地受到各地法院裁判文书上网率等客观因素的影响，但已然突破了地域限制，且数量颇大，具备大数据研究的相当科学性和合理性。通过对样本案件的实证分析，笔者从大数据角度阐释非法吸收公众存款罪量刑偏离实践，并探究其量刑困境的原因所在，最后结合大数据结论提出量刑规范化的建议。

关键词 非法集资 非法吸收公众存款 量刑问题 大数据 规范建议

近年来，受经济下行压力和货币政策等因素影响，资金供需矛盾日渐突出，中小企业融资难、融资贵问题更加严重，民间金融市场异常活跃，非法集资问题日益凸显，全国87%的地市州盟均有发生。其中，非法吸收公众存款作为非法集资的重要手段，相关案件高度频发，尤其是2014年以来呈爆发态势，发案数量、涉案金额、参与人数均大幅上升。仅以四川省为例，2015年全省检察机关起诉非法吸收公众存款罪犯罪人数达883人，同比上升471.2%。

我国刑事审判的核心问题是量刑问题，而非定罪问题。[2] 司法实践中，非法吸收公众存款案件由于受法定刑设置、自由裁量权、非法律因素等影响，普遍存在同案不同判、量刑失衡等问题，尤其体现在一审判决之中。为此，2017年3月，最高人民法院发布了《关于在全国法院开展扩大量刑规范化范围试点的通知》，将非法吸收公众存款罪纳入其中。本文选取了2014年以来全国各地法院上传至中国裁判文书网的涉非法吸收公众存款罪所有二审生效改判判决书，共计148份。[3] 虽然样本案件仍不可避免地受到各地法院裁判文书上网率等客观因素的影响，但已然突破了地域限制，且数量颇大，具备大数据研究的科学性和合理性。通过对样本案件的实证分析，笔者从大数据角度阐释非法吸收公众存款罪量刑偏离实践，并探究其量刑困境的原因所在，最后结合大数据结论提出量刑规范化的建议。

---

〔1〕 已扣减重复上传的6份二审判决书。另外，本文讨论的是非法吸收公众存款案件量刑问题，对于因定罪问题而被改判的2份判决予以扣减。

〔2〕 参见陈瑞华：《论量刑程序的独立性——一种以量刑控制为中心的量刑程序理论》，载《中国法学》2009年第1期。

〔3〕 已扣减重复上传的6份二审判决书。另外，本文讨论的是非法吸收公众存款案件量刑问题，对于因定罪问题而被改判的2份判决予以扣减。

一、大数据检视：非法吸收公众存款罪量刑偏离现状

（一）样本判决量刑总体状况

1. 主刑人数及比例

148 件样本生效判决中，犯罪人数共计 464 人，其中 32 人被免予刑事处罚，占总人数的 6.9%；6 人被判处拘役，占总人数的 1.29%；206 人被判处 3 年以下有期徒刑，占总人数的 44.4%，适用缓刑的有 100 人，占 3 年以下有期徒刑人数 206 的 48.54%；220 人被判处 3 年以上 10 年以下有期徒刑，占总人数的 47.41%，如表 1 所示。

表 1　主刑刑罚人数及占比

主刑刑罚		免予刑事处罚	拘役	3 年以下有期徒刑	3 年以上 10 年以下有期徒刑
一审[1]	人数	12	2	188	258
	比例	2.59%	0.43%	40.52%	55.6%
二审	人数	32	6	206	220
	比例	6.9%	1.29%	44.4%	47.41%

2. 罚金刑情况

非法吸收公众存款罪的附加刑为罚金，且根据《刑法》第 176 条规定，除免予刑事处罚外，均需单处或并处罚金。该罪罚金刑有两个档次，一是主刑为 3 年以下有期徒刑或拘役的，并处或单处 2 万元～20 万元；二是主刑为 3 年以上 10 年以下并处 5 万元～50 万元。根据样本判决统计数据，犯罪人罚金刑适用范围从 2 万元～50 万元均有涉及，且集中于 5 万元～20 万元的区间，呈现“陀螺状”，如表 2 所示。

[1] 此外，还有 4 人被单处罚金刑，占总人数的 0.86%。

表 2　罚金刑人数及比例(不含单位罚金)

罚金数额		2 万元～5 万元	5 万元～10 万元	10 万元～20 万元	20 万元～50 万元
一审[1]	人数	78	174	122	66
	比例	17.26%	38.5%	29.2%	14.6%
二审[2]	人数	68	170	134	60
	比例	15.74%	39.35%	31.02%	13.89%

3. 量刑情节适用情况

非法吸收公众存款案件较其他犯罪案件,量刑情节较为复杂、多样。样本案件犯罪人较多地涉及自首、坦白、从犯、认罪、赔偿等多种情节,且多数犯罪人具备不止 1 个量刑情节。总体上看,从轻的量刑情节占绝大部分,极少部分犯罪人具有从重量刑情节,如表 3 所示。

表 3　主要量刑情节适用人数及比例

量刑情节		从重	从轻					
		累犯、前科、犯罪象为老年人等	自首	坦白	从犯	认罪	赔偿	其他
一审	人数	10	164	214	106	190	194	64
	比例	2.16%	35.34%	46.12%	22.84%	84.05%	41.81%	13.79%
二审	人数	14	188	196	130	410	276	74
	比例	3.02%	40.52%	42.24%	28.02%	88.36%	59.48%	15.95%

(二)非法吸收公众存款案件量刑失衡表现

1. 量刑总体偏重,服判息诉率低

非法吸收公众存款罪属于非暴力犯罪,在轻刑化背景趋势下,3 年以上 10 年以下有期徒刑作为其最高刑罚等级,一审适用比例达 55.6%,总体上偏高。在样本案件一审被告人中,提出上诉的有 290 人,占一审被告人总数的 62.5%,即只有不到 40% 的一审被告人服判息诉。

---

〔1〕 一审中,有 6 名被告人被免予刑事处罚;还有 1 名被告人罚金刑适用低于法定幅度(1.5 万元)。

〔2〕 二审中,共有 16 名被告人被免予刑事处罚;一审中罚金刑适用法律错误的 1 名被告人被提出抗诉而改判(3 万)。

2. 犯罪数额[1]与主刑刑期严重不均衡

根据最高人民法院《关于审理非法集资刑事案件具体应用法律若干问题的解释》第3条内容精神，犯罪数额是非法吸收公众存款罪的量刑基础。总体上看，犯罪数额和主刑刑期呈正比关系，但数额与刑期之间存在严重的不均衡现象。以被判处3年有期徒刑为例，一审被告人共有26人，平均犯罪数额694万元，最低数额94万元，最高数额1541万元，均是在法定量刑幅度内量刑，但差额达1447万元。以1000万元犯罪数额为例，一审被告人刑期范围横跨3年、4年、5年、6年，甚至7年不等，刑期相差4年之多。

3. 免予刑事处罚适用略显保守

根据司法解释，非法吸收或者变相吸收公众存款，主要用于正常的生产经营活动，能够及时清退所吸收资金，可以免予刑事处罚。一审量刑中，仅有12人被免予刑事处罚，适用比例为2.59%，且该12名被告人属于两件案件。其他样本案件中，不乏在犯罪数额、量刑情节等相当甚至更轻者，如江苏某法院，被告人非法吸收存款数额80万元，同时具备自首、认罪、退清全部存款等情节，一审判处罚金两万元。该案无论是数额，还是情节，均较上述12人为轻，却未被免予刑事处罚，显失平衡。

4. 不同区域之间量刑差异明显

主要指省际差异，尤其是北京、上海、广州等经济发达地区法院与西部法院之间存在明显的量刑差异。如广东法院某案犯罪数额过2亿，犯罪人被判处4年6个月有期徒刑；而甘肃法院某案犯罪数额720万，犯罪人被判处6年有期徒刑，即使考虑各种量刑情节的调节作用，该量刑差异仍不能弥补。

（三）应对量刑偏离的司法平衡实践

1. 总体上从轻减轻改判居多

从表1数据可以看出，一审量刑结果中第二档较重刑罚与第一档较轻刑罚（包括免予刑事处罚）适用比例为44.4%∶55.6%，经过二审法院的司法平衡，变成52.59%∶47.41%，总体上符合了轻刑化趋势。在提出上诉意见的290人中，有164人被从轻或减轻改判，占上诉人数的56.55%；同时，被

[1] 根据最高人民法院《关于审理非法集资刑事案件具体应用法律若干问题的解释》第3条规定，数额，包括个人或单位非法吸收或者变相吸收公众存款数额、对象人数以及造成直接经济损失数额，为便于研究，此处犯罪数额仅指个人非法吸收或者变相吸收公众存款数额。

提出抗诉意见的42人中,仅有16人主刑刑期被改判加重,且加重幅度不大。

2. 适当放宽免予刑事处罚适用

根据表1,二审量刑中有32人被免予刑事处罚,比一审增加20人。在免予刑事处罚方面的司法平衡实践在于“可以”的适用与否选择上,二审量刑更加倾向于适用;同时根据审判实际和经验,适当放宽了适用条件。如江西某法院,认定犯罪金额210万元,具有从犯、认罪、积极退缴全部违法所得(13万元),加上主犯资产足以清偿吸存资金,二审量刑将1年有期徒刑缓刑2年执行,并处罚金5万元,改判免予刑事处罚。

3. 加强量刑情节调节刑罚作用

数额属于案件事实,具有严格、明确的标准,二审法院因数额认定而改判刑期的犯罪人仅有8人,不属于量刑平衡的范畴。量刑平衡的实践在情节适用上主要表现在:一是适度放宽部分情节的认定标准,二审自首、从犯的认定比例,均上升5个百分点以上;二是适度加强量刑情节对刑罚的调节幅度,有36名无任何新理由仅以量刑过重为由提起上诉,二审法院通过加强情节的调节幅度予以从宽处罚;三是特别突出了积极赔偿被害人损失并取得谅解情节的调节作用,作为新的量刑情节,二审认定和适用人数增加82人,其中有24人被从轻处罚、38人被减轻处罚、20人被免予刑事处罚。

4. 对他省市案件量刑借鉴适用

尤其是跨区域案件中,不同被告人在不同省市定罪量刑,他省市被告人的量刑具有借鉴作用,此种情况下,二审法院进行了平衡。如陕西某案,[1]被告人孙某非法吸收公众存款1072万元,一审判决有期徒刑6年,并处罚金30万元。二审法院认为,“原判较本案所涉其他省市被告同罪量刑过重之事实,有北京市东城区人民法院(2014)东刑初字第782号刑事判决书佐证”,认定“量刑较涉案他省市被告人存在同罪失衡情况”,依法改判有期徒刑3年,并处罚金30万元。

二、大数据追问:非法吸收公众存款案件量刑困境之原因分析

(一)闭合刑罚与开放数额存在天然矛盾

目前,《刑法》第176条就非法吸收公众存款罪的法定刑设置有两档:一

[1] (2014)榆中刑二终字第00118号。

是符合非法吸收公众存款罪基本犯罪构成的,处 3 年以下有期徒刑或者拘役,并处或单处 2 万元以上 20 万元以下罚金;二是数额巨大或者有其他严重情节的,处 3 年以上 10 年以下有期徒刑,并处 5 万元或者 50 万元以下罚金。结合司法解释,一般来说,一旦数额确定,是否构成犯罪及应判处何种刑罚,也就基本确定了。但是,该法定刑设置存在天然缺陷,主要表现为相对闭合的量刑与开放的数额之间矛盾。以个人犯罪为例,因第一档量刑对应闭合的数额区间,数额对量刑制约作用较为明显,反映在样本案件中,就是判处 3 年以下有期徒刑或者拘役的,其数额与主刑刑期呈明显的正比关系,上下浮动较小。两者之间的矛盾凸显在第二档量刑,对应的数额是吸存数额 100 万元以上,对象 100 万元以上,或者造成直接经济损失 50 万元以上,反映在样本案件中,就是判处 3 年以上 10 年以下有期徒刑的,虽然数额与主刑刑期总体上仍基本呈正比关系,但上下浮动较大,量刑的随意性和不确定性明显增强。

(二)重定罪轻量刑理念不良影响

自 2014 年最高人民法院颁布《关于常见犯罪的量刑指导意见》以来,量刑规范化正式纳入司法实践,取得了良好的成效,但就未纳入量刑规范化罪名范围的非法吸收公众存款罪而言,重视量刑的理念仍需进一步加强。

从定罪与量刑认识看,重定罪轻量刑仍然根深蒂固。样本二审改判判决书显示,仅有 4 件是因为定罪不当被改判,其余均因量刑不当被改判。尤其是主刑刑期的量刑问题,量刑过重和量刑畸轻,成为被告人上诉和检察机关抗诉的主要理由所在。

从主刑与附加刑认识看,还存在重主刑轻附加刑的错误理念,认为罚金刑可有可无,即使下判,也无法实际执行,导致罚金刑适用随意、主从刑不协调,乃至适用法律错误等问题。样本判决中,提出上诉或被提出抗诉意见的共 332 人,其中有 194 人主刑被改判,仅有 70 人罚金刑被改判,侧面反映了重主刑轻附加刑的理念。

(三)法官自由裁量权限制缺失

自由裁量既是量刑的一般需要,更是对特定犯罪进行特定量刑,满足罪刑相适应的需要,在量刑中具有重要地位。尤其是在非法吸收公众存款案件中,法官在对数额与法定刑的关联程度,自首、坦白、退赔等情节等进行自由裁量,但由于缺乏有效的限制、约束机制,导致量刑失衡。

1. 法定刑裁量空间大

主刑方面,由于设置幅度较大,尤其是3年以上10年以下的刑期选择,法官裁量空间较大。无其他量刑情节的情况下,吸存金额达100万元的量刑起点为3年,而量刑终点10年却无金额上限,导致法官对金额与法定刑关联程度的认定仅凭司法经验的自由裁量,量刑难以平衡。附加刑方面,罚金刑的适用缺乏相应标准,自由裁量的随意性更大。

2. 量刑情节认定权限大

总体上,我国刑事法律相关规定中,在"可以""从轻或减轻"的适用与否、如何适用上,缺乏统一标准,法官自由裁量的认定权限较大。尤其是酌定情节"积极退赔"的认定,样本案件出现了既有从轻,也有减轻,甚至免予刑事处罚的情况,可见不同法官对量刑情节的认定权限过大易导致量刑失衡。

(四)非法律因素客观存在

以非法吸收公众存款为代表的非法集资案件涉及面广,涵盖了经济发展、金融秩序、社会稳定等各个方面,国务院为此下发了《关于进一步做好防范和处置非法集资工作的意见》,作为处置工作的纲领性文件。各级党委、政府也将其纳入重点工作进行督办,可见其远不是法院一家之事,其量刑工作也不止受法律因素的影响,非法律因素的客观存在一定程度上影响了该类案件的量刑工作。

宏观上,社会化需求影响整体量刑。除惩治犯罪需求外,该类案件处置还关乎经济发展、金融秩序和社会稳定,司法机关在处置该类案件时,无论定罪还是量刑都难免受到影响。尤其是信访维稳需求,"民愤"对非法吸收公众存款案件量刑影响巨大,也是该类案件量刑失衡的重要原因。

微观上,被害人态度影响个案处置。法律上的惩罚,在很多方面——其中大部分与外部群体的要求有关——不同于私人的惩罚,作出判决的法官不得不承认这些外部的要求。[1] 尤其是缓刑适用上,"多数被害人对被告人表示谅解,并要求本院对其宣告缓刑以便对其损失进行补偿,结合……可对

---

〔1〕 参见[英]菲利普·本:《惩罚与正义》,载邱兴隆主编:《比较法学》(第2卷),中国检察出版社2004年版,第74页。

其宣告缓刑。”[1]

(五)区域发展水平不平衡

最高人民法院《关于常见犯罪的量刑指导意见》强调“量刑要客观、全面把握不同时期不同地区的经济社会发展和治安形势的变化”,给非法吸收公众存款案件量刑不平衡提供了一定的合理解释。

经济发展水平在整体上影响量刑适用。由于东中西部地区经济发展不平衡,同样的犯罪金额,在不同地区造成的社会危害性和实际影响存在较大差异,导致不同地区适用的刑罚轻重不同。

法官素质差异客观上影响量刑适用。整体上看,东部发达地区法官较之中西部地区,在学历、素质、审判经验等方面有一定优势,从而对于法律的理解、量刑情节的认定和适用等更加准确,加之法治氛围、外界干预等因素的影响,导致不同区域法官个人对量刑适用的影响不同。

三、大数据重塑:非法吸收公众存款案件量刑建议

为解决非法吸收公众存款案件量刑失衡问题,法院谨慎地运用法律所赋予的权力,对量刑进行平衡,以满足实质理性的需求。这种司法平衡的实践虽能解一时之困、个案之忧,却始终不是长久之策。根据以上大数据分析,本文对非法吸收公众存款案件量刑偏离提出以下建议:

(一)以犯罪数额为基础确定多档量刑起点

作为数额型犯罪,犯罪数额是体现非法吸收公众存款罪社会危害性的主要因素,在量刑中具有基础地位。如果不存在其他量刑情节,那么数额就是非法吸收公众存款罪量刑的唯一根据,刑罚的轻重必须与数额大小相适应。

目前,在非法吸收公众存款罪主刑刑期适用方面,司法实践中存在两种做法:以个人犯罪为例,一是参照量刑指导意见,设定量刑起点和增加刑罚量,精确量刑。有的法院根据不同的数额,分别确定拘役3个月、有期徒刑6个月、3年三个量刑起点,同时根据设定的刑罚量累加,以确定刑期。二是根据审理经验,设定相对闭合的数额区间和刑罚范围,分段量刑。有的法院根

[1] (2013)芜中刑终字第00263号。

据不同的数额区间,对应设定3年以下有期徒刑或拘役、3年以上5年以下有期徒刑、5年以上7年以下有期徒刑等5个量刑起点,而未设定具体刑罚量,由法官根据数额区间对应的刑罚范围自由裁量,以确定刑期。

两种做法各有利弊。第一种参照了最高人民法院《关于常见犯罪的量刑指导意见》,符合量刑规范化的发展方向,具有相当的合理性,但对3年以上有期徒刑仅设置一个量刑起点,无法满足数额无限性的需求,根据该做法,不足千万的量刑基准刑就累加到10年,显然违背了罪刑相适应原则。第二种对应设定了数额区间和刑罚范围,满足了数额的无限性需求,保障了法官自由裁量权,但极易滥用。

有鉴于此,笔者认为,可以充分融合上述两种做法的合理之处,根据非法吸收公众存款罪犯罪数额,在对应刑罚幅度内确定该罪的量刑起点和基准刑,具体做法是:以犯罪数额为基础,确定相应量刑起点,尤其是3年以上10年以下有期徒刑的刑罚幅度内,设定多档、合理的量刑起点,再根据不同的数额和量刑起点,设定不同的增加刑罚量,即数额、户数、损失每增加×万/户,刑期增加×月/年,确定相应量刑基准刑,如图4所示。

表4　非法吸收公众存款罪数额与刑罚关系(个人犯罪为例)

犯罪数额	量刑起点	增加刑罚量	罚金
不满20万元或变相吸收存款不满30户,但给存款人造成10万元损失的	拘役3个月	损失每增加3万元,刑期增加1个月	宣判前,全部退还存款人存款的,适用罚金刑
个人吸收存款额20万元不满100万元,或者吸收公众存款30户不满100户,或者造成损失20万元不满50万元的	有期徒刑6个月	吸存数额每增加4万元,或每增加3户,或损失每增加2万元,刑期增加1个月	并处或单处2万元以上20万元以下
吸收存款额100万元不满5000万元,或者造成损失50万元不满2500万元的	有期徒刑3年	吸存数额每增加200万元,或损失每增加100万元,刑期增加1个月	并处5万元至20万元

续表

犯罪数额	量刑起点	增加刑罚量	罚金
吸收存款额 5000 万元不满 1 亿元,或者造成损失 2500 万元不满 5000 万元的	有期徒刑 5 年	吸存数额每增加 200 万元,或损失每增加 100 万元,刑期增加 1 个月	并处 15 万元至 35 万元
吸收存款额 1 亿元不满 2 亿元,或者造成损失 5000 万元不满 1 亿元的	有期徒刑 7 年	吸存数额每增加 400 万元,或损失每增加 200 万元,刑期增加 1 个月	并处 30 万元至 40 万元
吸收存款额 2 亿元以上,或者造成损失 1 亿元以上的	有期徒刑 9 年	属法官自由裁量范围	并处 40 万元至 50 万元

(二)以量刑情节为调节调整基准刑

首先要明确情节在量刑中的地位。如上文所述,数额是非法吸收公众存款罪量刑的基础,如果完全不涉及资金数额,则不可能成立犯罪。所以,客观地说,情节是数额之外的量刑标准。数额决定了量刑起点及量刑基准刑,情节的作用则是对量刑基准刑的调节。

其次要准确认定和适用不同情节。以从犯为例,非法吸收公众存款案件通常以公司、单位为主体,具有一定的组织性,通常以共同犯罪为表现形式,因涉及行政、财务、宣传等多个环节,各自分工、作用不同,对从犯的认定也应当更加宽松。对情节的适用,总体上要有较为宽松的态度。

再次要合理把握情节的调节比例。不同类型的犯罪,不同量刑情节对基准刑的调节比例也应当有所不同。非法吸收公众存款案件中,作为从犯的行政人员、业务员、业务经理等人数较多,社会危害程度较低,且多数被害人要求对被告人从轻处罚以赔偿其经济损失,所以,应当加大从犯、积极赔偿被害人经济损失并取得谅解的调节比例,如表 5 所示。

表 5　非法吸收公众存款罪主要情节调节

	量刑情节		调节基准刑
法定	自首	未被发觉，主动直接投案	-20% ~40%
		接电话通知，主动、直接投案	-20% 以下
	从犯		-20% ~60%
	立功	一般立功	-10% ~20%
		重大立功	-30% ~50%
酌定	前科		+10% 以下
	坦白		-15% 以下
	自愿认罪		-10% 以下
	退赃、退赔		-30% 以下
	积极赔偿被害人经济损失并取得谅解	部分	根据赔偿数额比例减少
		全部	-50% ~80%
	犯罪对象为老年人等弱势群体的		+10% 以下
	造成他人自杀等严重后果的		+20% 以下
	非法集资用于违法活动的		+20% 以下

(三)以法官自由裁量权为补充确定宣告刑

法官运用自由裁量权是宣告刑确定的最后一道程序，主要是针对由前述流程得出的调节结果与被告人罪责仍不相适应，或者 9 年以上 10 年以下有期徒刑的选择；或者某些情节难以量化等情形，法官行使自由裁量权，在法律允许的范围内进行调整，以确定宣告刑。

(四)以缓刑但书为强制防止缓刑滥用

非法吸收公众存款案件中，3 年以下有期徒刑适用数量较多，缓刑适用比例也相对较高，缓刑滥用的风险较高。为此，有必要设置缓刑但书防止滥用。具体可以考量以下几个因素：一是非法吸收或变相吸收公众存款，从事非法活动，理由在于从事非法活动已反映了其人身危害程度，适用缓刑存在风险；二是未归还数额占吸收存款的比例，理由在于比例过高，如达到 3/4

的,说明已造成严重危害,不适用缓刑体现了罪责相适应;三是在本市影响较大,被害人反映强烈的,理由在于信访维稳需求,防止集体事件。

(五)以典型案例为参照指导具体操作

从量刑经验可知,典型案例指导制度是有效规范量刑的重要途径。鉴于非法吸收公众存款案件的区域差异,应当建立最高法院和各省法院两个层次的典型案例指导制度。尤其是省法院层次,选取不同数额、具有不同量刑情节定罪准确、量刑适当的案件作为典型案例,详细点评,重点突出数额与刑罚的关系、量刑情节的认定及对刑罚的调节作用,在省级区域范围内统一标准,形成基本共识,避免量刑结果失衡。

小额贷款公司规制评估*

——"CEE"三维评估体系应用分析

王煜宇**

内容提要 作为新一轮农村金融改革的"拟制产品",小额贷款公司运营绩效与其规制密切相关。建立全面、科学、公正的规制评估体系是对小额贷款公司进行规制评估的关键。运用包含规制内容(Contents)、规制效率(Efficiencies)、规制效果(Effects)的三维评估体系(CEE)对小贷公司规制进行综合评估的结果发现:现行小贷公司规制不合法,缺乏规范性、稳定性、协调性和可操作性;规制效率总体不高,监管水平较低;规制效果与规制目标之间存在较大差异,既难以满足农村金融需求,也不能推动其自身可持续发展。提升小贷公司的规制效率和规制效果,必须改革现有"政策 + 暂行规定"的制度供给模式,实现小贷公司规制内容的科学化、规制模式的法治化。

关键词 小额贷款公司 规制内容 规制效率 规制效果 三维评估体系

---

* 本文系作者主持的国家社科基金重点项目"农村金融制度创新研究"(14AZD034);国家社科基金青年项目"新型农村金融机构法律制度研究"(13CFX080);农业部特别委托全国人大项目"农村金融立法研究"(D201403);中国市场经济法治研究中心重大攻关项目"金融安全法律问题研究"(CMEL14ZD06);西南政法大学青年学术创新团队项目"中国社会转型期金融法治研究"(13QN006);首批国家"万人计划"青年拔尖人才项目的阶段性研究成果。

感谢西南政法大学经济法学院 2013 级硕士研究生刘骏同学所做的资料收集和数据整理工作。

** 王煜宇,法学博士,管理学博士后,西南政法大学经济法学院教授。

一、问题的提出

小额贷款公司(除政策性文件外,以下均简称小贷公司)是依据2004年、2005年、2006年中央1号文件精神,[1]在先行试点的基础上,按照2008年4月24日等规范性文件设立的"经营小额贷款业务的有限责任公司或股份有限公司"。政策制度的强力投放与市场对小额信贷的迫切需求形成合力,推动小贷公司在全国各地迅速落地开花。截至2014年末,小贷公司在全国共有近9000家,贷款余额近万亿元,堪称发展速度最快、数量最多的新型农村金融机构。[2] 但是,与此同时,小贷公司信用风险、流动性风险、案件风险陆续积聚,"跑路"频发,成为唯一被监管层纳入"影子银行"并屡遭风险提示的新型农村金融机构。[3]

小贷公司自相矛盾的发展现状与其规制[4]供给(Supply of Regulations)关系密切。作为新型农村金融机构的主要类型,小贷公司是国家干预农村金融的新一轮"拟制产品"。其产生、设立和运作是国家相关规制"强力投放"的结果,是强制性制度变迁的产物。由于规制投放者的有限理性、意识形态刚性、官僚机构问题以及集团利益冲突,即使是因需而投放的强制性变迁制度也可能陷入制度无效率或制度失败。因此,有必要对小贷公司相关规制进行全面评估,以检验规制效果,弥补规制缺陷,促进小贷公司可持续

---

[1] 中国人民银行《关于村镇银行、贷款公司、农村资金互助社、小额贷款公司有关政策的通知》(以下简称《政策通知》)、中国银行业监督管理委员会《关于小额贷款公司试点的指导意见》(以下简称《指导意见》)及各省级政府小额贷款公司管理暂行办法。

[2] 由于指导意见明确规定"凡省级政府能明确一个负责小额贷款公司监管的监管部门,并且愿承担小额贷款公司的风险处置责任的,可在本省(市、区)之县域范围开展试点",各主要省、市紧随其后根据《指导意见》并结合当地实际出台了设立小额贷款公司的地方性的具体规定,形成了以《浙江省小额贷款公司试点暂行管理办法》和《内蒙古自治区小额贷款公司试点管理实施细则》为代表的方案,实际上许多省份的试点方案都以浙江为蓝本并根据当地情况修改而成。具体到各个地区,也都陆续出台了相关的管理制度,如温州市的温州市人民政府办公室《关于促进温州小额贷款公司稳健发展的实施意见》、恩施州的《恩施州小额贷款公司监督管理实施办法》。

[3] 参见国务院办公厅《关于加强影子银行监管有关问题的通知》(国办发〔2013〕107号文):"我国影子银行主要包括三类:一是不持有金融牌照、完全无监管的信用中介机构,包括新型网络金融公司、第三方理财机构等。二是不持有金融牌照、存在监管不足的信用中介机构,包括融资性担保公司、小额贷款公司等。三是机构持有金融牌照但存在监管不足或规避监管的业务,包括货币市场基金、资产证券化、部分理财业务等。"

[4] 所谓规制(Regulation),是指各级政府的规制机构用以对私部门(企业或公民)的行为施加义务、进行限制或提出要求的法律文件的总称,包括正式的法律制度(如法律、行政法规、规章等)和非正式的法律制度(如政策、计划指导、行政命令、各级政府普遍采用的准则,以及由政府授权的自我规制机构等非政府机构制定的规则等)。

发展。

既有研究已意识到规制供给对于小贷公司发展的重要价值,学者们主要研究了小贷公司规制供给的约束与规制供给的效果,并呈现出较为明显的"流派分化":政策法律学者致力于理论分析小额贷款公司在市场准入、融资、运营、退出等方面存在的严重规制约束(陈斌彬,2009;王建亚等,2011;汪彩华等,2011;杨峰,2011;杨林生等,2014;胡金焱等,2014);而经济金融学者则主要集中于实证分析小额贷款公司规制供给的经济绩效,并得出小贷公司规制供给"效果明显"(王家传等,2011;李永平等,2011;何广文等,2012;冯爱林,2013)、"有效但不明显"(邢道均等,2011;卢亚娟等,2012;何广文等,2012;龙华平等,2012)、"政策偏移严重"(刘冲等,2010;朱乾宇等,2012;何剑伟等,2012;周孟亮等,2012;游龙等,2013;胡金焱,2015)[1]等相互矛盾的三种结论。由于视角不同、方法差异、学科壁垒,两种流派研究分化隔离,抵牾矛盾,缺乏借鉴融合,无助于小贷公司实际问题的解决与小贷公司规制供给的改善。小贷公司规制供给亟需建立全面、客观、科学、系统的规制评估体系。鉴于此,在全面梳理小贷公司规制供给现状的基础上,根据小贷公司规制供给的特点,本文设计了一个包含规制内容、规制效率、规制效果的三维规制评估体系,并运用该体系对小贷公司的现行规制供给内容、效率和效果进行全面系统评估,以服务于小贷公司及其规制实践。

---

〔1〕 参见陈斌彬:《完善我国小额贷款公司法律监管的思考》,载《南方金融》2009 年第 12 期;王建亚等:《对我国小额贷款公司法律监管问题的思考》,载《金融理论与实践》2011 年第 6 期;汪彩华等:《小额贷款公司发展的法律障碍及对策分析》,载《前沿》2011 年第 3 期;杨峰:《农村小额贷款公司的制度约束与发展建议》,载《商业时代》2011 年第 12 期;杨林生等:《小额贷款公司可持续发展的制度约束与对策建议》,载《经济问题》2014 年第 2 期;胡金焱等:《小额贷款公司发展的省际差异:2009~2013 年》,载《改革》2014 年第 8 期;王家传、冯林:《农村小额贷款公司营运成效与发展方略——以山东省为例》,载《农业经济问题》2011 年第 7 期;李永平等:《设立小贷公司的政策目的达到了吗?》,载《金融研究》2011 年第 1 期;何广文等:《小额贷款公司的政策初衷及其绩效探讨——基于山西永济富平小额贷款公司案例的分析》,载《金融理论与实践》2012 年第 1 期;冯爱林:《当前小额贷款公司经营状况调查与政策支持发展思考》,载《武汉金融》2013 年第 9 期;邢道均等:《农村小额贷款公司缓解农村中小企业正规信贷约束了吗?——基于苏北五市的调查研究》,载《农业经济问题》2011 年第 8 期;卢亚娟等:《民间资本进入农村金融服务业的目标权衡——基于小额贷款公司的实证研究》,载《金融研究》2012 年第 3 期;何广文等:《小额贷款公司制度目标及其实现路径探讨》,载《农村金融研究》2012 年第 6 期;龙华平等:《小额贷款公司与地方经济互动研究——基于贵州省的实证分析》,载《经济问题》2012 年第 12 期;刘冲等:《小额贷款公司发展的变异:东营案例》,载《金融发展研究》2010 年第 11 期;朱乾宇等:《我国小额贷款公司的发展与效果评价》。

二、小贷公司规制供给现状及其特点

（一）小贷公司规制供给现状

我国现行小贷公司规制供给具体可以分为五个部分：其一是小贷公司设立的概括性政策指引，以2004年至2006年的三个“中央1号文件”为主，主要明确了设立小贷公司的“根本目的”和“基本态度”。根本目的是“有利于增加农户和企业贷款，有利于改善农村金融服务”，基本态度则逐步由“鼓励”“可以探索建立”到明确提出“大力培育”。[1] 其二是小贷公司规制的专门性监管文件，主要包括银监会发布的《关于小额贷款公司试点的指导意见（银监发〔2008〕23号）》（以下简称《指导意见》）和《小额贷款公司改制设立村镇银行的暂行规定（银监发[2009]48号）》（以下简称《改制规定》），这两个文件从性质、设立条件、资金来源及运用、监督管理、终止以及改制等方面对小贷公司进行专门规定，确立了小贷款公司设立运转退出的基本框架。其三是调整小贷公司存贷利率、支付清算、金融统计监管、征信、现金风险监管和补贴优惠的特别性监管文件，主要包括人民银行和银监会于2008年共同发布的《关于村镇银行、贷款公司、农村资金互助社、小额贷款公司有关政策的通知》，财政部于2009年发布的《关于开展县域金融机构涉农贷款增量奖励试点工作的通知》及《中央财政新型农村金融机构定向费用补贴资金管理暂行办法》（现已失效）。其四是各省、市、区根据《指导意见》并结合当地实际所颁布的地方性小贷公司专门规制，具有代表性的包括《浙江省小额贷款公司试点暂行管理办法》《内蒙古自治区小额贷款公司试点管理实施细则》、温州市人民政府办公室《关于促进温州小额贷款公司稳健发展的实施意见》等。最后，作为公司法人，在上述专门性规制没有规定时，小贷公司的运营还应受《公司法》《担保法》《物权法》《合同法》，以及银监会发布的《农村信用合作社农户联保贷款指引》的调整。

（二）小贷公司规制供给的特点

如前所述，就规制供给的形式而言，小贷公司规制供给主要以中央政策、监管通知、监管指导、部委执行通知及地方政府实施细则为主，各级监管

---

〔1〕 中国人民银行《关于村镇银行、农村资金互助社、贷款公司、小额贷款公司有关政策的通知》（以下简称《政策通知》）、中国银行业监督管理委员会《关于小额贷款公司试点的指导意见》（以下简称《指导意见》）及各省级政府《小额贷款公司管理暂行办法》。

机关和地方监管部门的“红头”规范性文件是小贷公司规制的主要表现形式,正式法律在小贷公司规制供给中长期缺位;就规制供给的主体而言,中央和国务院命令授权下的中央监管部门和地方监管部门成为规制供给的主体,各级监管部门集立法权、监管权、行政权于一身,容易形成监管失灵和监管腐败;由规制供给的主体和形式共同决定,小贷公司规制供给的内容主要满足规制供给主体的监管需要和监管便捷,容易形成行政化监管。

三、小贷公司三维规制评估体系的设计框架

(一)规制评估发展的基本脉络

规制评估作为制度经济学发展的必然结果,是指运用科学方法对规制及其执行情况进行评价、检验、估量与测算,以检验现有规制供给是否科学有效,并为规制完善提供客观依据。从评估对象的范围上划分,规制评估可分为国际性规制评估、全国性规制评估和地方性规制评估;从评估对象的性质上划分,规制评估可分为非法律规制评估与法律规制评估;从评估的阶段上划分,规制评估可分为前规制评估和后规制评估。

规制评估实践最早可追溯到20世纪30年代,社会学家史蒂芬最早用实验设计方法对美国罗斯福总统的“新政”(New Deal)进行评估,从而使评估开始步入较大规模的系统科学范畴。20世纪70年代以来,在规制改革(Regulatory Reform)的推动下,以经济学上的成本—效益分析为主要内核的规制影响评估(Regulation Impact Assessment,RIA)在美国诞生并被迅速运用于西方规制实践。美国已建立起以1980年《灵活规制法》(RFA)和福特、卡特、里根、克林顿、布什等五任总统规制评估行政命令为法律保障,以《规范成本和效益评估及会计报告格式指南》为评估指南,以管理预算办公室(Office of Management and Budget,OMB)及信息规制事务办公室(Office of Information and Regulation Assessment,OIRA)为专门机构的规制评估专门系统,对年度经济影响超过1亿美元的重要规制或规制提案进行评估。欧盟委员会于2001年提出所有涉及政府与市场的重要的立法、条例、规章、指令等议案,都要对其导致的经济的、社会的、环境的潜在影响进行评估,2002年欧洲委员会《影响评估委员会报告》(Communication from the Commissionon Impact Assessment)和2005年经济合作与发展组织(Organization for Economic Co-operationand Development,OECD)《规制改革报告》(Regulatory Reform:Experiencefrom OECD Countries)的发布加速了欧洲国家RIA制度

的建立进程。截至2008年,所有OECD国家都建立了RIA制度,几乎所有欧盟成员国都进入RIA制度化运作阶段。此外,澳大利亚于1995年颁布《规制影响报告指南》,韩国于1997年颁布《行政规制基本法》,日本自2002年开始实施《政策评估法》。墨西哥、菲律宾、南非、斯里兰卡等发展中国家也积极建立规制评估机制。[1] 与之相对,我国关于规制评估的研究和实践刚刚起步,学者们依据研究的需要,对域外规制评估制度及其实践进行不同剪裁,使其呈现出立法评估(汪全胜,2008,2009,2014;席涛,2012;王称心,2012)、行政立法评估(郑宁,2010;李瑰华等,2013;赵雷,2013)、政府规制政策评价(蒋红珍,2011)、规制影响评估(肖兴志等,2007;梅黎明,2009;张会恒,2010;蒋海洪,2013;陈垚等,2014)等不同"流派",[2]相关研究主要集中于制度概括、方法介绍和本土理论构建,应用性指标体系研究主要集中在立法后规制文本的内容评价方面(俞荣根,2013,2014),[3]鲜有将成本收益等经济学方法纳入规制评估体系并加以应用评估的研究。囿于方法论局限,法学研究领域建立和应用规制评估体系的"瓶颈"尚未突破。

(二)我国小贷公司三维规制体系(CEE)的设计

在综合国内外规制评估理论方法的基础上,结合我国小贷公司规制的

[1] See Darren Welch,"Introducing Regulatory Impact Assessment(RIA) in Developing Countries: The Caseof Uganda". http://www. competition-regulation. org. uk/conferences/southafrica04/welch. pdf, p. 1; Designing a Regulatory Impact Assessmentfor South Africa, August 2003, pp. 1-2; "Regulatory Impact Assessment: A Tool for Better Regulatory Governancein Sri Lanka? Interim Concept Paper", April 2005. http://www. competitionregulation. org. uk/ conferences/southafrica04/knightjohn. pdf, p. 3.

[2] 参见汪全胜:《立法的合法性评估》,载《法学论坛》2008年第2期;汪全胜:《立法技术评估的探讨》,载《西南民族大学学报(人文社科版)》2009年第5期;汪全胜:《立法的可操作性评估》,载《山西大学学报(哲学社会科学版)》2009年第4期;汪全胜:《论构建我国独立第三方的立法后评估机制》,载《西北师大学报(社会科学版)》2009年第5期;汪全胜:《我国立法成本效益分析制度构建的困境及出路》,载《安徽师范大学学报(人文社会科学版)》2014年第4期;席涛:《立法评估:评估什么和如何评估——以中国立法评估为例》,载《政法论坛》2012年第5期、2013年第1期;王称心:《立法后评估标准的概念、维度及影响因素分析》,载《法学杂志》2012年第11期;郑宁:《我国行政立法评估制度的背景与价值探析》,载《行政法学研究》2010年第4期;李瑰华等:《行政立法评估制度论析》,载《江西社会科学》2013年第7期;赵雷:《行政立法评估之成本收益分析——美国经验与中国实践》,载《环球法律评论》2013年第6期;蒋红珍:《政府规制政策评价中的成本收益分析》,载《浙江学刊》2011年第6期;肖志兴:《英国规制影响评价体制与启示》,载《云南财经大学学报》2008年第4期;梅黎明:《西方国家的规制影响评价及其启示》,载《云南财经大学学报》2008年第4期;张会恒:《规制影响评估研究进展》,载《经济学动态》2010年第1期;蒋海洪:《政府规制影响评估制度的法经济学思考——以医疗器械规制评估为例》,载《广东商学院学报》2013年第2期;陈垚:《基于不确定性理论的食品安全规制影响模糊随机评估》,载《经济体制改革》2014年第3期。

[3] 参见俞荣根:《不同类型地方性法规立法后评估指标体系研究》,载《现代法学》2013年第5期;俞荣根:《地方立法后评估指标体系研究》,载《中国政法大学学报》2014年第1期。

具体实践,本文认为,科学、完整、系统的规制评估体系应包含规制内容评估(Contents),规制效率评估(Efficiencies)和规制效果评估(Effects),合称CEE。规制内容评估主要是对规制的政策法律文本质量进行评估;规制效率评估主要是对规制投入和规制产出进行成本效益分析;规制效果评估主要是对规制实施后是否能够实现规制目标、规制实施对社会干预是否发挥作用等进行评估。其中,规制内容评估是“静态评估”和“定性评估”,规制效率评估和规制效果评估是“动态评估”和“定量评估”,小贷公司规制评估的三维体系是结合静态评估与动态评估,兼容定量评估与定性评估的综合评估体系,其内涵与指标分别为:

1. 规制内容评估的内涵与指标

规制内容是规制的基础和起点。从广义上讲,规制内容应包括规制的目的、形式、原则、制度、条文、技术等。规制内容应兼具“实质理性”和“形式理性”。所谓“实质理性”,是指规制内容必须反映一定社会关系存在和发展的内在要求;所谓“形式理性”,是指“具体制度安排必须通过逻辑手段来进行汇集和理性化,使具有法律效力的一些规则成为内在一致的抽象法律制度;在方法论上,这些制度安排应‘仿效自然科学家所采用的科学方式’,明确、具体、严谨,具有技术性、确定性和可操作性。”在所有规制中,法律的正式性与强制性对规制内容要求最高。规制内容评估可直接借鉴立法文本质量评估的相关指标,具体包括必要性、合法性、协调性、稳定性、可操作性、技术性、规范性等。结合我国小贷公司规制的具体实际,本文将选取合法性、规范性、稳定性、可操作性、协调性五个评价指标对小贷公司规制内容进行评估。

小贷公司规制的合法性评价包括对小贷公司规制内容是否符合现行法律法规及小贷公司规制制定程序是否符合法定立法权限和立法程序两个方面的评价;小贷公司规制的规范性评价主要考察小贷公司规制条文是否符合法定规范性文件的基本要求,即“概念界定是否明确,语言表述是否准确、规范、简明,逻辑结构是否严密”;“法的稳定性要求缘起于它的深层需求(如对自然法则之理念的需求):这种需求渴望将现实既定的纷乱纳入秩序之中,渴望对纷乱有事先的防范,并使之在人的控制之内。”法的稳定性既是法的合法性和权威性的来源,又是法的基本功能,对小贷公司规制内容的稳定性评估主要针对小贷公司相关规制是否前后矛盾、是否朝令夕改;法律的可操作性是法律的生命,小贷公司规制的可操作性是指小贷公司规制内容是否具体、明确,是否规定了明确具体的行为模式和法律后果,是否易于遵守、执行与实施;另外,作为新型农村金融机构的一种,小贷公司规制应在全面考察现有金融政策与财政政策的基础上，注意与其他相关金融财税政策和法律的协调与配合。

2. 规制效率评估的内涵与指标

规制效率评估是在对国际通行的规制影响评估（RIA）及其相关研究成果进行吸收借鉴的基础上，以“效率”作为规制核心衡量标准，以“数据包络分析”（Data Envelope Analysis，DEA）[1]为实际方法的评估维度。简单来讲，规制效率评估就是在DEA投入产出评价模型的基础上，通过评价规制对象投入产出的有效性，从而对规制效率进行评估的方法。由于DEA方法的纯基础性，采用该方法能够破解我国传统立法评估缺乏客观价值尺度的恒久难题，而且也能够裨补传统“货币基准”RIA成本收益分析的种种不足。

利用DEA方法进行效率评估离不开指标。指标的经济内容就是经济过程的数量特征及经济过程之间的数量关系特征。金融资源在时间和空间上得到合理配置是金融制度的重要功能。金融制度的效率评价应围绕这一制度所实现的金融资源配置效率展开。小贷公司规制的资源配置效率评价可采取生产法确定投入产出指标：投入变量为在小贷公司现行规制下小贷公司资金、人力、机构等的相关投入，产出变量为小贷公司规制运行的结果即小贷公司贷款供给情况。具体投入产出指标如表1所示。根据这些指标，我们可以对各地区小贷公司规制效率作出整体评估。需要说明的是，DEA分析法可以分为投入导向（即在一定产出水平下，衡量尽可能减少要素投入的能力）的DEA方法和产出导向的DEA方法（即在一定要素投入下，衡量尽可能增加产出的能力），本研究将采用产出导向的DEA方法。

表1　小贷公司规制效率评估指标体系

类别	指标（X，Y）	具体构成
投入变量	小贷公司的资金投入（X1）	实收资本（亿元）
	小贷公司的人力投入（X2）	从业人员数（人）
	小贷公司的机构投入（X3）	机构数量（家）
产出变量	小贷公司的贷款提供情况（Y1）	贷款余额（亿元）
	小贷公司涉农贷款提供情况（Y2）	贷款余额（亿元）

[1] DEA方法是以决策单元（Decision Making Unit，DMU）的投入、产出指标的权重系数为优化变量，借助于数学规划将决策单元投影到DEA前沿面上，通过比较决策单元偏离DEA前沿面的程度来对决策单元的相对有效性作出综合评估，并可获得许多反映决策单元的管理信息。

3. 规制效果评估的内涵与指标

规制的生命在于实施,规制实施效果从根本上决定了规制的价值和质量。规制效果评估是在综合立法后评估、政策实施效果评估和规制影响评估的理论方法的基础上,采用客观系统的测量方法,对规制实施结果实现预期目标程度进行评价的评估维度。规制效果评估以规制是否能够实现预期目标(效果)为衡量标准,包含两个层次:一是规制实施后是否实现了预期目标;二是规制实施后在多大程度上实现了预期目标。根据小贷公司监管供给文件中共中央国务院《关于促进农民增加收入若干政策的意见》(中发〔2004〕1 号),中共中央国务院《关于进一步加强农村工作提高农业综合生产能力若干政策的意见》(中发[2005]1 号),2006 年中共中央国务院《关于推进社会主义新农村建设的若干意见》,中国人民银行《关于村镇银行、贷款公司、农村资金互助社、小额贷款公司有关政策的通知》以及中国银监会《关于小额贷款公司试点的指导意见》(以下简称《指导意见》),创设小贷公司的基本目标在于"有效配置金融资源,引导资金流向农村和欠发达地区,改善农村地区金融服务,促进农业、农民和农村经济发展,支持社会主义新农村建设",由于该基本目标比较抽象,本研究将其具体化为小贷公司满足农村金融需求程度、小贷公司在农村金融市场的竞争力、小贷公司可持续发展能力等三个可以量化的指标来验证小贷公司规制的法律效果。

四、我国小贷公司的规制评估

(一)小贷公司规制内容评估

1. 合法性

如前所述,小贷公司规制的合法性评价包括对小贷公司规制内容是否符合现行法律、法规以及小贷公司规制制定程序是否符合法律规定两个方面。首先,从小贷公司规制内容来看,小贷公司规制中关于小贷公司的定位与《贷款通则》相互矛盾,依《指导意见》的规定,小贷公司是由当地政府批准设立,在工商管理部门登记的企业法人,没有取得金融许可证。小贷公司运行的原则是"只贷不存"。但是,依据《贷款通则》,贷款人必须经中国人民银行批准经营贷款业务,持有中国人民银行颁发的《金融机构法人许可证》或《金融机构营业许可证》。这使小贷公司创立伊始便面临合法性的考问。其次,小贷公司规制与现行《行政许可法》和《立法法》存在明显冲突。我国小贷公司规制主要由银监会《指导意见》和各省级地方政府颁布的小贷公司管理暂行规定构成，两者均为规章性法律文件，其效力位阶处于法律法规之下。依据《指导意见》和《改制规定》，“小贷公司设立必须向省级政府主管部门提出正式申请并经批准，”〔1〕但依据《行政许可法》，“部门规章和地方政府规章都不得设定企业或者其他组织的设立登记及其前置性行政许可的强制性法律规定。”〔2〕按《立法法》关于下位法与上位法冲突的效力认定，《指导意见》与《改制规定》关于小贷公司设立的相关规定应属无效。再次，小贷公司规制内容本身也存在相互矛盾之处。如《指导意见》一方面规定“小贷公司股东依法享有资产收益、参与重大决策和选择管理者等权利，以其认缴的出资额或认购的股份为限对公司承担责任”，另一方面又规定“小贷公司应建立发起人承诺制度，公司股东应与小贷公司签订承诺书，承诺自觉遵守公司章程，参与管理并承担风险”，违背了《公司法》关于股东承担有限责任的基本内涵。最后，在立法程序上，《立法法》第85条规定，部门规章和地方政府规章必须由部门首长或省级政府首长签署命令予以公布，小贷公司《指导意见》以及各省级人民政府的“改制规定”均未履行上述签署公布程序。

2. 规范性

“规范性”作为法律规制的本质属性，要求规制内容能够通过规定具体明确的行为模式和法律后果，产生对不特定社会公众的约束性效果。其主要包括形式规范、用语规范和内容规范。在形式上，以《指导意见》为代表的小贷公司法律规制不符合传统潘德克吞式立法应有的包含篇、章、节、条的规范性结构；在语言上，以《指导意见》为代表的小贷公司法律规制较少使用

---

〔1〕 参见《指导意见》在关于“小额贷款公司的设立”中的明确规定：“申请设立小额贷款公司，应向省级政府主管部门提出正式申请，经批准后，到当地工商行政管理部门申请办理注册登记手续并领取营业执照。此外，还应在五个工作日内向当地公安机关、中国银行业监督管理委员会派出机构和中国人民银行分支机构报送相关资料；”另外，各省、直辖市、自治区的相关规定中也明确了小贷公司设立必须经过有关部门的批准。

〔2〕 参见《行政许可法》第14条规定：“本法第十二条所列事项，法律可以设定行政许可。尚未制定法律的，行政法规可以设定行政许可。必要时，国务院可以采用发布决定的方式设定行政许可。实施后，除临时性行政许可事项外，国务院应当及时提请全国人民代表大会及其常务委员会制定法律，或者自行制定行政法规。”第15条规定：“本法第十二条所列事项，尚未制定法律、行政法规的，地方性法规可以设定行政许可；尚未制定法律、行政法规和地方性法规的，因行政管理的需要，确需立即实施行政许可的，省、自治区、直辖市人民政府规章可以设定临时性的行政许可。临时性的行政许可实施满一年需要继续实施的，应当提请本级人民代表大会及其常务委员会制定地方性法规。地方性法规和省、自治区、直辖市人民政府规章，不得设定应当由国家统一确定的公民、法人或者其他组织的资格、资质的行政许可；不得设定企业或者其他组织的设立登记及其前置性行政许可。其设定的行政许可，不得限制其他地区的个人或者企业到本地区从事生产经营和提供服务，不得限制其他地区的商品进入本地区市场。”

法定概念和法律术语;在内容上,由于缺乏明确的权利—义务—责任划分,行为模式与法律后果预设不清,难以产生明确的指引作用和约束效果。例如,《指导意见》规定"凡是省级政府能明确一个主管部门(金融办或相关机构)负责对小贷公司的监督管理,并愿意承担小贷公司风险处置责任的,方可在本省(区、市)的县域范围内开展组建小贷公司试点"。作为小贷公司授权设立的最主要条款,该条文对授权主体、授权条件、授权范围、授权程序等模棱两可、一带而过,致使各地小贷公司设立极不规范、运行风险重重。

3. 稳定性

稳定性是法律权威性和秩序性的基本要求。稳定性是法的内在本质属性,是法实现其特定目的和效益的基本前提。但目前而言,我国小贷公司法律规制均遵循"成熟一个制定一个""摸着石头过河"的传统模式,尚未进行"顶层设计",其稳定性受到很大影响。小贷公司法律规制缺乏稳定性,集中表现在小贷公司规制频繁修改,不断颁新,前后矛盾。根据笔者不完全统计:浙江省一级政府部门自小贷公司试点以来共发布了36份规制文件,[1]

---

[1] 根据课题组的统计,浙江省关于小额贷款公司的文件主要有浙江省人民政府办公厅《关于开展小额贷款公司试点工作的实施意见》《关于切实抓好小额贷款公司试点工作的通知》《关于印发〈浙江省小额贷款公司试点暂行管理办法〉的通知》《关于建立浙江省小额贷款公司试点联席会议工作制度的通知》《关于促进小额贷款公司健康发展的若干意见》《关于深入推进小额贷款公司改革发展的若干意见》《关于印发浙江省小额贷款公司发展布局实施办法的通知》《关于发布实施〈浙江股权交易中心小额贷款公司定向债业务规则(试行)〉的通知》《关于试行小额贷款公司风险共担机制的通知》《关于印发〈县(市、区)小额贷款公司试点申报材料(参考文本)〉的通知》《关于浙江省小额贷款公司增资扩股的操作细则》《关于做好小额贷款公司高管人员任职资格核准工作的通知》《关于做好小额贷款公司少数资金链紧张的股东股权提前转让工作的通知》《关于小额贷款公司股权转让操作细则的通知》《关于印发浙江省小额贷款公司同业调剂拆借资金操作细则的通知》《关于印发浙江省小额贷款公司设立异地分支机构操作细则的通知》《关于要求严格把握新增小额贷款公司质量的通知》《关于进一步规范小额贷款公司审核事项的通知》《关于印发〈浙江省小额贷款公司监督管理暂行办法〉的通知》《关于要求严格把握新增小额贷款公司质量的通知》,省金融办《关于印发〈浙江省小额贷款公司非现场监管与现场检查工作指引(试行)〉的通知》《关于印发〈浙江省小额贷款公司风险监管处置细则(试行)〉的通知》《关于进一步落实小额贷款公司日常监管职责的通知》《关于开展小额贷款公司风险防控专项检查的通知》《关于印发〈浙江省小额贷款公司年度考核评价管理办法〉的通知》《关于开展浙江省小额贷款公司信用评级试点工作的通知》《关于印发浙江省小额贷款公司信息动态监测数据暂行管理办法的通知》《关于全省小额贷款公司内部软件开发商和信息动态监测系统建设事项的通知》《关于全省小额贷款公司信息动态监测系统正式运行有关事宜的通知》《关于做好浙江省小额贷款公司公共信息服务系统推广应用工作的通知》《关于增补省工行为全省小额贷款公司内部综合业务软件开发商的批复》《关于建立小额贷款公司平稳有序退出机制的通知》,省处置非法集资联席会议《关于印发〈浙江省处置非法集资活动联席会议制度〉和〈浙江省处置非法集资活动联席会议工作机制〉的通知》《关于印发浙江省小额贷款公司发展布局实施办法的通知》《关于印发小额贷款公司试点工作专题会议纪要的通知》《浙江省小额贷款公司试点联席会议专题会议纪要》等文件。

辽宁省发布了25份,[1]江苏省出台了20部,[2]内蒙古自治区17部。[3] 规制之间矛盾冲突明显。[4] 致使执行机构(主要是下级地方监管部门、小贷公司)无所适从。

---

〔1〕 根据课题组的统计,辽宁省的文件主要有辽宁省人民政府《关于开展小额贷款公司试点工作的指导意见》《辽宁省小额贷款公司试点暂行管理办法》《关于规范小额贷款公司筹建和开业申请要件有关问题的补充通知》《关于调整小额贷款公司发起人资格等有关问题的通知》《关于印发〈辽宁省小额贷款公司监督管理办法(暂行)〉的通知》《关于调整小额贷款公司主发起人及其关联方持股比例等有关问题的补充通知》《关于做好促进小额贷款公司发展工作的意见》《关于调整小额贷款公司注册资本有关问题的通知》《关于开展小额贷款公司增资扩股工作的通知》《关于明确小额贷款公司试点工作职责的通知》《全省小额贷款公司现场检查处理意见》《关于印发〈辽宁省小额贷款公司分支机构设立试点暂行管理办法〉的通知》《关于进一步明确小额贷款公司筹建、开业、股权变更等有关事项的补充通知》《关于印发〈辽宁省小额贷款公司评级暂行办法〉的通知》《关于进一步调整小额贷款公司注册资本有关问题的通知》《关于印发〈辽宁省科技小额贷款公司暂行管理办法〉的通知》《关于调整小贷公司相关试点政策的通知》《关于调整小额贷款公司审批方式等事项的通知》《关于允许小额贷款公司分期缴足注册资本金的通知》《关于放宽小额贷款公司主发起人变更条件的通知》《关于沈阳经济区内小额贷款公司业务同城化的通知》《关于防范小额贷款公司出现非法集资和经营风险的通知》《辽宁省小额贷款公司评级办法(试行)》《关于进一步加强小额贷款公司分类监管工作的通知》《关于小额贷款公司股权变更等有关事项的补充通知》。

〔2〕 根据课题组的统计,江苏省的主要文件有《江苏省促进金融业创新发展若干意见》、省政府办公厅《关于开展农村小额贷款组织试点工作的意见(试行)》《关于推进农村小额贷款公司又好又快发展的意见》《关于进一步明确农村小领贷款公司税收政策的通知》《关于印发〈江苏省农村小额贷款公司监督管理办法〉的通知》《关于进一步规范农村小额贷款公司审批管理工作的通知》《关于深入推进农村小额贷款公司改革发展的意见》《关于进一步加强农村小额贷款公司监管工作的通知》、省金融办《关于印发〈江苏省小额贷款公司监管评级办法(暂行)〉的通知》《关于印发〈江苏省农村小额贷款公司监管评级指标体系(暂行)〉的通知》《关于印发〈江苏省农村小额贷款公司监管处罚细则(暂行)〉的通知》《关于印发〈江苏省小额贷款公司非现场检查实施细则(暂行)〉的通知》《关于加强小额贷款公司市场准入和日常监管工作的通知》《关于调整完善农村小额贷款公司部分监管政策的通知》《关于农村小额贷款公司扶优限劣工作意见(暂行)》《关于建立江苏省小额贷款公司市场退出机制的通知》《关于印发〈江苏省小额贷款公司上市管理工作指引(暂行)〉的通知》、江苏省财政厅《关于印发〈江苏省农村小额贷款公司财务制度(试行)〉和〈江苏省农村小额贷款公司会计核算办法(试行)〉的通知》《关于促进金融业创新发展的若干意见》等文件。

〔3〕 根据课题组的统计,内蒙古出台的文件有内蒙古自治区人民政府办公厅《关于开展小额贷款公司试点工作的通知》《关于规范我区小额贷款公司名称的通知》《关于统一小额贷款公司会计凭证和合同文本的通知》《关于加强小额贷款公司监管的通知》、内蒙古自治区财政厅国税局地税局《关于新设金融法人机构企业所得税优惠政策的通知》《关于统一安装小额贷款公司业务管理系统的通知》《关于加强内蒙古自治区小额贷款公司外源融资管理的通知》《关于小额贷款公司安装综合业务管理系统有关事项的通知》《关于印发〈内蒙古自治区小额贷款公司年度考核评价办法(试行)〉的通知》、内蒙古自治区人民政府办公厅《关于印发〈内蒙古自治区小额贷款公司试点管理暂行办法〉的通知》《关于印发〈内蒙古自治区小额贷款公司试点管理实施细则(修订)〉的通知》《关于印发〈内蒙古自治区小额贷款公司董事、监事、高级管理人员任职资格管理暂行办法〉的通知》《关于建立全区小额贷款公司统计报告制度的通知》《关于印发〈内蒙古自治区小额贷款公司从业人员资格管理暂行办法〉的通知》《关于修改小额贷款公司月报表及年度财务决算表的通知》《关于修订〈内蒙古自治区小额贷款公司年度考核评价办法(试行)〉的通知》等文件。

〔4〕 比如针对主发起资格辽宁省一级政府就出台四个文件,分别是《辽宁省小额贷款公司试点暂行管理办法》(2008)《关于调整小额贷款公司发起人资格等有关问题的通知》(2009)《关于调整小额贷款公司主发起人及其关联方持股比例等有关问题的补充通知》(2010)《关于放宽小额贷款公司主发起人变更条件的通知》(2014),这四个文件中对于发起人的条件要求都不同,并且每个文件出台的时间间隔也较短。

4. 实效性

法律的生命在于实施。实效性是法律的生命所在。小贷公司规制的主要目的不仅在于“拟制”小贷公司,而且,必须对小贷公司的设立、运营和市场退出提供全方位的有效监管,防范风险。但现行小贷公司规制在上述环节均存在较大问题:在小贷公司设立环节,由于《指导意见》对小贷公司“是由自然人、企业法人与其他社会组织投资设立,不吸收公众存款,经营小额贷款业务的有限责任公司或股份有限公司”的性质定位及“凡是省级政府能明确一个主管部门(金融办或相关机构)负责对小额贷款公司的监督管理,并愿意承担小额贷款公司风险处置责任的,方可在本省(区、市)的县域范围内开展组建小额贷款公司试点”的模糊规定,小贷公司实际监管机构五花八门,包括:金融办、发改委、工商局、财政局、公安局、工信局等部门,有的地方政府还将中国银监会的派出机构和人民银行分支机构纳为监管主体,形成联席会议监管模式。多部门的多种监管架构不仅易引发小贷公司的监管乱象,而且,由于难以保证监管的专业性和科学性,难以及时发现并化解监管对象风险,导致小贷公司目前风险积聚、跑路频发。在小贷公司运营环节,《指导意见》主要采取限制外部融资和发起人承诺等方式进行风险监管。但没有考虑到小贷公司运营的实际风险主要是信贷风险。目前,小贷公司规制缺乏对信贷风险进行有效监管的制度供给,既没有建立统一的标准化监管信息平台和信用评级制度,也没有科学有效的信贷资产分级管理和拨备计提制度。监管规制供给难以满足监管需求,难以取得监管实效。此外,由于《指导意见》对小贷公司退市规定较为笼统,而各省暂行规定对此也并无过多着墨,[1] 在实践中,小贷公司退市往往无所依据,乱象丛生。

5. 协调性

小贷公司规制缺乏协调性表现在:第一,小贷公司的目标定位与相关财税政策制度之间存在价值冲突,依中央 1 号文件和《指导意见》,设立小贷公司旨在“有利于增加农户和企业贷款,有利于改善农村金融服务小额贷款公司”,并赋予小贷公司“支农”“支小”的“神圣”使命,但是,国家相关财税政

[1] 如安徽的《安徽省小额贷款公司试点管理办法(试行)》中专章规定了“机构变更与终止”,对于小额贷款公司退出作出了规定;浙江省在《浙江省小额贷款公司试点暂行管理办法》第 34 条规定了小额贷款公司解散的情形,近期又出台了专门的规定省金融办《关于建立小额贷款公司平稳有序退出机制的通知》。

策制度并未相应贯彻这些使命。小贷公司并不在财政部和国家税务总局发布的享有财税优惠的金融机构之中。[1] 税负高已经成为小额贷款公司发展的阻力之一，目前小贷公司需要承担25%的企业所得税率，另加约5.56%的营业税和附加。综合计算，小贷公司的税负率高达30%，远高于农村信用合作社3.3%营业税及附加和12.5%的企业所得税，小贷公司的税负高，其经营成本也就高，只能通过高利率转嫁给借贷人；同时，小贷公司财税政策缺失导致社会福利损失，限制了小贷公司的利润空间，降低了投资者的积极性，迫使小贷公司发生服务"目标偏移"。第二，不同监管当局对小贷公司法律性质的规定缺乏协调性。《指导意见》将小贷公司定位为工商企业而非金融机构；而2009年中国人民银行发布的《金融机构代码规范》中，小贷公司被编列其中，其一级分类编码是"Z其他"，这表示人民银行对小贷公司按金融机构认定；另外财政部也下文规定小额贷款公司应执行《金融企业财务规则》等金融财务管理制度，这无疑也是将其当做金融机构加以对待。金融机构还是非金融机构？小贷公司性质定位亟待厘清。第三，现在的金融业在支农方面的统计制度有《涉农贷款专项统计制度》和《农户贷款管理办法》，里面对于相关的统计口径具有较为详细的规定，但是并未明确规定小额贷款公司使用以上两项办法。由此可见，由于相关规制在小额贷款公司价值目标、财税激励、法律地位、支农统计等方面存在冲突，导致实践中小贷公司目标偏移、行为矛盾、无法协调。

综上所述，选取合法性、规范性、稳定性、可操作性、协调性五个评价指标对小额贷款公司规制内容进行评估的结果显示：小贷公司规制内容不合法，缺乏应有的规范性、稳定性、可操作性和协调性。小贷公司规制内容问题是小贷公司实践问题的制度根源。

（二）小额贷款公司规制效率评估

如前所述，小额贷款公司规制效率评估将采用产出导向的DEA方法和表1所列评估指标进行评估。由于DEA模型是根据一组关于输入—输出的

---

[1] 除财政部的《中央财政新型农村金融机构定向费用补贴资金管理暂行办法》及《关于开展县域金融机构涉农贷款增量奖励试点工作的通知》第4条"财政部对上年贷款平均余额同比增长，且达到银监会监管指标要求的贷款公司和农村资金互助社，上年贷款平均余额同比增长、上年末存贷比高于50%且达到银监会监管指标要求的村镇银行，按其上年贷款平均余额的2%给予补贴"规定之外，国家未出台任何针对小贷公司的其他财税优惠政策。

观察值来估计有效生产前沿面的,所以需要多组观察值,本文选取中国人民银行《小额贷款公司分地区情况统计表》[1]中每年年末的各省小额贷款公司数据构成DEA模型前沿面板数据。根据deap2.1计算得出"2010年~2014年我国各省份小额贷款公司规制效率值",依据该规制技术效率值,又可得出如图1所示的"2010年~2014年间小额贷款公司规制效率值分布趋势"。

通过DEA模型得出的技术效率(TE)是生产前沿面上最佳产出与实际产出的比,反映了不同地区小贷公司规制的效率,是评估小贷公司现行规制的综合指数之一。若指数值为1,则该地区是DEA有效的,表明该地区小贷公司规制较相对比的其他地区更有效率;反之,则该地区是DEA无效的,表明该地区小贷公司规制效率较相对比的其他地区更差。全国范围来看,如图1所示,2010年~2014年间,所选取地区的小贷公司规制技术效率的平均值在0.687~0.778之间,表明整体上小贷公司的规制效率还处于一个较低的水平,但自2010以来其效率值在不断提高。

BC2模型得出的纯技术效率(PTE)表示在同一规模最大产出下最小的要素投入成本,可以衡量技术无效率有多少是纯技术无效率所造成的。该指标侧重于反映不同地区小贷公司规制及其管理的运行效率。如图1所示,整体上,全国小贷公司规制的纯技术效率均值相对较低(2010年~2014年均值处于0.691~0.822之间),但是基本上保持了上升趋势,说明小贷公司规制及其管理水平趋于不断完善。

规模效率(SE)表示小额贷款公司规制投入资源在最大产出下技术效率生产边界的投入量与最优规模下的投入量的比值,可以衡量在现行小贷公司规制下小贷公司的投入资源是否处于最优规模。图1反映了2010年~2014年间小贷公司规制效率值的分布趋势,整体上规模效率(SE)>纯技术效率(PTE)≥技术效率(TE)。在DEA模型中,TE = PTE × SE,并且三者的值都在0~1之间,所以,我们可以通过纯技术效率和规模效率来找到技术效率低的原因。图1中的规模效率都很接近1,所以,技术效率值较低是因为纯技术效率值的缘故,即整体上的技术效率低是因为制度的运行效率低。

[1] 央行自2010年6月起开始,我国的《小额贷款公司分地区情况统计表》,开始为半年公布一次数据,自2011年起每季度公布一次数据。具体参见中国人民银行网:http://www.pbc.gov.cn/diaochatongjisi/116219/116225/index.html。

这说明全国大部分地区小贷公司规制的运行效率和管理水平较低。

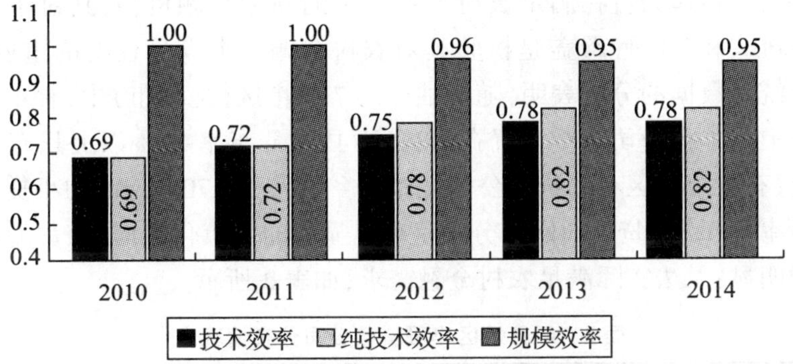

图1　2010年～2014年小贷公司规制效率值

综上所述，应用DEA模型对小额贷款公司规制效率进行评估的结果显示，我国小贷公司规制效率总体不高，各省份之间规制效率水平差距明显。这不仅反映出我国小贷公司规制效率总体不高，也反映出省际间的不同规制对小贷公司资金配置效率影响显著。而规制运行效率低及管理水平不高是造成大部分地区小贷公司规制效率低下的主要原因。

（三）小贷公司规制效果评估

如前所述，小贷公司满足农村金融需求程度、小贷公司在农村金融市场的竞争力、小贷公司可持续发展能力是本文所选取的小贷公司规制效果评估指标，结合实地调研及依靠政府信息公开获得的相关数据，小贷公司规制效果评估主要包括：

1. 小贷公司满足农村金融需求程度

农村金融体系改革最重要的目标在于解决农村融资难问题，因此能否改善农户或农村中小企业的融资条件，促进农村融资活动就成为农村金融体系改革分析的出发点和成效评价的基本标准。但是，小贷公司到底在多大程度上满足农民的金融需求呢？本文选取小贷公司县域以下网点分布比例、人均农户贷款数以及农户贷款比例三个调研数据指标[1]进行分析说明。

金融机构网点的广泛分布是金融机构开展金融服务、满足金融需求的

〔1〕 要满足农村的金融需求，必须具备提供服务的能力和意愿，网点分布能够较好地反映服务能力，农户贷款提供数目和占比及发展态势可以反映提供服务的意愿，所以笔者调研主要选择这三个指标。

物质前提。

小贷公司作为旨在满足农村金融需求的新型金融机构,其对于农村地区的下沉式和广泛性覆盖是检验其对农村金融需求满足程度的重要指标。对表3统计数据的分析表明,随机抽样的7个市区(地级市)中,有4个地区50%以上的小贷公司直接设置在市区,而县城分布率50%以上只有2个地区,且仅有2个地区小额贷款公司分布在乡镇,[1]近70%地区的小贷公司乡镇覆盖率为0。小贷公司网点分布呈现出显著的城市化倾向,嫌贫爱富的特点较为明显,无法实际满足农村金融需求,如表2所示。

表2　部分地区小额贷款公司分布情况[2]

地区	总数	市区	占比	县城	占比	乡镇	占比	统计截止日期
宁波	41	21	51.22%	14	34.15%	6	14.63%	2013年6月1日
蚌埠	17	13	76.47%	4	23.53%	0	0.00%	2013年12月1日
南昌	41	27	65.85%	15	36.59%	0	0.00%	2014年8月11日
佳木斯	26	20	76.92%	6	23.08%	0	0.00%	2014年6月17日
渭南	23	6	26.09%	17	73.91%	0	0.00%	2013年7月26日
徐州	31	13	41.94%	8	25.81%	10	32.26%	2014年6月17日
恩施	23	8	34.78%	15	65.22%	0	0.00%	2014年6月1日

数据来源:根据各地小贷公司监管机构或小贷公司协会网站公布数据统计。

小贷公司人均农户贷款额及农户贷款比例两个指标反映小贷公司对农户信贷需求的满足程度,如表3所示。根据表4中人均农户贷款数统计发现:农户通过小贷公司获得的贷款数额并不高,各地人均农户贷款数的差异水平大,已有部分地区开始出现负增长。[3] 根据表4中农户贷款比例指标统计发现:20个样本中仅有6个地区的农户贷款占比达30%以上,近一半的地区占比常年保持在20%以下,甚至还有4个地区的占比只有10%左右,[4]这表明小贷公司的目标客户并非农户。

---

〔1〕 根据课题组调研发现,小贷公司分布在村镇的只有宁波和徐州,而宁波和徐州小额贷款公司分布到了村镇是因为所处地区经济发达,城镇化、工业化水平高。

〔2〕 此处统计的数据根据小贷公司的公司地址计算,以上数据均来自各地小额贷款公司监管机构或小额贷款公司协会提供或根据网络上发布的地址统计,因为公布日期不同和公布数据不全,所以此处数据与其他引用的年末数据有出入。市区是指地级市的城区,县城是指包括县级市在内的县城区域,乡镇是包括村组在内乡镇地区。

〔3〕 徐州、新乡、吉林地区在2012年~2013年间的人均农户贷款数出现了小幅下滑。

〔4〕 合肥、铜陵、蚌埠、吉林4个地区的农户贷款常年保持在10%左右。

表3　部分地区2010年~2013年小贷公司农户贷款情况

地区	人均农户贷款(元)				农户贷款占比(%)			
	2010年	2011年	2012年	2013年	2010年	2011年	2012年	2013年
温州	830.98	1511.82	1781.64	2386.53	38.99%	42.12%	43.53%	50.79%
宁波	970.18	1458.97	2280.18	2571.05	47.46%	51.72%	55.29%	55.97%
衢州	36.21	87.19	207.63	353.15	18.24%	19.70%	18.60%	23.25%
苏州	779.13	2233.4	3016.04	3943.13	18.64%	24.52%	28.65%	33.56%
徐州	166.35	424.26	420.95	393.37	34.29%	36.15%	33.16%	31.99%
蚌埠	11.56	26.06	62.28	69.97	7.34%	8.45%	10.58%	10.48%
铜陵	/	/	606.42	1724.55	/	/	5.00%	11.11%
合肥	/	/	264.8	285.36	/	/	7.03%	5.95%
益阳	5.46	22.04	129.37	241.02	70.05%	67.59%	77.01%	74.58%
新乡	/	55.39	102.38	93.09	/	21.75%	23.57%	19.40%
恩施	14.73	27.77	53.81	164.61	24.52%	20.23%	16.23%	23.99%
南充	23.21	36.58	72.37	120.48	34.76%	24.71%	22.93%	22.83%
安康	/	105.18	194.21	294.54	/	53.84%	44.10%	47.09%
渭南	74.6	133.6	201.39	277.99	57.45%	51.13%	55.05%	48.26%

数据来源：相关数据根据各地小贷公司监管机构或人民银行提供数据整理。

对网点分布比例、人均农户贷款数以及农户贷款比例三个调研数据指标的统计分析表明：小贷公司无论是在满足农村金融需求的能力（网点分布）还是提供服务的意愿（农户贷款）都并不强，并不能有效满足农村金融的现实需求。

2. 小贷公司在农村金融市场的竞争力

竞争是市场经济的灵魂，是市场有效性的最根本保证。农村金融组织机构（或活动）之间的有效竞争，是农村金融市场效率提升和农村金融资源优化配置的关键，是农村金融体制改革的基本目标。[1] 本研究以小贷公司与其他农村金融机构农户贷款之比作为衡量小贷公司是否促进农村金融市

〔1〕 为全面落实科学发展观，有效配置金融资源，引导资金流向农村和欠发达地区，改善农村地区金融服务，促进农业、农民和农村经济发展，支持社会主义新农村建设。

场有效竞争的数据指标,[1]并通过该指标对小贷公司规制效果进行评估。

小贷公司在农村金融市场的主要竞争对手为商业性金融机构在农村的分支机构、农村合作金融机构(包括农村信用社、农村合作银行、农村商业银行)以及村镇银行。如表4所示:与商业性金融机构在农村的分支机构相比,小贷公司农户贷款占比较低,在6个样本中仅有3个超过5%,这表明小贷公司缺乏与农村商业性金融机构竞争的市场实力;与传统农村合作金融机构相比,近80%的样本地区小贷公司占比不足10%,1/3的样本地区占比不超过5%,这表明小贷公司完全无法撼动农村合作金融机构在农村金融市场中的主力军地位;与村镇银行相比,则存在明显两极分化:经济发达地区小贷公司占比高于村镇银行,经济欠发达地区小贷公司占比不及村镇银行。总而言之,小贷公司在农村金融市场中占比显著不足,目前还无法与农村金融市场中传统的商业性金融机构和合作性金融机构形成竞争,但值得注意的是,小贷公司市场份额呈现逐步扩大的态势,长期发展将有助于农村金融市场的有效竞争。

表4 部分地区小贷公司农户贷款与其他金融机构农户贷款之比[2]

地区	对比项	2010	2011	2012	2013
宁波	与金融机构农户贷款之比	6.38%	7.34%	9.76%	9.14%
	与农合机构农户贷款之比	13.40%	15.64%	22.68%	22.54%
	与村镇银行农户贷款之比	331.91%	398.38%	417.71%	376.82%
徐州	与金融机构农户贷款之比	3.06%	6.33%	6.95%	5.70%
	与农合机构农户贷款之比	3.88%	4.40%	10.69%	8.97%
	与村镇银行农户贷款之比	2824.52%	1069.40%	576.25%	318.61%
衢州	与金融机构农户贷款之比	0.37%	0.70%	1.26%	1.65%
	与农合机构农户贷款之比	0.58%	1.11%	2.02%	2.65%
	与村镇银行农户贷款之比	66.76%	46.24%	52.17%	58.91%

[1] 农村金融机构主要通过吸储和放贷来进行竞争,而小贷公司并不吸收存款,所以只能通过放贷情况来展开,农户贷款是其农村贷款业务开展情况的集中体现,故选取这一指标。

[2] 在现行统计口径中,小贷公司并不属于金融机构,其农户贷款也就未纳入金融机构农户贷款中。另外表中恩施、温州因未获得农合机构历年的农户贷款数故不进行此项比较。表中空白数据表示该年未成立村镇银行。

续表

地区	对比项	2010	2011	2012	2013
蚌埠	与金融机构农户贷款之比	0.47%	0.92%	1.81%	1.58%
	与农合机构农户贷款之比	0.52%	1.15%	2.67%	3.49%
	与村镇银行农户贷款之比	/	/	106.62%	42.87%
温州	与金融机构农户贷款之比	3.17%	5.30%	5.34%	5.61%
	与村镇银行农户贷款之比	156.89%	149.44%	120.18%	139.83%
恩施	与金融机构农户贷款之比	0.81%	1.12%	2.03%	4.39%
	与村镇银行农户贷款之比	20.18%	19.49%	30.48%	63.78%

数据来源：相关数据由各地的小贷公司监管机构、人民银行、银监局提供并进行整理得出。

3. 小贷公司的可持续发展能力

小贷公司可持续发展是小贷公司实现其规制预设目标使命的基础和前提，对小贷公司可持续发展能力进行评估是小贷公司规制效果评估的重要方面。小贷公司可持续发展能力主要通过小贷公司不良贷款率和盈利能力进行测算。不良贷款率是评估金融机构可持续发展能力的重要标准。但调研中发现，各地小额贷款公司监管部门均不愿公布当地小贷公司的不良贷款率。[1] 这反而显示出各地小贷公司不良贷款率的实际状况。盈利能力是企业可持续发展的监测指标，目前普遍采用资本收益率（ROE）和资产收益率（ROA）指标。如表5所示，75%样本地区小贷公司资本收益率常年低于10%，明显低于同期其他金融机构资本收益的水平，[2] 将近60%样本地区资产收益率低于5%，如表5所示。这显示样本地区小贷公司可持续发展面临重大考验。

〔1〕 课题组曾在浙江温州、四川南充、湖北恩施进行实地调研，调研中三地金融办均未提供不良贷款率；笔者另外通过政府信息网络公开平台向大部分能够进行网上申请政府信息公开的政府部门申请相关信息，部分政府未作出回应，部分地区（如陕西渭南、广东惠州、江苏徐州、浙江衢州、黑龙江佳木斯、河南新乡、湖南益阳、内蒙古呼伦贝尔、贵州黔南等地区）提供了一部分小额贷款公司信息，但也未提供不良贷款率，有部分地方甚至以申请不良贷款率等信息涉密为由拒绝公开所有信息。

〔2〕 根据温州小额贷款公司协会统计，银行等金融机构的资本收益率近20%。

表5 部分地区小贷公司收益率

年份	地区	资产收益率(%)	资本收益率(%)
2010	衢州	10. 35	3. 00
	徐州	3. 00	4. 30
	惠州	3. 14	3. 7
	渭南	10. 69	10. 61
	佳木斯	3. 10	3. 30
2011	衢州	6. 50	3. 00
	徐州	7. 20	6. 70
	惠州	3. 3	3. 8
	安康	4. 10	4. 13
	渭南	12. 84	12. 66
	阜新	1. 80	1. 20
	佳木斯	1. 80	1. 90
2012	衢州	6. 87	9. 00
	徐州	3. 6	4. 40
	惠州	4. 7	5. 2
	南充	4. 55	5. 95
	安康	4. 94	5. 00
	渭南	12. 98	13. 65
	阜新	1. 60	1. 20
	佳木斯	1. 00	1. 00
2013	衢州	9. 08	10. 00
	徐州	2. 70	4. 00
	惠州	4	4. 7
	南充	5. 30	6. 52
	安康	11. 90	11. 53
	渭南	14. 40	15. 23
	阜新	2. 00	2. 00
	佳木斯	2. 20	2. 40

数据来源:相关数据由各地的小贷公司监管机构提供。

综上所述,小贷公司规制效果评估表明在现行规制框架下,我国小贷公司难以实现自身的可持续发展,无法满足农村金融实际需求,不能促进农村金融市场的有效竞争。与“有效配置金融资源,引导资金流向农村和欠发达地区,改善农村地区金融服务,促进农业、农民和农村经济发展,支持社会主义新农村建设”的小贷公司规制目标相比,小贷公司规制效果差强人意。

五、结论

规制评估对规制改革与发展意义重大,建立科学、系统、完整的规制评估体系是规制评估的关键。规制内容、效率、效果三维评估体系(CEE)结合静态评估与动态评估,兼容定性评估与定量评估,是对既有规制评估应用实践的突破与创新。运用该 CEE 三维评估体系对小贷公司规制进行综合评估的结果显示:在规制内容上,现行小贷公司规制内容不合法,缺乏规范性、稳定性、可操作性和协调性;在规制效率上,现行小贷公司规制成本较高,收益较低,资源配置效率不高;在规制效果上,现行小贷公司规制目标难以实现,既难以满足农村金融需求、促进农村金融市场有效竞争,也不能实现自身可持续发展。

提升小贷公司的规制效率和规制效果,必须对现行小贷公司规制内容进行修改完善。第一,必须统一规范小贷公司立法“顶层设计”,加快出台规范小贷公司的国务院行政法规,明确小贷公司“支农”“支小”的金融机构属性;第二,应修改“凡是省级政府能明确一个主管部门(金融办或相关机构)负责对小额贷款公司的监督管理,并愿意承担小额贷款公司风险处置责任的,方可在本省(区、市)的县域范围内开展组建小额贷款公司试点”的模糊规定,落实小贷公司的监管主体、监管条件、监管范围和监管程序,建立统一的标准化小贷公司监管信息平台和信用评级系统,建立小贷公司信贷资产分级管理和拨备计提制度,逐步将信用好的小贷公司纳入人民银行征信系统;第三,应为小贷公司提供“支农”“支小”相协调的正向财税制度激励,拓宽信用优质小贷公司融资渠道;第四,应完善小贷公司退市机制,明确高风险小贷公司的风险处置责任和退市程序。总之,必须全面推进现行小贷公司规制“政策 + 暂行规定”的供给侧改革,以实现小贷公司规制内容的科学化、规制模式的法治化。

民间金融的规制悖谬及其化解*

——一种软硬法规制路径的选择

王　兰**

内容提要　民间金融的治理难题,实质上内含了两种规制模式的失灵:单一的硬法规制存在阿喀琉斯式的疑似悖谬,无法走出国家中心治理观下监管反向诱致民间金融地下化发展这一困境;而纯粹的软法规制则存在马歇尔冲突造成的真悖谬,无法解决社会网络治理一维观产生的民间金融声誉执行脱域问题。前者肇因于民间金融的外部监管无法消解金融抑制带来的法外运行激励,后者则始于内部软法治理有限性与现代民间金融扩张性的冲突。遵循软硬法混合规制机理,民间金融应借助差别化利率管理、选择性登记准入等完成对硬法规制的激励补强,通过司法强制执行完成软法规制的进程。然而,混合规制模式自身也难以克服层级阴影下国家干预与营商激励的冲突,而需通过政府与社会网络的协同共建,来形塑民间金融新型的软硬法合作规制模式。

关键词　民间金融　规制悖谬　硬法规制　软法规制

---

* 本文曾在《现代法学》2017 年第 3 期上发表,特此声明。本文所谈及的民间金融限缩于狭义范畴,主要指私人借款、网络信贷(如 P2P)等民间借贷,以及以私募基金、民间合会、信贷轮转会(ROCAS)等方式呈现的民间融资等。

** 王兰,福建福清人,厦门大学法学院副教授,法学博士。

一、问题的提出

我国民间金融的治理,一直笼罩在"以国家为中心"的治理观的滥觞中,而难以摆脱硬法规制为表征的"行政过程式"(administrative process)的治理困境。[1] 一方面,尽管金融监管立法并未指摘民间金融作为普惠金融存在的积极经济意义,但受制于法条文义上"有效/无效的僵化二分",难以为具体执法提供更具兼容性的识别方案,反而动辄对其课以严厉管制甚至刑事惩治,而致使民间金融更趋隐蔽化、地下化;另一方面,以施行审慎性规制为原则的民间金融执法,也未能从微观操作上催生出更具实用性的解决方案,而过度利用了粗糙的二分法形成的立法漏洞,施行如寻租/求租等裹挟个人操控因素的"行政机会主义"做法,从而加剧了民间金融立法与执法二维治理的失灵。这在一定意义上也印证了公共行政研究所抨击的国家内部结构性危机,即一味将立法与司法功能整合到行政分支而导致其监管职能的过度膨胀。该危机不仅是法理学意义上立法与执法功能边界的模糊所致,也隐含了金融监管机关在制度、管理和技术上的组织运作问题:由于仿效正规金融(formal finance)的管制模式,[2] 围绕民间金融的国家中心治理观亦将其诉诸积极的监管,并套用名额限制的牌照审批技术,以配合最低资金规模和金融内部风险管控需求,在设置高企的准入门槛与运营成本的同时,也将大量的民间金融排除在监管绩效评价体系之外。这种刚性的管制模式与以灵活方式和松散组织为特征的民间金融互为龃龉,反而致使民间金融常态化地脱离上述的硬法规制,极大地弱化了"国家—控制"范式的实效。

然而,国家中心治理的失灵并不意味着民间金融的偃旗息鼓。在民间巨大金融需求的刺激下,其内生的熟人、地缘、业缘等关系[3] 及声誉执行机制,在社会关系场域内积极有效地填补了硬法规制的真空,从而完成"无需

---

〔1〕 行政过程源自卢艾林教授将所有官方的所作所为皆纳入"法律"界定中,并循入庞德理论系统,运用政治组织的"社会控制观"来实现一种趋向于法律秩序的规范治理过程。参见[美]罗斯科·庞德:《法理学》(第1卷),邓正来译,中国政法大学出版社2005年版,第15~18页。

〔2〕 这种管制包括了法律管制与行政管制两种。前者指由刑法、民法、商法等法律所定的行为标准,但不牵涉行政部门的作业;后者则直接交由政府行政部门作业,并由公务人员进行例行的监督检查以确认行为标准是否被遵行。参见千学平:《从管制到海耶克之法律与经济学》,载冯玉军主编:《中国法经济学应用研究》,法律出版社2006年版,第126页。

〔3〕 例如,商会所参与民间借贷就属典型的业缘关系型民间金融。商会甚至转变融资居间平台的角色,而直接为其会员提供信用担保以营利。参见广州民间金融研究院、中央财经大学金融学院课题组:《中国民间金融发展研究报告》,知识产权出版社2013年版,第5页。

监管"的软法型社会资本规制。中国民间金融蓬勃发展史也再次验证了低度法律实施(law enforcement)环境中,关系与声誉等社会资本对地区性金融发展的重要价值。这种发轫于民间金融内部关系网的规制模式,演化为依靠自组织[1]内生的自治能力实现独特的软法治理范式,明显不同于以强调国家与社会领域内多元主体互动为主的"网络中心治理观",不再依靠社会自组织与国家机能耦合所达成的网络治理,而表现为一种实践驱动所自发形成的软法规范性带来的行为指引与内部执行,成为一种尚未被学界定义的"内生规范治理观"。

当然,民间金融单一而非整合国家力量的网络化治理,其先天性的结构不足也是显而易见的。无论是集合性民间金融组织的成员间(如民间合会中的会脚),还是更常见的私人借贷的当事人间,彼此专业治理知识的匮乏和组织力量的薄弱,都意味着内生的软法规制难以提供科学的风险内控机制,而仅依靠松散的熟人关系、内部信任、个人权威(如经济实力雄厚的会首)等非强制性力量形成的制约机制,且更多是针对事后合同执行而非事先的风险预警。在民间金融高利的诱惑下,相关从业者很容易滋生出严重的道德风险,而引入非法集资、间接融资贷款等高杠杆风险机制,又背离了"依据审慎目标以进行优化监管"的治理目标。这也成了学界一直诟病关系和声誉型软法规制乏力的症结。故此,当民间金融遭遇"国家—控制"范式下的法律评价时,依然会因法外运作而难免自治型法的苦恼——其"合法性被理解为对规则的严格负责",却无法通过上述成员间内生的软法规制秩序而自动获得合法性。

民间金融治理在国家中心治理观与内生规范治理观的自发迁移,及其所关联的硬法/软法规制实效的得失,凸显了外部单一规制模式的不完整性。这提示了笔者研究所要着力的出发点,即从民间金融内部发生要素予以探研,以补全上述外部规制"他者视角"所产生的治理缺憾。借助对民间金融供求定律下的利率与交易成本要素的分析,笔者尝试挖掘隐藏在上述治理问题中的软硬法规制佯谬,并通过探析民间金融自创生发展所呈现的混合规制模式,以期凝练出能兼容民间金融私法自治与国家管控二重机能

〔1〕 自组织(Self-organization)是一种建立在信任关系与协商基础上的,区别于层级(hierarchy)和市场的第三种治理机制。这种社群网络中自下而上的、能直接体现合作群体需求的治理方式,并能有效克服政府管制的低效率和市场治理的不公平。See E. Ostrom, "ABehavioral Approachtothe Rational Choice Theory of Collective Action", *American Political Science Review*, 1998, 92(1), pp. 1–22.

的治理路径。此外,考虑到混合规制可能产生的硬法与软法“权力互赖”(powe rinterdependence),[1]本文也将对由此可能衍生出的合作规制进行展望式构建。

二、阿喀琉斯悖谬:民间金融硬法规制之觞

阿喀琉斯悖谬源于古希腊神话,描述了勇士阿喀琉斯永远无法追上处于他前方乌龟的故事。其基本逻辑是因乌龟在前,当他刚赶上与乌龟之间的距离时,乌龟又利用此追赶时间再次处于他前方。民间金融硬法规制存在与此相似的悖谬:当法律(硬法)对民间金融进行规制时,民间金融将进一步寻求地下化以逃逸出硬法规制射程,这种“规制对象消失”而致监管失灵将会进一步强化硬法规制,并诱使民间金融再次地下化以规避法律,造成“规制——地下化——规制失灵——再规制——再地下化”的恶性交互增强,并最终成为民间金融治理无法逾越的规制峡口。

究其实质,这种悖谬属于疑似悖谬(suspected paradox),[2]其规制逻辑上存在一大错误,即忽视了规制本身对被规制对象的间接增生作用。该悖谬源自硬法规制致力于对民间金融予以积极管控以实现正规化改造(formalization),却忽视了其自身对民间金融产生的诱致作用,从而导致民间金融要么被正规化改造后因运营成本过高而无法被普遍遵行,要么仅小部分民间金融为强力管控所覆盖而“归正”,而大部分的民间金融更加的深潜地下。这也暗合了经济学家从金融供给侧给出的解释,即金融抑制政策使正规金融仅能通过信贷合约筛选借款人,其屏蔽风险的能力和激励受到很大程度的限制,从而逆向促使民间金融广泛而长久的存续。因此,与其诉诸动辄难以被施行的法律功能主义上的规制分析,毋宁诉诸更贴近民间金融发生学意义上的规制研究,才能准确识别隐藏在民间金融规制悖谬中的深层逻辑。

第一,从内生性的角度来看,信贷市场规制的目的在于解决借贷双方资

---

〔1〕 如商会所参与民间借贷就属典型的业缘关系型民间金融。商会甚至转变融资居间平台的角色,而直接为其会员提供信用担保以营利。参见广州民间金融研究院、中央财经大学金融学院课题组:《中国民间金融发展研究报告》,知识产权出版社2013年版,第5页。

〔2〕 自组织(Self-organization)是一种建立在信任关系与协商基础上的,区别于层级(hierarchy)和市场的第三种治理机制。这种社群网络中自下而上的、能直接体现合作群体需求的治理方式,并能有效克服政府管制的低效率和市场治理的不公平。See E. Ostrom,“A Behavioral Approach to the Rational Choice Theory of Collective Action”,*American Political Science Review*,1998,92(1),pp. 1-22.

信的信息不对称。这在民间金融市场中主要表现为利率信息的失真:按照供求关系定律,在需求总量固定的情况下,进入民间金融的资本越多,则平均利率就越低,而低利率又扩大了民间金融的需求,导致更多资信差的借款人涌向此市场。民间金融放贷人会依据资信状况进行信贷配置,对于高资信者提供优惠利率,而对低资信者课以更高利率以贴现风险。此时,民间金融市场利率更多是信贷配置的结果,而非由供求关系下的信号决定。正是这种差异化的信贷配置,导致民间金融产生信息不对称的风险:具有信息优势的借款人通常仅向放贷人披露正面信息而隐瞒不利信息,对此放贷人须额外支付资信甄别的成本,基于此,信息劣势的放贷人会普遍选择抬高违约风险预期。柠檬市场的存在表明,那些资信更好的借款人会被排挤出市场,从而引发逆向选择。此时,利差溢价与违约风险将实现正规金融与民间金融的动态非合作均衡,只不过这种均衡可能在金融需求旺盛时被供求关系推高利差,并产生更大的违约风险。这种风险会因借款人同时参与正规金融市场而进行跨市场传导,进而引发连锁反应。温州因民间金融链条断裂而导致当地银行严重的信贷呆坏账问题,就是例证。

第二,从外部利率管制的角度来看,由于利率管制对金融市场的干预,使非市场化形成的法定借贷资金价格低于实际市场价格,加之发展中国家普遍存在的国企与私企的经济分割,正规金融的资金往往优先匹配给资信能力和还贷能力更强的国企,并对私企产生金融抑制。作为信贷发生的核心约束条件,利率管制的后果是大量中小私企融资需求无法从正规金融部门获得满足,而只能转向民间金融市场。这也从外部性上解释了民间金融与国家金融政策扭曲及法律抑制的派生关系。由于供给与需求间利差的寻租激励,在很大程度上稀释了信贷金融政策所要落实的社会福利,反而促使金融法对"越轨"的民间金融行为施以更严厉的管制,直至在刑法上设置高利转贷罪等扰乱金融市场秩序罪名。这也进一步加剧了民间金融供给的风险,扩大了市场对民间金融的需求度,致使规制悖谬无法消解。

学术界尝试就此提出两大具有代表性的解决思路:一是选择性法制化观点,认为通过"程序控制或实体控制,过程控制或结果控制,形式控制或内容控制,法律方式或市场方式"的选择性适用能有效解决规制难题,并提出规制对象应限缩为"对社会具有较大影响的具有全国性组织形式的民间金融"。这种"消极自由"价值取向下的法制化规制模式能有效观察民间金融行为与国家金融秩序,体现了私人意思自治与国家金融意志的平衡。不过,这种以“对社会具有较大影响”且“具有全国性组织形式”作为判断规制对象的标准，不仅难以涵盖那些仅在某些区域或由特定人员组成，并因投机性引发高风险进而对社会造成较大影响的民间金融组织，[1]也使大量浪迹于各类民间金融平台的个体职业放贷人成为“漏网之鱼”。此外，该观点提出对规制标准外的其他民间金融可通过刑法予以处置，但诸多实践已证实，这种事后惩治的监管方式的效果差强人意。二是赋权性正规化观点，强调应给予民间金融相应的市场准入资格和法律地位，并通过登记备案、分类监管、专门立法等方式，引导民间金融组织自我转型并最终向正规金融市场融合。这也契合当前世界民间金融规制的主流路径，典型的如日本和我国台湾地区对民间合会的规制做法，以促使其转变为正规金融组织。[2] 然而，法的不完备性意味着，正规化的赋权规范也会产生剩余立法权并往往交由金融监管者实施。[3] 如此一来，同时拥有立法权与执法权的监管者很容易成为斯蒂格勒所描述的“监管俘获对象”，而最终导致民间金融的正规化很可能成为服务于少数利益集团的工具，如利用登记备案排挤新兴的竞争者，利用分类监管监控市场对手等。

三、马歇尔冲突：民间金融软法规制及其内生悖谬

（一）替代性治理：民间金融的软法规制

显然，无论是选择性法制化抑或是赋权性正规化，单一硬法规制无法回应正规市场监管对资本充足率和流动性的要求，也无法完全顾及资产安全运营的审慎指标。这也在深层逻辑上无法彻底纾解民间金融与硬法规制的疏离，甚至进一步强化了其地下化发展的趋势。事实上，脱离硬法规制的民间金融，依托诸如熟人关系、乡规民约、社群控制等低廉的社会资本及其伴

---

〔1〕 如近年来各地频发的震惊全国的地方民间合会“倒会案”，涉案金额动辄上亿甚至几十亿元，涉案受害人更甚者几十万之多。

〔2〕 如日本通过《无尽金融法》（Mujin Finance Law）、《互助银行法案》（Mutual Bank Act）等立法，将类似我国民间合会的无尽组织（Mujin）逐步改造成互助银行，并最终转变为商业银行而纳入了正规金融领域。参见卓凯：《非正规金融、企业家甄别与制度变迁：理论与经验》，载《制度经济学研究》2006 年第 1 期。

〔3〕 19 世纪中叶以来英国金融市场监管的发展，出现了具有残留立法和主动执法权力的金融市场监管机构，以解决不完备法律下司法的无效。类似的问题在美国与德国也存在。See Katharina Pistor, ChenggangXu, “Law Enforcement under Incomplete Law: Theory and Evidence from Financial Market Regulation”, *Columbia Law and Economics Working Paper*, 2002, p. 204.

生的软法规制体系,已构筑了声誉传递压力和可置信的履约威胁下的规范化秩序,[1]并使其得以获得一种低交易成本的替代性治理。

民间金融的软法规制依其规范来源不同,通常分为三大类:一是纯粹软法规制,主要是指内生于民间金融的交易习惯、村规民约等形成的规则治理,典型的如在我国已存续千年之久的民间合会就是借助长期交易形成的惯例来保障自身的有序运行;二是"准"软法规制,即在政府指导协调下制定的各类行会规章和自律性协议产生的行业规制,如中国 P2P 行业委员会发布《小额信贷信息咨询服务机构(P2P)行业自律公约》以实现行业内的自我管理;三是硬法中的软法规制,系由官方出台的相关行政指导性文件以提倡性手段实现治理,如中国人民银行等十部委联合出台《关于促进互联网金融健康发展的指导意见》。各层次的软法规制发挥效能的原因主要在于,其与民间金融赖以存续的邻里亲友、同业伙伴等熟人化人际关系网络之间存在重合性,并就此产生了两种行之有效的治理机制(合约执行)——关系资源和声誉传播:前者主要是通过地缘、血缘、民俗或者互惠等形成稳定的人际关系资源,并表现为地方性习俗、惯例、社区规则、会意性知识(tacit knowledge)和地方传统,形成自觉履约习惯;后者则依靠个人声誉在关系网络的流传而减少交易信任的成本,以敦促承诺的兑现。即使上述产生声誉的软法规范不具有强制力,也会因存在"社区实施压力"(community enforcement)而促进合作与惩戒机制的形成。概言之,软法的合约执行,交汇到社区内个人权威、专家知识、声誉控制、信用管理等社会资本领域,进一步充实了民间金融的区域治理资源。然而,软法治理源于区域性的优势也埋下了脱域后的隐患。一旦民间金融向陌生人扩张,与区域密切关联的熟人网络所形成的声誉约束机制,就将因缺失区域外部的生人资信系统和执行力而难以自持,造成了民间金融软法规制的马歇尔冲突。

(二)民间金融的马歇尔冲突原理

马歇尔冲突源于经济学上描述规模经济与竞争优势的理论。依照这一规模递增的规律,民间金融之所以能够与正规金融并存乃至竞争,也需

---

[1] 埃里克森认为是"规范"而不是法律规则,才是社会秩序之根本,因此人们通过长期博弈建立的规范体系内也能实现有效自治,而这其中的民间规范包括了软法规范的范畴。See Robert C, Ellickson, *Order without Law: How Neighbors Settle Disputes*, M. A. : Harvard University Press, 1987.

要形成自身内外部规模优势。就内部规模经济而言,民间金融发生在熟人关系网络之中,参与者从进入伊始就其资信情况尤其资金的使用和还款能力具备高度的信息对称性,并且随日常交往而不断强化。在此关系网络中,参与的人员规模越多,就越可能带来更具效益的资金融通安排。以民间合会为例,其会员内部建立了包括竞标等价格竞争机制,显著增加了其内部的资金收益,而会首代垫责任、对会员履约的担保责任等机制,也能最大限度地保护大多数会员的利益而有助于控制融资风险。外部规模经济则系定域化(localization)带来的规模优势:其一,民间金融通常发生在以中小企业为主要成员的地区性产业集群中,这里有丰富的社会资本交汇,构成了一种强关系信息叠加,不仅能有效改善中小企业的融资资信水平,也能通过企业之间的博弈和联动实现信用的增强;其二,定域化还会促进专门化的民间金融运作,并通过该优势吸纳更大规模的民间资金集聚,如温州炒房团、炒煤团甚至借助私募基金等现代金融工具大规模地追逐递增收益。

然而,随着民间金融内外规模的扩大,因加入成员的熟识程度和交往能力的有限性,将导致其信息与成本优势的消失而增加了交易风险,并最终造成规模扩大而边际收益递减的马歇尔冲突。一方面,随着私人资本的不断壮大,民间金融开始从早期生活性需求驱动转向了投资性需求驱动,并不断吸纳外部借款人以增加资金的收益和使用率。由于无法再借助既有的以声誉和关系为基础的软法规制以确保借贷合约的履行,其违约的道德风险和执行风险也随之增高。另一方面,民间金融参与者的社会资本约束力,将会因陌生成员间的人际交往半径延长而弱化。此外,主要以中小型资金集合进行的专门化运作,也存在投资理性的主观有限与资本总量的客观有限的风险,如私募基金进行投资配置时,如果缺乏一定资本量支持下的对冲运作技术,也将会在整体经济下行时出现巨大风险。

(三)民间金融的软法规制风险

在马歇尔冲突下,传统民间金融赖以实现有效内部自洽的软法规制,也会随之引发相应问题。对于高度依赖熟人网络及其社会资本的软法规制而言,首当其冲的需求就是民间金融应作为自创生系统而具备相应的“封闭性”,具体表现为民间金融组织应由有限的熟人组成。当既有的民间金融组织突破这种封闭性时,就会产生脱离软法治理疆域[1]道德风险。软法规制的定域化与封闭性恰好是一体两面,软法规制仰赖的定域化优势也同样只能发生在地区集群行业的从业者之间,而无法逸出这种地域性限制。基于此,马歇尔冲突下的软法规制,主要会在逐利性脱域、分层性脱域和迭代性脱域三种情景下形成民间金融的风险积聚。

其一,逐利性脱域风险主要源自社会资本的强烈逐利冲动。为获取高额利息,民间金融放贷者通常倾向于扩张其融资对象范围,以筛选高回报客户。实践中很多新融资者虽是经熟人网络介绍加入的,但软法规制仰赖的封闭性已然被突破。这种仅依靠介绍等弱关系镶嵌到稳定的关系网络中,将不可避免带来成员间的机会主义,从而瓦解承载声誉流转的熟人关系网络,削弱了民间金融合约执行的可信度。

其二,分层性脱域风险源于正规金融部门信贷配置造成的借款人分层。如上所述,资信较弱的借款人往往因缺乏规范的抵押品和良好的信贷记录,而被正规金融信贷配置所排挤,因此,当民间金融承接的主要是这类客户群体时,其金融违约的风险以及相应的风险贴现会更高。尽管民间金融一般会采用更高的利率水平以摊销风险损失,但因其软法规制主要依托人格化的担保执行机制,当面对这类资信较差的高风险客户时,也很可能遭遇执行不能等客观风险。

其三,迭代性脱域风险源自最终资金的使用人通常并非直接的借贷者,而是其下线甚至多手下线,因此,除借款用途不可控制外,还极易引发还款的链式风险。原本在有效声誉机制下发挥功效的软法规制,也将无力追及越出熟人关系网络的下线人员,加之外部声誉执行成本过高、私人诉讼执行难等现实问题,尝试借助外部执行机制的软法规制效果也难尽如人意。

链接到软法规制的形成机理上,在声誉、信用等社会资本基础上形成的软法规制可能是最具性价比的风险内控机制。然而,因逐利、分层、迭代导致的脱域风险,必然会破坏这种风险内控机制的有效性,并构成了软法规制悖谬的内核,即在有效控制熟人风险的同时,也会因关系团体半径的扩张而导致成员之间信任的稀释,并陷入“信任度走低和团体数走高之间的矛盾”。

---

〔1〕 软法之治的疆域体系,可细分为核心功能区、主体功能区和边缘功能区三大领域。逾越马歇尔冲突指代的规模,将使软法规制的核心/主体功能降格为边缘功能,其对陌生人有限的补充性作用显然乏力。参见罗豪才、宋功德著:《软法亦法:公共治理呼唤软法之治》,法律出版社2009年版,第400~402页。

这证实了民间金融软法规制在本质上属于一种前提为真，但导向逻辑推演与实践发展结论相反的真悖谬（true paradox）。

四、混合规制：民间金融软硬法规制悖谬的化解方案

（一）硬法规制的“软化”

硬法规制悖谬从表象来看，在于诉诸管制所带来的民间金融地下化这一症结，并由此产生阿喀琉斯追赶式的无限推演逻辑误区。这源于既有的规制立场仅在起点（管制）与最终结果（地下化）之间建立简单的线性关联逻辑，而忽视了中间驱动机制。申言之，利率管制下的正规金融为了尽量减少其资信成本，而施行条件高企的物格化放贷条件（如不动产抵押），由此造成的信贷配置将通过资本供求定理，源源不断地创造出仅需人格化放贷条件的民间金融需求，[1]而该需求又被金融管制下的市场准入进一步放大，并极大抬高了民间金融的利率水平，故此，民间金融就有了更大的动力趋向地下化。循此驱动的发生学节点，解决民间金融硬法规制悖谬就有了两大着力点——利率管制与市场准入。就利率管制而言，由于正规化利率低于市场价格水平，而民间金融又面临更高的融资成本，因此成本与利得的压力成为民间金融走向正规化的最大障碍，亦是其规避低利率而脱离硬法规制的主要肇因。鉴于此，破解的方式就在于采用差别化的利率管制制度安排，以更灵活的利率浮动范围，匹配因不同资本获取价格形成的市场化利率水平，并通过交易者间的自主合意来平衡风险。可喜的是，这种立法技术已在我国司法部门有所运用。最高人民法院于2015年发布的《关于审理民间借贷案件适用法律若干问题的规定》，就采用了民间借贷利率分层上限的设定方法，赋予了民间借贷双方较大幅度的定价权。除此之外，借浮动利率以释放市场调控信号，有利于校正民间金融市场失灵下利率信号传递上的失真，减少因信息不对称造成的畸高利率水平。为此，立法可进一步前瞻性地规定金融部门定期发布民间金融基准利率的义务，以达到利率信号规律性传递的指导性制度安排，便于民间金融交易者识别与遵行。上揭司法部门的相

[1] 有观点认为，信贷发生取决于制度化信任这一社会资本。民间金融的人格化担保源于儒家“礼”的秩序信任，正规金融的物格化担保则为现代社会的“质”，而源于“礼”的社会资本较诸“质”而言明显匮乏。参见张建伟：《法律、民间金融与麦克米伦“融资缺口”治理》，载《北京大学学报》2013年第1期，第127～141页。

关解释,也可对应调整为以同期基准利率倍数为标准的合法性评价,来缓和采用固定利率上限标准造成的裁判被动。同时,金融主管部门也能通过这种渠道加大金融资本供给,平抑民间金融高企的需求,进而遏制高息带来的违约风险。

就市场准入而言,民间金融硬法规制安排主要应落脚于上述带有激励性的赋权指引,以"软化"禁止性规范为代表的硬法执行,即用诱致性规制〔1〕替代强制性规制。这可以从规制带来的民间金融供给侧与需求侧改革的层面展开。其一,就供给侧而言,由于非正规经济在正规化过程中难免要面临准入成本、运营成本等负担,这很可能会使相关从业者裹足不前。为此,在规制义务的设定上,应提供不同比例要求的合规业务结构,以及信息披露程度差异化的金融监管,对业务单一且额度不大的民间借贷可免除部分审计与信息义务,避免不加区分地机械适用正规化监管标准而导致合规成本过高。对于容易触碰非法集资红线的 P2P,则需纳入严格信息披露和账户托管机制,〔2〕并统一联网征信平台,甚至可以考虑通过特定的网上信息发布平台来规范其运营。其二,需求侧的规制改进,则应致力于实现凯恩斯所言的"有效需求"(effective demand)改革,以解决社会总需求资金配置不均衡造成的成本过高问题,并通过提供高效的合约执行机制来减少交易成本。概言之,前者在于建立面向全社会免费开放的征信体系,提供民间金融登记备案和交易信息公示平台,〔3〕后者则提供包括衔接登记系统的借贷诉讼证据快捷认定,进一步发展强制执行令、担保债权特别诉讼和简易执行程序等配套机制。

(二)软法规制的"硬化"

对于软法规制的真伴谬而言,由于交织了软法规模边际效用和规模扩

---

〔1〕 诱致性变迁是通过响应获利机会时自发倡导、组织和实行,形成的由下而上的制度创新。在此制度革新基础上形成的诱致性规制亦具有此特性。参见林毅夫:《关于制度变迁的经济学理论:诱致性变迁与强制性变迁》,载[美]科斯等著:《财产权利与制度变迁》,上海三联书店 1994 年版,第 374 页。

〔2〕 《关于促进互联网金融健康发展的指导意见》(2015 年)就提出 P2P 等网络借贷组织应依法进行登记备案、资金托管、信息披露等,而《P2P 行业自律公约》中也提到类似的登记准入、信用管理等举措。

〔3〕 随着大数据分析法逐渐为传统硬法规制所采纳,只要打通公共信用平台的入口,实现民间金融交易双方征信信息的共享,就能使依托行会专业信息进行风险控制的资信成本大幅降低,也有助于在更具针对性的业界范围内放大失信者的声誉压力,从而作为内部执行替代机制以有效遏制民间金融参与者的主观违约。

张压力,应对处理则相对棘手。从产生软法的熟人社区属性来看,作为自组织的民间金融系统借软法这类非正式规范以呼应金融民主诉求下的参与者权利自治,并同时完成具有信息和成本优势的风险内控。当面临成员数量过多而溢出自组织的社区边界以致风险内控优势式微时,福山提供的解决思路是通过熟人社会信任半径的缩减,向较小半径团体的转变以重聚社会资本,增加信任存量。然而,这种限缩更多是屈从于马歇尔冲突逻辑而向原有甚至更小规模的回归,且不论缩减信任半径的做法是否有市场可接受性。此外,刚性压缩民间规模也将面临市场对资金强烈需求的矛盾,以至于可能无法应对供求定律下资金价格(利率)的抬高而进一步诱致更强烈逐利需求这一问题。

如前所述,软法规制不足所造成的逐利、分层和迭代三种风险,尽管成因和表现有所不同,但均可归结于陌生人加入引发的社会资本射程扩大与信任减弱的症结。这一问题及其引发的风险,因其深嵌于地方经济而逐渐被地方政府所重视。地方政府通常通过行政指导性立法的方式,予以改善因定域化优势削弱所致的悖谬。例如,一些金融综合改革试验区的地方政府(如浙江温州和福建泉州)所出台的针对民间金融的指导性文件,则充分发挥了地方政府的局部知识优势。这种以降低风险和准入成本为出发点的软法规范,更有助于保障出资人的权益,从而在一定程度上遏制逐利引发的脱域风险。当然,社会力量的有限性,本身就意味着上述改革关键点应在于"国家的转型而非国家的消失"。

要化解分层性脱域的风险,则需借助市场力量,从而在商业交往过程中为软法规制增程。如类似淘宝网这种特定的社会网络交易平台,就能借助内部的信用评价体系,[1]为其软法规制提供声誉机制下的有效治理手段。这不仅能实现规制范围的增程,也能显著增强规制的威慑力。此外,地缘性行业或同业公会等民间组织也有助于打通民间金融中借款人的分层,实现地缘和业缘上的资信管理和有效规制。著名的经济学家德索托甚至断言,非正规经济自发形成的组织性网络,可以在同业之间形成自治的增强。以中国 P2P 行业为例,该行业就借助《P2P 行业自律公约》在同业范畴内建立

---

〔1〕 笔者曾对淘宝网的信用评价机制进行实证调研和大数据的收集整理,并借助图表和统计学的分析手段,以此证实在基于一定的信用激励规则(软法规范)和行业成员的声誉压力机制,是可以实现社会网络系统内的自治管理。参见王兰著:《管制罅隙下的自治:商事登记制度发展与模式反思》,法律出版社 2012 年版,第 237~243 页。

了联合维权体系。如《P2P 行业自律公约》第 20 条第 3 款就规定了“对不履行相关义务损害 P2P 行业权益行为的,应实施同业制裁。各会员单位接到同业制裁实施决定后应及时执行”,而第 4 款规定的同业曝光投诉,更是在同业平台上给被执行对象带来巨大的声誉压力。考虑到同业间声誉流转因其资信敏感性而几乎是无成本地扩散,因此,基本上能顺利地将失信者逐出市场。

除了这种诉诸软法体外的解决,增程还发生在软法的内部,以解决迭代性脱域风险。软法规制的效力射程延伸,要求打开既有软法规制有限的熟人网络封闭性,拓展到信任半径更大和惩治能力更强的外部网络。此外,软法规制可以借助外部资源,从官方提供的授能环境(enabling environment)中获得强化。以中国人民银行、中国银监会发布的《关于小额贷款公司试点的指导意见》这一软法规范为例,其内容包括了三种授能:其一,资本授能解决逐利风险,规定小贷公司向银行获得的融资不得超过其资本净额 50%,但允许他们自主协商确定融资的利率、期限等;其二,政府兜底解决规制风险,要求省级政府明确主管部门,并承担小贷公司风险处置责任,运用政府公信力为小贷公司风险兜底;其三,征信导入解决规制增程,即将小贷公司纳入信贷征信系统,要求其定期公示借款人、贷款金额、担保和偿还等信息,以强化对借款人制度化信用的管理。

(三)混合型规制:一种不彻底的规制进路

以佯谬破解为导向所进行的硬法/软法规制改进,无论是硬法规制借力软法施行的差异化利率治理,还是软法规制得以步入公力救济的强制执行“硬法”通道,均隐含着现代“公共治理理念崛起下的软硬并举的混合法结构”,即确立以硬法作为“法主体行为选择确立一种底线上的限制”,以软法作为“激励法的主体作出更加理性的行为选择”,从而在文义边界上实现调整领域指向的相互转化。不过,看似理想的混合规制方案,若就此直接套用于民间金融却可能“收获的是跳蚤”。即使将软法规制中合约执行的部分内容纳入公力救济范畴,逾越监管红线的民间金融行为,也不会因救济手段“由软变硬”而自动禁绝,反而会寻求法外变通。立案登记制虽降低了民间金融诉讼/执行准入门槛,但诸多“以合法形式掩盖非法目的”的行为增加了司法甄别的难度,并使非法之债在司法中得以恶意漂白。如为防止高利贷被司法确认为无效,从欠条上载明数额的借款本金中预提利息已属常见;又如民间借贷中普遍存在的不动产流押,也往往变身为房屋买卖合同以规避违法风险。[1]

硬法规制的“软化”也遭遇类似困境。由于引入倡导性的立法,使硬法规制的成效呈现“公地悲剧”的处境,而导致“人人违法而期望他人守法”的博弈困境。类似的问题在英国长期流行的行业协会倡导型章程治理中就有所显现,而其实践的最终失败也证实了即使是小范围团体成员也难以实现自洽,更遑论由不特定成员组成的具有较大规模的民间金融组织。最终,硬法规制的“软化”更多只能是“如果主体行为选择不符合法律规定,国家不能减少其‘存量’权益;如果其行为选择与法律设立的行为模式相符,国家就负有给付其‘增量’权益的义务”。就如同目前作为民间金融正规化成果之一的小贷公司一样,正蜕变为具有信贷选择偏好的“次正规金融组织”,并借集合理财等方式间接实施着面向不特定对象的集资行为。

显然,这种混合型规制方案以期解决规制悖谬的进路无疑过于理想化,这可能也是当前我国各地民间金融改革方案纷呈但乱象依旧的梗阻所在。为防止改革耽于软硬法单极化规制机能比对,上述混合型规制既应在正式的社群体系中纳入国家法律的干预,以纠正私人治理下的市场失灵问题,也应重视私人关系下的非公共机构业已形成的软法安排,[2]呼吁在交易成本维度上真正观照民间金融规制痛点,以及公共权力私人化过程中的制约与激励相容,从而尽量弥合民间金融规制中不断疏远的监管公共利益(金融秩序)与私人营商利益(金融价格)的关系。

五、未竟的结语:走向合作规制

当下世界各地兴起的现代治理现象表明,“命令+控制”模式下国家市场治理角色正日益被边缘化,而这种模式将扩大为一场“无需国家治理”的理论运动,甚至发展成世界范围内的跨部门社会经济现象。这同样解释了以硬法规制为主导治理模式下,为何频现民间金融的脱域。为了填补国家退出治理中心地带的角色,新治理(New Governance)理论提出国家与社会

---

〔1〕 事实上,尽管流押未获得立法的认可,但目前学界对民间借贷中这种“以房抵债”协议的效力仍有较大争议。参见陆青:《以房抵债协议的法理分析——〈最高人民法院公报〉载“朱俊芳案”评释》,载《法学研究》2015年第3期,第62~81页。

〔2〕 例如,夏斯塔县的牧民中存在一种控制者规范,他们会选择一种最小化其自身损失和交易费用总和的方式来寻求牧民社区内部的非正式解决,而好讼者将被孤立。这种地方性的软法安排被证明是最有效率的,而无须也不可能再引入外部的硬法进行规制。See Robert C, Ellickson, *Order without Law: How Neighbors Settle Disputes*, M. A.: Harvard University Press, 1987.

领域内多元主体间的双向互动,通过吸纳以自我规制(self - regulation)为导向的私人治理,而形成多方参与的更具有多元性和灵活性的控制模式。这一模式隐含了多元主体与双向互动两大要素。具化到民间金融视阈,就多元主体参与而言,支撑起私人治理兴起的是如同业者(industry)、非正式组织、民间行会等社会力量组成的治理网络参与者,这完全吻合为民间金融实施软法规制提供社会组织力量的要求。然而,就双向互动而言,前述的软硬法混合规制显然无力提供真正有效的结合性制度安排,原因在于双向互动要求落实一种"层级阴影"下的共同规制,即由具有垂直管理强力的国家力量作为后盾,以分享共同公共利益目标的社会力量治理。这极大地逾越了前述交易成本表征的民间金融软硬法实施的"激励相容"目标,即法的实施归根结底要与参与人的预期利益结合——无论是硬法自上而下的命令控制型层级管制,抑或软法的去层级化的集体声誉控制倡导,都不自觉地与底层被规制者追逐法外/团体外高利率的个体利益相左。

为了破除上述层级阴影和激励相容的治理困境,晚近的实证研究找到了一种被称为"非层级协同"的功能性等价物(functional equivalents),提供既相互竞争又相互协商的政府社会网络协同的公共产品。[1] 此时实施硬法规制的政府与推行软法规制的社会网络协同,不再局限于混合模式中主要由软法行动者去搜索并发现硬法资源(如寻求民间金融诉讼和司法强制执行)的单向过程,而走向政府与社会网络交互合意下的合作规制模式(co-regulation mode)。具言之,通过彼此的协商和折衷以兼顾双方利益(如政府购买社会服务或公共政策联动模式),或者由各方实施一种以共同利益为导向来调和彼此喜好的非操纵性劝导。例如,能大量吸纳民间金融资本的PPP(Public-Private Partnership)就是政府采取竞争方式选择社会资本,并通过平等协商合同实现的由社会网络提供公共服务的非层级协同融资手段。

总而言之,民间金融软硬法规制伴谬的化解逻辑的局促,以及在自发层面所发生的混合型规制改进成效的乏力,与其说是在软硬法规制模式上的

[1] 在国家治理层面,功能等价物指的是同样职能在不同国家将由不同的组织来完成,相似的或相当的机构也可能在不同的国家执行不同职能。例如,将原有金融监管部门对金融市场秩序的准入职能,授权由民间金融行会进行牌照管理;民间债权登记职能也可以从行会转向商事法院执行。这种组织功能替代的方式,更助力于国家与民间组织之间合作规制模式的构建。See Tanja A. Börzel, Thomas Risse, "Governance without A State: Can It Work?" *Regulation & Governance*, 2010, 4(2), pp. 113 - 134.

试错无果,毋宁说是缺乏对硬法规制与软法规制如何形成公私部门合意的重视,以及在这种合意寻求过程中对政府层级结构过度迷信的驱魅。沿此进路,硬法协同软法规制背后的政府与社会之间合意,就是衍生出更多元化协同方案的基础。此时,无论采用单方付费(如政府购买/付费民间金融登记服务),还是国家公共产品优化(如法院提供强有力的合同执行机制),均是国家与社会力量彼此容许乃至共建的合作规制过程。

民间金融开放中高利贷问题法律规制研究*

仇晓光**

内容提要 高利贷作为早期资本主义的生息资本模式，自古已有之。在我国尤其是广大农村地区，高利贷已经成为“城乡金融二元”结构中导致民间借贷行业恶化、金融风险频现的最主要原因。高利贷的法律监管对策应在开放民间金融的前提下弱化政治化与犯罪化，使一般性高利贷转换为符合法律规定的多样化民间借贷金融形式，同时严厉打击新生的“恶性高利贷现象”，规范民间借贷行业的合理化发展。

关键词 高利贷 金融风险 民间金融 金融改革 法律监管

一、我国民间金融市场中高利贷问题的现状

金融行业在我国一直未完全开放，金融垄断衍生出的金融抑制问题压抑着民间资本生长，高利贷便是在金融体制改革中长期存在且逆向成长的。民间资本累积到一定规模并试图进入金融市场中攫取更多收益之时，因

---

* 国家哲学社会科学基金项目“我国破产案件中劳动债权问题研究”(12BFX116)阶段性成果。

** 仇晓光，吉林财经大学财经法律研究中心常务副主任，吉林省法学会财经法学研究会会长；吉林财经大学法学院副教授，法学博士。

缺乏常规有效的法律监管，不可避免以民间借贷形式另寻投资路径，必然导致高利贷出现。[1] 当下，高利贷发展与管控呈现出新的发展趋向，其在城市小微型企业群体与农村经济弱势群体中逐步蔓延，在大型金融与实体型企业中愈发显露，在政府官员与商人之间增多的趋势已经愈加明显。同时，存在于政策允许的合法金融机构中的变相高利贷问题已经是不争事实，这更为管控和打击高利贷现象增加了难度，但确为高利贷“阳光化”转型提供了充足的理由。[2]

事实上，高利贷自古有之，对于高利贷规制的思想也未曾停息。宋代王安石变法前后，即有“利出一孔”和“贫富相资”两种观点，体现了道家和法家治理思想之对立，也即自由与管制的对立。[3] 起源于契约自由原则下的高利贷意思自治，在遭遇金融管制理论后，利率自由面临着公序良俗等社会现实的强烈冲击，契约正义理论逐步修正了契约自由理论的偏差，支持了利率管制。[4] 而现代高利贷则以一种不合理的形态存在于民间金融市场中，[5] 高利贷规模不断膨胀，影响范围不断扩大，我国农村民间高利贷已高达8000亿元至1.4万亿元，仅浙江东南地区就有3000多亿元。[6] 由于高利贷影响的实质并不仅仅局限于金融领域，其必然涉及一国的产业政策、财政政策、

---

〔1〕 See Brian McCall, “Unprofitable Lending: Modern Credit Regulation and the Lost Theory of Usury”, *Cardozo Law Review*, Vol. 30, No. 2(2008).

〔2〕 有证据显示，浙江温州投资者2010年即从房地产撤资，投向高利贷市场。央行温州市中心支行2011年上半年的《温州民间借贷市场报告》显示，温州民间借贷规模约为1100亿元，而2010年同期该行的数字显示为800亿元，这意味着过去1年间温州有300亿元资金涌入民间借贷领域。2011年1至3月，温州民间借贷综合利率分别为23.01%、24.14%和24.81%，其中3月的利率水平创历史新高。5月利率达24.6%，6月则为24.4%，“利率水平处于阶段性高位。”另据该行调查显示，温州有89%的家庭个人和59.67%的企业参与民间借贷。

〔3〕 参见王文书：《“利出一孔”与“贫富相资”——宋代两种不同的高利贷思想》，载《河北大学学报》(哲学社会科学版)2014年第3期。

〔4〕 参见廖天虎：《论我国农村高利贷的法律规制路径——兼及我国农村金融体制的完善》，载《农村经济》2011年第8期。

〔5〕 高利贷在宋代以“库户、钱民、质库”的形式存在，到了元代，高利贷的形式更是在延续了唐代即形成的官府兼营高利贷模式的情况下，出现了“官商斡脱钱或斡脱官钱”的模式。之后在明代、清朝初期直至晚清与民国时期，高利贷持续盛行。例如，《大清律例》第149条规定：“每月取利不得超过3%，利息总额不得超过本金……禁止为了私债抢夺负债人财产或妻妾子女……其负债欠私债违约不还者，五两以上，违3月，笞一十，每月加一等。”可见清代官方规定的利率与明代类似。尽管官方以保护弱者的姿态打击高息放贷，但“债必须偿”的律例在实践中对债权和利息的保护却是不争的事实，实践中对高利贷的让步使大量农民不得不依靠高利贷度过青黄不接的日子。参见阙洪潮：《关于对高利贷设限的几个问题的思考》，载《浙江金融》2009年第2期。

〔6〕 参见岳彩申、张晓东：《民间高利贷规制的法理源流及制度变迁》，载《政法论丛》2015年第2期。

金融政策等。如同民间金融中“影子银行”问题规制一样,将其置于国家经济发展战略、金融体制改革视域之下进行考量。[1]

在民间金融未完全纳入国家规范金融行业之列时,试图以主观强制态度完全消除民间借贷行业中根深蒂固的高利贷现象,客观上存在诸多较难逾越的困阻。高利贷作为民间金融的一种表现形式,利弊皆有,但已经达成的共识表明高利贷的弊端大、危害多,常引发极难控制的连锁性、区域性金融风险。此外,在因高利贷诱发的金融风险中,利益损失最多的群体是经济基础薄弱的小微型商事企业或农村家庭经济困难的普通农民,因而可能引发社会风险的概率相对较高。这要求我们必须从社会稳定、市场安全、经济发展、法律规制的交叉性层面来考量和评估高利贷的既有风险和防范对策。

可见,高利贷庞大规模之所以引起各界广泛关注,是因为上述提及的诸多高利贷衍生危害。从高利贷在民间金融市场中所占规模来看,政策和法律已经不能继续放任其野蛮生长。政府监管部门曾一直默许这种“合理”的民间借贷模式存在,但随着金融业发展与对利润的过度追求,传统民间借贷风险已经极难控制,[2]金融政策和法律制度持续“温和”的监管对策已经不再适宜当下国家、社会及市场对于金融业改革和金融权益保护的需求,在理性分析高利贷存在因由的前提下,应对其实施“法律性应对、转型性规范、疏导性治理、严格性管控”的综合性治理策略。[3] 高利贷问题虽然涉及市场稳定乃至于社会安定,但其本质上仍然属于经济和金融法律领域内的问题,法律监管应与转型规范相联结,不能在“稳定压倒一切”理念下以政治问题的视角来看待高利贷现象。高利贷问题影响巨大,其带来的收益不足以弥补负面的危害,必须在政策和法律疏导民间资本获取利润的前提下,严厉打击恶性借贷行为,将高利贷风险由不可控转移到可控的范围内。因此,当下亟需解决如何从金融立法和执法的层面监控高利贷风险。

---

〔1〕 冯果、袁康:《社会变迁与金融法的时代品格》,载《当代法学》2014 年第 2 期。

〔2〕 韩雨:《福建“标会”江湖》,载经济观察网:http://www.eeo.com.cn/2012/0424/225124.shtml。

〔3〕 高利贷一直是法律管控和打击的对象,不仅在我国历史各朝代中均存在管控高利贷的律例,在西方的、律例中同样可见。西方针对高利贷的规范源自教会所崇奉的《圣经》,但并不仅仅是一道命令,而是背后有一套和当时社会现实紧密结合的理论的支撑。《圣经》中在承认社会中存在高利贷现象,在这一客观的前提下,它紧密地将高利贷同人性的“恶”和“欲望”联系在一起,从人性向善与控制人性的欲望等层面来告诫人们警惕并削除高利贷。

二、我国民间金融开放中高利贷的衍生风险

高利贷衍生出多种不稳定风险因素，这些因素覆盖社会、经济、金融、民生诸多领域。高利贷的风险源往往呈现出一种交叉性，以金融风险为中心向外延伸，首先危害高利贷借贷者的金融资本，继而削弱借贷者的经济实力，进而直接给经济个体的经营或生活状况带来致命打击，最终动摇民生稳定，可能引发政治风险。鉴于高利贷的地域性特色，这些交叉性风险虽然呈现出一种混合的风险，但可能只暴露出其中的一种或几种，且仅仅出现在局部地区或特定行业领域。

1. 危害金融秩序

高利贷是民间金融市场中存在的非法借贷形式，不受法律保护，直接冲击着正规金融体制秩序。金融秩序一般是指国家正规（或默认）金融体制及其内在的稳定运行状态。在我国，金融秩序内包含两个层面内容，一是国家正规金融体制运行机制，通常表现为各类商业银行与国家允许的规范化金融机构形式，二是虽然未被政策及法律明确规范，但国家已经默认其在实践中存在，并渐进式地引入国家规范化金融体制内的民间借贷，而这两个层面的金融秩序均未囊括高利贷在内。法律之所以对其严格管控，是因为其对于上述两个层面的金融秩序稳定均产生强烈负面冲击，不仅直接影响正规金融体制，更扰乱并扩大了国家默认的民间借贷行业金融风险，导致传统民间借贷行业秩序失衡。高利贷利率违背资本创造的基本规律，致使借贷企业违约、逃债现象概率增高，破坏正常金融秩序与传统信用机制。

2. 危害经济借贷者权益

高利贷奇高的借贷利息，对借贷中的经济个体权益危害严重。高利贷本质上属于资本借贷的一种，国家之所以对高利贷严格管控是因其违反国家对于借贷利率的规定标准。[1] 国家对于“年利率 24%”内借贷利息的认可，表明了常规性借贷有益于经济个体权益增长。[2] 利率标准不仅是国家的一种管制手段，更是国家对于资本借贷风险的控制机制，这种潜在风险可

---

〔1〕 最高人民法院《关于审理民间借贷案件适用法律若干问题的规定》（法释〔2015〕18 号）第 26 条之规定：“借贷双方约定的利率未超过年利率 24%，出借人请求借款人按照约定的利率支付利息的，人民法院应予支持。借贷双方约定的利率超过年利率 36%，超过部分的利息约定无效。借款人请求出借人返还已支付的超过年利率 36% 部分的利息的，人民法院应予支持。”

〔2〕 王林清：《民间借贷利率的法律规制：比较与借鉴》，载《比较法研究》2015 年第 4 期。

能对借贷者产生极大经济损害。高利贷不仅导致民营实体经济融资成本提高,同时也会导致资本流出传统行业寻求短期利益。虽然,在高利贷发生之前,借贷双方对借贷额度、利息标准等事项均有明确规定,对于可能发生的权益损害也有预测,但鉴于经济状况、生活急需、生产经营的迫切需求,借贷者愿意承受可预期的最高风险,而结果往往是借贷者权益严重受损。尽管经济个体"被迫"认可了高利贷风险,但国家仍应对此予以管控。社会契约论认为,在以全部共同的力量来保障结合的人身和财富时,每个结合者及其自身的一切权利将全部转让给整个集体,而原来的约束就转化成了"社会契约",结合行为产生的道德与集体之共同体,它的成员称它为国家。[1] 可见,国家的重要任务之一是用蕴含着道德和契约的力量来保护民众的人身和财富利益,国家主动管控高利贷风险是履行其"契约"义务的一种表现,更是一种维护社会秩序与经济秩序职责的表现。

3. 危害市场经济秩序

高利贷风险爆发常常危害民间金融市场经济秩序。经济伦理道理与社会契约理念决定了市场经济本性上需要秩序和法治信仰。[2] 高利贷对市场经济秩序的巨大冲击及其连锁反应风险不仅造成秩序上的混乱,更对市场经济秩序的法治性提出了挑战。严格管控高利贷,并非是对当下民间金融市场经济自由的干涉,更不是对民间金融市场资本方合法经济权益的侵犯,而是国家在权衡各方经济利益不同诉求和协调各种经济行为价值观念后,以整体市场秩序为重而采取的调控机制,毕竟,我们不能因高利贷在极少情况下解决少量个体的经济需求,而忽视市场中普世性价值的存在。在托马斯·霍布斯看来,"社会"产生之前的自然状态中,人是天生自利的,由于资源在满足人类无限需求方面的稀缺,其结果会导致普遍的利益冲突。市场经济秩序的存在,也正是为消除这种无社会和市场之前的利益冲突问题。[3] 缺乏有效管制的高利贷行为通常以"地下钱庄"形态出现,实施违法金融行为,危害市场经济秩序。因此,打击和管控高利贷以防止其对市场经济秩序造成危害,已经成为社会、市场及民众共同接受的市场经济伦理价值观念。

---

〔1〕 参见[法]卢梭著:《社会契约论》,李平沤译,商务印书馆 2011 年版,第 34 页。

〔2〕 参见汪岳:《法治信仰社会化:一个长期而艰难的社会过程》,载《社会科学研究》2015 年第 5 期。

〔3〕 参见[英]霍布斯著:《利维坦》,黎思复、黎廷弼译,商务印书馆 1985 年版,第 68 页。

4. 危害政治稳定

高利贷对一国政治稳定产生影响源于高利贷危及普通百姓的民生生活。在城市中,小微型企业在国家产业政策、经济政策、税收政策未能给予充分支持的情况下,往往试图通过高利贷来缓解资金周转压力或项目投资需求,但后续偿还能力往往有限。同样在农村中,高利贷多发于较为贫困地区,经济状况相对不佳,农民借贷后多不具有偿还高利贷利息及本金的能力。此种情况下,最直接的后果是小微型企业破产还债、农民陷入高利贷危机,常常伴随着黑社会催债等恶性事件发生,这不仅直接破坏城市和农村的民生环境,更扰乱社会基本秩序稳定。民生,绝非仅是经济和生活问题,更是一个政治问题。[1] 民生作为社会契约论下最为基础性的权利,人民转让自身部分权利给国家,并非是无偿奉送,而是为了寻求稳定的生活秩序。管控高利贷就是改善民生问题,从本质上看这是一种人民共同的原始、朴素的约定,是自然状态下人类基础性的权利要求。

三、我国民间金融市场中高利贷存在的原因

高利贷千百年来一直存在,自有其复杂的因由,当代经济高速发展过程中高利贷严禁不绝更有其独特的原因。高利贷产生于原始社会末期,在奴隶社会和封建社会,它是信用的基本形式,在基督教《圣经》中就已经有对高利贷现象批判的文字记载,这种批判更为伊斯兰教的《古兰经》所引用。[2] 可见,高利贷问题是历史中早已存续已久的现象。在反思当下我国高利贷存在的因由时,应将考量和评估的视野放宽,而不能将引发高利贷问题的诱因简单归结于我国当下金融结构改革或资金供需困境。在超越金融体制改革、城乡二元结构发展、金融资本供需失衡等表象问题下,应以历史和现代交叉的视角来解析高利贷的成因与当下高利贷的特点。

1. 生存及发展因素

生存是很多情况下农民求借高利贷的重要原因。元、明、清封建社会时

---

〔1〕 参见王维博:《"民生"成两会"重大政治问题"中国民生政治提速》,载中国新闻网:http://www.chinanews.com/gn/2011/03-10/2897757.shtml。

〔2〕 See William M. Woodyard, Chad G. Marzen, "Is Greed Go? A Catholic Perspective On Modern Usury", *BYU Journal of Public Law*, Vol. 185, No. 2 (2012).

期,社会生产以小农经济为主,资本主义稍有显现但并未形成主流趋势。[1]在封建时期,统治阶级对农民的剥削十分严重,各种税赋导致农民在耕种土地过程中首要考虑生存问题,而非如何改善生活。直到民国时期,"靠天吃饭和税赋过重"的境况并未有明显改变,寻求高利贷解决生活温饱问题成为多数农民的无奈之选,当生存成为农民必须面对的问题时,可预见高利贷风险并不会成为阻碍高息借贷的理由。

2."农、商"发展因素

重农抑商政策下的少数从商者有动机出借高利贷获取利润。重农抑商政策在明清两代的表现形式呈现出多样化态势,对商业科以各种繁杂税赋,商人从事商事经营常常苦不堪言,[2]封建地租、高利贷就有更大吸引力。在明清两代的徽商、晋商,大都广置田地,开办当铺,认为田地是最可靠的产业,放高利贷可以安坐获益。

3.贫穷代际传承因素

财富和资产"子承父业"、代代相传,这使弱势群体试图求助高利贷改变这种贫困代际传递困境。贫困代际传递现象成因十分复杂,内含了政治和经济等多种因素。可以认为,政治经济体制与社会结构、文化与行为方式、价值观念、传统与习俗、生活环境、人口与健康、家庭及个人素质等因素与持续性贫困之间均有内在联系。[3] 由于继承资源不同,贫穷代际在未来获取工作机会、社会资源方面均处于相对劣势状态,无论社会文化、政治资本抑或是物质性资本都会延续传承,为改变生活状态,改变代际传承困境,弱势群体往往会冒险求助于高利贷以寻求机会。

4.乡土习俗因素

乡土习俗是指千百年流传下来的习惯,其中"婚、丧、嫁、娶"等民俗在传统和当代社会中均占有十分重要的地位,这也间接促使弱势群体求助高利

---

〔1〕 在农业生产条件和耕作水平变化不是很大的情况下,每个农户拥有土地的多少,与家庭生活的好坏有着十分重要的关系。耕地面积增加可以一定程度上增加粮食产量,晚清的总产略低于嘉庆中期,却比晚明和清乾隆中晚期增加了,或大有增加。正是如此,使中国的粮食生产在明后期养活了1亿多人口,至清中期,人口增加到2亿、3亿,接近4亿仍能维持。进入清晚期乃至民国时期,人口达到4亿多、5亿时,在全国也没有因为粮食问题逃出危机,即便如此,国家过重的税赋仍然使农民生活困难。参见吴承明著:《市场·近代化·经济史论》,云南大学出版社1996年版,第137页。

〔2〕 明神宗派宦官充矿监税使,在工矿业发达地区,广设关卡,处处征税。清朝在全国城镇、交通要道,遍设税局,叫"内地常关"。

〔3〕 参见李晓明:《我国山区少数民族农民贫困代际传递的基本特征》,载《内蒙古社会科学(汉文版)》2005年第6期。

贷来延续这些习俗。乡土习俗虽然在不同方面和程度上受到亲缘关系、业缘关系、地缘关系的影响而各具特色,但不可回避“熟人社会”和“乡土社会中的面子”问题均直接导致弱势群体为“完成并延续”这些“重要”的习俗而倾力付出。这种状况下,往往也伴随着不得不求助于高利贷的困境。[1]

5. 投资机会及利润因素

高利贷同当下产业政策和经济发展密不可分,当市场中的实业经济发展滞涨,资本只能寻求可以获得利润的金融借贷领域寻求出路。作为民营经济发源地温州近年面临“产业空心化”的困境,民营企业外迁导致当地民间资本倾向投资金融领域,引发当地频现民间借贷及高利贷风险。温州当地经济研究员回应称:“2010 年期间,温州产业资金曾出现‘过度金融化’问题,当时只有 30% 的温州民间资金回归实体经济,而 65% 则流向了股市和楼市。”[2]资本的逐利本性,必然会选择参与高利贷领域。

6. “官银”现象因素

经济综合改革进程中部分政府官员利用权力攫取不正当利益后,进一步将其投入到高利贷领域。在具代表性的温州、鄂尔多斯等地,都存在大量“官银”参与高利贷现象,也成为高利贷的主要风险源。缺少约束的“官银”夹带权力背景因素进入民间借贷市场后,加速吸引社会各方资本进入,加剧了高利贷行业的衍生风险。“官银”高利贷不仅滋生腐败,更容易在借贷风险爆发之时导致政治的不稳定,若不对此类高利贷诱因进行严厉打击,其必将成为未来高利贷风险爆发的主要催生因素。

7. 金融结构改革因素

深化金融结构改革是管控民间高利贷最为有效的对策。[3] 高利贷可以实现资金的有效配置,提高资金利用率,也会在超过小微企业投资回报率时导致企业破产。面对利弊皆存的状态,需要我们从深化金融结构改革的视角来考量高利贷成因。当下带有垄断特色的金融结构体制,必然会推动民间资本寻求高利贷行业作为投资的渠道。“有法可依”可以规范引导民间金

---

〔1〕 参见黎翔:《乡土社会中的面子——对福建古田地区寿宴习俗的分析》,载《中央民族大学学报》(哲学社会科学版)2009 年第 2 期。

〔2〕 陈周锡:《温州预警:产业空心化》,载经济观察报:http://www.eeo.com.cn/。

〔3〕 芝加哥大学商学院的 Adair Morse 教授在她 2009 年发表的学术论文《领薪日贷款的放贷者:是英雄还是恶棍?》中认为高利贷在市场中同样有正面的作用。因此,我们应在客观地承认这一事实的前提下,深化金融体制改革,拓展民间金融投资空间,以管控的理念和疏导的方式来降低民间借贷,尤其是高利贷的风险。

融的走向和发展,但核心前提是实现金融结构改革,开放民间金融。我们应以“金融结构改革顶层设计和总体规划”的视角来看待当下金融结构变革,并逐步细化改革的内容和规则。毕竟,若改革停顿不前,市场秩序将持续混乱,权力缺乏有效限制,必将导致寻租的制度基础进一步扩大,届时腐败会愈演愈烈。[1] 近年“温州金融综合改革试验区”已经迈出了历史性的一步,相信金融结构的渐进改革将会有效缓解民间借贷风险,进而有效管控高利贷行业问题。

四、创新设计疏导高利贷资本的金融机构模式

从域外视角看,对高利贷的规制问题往往经历了从“怎么禁”到“怎么疏”再到“怎么防”的理念转变。[2] 因此,高利贷“转型”过程法律机制设计的核心是通过多类别的金融机构模式创新,疏导积压于高利贷行业中的民间资本,以规范化后的金融机构模式来引导民间资本“阳光化”发展。除“温州金融综合改革试验区”外,我国在借助金融机构创新模式来疏导民间资本方面做了众多工作。小额贷款公司、典当行的发展,村镇银行、社区银行的尝试及相关政策的出台都集中反映了为使高利贷资本规范化转型所付出的智慧。

1. 小额贷款公司的发展

小额贷款公司是近年民间资本合法化投资极为重要的创新金融机构模式之一,但目前小额贷款公司在开展业务中仍存在变相提高借贷利息和公司资本来源监管失效问题。两者直接导致小额贷款公司在借贷业务中以一种“合法”的高利贷形式出现,同时也直接影响着流动在金融市场中的“官银”借道小额贷款公司这一合法金融机构身份进入借贷领域,成为一种变相高利贷。

小额贷款公司是一种“只贷不存”的金融机构,法律对于其在开展业务过程中的利息实施严格管控,不能超过最高人民法院《关于审理民间借贷案件适用法律若干问题的规定》确定的复合性规制利率[3]的法律监管底线。

---

〔1〕 参见黄韬、陈儒丹:《金融市场风险补偿和保障机制建设的法律思考》,载《当代法学》2014 年第 4 期。

〔2〕 参见陆青:《试论意大利法上的高利贷规制及其借鉴意义》,载《西安电子科技大学学报》(社会科学版)2013 年第 1 期。

〔3〕 参见王林清:《民间借贷利率的法律规制:比较与借鉴》,载《比较法研究》2015 年第 4 期。

但是,实践中大量存在以“业务咨询费、手续费”等名目收取利息之外的费用,已经变相增加了贷款人的借贷利息成本,这种默认的业内潜规则已经扭曲了小额贷款公司疏导高利贷的重要功能本质。若借贷者对小额贷款公司此种业务模式也表现出认可态度时,其背后隐藏的是借贷者对大型商业银行融资借贷苛刻的无奈和对高利贷过高利息的恐惧。显然,小额贷款公司的此种经营模式导致政策、法律赋予特定资本“合法化高利贷”的外衣,违背了小额贷款公司设立的初衷。[1]

同时,小额贷款公司因“牌照紧张”“名额有限”的原因,成了金融市场中“官银”合法化的投资工具。“官银”往往希望寻求一种收益稳定、风险较小的方式进行投资,而金融市场恰恰提供了一个极好的环境,小额贷款公司成为其理想的“避风港”。“官银”依赖所掌握的权力获得小额贷款公司“牌照”,进而取得投资机会,以合法化方式进入金融市场,通过变相高利借贷获益。这不仅阻碍着小额贷款公司的规范化发展,更加剧“官银”背后的腐败现象。

2. 典当行的发展

典当行目前发展较为平稳,各地逐渐形成区域性监管措施,但典当行业尚未形成全国统一的监管模式。典当行业监管主要集中在以下三个方面:第一,严格管控典当行业的准入标准,尤其应严格审核新进入典当行业法人股东的投资能力和股东资格。例如,对新进入典当行业的法人股东,应要求其经营满3年,同时法人股东最近2年应实现盈利,且其出资额必须小于流动资产与流动负债的差额,在净资产范围内的权益性投资余额不超过本企业净资产的50%,净资产不低于资产总额的50%。[2] 同时,对于典当企业的法人股东应予以规范,对于进入典当行业未满3年的公司法人,以及在任职期内董事、高管等人员所持有的股票应严格监管,限制其任意转让。在对典当行业准入与高管人员进行严格限制的前提下,还应强化对典当企业现场检查的力度。对于典当企业的典当业务、财务报表等数据的及时性、全面性和真实性应实施常规性检查,尤其应严格管控典当企业的现金往来,严格防止资金“借款”控制典当企业。

---

〔1〕 参见金明:《非金融机构贷款人融资机制研究》,载《当代法学》2013年第3期。

〔2〕 商务部办公厅《关于加强典当行业监管工作的通知》(商办建函〔2009〕第81号)。

3. 村镇银行与社区银行

村镇银行与社区银行不仅是民间资本参与金融机构改革的成果,更是金融资本和社会资本共同设立农村与城镇金融机构的新路径和渠道,其不仅引导农村与城镇金融的商业模式改革,创新特色性产品,同时也推动政策和法律在新兴农村金融机构监管模式方面的构建。[1] 作为解决“三农”问题的重要措施之一,村镇银行与社区银行在一定程度上使城市资本回流到农村,推动了农村金融服务改革。村镇银行与社区银行在发展中应关注自己的业务定位,严格区别与大型商业银行的业务范围与盈利模式,重点关注“三农”和社区居民金融业务。鉴于自身业务范围与盈利模式特点,应在政策方面给予其必要的倾斜和支持,同时加强村镇银行与社区银行的监管,对于银行内部的信用风险、操作风险、流动性风险、关联交易风险等潜在的金融衍生风险均应重点管控。

五、完善金融法律监控民间资本的环节和重点

民间金融体制改革的核心是“阳光化”和规范化引导民间资本发展,赋予其合法的创新形式,并在金融市场中同国有金融共同竞争、分享金融权益。[2] 在这种背景下展开的民间金融体制深化改革,无论在政策抑或立法层面都不应仅仅将民间金融机构模式创新作为规范和管控的唯一要点。[3] 同样需要关注放开投资渠道以鼓励金融机构形式创新、管控金融中介机构及人员以防控金融风险、打击高利贷以管控非法借贷等问题。

1. 民间金融投资渠道问题

尽管对高利贷的口诛笔伐未曾停息,但随着传统社会组织模式、社会关系、法律制度的变迁,高利贷已经成为多元化融资工具的一种,道德、宗教、禁令都未能使政府寻找到有效的替代模式。[4] 同时,从高利贷制度的变迁

---

〔1〕 截至2011年上半年,全国共组建了新型农村金融机构552家,其中开业448家,筹建104家。在区域分布上,东部占40%,中西部占60%。在已开业的448家新型农村金融机构中,村镇银行400家,占89%;贷款公司9家,占2%;农村资金互助社39家,占9%。同时,已经开业的新型农村金融机构实收资本230亿元,各项贷款余额733亿元,83.4%的贷款均投向了农户和小企业,整体加权资本充足率30.5%,不良贷款率0.12%。总体上运行健康平稳,风险处于可控范围。

〔2〕 See Paul G. Hayeck, “An Economic Analysis of the Justifications for Usury Laws”, *Annual Review of Banking Law*, (1996).

〔3〕 See Christopher Lewis Peterson, “Usury Law, Payday Loans, and Statutory Sleight of Hand: Salience Distortion of American Credit Pricing Limits”, *Minnesota Law Review*, Vol. 92, No. 4 (April 2008).

〔4〕 参见龙登高等:《高利贷的前世今生》,载《思想战线》2014年第4期。

历程看,利率市场化与金融消费者保护之矛盾呈现出循环往复的退让变化,因而严格打击高利贷和开放民间金融投资渠道,应是当下规范民间资本和管控高利贷行业的主要对策。基于自然经济基础所产生并逐步成长的民间金融,已经不可避免地同正规金融紧密联合在一起,并深刻影响着金融市场稳定。因此,从解决农村金融服务问题、健全中小微型金融服务组织出发,发展 P2P 及股权众筹创新金融模式[1]来引导民间金融投资将是未来疏导高利贷资本的主要渠道。

2. 金融中介机构及人员的监管

金融中介是民间资本市场中的"看门人",直接影响着各类创新金融机构的稳健成长和效率运行。对金融中介的监管,不仅体现在对金融中介组织的治理监管,更应着重关注中介人员职业规范。中介人员在业务中对资本借贷双方均负有法律层面的义务,违背义务则应承担相应责任。对于放贷方而言,中介人员负有了解金融借贷产品、借贷利息等义务;而对于贷款方而言,中介人员负有详细披露借贷信息、还款规则、借贷风险的义务。同时,对于放贷者的资金来源与放贷组织的治理情况,中介人员同样负有详细了解的义务。"看门人"是金融借贷市场的稳定器,也可能成为金融借贷市场的风险源,其依赖法律的常规性严格监管。以义务为导向,对于中介机构和工作人员给予必要的法律管控,有助于降低金融借贷的整体风险。

3. 恶性高利贷现象的管控

在多种金融机构创新模式疏导民间资本的情况下,需要对仍然不惜铤而走险,以恶性高利贷身份出现的民间资本投资给予严厉打击和惩罚。随着监管强度的增大,高利贷的表现形式也日趋多样化,隐形高利贷成为其寻求"合法化"的新途径,并且难以通过司法途径实现权利救济。[2] 因此,一方面,通过制定《放贷人条例》放开企业间借贷,承认非吸收存款类放贷者主体的合法地位,有效缓解金融抑制下的信贷困局,日渐形成以金融机构放贷为主,"贷款零售机构"为辅助的信贷格局。另一方面,需从职业高利贷放贷行为人、高利贷资金来源、高利贷中介人员三个层面给予严格管控,与高利贷伴生的刑事责任[3]和因高利贷而引发的非法追索行为均应受到法律规制。

---

〔1〕 参见傅穹、杨硕:《股权众筹信息披露制度悖论下的投资者保护路径构建》,载《社会科学研究》2016 年第 2 期。

〔2〕 参见袁继红:《隐性高利贷纠纷司法调解的法理分析》,载《社会科学战线》2014 年第 9 期。

〔3〕 参见王绍旺:《论民间高利贷域外法律规制及其对我国的法律启示》,载《求索》2012 年第 2 期。

追根溯源,高利贷资金中多含有洗钱性质的资金(如非法所得的“官银”等),从高利贷资本源头处严格监管,将有效降低非法资金进入高利贷领域的概率。与此同时,对于高利贷行业中介人员,同样应给予严格的刑事责任管制。这样,从高利贷资金源头、高利贷非法业务流程、高利贷发生后责任追究三个层面给予刑事与民事方面的严格管控,将会取得显著效果。

六、结语

金融体制变革下出现的高利贷问题不仅阻碍民间金融市场健康发展,破坏本应惠及百姓的金融资源分配机制,更成为各种犯罪的诱因,不利于社会的和谐与稳定。宏观层面的金融体制改革、微观层面的金融机构创新发展、刑事与民事责任的威慑和规制,都有助于高利贷问题的逐步解决。尤其需要重视的是,高利贷问题不仅是单一的法律问题,而是包含着经济发展、金融市场建设的各项因素。因此,其规制路径必须逐步被纳入到经济、金融、法律交叉视野之下进行观察和解读。

四川民间债务风险化解的法律问题研究*

李西臣**

内容提要 自"汇通担保"引爆四川民间金融市场"大地震"以来,民间债务风险已经从单个的违约信用风险扩展至区域金融风险。面对四川民间债务风险扩大升级的态势,各有关机构组织或部门采取多种方式化解民间债务风险。让民间债务风险化解行为本身更加规范化、法治化,应当遵循法治、风险隔离、宏观审慎监管三原则,应当明确民间债务风险化解的法律主体及相应的职权职责,多机构组织沟通协调风险化解工作应明确沟通协调机制的"牵头方"和各参与方的义务职责,从多个方面完善民间债务防范的法律制度。

关键词 民间债务风险 沟通协调机制 风险隔离机制 宏观审慎监管

自2014年7月,汇通担保"东窗事发"以后,四川省民间债务危机导火索被点燃,接连环福、万融合等大大小小的投资理财公司和安信担保、中光财富等担保公司纷纷出现问题,上门讨债者不计其数,数万名民间债权人的

* 基金项目:教育部春晖计划项目"我国征信管理中的法律问题研究"(项目编号:SC2015042);四川省社科规划法治四川专项"四川民间债务风险化解的法律问题研究"(项目编号:SC16FZ015);四川省教育厅项目"科技金融创新发展法律保障机制研究"(项目编号:13CFl004)。

** 李西臣,经济法博士,西华大学副教授,中国金融法研究中心研究员。

本金和利息到期不能支付,民间债务市场中的“多米诺骨牌”一张张被推倒,民间债务风险大面积爆发,债权人举牌、聚众、静坐等行为对社会稳定已经造成了恶劣影响。于是化解民间债务风险成为各界密切关注和解决的重要问题,但是在民间债务化解的过程中,如何研判和认清当前民间债务风险的真实境况?谁是民间债务风险化解的主体?这些主体有哪些职能和职责?化解民间债务风险的方式和路径有哪些?这些化解路径需要什么样的法律规制或保障?这些问题在目前仍然没有得到很好的梳理和研究。本文尝试对前述问题进行解答。

一、四川省民间债务风险现状

民间债务风险是民间金融市场债务风险的统称,具有金融风险的特征,是民间资金受到损失的概率。民间债务出现风险,一种非常重要的事后救济方式就是通过诉讼的方式追究债务人的民事和刑事责任,因此司法判例的数量可以直接看出进入司法渠道的民间债务纠纷量是多少,纵向对比可以看到民间债务纠纷变化的情况及民间债务风险增长或下降的趋势。论文从定量和趋势两个维度观察四川省民间债务风险在司法领域体现的情况。[1]

(一)民间借贷纠纷情况

四川省 2008 年至 2016 年民间借贷纠纷结案量依次为:2008 年 0 件;2009 年 5 件;2010 年 69 件;2011 年 193 件;2012 年 784 件;2013 年 4055 件;2014 年 15,133 件;2015 年 25,758 件;2016 年 20,657 件,如图 1 所示。民间借贷案件数据统计及司法审判呈现出如下几个特点:(1)案件呈暴增趋势,从零增长到几万,2015 年案件量达到历史最高位 25,758 件。(2)民间借贷已经突破了小额借贷、临时资金拆借的范畴,有些民间借贷纠纷的标的额高达几千万甚至上亿。(3)民间借贷利率高,资金使用成本高,月息 2~3 分是拿到法院审判“台面上”的利率,借贷真实的利率有些高达百分之四五十甚至翻倍。(4)企业、企业法定代表人及其亲朋好友“七大姑八大姨”担任保证人的现象明显。(5)案件调解和撤案比例低。走到诉讼阶段的民间借贷案

〔1〕 论文数据由“北大法宝”司法案例数据库检索结果整理得出。

件多数是双方协商多次未果、借款人无力或拖延偿债的情况，借款人多数不能偿债或者“铁定心”拖延，于是，在诉中调解或原告撤诉的案件量少。(6)被告不配合、缺席审判的情况多。民间借贷的案件，被告为了拖延偿债时间，利用“送达难”等程序困境，在各个诉讼节点阶段不配合，经常出现“公告送达多次，庭审不到庭”的情况。(7)系列案件多。在民间借贷纠纷案件中的原告或被告有许多是同一主体或者具有关联关系，不仅单个企业面临民事诉讼风险，有些企业整个集团都处于诉讼困境中。

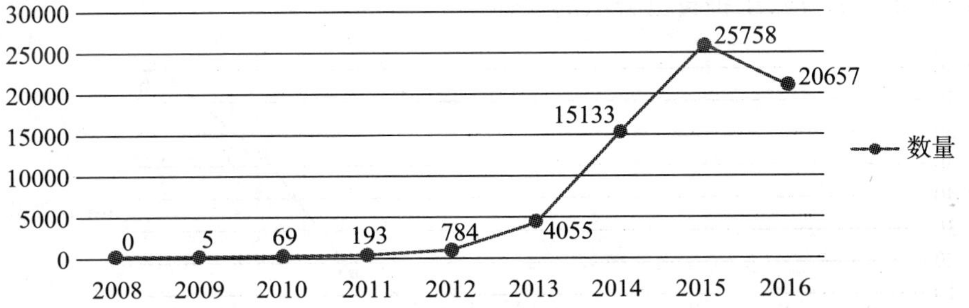

图1　四川省人民法院民间借贷纠纷一审案件九年数据统计

(二)民间债务所引发的刑事纠纷情况

在民间债务领域，容易触犯刑法的行为是非法集资，非法集资这一类罪行中最为典型的是“非法吸收公众存款罪”和“集资诈骗罪”。四川省法院“非法吸收公众存款罪”案件审结情况为：2012 年 1 件；2013 年 4 件；2014 年 17 件；2015 年 54 件；2016 年 76 件，如图 2 所示。集资诈骗罪案件审结情况为：2012 年 1 件；2013 年 2 件；2014 年 8 件；2015 年 15 件；2016 年 9 件，如图 3 所示。

四川省民间借贷领域刑事案件呈现出如下几个特点：(1)刑事案件数量呈增长趋势。2008 年到 2011 年，四川省非法吸收公众存款罪的案件都为 0，从 2012 年开始案件量大幅上涨，每年相较之前一年都成倍数增长，2016 年非法吸收存款案件达到高峰 76 件，占 9 年全省案件总量一半多；集资诈骗罪从 2012 年开始成倍增长，2015 年达到案件量高峰 30 件。(2)非法吸收公众存款罪案件多，9 年全省合计数为 151 件；集资诈骗罪的案件量相对较少，9 年全省合计数为 71 件。(3)集资诈骗罪共同作案、有组织、统一协调配合的案件多。非法吸收公众存款和集资诈骗的过程中,通常会有多人参与,分工不同,构成共同犯罪。(4)设立公司等单位组织形式成为非法吸收公众存款或者集资诈骗的工具。不少案件中,设立公司的初衷即为了非法募集资金。法院在具体认定犯罪责任主体时,透过单位法人的"面纱"追溯主要行为人的罪行。(5)非法集资行为既涉及触犯刑法,也涉及维护债权,刑民交叉情况多。非法吸收公众存款的公众出借人、集资诈骗中的被骗人有具体而明确的债权请求权,在通过刑事诉讼形式惩罚犯罪行为的同时也通过民事诉讼或仲裁的方式维护自己合法的权利。

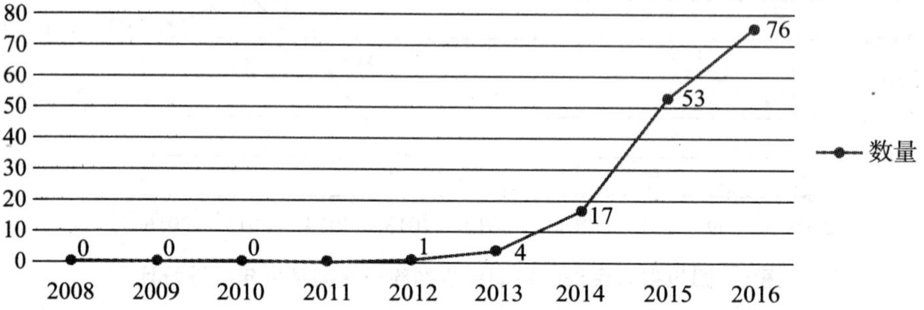

图2　四川省人民法院非法吸收公众存款案件九年数据统计

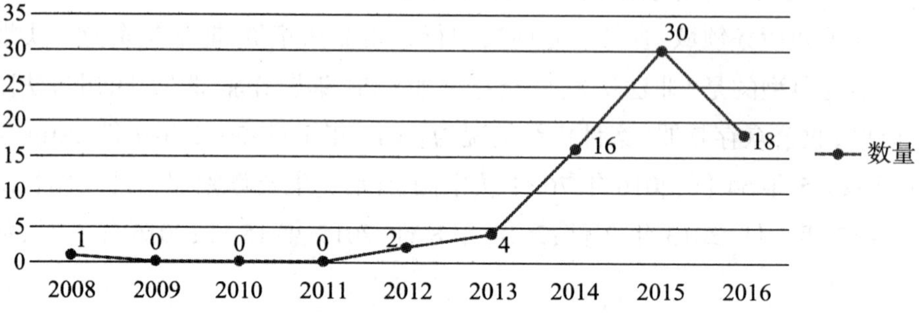

图3　四川省人民法院集资诈骗案件九年数据统计

(三)民间借贷风险的演进逻辑

自2014年民间金融风暴爆发以来,四川省的区域金融、经济面临着前所未有的错综复杂的体系性风险。民间债务风险的发生与发展是一个"由点到线,由线及面、线线交叉、面面交融"的过程。民间债务风险的"初体现"是单个的民间借贷合约不能履约信用风险。资金融出端如果是多人集资模式,非法集资和多人讨债的局面开始出现,民间债务刑事和民事风险浮出水面。于是,在2014年以来各类"跑路""跳楼""静坐""聚众闹事""暴力催债"等人间悲喜剧纷纷上演。民间融资比例和利率双高成为压死民营企业的"最后一根稻草"。"互联互保"机制将破产风险传递至担保企业,担保圈内的企业就像"多米诺骨牌"一张张被推倒。除了民间融资,不少企业也或者向银行借款或者通过公、私募方式募集资金,于是民间借贷信用风险传染至银行业等正规金融系统。数量众多的民间借贷主体、担保主体、银行等金融机构出现债务风险后最理性的策略选择为"及时追索债权",个体风险叠加为集体风险,个体理性引发集体非理性。各类债务风险相互影响、相互发酵,债务风险跨界跨域由量变到质变,金融市场无序风险显现,区域金融危机可能性大幅增加。

二、四川省民间债务风险化解的主要路径

四川民间金融风暴发生以来,各界予以充分的关注,公安部门、检察院、法院、司法部门、人民政府、银行业监管部门、证券业监管部门、金融局、商务部门、工商部门、行业协会等有关组织或机构都参与到民间债务风险化解的工作中来,在"危机应对式"解决思维下,化解了不少债务危机,但尚未化解的民间债务风险也不容小觑。

(一)司法途径化解民间债务风险

司法部门在这场债务危机化解过程中扮演了重要角色,他们主要通过以下举措用法律专业手段将民间债务风险化解工作做得更好。第一,制作裁判具体规则,发布指导案例,统一裁判标准。民间债务危机爆发以来,有关民间借贷的合同纠纷数量快速增长,审判实务中出现了不少新问题,省内各地人民法院对有些问题认识不一造成"同案不同判"。法院是民间借贷纠纷出现之后,当事人协商无果债务风险个案化解的司法手段。法院在"个案"式化解纠纷中扮演着重要角色,公正、高效将保证民间债务风险化解的个案效果,同时也有利于防止民间债务风险引发新的风险。四川省高级人民法院多次组织调研、多次召开专题研讨会,为指导全省的司法审判工作出

台了《关于审理民间借贷纠纷案件若干问题的指导意见》(以下简称《指导意见》),[1]编写了《民间借贷案件审判要点》。

第二,专案研究同一主体的系列案件,系统解决民间债务纠纷。法院、公安、检察部门在法律实务工作中发现集团性企业涉诉案件众多,从单案处理的角度看,强制执行是债权得到清偿最“硬气”的方法,但结果很有可能是“几败俱伤”:部分债权人的部分债权得到清偿,但还有大比例的债权得不到实现,其他债权人根本就只能是“竹篮打水一场空”,企业被逼破产退出市场,企业员工失业,各界不满情绪在社会传播、传染,社会不稳定因素增加。因此,对于影响范围广、债务风险复杂的同一主体的系列案件,公、检、法、政府进行专案“统一研究、上下通气、统一解决”,在民间债务风险司法化解中保证了司法实践的一致性。

第三,加大执行改革力度,提升执行案件质量。进一步细分审判和执行功能,将当前执行工作中包含的审判职能分离出去,努力将执行资源集中在执行工作;区分案件的工作难度,对难度大的案件“精办”,对常规案件“快办”;运用“互联网+”创新执行工作。[2]

第四,建立沟通机制,与政府、其他部门协同解决民间债务纠纷。公、检、法、司建立沟通机制,针对性解决民间债务风险化解法律实施中的难题;法院与政府监管部门、金融机构之间互动,降低债权实现的难度。

---

[1] 为正确审理民间借贷纠纷案件,进一步统一全省法院裁判尺度,四川省高级人民法院出台了《关于审理民间借贷纠纷案件若干问题的指导意见》。《指导意见》明确了民间借贷主体的适用范围、由第三方收支借贷款项的主体认定、关于借名借款的主体认定、借条所载出借人姓名与原告同音不同字原告的确定、出借人或借款人为两人以上部分出借人起诉的处理,民间借贷合同履行地的确定(接受货币一方所在地的认定、民间借贷合同未履行情况下管辖法院的认定、借款人以非货币形式履行还款义务管辖法院的认定),民间借贷案件中民刑交叉问题的处理(民间借贷案件中有关联但不是同一事实的认定及处理),民间借贷合同效力的认定(自然人之间约定借款合同签字或盖章后发生法律效力的认定、企业间借贷合同的效力认定、法人或其他组织在本单位内部向职工集资的认定),由其他基础法律关系产生的民间借贷的处理,民间借贷事实审查的问题、虚假民间借贷诉讼的认定及处理,保证责任条款是否成立的举证责任分配,互联网借贷平台责任,企业法定代表人签订民间借贷合同的认定及处理,民间借贷利息的认定,利息在本金中提前扣除的举证责任分配及处理,逾期利息/违约金/其他费用并存的处理;等等。

[2] 为推动被执行财产的处置工作,四川各级人民法院在最高人民法院于2015年发布的《关于加强和规范人民法院网络司法拍卖工作的意见》和2016年发布的《关于人民法院网络司法拍卖若干问题的规定》的指导下,高度重视并积极推进网络司法拍卖工作,如法院已经运用“淘宝网司法一拍”拍卖不动产等各类商业资产。

(二)政府出面主导及协调

自民间金融市场地震以来,各级人民政府对民间债务风险的防范和处置工作高度重视。从组织、人员、经费多方面保障债务风险处置工作;设立专门的组织专项应对民间债务风险化解工作;建立纵横协调工作机制,在省级建立起统一指挥、市县区和市直部门相互配合的协调联动机制,形成了省级统筹、市县区属地负责开展民间投融资风险处置和化解的工作机制;明确民间债务风险处置工作"任务到岗""责任到人";协调借款方、项目公司、投资人、保证人、银行、法院等多方力量和资源积极化解民间债务风险。

(三)行业协会等组织化解民间债务风险

行业协会等社会第三方组织作为连接政府和企业的桥梁和中介在四川省民间债务风险化解的过程中发挥了积极作用,组织本行业民间金融组织召开专题研讨,研究化解债务风险的路径和对策;参加政府有关部门组织的债务风险防范协调工作会;参加立法调研,提出立法建议;向有关部门反映情况,提出化解方案。

(四)破产方式化解民间债务风险

当"重整、和解"没有可能的情况下,企业会进入破产清算程序。通过破产方式化解债务危机,是在穷尽各种办法之后"情非得已"地以终结公司法人主体资格的方式实现债权的举措。2008 年至 2012 年四川省没有检索到破产申请案件;2013 年为 1 件;2014 年为 5 件;2015 年为 19 件;2016 年为 15 件。申请破产案件的高峰与民间债务风险爆发期重合,2014 年民间债务风险开始暴露,2015 年、2016 年是风险处置集中期,破产案件数量大幅增加,但总体来看采破产方式让企业偿债退出市场的案件数量还不是特别大。究其原因,让企业存续,债权人的债权还保留一丝希望,希望企业有朝一日好转之后能够将债权本金利息予以偿还;单个的债权人不清楚企业的内部状况,不知道企业已经资不抵债。

(五)并购重组化解民间债务风险

问题企业在债务危机的冲击下各类资产不得不拆分,出售其中的优势资产为企业、债权人及利益相关者赢得转机。四川省运用并购重组方式化解债务危机,创造性地发挥了法院、交易所等公私两种力量。如香港太盟集团、四川怡和企业集团重大重组项目,没有走传统的破产重整程序,而是创造性发挥了法院和四川金融交易所的作用,金融交易所充当庭外和解员,在同所有的债权人达成协议后到法院统一执行。

(六)运用资产管理、金融交易平台等市场手段化解民间债务风险

本次债务危机不仅运用了传统的“打包”“打折”“打官司”债务处理方式,也运用了具有“资金密集型”和“技术密集型”特点的市场手段,发展和激励资产管理公司等主体在不良债务市场自由交易,盘活不良资产。同时,本次债务风险化解十分重视金融资产交易平台信息中介撮合交易的功能。从民间债务风险化解的角度观察,金融交易平台实际上为债务风险化解引入社会投资者,有助于困境企业优质资产的整合与盘活。它丰富了破产企业市场化处置的新机制,打破了通过法院强制执行的传统处置手段,是一条通过区域性金融资产平台解决融资“瓶颈”、整合企业、重整资源的新路径。

三、民间债务风险化解的基本原则

(一)法治原则

民间债务风险处于“敞口”数年,对民间债务风险的化解不能再停留在“无章可循”的“应景”性工作模式,更不能认为民间债务只有成为民事纠纷、刑事案件之后才进入法律视野,整个民间债务风险化解工作都应当纳入到法治框架之内,遵循法治原则。在掌握了民间债务风险运行及化解规律的情况下,应及时进行经验总结,明确民间债务风险化解的法律制度安排,用法律的方法和思维规范和调整化解民间债务风险中的各种社会关系。四川民间债务风险化解遵循法治原则,应当充分综合发挥各个部门法的功能。当前民商法、刑法的功能发挥得较好,但是,对于政府等相关主体干预民间金融市场具有公共性、整体性社会关系的调整却远远不够。由于民间债务风险化解牵涉到的领域和社会关系宽泛,单从民商法视角解决民间债务风险已经不能实现四川省民间金融风险的防范和化解目标,应同时运用经济法、行政法、刑法的视野综合调整化解民间债务风险过程中的各种社会关系。

（二）风险隔离原则

民间债务首要风险是信用风险。早期研究结论认为：信用风险转移就是将信用风险转移出去，风险转移的过程必然会减少银行个体风险。[1] 因此，在一些理论研究及实务操作中，信用风险转移被认为是债务风险化解的方式之一。在民间债务风险化解的对策中，也有学者提出应当建立民间债务风险转移制度。[2] 但是，近年来越来越多的研究文献认为，信用风险转移会减少银行对贷款客户的审核和监督，增加道德风险，从而加大了银行个体风险。[3] 新近研究对商业银行转移信用风险已持置疑和否定态度，甚至有国外文献认为"信用风险转移会增加系统风险"。Baur（2006）认为，资产证券化会通过两个途径增加系统性风险：一是当风险被转移给不受监管的市场参与者时，整个经济体覆盖这些风险的资本就会减少；二是当风险被转移给其他银行时，银行间的连接就会增加，从而系统性风险在金融系统中传染的机会就会增加，进而使系统性风险增加。Allen 和 Carlett（2006）指出，当银行面对异质的流动性风险，并且需要在银行间市场对冲风险时，信用风险转移会导致两个部门的风险传染并增加金融危机发生的可能性。Purnanandam（2011）研究表明，经济混乱时期，在危机显示出更高的贷款坏账比率之前，美国的银行在信用风险转移方面更加积极，这说明信用风险转移对金融稳定造成了不利影响。[4] 为防范民间债务风险"失控性"地传递到其他领域，有必要在民间债务风险化解工作中确立风险隔离原则，将民间金融市场风险与正规金融市场风险进行隔离，民间金融市场内部分板块、分区域进行隔离。

（三）宏观审慎监管原则

民间金融在缓解中小企业贷款难问题上发挥了作用，但是民间债务风

---

〔1〕 GreenBaum & Thakor，1987；Cebenoyan & Strahan，2004；Duffie，2007 的研究支持了该结论。

〔2〕 如湖南大学金融与统计学院戴晓凤教授在《民间借贷存五大硬伤需构建地方监管体系》一文中认为：民间借贷市场缺乏风险转移渠道，风险容易积聚。载新浪网：http://hunan. sina. com. cn/news/finance/2014－11－19/2254119564. html，2017 年 5 月 14 日访问。

〔3〕 Wagner（2007），Foos 等（2010），Agarwal 等（2012），Uhde 和 Michalak（2010），Kara 等（2010），Keys 和 Mukherjee（2008），Nadauld 和 Sherlund（2013），Cheng 等（2011）。

〔4〕 参见李琪、田鑫：《信用风险转移与金融稳定性——一个文献综述》，载《现代管理科学》2015 年第 8 期。

险传递到诸多企业、银行、小贷公司、融担公司等主体和领域时,区域性的金融系统风险也随之增加。单一性地解决民间债务,不可能化解区域性的金融系统危机,因此,应当建立起针对整体区域金融体系的宏观审慎监管。自2008年由次贷危机引发的全球金融风暴以来,各界反思传统的金融监管体系,认为应当改革既有金融监管体制。传统的金融监管体制属于微观审慎范畴,着眼于防范单个金融机构的个体性风险,从而达到保护金融消费者的目的。金融监管体制改革应当从传统审慎走向宏观审慎。[1] 传统的审慎监管针对单个金融主体,其逻辑在于:金融体系稳定必须是金融市场每个主体都是安全和稳健的。该监管理念要求单个金融主体都应当审慎行为,然而Hellwig(1995,1997)的研究表明单个金融主体的审慎行为可能导致金融系统的不稳定性,会出现"合成谬误"。对于理性的金融个体而言,转移个体风险、转移本体系的系统风险是理性的行为选择。那么审慎监管如果只是针对单个金融主体的风险控制而忽视单个行为主体的外部性,可能会引发集体非理性的系统性风险的发生。宏观审慎监管关注整个金融体系,着眼于防范系统性风险,从而减少金融危机对经济产生的影响。单个民间借贷主体在进行风险管理和化解的时候,由于对负外部性不用承担责任,因此不会考虑其对民间金融市场甚至是整个金融市场的负面影响。这样做的一个结果就是金融系统承受了风险,造成金融总体风险通常要大于单个金融主体风险的简单叠加。因此,审慎监管应考虑从整体、宏观层面上实施,防止和限制系统性风险。

四、完善促进民间债务风险化解实效的对策建议

(一)明确民间债务风险化解的法律主体

沿着民间债务的生成逻辑,民间债务风险化解的法律主体应当有以下一些:第一,民间借贷当事人。民间借贷当事人对风险的化解,从风险的处置角度来讲是一个个体与整体的关系,是微观的民间金融风险与宏观的民间金融关系的关系。第二,中国人民银行、中国证监会及政府相关部门从民间金融业务监管对民间债务风险进行化解。(1)银监会作为银行业金融监管机构熟悉金融风险监管,对商业银行、金融资产管理公司、信托投资公

[1] FSF,2009;Mayesetal.,2009;DeLarosiere,etal.;Brunnermeieretal.,2009.

司、财务公司、金融租赁公司、网络借贷信息中介公司具有法定的监管权。(2)人民银行。在民间金融领域,人民银行加强反洗钱监管,在民间金融市场建立多层次、多渠道的大额和可疑资金交易报告、检查制度;金融信息情报部门对大额、可疑资金具有高度灵敏性的预警机制;充分调动各方资源和力量开展反洗钱工作。(3)人民政府。省级地方政府在中央人民政府的领导下践行国家关于民间金融发展的大政方针,从宏观上把握民间债务风险,统一协调全省民间金融工作。人民政府中的金融局应重点监管网络借贷中介、小额贷款公司,商务部门负责典当业的监管。对新出现的民间金融形式和产品有兜底监管职责,防止出现地方民间金融监管漏洞。

第三,公、检、法、司法部门。公、检、法、司法部门在本次四川省民间债务风险化解工作中发挥了重要作用,他们是债务风险化解的司法主体。在今后的债务风险化解中,继续完善其法律保障功能,依法惩治金融违法犯罪活动,继续改进金融案件执行力度,继续发展向相关部门建议的功能,继续完善与相关部门的协调沟通机制,探索统一处理、集中审理的机制。

(二)完善民间债务风险化解中的协调沟通机制

民间债务的形成始于金融市场,民间债务风险的发展却可以从民间金融市场走向金融市场、经济市场甚至整个社会。微观和宏观民间债务风险的化解绝不仅需要各个监管部门、司法部门、第三方组织等单个部门尽职尽责的“单打独斗”,更需要多个部门、机构或组织“合纵连横”式的沟通协调。

第一,明确沟通协调机制的牵头主体。省级人民政府作为民间债务风险的沟通协调主体,可以有效推动各有关机关和部门进行利益共容博弈,防止机构或部门之间“囚徒困境”式的“不作为”或推卸工作。

第二,明确沟通协调机制参与主体的参与义务。沟通协调机制需要多方主体积极参与、积极沟通,信息共享、问题共研、共谋对策、协调行动。欲达到沟通协调机制的终极目标,不仅需要有明确的牵头主体,也应当明确参与协调方的主体性和义务性,防止参与主体“只参加”不主动。

第三,沟通协调机制适用的情形。对于重大的、复杂的、有难度的、影响广泛的事情,应当及时启动沟通协调机制。如对于解决民间债务风险中遇到的集团性企业债务危机,就应当启动沟通协调机制。

(三)完善民间债务风险隔离法律制度

完善民间债务风险隔离法律制度重点从以下几点着手:第一,完善民间金融中公司主体的公司治理结构,通过加强公司治理能力,发挥监事会、董事会尤其是独立董事的监督作用,促使民间金融主体公司审慎经营,从公司内部防控民间债务风险。民间金融自然人放贷人应提高运用多种信息渠道获取借款人信息的能力。第二,构建立体多维风险管控体系。针对不同的民间金融主体,已经有不同监管主体对其进行监管,将民间金融根据主体的不同进行分业监管,各监管主体对各自监管领域管理的同时信息共享、协同监管,实现对民间债务风险的多头综合监管,将民间金融风险按照各个类别控制在所属领域。第三,实行关键指标的统一监管。各监管主体对不同民间主体实行分块监管,为了防止重要民间债务信息的滞后所导致的监管行为不及时所可能造成的民间金融系统风险的出现,对于重要监管指标比如民间金融的交易存量、利率、逾期率等应当及时统一到一个监管主体,由该监管主体及时监控整个民间金融体系的风险。第四,民间金融独立运行,领域防止民间金融风险向正规金融市场传染,在民间金融领域与正规金融建立风险隔离墙,注重保证民间债务风险的独立性,防止民间债务风险诱发区域金融风险。

(四)构建民间债务风险预警法律制度

风险是金融市场的基本特点,建立民间金融风险预警机制有助于警示投资者风险的客观存在及其发展走势,及时采取规避措施以降低损失,亦有助于监管当局尽早采取监管手段,防范局部风险的爆发和蔓延,防止个别风险酝酿成系统性风险,维护区域金融安全稳定。[1]

第一,确立政府预警与市场预警相协调的预警格局。发挥政府等监管部门与市场的两种信息供给机制。资金融入方的信用风险、利率风险、通货膨胀风险等有关的预警信息可以由资金融出方通过多种渠道自行或者购买服务的方式获取,这部分信息由市场自己供给。而对于宏观政策、经济社会风险及其产生的风险,需要宏观、中观、微观的多方信息并经整理、计算方能

---

〔1〕 参见冯果、谢贵春:《构建我国债券市场风险预警机制的法律思考》,载黄红元、徐明主编:《证券法苑》(第13卷),法律出版社2014年版。

得出，由市场提供几无可能，这部分预警信息需要政府来产生和提供。

第二，明确民间金融市场债务风险预警的主体。省政府、省银监局、省证监局作为民间债务风险预警的主要主体开展风险信息的收集、监测、分析、等级确定、预案等风险预警工作。

第三，省级政府在相关的部门（如省金融局）增加民间债务风险预警职能，明确预警的工作内容，如确定民间风险预警模型和核心监测指标（比如民间金融的规模、利率、逾期率等）等。

第四，明确预警的基本措施。制定民间金融风险预警规则制度；明确民间金融市场监管主体、司法主体、行业协会等相关主体的监测职责；明确民间金融交易主体的信息披露义务；明确风险评级的方法；明确风险信息披露的周期、渠道和披露对象，等等。

（五）为创新民间债务风险化解的新路径提供法律保障

“重组并购企业库”“民间债务交易市场”是民间债务风险化解的创新路径，通过地方性立法明确其合法地位、功能、交易规则等为民间债务风险市场化方式化解提供法律保障。让受债务危机冲击的“僵尸企业”“活”起来的核心是如何盘活既有资产。危机中的企业尚有好的资产、好的项目，但是由于信息不对称并不被外人所知晓，即使有投资者有意向重组或收购相关资产或项目也没有相应渠道获悉。如何解决重组并购交易双方关于交易标的的信息不对称问题？搭建“重组并购企业库”是解决此问题的思路之一。交易双方寻找交易标的、达成交易需要有市场，因此，要让民间借贷市场健康良性发展，创新性地建立一个由政府引导、行业内龙头企业发起、以合伙制或股份制等形式建立、现代公司治理、市场化运营的“民间金融场外交易市场”，将有助于民间金融交易的公开化，实现信息的公开快速传递，从而形成公开的竞争机制，促进民间借贷利率的市场化合理定价，发挥平抑高利率的作用。

民间金融发展中的分配公平悖论及其解释

李海昕*

内容提要 发展民间金融,本是作为缓解金融资源分配不均,促进分配公平的手段而出现。然而事实上,近年来民间金融的快速发展,不仅造成金融风险增大,更推动了新的分配不公现象。对于这个悖论,作者的解释是,民间金融与传统的正规金融一样,都具有扩大两极分化的内在属性。政府的法律与政策监管约束是抑制两极分化,促进金融公平的必要条件。但民间金融的非正规特性,监管成本难度远大于正规金融,因此理想状态下发展民间金融实现普惠金融,进而促进分配公平的作用并不能实现。因此,对待民间金融,应当从发展普惠金融与促进分配公平之间关系的角度入手,使开放民间金融的水平与政府监管、自律监管的能力相协调,使民间金融的发展真正实现普惠金融,推动实现分配公正和社会长治久安的理想目标。

关键词 民间金融 收入分配 金融监管 实体经济

一、问题的提出

以几大国有商业金融机构为代表的正规金融资源集中现象导致的金融资源分配不均,并由此导致的分配不

* 李海昕,四川大学经济学院法经济学博士生,四川省高级人民法院审判员。研究方向:法经济学、司法制度。

公问题,一直以来是我国学界研究和批评的重要问题。针对这个问题,许多学者都提出了大力发展民间金融(或称非正规金融,本文将两者作为同义词使用),以实现普惠金融和金融民主化的建议。其基本逻辑是:通过发展民间金融,破解中小企业融资难、融资贵问题,促进就业,让有储蓄的群众获得更高的财产性收益,从而实现更公正合理的收入分配和财富分配。2010 年 5 月国务院发布《关于鼓励和引导民间投资健康发展的若干意见》(国发〔2010〕13 号)也明确提出了鼓励民间资本进入金融领域的意见。然而,随着国内外经济社会形势的变化,一些地区民间金融发展中的风险和问题逐渐暴露。民间金融,尤其是其中的民间借贷、P2P 网贷、非法集资的经济风险、法律风险接连暴露。不少学者从风险防控、法律治理的角度探究民间金融发展中的相关问题。但是,民间金融的风险暴露从另一个角度来观察,就是社会财富的大转移——这种转移当然是违背社会普遍认可的经济效率原则和法律正义原则的。这样的财富转移显然造成了新的收入分配不公和财富分配不公。这就存在一个悖论,为何作为解决收入分配问题的手段之一,民间金融的发展反而造成新的分配不平等?本文将该问题归纳为民间金融发展带来的分配公平悖论。

关于金融与分配公平之间的关系,Greenwood 与 Jovanovic 在 1989 年发表《金融发展、增长和收入分配》一文,建立了动态的 GJ 模型讨论经济增长、金融发展和收入分配三者之间的关系,阐明了在经济发展初期,收入分配不平等状况会加剧,而在长期,随着经济增长和金融中介发展,收入差距逐渐缩小,直至收敛到平等水平,即金融发展和收入分配的关系服呈倒 U 型的轨迹。GJ 模型是库兹涅茨假说的一种扩展形式。[1] 自该文以后,关于金融与收入分配之间关系的理论探讨与实证研究不断发展。就我国的相关研究而言,以“金融”与“收入分配”为关键词在 CNKI 进行检索,大约有近 1500 篇相关文献。根据杨胜刚、侯振兴对国内外学者研究的梳理,认为大多数学者都认为我国金融市场的发展有助于缩小城乡收入差距,但目前我国金融市场中的金融排斥现象仍然明显,区域间金融发展对收入增长的促进作用存在较大差异。因此,在我国当前的收入分配改革进程中,应当逐步消除金融排斥现象,尤其应提高中西部地区和农村地区的金融服务水平,扩大金融机

---

〔1〕 参见方文全:《中国收入差距与金融发展关系的实证分析》,载《江淮论坛》2006 年第 1 期,第 30 页。

构的金融服务范围,并且要完善我国资本市场的运行体制,充分发挥金融市场的资源配置作用,促进我国居民收入分配的公平化与合理化。[1] 胡德宝、苏基溶梳理了国内外有关文献,总结了关于金融发展与收入分配关系的三个方面观点,即金融发展缩小了收入差距、金融发展扩大了收入差距、金融发展与收入差距之间存在先扩大后缩小的倒U型非线性关系。[2] 学者普遍在研究过程中,提出消除金融市场准入壁垒,构建机构多样的金融体系,[3] 放松金融管制,[4] 加快金融部门的改革步伐,促进金融中介的发展,构建普惠金融体系。[5] 显然以民间借贷、互助合会、小额贷款公司为代表的民间金融的发展,是符合上述理论建议的。

总体而言,对于我国现阶段民间金融发展与收入分配之间的关系问题,有关文献研究是不够充分的。并且,通常的理论观点认为民间金融发展应当有助于实现普惠金融进而缩小分配差距,实现分配公平。这一理论见解显然与近年来民间金融发展的实践存在一定距离。本文拟综合应用政治经济学、法学等理论,结合当前实践对该问题进行初步分析解释。

二、民间金融发展中的分配公平悖论现象及阐述

当今社会收入分配与财富分配问题是社会高度关注的问题。国家统计局数据显示,2012年~2016年全国居民(收入)基尼系数分别为0.474、0.473、0.469、0.462、0.465。虽然整体呈现逐年下降的趋势,但这一数据仍处于国际公认的警戒线之上。并且考虑统计的难度,特别是大量高收入阶层的真实收入极难进行真实统计。相比收入的基尼系数,财富的基尼系数的有关数据收集和统计难度更大,并且通常认为财富基尼系数大于收入基尼系数。总体来说,当前我国财富分配不公平现象较为突出,是有相关的事实和普通群众的感受作为经验支持的。那么,民间金融的发展,与分配不公平和贫富分化问题之间有何种关系,在其中有怎样的参与程度,目前尚没有

〔1〕 参见杨胜刚、侯振兴:《金融对收入分配影响研究进展》,载《经济学动态》2013年第4期,第143页。

〔2〕 参见胡德宝、苏基溶:《金融发展缩小收入差距了吗?——基于省级动态面板数据的实证研究》,载《中央财经大学学报》2015年第10期,第23~31页。

〔3〕 参见陈刚:《金融多样性与财产性收入——基于增长和分配双重视角的审视》,载《当代财经》2015年第3期,第54页。

〔4〕 参见江春、江鹏:《金融发展如何更好地改善收入分配:理论进展与中国对策》,载《金融发展研究》2011年第11期,第5~6页。

〔5〕 参见杜晓山:《小额信贷与普惠金融体系》,载《中国金融》2010年第10期,第14~15页。

模型化的研究进行描述。但通过作者观察到的以下的事实和理论分析，从不同侧面足以说明当前我国民间金融的发展对收入分配、财富分配两极分化的推动。

1. 个别民间金融行业人员收入急剧增加

在“新36条”带动下，民间资本通过小额贷款、担保、P2P网贷等方式开始从事合法、半合法的金融活动，引起相关行业从业岗位人员需求和收入的快速上涨。特别是以P2P网贷为代表的互联网金融行业快速发展，导致相关行业从业人员收入急剧增加，远远超过社会其他行业的一般的薪酬水准。据媒体报道，有的人员跳槽后年收入翻番，最高涨幅超10倍。在行业里，50万元年薪仍一将难求，[1]有的网贷企业甚至以年薪30万元招聘应届毕业生。[2] 在民间金融的另一个重要领域——小额贷款方面，行业的快速发展，也导致从业人员收入迅速提升。相关业务员月薪超过2万元的较为普遍，远高于其他一般行业人员。[3] 从以上现象来看，足以证明快速发展的民间金融也导致该行业从业者与没有从事该行业的普通收入者之间的财富分配出现了明显分化现象。

2. 高利贷盛行形成食利者对实体经济的蚕食

近来，发生在山东的“辱母杀人”案引起社会的广泛关注，也将当前民间金融发展中的“高利贷”问题暴露了社会公众面前。[4] 尽管在目前法律政策框架内的民间金融如小额贷款、担保公司等本身并不等同于高利贷，现行的法律、监管法规、司法解释等文件对民间金融有相应的监管措施，但是，合法的民间金融的快速发展将不可避免地带动其上下游交易的发展及相应资金链流动的活跃，而相关的上下游交易及其资金链的流动，在有关部门监管能力、监管视野之外，就不可避免地带动高利贷现象愈发突出。当前放贷主体既有正规成立的小额贷款公司、融资担保公司，也有处于灰色地带的地下钱庄、专业放贷人，为赚取高额利润，也有个别正规成立的公司存在高利贷、暴力催收等违法违规现象。调查显示，通过民间借贷中介方式的阳光化民间

---

〔1〕 参见金佚：《P2P行业50万年薪招人才为什么还是一将难求?》，载《上海金融报》2014年8月19日。转引自凤凰财经：http://finance.ifeng.com/a/20140819/12952928_0.shtml。

〔2〕 参见戴曼曼：《P2P疯狂校招争抢小鲜肉30万高薪是噱头还是人才荒?》，载《羊城晚报》2015年11月5日。转引自新华网：http://news.xinhuanet.com/fortune/2015-11/05/c_128397269.htm。

〔3〕 参见叶洁纯、孙景锋：《小额贷款公司迅速崛起相关业务员月薪过两万》，载《南方日报》2013年10月29日。转引自腾讯大粤网：http://gd.qq.com/a/20131029/009291.htm。

〔4〕 参见徐鹏：《于欢犯故意伤害罪改判有期徒刑五年》，载《法制日报》2017年6月24日，第1版。

借贷年利息一般在18%左右,非规范年息已超过48%。[1] 小额贷款公司等由政府金融办批准成立,但政府金融办的监管手段比较有限,而小额贷款公司目前难以纳入银行系统进行监管,故监管缺位导致大量民间借贷游离于法律法规之外。据有关研究报告提供的数据,以四川省为例,到2012年底,相对规范化的民间借贷规模约为50亿元,不足整个民间借贷规模的20%。就作者在司法审判实践的调研情况来看,民间借贷、建设工程、房地产开发案件所反映的情况看,中小企业主、中小建设工程经营者等民间资本进行资金拆借的利率高于现行司法解释确定的法律保护的民间借贷利率(年息24%、月息2%)的现象非常普遍。高于现行司法解释允许的合法民间借贷利率(年息36%、月息3%)的现象也相当多见,月利率有时高达4%~6%甚至更高。并且往往存在"砍头息"等形式,隐藏在书面证据之下,高利息带有相当程度的隐秘性。并且有的拆解资金数额相当巨大,甚至高达数千万甚至上亿元。在这样的本金和高额利率之下,参与借款的中小民营企业的负担相当沉重,形成了民间金融从业者对实体经济尤其是中小民营企业的蚕食,加剧了财富分配的扭曲。

3. 民间借贷违约频发,债权人和担保人承担巨额损失

根据最高人民法院统计,截至2015年,民间借贷纠纷案件数量仅次于婚姻家庭案件,已在全国法院民事案件受案数中排第二位。[2] 据最高人民法院统计2014年数据显示,[3]2008年~2012年期间,全国各级法院民间借贷纠纷收案数量分别为48.83万元、54.93万元、57.31万元、60.84万元。根据最高人民法院信息中心课题组2017年提供的数据,[4]2013年~2015年,全国各级法院审结的民间借贷纠纷案件数量分别为69.44万元、85.77万元、127.08万元。从涉案标的额来看,佟季(2014)提供的数据显示,2008年~2012年5年间,全国法院审结民间借贷案件的结案标的额分别为613.48亿元、834.01亿元、827.26亿元、1143.88亿元、2201.22亿元。而2015年这个数

[1] 参见四川省高级人民法院课题组:《完善法律规制规范民间借贷——四川省高级人民法院关于民间借贷纠纷案件的调研报告》,载《人民法院报》2014年9月5日,第8版。

[2] 参见罗书臻:《统一裁判标准正确适用法律规范民间借贷——杜万华就审理民间借贷案件司法解释答记者问》,载《人民法院报》2015年8月7日,第1版。

[3] 参见佟季:《对全国法院近五年审理民间借贷案件的数据分析》,载《法制资讯》2014年第2期。

[4] 参见最高人民法院信息中心课题组:《2013年~2016年7月全国法院审理民间借贷纠纷案件专题分析报告》,载《法律适用》2017年第2期。

据已经达到8207.5亿元,[1]7年间增长近13倍多,并且以2010年为明显分界线,5年间就增长了近10倍。而同期全国GDP、广义货币M2(末期值)分别也只增长了2.15倍、2.92倍。由此数据来看,民间借贷案件涉案金额总量,不仅远超同期的GDP增速,也远超过同期M2的增速,如图1所示。从法律实践上分析,由于进入诉讼渠道进行追索的民间借贷债务,通常是没有得到主动清偿的债务,可以认为代表民间金融违约债务。因此,司法统计数据中的民间借贷案件结案标的额,可以近似处理为通过司法审判渠道反映的民间金融违约所涉及的不良债务数额。从某种角度分析,民间金融违约是财富分配扭曲失衡的表现。这是因为:一旦民间借贷进入诉讼,通常意味着债权人或担保人中必有一方承担其中的"损失"。抛开市场主体的主观视角,从系统的观点来看,无论怎样进行民间金融交易,除去交易过程中发生的交易成本(市场摩擦力)外,社会财富总量并不会无端损失。而这里出现的"损失"实质就是财富的"再分配",即借款人或者在交易链下游与借款人较近的主体获得财富支配权,而承担违约风险的债权人或担保人支配的财富减少。而这种"再分配"显然是违背基本市场规则和分配秩序的。

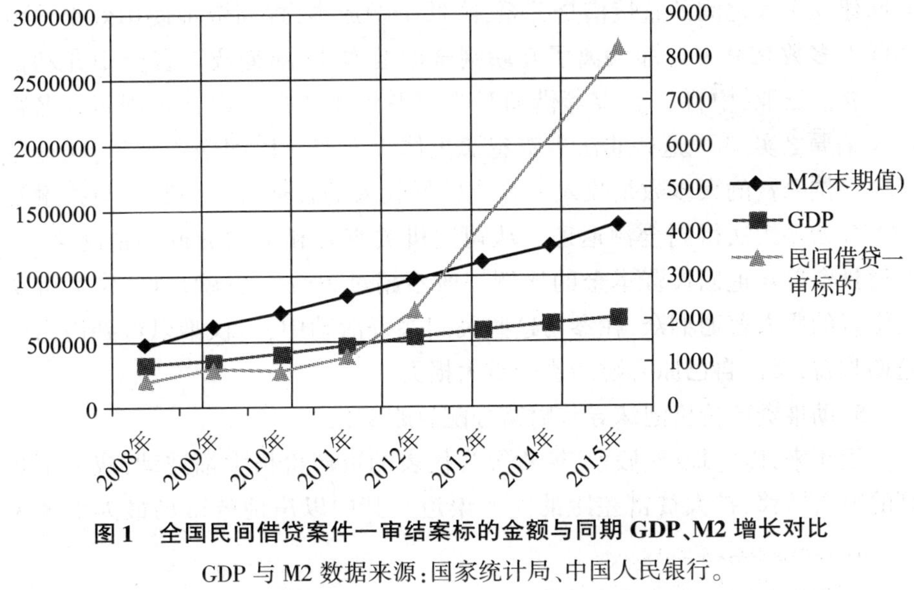

图1　全国民间借贷案件一审结案标的金额与同期GDP、M2增长对比

GDP与M2数据来源:国家统计局、中国人民银行。

[1] 参见2016年最高人民法院院长周强在十二届全国人大四次会议所作工作报告。

4.作为资金提供者的普通群众往往成为民间金融运行风险的主要吸收者

与正规金融类似,民间金融经营主体实践中扮演的角色往往是金融中介,即资金提供者与资金需求者之间的桥梁。一旦民间金融风险暴露、违约爆发,投资者权益大面积受损,则可能触发非法集资犯罪。由于民间金融的迅速发展和风险积聚,近年来我国非法集资案件数量迅速增长。根据公安部提供的信息,当前我国非法集资犯罪案件高发,大案增幅明显。非法集资犯罪年立案数已由过去的两三千起大幅攀升至上万起。2016 年一季度,全国非法集资犯罪立案数达 2300 余起。涉案金额超亿元案件明显增多,特别是"e 租宝""泛亚""上海申彤大大"等案件危害巨大。2015 年,多数省份案件数同比出现增长。东部地区仍是高发地区,中西部地区增势明显。[1] 据最高人民法院介绍,2015 年和 2016 年全国法院分别新收非法吸收公众存款案件 4825 件、6717 件,集资诈骗案件 1018 件、1173 件。2016 年收案数量较 2015 分别同比增长 39.21%、15.22%,虽然增速有所下降,但收案数量始终高位运行。[2] 尤其是以 P2P 为代表的互联网金融,本质是希望能够依赖互联网建立个人之间的直接借贷关系,降低金融成本,提高资金使用效率。但实际上多数 P2P 平台却偏离了互联网金融的本质,演变成了资金中介和信用中介。泛亚、中晋、e 租宝等借助互联网平台和杠杆,"以金融创新为名行庞氏骗局之实。"[3]这些非法集资犯罪主体大多属于民间融资平台,向这些平台提供融资的大多数是收入中等或较低收入的普通群众。其参与投融资的本金大多无法得到全额退还。从司法机关查处和追缴清退的情况来看,普通投资群众追回投资本金的比例一般不超过 30%。也就是说,作为资金提供者的广大普通群众,在参与这些民间融资活动中,不仅难以得到许诺的逾期收益,反而自己原有财产遭受重大损失。

5.助推资产价格泡沫导致财富分配急剧变化

近年来,以房地产、股票、期货等为代表的资产价格大幅波动,成为不合理的财富转移,扩大贫富差距的重要渠道。其中以房地产市场最为引人关

[1] 参见白国龙:《公安部:非法集资犯罪年立案上万起》,载《新华每日电讯》2016 年 5 月 13 日,第 1 版。

[2] 参见汪闽燕:《2016 法院审结非法集资案件约 7000 件》,载法制网:http://www.legaldaily.com.cn/index/content/2017-04/25/content_7123298.htm? node=20908。

[3] 党均章:《当前金融风险新热点》,载《中国金融》2016 年第 24 期,第 63 页。

注。部分地区房地产价格的快速上涨,在资产价格波动和买卖过程中,不同群体之间财富分配急剧扩大,产生了严重的分配扭曲现象。在一些极端化的个案当中,一套房屋在短短几个月时间内就发生剧烈价格波动,波动幅度甚至超过一些中低收入劳动者十几年甚至数十年劳动收入的总和,让人感叹辛勤劳动数十年不如短短几个月炒一套房。[1] 由此反映出资产价格泡沫已经成为当前我国经济发展中的一个突出问题,抑制资产价格泡沫、防范金融风险已经成为我国宏观经济政策目标之一。尽管资产价格泡沫的形成原因是多方面的,但非正规金融作为形成资产价格泡沫的重要推手,其作用是不可忽略的,在近期的一些个案中已有所反映。[2] 特别是传统的银行贷款渠道外的各种民间借贷、理财等形成的场外配资渠道,为投机者提供了突破传统正规金融的信用支持下的杠杆率约束,大大推动了市场信用膨胀和资产价格非理性上涨。以房地产交易为例,在民间金融提供的"首付贷"等信用支持下,传统商业银行的"首付+按揭贷款"常规金融支持模式下的交易杠杆率硬性约束被绕开、突破,资产交易的杠杆率、泡沫和风险也就迅速扩大。总之,缺乏约束的民间金融提供的高利率的杠杆资金支持是推动资产价格泡沫形成的重要推动力量。

三、民间金融的收入分配悖论的深层次原因分析

当前我国民间金融发展中的收入分配悖论问题的出现,是在我国特定发展阶段出现的,既有金融本身的内在规律作为其因素,又有其具体的历史、制度大背景。按照事物之间普遍联系的一般规律,探讨近年民间金融发展及其收入分配悖论的深层次原因、机理,必须放在大的背景内进行观察,才能准确、清晰地梳理这个过程。

1. 民间金融逐利的固有属性使其具有扩大两极分化的内在趋势

无论民间金融与正规金融,都具有扩大两极分化趋势的内在属性。从理论上分析,金融的实质是资金的富余者与资金短缺者之间进行资金的时间与空间上的交换,这种市场交换显然主要动力是经济主体的逐利特性。

---

〔1〕 反映此类极端个案的报道、评论文章如毛葱说:《我所亲历的北京抢房潮》,载搜狐网:http://mt.sohu.com/20160307/n439620558.shtml;张洛鸣:《高房价是在制造中产阶级还是在消灭他们?》,载搜狐网:http://mt.sohu.com/20161129/n474430995.shtml。

〔2〕 参见孔祥鑫、方问禹、郑钧天、董建国:《房地产销售乱象依旧,谁在顶风作案》,载《新华每日电讯》2016年10月11日,第6版。

金融市场行为是一种“自由”交易行为,在市场经济条件下,促成金融交易成交的内在动力显然是交易主体的自利动机。以最小的交易成本和最小的交易风险获得最大的利润分配权利,是推动生息资本运动的根本动力。实际上,金融行业天生就具有“嫌贫爱富”“锦上添花”的特性。[1] 无论正规金融还是非正规金融,只要生息资本追求个体收益最大化(或者风险最小化)的趋向不改变,在没有外力作用干预的市场竞争条件下,金融交易天然就具有扩大贫富悬殊、扩大财富分配差距的马太效应趋势。以借贷行为为例,资信较差的主体(如中小民营企业、中低收入家庭)与资信较强的主体(大型企业、高收入、高净值人群)进行比较,通常有如下的特征:一是有借款需求但借款数额较小;二是财富总量或信用水平相对较低。由于这样的特征,在提供等量借贷资金的前提下,向中低收入人群提供借款,投入的交易成本相对较高,并且在其他条件相同之下,借款违约风险相对也更高。在利率政府管制且民间金融未放开的条件下,正规金融机构通常不愿意向资信较差的主体供金融支持,而资信较强的主体能够获得成本低廉的金融支持;在民间金融放开的情况下,由于需要对相对较高的交易成本和违约风险进行补偿,资信较差的主体虽然能够获得来自民间金融的支持,但不可能以资信较强的主体相同的低利率获得金融支持。相反,往往是极高的利率作为融资成本。

换言之,在生息资本面前,富者更容易获得低廉的融资,而穷者更难获得融资或者必须支付更高的利息。只要生息资本自利的趋势不变,除非有足够强大的外在干预和调整(如政府出台优惠、补贴政策等引导、贷放行为控制等激励或监管手段),无论是正规金融还是民间金融,都不会自然而然地带来“普惠金融”——金融支持平等地惠及穷者或富者——而是自然具有扩大收入差距和贫富分化的趋势。正是因为这个原因,学者们提出的发展民间金融,使信用资源分配趋于公平,进而实现财富和收入分配公平的设想,在现实中不仅不会自动实现,而是恰恰相反。

2. 民间金融的监管成本与难度极高

上文已经提到,除非有来自诸如政府优惠、补贴政策方面的外力作用,追逐利润最大化的生息资本不可能向中低收入人群提供平价的金融支持。同样,从另一面来看,如果没有有效的监管,金融的自由无序发展必然是充

〔1〕 参见向松祚著:《新资本论——全球金融资本主义的兴起、危机与救赎》,中信出版社2015年版,第363页。

满弱肉强食、丛林法则意味的赌博和欺诈,必将进一步加剧两极分化。樊纲就曾提出,一个没有政府认真去发展和建立规范体系的金融领域,一定是高利贷盛行的领域。[1] 民间金融由于其非正规性,其监管难度、监管成本明显高于正规金融。从我国各地实践做法来看,合法的民间金融经营活动的主要监管机构是各级政府金融办或金融局,其机构和人员数量极其有限。面对辖区内数量众多的小额贷款公司、担保公司等非正规金融机构,其监管手段主要是牌照管理。相关牌照发放以后,相关机构是否自觉控制风险,是否合规经营,监管部门很难及时了解有关信息,也就不可能做出实质性的"监管"行为,直到大规模风险暴露甚至司法机关介入。尽管民间金融行业内的自律监管在理论上已有一些探讨,但实践中,由于残酷的市场竞争压力和监管难度问题的存在,行业自律监管的动力和成本问题目前难以得到解决,几乎很难看到实质性作用。而公安、法院等司法机关对民间金融介入只能是违约风险暴露、财富转移后的事后法律责任追究,不可能进行事前合规监管,难以有效发挥对民间金融运行的预警、风险管控作用。当司法机关介入时,非法或不正当获利者往往已经完成了财富的转移,不合理、不合法的分配结果已很难逆转。直到风险暴露时,其资产甚至已不能全额清偿普通参与者的本金。纳入政府监管的民间金融机构尚且如此,更遑论广泛存在地下金融组织、职业放贷人等地下非法金融的交易行为。

3. 民间金融监管难的道德风险与逆向选择

民间金融的快速生长及其难以监管的特性,必然导致无序状态下的竞争,从而产生道德风险和逆向选择现象。从资金需求者的角度看,由于信用信息的不对称,信用较好的借款人不得不支付较高的利息(实际上分担了信用较差者的违约风险)。从民间金融经营主体角度来看,如果诚实合规经营,就会迅速被市场淘汰;如果铤而走险,只要风险不暴露,就能够获得巨大利益。实践中暴露出风险的民间金融机构,往往事先是"合规"经营,但随着市场无序竞争带来的压力增大,即便是先前的"合规"机构也会被迫进行高风险的违法违规操作。如前文提到的 P2P 互联网金融,本来 P2P 网贷平台仅仅是信息平台提供者,而非信用平台提供者。但实践中,由于资金提供者对资金保本承诺和收益率都有较高的需求,那么 P2P 平台在这个问题上必

[1] 参见樊纲:《民间金融利弊谈》,《领导决策信息》1999 年 12 月第 47 期。转引自高晋康、唐清利等著:《我国民间金融生态的法制构造》,法律出版社 2011 年版,第 131 页。

然在市场生存问题上面临“囚徒困境”,从而迫使P2P平台走向违规,变为资金中介、信用中介。这样的竞争过程导致民间金融市场整体走向违规化、高风险化。另外,从正规金融的角度看,由于民间金融的规模增大,逐渐形成了民间金融与正规金融的竞争局面,这种“竞争”也对正规金融产生了不同程度的压力(如“储蓄搬家”)。但实际上这种“竞争”压力并不会直接带来人们预想中的正规金融服务改善、效率提高的正面效应。相反,它会刺激正规金融体系内的资金转到灰色、“非正规”渠道(如表外理财等传统监管渠道以外的地方)中去,形成这样负反馈不断增强的恶性循环:“非正规金融监管难度大—竞争无序化—资金转向非正规金融渠道—金融监管难度更大。”如此循环往复,刺激金融系统的自我膨胀,自我循环空转,在加剧金融系统性风险的同时,同步也恶化和扭曲了财富分配秩序,使整个金融体系发展成为财富分配扭曲乃至合法掠夺的途径。

4. 国际金融背景因素

如果将上文所列出的近年来我国民间借贷案件审结标的数额与同期美元指数走势作一对比,如图2所示。我们可以从某种程度上得出这样的初步

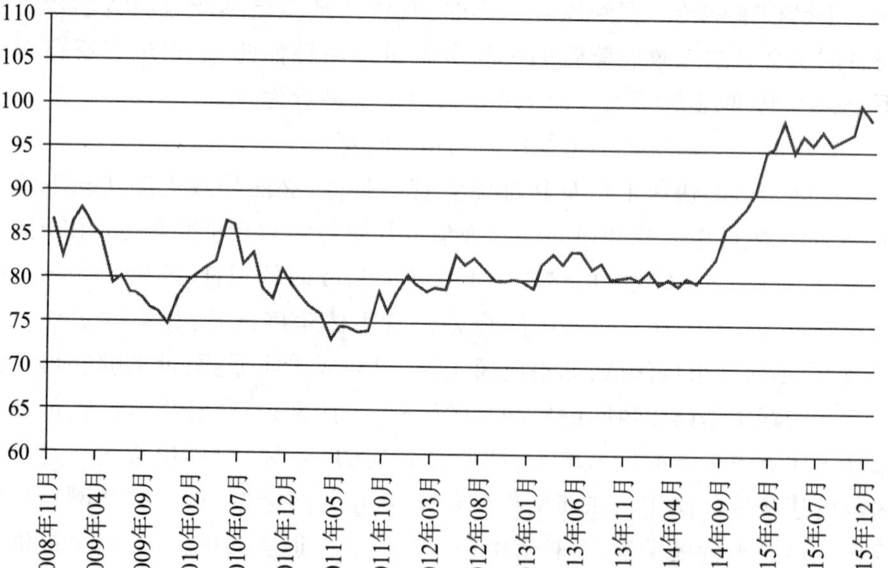

图2　2008年11月~2015年12月美元指数变动走势

数据来源:https://cn. investing. com/quotes/us-dollar-index-historical-data。

判断：我国民间金融违约事件的爆发与美元宽松——收紧周期是存在一定程度的关联性的。向松祚曾对美国量化宽松对中国的影响尤其是加剧贫富两极分化和转移财富的作用进行了深入分析。[1] 2008 年以后，美国为摆脱金融海啸带来的影响，先后实施三轮量化宽松，宽松政策通过极低的利率（信用成本）创造大量流动性，通过美国银行体系向全世界输出货币信用。从 2014 年下半年左右，美元宽松政策停止，进入美元强势周期，随着美元货币信用收紧，新兴市场国家财富随着收紧的美元回流，美国从而实现财富跨境转移。此时新兴市场国家如我国就会出现债务违约风险明显增长的情况。从国与国的视角来看，这种信用资源的人为操纵带来的配置不均衡，必将导致收入和财富分配失衡。尽管我国实施较为严格的外汇管理制度，对国际资本尤其是热钱进出有一定抑制作用。但是，缺乏足够监管的民间金融体系尤其是处于地下灰色地带的金融组织，事实上充当了境外资本输入输出流动性的“毛细血管”。特别是近年来美元进入走强周期后，民间金融等非正规金融又充当了国内外游资外流的渠道。[2] 这就解释了为什么民间金融风险集中爆发与美元周期存在相当程度的关联性。按照《资本论》关于生息资本让渡——收回运动的分析，货币的贷放并不创造价值，利息并非货币资本的价格，而是它是生息资本对剩余价值纯粹量的分割。[3] 按照这一原理，因民间金融的利息普遍较高，那么在这一过程中，由境外金融机构与我国境内合法或非法的民间金融机构和个人组成的金融链条就形成了对实体经济的严重蚕食，必然加剧对普通劳动者的盘剥，形成严重的财富分配不公。总而言之，民间金融的无序发展不仅会造成对实体经济部门财富的不合理掠夺，更成为国际热钱转移财富，加剧全球范围内贫富两极分化的推手。

四、主要结论和对策建议

综上所述，笔者认为，民间金融由于其本身的非正规性，监管成本和难度都较大，在政府法律政策监管资源的刚性约束条件下，难以对民间金融做到充分、公正、有效的外部监管。由于金融本身就具有的扩大贫富两极分化

---

〔1〕 参见向松祚著：《新资本论——全球金融资本主义的兴起、危机与救赎》，中信出版社 2015 年版，第 467 ~ 473 页。

〔2〕 参见路透中文国际新闻部编译：《中国阻止资金外流频频设卡，但隐蔽通道防不胜防》，载路透中文网：http://cn.reuters.com/article/china-capital-flow-regulation-idCNKBS1390C9。

〔3〕 参见《资本论》（第三卷），中央编译局译，人民出版社 2004 年版，第 396、408 页。

的属性,甚至具有对实体经济和普通劳动者进行财富掠夺的倾向,由此民间金融对两极分化的推动作用相对更加明显。从短期来看,监管资源刚性约束条件下,对民间金融发展采取宽松、放任的态度必将恶化贫富两极分化。当然,从长期来看,增加监管资源的投入,充分运用科技手段变革改革样态,加强对民间金融发展的综合治理,也有可能推动民间金融发展实现普惠金融,进而推动实现分配公平。

基于以上结论,本文提出以下具体建议:

第一,摒弃正规金融与民间金融的"标签化思维"。充分认识正规金融与民间金融共通的内在属性,不以正规金融或民间金融的身份标签来进行简单的标签化判断。正规金融并不必然带来收入分配不公,民间金融也并不必然带来分配公平。既要避免对民间金融的歧视,也要避免对正规金融的反向歧视。正如一些观点所提到的那样,应当防止金融领域的"民粹主义"。[1]

第二,根据现有的整体金融安全形势和政府监管制度、能力确定合理的民间金融开放水平。从短期来看,由于政府监管、行业组织自律监管受制于监管资源的刚性约束,并且外部金融安全环境也是难以改变的,民间金融的开放程度应与当时当地的监管资源和金融安全形势适度匹配,否则金融风险和分配失衡就难以避免。

第三,在技术创新的基础上推动货币制度改革和信用基础设施建设。从长期上,通过技术创新和技术应用,改革货币制度,克服无锚货币制度的内生缺陷。特别是加快基于区块链技术的新型数字货币的研究、试验与试点应用,在确保货币供应量充分贴合国民经济需要的基础上,从根本上改变货币信用创造权力分配不公这一顽疾,从技术上和制度上严格限制除国有的中央银行之外的私人金融机构事实上的信用创造特权。同时在信息技术特别是大数据技术应用基础上,加强公益性的信用基础设施建设,克服逆向选择和道德风险问题,使信用较好的普通家庭、中小企业能够获得较低成本的信用融资支持。

第四,在技术创新的基础上推进金融监管方式和制度创新。任何一种监管制度都是与相应的监管手段特别是技术手段紧密联系的。没有充分的技术条件支持和保障,"加强监管"就很难成为现实。应当加强政府、自律监

〔1〕 参见时吴华著:《金融国策论》,社会科学文献出版社 2015 年版,第 373 页。

管组织的信息化应用和技术创新,克服资源"瓶颈",提升监管资源上限,提升监管效率,有效改善对民间金融的监管效果。通过监管技术创新推动监管制度创新。

第五,更好地发挥政府的资源调配作用,促进普惠金融的发展。由于生息资本的逐利特性,单靠市场力量几乎不可能实现"普惠金融"。这就必须在尊重市场配置决定性作用的前提下,发挥政府在资源调配方面的作用,不仅要进行相应监管,更应当完善激励制度,使信用资源流向中小民营企业、中低收入者等资信水平较弱的主体。

第六,推动正规金融与民间金融的统一与融合。进一步改革正规金融,推动正规金融的利率市场化,使金融机构能够根据市场竞争和信用水平自主确定合理利率。将民间金融中适合进行正规化改造的以惯常性、营利性为目的的机构改造为银行、信托、投资公司等正规化金融,纳入有效监管范围,降低金融监管成本。

第七,完善对民间金融活动的法律规制,特别是对高利贷的惩治。参照域外立法例,将高利贷行为纳入监管部门依法取缔和刑事惩治范围。有效遏制高利贷造成的收入分配扭曲现象。

金融控股公司监管风险之初探

——兼论两岸金融监管合作

倪　虎　邓立婷*

内容提要　金融控股公司是金融业由分业经营向混业经营转变过程中的一种过渡形式，具备规模经济、范围经济和协同效应等优势，是世界上金融财团采用的主要形式。但也正是由于其多元化、综合性的特点，在公司经营和管理过程中也衍生出一系列风险，这些风险除传统金融风险外，还包括金融控股公司特有的风险，包括传递与集聚风险、资本风险、业务冲突风险、人事风险。对金融控股公司特有风险的识别和分析是本文研究的重点，此外本文还兼对两岸金融监管合作进行了概要式的总结与展望。

关键词　金融控股公司　风险　监管合作

一、金融控股公司之概说

传统上对于银行兼营其他金融业务之禁止或过度隔离，不仅造成金融机构经营缺乏效率，也无法满足客户对于“一次购足”（One-step-shopping）金融服务的需求，而

* 倪虎，四川省甘孜州中级人民法院研究室主任、康定市人民法院副院长，北京大学法学硕士；邓立婷，四川省甘孜州中级人民法院环境资源审判庭副庭长，对外经济贸易大学法学硕士。

致使其在国际竞争上处于不利之地位。因此,各国纷纷重新针对传统管制方式加以检讨,提出改进之道,在金融机构跨业经营潮流下,金融集团也开始发展,旨在健全金融体系,建构稳定并具竞争力的金融市场。

关于金融机构跨业经营的风险与效益实证研究,Eugene White 从禁止跨业经营 Glass-Steagall Act 实施前资料加以研究,认为商业银行从事证券业务,并不会影响银行获利的波动性,或降低银行资本充足率,并认为商业银行业务与证券业务之间的报酬相关性趋近于零,多元化经营下反能分散经营风险。[1] Manju Puri 亦以 Glass-Steagall Act 1927 年~1929 年间美国商业银行及投资银行为研究对象,检定其承销证券的价格与收益率,检定结果认为投资人对于银行所承销的证券愿意支付较高之价格,且银行承销案呆账风险较低。[2] 另 Vincent P. Carosso 认为,在 20 世纪 20 年代,发生大规模银行倒闭事件,其中却少有能够从事证券业务之银行,因此认为银行获利来源越多元化,越可降低银行风险。[3] Simon H. Kwan 则以美国银行控股公司(Bank Holding Company,BHC)为研究对象,验证银行部门与证券部门间的报酬相关性,研究结果认为银行控股公司之商业银行子公司及证券子公司的报酬相关性很低,显示银行从事证券自营与承销业务,亦可因多元化经营达到分散风险之效果,[4]跨业经营或有风险但亦有其效益。

关于跨业经营的金融集团(Financial Conglomerate)或金融控股公司(Financial Holding Company)定义略有差异,以下分别就金融集团联合咨询小组(The Joint Forum on Financial Conglomerates)、欧盟、中国台湾地区等对于金融集团(Financial Conglomerate)或金融控股公司(Financial Holding Company)的定义加以说明。

1. 联合咨询小组

巴塞尔银行监理委员会(The Basel Committee on Banking Supervision)、

---

[1] See White, Eugene, "Before the Glass-Steagall Act: An Analysis of the Investment Banking Activities of National Banks", *Explorations in Economic History*, January 23(1), 1986, pp. 33 – 55.

[2] See Puri, M., "Commercial Banks in Investment Banking Conflict of Interest or Certification Role?", *Journal of Financial Economics*, 40, 1996, pp. 373 – 401.

[3] See Carroso, Vincent P., *Investment Banking in America: A History*, Cambridge, MA: Harvard University Press, 1970.

[4] See Kwan, S. H., "Securities Activities by Commercial Banking Finns' SeotSon 20 Subsidiaries: Risk, Return, and Diversification Benefits", Federal Reserve Bank of San Francisco, Working Papers, 1997, http://www.frbsf.org/econrsrch/workingp/wp98 – 10.pdf.

国际证券管理组织(The International Organization of Securities Commissions, IOSCO)及国际保险监管官协会(International Association of Insurance Supervisors, IAIS)等三大国际组织于1996年共同组成金融集团联合咨询小组(The Joint Forum on Financial Conglomerates)。联合咨询小组于1999年对金融集团(Financial Conglomerate)的定义:与任一集团处于同一控制下,其特有或主要业务系至少提供两项主要金融服务业务。[1]

2. 欧盟

欧盟所发布的第2号银行指令(Second Banking Directive),[2]引导欧盟会员国银行向综合银行体制发展,关于金融集团的内涵,欧盟于2004年1月发布金融集团指令(Financial Conglomerates Directive),[3]适用于欧洲经济区域(European Economic Area, EEA)会员国,并对于金融集团(Financial Conglomerates)加以定义。所谓金融集团系指满足指令中所规定条件之集团(Group),其要件为集团中至少有一个保险公司和至少有一个银行或投资服务公司,且在集团中欧盟之可监管实体系处于主导地位,此外尚有金融部门清偿力等要求。

3. 美国

《美国银行控股公司法》(Banking Holding Company Act)第2条第(a)项规定,[4]银行控股公司系指对任何银行或依本法成立之银行控股公司具有控制权的公司。其所称具有控制权指该公司直接或间接,经由一人或多数人所有、控制或可行使具有表决权股份25%以上者,或该公司以任何方式控制一个银行或公司之大多数董事或受托人(Trustees),[5]或美国联邦准备理事会(Federal Reserve Board)认定该公司对一家银行或公司之管理或决策具有直接或间接影响力者。关于银行控股公司的成立条件,欲成为银行控股公司,应事先向联邦准备理事会申请核准。若该公司直接或间接持有其他银行或银行控股公司已发行有表决权股份总数超过25%,或控制选举董事多数席次,或经听证会后,联邦准备理事会认为其对经营或政策有控制性影响力,则表示该公司对其他银行或银行控股公司有控制权,其即为银行

〔1〕 See Joint Forum on Financial Conglomerates, Supervision of Financial Conglomerates, 69(Feb 1999).

〔2〕 See Second Council Directive 89/646/EEC.

〔3〕 See Implementation Directive 2002/87/EC.

〔4〕 See 12 U.S.C. § 1841(a)(1).

〔5〕 See 12 U.S.C. § 1841(a)(2).

控股公司。[1]

另若该公司对其他银行或银行控股公司之经营或政策控制有影响力，但其直接或间接持有表决权股份不超过5%，则表示其无控制权，只有前述持股超过5%（含5%）且经证实其对经营或政策之控制有影响力，则视为有控制权。另外，1999年11月所通过的金融服务业现代化法（The Gramm-Leach-Bliley Act），则让银行控股公司在符合特定资格下，可以转换成为金融控股公司（Financial Holding Company），不至于对存款机构的安全性产生重大风险下，从事更广的金融业务。因此如果银行控股公司及其所辖所有存款机构符合资本、管理及社区再投资法（Community Reinvestment Act of 1977，CRA）检测评等条件，可以向联邦准备银行申请转为金融控股公司，其下可以分设子公司从事如证券、保险及期货等金融业务，但是，如果银行控股公司未转为金融控股公司，其业务仍受原银行控股公司法的限制。

4. 我国台湾地区

我国台湾地区"金融控股公司法"第4条是参考《美国银行控股公司法》的规定，金融控股公司是指对一银行、保险公司或证券商有控制性持股，而所称之控制性持股为持有一银行、保险公司或证券商已发行有表决权股份总数或资本总额超过25%，或直接、间接选任或指派一银行、保险公司或证券商过半数之董事。现所成立的金融控股公司系由原金融机构，采取平行合并或并购等方式所成立，借由开放金融机构跨业整合，许可金融控股公司的成立，以期能提高其经营效率。[2]

我国对金融控股公司尚未有专门法律规定，其有四种类型：第一种类型是由于历史原因，以金融机构身份同时控制着银行、证券、保险、信托等机构的金融集团；第二种类型为三大国有商业银行通过在境外设立独资或合资投资银行向金融控股集团转变；第三种类型系近几年来在金融机构增资扩股中，由产业资本控股银行、证券等多类金融机构的企业集团；第四种类型系一些地方政府通过对控股的地方城市商业银行、信托公司、证券公司进行组建的控股公司。[3]

---

〔1〕 See 12 U. S. C. 1841(a).

〔2〕 参见蔡浩仪：《中国大陆金融控股公司的现状与发展》，载中国金融协会网：http://www.zgjrxh.org.cn/upfile/9 - 1.doc。

〔3〕 参见王志诚：《金控集团之竞争规范》，载台湾地区《政大法学评论》2005年第84期。

二、金融控股公司之监管

金融控股公司形成规模巨大且业务多样化的金融集团,实现大型集团规模经济(Economy of Scale)、范围经济(Economy of Scope)、协同效应(Synergy Affect)之优势,但也存在诸多风险,因此要依据金融控股公司之独特风险加以监管:

(一)金融控股公司之传递与集聚风险(防火墙之设置)

金融控股公司的风险传递(Risk Contagion)与风险集聚(Risk Concentration),是因金融控股公司由经营不同金融业务的金融机构所组成,如某一部门出现财务问题丧失清偿能力或丧失流动性,可能会传递到集团内部其他部门,这就属于风险传递(Risk Contagion),[1]且大型金融机构多从事结构复杂的衍生性金融商品,会让风险增高。[2] 此外,风险传递的基础在于金融控股公司内部资金交易,如大量银行资金向集团内部提供证券设质贷款、投资或担保活动等进入证券市场,若证券市场下跌,将造成非银行风险向银行转移。而因金融市场投资者将金融控股公司视为一整体,故虽集团内部子公司间设有资金防火墙,但市场仍会将该个别子公司风险视为整体之风险。此种风险发生有两种重要原因:一是由于金融集团各部门之间存在直接或间接财务联系,导致财务危机;二是市场消费者对金融集团内部各子公司之间关联性的认知心理,导致信心危机。

而金融控股公司的风险集聚(Risk Concentration),是指由金融集团内机构可能产生损失的所有曝险(Exposure),而这些曝险之数额大到已足够对金融集团的清偿能力或对财务状况的安全构成威胁。风险集聚主要包括个别交易对手(Individual Counterparties)、个别交易对手群体或其相关企业(Groups of Individual Counterparties or Related Entities)、特定地区交易对手(Counterparties in Specific Geographical Locations)、行业各部门(Industry

---

[1] See Jorge A. Chan-Lau, Srobona Mitra, and Li Lian Ong, "Contagion Risk in the International Banking System and Implications for London as a Global Financial Center", *IMF Working Paper*, 18, 2007; See also "Financial Services Agency (Japan), Guideline for Financial Conglomerates Supervision", March 2007, http://www.fsa.go.jp/en/refer/guide/conglomerate.pdf.

[2] See Adrian Blundell-Wignall, Gert Wehinger and Patrick Slovik, "The Elephant in the Room. The Need to Deal with What Banks Do", *Oecd Journal*; "Financial Market Trends", Vol. 2009, Issue 2, 2(2009), http://www.oecd.org/datacpecd/13/8/44357464.pdf.

Sectors)特定产品(Specific Products)、服务提供者(Service Providers)、自然灾害或巨灾(Natural Disasters or Catastrophes)等之曝险。

由于金融机构本身有其风险,跨业经营后更产生其特殊风险,其风险会波及集团成员,建立防火墙(Fire Wall),可避免风险扩散,防范金融控股公司或金融集团内部银行与证券业务发生利益输送或内部交易,及防止金融风险扩散,故要有内部防火墙与外部防火墙的设置。

(二)金融控股公司之资本风险(财务监管)

金融机构的资本充足率通常被作为判断该金融机构经营是否稳健的标准,就独立的金融机构所设定的资本充足率而言,其衡量标准在分业经营体制下其有判断依据,但对于金融控股公司架构下此标准未必可信,这是因为在金融控股公司的架构下,有控股及内部交叉持股,其存在资本重复计算问题。为促进资金利用效率之极大化,金融控股公司可能在控股公司与子公司间多次使用同一资本,造成集团之净资本或合并资本的偿付能力远低于集团成员名义资本偿付能力之和。如果金融控股公司通过举债或借款拨付给子公司资金,在控股公司与子公司的资产负债表均显现出,该子公司以该资金继续投资于集团,则该资本重复计算,产生双重利用(Double Gearing),[1]使集团的财务杠杆比率过高,影响到集团的金融安全。[2] 因此,在金融控股公司特有的资本风险下,建立资本充足率制度是监管金融机构制度中一项基本而重要的内容。

(三)金融控股公司之业务冲突风险(业务监管)

在金融市场上,投资银行的主要功能是销售证券,而商业银行则须向消费者提供公正之咨询。然而,金融控股公司各子公司间因存在共同利益,往往会不顾各子公司间利益冲突而开展业务,因此,商业银行因集团利益而向消费者推销同一集团内各子公司所承销的证券,此行为将扭曲市场机制,容易导致银行资产品质恶化。且金融控股公司各子公司直接由控股公司所指挥,子公司间若进行不合常规的交易,将造成金融控股公司大股东或利害关

---

〔1〕 参见王文字:《控股公司与金融控股公司法》,中国政法大学出版社2003年版,第263页。

〔2〕 资本安全系金融机构抵御风险的最后一道防线,亦为金融机构债务的最终保证,维持最低资本保证,对维护债权人利益及稳定金融体系具有重要意义。

系人利用控制权对子公司进行不公平交易损害子公司利益,致使子公司发生财务危机,从而损害股东及债权人利益,因此,各子公司间内部交易(Intra-group Transactions)将增大金融控股公司之内线交易与利益冲突之风险。[1]另外在金融控股公司集团内部由于商业银行和证券公司掌握着众多消费者信息,此信息可能被集团内部其他部门所使用,导致不公平竞争。

(四)金融控股公司之人事风险(人事监管)

金融控股集团成立的目的在于因范围经济、规模经济而形成协同效应,但如果管理控制不佳,将造成负面综效,金融控股公司的人事内部控制较独立金融机构复杂,其涉及子公司的内部控制与控股公司对整个集团的内部控制,故金融控股公司规模越大,内部各部门间协调与内控更加困难,管理者或因无法综合知晓各金融专业而造成经营风险。另外在金融控股公司集团内部,不可避免地存在不同金融业务机构的企业文化差异与冲突,因此产生金融控股公司特有的人事风险。

而金融控股公司在人事上也存在代理人风险,依照 Jensen, M. C. 与 W. H. Meckling Jenson 所提出的代理理论(Agency Theory),[2]又称为委托—代理理论(Principal-agent Theory),该理论对人性的基本假设为自利、受限理性、风险逃避者,故代理人(即经理人)与委托人(即股东)间,因对经营目标有不一致及有信息不对称的情形,故会引发代理人的道德危险等情事发生。[3] 盖所有权与经营权分离下,当委托人即股东将其资源交由经理人运用,经理人因为持股比例不高,不需承担企业经营风险,也无法充分分享经营收益,其可能不以委托人(股东)利益为首要考量,反而以个人财富最大化为追寻目标。在此利益冲突之下,代理问题便应运而生。而金融控股公司的代理问题比一般金融企业更为复杂,因其存有双重代理,即股东与金融控股公司间,金融控股公司与金融机构间,在双重代理层次下,更可能发生隐藏信息(Hidden Information),为"逆选择"(Adverse Selection),而产生较一

---

〔1〕 例如,集团内资金与金融商品的相互担保、抵押及为避税相互转移利润等,其可能出现子公司之间内线交易、损害投资者和消费者利益的风险。

〔2〕 See Jensen, M. C., W. H. Meckling, "Theory of Firm: Managerial Behavior, Agency Costs and Ownership Structure", *Journal of Financial Economics*, Vol. 3, 1976, pp. 305 – 360.

〔3〕 See Eisenhardt, K. M., "Agency Theory: An Assessment and Review", *Academy of Management Review*, Vol. 14(14), 1989, pp. 57 – 74.

般企业更高的代理成本(Agency Cost)。稳定而健全的金融机构是经济成长的基础,良好的金融机构能使金融市场发挥其作用,而金融机构的好坏,其有赖于金融机构的自律与监管。出现金融控股公司后,虽其对金融服务业争取协同效应及业务范围带来新契机,然而跨业经营也隐藏着过去未曾深入探讨的风险领域,其依托现行机构区别的监管架构,对金融监管机关的有效监管构成实质上挑战。由于法律及市场环境的变化,导致金融控股公司对金融市场冲击与日俱增,为健全金融体系、建构稳定并具竞争力的金融市场,如何在新金融秩序下,建立完善的监管机制尤为重要,而金融控股公司的监管需针对上述各种风险制定各种监管规范。

三、两岸金融控股公司监管之合作

对金融控股公司的监管,如所在国涉及多个监管机构,且监管机构在监管目的、方法均有不同,不利于监管机构统一协调,甚至因为监管标准与范围不同,导致金融控股公司主动靠向监管较宽松部门,造成集团风险增加。[1] 此外,因监管机构之间缺乏有效沟通协作机制,较难掌控集团整体风险状况,如果金融控股公司到境外经营,涉及跨境监管又更显复杂。

金融业在进行跨境投资时,其境外营运风险直接影响其母公司经营,因此金融监管机构仍需对其管辖的金融企业,知悉其在海外投资与经营情况。然而境外信息掌握不易,本国监管机关也无法直接派员到其他国家境内进行核查与检查,故通过签署金融 MOU,可以共享信息、协助跨境检查。在两岸金融发展日益密切背景下,监管合作显得相当重要,金融控股公司因组织复杂更有赖监管合作。“两岸金融监管合作备忘录”(Memorandum of Understanding, MOU)于 2009 年 11 月 16 日两岸两地同时签署。各国或各地区签署金融监管 MOU,其一般为信息交换、信息保护、实际检查合作以及建立协作机制,因受 2008 年金融海啸冲击影响,“两岸金融合作 MOU”增加危机处理,如果未来任何一方金融机构在对方境内的分支机构发生经营困难时,双方可协调解决。而在金融控股公司发展日益庞大的背景下,两岸金融 MOU 签署后将可落实在金融控股公司金融检查、业外监控等领域的监管合作。

1. 信息交换

关于信息交换的范围,其限于对金融机构进行合并监管所需信息,双方

〔1〕 参见王文宇著:《控股公司与金融控股“公司法”》,元照出版公司 2003 年版,第 264 页。

金融监管法规制度等。

2. 信息保密

对于所取得的金融信息,仅供监管目的使用,并应予保密。当一方因第三人请求,提供另一方依本备忘录所提供的保密信息前,应立即通知另一方,并征求其同意,否则不能向第三方提供该共有信息并在法规许可范围内,尽力维护该信息不被泄露。

3. 金融检查

双方可以对己方金融机构在对方境内的分支机构进行检查。

4. 协作机制

双方就金融监管合作可举行会谈,并进行人员交流互访。双方可根据需要举行定期或不定期会晤,讨论监督管理的一般性问题。双方交流可采取互访、人员交流等方式,并为增进合作,双方可定期或不定期就本备忘录进行讨论。

5. 危机处理

己方金融机构在对方境内之分支机构发生经营困难时,双方应协调解决所面临的问题与障碍。

两岸金融交流合作有益于金融业及人民,两岸金融监管合作备忘录搁置政治争议,甚值赞同。其提供了加强两岸金融业交流合作机会,提升彼此金融业国际竞争力,并为两岸经贸及投资打下投资经营基础,2010 年 9 月 11 日海峡两岸关系协会和财团法人海峡交流基金会完成换文程序,同意"海峡两岸经济合作框架协议"(Economic Cooperation Framework Agreement, ECFA)2010 年 9 月 12 日实施。2013 年 1 月 29 日两岸证券期货监理合作平台首次会议在台北举行,建立定期会晤机制、围绕市场进入政策协调等议题进行交流,并共同推出了一系列相互开放或放宽限制的新措施。2014 年 12 月 25 日,进行两岸第二次证券及期货监管合作会议,此等措施对组织复杂的金融控股公司监管更有益处。虽然两岸金融监管合作备忘录的签订意味着初步建立两岸主管机关间协作与信息交流机制,并为正常化与自由化奠定基础,但是金融监管并不能完全依赖该合作备忘录,还需要搭配其他配套措施,形成健全完善的管理体系,诸如两岸金融监管机构应如何协助进行上文所讲的金融控股公司财务监管、业务监管、人事监管均待落实,各种相关配套法律规范仍有待继续完善和落实,方能使两岸金融交流与监管继续前进。

财产权与《信托法》改进：表决权信托的视角

郑 铉*

内容提要 完善对财产权主体的保护是现代产权制度的核心要义。通过对诞生于美国法的表决信托及其相关概念如代理人投票、表决协议进行比较研究，本文认为表决权信托的概念存在广义和狭义之分，狭义的表决权信托将股东表决权作为独立的信托财产，而广义的表决权信托实质上是股份所有权信托。广义和狭义的表决权信托在公司法、信托法上均具有效力。鉴于《信托法》第2条对信托的法律概念定义存在缺陷，难以反映当代财产权利理论的发展，本文建议，《信托法》的修改应当进一步明确信托财产的内涵，并与"委托"显著区别开来。

关键词 表决权信托 信托财产 信托立法 立法改进

党的十九大报告提出，经济体制改革必须以完善产权制度为重点，实现产权有效激励。当代的财产权实践体系正在发生深刻变化，财产权的主体和结构有待深化认知。完善产权制度，就应当以完善保护市场主体的财产权为基础。然而在信托法领域，财产权的信托结构和

* 郑铉，四川省社会科学院法学研究所所长、研究员。

信托当事人及信托财产的内涵尚有理论分歧,使信托法理与传统民法理论的冲突较为显著,实践中大量应用的信托类工具往往还得不到充足的法学理论支撑,产权的保护和激励还存有较大的发展空间。

对议案进行表决通常是股东对公司实施终极控制的方式。因此,有学者认为,表决权与诉权和知情权并称为股东的三大权利。[1] 围绕这三大权利的实现,尤其在股东因主观原因或受限于客观现实出现权利行使不能的情况下,如何以法律机制完善对股东权利的保护和利用就成为必要的思考。

信托无疑是解决这一问题的利器。在信托制度下,信托财产的所有人(财产权人)由委托人变更为受托人,而受益权的归属仍被委托人控制。借受托人之名"过桥",即可实现委托人无须亲自行使权利而达到加惠于受益人(或自己)的目的。表决权信托(Voting Trusts)由此产生。不过,尽管法理简单、明晰,但对表决权信托在认识上还存在偏差和盲区。

一、表决权信托的概念

虽然两大法系都认为信托财产必须具有财产权性质,[2]然而,就表决权是否可以作为独立的信托财产构成表决权信托的问题,学界的见解却存在分歧:承认表决权信托有效的观点在认识上将表决权信托和股份所有权信托等同起来,认为表决权可以作为信托财产的部分而非整体被承认,至于仅以表决权为基础设立信托,由于表决权似乎很难被理解为财产权,因而大多数观点否认其法律效力。[3]

进一步而言,表决权信托的概念在理论上存在两种解释。通常所讲的表决权信托也即广义表决权信托,其主要内容是公司股东在一定期间内,依据他们与受托人之间签订的表决权信托合同,将他们所持有股份(股权)以及法律上的权利包括表决权作为信托财产移转给受托人,由受托人集中持有并行使股份上的表决权,股东则只间接享有股份受益权。而狭义表决权信托与广义表决权信托的不同之处在于,公司股东并非将自己股份的所有

---

〔1〕 参见[美]Robert C. Clark, *Corporate Law*, Little Brown and Company, 1986. p. 93。转引自张明远:《证券投资损害诉讼救济论——从起诉董事和高级职员的角度进行研究》,法律出版社 2002 年版,第 146 页。

〔2〕 参见《美国信托法重述》(第 2 版)第 2 条;《日本信托法》第 1 条;《韩国信托法》第 1 条;我国《信托法》第 2 条。

〔3〕 参见赖源河、王志诚著:《现代信托法论》(增订 3 版),中国政法大学出版社 2002 年版,第 78 ~ 79 页。

权全部信托给受托人，而仅把股份所有权中的表决权信托给受托人，而自己保留诉权、知情权及直接受益权在内的一切权利。做出这一区分的重要目的，除阐明表决权信托不能被望文生义地简单理解为狭义表决权信托之外，还为了澄清——与部分学者的理解[1]不同的是，两大法系在立法上皆承认广义表决权信托的法律效力。[2]

在表决权信托中，股东是委托人，接受股东委托股份所有权（或表决权）的是受托人，信托财产是股份所有权（或表决权），受托人有权以自己的名义行使股份所有权（或表决权）并对外承担责任，受益人是股东自己或第三人。有所区别的是，在狭义表决权信托中，委托人（受益人）直接保留受益权，而在广义表决权信托中，受托人负有向委托人（受益人）支付基于股份所有权所受利益的义务。

美国法的"Voting Trust"（也译为表决信托）为广义的表决权信托，它是指"一个或多个股东可以设立一个投票信托组织，授予受托人投票权或其他为他们活动的权力，并把股票转让给受托人；办法是签订协议，在协议中规定信托组织的条款（在条款中可以包含和信托组织目的不抵触的任何内容）。当投票信托协议签署后，受托人应当准备好受益权所有人的名单，名单中要开列他们的姓名、地址及上述受益权所有人转让给信托组织的股票的数量和类别，信托组织还应将上述名单和协议的副本若干份送交公司的主要办事处。"[3]

在美国法上，与表决信托较为类似的还有两个概念：代理人投票（Voting by Proxy）和表决协议（Voting Agreements）。

代理人投票是指，由股东名册中登记的股东（被代理人）授权其代表（代理人）进行的投票。[4] 这是一种委托代理关系，被代理人仍然具有股东身份，而代理人只能以被代理人的名义行使权利，且权利的内容通常只有一项，即参与股东大会的表决，进行投票。这与表决权信托中，受托人有权以自己的名义行使股份所有权（或表决权）并对外承担责任不同。代理人投票

---

〔1〕 参见梁上上：《论表决权信托》，载《法律科学》2005 年第 1 期。

〔2〕 参见《日本商法典》第 239 条之二；中国台湾"企业并购法"第 10 条；《美国示范公司法修正本》7. 30(a)。

〔3〕 [美]罗伯特 · W. 汉密尔顿著：《公司法概要》，李存捧译，中国社会科学出版社 1999 年版，第 163 页。

〔4〕 参见[美]罗伯特 · W · 汉密尔顿著：《公司法概要》，李存捧译，中国社会科学出版社 1999 年版，第 157 页。

基本上类似于部分学者提及的表决权委托代理。表决权委托代理是指我国《公司法》第106条的规定,“股东可以委托代理人出席股东大会会议,代理人应当向公司提交股东授权委托书,并在授权范围内行使表决权。”此外,外国法还有关于征集委托书[1]用于收购等特殊目的的规定,我国的证券市场也已经出现了委托书收购[2]这种比代理人投票更为复杂的形式。不过,需要指出的是,由于征集委托书也常常滋生不少弊端,因而受到严格限制。[3]然而近年来表决权委托的约束有缓和的趋势,2016年的《上市公司章程指引》第78条规定,“公司董事会、独立董事和符合相关规定条件的股东可以公开征集股东投票权。征集股东投票权应当向被征集人充分披露具体投票意向等信息。禁止以有偿或者变相有偿的方式征集股东投票权。公司不得对征集投票权提出最低持股比例限制。”

对于表决权委托代理,我国的规定较为原则和概括,除规定以代理方式行使表决权之外,对其他诸如代理有效期限、是否可以撤销等方面缺乏具体要求。美国法虽然规定“委托有效期限为11个月”,不过,委托书上可以明示更长的时间。[4]

表决协议又称表决权拘束协议,“是股东之间或者部分股东之间以确定的方式,就特定事项达成的股份表决契约。这种契约通常被称作‘集合基金协议’,因为它导致参加者的股份作为一个集合单位而进行表决。订立这种协议的目的可能是为了保持控制权,也可能是为了在允许累积投票时使股份的表决权最大化,还可能是为了确保实现某些特定的目标。”[5]从理论上分析,股东的表决协议是将所有协议人的股份进行集中,然后以同一个声音进行表决,而表决的内容有明确的范围,它“只限于对那些属于股东权限范围的事项……应当把它与那些为解决本属董事的自由裁量权范围的事项而

---

〔1〕 参见《美国证券交易法》第14(a)条;SEC依此制定的14A规则(Rule14A)。

〔2〕 如2000年1月,广州市通百惠股份有限公司通过竞拍成为胜利股份(000407)的第一大股东。但是,胜利股份原股东之一的山东胜邦企业有限公司迅速与通百惠展开了控股权之争。同年3月下旬,通百惠向中小股东广泛征集委托书,成为中国证券市场第一例委托书收购案例。

〔3〕 例如,为了防止某些股东恶意收购表决权委托书,操纵股东大会,我国台湾地区的法例禁止进行表决权委托的征集。即使是美国SEC制定的14A规则,对委托书征集的定义、信息披露、格式要求及程序保障等都有严格要求。

〔4〕 参见《美国示范公司法修正本》7.22(a)条。

〔5〕 [美]罗伯特·W.汉密尔顿著:《公司法概要》,李存捧译,中国社会科学出版社1999年版,第160页。

达成的协议严格区分开来”。[1]

通常,对表决协议的理解限于合同法范畴,学者的注意力多集中于表决协议对合同当事人的拘束力。[2] 然而作为一种契约性的集体表决机制,表决权的“交出”而不是“保留”使表决协议的实际履行结果与表决信托并无二致。事实上已有案例表明,表决协议和表决信托之间的界限确实非常模糊。[3] 两者最微妙的区别仅仅是,表决信托“把股份的法定所有权授予了受托人,而且股份是以受托人的名字登记在公司的簿册中的”。[4] 而在表决协议中,“股东保留除表决权以外的股份所有权的全部内容。”[5]也正是基于这一点,使表决协议和狭义表决权信托在某些地方存在一定的类似之处。

二、表决权信托的价值

表决权信托由美国首创。1864 年的 Brown v. Pacific Mail Steamship 事件被认为是最初的表决权诉讼事件。[6] 其后,表决权信托作为一种形成垄断的产物被广泛应用。这也促成了后来托拉斯(Trust)的形成及反垄断(Antitrust)的谢尔曼法(Sherman Act)生效,从而使因表决权信托而产生的托拉斯被严格禁止。然而,表决权信托仍在被不断地运用,进入 20 世纪之后,越来越多判决表决权信托有效的判例如 1910 年弗吉尼亚州的 Carnegie Trust Co. v. Security Life Insurance Co. 案件[7]使表决权信托的生效除目的限制之外,已没有其他法律上的障碍了。继而,成文法也对其进一步确认。1928 年,《美国统一商业公司法》(Uniform Business Corporation Act)第 29 条中,首次出现了和表决权信托相关的规定。随着该法作为示范法陆续被各州所采用,表决权信托获得了更大的发展空间。

然而,表决权信托在大陆法系国家和地区的发展却很缓慢。受限于只有少数大陆法系国家和地区以成文的信托法确立了信托制度,表决权信托

---

〔1〕 [美]罗伯特·W.汉密尔顿著:《公司法概要》,李存捧译,中国社会科学出版社 1999 年版,第 161 页。

〔2〕 参见梁上上:《表决权拘束协议:在双重结构中生成与展开》,载《法商研究》2004 年第 6 期。

〔3〕 参见 Abercrombiev. Davies(Del. 1957)。

〔4〕 [美]罗伯特·W.汉密尔顿著:《公司法概要》,李存捧译,中国社会科学出版社 1999 年版,第 163 页。

〔5〕 [美]罗伯特·W·汉密尔顿著:《公司法概要》,李存捧译,中国社会科学出版社 1999 年版,第 161 页。

〔6〕 参见(C. C. N. Y. 1867)Blatchf 525 fedcas No. 2025。

〔7〕 参见 111Virginia168,S. E412。

的生存环境极为有限。虽然各国各地区的公司法大都对表决权作出了规定,[1]但权利行使的主体多仅限于股东及其代理人,除表决权委托代理之外的表决权信托少有涉及。

目前,大陆法系国家和地区对表决权信托的各种学说见解针锋相对,成文法上更是鲜有统一的体现。不过,已经诞生信托法的国家和地区在实际生活中出现了应用表决权信托的需要,因此,承认表决权信托效力的呼声越来越高,部分学者甚至要求对此专项立法。

表决权信托的意义主要体现在以下几个方面:

1. 有利于保证股东权利的行使

当前股份公司尤其是上市公司的股权高度分散,股东分布于全国甚至世界各地,加之一些小股东不愿花费过多的时间和费用参加股东大会的“搭便车”心理使然,股东尤其是中小股东的表决权有了信托行使的需求。另一方面,积累了足够的表决权后,表决权的受托人又可达成自己的目的。因此,通过表决权信托,无论是委托人还是受托人的股东权利都可得到充分行使,有利于实现权利的合理配置。例如,一部分对普通股东权利较为淡漠而更加专注于享受股东利益的股东,完全可以将股份所有权信托给有特殊目的的信托机构、其他组织或个人,自己仅保留受益权。此外,上市公司的股东们还可以约定,或者由受托人只拥有表决权(狭义表决权信托时),或者受托人在适当时机有权行使股份所有权将股票在证券市场卖出(广义表决权信托时)。

2. 改善公司的法人治理结构

目前,中小股东权利的保护正在成世界性的难题。由于大股东居于控制地位,股东大会往往成为少数大股东和董事会操纵的“阵地”或股东争权夺利的“战场”,中小股东的合法权益不能得到保护的状况时有发生,因此,有必要改善传统的公司法人治理结构。表决权信托可以使中小股东把股份所有权(或表决权)集中起来,信托给信托机构、其他组织或个人行使,由信托机构根据广大股东的意愿或者凭借自己的专业决策能力在股东大会上进行投票表决,从而使中小股东的表决权在股东大会的决策过程中不再流于形式。尤要指出的是,表决权信托也可成为掌控发言权的工具,中小股东和

[1] 参见《德国股份法》第 133 ~ 137 条、《德国有限责任公司法》第 47 条、《法国商事公司法》第 155 条。

公司外部人可以借用表决权信托对大股东的权力形成威胁甚至将大股东取而代之，因此在国外也被频繁运用于公司购并活动之中。

3. 解决“所有权主体缺位”问题

广义表决权信托还能解决长期困扰我国的国有资产管理“所有权主体缺位”——国有资产属于国家所有，但国家作为所有人不能亲自管理这一难题。按照信托的方式，在国有企业资产清产核资量化的前提下，由国有资产管理部门采取信托方式，委托有管理能力且值得信赖的资产管理公司或信托公司为国家管理和运用这部分国有资产，如此，一方面将国有资产通过信托方式转移于非行政化的受托人名下，使国有资产有明确具体的、市场化的产权主体经营而得以“显形”，另一方面，信托制度中委托人、受托人和受益人之间定型化和法律化的权利、义务和责任体系，又能充分保障受托人对于受益人利益的忠实，使国家利益得到维护。

此外，表决权信托还有广泛的实用空间：在公司中，表决权信托可以被应用于迫使大股东交出表决权，从而使大股东对公司的实际管理权被剥夺；[1] 企业在面临破产危机时，债权人可以利用表决权信托获得原企业大股东的表决权，从而直接介入破产企业的重整；在我国实行的“债转股”情况下，商业银行不能直接成为公司的大股东，而表决权信托则可以将商业银行的持股信托给信托公司持有，从而避开这一法律限制。如此作用，不一而足。

三、表决权信托在我国的效力

通常而言，公司股份在发行时就存在有无表决权的区分，即存在有表决权股和无表决权股。我国《公司法》的规定较为简单，不存在无表决权股，因此，成立股东对股份所有权进行信托的广义表决权信托没有法律障碍。

我国的广义表决权信托主要受《公司法》《信托法》及《信托公司管理办法》的调整。《公司法》涉及股东表决权的主要有第16、39、40、42、43、90、103、105、106、111、121、124、181、182、216条，主要内容是，表决权是保障股东行使权利控制公司的主要手段，股东会或者股东大会、董事会的表决方式不得违反法律、行政法规或者公司章程，公司增减注册资本、分立、合并、解散或者变更公司形式，修改公司章程，提议召开股东大会和董事会临时会

〔1〕 参见《日本商法典》第239～241条、中国台湾地区“公司法”第177～178条。

议,选举董事或者监事,创立股份公司,对外投资或担保及购买或出售重大资产等,都要经过法定数额的有表决权的股东同意。在此有两个问题需要注意,一是对表决权的限制同样适用于表决权信托。如《公司法》第43条规定:“股东会的议事方式和表决程序,除本法有规定的外,由公司章程规定。”受该条规定约束的表决权得以成立表决权信托之后,须承继约束。二是表决权排除制度也同样适用于表决权信托。表决权排除是指当某股东与股东大会讨论的决议事项存在特别的利害关系时,该股东及其代理人不得就该决议事项行使表决权。该项制度在国外已由成文法确定。[1] 1997年中国证监会发布的《上市公司章程指引》第72条首次规定了特别利害关系股东的表决权排除制度,《公司法》第16条、第124条和第216条继续明确了有关联关系的股东在特定情况下不得行使表决权的制度。由于委托人股东的原始表决权被加以排除,导致受托人接受的表决权也将被排除,因而在此种情况下,广义表决权信托中的受托人没有表决权,而狭义表决权信托将不能成立和生效。

《信托法》关于表决权信托的轮廓性规定主要有第2、3、6、7、8、9、10、11、12条,从内容上分析,广义表决权信托多发生于股东之间,常态为民事信托,股东信托出去的股份所有权应作为财产权利成为信托财产,以收购为目的的广义表决权信托除在影响市场公平交易机制的情况下可能被认定为非法之外,包括为收购上市公司而成立的信托应当有效。广义表决权信托还可以商事信托的形式出现,《信托公司管理办法》第16条规定:“信托公司可以申请经营下列部分或者全部本外币业务:……(四)有价证券信托;(五)其他财产或财产权信托……”因此,信托公司也可成为广义表决权信托的专业受托人,对股东信托的股份所有权进行专业管理。当然,由于关于广义表决权信托没有更为明确和细致的规定,实践中,应该按照信托法的基本原则和基本信托法理来规范现实中出现的问题。

而能否认定狭义表决权信托具有法律效力,首先要解决表决权是否属于财产权这一关键问题。笔者认为,既然大陆法系已倾向性地认可作为总体的股份所有权具有财产权的属性,为何却不愿承认作为个体的表决权也具有财产权属性,这一悖论颇值得深思。进一步而言,股东和公司在人格上相互独立,在身份上没有隶属关系,因而股东并非公司的“社员”,相反却具

---

〔1〕 参见《意大利民法典》第2373条、《欧共体第5号公司法指令草案》。

有明显的外部属性。[1] 作为"外部人"的股东对公司投资而形成的权利显然不符合人身权"与人身不可分离且不直接具有财产内容"这一定义的内容,因此股东对于以"资合"为主要特征的公司所拥有的股份所有权应当具有财产权的属性。而股东将其对公司出资或股份的表决权从股份所有权中分离出来予以信托,应该认为股东表决指向的对象始终未离开对公司财产(或财产权利)的配置或构成进行安排这一主题,表决权能够直接体现财产权利的内容,对有需求的当事人而言可以用金钱表明价值并可实现流转,因此也具有财产权的属性。将表决权理解为股东对公司进行的财产安排,则狭义表决权信托仍可在两大法系获取合法身份。

四、《信托法》的"财产权"缺陷

《信托法》第2条规定:"本法所称信托,是指委托人基于对受托人的信任,将其财产权委托给受托人,由受托人按委托人的意愿以自己的名义,为受益人的利益或者特定目的,进行管理或者处分的行为。"该规定的表述存在如下疑点:一是"财产权"究竟作何解释,即在内涵上,财产权与传统民法所指的物权、债权等是否存在一致?二是"其财产权"指向财产权归属,由此需要界定究竟财产权的主体是谁,信托又是如何将财产权的一个主体转移到另一个主体的?三是将财产权"委托"给受托人,让人很容易将信托法语境下的"委托"代入到传统民法视野中的"委托—代理"理论中。这三大疑点既容易产生对信托原意的误读,也可能诱发对委托含义的滥用。尤其是考虑到信托结构中,受托人要"以自己的名义"管理或者处分财产,显然不在委托的范围之内,因此信托的法理探讨,显然还没有得出一个令人信服的共识。

在对《信托法》进行权威解读的《中华人民共和国信托法释义》中,作者直书,"在中国应当将信托作为一种理财制度,或者称之为财产管理制度,它的核心内容就是'受人之托,代人理财'。"[2] 虽然在信托法中多次谈到财产

〔1〕 理论上通常认为,"股东"和"成员"可以互换。然而在实质上,虽然股东出于亲自管理公司的需要(如两合公司、有限公司等情况下)可能使股东和公司管理者的身份发生重合,但我们显然能够清晰地区别作为股东和董事、监事、高级管理人员的差异。越来越强调独立法人人格促使不参与公司管理的股东对公司仅仅存在资本控制力,而作为公司内部人员的董事、监事、高级管理人员则对公司具有强大的现实控制力。

〔2〕 参见卞耀武主编:《中华人民共和国信托法释义》,法律出版社2002年版,第3页。

权,然而由于并未依据传统大陆民法的理论明确信托财产的所有权,因此,能够从条文中得出的结论是,受托人只是代理人,委托人才是所有人,受托人经营管理财产的行为只是代理行为。作为佐证的,还有《信托法》第20条的规定,“委托人有权了解其信托财产的管理运用、处分及收支情况,并有权要求受托人作出说明……”这一个“其财产”,暴露出了立法者在面临传统民法理论与引入信托制度矛盾冲突时的无奈。

关于信托财产到底归属于谁,实际上就是回答了财产的独立性问题。在英美法系,双重所有权无疑可以直接回答信托财产的归属。但是受限于大陆法系的“精巧”理论,信托在大陆法系物权理论体系中,就很难得到完美的解答。针对这一问题,越来越多的学者试图通过对“财产权利”的表述来解释信托对绝对所有权和一物一权理论的冲突。这种理解与大陆法系以对有体物的绝对所有为基础的所有权理论不同,认为抽象物是视点的中心,对各种具体财产权利均应予以平等保护。在英美法系,理论界和实务界对于财产的认识和理解是较为宽泛、灵活的。英美法的观点认为,财产与财产所有权并没有太大差异,其原因在于,英美法上没有绝对的所有权概念,所有权更多地表现为对某一利益的拥有,对应的只是财产权(property)这一概念。虽然在财产权的概念上,英国法至少是法学理论曾经在财产权(所有权)的概念上受到了罗马法一定程度的明显影响。例如英国著名法学家布莱克斯通就非常肯定地认为,财产权是一种能够对其他人形成完全排斥的支配权。[1] 受这种绝对所有权理论的影响,19世纪初期之前,普通法的财产权界定是较为狭窄、具体的。[2] 在英美法理论上,并没有采用大陆法的所有权概念,也没有采纳物权一词,并不存在绝对、单一的财产所有权。在20世纪开始时,一种新的财产概念产生——人们之间的一组法律关系。根据这种阐释,财产不再被看做是对物的支配,并且财产也不再是绝对的,而是受到限制的,其含义是视不同的场合而变动的。[3] 此后,财产权客体进一步扩大,其内容已包括存在于任何客体之中或之上的财产有关的权利,财产所有权才被理解为一系列权利的集合。如罗伯特·考特和托马斯·尤伦认为,

---

〔1〕 参见[英]布莱克斯通:《英国法注释》(第2卷),转引自[德]海因·克茨等著:《德国民商法导论》,楚建译,中国大百科全书出版社1997年中文版,第189页。

〔2〕 如认为财产权概念具有绝对的支配(despoticdominion)和财产的有体性(physicalist)两大特点。

〔3〕 参见[美]肯尼斯·万德威尔德:《十九世纪的新财产:现代财产概念的发展》,载《经济社会体制比较》1995年第1期。

“财产的法律概念就是一组所有者自由行使并且其行使不受他人干涉的关于资源的权力。”[1]

受不同的历史传统影响,大陆法系国家往往是从“物”而不是“财产”的角度分析财产的。《德国民法典》第 90 条规定:“法律意义上的物仅为有体物。”在《德国民法典》的债务关系法一编中,物也不仅仅是指有体物,无体物也包含在物的范畴之内。《德国民事诉讼法》第 265 条规定,一切客体或者对象,包括有体物、无体物甚至权利,都可以作为民事诉讼执行的对象,即诉讼法上物的定义比民法典(物权法)上物的定义要宽泛得多。然而《德国民法典》对物的狭义界定也产生了一些理论上的冲突。如精神产品在《德国民法典》上被认为是狭义的无体物,但由于物权法将物限定为有体物,因此精神产品被另归于知识产权中。然而,这种规定的方式显然在整体上缺乏统一的安排,也在事实上形成了物权与知识产权的分野。另外,《德国民法典》第 90 条和第 903 条似乎出现了某种明显的冲突,[2]如一方面将动物排除在“物”的范围之外,而另一方面又要求动物所有权人必须对动物行使关于对“物权”保护的特别规定,如此,似乎得出了动物不是“物”,但又是“物权”的客体这一结论,照此理解,物权并不限于有体物权,有体物在法律上作为物权的另一个表现形式其指向价值已经大不如前。

随着社会的发展,知识产权逐渐从传统财产权和物权理论中分离出来,知识产权的无形性和非物质性的特点逐渐为学界和社会大众接受,财产的内涵得到了进一步扩张,大陆法系存在财产、物、权利之间的理论分歧。我国的立法实践中,《民法通则》中的基本表达是,财产是广义的物,包括权利与物质财产。而《物权法》的规定是,物的客体包括动产、不动产和权利,尽管这种权利是必须要有法律规定的权利。由此可见,对于财产可以作出广义的理解。同时,《物权法》进一步规定,物权包括了所有权,以及用益物权和担保物权,在明确物权的范围的同时,也将物权的客体——物与“物权”区别开来。由此在立法上确认了物与物权是两个不同角度或者层面的东西。

因此,对于财产的理解可分为两个层次,其一,财产的概念应该是个开

---

〔1〕 [美]罗伯特·考特、[美]托马斯·尤伦著:《法和经济学》,张军译,上海三联书店、上海人民出版社 1994 年版,第 125 页。

〔2〕 《德国民法典》第 90 条和第 903 条分别规定,“动物不是物。它们受特别法的保护。法律没有另行规定时,对于动物适用有关为物所确定的有效规则。”“动物所有权人在行使其权利时必须注意关于动物保护的特别规定”。

放的体系,不应受限于立法或立法技术的困难而否定财产的多样性,即便是立法滞后或者立法存在缺陷;其二,对财产的法律保护体现在法律对于基于具象化的财产的抽象化的财产权利(财产权)的保护上,立法应当更加完善地保护财产和财产权利。

从信托财产的两大学说可以看出,信托财产作为一种产权其实将它完全归于任何一个特定的主体都是不合时宜,并且也是难有理论解释的,因此最好的办法是将信托产权进行分置,通过产权在不同主体间的配置,最终实现产权的更大效益。进一步分析,绝对所有权概念即便是在产生信托制度的罗马法时代也并不是与生俱来且一成不变的,或者可以说,这是法学理论针对社会现实和需要高度概念化的东西,绝对所有权的概念存在于理念的静态中,然而随着社会经济的继续发展和复杂程度的增加,静态的绝对所有权可能仍然存在,但其表象的变态和一些动态的发展则可能更为明显。因此,信托财产权是一种动态的权利,它存在一个"悬置"的状态之中,这与传统的绝对所有权是一种静态权利的理解互不矛盾。在这一基础上,信托财产权的内涵及其移转,就不难得到认同了。

五、结论:《信托法》改进

由于对信托产权也即信托财产的权属在传统产权认识的基础上形成了新的理解和应用,使信托产权或者财产权利在多人之间实现重新配置或者再分配,对于财产或产权的应用却发生了巨大的创新性改进,由此增大了产权相关人和整个社会的效益和福祉,这种财产独立性的新型应用不但应当受到重视,而且亟需理论的自我更新。而采用"削足适履"的方式一味强调"传统"理论的"完整"和"精巧",对于财产权利的创新性发展和当代演进进行选择性忽视,显然不是理性的做法。

笔者认为,一如表决权信托与表决权委托代理的显著差异,依照《民法总则》关于"委托""代理"的法定用语,[1]信托立法的改进方式有两个:其一是摒弃"委托"的用语,使之在文字上即与信托区别开来,如"委托"变更为"信托","委托人"更替为"信托人";其二是依然沿用"委托""委托人"的表述,但在财产权利的内涵上需要明确区分出"信托"与"代理"之不同,除表明信托以财产权为中心和代理以法律行为为中心的差异之外,还应明确直接

---

〔1〕 详见《中华人民共和国民法总则》第163条的规定。

体现“财产”属性的权利都应当被纳入《信托法》范畴，并且在条文的表述上必须明示出财产权利的“移转”。鉴于《信托法》实施已有十余年，“委托”“委托人”已在现实中广为实践，因此，抛弃“委托”而替换为“信托”多有不妥，更为适宜的是采用“委托”相关用语，但在表述上更为强化财产权和信托当事人之间的关系。由此，才能将大众从“信托”“委托”“代理”等法律概念中解放出来，在理论上更加深入地理解信托法理，在实践中冲破“委托”对受托人管理处分信托财产的阻碍，推动财产权利不断在当代社会深化发展。

证券监管机构及其监管权的独立性研究

——兼论中国证券监管机构的法律变革

李东方*

内容提要 在证券监管法制度的功能中,证券监督管理机构发挥着龙头的作用,对它的制度安排是各国证券法的重中之重。通过对典型国家和地区相关制度的考察,可以看出证券监管机构行使的证券监管权与政府监管权一脉相承,在复杂市场经济运行的条件下,市场需要具有相对独立性的政府监管权具体作用于市场主体,这一特点在证券市场体现得尤为明显。然而,我国在证券监管机构制度的安排上有着先天的不足,证券最高监管机构"中国证监会"并非法定(指国家基本法),而是通过国务院的"三定方案"将其定性为正部级事业单位,不仅法律地位不独立,而且担负了太多的国家政治职能,致使其角色尴尬。因此,对中国证券监管机构的法律变革势在必行。"中国证监会"法定化,即将其直接纳入《证券法》规范也应当提上议事日程。

关键词 证券监管机构 监管权 独立性 程序制约性"证监会"法定 法定特设机构

---

* 李东方,法学博士,中国政法大学教授。

《证券法》相较于《公司法》而言，其以强制性监管规范为主，实质上是证券监管法，属于经济法的范畴。[1] 在证券监管法律制度中，证券监督管理机构发挥着龙头的作用，对它的制度安排是各国证券法的重中之重，这项制度安排的合理性直接关乎一国证券市场运行的有序性和证券投资公众利益的保障性。然而，从2015年公布的《证券法》修订草案[2]来看，证券监管机构的立法改革并未纳入其中，对此笔者深感疑虑，固然，轰轰烈烈的"股票注册制改革"是重头戏，但是，证券监管机构不作相应改革，似乎《证券法》改革的"牛鼻子"并未被牵动。正是基于这种思虑，笔者在长期对证券监管法律制度研究的基础之上，专门就证券监管机构及其监管权进行了探究。

一、证券监管机构及其监管权独立性的理论基础

证券监管机构[3]属于政府监管机构，证券监管权属于政府监管权的范围，因此，探讨证券监管机构及其监管权独立性的源起实际上就是首先要对政府监管权及其独立性进行研究。政府监管权与政府监管机构的相关理论是证券监管机构及其监管权独立性的理论基础。

（一）政府监管权

政府监管权是伴随着现代经济法的产生而产生的一项新类型的政府权力。现代经济法，是处于一个经济综合性与经济社会化的时代，要解决繁复的社会化的经济问题，克服市场调节的盲目性和局限性，需要国家通过经济立法，由政府积极实施以改善市场机制内在问题为目标的政府干预行为。按照其干预目标、作用对象和运作机制等内在差异，可将政府干预行为大致划分为三种类型，即宏观调控、微观监管和资产管理。

其一，宏观调控是指政府运用财政、货币和税收等宏观经济措施而对宏观经济活动所进行的调节或控制，通过经济总量的变化从而实现预期经济

---

[1] 除证券交易委员会之外，其他主要还有：州际商业委员会，联邦贸易委员会，国家劳动关系委员会，联邦电讯委员会，联邦储备系统，联邦海事委员会。参见王名扬著：《美国行政法》，中国法制出版社1995年版，第173页。

[2] 我国《证券法》自1998年12月制定以来，2005年10月进行了较大修订。现在进行第二次大修订，根据立法计划，2015年4月进行一读，一读之后，"修订草案"将向社会公开征求意见，意见征求完毕之后，再进行二读。本文所参考的2015年"《证券法》修订草案"一读稿，来源于"中国金融服务法治网"。

[3] 广义而言，证券监管机构除政府证券监管机构外，还包括如证券业协会、证券交易所等的证券自律监管机构，本文在未作特别说明的情况下证券监管机构仅指政府证券监管机构。

目标。有学者认为,对政府干预市场活动所运用的公共措施,国内人大多以“宏观调控”或“宏观管理”加以表述,这实际上是对政府宏观经济职能与微观经济职能未加区分,这反映出国内有关政府经济职能的观念及相关理论研究方面尚不成熟的现状况。笔者赞成上述观点,因为对政府宏观经济职能与微观经济职能的混淆,也就无法区分宏观调控与微观监管行为,证券监管机构的具体监管行为也就无法作出合理的归类和符合逻辑的解释。

其二,这里的资产管理,即国有资产管理,是指对国有资产的占有、使用、收益和处置进行管理,由此建立的是资产经营与管理方面的社会关系。

其三,微观监管,是指某个具体的政府机构对市场主体及其市场活动进行直接规制的行为,其所行使的公权力来源于国家立法的赋予。例如,目前我国证券监管机构核准股票的发行,确立证券交易所的某类服务标准和交易规则,对证券违法行为进行稽查并处罚;等等,这类针对具体事项的干预就是属于微观监管,这项权力即为监管权。至此,我们可以给监管权下一个定义:监管权是指特设政府机构依法享有的直接限制或授予市场主体的权利或者增加其义务并在市场主体发生违法行为时作出相应处罚的权力。这里的政府机构,即本文所称的证券监管机构。证券监管权则属于政府监管权中的一种典型形式。根据公权力的基本分类标准,监管权性质依然属于行政权的类别,即监管权就是基于政府机构履行微观监管的职能而赋予其行使的一种行政权。政府监管权作为一种能够采取具体监管措施直接作用于某类市场主体的公权力,是现代市场经济条件下政府职能重构的产物,其与资产管理权和宏观调控权一起,共同构成现代立法赋予行政机构的管理经济权,属于行政事权的一种。这三种公权力构成经济法中的政府干预权的基本形式。

(二)政府监管机构及其监管权的独立性与程序制约性

如前述,现代市场经济是一种混合经济体制,在这种经济条件下“不仅需要各类经济政策的综合运用,而且也需要各类经济法制度的综合运用。”从经济效率和社会关系的协调性出发,有必要对某一经济领域的社会关系进行综合调整,为此就需要一个政府独立监管机构统一行使权力。换言之,监管权的独立性是通过具有独立性的监管机构来实现的。

在世界范围内,较早确立政府独立监管机构的国家中,美国具有典型性。我国也有学者将美国政府独立监管机构称为独立控制机构或者独立控制委员会。联邦政府中独立的行政机构可以分为三类:第一,部内的独立机构。例如,职业安全和健康局存在于劳动部,食品和药物管理局存在于卫生和公众服务部,从而它们不能完全摆脱部长的影响,但是法律给予它们较大的独立权限,在很大程度上可以独立决策。第二,隶属于总统的独立机构。这类行政机构虽然是隶属于总统所领导的行政机构,但与其他各部则完全独立。例如,环境保护局、国家航空和宇宙空间局属于这类机构。第三,独立监管委员会。这类机构一方面不隶属于总统所领导的行政部门,同时,在与总统的关系上又具有独立性质,不过其负责人还是需要由总统任命。可见,其对部和总统均具有独立性质。证券交易委员会(SEC)即属这类机构中最为典型的一种。[1] 本文所研究的独立监管机构乃上述第三类"独立监管委员会"。

美国的监管制度起源于19世纪,从1887年州际商业委员会成立到1914年联邦贸易委员会成立的近三十年间,州和联邦独立监管机构相继接管了竞争、反托拉斯等诸多经济领域的社会控制权,使美国社会日益依赖于监管,美国成了监管型国家。美国独立监管机构的发展经历了三个阶段:第一,国会控制时期。这一时期是从独立监管机构产生到1946年《行政程序法》颁布。对独立监管机构如何授权及授权的范围完全掌握在国会手中,与此同时,法院也有权对独立控制委员会进行严格的司法审查。第二,独立监管机构自我控制时期。这一时期是从《行政程序法》颁布后到20世纪70年代末。独立监管机构取得了行政权与准立法权和准司法权三位一体的权力。这三位一体的权力可谓独立监管机构"独立性"最突出的特征。也就是说,独立监管机构除受《行政程序法》约束之外,没有其他权力能够制约它。由于独立监管机构是独立于立法、行政、司法以外的部门,因此批评这类机构的人称之为联邦政府中无头的第四部门。并且抨击其有违"三权分立"的制衡原则。第三,监管监管者时期。1980年美国国会批准总统在预算管理办公室(OMB)中建立信息与监管办公室(OIRA),从事行政规章审核和协调工作,成为监管者的监管者。在这种监管模式中,独立监管委员会被纳入OMB和OIRA的监管范围,OMB和OIRA既要将审核后的重要行政规章提

---

〔1〕 除证券交易委员会之外,其他主要还有:州际商业委员会,联邦贸易委员会,国家劳动关系委员会,联邦电讯委员会,联邦储备系统,联邦海事委员会。参见王名扬著:《美国行政法》,中国法制出版社1995年版,第173页。

交国会审核,又要向国会报告政府监管的总成本和总收益,由此甚至形成一种新的监管模式,即成本—收益分析监管模式。这使独立监管委员会受到了较为严格的监管,但是,其独立性的地位并未被撼动,直至今日,依然发挥着至关重要的作用。

除美国之外,世界主要发达国家和地区,如英、德、日及我国的港台地区均存在政府监管机构对市场实施上述类似政府的监管权。尽管他们运用这类公权力的方式各不相同,历史背景也不尽相同,但还是能够抽象出以下共同特点:

(1)政府监管权的行使以克服市场失灵为前提。在市场经济的条件下,"经济人"个体对其自身利益最大化的追求往往会与社会整体利益产生冲突,从而造成交易成本增加,严重的会使资源配置无效,最终导致相应领域的市场失灵。政府监管权行使的范围应当限制在市场失灵领域,否则不仅无济于事,还可能适得其反。因此,为应对市场失灵领域的变化,监管机构及其监管权的内容都应当进行适时的变革,例如,上述美国独立监管机构三个不同时期的变革。

(2)政府监管机构具有相当程度的独立性。这体现在两个方面:第一,法律地位的独立性。经济运行需要执行公平的经济政策或措施,要求政府监管机构不受政治的影响,因此,法律赋予其相当高的独立主体地位。第二,政府监管权力的独立性或称统合性。此类权力除具有普通政府机构所具有的行政权力之外,还享有"准立法、准司法"权。"它们能够制定标准或指导路线,对受控制的对象给予利益,或科加制裁。"美国最高法院认为,"独立控制委员会同时具有三种权力是由于实际的需要。因为受控制的对象是大企业,它们力量雄厚,适应性强。它们不受分权原则的限制。政府为了控制它们,也必须集中力量,迅速反应,采取分权原则不能达到控制目的。"正是基于上述两点人们才直接将美国的政府监管机构称为独立控制机构或者独立控制委员会(即独立监管机构)。

(3)政府监管机构采用委员会制而不是行政首长负责制。监管机构采用委员会制有利于民主决策、政策的一贯性、立场的中立性和监管的专业性。有关委员会制度优势的其他内容在本文的第三部分还将论述。

(4)政府监管机构的设立及监管权的赋予均由法律明确规定。由于监管权是特设政府机构直接限制或授予市场主体的权利并在市场主体发生违法行为时作出相应处罚的权力,因此,该机构非由法律明确规定不得设立,该权力非法定不得行使。相比较而言,我国的银监会、证监会和保监会在相对应的法律中均未被明确规定,从高度法治化的角度来看,我国相关制度法治化的程度还有待于提高。[1] 同时,为了制约政府滥用公权力,英美国家采取"一事一议"的办法,即一部立法确立一个特定的监管制度,并且赋予一个特定机构以相应的监管权。

(5)政府监管权的程序制约性。"一切有权力的人都容易滥用权力,这是万古不易的一条经验""从事物的性质来说,要防止权力滥用就必须以权力约束权力"。在法治社会,政府监管权的独立性与程序制约性是一块硬币的两面,两者必须同时存在。政府监管权的独立性实质上是指权力的统合性,即将准立法权、准司法权和行政权统合于一体。这种权力的集中,虽然基于规制市场失灵而有其充分的合理性,但是毕竟是一种强势权力,对这种统合性权力的副作用特别值得警惕,正如孟德斯鸠所言:"当立法权和行政权集中在同一个人或同一个机关之手,自由便不复存在了;因为人们将要害怕这个国王或议会制定暴虐的法律,并暴虐地执行这些法律。如果司法权不同立法权和行政权分立,自由也就不存在了。如果司法权同立法权合而为一,则将对公民的生命和自由施行专断的权力,因为法官就是立法者。如果司法权同行政权合而为一,法官便将握有压迫者的力量。"

因此,对独立监管机构进行程序性制约显得尤其重要。对独立监管机构进行程序性制约主要体现在以下三点:第一,独立监管机构的日常活动始终受到行政程序法的程序性制约。第二,独立监管机构的活动受司法审查监督。独立监管机构行使权力受到法院的制约,法院可以根据越权原则和权力滥用原则,在其行为侵害人民的自由和权利时撤销其行为决定。独立监管机构"权力混合不产生权力不受限制问题,不需要求助于分权原则,法院已经掌握司法审查这个有力的工具"。第三,行政相对人有获得权利救济的途径。对于具体的不当监管行为,行政相对人可以通过行政诉讼的手段获取权利救济。

综合上述,可以看出尽管主要发达国家和地区政府监管机构实施监管权的方式各不相同,但是,却有着一个共同的基本特征:此类政府监管机构

[1] 对此,我国《银行业监督管理法》《证券法》和《保险法》均以笼统的"国务院(银行业、证券、保险)监督管理机构"取而代之,然后,在上述三个基本法之外由国务院机构三定方案规定其为国务院正部级事业单位。

及其监管权均具有较强的独立性,同时其又受到法律程序性的制约。

二、证券监管机构及其监管权独立性的比较

要研究适合我国证券市场法治化的证券监管机构和证券监管权,仅有上述政府监管权的相关基础理论是不够的,还需要具体考察和分析典型国家和地区证券监管机构和证券监管权的运行状况和经验教训。

(一)证券监管权独立性在典型国家和地区的建立和发展

1. 美国

1911年以前美国证券市场的监管主要依靠证券交易所等自律组织。美国第一部证券成文法于1911年由堪萨斯州率先制定,称之为《蓝天法》。《蓝天法》由州一级的证券委员会实施,但这一委员会并没有足够的法定权力和执法资源来进行监管,具体监管任务需要指派给相关律师负责完成,因此,只能称其为准证券监管机构。

《1934年证券交易法》设立了全国性专门证券监管机构——SEC(Securities and Exchange Commission,SEC)。该法案授权SEC享有在证券领域广泛的职权,包括对经纪公司、交易代理、清算机构以及全国性证券自律监管组织(SROs)[1]的注册、监督和管理职责。该法案同样对市场中的特定行为进行了确认和禁止并且授予SEC对与以上行为有关的受监管组织和个人采取惩罚性措施的权力。对于公开交易股票的公司,法案授予SEC要求公司提供定期信息报告的权力。[2] SEC是美国联邦政府的重要组成部分,在组织形式、人员构成、经费来源方面均具有独立性。

在组织形式方面,依据《1934年证券交易法》规定,SEC由总统任命的五名委员组成,该项任命须经参议院同意。[3] 通过这种总统任命、参议院同意的人员任命方式,在联邦政府组织结构中,SEC拥有了独立行政机构

〔1〕 美国证券自律监管组织包括纽约证券交易所、美国证券交易所等各种证券交易场所,以及美国金融业监管局(类似于中国证券行业协会)。

〔2〕 See http://www.sec.gov/about/whatwedo.shtml.

〔3〕 美国联邦政府行政机关(Executive agencies)一般包括:(1)行政部门(Executive departments);(2)国有企业(Government corporation);(3)独立机构(Independent establishment),Government Organization and Employees,chaper1 of title 5,United States Code。

(Independent Establishment)[1]的地位,不受联邦政府其他部门的干涉。

在人员构成方面,依据《1934 年证券交易法》规定,至多三名委员属于同一政党,并尽可能地轮流任命不同政党的成员。除担任委员会委员外,委员不得从事其他工作,也不得以直接或间接的方式参与股票市场活动或从事受委员会所管辖的交易活动,以保证其独立性和公正性。委员会成员中一人为委员会主席,成员每届任期为 5 年。在委员会人员构成方面,SEC 力图摆脱不同政党利益和自身经济利益冲突的影响,通过各政党最多任职人数、委员轮流任职、从业禁止等限制以保证其在人员方面的中立性。

在经费来源方面,目前 SEC 资金主要来源于年度国会拨款、证券交易费用、SEC 储备基金(SEC Reserve Fund)、证券注册费用等,其中国会拨款占大多数。但是,近年来,特别是 2008 年金融危机的爆发和《多德弗兰克法案》的颁布,使 SEC 的监管职责和权力得到大幅度增强。基于增加员工收入和增强独立性的考虑,要求 SEC 经费来源从国会拨款转向自筹资金(Self-funding)的呼声也越来越高。根据美国律师协会(American Bar Association,ABA)统计的数据显示,从 2005 年至 2009 年,SEC 向财政部上缴的证券交易和注册费用高达 74 亿美元,而同期国会拨款只有 45 亿美元。因此,理论上仅仅通过这些交易和注册费用(不包括罚款)即能满足 SEC 自筹资金的需求,而无须依赖联邦拨款。ABA 同时指出,美国其他主要监管机构,包括美联储、美国联邦存款保险公司、美国货币监理署等部门,通过自筹经费也已经能够满足其经费需求。在经费来源方面,虽然现阶段 SEC 的经费仍主要来源于国会拨款,但是,未来包括 SEC 在内的美国监管机构的经费制度改革值得我国关注和借鉴。

美国证券监管制度的优点主要有:第一,政府对证券市场实行统一集中的监管,SEC 兼有行政执法、准立法和准司法权,使 SEC 独立于其他行政部门。这样就能保证对证券市场监管的权威性和有效性。第二,证券监管机构的职能在于制定和执行法律、法规、制度或规则,为证券市场的正常运行创造良好的外部环境。因此,监管机构超脱于市场,不介入具体的证券业务。从而避免被寻租,保证其监管行为的公平、公正性。第三,SEC 的日常职责是以采取预防性措施为核心,防范证券不法行为于未然。其主要业务

---

[1] See "U. S. Securities and Exchange Commission: Fiscal Year 2012 Agency Financial Report", p. 32. http://www.sec.gov/about/secpar/secafr2012.pdf.

活动是保证及时披露证券市场的相关信息,从而实现保护投资人合法利益的目的。因此,SEC 全部活动的宗旨均在于确保证券市场各行为主体按照法定的规则从事各类证券活动。这种模式的缺点主要是:第一,政府机关脱离证券市场的具体运作,不能及时跟上市场的快速发展和变化,往往使监管滞后并流于僵化;第二,各种自律性组织在政府的监督、指导下活动,只拥有较少的自治权,这在一定程度上限制了其自身作用的充分发挥;第三,政府在监管中起主导作用导致监管成本过高。

2. 英国

从证券监管的类型上看,英国是"自律监管"的典型代表,强调"自律""自我约束"。为加强对证券市场的监管,1818 年,英国政府颁布了第一部证券交易条例。金融现代化改革前,英国的证券监管机构为 1985 年成立的证券和投资委员会(The Securities and Investments Board Ltd. ,SIB),该委员会为一人公司,并依据 1986 年《金融服务法案》拥有一定的法定监管权力。1991 年,证券业协会和期货经纪商与交易商协会合并后创建了证券与期货管理局(The Securities and Future Authority,SFA),其也成为一个法定的证券行业监管机构,从而与 SIB 共同形成对证券业多头管理的金融监管体制。1997 年 5 月 20 日 SIB 正式更名为英国金融服务局(Financial Service Authority,FSA),1998 年银行监管职能从英格兰银行转移至 FSA,2000 年 5 月 FSA 从伦敦证券交易所手中接管了公司上市监管权。依据《2000 年金融服务与市场法》(The Financial Services and Markets Act 2000),FSA 整合了包括证券和期货局(Securities and Futures Authority)、投资管理监管组织(Investment Management Regulatory Organization)、个人投资局(Personal Investment Authority)以及房屋信贷团体委员会(Building Societies Commission)、互助团体委员会(Friendly Societies Commission)、互助团体注册局(Register of Friendly Societies)等机构在内的金融监管机关。立法同时还赋予 FSA 其他一些职责,特别是采取措施制止滥用市场支配地位的行为。[1] 至此,FSA 已经发展成为一个包含几乎英国全部金融监管内容的统一金融监管机构。

受 2008 年金融危机影响,英国政府对原有的金融监管机制进行了反思。依据《2012 年金融服务法案》(Financial Services Act 2012),《2000 年金融服

〔1〕 See http://www. fsa. gov. uk/about/who/history.

务与市场法》(The Financial Services and Markets Act 2000)的监管机构部分做了相应修改。在此背景下,2013年4月1日,FSA被正式撤销,为英国金融行为监管局(Financial Conduct Authority,FCA)和审慎监管局(Prudential Regulatory Authority,PRA)所取代。[1] 以这种"双峰模式"取代了原有FSA的统一监管。其中FCA负责对英国的金融服务行业进行监管,确保金融消费者利益和金融服务行业的有序竞争。该部门在保护和监管金融服务行业方面拥有广泛的权力,包括规则制定、调查权和执行权等。[2] PRA为英格兰银行的一部分,负责对银行、房屋信贷互助会(building societies)、信贷协会(credit unions)、保险公司和主要投资公司(investment firms)的审慎监管,监控和应对系统风险。相对而言,FCA主要倾向于对金融行业传统式的微观监管,而PRA则倾向于对金融行业的宏观审慎监管。目前英国证券行业最主要的直接监管机构为FCA。

FCA在组织、人事、经费来源上均具有其特色。在组织形式方面,FCA同其前身FSA一样,采取了"担保有限公司"(Private Company Limited By Guarantee)的形式。依据修改后的《2000年金融服务与市场法》(The Financial Services and Markets Act 2000),FCA名称中"有限"(limited)字样的使用继续豁免适用《2006年公司法》(Companies Act 2006)中的相关要求。[3]

在内部机构和人事方面,依据修改后的《2000年金融服务与市场法》,FCA的内部主管机关(governing body)由以下人员组成"(a)主席(由财政部任命);(b)首席执行官(由财政部任命);(c)银行副行长(履行审慎监管职责);(d)由国务大臣和财政部联合任命的两名成员;(e)由财政部任命的至少另外一名成员"。[4] 但是,对于财政部任命FCA成员的权力,法案又做了一些限制,如法案规定:"其中(a)(c)和(d)应为非执行成员";"在行使履行任命(e)条款中的执行和非执行成员的权力时,财政部须确保该机关的多数成员为非执行成员";"FCA的雇员不得任命为非执行成员";[5] 被任命的成员"(a)不得接受财政部或国务大臣的指示;(b)不依据任何其他人的指示行

[1] See http://www.fsa.gov.uk/.

[2] See 17, part 2, Schedule 1ZA, The Financial Services and Markets Act 2000.

[3] See 2, part 1, Schedule 1ZA, The Financial Services and Markets Act 2000.

[4] See 2, part 1, Schedule 1ZA, The Financial Services and Markets Act 2000.

[5] See 3(4), part 1, Schedule 1ZA, The Financial Services and Markets Act 2000.

动;(c)禁止成员获得对其职责履行产生实质影响的金融或其他利益”。[1] 依据上述法案,目前FCA设有董事会,负责制定FCA政策,但是,日常决策和人事管理均由执行委员会决定。董事会现有12名董事,其成员由英国财政部任命。[2]

在经费方面,FCA是独立于政府机构的主体,不接受政府的资助。其日常经费来源于受监管对象缴纳的费用。依据修改后的《2000年金融服务与市场法》(The Financial Services and Markets Act 2000),该法案授予FCA收费的权力,该法案规定:“当其认为将(考虑到本法案其他条款规定的可期待费用收入)能确保其:(a)满足履行职责或为他附属目的的费用;(b)偿还任何相关借款的本金及利息,及相关的初始费用;(c)维持足够的储备基金,” FCA可以制订要求支付履行职责所需相关费用的规则。[3] 由于FCA拥有向受监管主体收费的权力,不依赖于政府拨款,因此,在经费方面具有较高的独立性。

3. 德国

德国证券市场从其萌芽至今虽已长达400多年的历史,但其政府监管的历史并不长,政府对证券业的监管在德国被认为是最年轻的监管领域。在1994年以前,德国证券市场尚未建立起统一的证券法体系,也没有一个对证券业进行监管的政府性中央机构,此前,其证券市场的运行主要是靠自律监管维持市场秩序。

1994年后,德国依据《第二部金融市场促进法案》(the Second Financial Market Promotion Act)颁布了《证券交易法》(Securities Trading Act),并设立联邦证券监管局(Federal Securities Supervisory Office)对内幕交易和上市公司的信息披露等行为进行联邦监管。2002年5月,德国为适应对金融混业经营的监管,将原有的联邦银行监管局(Federal Banking Supervisory Office)、联邦证券监管局(Federal Securities Supervisory Office)和联邦保险监管局(Federal Insurance Supervisory Office)合并成立联邦金融监管局(Federal Financial Supervisory Authority, BaFin),负责对银行、保险公司、证券市场以及政府资产进行监管。随后,操纵市场等原本由各州自行监管的

---

[1] See 3(4), part 1, Schedule 1ZA, The Financial Services and Markets Act 2000.

[2] See http://www.fca.org.uk/about/structure.

[3] See 23, part 3, Schedule 1ZA, the Financial Services and Markets Act 2000.

监管职责被提升至联邦层面。依据《金融法案》(德语简称 FinDAG)[1]设立的 BaFin,在组织形式、人员、经费方面规定如下:

在组织形式方面,该法案明确规定 BaFin 为"受公法管辖的具有法人资格的联邦机构","为联邦财政部的组成部分。"[2]这就在法律上确认了 Bafin 作为联邦政府行政机构的主体地位。

在内部结构和人事方面,BaFin 由执行董事会、主席和管委会组成。其中执行董事会负有管理 BaFin 的全部职责。执行董事会由 1 名主席和 4 名首席执行董事组成。主席在 BaFin 策略方向上拥有决定权并在法庭内外作为 BaFin 的代表。管委会负责 BaFin 的管理并为其职责履行提供支持,为最高权力机关。BaFin 管委会组成人员包括:"主席和副主席,后者由联邦财政部借调;其余成员:(a)其他两名联邦财政部代表;(b)一名联邦经济和科技部代表;(c)一名联邦司法部代表;(d)五名联邦议会代表;(e)五名信用机构代表;(f)四名保险企业代表;(g)一名资产管理公司代表。"[3]另外,法案对执行董事会成员的法定地位也作了相应规定:"执行董事会成员与联邦管理部门的关系应为正式的公法关系。执行董事会成员应具有特定专业资质,并由联邦总统根据联邦政府的提名任命。"[4]因此,在人员方面,虽然 BaFin 为联邦行政机构,但是,为了平衡各方利益,增强独立性,在管委会中引入了包括议会、信用机构、保险企业、资产管理公司在内的其他各方代表。

在经费方面,法案规定:"BaFin 应通过其 14 至 16 部分规定的收入和其他收入满足其支出,除非 17a 至 17d 部分特别规定。行政罚款不应列入账目中。"[5]法案 14 至 16 部分对收入作了细化规定。因此,BaFin 的经费完全来自受监管对象,不在联邦财政的拨款范围内,以保证其经费的独立性。

德国现行证券监管机构和监管体系存在三重监管结构。这三重结构是:联邦金融监管局;各州政府的监管机构;证券交易所内设置的监管办公室。其中,交易所的监管办公室是一线监管者,负责管理证券发行、上市和交易等具体业务,履行对证券交易的一线监管职能;州政府证券监管机关负

---

〔1〕 该法案全文见:http://www.bafin.de/SharedDocs/Aufsichtsrecht/EN/Gesetz/findag_en.html?nn=2821360#doc2684274bodyText1。

〔2〕 See Section1(1),FinDAG.

〔3〕 See Section 7,FinDAG.

〔4〕 See Section 9,FinDAG.

〔5〕 See Section 13,FinDAG.

责监管本州辖区内的证券交易所和证券交易行为,对交易所实施法律监督,对辖区内的交易、结算和其他证券活动进行监管;BaFin 是联邦直属的公法上的行政机关,履行对包括证券市场在内的金融市场国家监管职能。BaFin 与各州政府交易所监管机关之间不是隶属关系,而是相互合作、密切配合的关系。

4. 日本

在证券市场发展过程中,日本证券监管机构经过多次变迁。1943 年以前,日本并无专门的证券监管机构。第二次世界大战时期,为满足战时资金统一调配的需要,日本政府于 1943 年将所有证券交易所合并成一个政府的部门,即日本证券交易所。1948 年,大藏省(日本财政部,Ministry of Finance,MOF)由于其处于经济运行中的核心管理地位,垄断了包括证券业在内的整个金融业的监管权,即银行、保险和证券等一切业务的金融监管权由其统领。在大藏省下分设银行局、保险局和证券局对不同的金融领域实施监管。其中的证券局负责对证券业务的注册登记、批准、检查及对证券法规的执行进行监督,并对券商及市场交易进行指导。1962 年,大藏省又成立了证券交易审议委员会,由 13 名委员组成,均由大藏大臣任命,专门负责对证券发行、交易及其他相关重要事项进行调查,但该委员会不从事具体的监管执法活动。其在证券交易法的修订工作中也发挥重要作用。

日本现有证券监管机构——金融厅(Financial Service Agency, FCA)的前身是金融监督局(Financial Supervision Agency,FSA)。金融监督局内部同时还设立了证券交易监督委员会(Securities and Exchange Surveillance Commission, SESC),由其行使证券监管权。证券交易监督委员会虽然名义上受 FSA 领导,但实际上它能够独立行使证券监管权,独立对证券市场的交易进行监督和检查。证券交易监督委员会的委员长和委员均由国会批准后由首相任命,金融监督局对其无人事任免权。

5. 我国香港地区

在香港地区,政府对证券业的监管始于 20 世纪 70 年代中期。1973 年至 1974 年间,香港发生股灾,股灾危机迫使当时的港英政府制定了证券期货业的监管条例,主要是涉及两个非全职的监察委员会,分别负责监察证券及商品交易事宜。另外成立证券及商品交易监理专员办事处,为两个监察委员会处理行政工作。该办事处由证券及商品交易监理专员出任主管,属政府部门。在其后 10 年,香港地区与国际证券及期货市场均迅速发展,但上述监管架构基本未变。

然而,上述监管架构未能经受住1987年香港再次爆发的股灾的考验。这次股灾过后,香港当局成立了一个由6人组成的证券业检讨委员会,由戴维森(Ian Hay Davison)担任主席。该委员会对香港证券业的监管架构和法律制度进行了深刻的检讨,并提出相应的完善措施,并于1988年5月发表检讨报告书。以此为契机,证券业检讨委员会建议在公务员体系之外成立一个"法定机构",以加强监管执法力度。该机构的主席及职员应由专业人员全职担任,并由市场承担主要经费。委员会认为,该机构应拥有广泛的调查及纪律处分权力,以妥善地履行监管职能。

基于上述成果,1989年5月根据《证券及期货事务监察委员会条例》(以下简称《证券及期货条例》)香港成立了证券及期货事务监察委员会(以下简称香港证监会)。香港证监会是独立的"法定机构",[1]独立对香港证券市场行使监管权,包括广泛的调查、纠正及纪律处分权力。

在成员组成方面,依据《证券及期货条例》,香港证监会董事局负责厘订证监会的整体方向,并提供策略指引,成员包括一名非执行主席、行政总裁,以及其他执行董事和非执行董事。董事局全部成员由香港特别行政区行政长官授权财政司司长委任,有固定任期。董事局非执行董事的人数须超过执行董事的人数。[2] 证监会的经费来源主要是香港联合交易所及香港期货交易所的交易征费,以及向证监会牌照申请人、持牌人或作出其他牌照申请的人士收取的费用。香港《证券及期货条例》第14条规定:"政府须就证监会每个财政年度,将立法会拨予证监会的款项,从政府一般收入中支付证监会。"事实上,由于市场表现较好,香港证监会从1993年以来,一直没有向立法会要求拨款。[3]

6. 我国台湾地区

在"金融监督管理委员会"成立之前,金融业的监管权分属于"中央银行""财政部""中央存款保险公司"等机构。为了适应金融混业经营的趋势,依据2003年通过"行政院金融监督管理委员会组织法",2004年7月1日正式成立了"行政院金融监督管理委员会"。后又于2012年7月1日,将上述

[1] 一般来说,香港特区法定机构是指按照法定程序设立,承担具体的公共事务管理职能或者公共服务职能的公共机构。其具有独立法人地位,运作比较灵活自主,且不在政府机构序列之内。参见汪永成:《香港特区法定机构发展的历程、动因与启示》,载《湖南社会科学》2012年第5期。

[2] http://sc. Sfc. hk /gb /www. sfc. hk /web /TC/.

[3] http://finance. qq. com/a /20130130 /001535. htm.

名称简称为“金融监督管理委员会”。

在组织结构方面,依据“行政院金融监督管理委员会组织法”第1条规定,该“委员会”成立的宗旨为“维持金融稳定及促进金融市场发展”,并且为“行政院”下属机构。在人员方面,该“法案”第8条规定,“委员会”设置委员9人,人员均由“行政院”院长提请“总统”任命。委员具有同一党籍者,不得超过委员总额1/3。第9条规定委员会依法独立行使职权。委员须超出党派以外,于任职期间不得参加政党活动。委员会下设“证券期货局”,掌管证券、期货市场及证券、期货业之监督、管理及其“政策”“法令”之拟定、规划、执行等事项。

(二)上述各国和地区证券监管机构相关要素及其独立形态的比较

考察上述各国和地区证券监管机构的现状,可见其相关要素及其独立形态方面均存在差别。具体如下表所示。

各国和地区证券监管机构独立形态比较

国家/地区	现有证券监管机构	人员构成	经费来源	独立形态	其他独立性要求
美国	SEC	5名委员,由总统任命	年度国会拨款、证券交易费用、SEC储备基金、证券注册费用等	联邦政府独立监管机构	至多三名委员属于同一政党
英国	FCA	现FCA董事局由12人组成,由财政部任命	受监管金融服务公司	担保有限公司	—
德国	BaFin、各州监管机构、证券交易所	BaFin管委会现由17人组成,成员来自联邦部长、议会议员、信用机构、保险企业、资产管理公司及学术机构代表	BaFin经费来源于受监管公司	BaFin、各州监管机构均为独立行政机关;德意志证券交易所为股份制公司	—
日本	FSA(SESC)	设长官1人,由首相直接任命	行政拨款	相对独立行政机关	—

续表

国家/地区	现有证券监管机构	人员构成	经费来源	独立形态	其他独立性要求
中国香港地区	证券及期货事务监察委员会	成员包括一名非执行主席、行政总裁,以及其他执行董事和非执行董事。董事局全部成员由香港特别行政区行政长官授权财政司司长委任,有固定任期	香港联合交易所及香港期货交易所的交易征费,以及向证监会牌照申请人、持牌人或作出其他牌照申请的人士收取的费用	独立于政府公务员架构外的法定机构	—
中国台湾地区	“金融监督管理委员会”	委员9人,均由“行政院”院长提请“总统”任命	行政拨款	相对独立行政机关	委员具有同一党籍者,不得超过委员总额1/3。委员须超出党派以外,于任职期间不得参加政党活动

综观上述六个国家和地区证券监管机构的设置,具有如下特点:(1)在机构形式或性质上,除英国FCA采取公司制形式、香港证监会采取独立于政府公务员架构外的法定组织的形式外,其他证券监管机构均为具有独立性的政府行政机关。但其独立性的程度各有差异,其中以美国的SEC独立性最强。(2)在机构设置上,各国和地区普遍采取委员会制或董事会制,以吸引不同领域的人才加入证券监管机构,增强决策的独立性、权威性和公信力。(3)在人员构成上,委员会或董事会成员主要由政府部门任命,体现了各国和地区对证券监管的重视。但是,为保证机构的独立性,一些国家和地区对委员会或董事会中非执行成员人数及党派构成作出限制规定。(4)在经费来源上,英国、德国和我国香港地区的证券监管机关的经费仅来源于受监管公司的交易费用或牌照申请费用等,从而进一步确保了证券监管机构

相对于其他政府部门的独立性。[1]

(三)证券监管机构独立性的差异分析

当今由于经济和资本全球化的趋势,导致资本、人才乃至价值观在全球范围内加速流动。各国资本市场监管制度也出现监管趋同的现象,在亚洲国家中也普遍出现这样的趋势。为了吸引更多的资金和人才,各国监管部门之间在证券领域开始了监管竞争,在监管理念和监管措施上相互借鉴。在证券监管机构的设置上,尽管独立性是其共性,但是,各国证券监管机构均具有较强的差异性,即使同一国的监管机构在不同时期不同监管理念的指导下也会存在较大差异。一般而言,造成证券监管机构独立性或者说法律性质差异的原因主要有以下两个方面:

1. 历史背景不同

在英美德等发达资本主义国家,资本市场起步较早,早期证券市场的秩序基本上是依靠自律监管来维持。后来随着证券业的日益发展和壮大,证券欺诈、操纵市场、内幕交易等行为层出不穷,松散、简单的自律监管模式已经不能适应证券市场发展的需要。在此背景下,建立强有力的全国性证券监管机构就十分必要。

例如,美国采取了以 SEC 为代表的联邦统一证券监管模式,其根源在于 1929 年的股市崩盘,最终导致全球性的经济危机的爆发。由此,联邦政府意识到以州证券委员会为主体的准证券监管机构对具有全国性的证券交易行为监管力度有限。于是,联邦政府开始积极推动设立全国性的证券监管机构。《1934 年证券交易法》设立新的证券监管机构——SEC,并授权其对证券交易活动进行全面监管。由于经济危机的特定背景,加上当时市场对强有力的证券监管措施的呼声,联邦政府采取自上而下的变革,使 SEC 在人员、财务和监管权力方面,均有很高的独立性,使其成为世界上典型的证券独立监管机构。

与美国证券监管机构的设立不同,英国监管机构的最初设立并非来自外部经济危机,更多的是为适应市场竞争的需要而自发设立的。英国于 1986 年出台了《金融服务法》,随后英国伦敦证券交易所进行重大变革,即英

〔1〕 See http://www. bafin. de /EN/BaFin /Organisation /BaFin Bodies/Administrative Council/ administrativecouncil_artikel. html? nn = 2692296.

国金融“大爆炸”,标志着英国金融业由分业经营向混业经营的历史性转折。面对金融业的快速发展,原有主要依靠市场自律监管的金融监管模式已经不能适应现实发展的需要。随后,SIB、FSA 等机构相继设立。但由于撒切尔夫人当政时期推行金融自由化政策,国家行政监管权力在证券领域涉入不深,SIB/FSA 被授予的金融监管权力较小,因此,SIB/FSA 采取了一人公司这种组织形式。后来英国金融监管领域历经数次机构改革。但是最新的金融监管部门——FCA 仍然采取了公司制的形式。相较于行政机关决策的复杂性和滞后性,公司制监管机构更具有灵活性,也比较适应金融自由化的发展需求。

亚洲国家和地区证券监管制度借鉴英美等发达国家的经验,也进行了一系列的制度变革,如我国香港地区证券监管机构的建立。香港地区的法律制度受英国法律体系的影响颇深,早期证券监管体制就是沿用英国式自律监管模式。股灾之后,根据《证券及期货事务监察委员会条例》成立香港证监会,将其定性为“法定机构”,独立于公务员架构之外,经费也不依赖于政府拨款,使香港证监会具有较强的独立性。虽然在经费来源和人员组成上与英国的 FCA 有相似之处,但是,香港证监会采取了独立于政府公务员架构外的法定机构的形式而非公司制形式,更加适应香港本地证券市场发展的需求。

2. 受不同时期监管理念的影响

证券监管理念乃证券监管制度的立法精神和指导思想。它也是监管者实施监管行为的目的、要求和行动指南。一般而言,证券监管理念主要包括保护投资者利益、维护证券市场稳定、防范系统性风险、适度监管等方面的指导思想。然而,各国或地区的证券监管理念并非完全相同,同一国家不同时期的监管理念也会不同。由于证券市场环境的变化,证券监管的理念也会发生变化,从而对证券监管机构的设置及其职能运作产生影响。以 2008 年的金融危机为例,这场起源于美国次级贷款的危机引发了全球性经济危机,投资者特别是中小投资者损失惨重,使人们认识到现有的金融监管体系仍然存在重大缺陷。有学者认为,这场危机的爆发和美国证券监管理念上出现的“反监管”思潮不无关系。在金融界对 SEC 监管过度严厉的批评和“反监管”思潮影响下,SEC 的监管理念和监管态度开始软化,解除了诸多意在保护投资者和强化市场诚信的措施,甚至一度丧失了监管立场。这场金融危机后,美国又重新开始大幅度收紧证券监管尺度,在监管理念上也更趋严格。在立法上的直接体现则是美国"大萧条"以来最严厉的金融改革法案——《多德—弗兰克华尔街改革和个人消费者保护法案》的颁布。该法案新设金融稳定监督委员会(FSOC),以增强对未来可能出现的金融市场系统性风险的防范;SEC 的监管权限和监管职责也得到大幅增强。在法案设计的一共 243 项规则中,美国证监会所需制定的规则为 96 项,占比达 39%。

(四)小结

在证券监管机构的组织形式上,以美国 SEC 为代表的国家(地区)采取了行政机构的组织形式,而英国的 FCA 则采取了公司制的组织形式。对于证券监管来说,不同的机构组织形式会对证券监管的程序和效力产生直接的影响。一般来说,采取行政机构的组织形式可能导致证券监管措施更为严格,监管程序也较为复杂,监管效率较低,独立性相对较弱。采取公司制的组织形式使证券监管的效率更高,独立性更强,但监管力度可能相对较弱。证券监管机构的法律定位同本国证券市场发展的历史及监管理念均有密切的关系。事实上,由于证券监管趋同化的趋势,现今各国证券监管措施并无太大差别,单纯证券监管机构组织形式上的变化并不能对证券监管效果产生实质性影响。因此,在对各国监管机构的考察中,不能仅仅关注证券监管机构的法律主体地位和组织形式,更为重要的是证券监管机构内部组织、人员、经费、执法措施等方面的制度经验及其对证券监管机构的独立性、权威性和公信力的影响。

三、中国证券监管机构的法律变革

(一)对我国现行证券监管机构法律属性的检讨

20 世纪 80 年代,我国证券市场成立之初,主要是由中国人民银行作为证券业的主管机关。此外,体改办、计委等也都对证券市场拥有一定的话语权。1992 年 10 月,国务院证券委员会和中国证券监督管理委员会宣告成立,前者负责对证券市场进行宏观管理,后者则是执行机构。1995 年 3 月国务院确立证监会为国务院直属副部级事业单位。同年 11 月,原由中国人民银行监管的相应证券经营事项也划归证监会负责。1998 年 9 月 30 日,国务院办公厅发布了《中国证券监督管理委员会职能配置、内设机构和人员编制规定》(以下简称"三定方案"),即"定职能、定机构、定编制"的"三定方案"。

根据此“三定方案”的规定，中国证券监督管理委员会为国务院直属正部级事业单位，是全国证券期货市场的主管部门。1998年12月通过的《证券法》第7条则规定：“国务院证券监督管理机构依法对全国证券市场实行集中统一监督管理。”该条并未明确中国证监会是否为《证券法》中所称国务院证券监管管理机构。由于在《证券法》通过以前，作为国务院机构内部专门性从事证券监管的机构，证监会实际上已经开始履行其作为证券市场监管机构的职能，故《证券法》所称“国务院证券监督管理机构”实际上即是指证监会。另外，从法理上分析，《证券法》第7条的规定实际上是将国务院证券监督管理机关的认定权力授权给国务院。因此，证监会作为国务院证券监督管理机构的主体资格当无异议。证监会不仅拥有政府监管权，〔1〕而且拥有规章制定权，这就与其事业单位的法律性质相矛盾。根据《事业单位登记管理暂行条例》和《公益事业捐赠法》相关条文对事业单位的规定，我们可以将事业单位定义为：事业单位是依法设立的从事教育、科技、文化、卫生等公益服务，不以营利为目的的社会组织。可见，事业单位是为提供社会服务的，而非行使行政监管职能。在我国，证监会事业单位的法律属性与履行行政监管职能的矛盾是通过以下两种方式解决的：

1. 通过国务院授权解决其履行政府监管权的矛盾

事业单位行使政府监管权只能来自授权，这在行政法上，被称为法律、法规授权组织。以此为前提，中国证监会作为政府监管机构的法律障碍基本上被排除。当然，证监会作为国务院下属事业单位，其政府监管权的获得只能来自《证券法》、“三定方案”等法律、法规的授权。在没有相关法律、法规授权的情况下，证监会不得行使相应职权。

有学者提出，中国证监会现在行使的行政管理权，究竟是行政机关授权，还是立法机关立法规定？从国务院“三定方案”看，应是前者；从《证券法》规定判断则又是后者。如果是前者，当行政相对人对证监会的行政处罚不服而提起行政复议或行政诉讼时，根据相关行政法的规定，则作为委托机关的国务院当为行政复议的被申请人或者行政诉讼的被告。〔2〕另外，如果中国证监会及其工作人员在行使职权时，一旦侵犯了公民、法人或其他组织

〔1〕 亦即许多学者使用的“行政监管权”，为了和本文前述“理论基础”部分相统一，故称“政府监管权”，二者并无实质性差异。

〔2〕 如《中华人民共和国行政处罚法》第18条第2款规定，委托行政机关对受委托的组织实施行政处罚的行为应当负责监督，并对该行为的后果承担法律责任。

的合法权益并造成损害的,根据《国家赔偿法》相关规定,作为委托机关的国务院当为赔偿义务人。[1] "果真如此,势必在司法实践中和法律逻辑方面出现令人十分尴尬的局面。"然而,在监管实践中所发生的行政诉讼,被告均为中国证监会,因而该授权,应当视为《证券法》的立法授权。因为被法律、法规授权的组织在行使授予的行政权力时侵犯公民、法人和其他组织的合法权益造成损害的,被授权的组织为赔偿义务机关。[2]

2. 通过《立法法》解决其规章制定权的矛盾

根据国务院"三定方案"及《证券法》的规定,作为事业单位的中国证监会不仅享有行政监管权,而且还享有规章制定权。然而,按我国《宪法》精神,制定规章的专有权属国务院各部、各委员会。[3] 换言之,我国《宪法》仅赋予国务院各部、各委员会的规章制定权,而并未授权非部委机构和事业单位制定规章。因此,赋予中国证监会规章制定权的做法与宪法有些抵触。这种抵触或者矛盾,在我国《立法法》出台前的确存在。但是,2000 年 3 月 15 日,第九届全国人大会通过的《立法法》解决了这一矛盾,《立法法》将规章制定权主体扩大为国务院各部、委员会、中国人民银行、审计署和具有行政管理职能的直属机构。其中,"具有行政管理职能的直属机构,"是指按照国务院的规定在特定领域行使行政管理职能的国务院的直属机构,包括直属事业单位如中国地震局、中国气象局、中国证监会、中国银监会等。因此,中国证监会作为"具有行政管理职能的直属机构"即可直接作为拥有规章制定权的行政主体。

通过以上两点分析,可见中国证监会作为国务院直属事业单位而行使政府监管权,无论从逻辑上还是在法理上都是说得通的,学界不必过于纠结事业单位与政府监管权之间的冲突。同时,我们也不能满足于上述能够自圆其说的解释,而是要检讨当初这种设置的目的何在?这一设置与《证券法》的立法宗旨和立法意图相匹配吗?否则对于不能够实现立法目的的制度,就有变革的必要。对于国务院"三定方案"将中国证监会界定为国务院

[1] 参见《中华人民共和国赔偿法》第 7 条第 4 款的规定,受行政机关委托的组织或者个人在行使受委托的行政权力时侵犯公民、法人和其他组织的合法权益造成损害的,委托的行政机关为赔偿义务机关。

[2] 参见《中华人民共和国赔偿法》第 7 条第 3 款的规定,法律、法规授权的组织在行使授予的行政权力时侵犯公民、法人和其他组织的合法权益造成损害的,被授权的组织为赔偿义务机关。

[3] 《宪法》第 90 条第 2 款规定,各部、各委员会根据法律和国务院的行政法规、决定、命令,在本部门的权限内,发布命令、指示和规章。

直属事业单位的目的或用意，至今未见官方正式的权威解释。学界比较多的看法是，由于受到了前述世界发达国家和地区独立监管机构立法潮流的影响，而试图将证监会设计为一种相对独立的监管机构。这也是笔者的观点。在我国法人类型有四种：机关法人、事业单位法人、企业法人及社会团体法人。在不希望将证监会制度安排为传统行政机关的情况下，按照我国的法律文化，选择事业单位法人更为合适，便于体现其行使证券监管权的相对独立性。不仅如此，证监会还采用了境外独立监管机构所通用的名称“证券监督管理委员会”，[1]而这种名称此前并不用于国家行政机关序列之中。特别是2005年修订后的《证券法》赋予了国务院证券监管机构广泛的职权，其中的“准司法权”是体现独立监管机构独立性最明显的标志，这也足以表明我国立法机关欲将我国证券监管机构定性为政府独立监管机构的价值取向。

就一定程度而言，证监会事业单位的属性，可以保证其在行使证券监管权上具有一定的独立性。证监会及其派出机构根据授权行使政府监管权，可以避免行政组织规模无限扩大，有助于增加监管灵活性，提高监管效率，节省监管费用。尤其是证券监管具有较强的专业性和技术性，授权证监会负责证券市场监管，也符合行政事务社会化的发展趋势。但是，这种授权行使监管职权的模式在监管权力的分配上，存在一些固有的缺陷。一方面，《证券法》授予证监会的职责范围相当广泛，一旦监管权力行使不当，容易发生监管失当的问题。另一方面，随着我国证券市场的进一步发展完善，很多新现象、新问题层出不穷，由此需要监管部门履行新的监管职责。由于证监会的职权来自法律法规授权，如果法律法规未明确授权对特定事项的监管权，在法理上证监会就没有对这些新现象、新问题进行监管的权力。这就会造成监管缺位的问题。从未来我国金融发展的角度，证监会事业单位属性已经越来越不能满足我国证券监管的需求，因而有必要从政府独立监管机构的视角，对中国证监会的主体性质和法律地位进行重新定位。

(二)对中国证监会的主体性质和法律定位的新思考

对证券监管机构法律性质的定位是一项复杂的系统工程，不仅仅涉及

[1] 当然，这里的“委员会”仅仅是徒具名称而已，在证监会的实际运行中实行的是主席负责制而非委员会制，对此后文再述。

证券监管机构自身性质、人员、经费等制度的变化,更主要的是其必将对我国证券市场造成深远的影响,因为变革监管机构的目的就是为了其能够更好地适应证券市场,为证券市场的良性运行而保驾护航。因此,在制度设计中,需对相关因素进行全面的考察和衡量。

1. 历史和国情

不可否认,在我国早期证券市场建设中,行政力量主导的监管方式在短时间内可以保证证券市场的平稳健康发展。但是,随着我国证券市场的进一步发展,中国证监会由于其"事业单位法人"的法律性质,使其独立性和公信力备受质疑。特别是在当前经济全球化、金融领域竞争自由化的背景下,泛行政化式监管已经成为影响我国证券市场健康发展的一个重要因素。但是,鉴于长期以来我国监管机构行政色彩浓厚,且存在路径依赖现象,在中国泛行政化权力体制特征下,证券监管机构的行政色彩在短期内难以改变,行政力量主导证券市场运行所造成的路径依赖,[1]增加了进行改革的难度。这是我们在证券监管机构改革中需要特别注意的问题。因此,从我国国情出发,在现阶段可以寻求证券监管机构的"归位"和"放权"。第一,归位。证券监管机构仅承担证券行政监管的职能,在法律上明确规定证券监管机构作为行政机关的法律性质。避免当前证监会作为事业单位行使政府监管权的巨大局限性。第二,放权。将现有大量的监管职能下放至交易所、证券业协会等行业自律组织,并且明确这些自律组织享有依据法律授权的监管权力。

2. 适度监管的理念

在行政性监管思维下,我国对证券监管出现过度监管和监管缺位并存的情况。例如,一方面,在企业债券发行等领域,存在中国证监会、发改委和央行多头监管的局面,监管措施重叠。而另一方面,对一些金融创新产品仍缺乏充分的认识和有效的监管。对于监管理念的认识不清,直接影响到对证券监管机构法律性质的认识,容易导致陷入泛行政化管理的误区。因此,

---

〔1〕 美国经济学家、历史学家道格拉斯·诺斯(1920~2015)最先将"路径依赖"从单纯的技术角度转向更广的社会层面进行研究。他研究了不同社会的制度变迁和经济发展的关系,并从制度经济学的角度指出:当人们最初选择的制度变迁路径是正确的,那么沿着既定的路径,经济和政治制度的变迁可能进入良性循环的轨道,并迅速优化之;反之,则有可能顺着最初选择的错误路径一直走下去,并造成制度陷入无效率的状态中。这种无效率的路径依赖,是导致一些发展中国家政治与经济长期停滞不前的一个主要原因。参见曹瑄玮、席酉民、陈雪莲:《路径依赖研究综述》,载《经济社会体制比较》2008 年第 3 期。道格拉斯·诺斯在《经济史中的结构与变迁》一文中,用"路径依赖"理论成功地阐释了经济制度的演进,并因此获得 1993 年诺贝尔经济学奖。

监管机构需要树立适度监管的理念，减少对一些证券监管领域的行政化干预，这是进行改革的前提。

3. 以《证券法》的立法宗旨和价值取向为衡量标准

第一，关于《证券法》立法宗旨的衡量标准。《证券法》的根本宗旨应当是“保护投资者的合法权益”。然而，就目前的情形而言，我国证监会担负了太多的国家政治职能，而这些职能正是独立监管机构所忌讳的。不然，证监会一方面要履行证券监管职责，另一方面又负有某类政治使命，从而导致其处于“里外不是人”的尴尬角色，中国证监会主席也成了众矢之的，再更换也不起作用。例如，为了贯彻国家宏观调控政策，中国证监会就必须打击市场泡沫。这就使证监会职权的行使脱离了其应有的最主要目标——保护投资者的合法权益，而使其主要目标表现为维护国家经济秩序的稳定。因此，为实现《证券法》的立法宗旨其设置就应当重点放在监管权的独立性上，不受或者少受制于其他政府行政机关的牵制。第二，关于《证券法》对证券监管机构价值取向的衡量标准。如前所述，《证券法》赋予了国务院证券监管机构广泛的职权和具有独立监管机构标志的“准司法权”，表明了我国立法机关欲将我国证券监管机构定性为独立监管机构的价值取向。然而，通过二十多年的实践证明，现行事业单位性质的证监会与上述价值取向难以匹配。

4. 与资本市场其他金融监管机构的协作关系

从金融混业监管的角度出发，未来可以成立包括证券、银行、保险行业监管在内的综合性政府监管机构，对资本市场实行统一监管，减少原有的资本监管协作中出现的矛盾和冲突问题。

（三）关于我国证券监管机构法律制度的具体安排

结合我国国情，我国证券监管机构的法律变革可以在一定程度上借鉴美国 SEC 和德国 BaFin 模式，同时参考其他典型国家（地区）在制度建设方面的先进经验，将中国证监会定性为具有一定独立性的行政机关，即具有独立监管机构特征的法定特设机构。具体包括以下几个方面：

1. “中国证监会”法定

“中国证监会”法定是指将“中国证监会”的名称、法律性质、组织机构及监管职能全部明确载入《证券法》，这既是各国证券法的通行做法，也是我国证券市场法治化的内在要求。但是，我国现行《证券法》没有具体规定监管机构的名称，而只是以“国务院证券监督管理机构”这样一个笼统的概念来指代证券监管机构,这种弹性规定使证券监管机构既可以是单数也可以是复数。有人认为:这样规定比较有弹性,监管机构用什么名称,其法律地位如何,有什么职权等问题,涉及较复杂的行政或政治体制改革层面,《证券法》不便作出具体规定。[19]笔者认为这不符合我国证券市场法治化的内在要求,《证券法》作为国家的基本法,其本身就要体现行政或政治体制改革的成果,同时对行政或政治体制改革又要具有推动性和前瞻性。另一种认识乃是认为人民银行、发改委等也对证券市场,特别是债券市场有一定的监管权,因而用一个模糊性的集合概念比较合理。其实,对于如人民银行、发改委等其他对证券业的非主要监管机构在某种范围内享有证券监管权,证券立法可以规定国务院以授权的方式来实现其行使相应的监管职责。这样一来远比现在的笼统规定透明化、法治化。

然而,从2015年公布的《证券法》修订草案来看,证券监管机构的立法改革并未纳入《证券法》的修订中,而“中国证监会”入法更是谈不上,因而笔者在此郑重呼吁尽早在证券基本法中修改证券监管机构的相关规定,“中国证监会”入法也势在必行。

2. 将“中国证监会”定性为法定特设监管机构

在组织性质上,《证券法》应当明确中国证监会为法定特设监管机构,其法律性质为行政机关而非目前的事业单位性质。理由如是:第一,如前文所述,由专门性的独立监管机构对证券业进行证券监管是市场经济国家一种普遍的做法。在证券市场上参与主体众多,特别是在我国,大量的上市公司为国有控股公司,其中不少公司有十分强大的政府部门背景,改由一个独立的权威的监管机构行使证券监管权十分必要。法定特设监管机构可以摆脱行政层级的影响和被监管者的影响,独立地依据法律来对监管事务作出决定。尽管从法律属性上讲,法定特设监管机构具有行政机关的性质,但是其与一般行政机关重视层级关系不同,法定特设监管机构更符合独立监管机构的特征,它不是事业单位,也有别于一般的行政机关。第二,证券监管的专业性与政策的连续性要求其监管机构为具有独立性的法定特设机构。证券市场作为现代金融市场的重要组成部分,复杂程度高,对国民经济影响性大,对其进行监管需要极强的专业性和技术性。第三,证券监管权的统合性或曰综合性,要求其行使主体为具有独立性的法定特设机构。即法定特设机构不仅依法享有政府监管权,而且还依法享有规章制定权和准司法权。这些职能是传统行政机关所不具备的。这也是独立监管机构标志性的特征。对此前文已作详细论述,在此不再赘述。

最后需要指出的是,待将来时机成熟,可参考英国、德国、日本、我国台湾地区等国家和地区金融混业监管的经验,建立统一的行政性金融监管机构,从而减少不同金融领域监管机构之间的行为冲突。

3. 落实委员会制

即改目前的主席负责制为委员会负责制。主席负责制的弊端在于其导致证券监管的行政性色彩浓厚,不能适应现代金融监管独立性与权威性的要求。而考察各国证券监管机构的组织形式,基于专业性和独立性的要求,大多数国家如美国、德国、英国的监管机构采取的是委员会或董事会制,委员人选由不同机构的人员担任。在委员会中不仅有来自行政机关的代表,还有一定数量来自受监管对象、中介机构、自律机关组织、学术机构等群体的代表。这样一方面可以增强证券监管机构的专业性、权威性和独立性;另一方面既可群策群力,又可防止出现"一言堂"的专制情形。

4. 经费来源上的改革

法定特设机构在经费来源上,可参考前述德国 BaFin 模式。前述德国、英国和我国香港地区在内的证券监管机构均将注册费用、部分交易费用及其他费用的收入作为监管机构的经费来源,不依赖于国会或政府拨款。在我国改革后的机构亦可实行将部分注册费用、交易费用及其他费用的收入作为证监会的经费来源。这样一方面,能够增加证券监管机构的独立性,实现经费自给自足,从而减少行政性干预;另一方面,证券监管机关还可以通过调整相应费率达到调控证券市场相应行为的目的,增强其监管的灵活性。在证券市场透明化的要求下,这些证券监管机构也会积极披露经费使用情况,以增强证券监管机构的公信力。[1] 依照目前我国现有的财政收支体系,一方面证监会的经费来源主要依赖于财政拨款,另一方面其主要收入则必须上缴财政。这在一定程度上造成事权和财权的不匹配,因此,将来我国证监会一旦定性为法定特设机构,即可考虑将注册费用和部分交易费用及其他费用收入直接纳入证监会的经费来源,增强证券监管机构的独立性,减少对行政拨款的依赖,解决事权和财权的匹配的问题。

---

〔1〕 SEC 每年均需披露其经费使用及资产负债情况,参见 http://www. sec. gov /about /annrep. shtml。

5. 完善对证券监管权的程序性制约制度

法定特设机构依法享有对证券业的独立监管权,权力相对比以往更加集中,因此,完善对其程序性制约的制度意义重大。具体需从两方面着手:第一,加快"行政程序法"的立法进度,这不仅是证券监管领域监管执法的需求,同时也是我国各个领域依法行政的需要。遗憾的是我国"行政程序法"立法进程不尽如人意,呼吁加快立法进度。第二,完善《证券法》中对我国证券监管机构所规定的监督与制约制度,归纳起来主要包括以下内容:[1](1)审计监督,即国家审计机关对中国证监会依法进行审计监督。(2)公开要求。中国证监会依法制定的规章、规则和监督管理工作制度应当公开;中国证监会依据调查结果,对证券违法行为作出的处罚决定,应当公开。(3)保密义务。中国证监会对公司依照法律、行政法规规定必须作出的公告,在公告前不得泄露其内容;中国证监会工作人员依法履行职责,进行监督检查或者调查时,应当出示有关证件,并对知悉的有关单位和个人的商业秘密负有保密的义务。(4)禁止行为。参与注册股票发行[2]申请的人员,不得与发行申请单位有利害关系,不得接受发行申请单位的馈赠,不得持有所核准的发行申请的股票,不得私下与发行申请单位进行接触;中国证监会工作人员在任期或者法定期限内,不得直接或者以化名、借他人名义持有、买卖股票,也不得收受他人赠送的股票;证券监督管理机构工作人员禁止从事内幕交易;禁止证券监督管理机构及其工作人员在证券交易活动中作出虚假陈述或者信息误导;中国证监会工作人员必须忠于职守,依法办事,公正廉洁,不得利用自己的职务便利牟取不正当利益;中国证监会的工作人员不得在被监管的机构中兼任职务。(5)法律责任。对违反法律规定的证券监督管理机构及其工作人员,追究相应的行政、刑事责任,证券监督管理机构工作人员进行内幕交易的从重处罚。(6)复议和诉讼。当事人对中国证监会处罚决定不服的,可以依法申请复议,或者依法直接向人民法院提起诉讼。通过行政复议和行政诉讼的途径,以使上级行政机关和审判机关对证券监管机关的具体行政行为予以监督和制约。

---

[1] 相关内容参见李东方著:《证券监管法律制度研究》,北京大学出版社 2002 年版,第 98 ~ 99 页;另参见《证券法》第 9、23、43、71、74、78、181、182、187、199、200、202、207、227、228、235 条。

[2] 《证券法》修订草案已将股票发行核准制修改为股票发行注册制,根据相关文件的精神修订后的《证券法》实行注册制是可以确定的。

四、结语

通过对美英德日等典型国家和我国港台地区相关制度的考察,可以看出证券监管机构行使的证券监管权与政府监管权一脉相承,在复杂市场经济运行的条件下,市场需要具有相对独立性的政府监管权具体作用于市场主体,这一特点在证券市场体现得尤为突出。然而,我国在证券监管机构制度的安排上有着先天的不足,证券最高监管机构"中国证监会"并非法定(指国家基本法),而是通过国务院的"三定方案"将其定性为正部级事业单位,不仅法律地位不独立,而且担负了太多的国家政治职能,致使其角色尴尬。因此,对中国证券监管机构的法律变革势在必行。"中国证监会"法定化,即将其直接纳入《证券法》规范也应当提上议事日程。具体而言就是将中国证监会定性为法定特设监管机构,落实其委员会制度,在经费来源上将注册费用和部分交易费用及其他费用收入作为证监会的经费来源,减少其对行政拨款的依赖,实现事权和财权相匹配,从而增强证券监管机构的独立性。最后需要强调的是,证券监管权的独立性与程序制约性是一块硬币的两面,两者必须同时存在,因此,必须完善对证券监管权的程序性制约制度。

金融的"民间"范式

林越坚*

毕竟,现代的奠基人不仅有笛卡尔,还有塞万提斯。

——米兰·昆德拉:《小说的艺术》

内容提要 对民间金融的界定采取单一的主体标准或"游离于中央银行或监管当局之外"标准或有失偏颇。市场化意义上的民间金融不是自然形成的,而是国家干预的产物。民间金融的"民间性"不应止步于"非官方""非正规""老百姓的",或是"私有的""分散的"之类的泛泛认知,应当提升到"反规制性"层面作进一步厘清。"反规制性"根本上在于对中心威权架构的"背离","去中心化"才是民间金融"民间性"的真谛所在。由此,民间金融本质上是一种"去中心化"金融,亦即金融的"民间"范式,所对应的规制模式亦应选择有别于正规金融规管架构的协同规制模式。

关键词 民间金融 范式 民间性 去中心化 协同规制

2011 年,温州、鄂尔多斯等地经历了一场从金融澎湃

* 林越坚,西南财经大学法学博士,温州市人民检察院副检察长。

接踵而至的信用坍缩,中国金融的"民间"范式赫然浮现继而按照自身的逻辑展开演绎。"民间"范式的"野蛮生长"裹挟着群情的悲欢激昂、融资丑闻的肆虐和司法诉讼的飙升,特别是四川汇通、云南泛亚和安徽钰诚("e 租宝")等大规模危机事件的相继爆出和发案区域的扩散,勾勒出一幅独具特色的斑斓图景。

"旧时王谢堂前燕,飞入寻常百姓家。"中国金融长期处于严格管制的状态,非金融主体之间的借贷一度为法律所抑止。尽管 2005 年中国人民银行就在《2004 年中国区域金融运行报告》中辟出专栏明确提出"要正确认识民间融资的补充作用",近十年中国经济的高速发展和科技金融的迅速崛起也已带来中国金融格局的深刻变化,但法律层面的肯认应是 2013 年首部关于民间融资的地方性法规《温州市民间融资管理条例》及 2015 年关于民间借贷的司法解释出台,可谓姗姗来迟。

何谓"民间金融"?民间金融的"民间性"到底指的是什么呢?是仅仅指"融资主体的非金融性"?还是如世界银行所界定的——"没有被中央银行或监管当局所控制的金融活动"?一方面,单一的主体标准显得过于狭隘。2008 年金融危机之后,主导的监管理念已是穿透主体的法律形式走向实质监管,因为不同类别的金融主体完全可以在合法形式的掩蔽下暗通款曲。另一方面,"非监管"标准则过于泛化而且边界不清。"非监管"显然不等于不进行任何的规范和监督,而中央银行之外的其他公共机构介入规范和监督如何能归入民间金融则语焉不详。

从金融监管的历史来看,中央银行制度的普遍确立是现代金融监管的起点,亦即正规金融的监管正是导源于中央银行这样一个中心威权架构。而当正规金融市场伏于这一架构之下时,或隐或现游离于这一架构的"反规制"市场亦随之而生,也就是我们通常说的"非正规金融""地下金融""民间金融"等。申言之,市场化意义上的民间金融不是自然形成的,而是国家干预的产物。这样看来,民间金融市场的缘起似乎恰恰印证了卡尔·波兰尼早在 1944 年出版的巨著《大转型》中提到的"国家干预创造市场论"的著名主张。所以,民间金融的"民间性"不应止步于"非官方""非正规""老百姓的",或是"私有的""分散的"之类的泛泛认知,应当提升到"反规制性"层面作进一步厘清。"反规制性"根本上在于对中心威权架构的"背离",就是对于现代性时空下集权化、强化形式监管的"背离",其精髓在于"去中心化"。值得注意的是,"去中心化"并不等于绝对的"无中心","去"只是代表一种张力和取向,即便是被公认为去中心化结构典范的互联网,实证层面也是去中心化与中心化同时存在,去中心化与中心化的关系是辩证统一的。正规金融与民间金融正是在对中心威权架构的"趋"与"去"的取向上彰显分野,"去中心化"才是民间金融"民间性"的真谛所在。鉴于这一认知,以"去中心化"为本性的互联网金融亦应归入民间金融范畴。

那么,"去中心化"的民间金融在监管层面又有何特色呢?通常金融界指称的监管一词具有浓厚的"中心威权"意味,而对于"去中心化"金融,引进更为泛义的"规制"概念或更为适宜。尽管学界一般狭义地将规制理解为社会政治领域公共机构对社会活动的管控,但规制实则是一个含义广泛的词汇,可用来指称任何形式的行为控制。更为关键的是,规制的范畴并不囿于"集中的"(centralised,即中心化的)命令——控制型的传统方式,还包含了"分散的"(decentralised,即去中心化的)这一新兴方式。后者主要依从一套具有服务功能(facilitative function)的制度化安排,这些安排以提供当事人双方相互间的权利和义务以及私人合意主导(或必要时的法院介入)为特征。[1] 由此可见,引入规制一词拓展了监管的涵义,超越了命令——控制型的传统范式,这为在现代反思型治理语境下基于开放包容理念发展起来的更多非威权化的、非等级的规范整合形式,诸如激励型的、商谈合意型的、结构耦合型的甚至协同共享型的方式创设了概念空间。

中心化与去中心化,集权监管与去中心化规制的张力本质上是一种现代性向后现代演化中的紧张关系。正如吉登斯所论,现代性在于与传统的断裂且在这种断裂后建立起一种"后传统秩序"。[2] "后现代"则在于对现代性的"解构",生成一种新的范式。这一解构应是肇端于人类向信息社会的进化。尽管学术界没能给出信息社会开始的准确时点,但从 20 世纪六七十年代网络科技的诞生如今算来也有四十多年的历史了。这一时期的嬗变是在工业社会的基础上形成了一个崭新的社会形态——丹尼尔·贝尔称之为后工业社会,吉登斯和贝克称之为风险社会,鲍德里亚称之为消费社会,卡斯特称之为网络社会。这一社会形态从 20 世纪 70 年代的初露端倪直至今日已逐渐明朗。正如凯文·凯利在《失控》一书中指出的那样,工业社会

〔1〕 参见[英]安东尼·奥格斯著:《规制:法律形式与经济学理论》,骆梅英译,中国人民大学出版社 2008 年版,第 1~3 页。

〔2〕 [英]安东尼·吉登斯著:《现代性的后果》,田禾译,译林出版社 2000 年版,第 3 页。

是金字塔结构、中心化控制和标准化统合,而信息社会则是网状分布式架构、去中心化连接以及非标准、弥散化和自组织。信息时代,无形的连接关系贯穿了整个社会。诚如米歇尔·福柯的感言,“我相信,世界更多的是能感觉到自己像一个连接一些点和使它的线束交织在一起的网,而非像一个经过时间成长起来的伟大生命。”[1]德国大哲尼克拉斯·卢曼则早在20世纪70年代就洞见了社会形态的未来走向,“随着复杂性的增加,社会越来越不能保证,所有子系统在同样的结构下以同样的形式运行……整合必须更多地由此而被促成……”“功能分化要求整合机制从整个社会层面转移到子系统层面。”[2]这样,人类社会从工业时代借助“符号信任”与“专家信任”建构起来的摆脱地方性网络而使社会系统跨时空延续的“脱域”,如今又蜿蜒进化到一种新的系统语境下的“地方化”。于是,那种等级统一性趋于消解,异构非等级的去中心化或多中心连接大行其道,但这种“地方化”已不同于传统社会纯粹空间“在场”意义上相对稳定的“地方化”,它是系统意义上时空一体的新“地方化”——“场景化”。易言之,社会功能的复杂性分化促生了一个从科层范式转向扁平范式,中心转向去中心,现代转向后现代的宏大进程,社会的诸分系统亦概莫能外。

卢曼的社会理论为我们理解子系统整合的后现代范式提供了重要的认知进路。从理论系属来看,卢曼的社会理论属于涂尔干—帕森斯的结构功能主义传统一脉,但理论渊源极其复杂,不仅包含了胡塞尔的意识现象学,还广泛吸收了马图拉纳与瓦芮纳的生物自创生理论、福斯特的二阶观察理论和乔治·斯宾塞·布朗的界分理论及形式法则的研究成果。卢曼跟随帕森斯学习过一段时间,应属于功能主义者,但卢曼却更强调自己是一个系统论者,系统是整个卢曼理论的出发点,系统—环境的二分视角则是其基本的认知框架。在该框架下,系统与环境的区分是基本的区分,即任何一个系统的结构和过程只有在与环境的关联中才有可能存在和被理解。如果一个系统的环境中还存在许多其他系统,这些系统之间也能构成互为环境的关系。社会演化的基本动力在于系统需要通过降低其所嵌入的环境的复杂性才能满足主导的功能必要条件,从而维系自身的生存与发展;而当系统不能承受日益增加的复杂性压力而崩溃时,就会由新的社会系统取而代之,从而形成

〔1〕[法]米歇尔·福柯:《另类空间》,王喆译,载《世界哲学》2006年第6期,第52页。

〔2〕Niklas Luhmann, Funktion der Religion, Frankfurt: Suhrkamp, 1977, S. 243.

新的范式。具体说来,为应对环境复杂性的压力,系统先要不断发展出一种系统内部的分化机制增加自身的复杂性以降低系统生存的环境复杂性,才能免予系统与环境相混淆。这种内部分化实际上也就是系统—环境的区分在社会系统内部的一种再入(re-entry),这种再入使社会系统依据不同原则分化成诸多子系统。如前所述,子系统之间亦可形成互为环境的关系。"……所有的社会子系统……不仅必须适当地实现自己的功能,而且也必须作为其他系统的社会环境,为了它们在功能和结构上的成效而处于富有意义的协调关系中。"[1]所以,系统降低环境复杂性的过程中选用各种方式和手段不断发展各种内生机制其实就是一个子系统不断结构化(konstruktivismus)整合的进程。结构化其实是系统通过内部分化整合进行再建构以化约复杂性的过程。而结构化最终达成"富有意义的协调关系"就是协同,结构化的过程就是达致协同的过程。

协同的思想源远流长,与中华古代哲学中的"和"文化相融相通,"和"就是把性质不同的事物结合在一起,产生新的事物。但作为一门现代学科的协同学(Synergetics)则是从20世纪70年代发展起来的一门新兴的交叉学科,横跨自然科学和社会科学,它研究一个开放系统通过内部的子系统之间的协同合作形成宏观有序结构的机理和规律。值得注意的是,协同学创始人哈肯对协同和协同学的界定深具子系统去中心化整合的意味,"协同学是一门横断科学,它研究系统中子系统之间是怎样合作以产生宏观的空间结构、时间结构或功能结构。它既处理确定论过程也处理随机过程。"而这里说的"空间结构、时间结构或功能结构",就是属于"自组织"的系统整合范畴。子系统的整合其实是协同学的本然视角。从这个角度而言,协同并不仅仅是一种结果状态,它还表达一种过程、一种范式、一种方向、一种价值、一种理念,一种模型等,具有极丰富的多维含义。协同的总体格局正如《中庸》所云,"万物并育而不相害,道并行而不相悖。"

由此可见,"民间"范式下的金融与正规金融存在规制方式上的根本差异。正规金融的规制(监管)是仰赖一个具有指导功能(governing function)的更高控制主体为中心及强制性的公法工具作为主导实施的。而民间金融的规制则是通过子系统去中心化整合达致协同这样一个多中心治理的路径实现的,即便存在具有指导功能的更高控制主体,也是要参与到"局部结构

---

〔1〕 Niklas Luhmann, Rechtssystem und Rechtsdogmatik, Stuttgart: Kohlhammer, 1974, S. 88, Fn. 108.

化整合—系统化协同”的格局中去,而且在整合手段上也超越命令—控制型取向而更加多元。协同规制是一个系统论视角下开放的规制结构,是指多个涉规制的相关主体之间通过协调或合作,以结构化方式达成“富于意义的协调”,从而功效化地共同完成整合的使命。但如前所述,“去中心化”并不等于绝对的“无中心”,协同规制系统通常存在相对的中心化节点,能够以高阶意识主导完成系统的使命。正如克里斯塔基斯与富勒在《大连接》一书中指出那样,如果某个节点有很多相互连接关系,它与整个社会网络的连接程度就会增强,就具有更好的“中心性”。而拥有更好连接关系的节点,就会收获“少数人权力”效应。正是因为相对的中心化节点往往处于信息和资源中心的优势地位,使其能够在系统中承载指涉、定位、规划、分配、反思、协调等各种高阶意识的核心功能,好比计算机的“操作系统”。因此,国家在“去中心化”格局下的规制策略自然转向那些具有“权力效应”的中心性节点,实践中这往往导致社会政治领域“外部去中心化”(external decentralization)的产生。那就是公共机构将公共事务转移给一些半官方或私人的组织(相对中心节点),但同时保留公共性并在政治上承担责任。对各种委员会、半官方的协会,对集体合同的当事人或对地方的社会组织授权管理就是这种“外部去中心化”的例子。[1] 比如法国对于众筹平台借助市场主体力量的“双层监管模式”即为著例,这一模式下的平台中介是由专门的行业协会负责管理,而金融主管部门再对行业协会进行管理。区域金融危机后的温州民间借贷备案管理机构就是通过公共财政购买民企联合设立的民间借贷服务中心的公共服务实现的,这种“政府购买公共服务”的实践是在特定公共领域通过联合市场力量契约化地实现管理性目标的“外部去中心化”模式。“外部去中心化”本质上是一种公权与私权协同规制的典型模式,融入了开放治理的理念,但实际运作上有赖于一个良好的制度架构,以促使公共机构与社会组织之间形成理性的合作和制约,实现更加科学的协同。

由此看来,金融的“民间”范式就是一种“去中心化”范式,民间金融本质上是一种“去中心化”金融,对应的规制模式应是协同规制。将金融的“民

〔1〕 参见[德]贡塔·托依布纳:《反思性的法——比较视角中法律的发展模式》,祁春轶译,载[德]贡塔·图依布纳主编:《魔阵·剥削·异化——图依布纳法律社会学文集》,泮伟江、高鸿钧等译,清华大学出版社2012年版,第282页。

间"范式追随或适用正规金融类似的规管架构是否符合"去中心化"的本性颇值商榷。因为国家运用公众资源监管金融是有边界的,对于那些弥散于社会的、末梢化的民间融资,传统的监管可能会有帮助但未必能真正实现金融的潜能,尤其是金融的社会功能,为此我们还必须寻求不用付出昂贵代价的社会方式。从这一认知层面,金融的"民间"范式及对应的协同规制模式对处于深刻转型期的中国金融意义深远。

农村金融机构反洗钱实践困境及立法完善建议*

——以成都农商银行为例

肖　山**

内容提要　从当前洗钱案件来看，洗钱上游犯罪活动范围逐渐扩大，并开始向农村地区蔓延，农村反洗钱形势日益复杂，农村金融机构因其反洗钱风险防范体系相对薄弱，逐步成为洗钱分子用以清洗资金的渠道，对农村金融机构建立有效的反洗钱风险防控体系提出了非常紧迫的要求。本文从当前农村地区面临的反洗钱形势入手，以成都农商银行反洗钱工作实践为例，总结分析了当前农村金融机构面临的反洗钱难点及相关立法缺失和监管不足，并提出了相应的立法完善建议，以期为农村反洗钱工作提升及我国反洗钱法律法规体系完善提供有效帮助和借鉴。

关键词　农村金融机构　反洗钱　立法完善

---

* 本文主要根据成都农商银行参加中国人民银行反洗钱大额和可疑交易报告综合试点所取得的实践成果和经验来进行分析撰写，结合一线工作中所发现的问题和难点，对当前反洗钱立法提出相关完善建议。

** 肖山，成都农商银行合规总监，主要从事银行、保险等金融法律研究。

一、引言

习近平总书记在中央全面深化改革领导小组第三十四次会议上强调,要探索建立"以金融情报为纽带、以资金监测为手段、以数据信息共享为基础"的"反洗钱、反恐怖融资、反逃税"监管体制机制。[1] 可见,反洗钱在国家战略中的重要地位。近年来,国内外反洗钱形势日趋复杂,监管要求愈发严格;反洗钱工作有效性作为FATF[2]第四轮互评估[3]的重要内容,对各国现有反洗钱机制带来前所未有的挑战。由于农村金融机构客户群体、所处地域的特殊性,建立对其有针对性的反洗钱监管法规,提升其反洗钱工作有效性,对于维持金融安全和社会稳定、打击洗钱及上游犯罪、降低洗钱风险都具有非常重要的现实意义。但从目前来看,我国反洗钱法律法规体系建设与国际标准仍有差距,与国内打击洗钱犯罪现实需求之间也有差距,仍需进一步完善。

二、当前农村金融机构面临的反洗钱形势及特点分析

我国洗钱相关犯罪活动日益猖獗,广大农村地区和涉农金融机构也不能幸免。而且由于农村地区在经济、社会、文化、人口等方面与城市存在差异,其所面临的反洗钱形势也具有自身特点:

(一)洗钱犯罪活动逐渐向农村地区转移,反洗钱形势严峻

农村地区日益成为反洗钱的重要战场。与洗钱相关的很多上游犯罪如制贩毒、地下钱庄、非法集资、恐怖融资等,已逐渐将活动区域由城市向更加隐蔽

---

〔1〕 参见国务院办公厅《关于完善反洗钱、反恐怖融资、反逃税监管体制机制的意见》(国办函〔2017〕84号)。

〔2〕 FATF:反洗钱金融行动特别工作组(Financial Action Task Force on Money Laundering,FATF)是西方七国为专门研究洗钱的危害、预防洗钱并协调反洗钱国际行动而于1989年在巴黎成立的政府间国际组织,是目前世界上最具影响力、最具权威性的国际反洗钱和反恐融资领域的国际组织之一。其制定的反洗钱四十项建议和反恐融资九项特别建议(简称FATF 40+9项建议),是世界上反洗钱和反恐融资的最权威文件,对各国立法及国际反洗钱法律制度的发展发挥了重要的指导作用。截至2012年,金融行动特别工作组有34个成员国家(地区)。

〔3〕 2006年11月,FATF对中国的反洗钱、反恐融资工作进行了全面现场评估,同意中国成为该组织成员。2012年2月16日,FATF第二十三届全会表决通过中国反洗钱与反恐怖融资互评估后续报告,确定中国达标。中国是第十三个达标国家,也是达标国家中第一个达标的发展中国家。2018年FATF将对中国进行第4轮互评估。

的农村转移。以四川为例，川西高原地区[1]主要以农村为主，城市化率较低，兼有民族地区、宗教地区、贫困地区等特点，存在分裂、涉恐、涉毒等问题，反洗钱和反恐怖融资形势异常严峻。而在这些地区只有农行、农信社等少数涉农金融机构，在高寒缺氧的艰苦条件下，既要做日常业务，还要兼顾扶贫和维稳，且反洗钱人员配置不足。这种情况在西部"老、少、边、穷"地区比较普遍。因此，西部和农村是反洗钱和反恐怖融资形势最为严峻的一线，但资源配置相对于东部和城市形势相对缓和的地区更为紧张，这是一个亟待解决的问题。

（二）农村地区经济贫困，群众金融知识匮乏、法律意识淡薄

农村金融机构与农村、农民、农业紧密联系，在城乡差距尚未彻底弥合的今天，其所服务的地域经济发展相对不充分；面临的客户群体中高净值客户较少，基层农民群众多，金融知识较为匮乏，法律意识淡薄，对于不法侵害风险的防范意识及承担能力较弱。此外，由于农村地区多数年轻人外出打工，导致留守人群的文化层次不高，[2]其所能提供的身份信息和材料较为有限，因此，通过有限信息持续地识别洗钱风险对农村金融机构而言是严峻的挑战。农村金融机构是国家普惠金融政策的主要实践者和承担者，做好农村金融机构反洗钱风险防范工作，对于遏制广大农村地区洗钱犯罪活动的猖獗蔓延，维护金融安全和社会稳定，保护农民权益具有重大的现实意义。

（三）农村金融机构面临高危地下钱庄开户风险

洗钱分子在进行账户开立时，通常要精心筹划和选择。农村金融机构，特别是设置在偏远乡村的网点，由于各方面监控设施、人员素质与城市中心区相比较为落后，犯罪行为能够较好隐蔽，成为犯罪分子青睐的首选。成都农商银行反洗钱监测分析人员就曾发现有外省籍团伙在连续十几天内，围绕着成都二、三圈层郊县网点连续开立账户数十个，可谓"转圈开户"，但都不选择在中心城区开户，其偏爱农村地区网点的思路昭然若揭。此外，缺少防范意识的农民群体也是被犯罪分子所利用的傀儡账户的主要提供者，现代社会人们维护自身隐私安全的意识逐渐增强，犯罪分子可利用人群越来

---

〔1〕 主要指四川甘孜、阿坝、凉山等民族自治地区。

〔2〕 参见唐佐：《当前农村信用社反洗钱工作制约因素分析》，载《现代经济信息》2014 年第 12 期，第 368 页。

越少,于是便盯上更为偏僻落后的乡村,高价从农民手中收购身份证件和银行卡。目前发现很多地下钱庄账户来自农村,因此,做好农村地区金融机构的开户管理,是从源头遏制地下钱庄犯罪的重要方面。

(四)新型洗钱方式开始渗透农村地区

互联网的迅速发展和普及使基础设施相对不完善的农村地区,借此接入了广大的外部世界,互联网经济成为农村地区克服地理约束实现跨越式发展的利器。但互联网上也有形形色色的陷阱,包括各种与洗钱相关的犯罪活动。由于对农村地区的监管远没有城市监控严密,加上农民群众缺少对新兴移动金融平台的风险防范意识,使农村地区逐渐成为洗钱相关犯罪滋生的温床。例如,当前各类网上支付平台“支付宝红包”“微信红包”等形式的出现,大量红包群开始泛滥,有些是利用移动支付形式开展变相的赌博活动,甚至每日资金流可达上万元,而此类客户身份和可疑信息的识别环节仍存在一定漏洞,无法对可疑交易进行准确有效的识别。犯罪分子正是抓住了农村地区监管针对性不强,农民群体职业身份不透明、风险意识淡薄的弱点,进行洗钱活动,由此带来的是洗钱犯罪分子难以追查、交易资金链条难以追踪、上游犯罪资金来源难以查证等种种问题,给广大农民群众的财产安全带来极大威胁。

(五)农村金融机构在反洗钱工作开展方面存在的优劣势

客户身份识别是反洗钱工作的重点之一。农村金融机构广泛分布的物理网点,具有天然接近客户的有利条件,加上农村熟人社会的影响,利用与乡镇政府、村两委等基层组织的良好关系,可以有效了解客户真实情况。但同时,其劣势也显而易见,农村金融机构特别是乡村网点,往往业务功能单一,服务农村客户的功能不能完全有效发挥,合规反洗钱方面的资源配置更是落后。特别是反洗钱内控体系的建立和系统指标模型的建设需要长期的数据和经验的积累,而农村中小金融机构普遍缺乏自建系统的能力。有人行系统专家认为,村镇银行等农村金融机构也可采取租借或购买的形式来尽快建立健全反洗钱相关监测分析系统。[1] 但引进的系统即便很专业,也难免会出现一些

---

〔1〕 参见夏连国、胡文田:《新兴农村金融机构——村镇银行反洗钱业务监管的路径选择》,载《吉林金融研究》2011年第3期,第60页。

“水土不服”的与本行实际稍有出入的地方，对于这些方面，如果采取“一刀切”的监管措施，农村金融机构将面临较高的处罚风险。在很多方面，农村中小金融机构目前只能勉强解决从无到有的问题，进一步的提升还需要时间。

三、农村金融机构反洗钱实践案例分析——以成都农商银行为例

当前，农村反洗钱形势日趋复杂，农村地区洗钱犯罪呈上升趋势，加上农村地区金融监管针对性不强，洗钱风险产生的可能性更大，给农村反洗钱工作带来了严峻挑战，对风险控制体系较为薄弱的农村金融机构也提出了更高要求。在此背景下，成都农商银行近年来根据自身特点创新建立了反洗钱工作机制，取得了一定成效。但在整个反洗钱风险管理过程中也遇到了一些困境和难点，一定程度印证了当前农村中小金融机构反洗钱工作面临的复杂形势，结合以下的实例分析，希望为完善反洗钱立法和制度建设提供一些启示和参考。

（一）可疑交易报送情况分析

成都农商银行研发了集管理自主化、数据视图化、流程交互化、监控实时化等特点为一体的反洗钱智能监测系统，结合农村金融机构客户群体和业务特性自主建立了异常交易[1]监测指标和模型，重点突出农商银行服务“三农”的特点。结合系统预警和人工分析，及时甄别并向人民银行上报了有合理理由怀疑涉嫌洗钱或上游犯罪的可疑交易报告。[2]

通过图1可以看到，成都农商行从2014年到2017年上报的可疑交易报告数量逐年大幅增长，年均增长率超过90%，而期间可疑交易报告预警总量却减少了98.39%，侧面反映出反洗钱形势的严峻及上游犯罪的猖獗。

通过对近几年的涉罪类型进行分析，反映出成都地区农村金融机构可能面临的洗钱威胁呈现出阶段性和区域性特征：地下钱庄数量激增，体现出非法汇兑已成为当前热钱外流形势下主要的洗钱形式之一；毒品犯罪数量升高，反映出成都地区仍面临着严峻的毒品犯罪形势和较为突出的毒品洗钱风险；诈骗案件的增多反映出目前电信诈骗活动猖獗，手段不断翻新，诈骗洗钱风险猛增；非法经营案件呈现出手段新型化、多样化趋势；纳税企业

---

〔1〕“异常交易”是指客户交易的金额、频率、流向、用途、性质、客户身份信息、客户行为存在异常，有一定可能与洗钱、恐怖融资等犯罪活动相关的本外币资金交易。

〔2〕“可疑交易报告”，是指当金融机构按照中国人民银行规定的有关指标，或者金融机构经判断认为与其进行交易客户的款项可能来自犯罪活动时，必须迅速向中国人民银行或者国家外汇管理局报告。

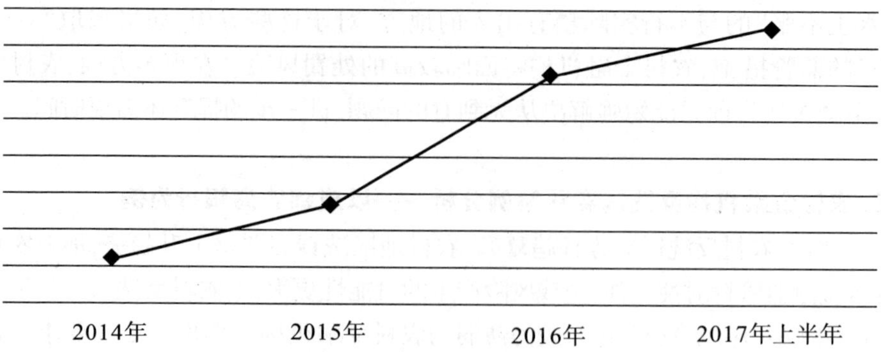

图1　可疑交易报告数量

逃税、漏税的风险逐渐增加;恐怖融资交易反映出成都地区当前依然存在的区域性恐怖融资形势;非法集资、信用卡套现等一直是频发的洗钱犯罪活动,反映出目前因经济金融环境不稳定、违约及道德风险凸显导致洗钱风险激增的整体趋势。

(二)客户身份识别难点分析

成都农商银行作为农村金融机构,重要职责包括支农、助农、惠农,承担了很大一部分农村地区政策性资金的代发工作,包括:耕地保护基金、粮食直补、林地补偿[1]等。这类政策性代发业务由于村、组委会工作人员反洗钱意识方面的欠缺,在收集客户信息方面与金融机构的契合度不高,导致客户信息存在不完整、错误的情况,如联系方式和实际居住地址的欠缺等。从近两年发现的异常交易中可以看到,补贴类的账户出现了疑似被出借、出租的情况,在对客户进行尽职调查的时候,却又因为联系方式和实际居住地址的问题增加了尽职调查的难度,或者说需要对客户账户做可疑交易报告时,又因为客户信息不完整增加了报送的工作难度。

(三)突出洗钱上游犯罪类型分析

成都地区跨境、跨地区地下钱庄洗钱活动日益猖獗,毒品犯罪形势也异

〔1〕 成都市耕保基金是成都市人民政府为严格保护耕地,提高耕地综合生产能力,根据《中华人民共和国土地管理法》、《中华人民共和国农村土地承包法》和《基本农田保护条例》有关规定建立的耕地保护补偿机制。粮食直补:全称粮食直接补贴,是为进一步促进粮食生产、保护粮食综合生产能力、调动农民种粮积极性和增加农民收入,国家财政按一定的补贴标准和粮食实际种植面积,对农户直接给予的补贴。林地补偿:指对征用、占用的林地实施的补偿,我国现行法律法规中没有关于征占用林地的统一补偿标准,《土地管理法》第47条规定,被征收土地上的附着物和青苗的补偿标准,由省、自治区、直辖市规定。

常严峻,非法经营、非法集资、电信诈骗、涉恐、涉税等可疑交易行为也依然是洗钱犯罪的主要类型和甄别重点。

案例1:地下钱庄可疑行为特征

此类可疑交易特点多为外省人员在农商行、村镇银行等农村中小金融机构批量小团体式开卡,开户时间、开户机构集中,开户后存在小额测试交易,经过一段沉睡期后开始境外大量取现,资金快进快出,且刻意规避国家外汇管理部门对外币结售汇的金额限制。如A客户等人居住当地村镇有他行营业网点,却舍近求远专程前往1小时车程外的银行开立白金卡,因为贵宾卡在跨境、跨行ATM取现手续费方面有一定的减免优惠,目标明确,不符合农民客户对金融产品的认知程度;ATM取现地均为境外,持续近1个月,不符合一般内地游客前往国外旅游的时间跨度,且取现金额接近外管局单日单卡取现限额。

案例2:毒品犯罪可疑特征分析

目前发现,在农村养鸡场、养猪场等掩盖下从事非法制贩毒犯罪的情况不在少数。四川广元农村地区发现的"养鸡场"涉毒案件,即为农村养鸡场场主在向当地农村金融机构申请了用途为养鸡的贷款后,却将鸡场设施以数倍租金转租给外地租户用于制毒,在其申请提前还款时,该金融机构通过分析其经营情况及账户余额判断其还款来源可疑,继而发现此制毒窝点。实践中发现,涉毒可疑交易的主要特征是交易时间异常,资金呈现分散转入、集中支取特点,交易金额异常、交易渠道多为非柜面交易。

通过以上可疑案例反映出,犯罪分子手法越来越多样化,而中心城市反洗钱监管的趋严也促使犯罪分子将目光开始转向监管薄弱的广大农村地区,越是偏远落后的地区越易成为洗钱犯罪分子的温床,因此,农村金融机构目前面临着高危洗钱风险,应当引起高度重视。

此外,随着互联网经济的飞速发展,资金转账结算日趋方便快捷,带来了潜在的巨大的洗钱风险。目前,成都农商银行在可疑监测中已发现,出现大量犯罪分子利用第三方支付机构划转资金,但金融机构对资金实际来源和去向难以追查,导致该类可疑案例的分析面临较大难度。

四、我国反洗钱法律体系的现状与不足分析

我国反洗钱法律制度建设始于20世纪90年代,随着2006年《反洗钱法》的正式颁布,多项监管法规的陆续出台,我国反洗钱法律法规体系逐步完善。但是,面对目前不断变化的农村地区反洗钱新形势及新型业态的出

现,现行反洗钱法律法规存在部分立法缺失或空白等问题,亟待更新补充。通过对农村地区反洗钱形势及实践案例的分析,可以看出我国现行反洗钱法律、法规存在不足。

(一)现行反洗钱法主体范围不符合我国当前反洗钱工作实际

随着城市地区反洗钱体系的日渐完善和对其监管的日趋严格,洗钱风险开始向洗钱风险防控体系薄弱的农村地区转移,诸如四川广元"养鸡场"制毒案、广东陆丰"特大毒品案"、农妇开办空壳公司洗钱89亿元等农村地区要案频发,这些案件多以农村经营主体为掩饰从事洗钱或上游犯罪活动,如何完善农村地区反洗钱防控体系已尤为迫切。从案例来看,农村反洗钱义务主体和监督主体方面还存在缺位,应纳入除金融机构以外的多个主体参与反洗钱工作,扩大反洗钱监控范围。国务院新出台的相关文件也明确要成立由反洗钱行政主管部门、税务、公安、司法、国安等机关及其他行政机关、监督管理机构等多部门共同组成的反洗钱工作组,定期开展洗钱和恐怖融资风险评估工作。[1] 而现行《反洗钱法》的主体适用范围却未对应当履行反洗钱义务的基层非金融机构的范围和义务作出明确规定。应当说,基层农村组织对当地形势及人员是最为了解的,将其纳入反洗钱主体范围对于客户身份的有效识别,农村地区反洗钱工作都具有重要的促进作用。

(二)现行反洗钱法律、法规缺乏对新业态的规范指引

互联网新业态的快速发展,为洗钱分子提供了便捷的新渠道,风险极为突出。四川甘孜农村地区就出现了专门从事挖矿(即通过特殊算法获得比特币)的"矿场"。[2] 由于甘孜拥有大量富余水电资源、小型水电站众多且便利、气候环境适宜、大渡河沿岸交通便利等特点,"矿场"往往扎堆甘孜偏远地区。比特币矿场的快速发展存在巨大的风险隐患:比特币交易具有匿名性、隐蔽性、实时性的特征,交易过程难以完全监测和追踪,为从事洗钱等非法交易提供了场所;比特币平台用户利用跨境流通便利性可轻松规避购汇额度;比特币在一定程度上冲击了主权货币的地位,有的犯罪分子以"虚

---

〔1〕 参见国务院办公厅《关于完善反洗钱、反恐怖融资、反逃税监管体制机制的意见》(国办函〔2017〕84号)。

〔2〕 比特币"矿场"是指具备一定规模的比特币挖矿企业。参见《四川反洗钱工作简报》2017年第6期。

拟货币”的名义进行投机，损害了公众利益和人民币的合法地位。除此之外，如前述微信红包等形式，聚集了大量的第三方资金，但却不受法律限制，[1]现行反洗钱法律、法规缺乏对互联网相关新业态的规范性指引，缺少对运营商、监管责任等的详细界定，未发挥出在新环境、新形势下对农村地区反洗钱工作的导向性作用。

(三)现行反洗钱法律法规体系缺乏对农村金融机构的针对性、激励性措施

当前洗钱形势的快速演变需要金融机构动态、持续地对洗钱风险进行评估、识别和管理，大部分农村金融机构由于受客户群体、业务规模的影响，整体风险管控相对薄弱，在满足合规反洗钱要求方面，更是存在自身困难，导致其在反洗钱工作的转型与变革上相对缓慢、滞后。监管的一视同仁，欠缺对农村地区和农村金融机构所面临的特殊困难及其所承担的特殊使命和艰巨责任的考虑，未充分考虑出西部农村中小金融机构“农村、中小、西部”的特殊情况。尤其对于处在反洗钱和反恐怖融资最前线的西部农村中小金融机构，更需要得到社会的支持与政策资源的倾斜。法律、法规及监管政策的制定应考虑西部农村金融机构的特殊性，因地制宜，制定更具针对性的监管标准，提供更多的扶持激励政策，实施更有弹性和灵活性的监管。

(四)现行刑事立法规定的洗钱上游犯罪范围与国际反洗钱标准仍有差距，不符合当前洗钱犯罪打击形势

目前，金融机构在反洗钱可疑案例分析中发现涉税犯罪行为呈现上升趋势，而我国现行刑事立法未将涉税犯罪纳入洗钱上游犯罪，同时缺少此类案件的立案移交机制。目前，我国刑法关于洗钱上游犯罪仅包括七类严重犯罪，[2]

---

〔1〕 参见黄辰、高雪峰：《互联网金融时代背景下微信红包法律风险及其防范》，载《北京政法职业学院学报》2015年第4期，第77页。

〔2〕 《刑法修正案(六)》扩大了原洗钱罪上游犯罪种类：第191条明知是毒品犯罪、黑社会性质的组织犯罪、恐怖活动犯罪、走私犯罪、贪污贿赂犯罪、破坏金融管理秩序犯罪、金融诈骗犯罪的所得及其产生的收益，为掩饰、隐瞒其来源和性质，有下列行为之一的，没收实施以上犯罪的所得及其产生的收益，处5年以下有期徒刑或者拘役，并处或者单处洗钱数额5%以上20%以下罚金；情节严重的，处5年以上10年以下有期徒刑，并处洗钱数额5%以上20%以下罚金：(一)提供资金账户的；(二)协助将财产转换为现金、金融票据、有价证券的；(三)通过转账或者其他结算方式协助资金转移的；(四)协助将资金汇往境外的；(五)以其他方法掩饰、隐瞒犯罪的违法所得及其收益的来源和性质的。单位犯前款罪的，对单位判处罚金，并对其直接负责的主管人员和其他直接责任人员，处5年以下有期徒刑或者拘役；情节严重的，处5年以上有期徒刑。

未包含涉税犯罪,也未明确出台相关法律规定要求将所有严重犯罪纳入洗钱上游犯罪,不符合 FATF 的监管要求,也不符合国际社会打击洗钱犯罪的大趋势。此外,我国刑法及最高人民法院《关于审理洗钱等刑事案件具体应用法律若干问题的解释》中规定,洗钱罪主体范围不包括既实施上游犯罪又自洗钱的本犯,[1]此类行为适用“重罪吸收轻罪”,不以洗钱罪定罪。不少学者对此有不同观点,认为洗钱与传统的赃物犯罪有显著区别,一是其漂白赃钱的过程相较于单纯的转移赃物更为复杂,它实现了犯罪所得形式上的合法化,已然是独立的犯罪,再者,它还侵害了新的犯罪客体,即国家的金融监管秩序。[2] 实际中,同时实施上游犯罪和洗钱犯罪的行为占大多数,洗钱罪刑罚力度过轻导致自洗钱犯罪成本更低,与当前洗钱犯罪的巨大危害及打击力度不相称。

五、完善反洗钱法律法规及农村金融机构监管措施的对策建议

(一)完善现行反洗钱法律法规体系,填补法律空白

1. 扩大反洗钱法义务主体范围,建立社会公众举报机制

反洗钱工作仅仅依靠金融机构是远远不够的,尤其农村金融机构面对的是广大的农村地区和农民群众。随着农村地区洗钱形势日益严峻,反洗钱义务主体和监督主体缺位的劣势凸显,农村反洗钱工作的社会合作任重而道远。尽管近年来反洗钱宣传力度不断加大,但人民群众主动向监管机构或金融机构举报洗钱线索的情况极少。究其原因,一方面是反洗钱义务主体范围和职责有待拓展,另一方面是缺乏有效的反洗钱基层监督机制。

因此,一是建议反洗钱相关法律法规扩大义务主体范围。《联合国反腐败公约》第 14 条规定:“各缔约国应当……在适当情况下对特别易于涉及洗钱的其他机构,建立全面的国内管理和监督制度,以便遏制并监测各种形式的洗钱。”[3]国际上,将特定非金融机构纳入反洗钱义务主体也成为通例。

---

〔1〕 最高人民法院《关于审理洗钱等刑事案件具体应用法律若干问题的解释》第 3 条:“明知是犯罪所得及其产生的收益而予以掩饰、隐瞒,构成刑法第三百一十二条规定的犯罪,同时又构成刑法第一百九十一条或者第三百四十九条规定的犯罪的,依照处罚较重的规定定罪处罚。”

〔2〕 参见彭炜、杜正琦、陈帆:《论国际公约和我国洗钱罪的立法完善》,载《武汉金融》2009 年第 10 期,第 34 页。

〔3〕 郭勋:《特定非金融机构反洗钱义务主体法律定位的难点与对策》,载《金融与法制》2008 年第 11 期。

在我国,许多易于涉及洗钱的主体或机构并未纳入非金融机构范围监管。农村地区的特殊性使当地乡镇村组相较于农村金融机构更具备天然的客户身份识别优势。因此,建议从立法层面将基层乡政府、村委会、税务所等纳入反洗钱义务主体范围,将其主要职责、法律责任等明确写入反洗钱法,群策群力,深入基层、深入群众,构建严密的反洗钱防控体系。二是建议在反洗钱立法层面建立公众举报制度。比利时最新出台的反洗钱法令就要求本国监管当局建立有效、可靠的举报制度。对于提供反洗钱线索的组织和个人也可设置举报奖励,[1]并及时公布反洗钱举报案件的查处结果,鼓励和激发广大群众参与反洗钱的热情和积极性,形成有效的监督检举体系。

2. 顺应国际法律标准,完善相关刑事立法,扩大惩治范围

2012 年 FATF《40 项建议》要求"各国应将洗钱罪适用于所有严重犯罪,以使洗钱罪的上游犯罪范围最大化",并建议将涉税犯罪纳入洗钱罪的上游犯罪。因此近年来,国际社会均加大了打击洗钱及涉税犯罪的力度。例如,德国将逃税罪纳入洗钱罪上游犯罪,美国专门成立了刑事调查局负责税务犯罪及相关洗钱犯罪的调查。[2] 我国 1997 年修订的《刑法》第 191 条首次规定了洗钱罪,2006 年《刑法修正案(六)》又增加了洗钱罪上游犯罪范围,并且修改了第 312 条,[3]表面上看似乎将所有洗钱行为都纳入了刑事犯罪处罚范畴,但该条款在 2006 年 FATF 评估中被认为仍特指特定范围,未涵盖所有犯罪所得及收益。[4] 国内一些学者认为,洗钱罪上游犯罪只有《刑法》第 191 条的七类犯罪,[5]还有的学者认为,我国洗钱罪上游犯罪范围应该在七类犯罪的基础上有所扩大,但扩大应符合《联合国反腐败公约》规定的最少范围。[6] 实践中,对于七类犯罪以外的违法行为虽然会通过可疑交易线索予以侦查,但面临的司法现状是难以纳入洗钱罪考量范围。因此,不论从

---

〔1〕 人民银行南通市中心支行已制定并出台了举报奖励制度。根据涉案金额大小规定了不同的奖励额度,涉案金额折合人民币 1 亿元以上的,人行将奖励举报人人民币 5 万元。

〔2〕 参见刘闽浙:《〈中华人民共和国反洗钱法〉有效性研究》,载《货币时论》2017 年第 4 期,第 8 页。

〔3〕 《刑法修正案(六)》将《刑法》第 312 条由"明知是犯罪所得的赃物而予以窝藏、转移、收购或者代为销售的"犯罪情形修改为"明知是犯罪所得及其产生的收益而予以窝藏、转移、收购、代为销售或者以其他方法掩饰、隐瞒的"的情形。

〔4〕 参见《FATF 中国反洗钱和反恐融资评估报告》,中国人民银行反洗钱局编译,2007 年 9 月 7 日印发。

〔5〕 参见黄太云:《立法解读:刑法修正案及刑法立法解释》,人民法院出版社 2006 年版。

〔6〕 参见马克昌:《完善我国关于洗钱罪的刑事立法——以〈联合国反腐败公约〉为依据》,载《国家检察官学院学报》2007 年第 6 期。

立法发展还是司法实践角度看,洗钱罪上游犯罪范围扩大是一致趋势,国际上也已达成上游犯罪最大化原则的一致共识。

为适应打击洗钱犯罪的现实需要,顺应国际趋势,更好地应对2018年FATF将对我国开展的第四轮互评估,一是建议应进一步扩大刑事立法中洗钱罪上游犯罪的范围,[1]明确将涉税犯罪及所有严重犯罪列入洗钱罪上游犯罪,从源头上严厉打击洗钱犯罪活动。二是建议将上游犯罪本犯纳入洗钱罪主体范围。[2] 洗钱罪与一些普通赃物犯罪相比更为严重,危害性更大,将自洗钱行为纳入洗钱罪,对其上游犯罪及洗钱犯罪数罪并罚,加大洗钱罪的惩治力度,增加其犯罪成本,将对洗钱犯罪分子起到更大的威慑、惩戒作用。

(二)推动反洗钱监管制度创新,明确农村金融机构针对性措施

第一,在立法层面建立反洗钱激励机制,针对农村金融机构实施反洗钱成本补贴,复旦大学严立新教授认为,"洗钱会带来社会成本,反洗钱过程本身也需要付出成本,"主张央行对商业银行的反洗钱工作进行多种形式的激励。[3] 目前,《联合国打击跨国有组织犯罪公约》及FATF组织《40项建议》均明确规定了针对不同主体的激励、补偿等反洗钱正向引导机制,[4]国际社会也已建立了成熟的激励和补偿机制。例如,美国政府已率先建立了以"追缴非法所得实行分成"为核心的反洗钱激励机制。我国目前规定了"双罚制",但未明确相应的激励机制和成本补偿措施。强制性处罚在短期内虽能起到规范作用,但从长远看忽视激励的监管措施易降低金融机构反洗钱积极性和主动性。尤其是农村金融机构相比大型股份制商业银行本身就面临种种特殊困难,在开展反洗钱业务方面还投入了大量的人力、物力和时间等成本,仅"一刀切"式的处罚不利于引导农村中小金融机构自主、持续提升反洗钱履职能力。

因此,结合国际经验,建议我国也采用"惩罚与激励并行"的反洗钱政策

---

〔1〕 参见杨道法:《构建适应国际形势的反洗钱法律体系》,载《金融时报》2017年第7期,第1页。

〔2〕 参见国务院办公厅《关于完善反洗钱、反恐怖融资、反逃税监管体制机制的意见》(国办函〔2017〕84号)。

〔3〕 参见严立新:《黑白芝麻理论与中国银行业反洗钱激励机制的构建》,载《上海金融》2010年第9期,第25页。

〔4〕 参见李嵩:《论商业银行合规实践所面临的法律困境——以反洗钱合规为视角》,载《2011年中国法学会银行法学研究会年会论文集》,第237页。

机制,在反洗钱法律法规体系中增加激励机制的内容,充分发挥金融机构乃至全社会打击洗钱活动的积极性。一是建议国家建立反洗钱专项基金,可将洗钱相关犯罪的罚没资金纳入基金组成,针对反洗钱工作成效突出,尤其是主动提供反洗钱情报及线索的金融机构分等级进行奖励,树立反洗钱标杆;二是建议对积极开展反洗钱工作并取得明显成绩的农村金融机构考虑给予相应的政策补贴或税收返还,帮助其降低反洗钱成本,鼓励其提高反洗钱工作动力和效率。

第二,明确金融新业态下的监管重点,将网络洗钱纳入监管体系。随着互联网金融的飞速发展,传统金融机构开始频频涉足互联网行业,第三方支付机构也开始深入广大的农村市场。但这些机构在客户身份识别、可疑交易分析甄别方面还比较欠缺,产品、业务洗钱风险管控方面还存在很多不足。这种情况下,传统金融机构与合作互联网机构双方在产品创新、客户识别方面极容易忽视对洗钱风险的防范,将给洗钱活动开放便利的通道。此外,比特币和其他数字货币的出现也为洗钱提供了更多的机会和渠道。我国反洗钱法应对传统洗钱问题已是力不从心,面对新型互联网金融洗钱问题更是捉襟见肘,其滞后性、脱节性已经对当前法律监管形成了障碍,亟需建立一套纵横交错、完整丰富的反洗钱立法监管体系。

因此,一是建议扩大反洗钱监管的覆盖面,重点关注农村地区互联网金融的发展趋势,及时完善农村移动支付监管体系,明确相关义务主体的反洗钱义务;二是建议界定互联网运营商、支付额度限制、监管责任等,增加互联网金融准入安全、交易证明、消费者权益保护、法律责任等相关规定,防范网络支付安全隐患带来的洗钱风险;三是建议针对新产品、新业务等新业态所具有的特征出台相应的反洗钱法律规范,及时引导义务主体完善洗钱风险评估和持续识别监测;四是建议重点明确移动支付面向的农村客户群体及客户身份识别要点,制定强制性监管标准打通农村金融机构和第三方支付机构的资金交易链,让通过互联网渠道流转的交易实现完全的可追踪;五是建立健全对数字货币的监管制度,明确其法律性质,将其纳入反洗钱监管法规范围,在生产、交易、使用等各个环节作出有效规范,利用大数据、云计算、人工智能等监管技术,提高监管效率,及时防范洗钱风险,保护投资者。

透支型信用卡诈骗风险防范中银行责任探讨

阙甜甜 杨绍文*

内容提要 随着社会经济的发展和人民生活水平的提升,银行业的信用卡业务也随之发展,有关信用卡纠纷案件的发生频率也相应提升,而结合司法实际来看,透支信用卡后不能如期偿还是引发信用卡纠纷案的主要原因。本文主要以P市法院近5年来所审理的透支型信用卡诈骗案件为样本,梳理其中发卡银行和持卡人之间的法律关系,明确双方在其中所处的角色和所享有的权利义务,进而重点分析了发卡银行在防范透支型信用卡诈骗风险中所应承担的责任。

关键词 恶意透支 信用卡 风险防范 银行责任

近年来,随着经济的不断发展和人民生活水平的逐步提高,刷卡消费已经成为许多人的一种普遍的消费方式。但由于部分银行在发卡时审核不严、对后期信用卡的使用监督管理不到位以及社会信用体系不完善等原因,各类信用卡诈骗犯罪时有发生,信用卡诈骗罪发案率呈逐年上升趋势,扰乱了正常的金融管理秩序,侵害了银行消费信贷资金安全和持卡人财产安全。而结合司法实

---

* 阙甜甜,攀枝花市中级人民法院审管办主任;杨绍文,攀枝花市中级人民法院法官。

际来看,恶意透支是信用卡诈骗案件的主要类型,占信用卡诈骗类案件的85%以上。如何有效防范恶意透支型信用卡诈骗风险已成为备受关注的问题。已有的研究更多地将透支型信用卡诈骗归因于持卡主体法律意识淡薄,诚信观念不强,未能充分意识到恶意透支行为的法律后果。[1] 笔者认为,持卡人法律意识淡薄是透支型信用卡诈骗高发最根本也是最直接的原因,但发卡银行在其中所扮演的角色也不容忽视,只有充分理清发卡银行与持卡人各自在导致信用卡透支中所起的作用,并合理确定各自的责任,才能从根本上有效防范透支型信用卡诈骗。

一、信用卡法律关系的梳理

(一)发卡银行和持卡人的法律关系

信用卡是指具有一定的循环可利用的信用额度,持有信用卡的人可以在使用信用卡的过程中分期或者一次性使用所确定的信用额度,并且在信用额度规定的账单日期内偿还完所消费金额后可以继续使用的银行卡,属于银行卡的一种。[2] 信用卡法律关系中的主体主要涉及三方,即发卡银行、持卡人和特约商户。在这三方主体之间,发卡银行与持卡人之间有信用卡使用合同;发卡银行与特约商户之间也存在合同;持卡人与特约商户之间产生交易关系。[3] 在此基础上,这三方主体之间形成了相互关联的法律关系。本文主要探讨透支型信用卡诈骗中的发卡银行责任,因此,仅分析发卡银行与持卡人之间的法律关系。

中国人民银行1999年发布的《银行卡业务管理办法》第七章"银行卡当事人之间的职责"中详细规定了发卡银行和持卡人的权利义务。发卡银行与持卡人之间的合同属于信用卡领用合同。该类合同一般是由发卡银行提供的格式合同,主要约定发卡银行和持卡人双方的权利义务,发卡银行提供金融服务、持卡人也支付相关费用,在缔结主体、合同内容等方面都有一定

---

〔1〕 参见薛妍:《恶意透支型信用卡诈骗罪研究》,载《法治博览》2017年第5期;谢莹:《论恶意透支型信用卡诈骗罪的认定难点及对策建议》,载《法治论坛》第44辑;唐继红:《恶意透支型信用卡诈骗案件问题探讨》,载《陕西省政法干部管理学院》2017年第1期;陈延军:《恶意透支型信用卡诈骗罪"持卡人"法理分析》,载《经济师》2017年第2期等。

〔2〕 参见康云斌:《信用卡风险防范法律问题研究》,山西财经大学2014年硕士学位论文。

〔3〕 参见卢鑫刚:《信用卡欺诈风险防范法律制度研究》,中国政法大学2011年硕士学位论文。

的特殊性:一是该合同属于格式合同。信用卡领用合同一般都是由发卡银行拟定的,准持卡人只能作出接受或不接受的选择,是典型的格式合同,这也意味着该协议适用《合同法》的相关规定。二是该类合同属于双务合同。结合法律规定和实际情况来看,发卡银行和持卡人之间的权利义务是明确且是相互对应的,但是,基于双方在角色上的差异——持卡人明显处于弱势地位,因此,立法和司法应对持卡人给予更多的权益保障,而发卡银行须承担更多义务。三是该合同是有偿合同。持卡人适用信用卡并不是免费的,其通常以年费的方式支付合同对价。[1]

(二)透支信用卡后的犯罪构成分析

前面已述及,信用卡的发卡银行和持卡人的法律关系是属于平等主体之间的民事合同关系,其间所发生的纠纷更多地应该通过民事诉讼的途径予以解决。发卡行允许行为人在一定的额度内进行透支实际上是一种对财产的概括性处分,而行为人亦得作出一定的按期还款承诺,这也是一种义务。这种承诺对每一次透支都起作用,也体现在每一次透支之中。[2] 这也就是说,透支是信用卡的一个根本性特征,而透支信用卡后在什么情况下会构成犯罪呢?

根据刑法的谦抑性和罪刑法定原则,透支信用卡是否构成犯罪应该严格按照法律的规定执行。《刑法》第196条第2款规定:"恶意透支,是指持卡人以非法占有为目的,超过规定限额或者规定期限透支,并且经发卡银行催收后仍不归还的行为。"最高人民法院、最高人民检察院《关于办理妨害信用卡管理刑事案件具体应用法律若干问题的解释》第6条对恶意透支作了进一步的解释:"持卡人以非法占有为目的,超过规定限额或者规定期限透支,并且经发卡银行两次催收后超过3个月仍不归还的,应当认定为刑法第一百九十六条规定的'恶意透支'。"另外,该解释第6条第2款也对应当认定为《刑法》第196条第2款规定的"以非法占有为目的的情形"作了详细的列明。[3]

---

〔1〕 参见卢鑫刚:《信用卡欺诈风险防范法律制度研究》,中国政法大学2011年硕士学位论文。

〔2〕 参见周铭川:《论恶意透支型信用卡诈骗罪的本质》,载《东方法学》2013年第5期。

〔3〕 具体为:明知没有还款能力而大量透支,无法归还的;肆意挥霍透支的资金,无法归还的;透支后逃匿、改变联系方式,逃避银行催收的;抽逃、转移资金,隐匿财产,逃避还款的;使用透支的资金进行违法犯罪活动的;其他非法占有资金,拒不归还的行为等情形之一。

综上所述,只有符合"以非法占有为目的"的主观要件和"恶意透支"的客观要件两方面的透支信用卡行为才能构成透支型信用卡诈骗罪。如果不能同时满足这两个要件,信用卡被透支后,持卡人即使不能按期偿还也不宜认定为构成信用卡诈骗罪,就不能通过刑事诉讼的途径追究持卡人的刑事责任,只能由发卡银行自行通过民事诉讼维权。

二、透支型信用卡诈骗案的实践调查:以攀枝花市法院近五年来审理的透支型信用卡诈骗案为样本

(一)透支型信用卡诈骗案件概况

2012 年来,攀枝花市法院共受理信用卡诈骗案件 87 件,涉案 91 人,共审结 82 件,结案率为 94.3%;共受理透支型信用卡诈骗案件 72 件,占信用卡诈骗案件的 82.6%,涉案 74 人,共审结 69 件,结案率为 95.8%。具体梳理分析来看,全市法院受理的透支型信用卡诈骗案件呈以下几方面的特点:

1. 透支型信用卡诈骗案件呈高速增长趋势

2006 年至 2011 年,全市法院共受理透支型信用卡诈骗案件仅 4 件,涉案 5 人;而 2012 年以来,则共计 72 件,涉案 74 人。该两阶段相比来看,全市法院共受理透支型信用卡诈骗案件及涉案人数分别增长了 15 倍和 13.8 倍。而仅就 2012 年以来的案件来看,2012 年透支型信用卡诈骗案件仅 2 件 2 人,2013 年 3 件 3 人,2014 年和 2015 年均为 5 件 5 人,2016 年 26 件 27 人,2017 年为 31 件 32 人。具体如图 1 所示。

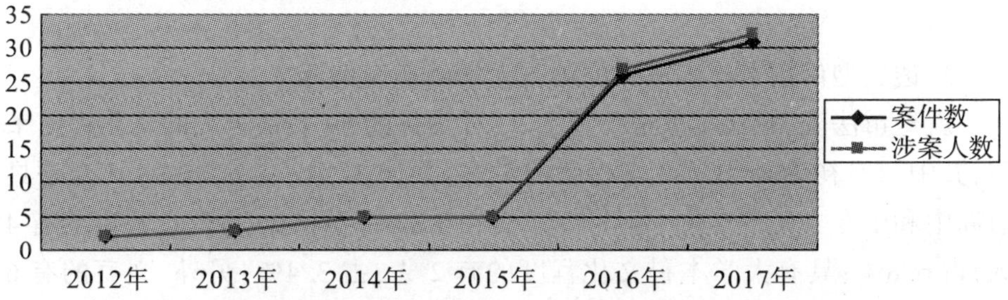

图 1 全市法院各年度受理透支型信用卡诈骗案件数及涉案人数

从上图可以看出,2012 年至 2015 年,全市法院受理透支型信用卡诈骗案件数在低位平稳运行,2016 年该类案件进入高发期,全市法院受理案件数

跃升为26件27人,在2015年的基础上分别增长了420%和440%。2017年全市法院共受理透支型信用卡诈骗案件31件32人,在2016年的基础上又分别增加了19.2%和18.5%。

2. 透支型信用卡诈骗案的被告人身份较为集中

透支型信用卡诈骗案的被告人身份主要以无业者与农民为主。就全市法院2016年以来受理的57件案件的59名被告人的职业来看,其中无业者最多,共有32人,占总数的54.2%;处于第二位的是农民,共有13人,占总数的22.0%;另外,有14人是属于公司负责人、个体工商及务工人员等,占总数的23.7%。被告人职业的具体占比,如图2所示。

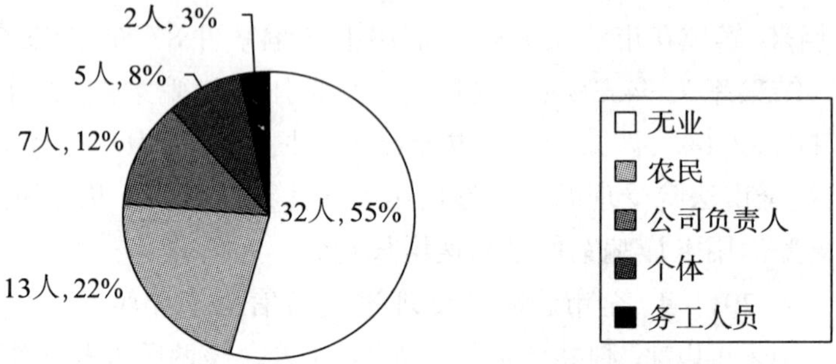

图2　2016年来透支型信用卡诈骗案件被告人的职业占比

从上图中可以看出,全市法院所受理的透支型信用卡诈骗案的被告人主要以无业者与农民等为主,该两类人员就占全部被告总数的77%。其主要原因是无业者、农民等没有固定的收入,对所透支的信用卡没有还款保障。

3. 透支型信用卡诈骗案件的被告人学历普遍偏低

就全市法院2016年以来受理的57件案件的59名被告人的文化程度来看,其中只有初中及小学文化程度的最多,共计31人,占52.5%;其次是具有高中和中专文化程度的,各计8人,各占13.6%;具有大专文化程度的有4人,占6.8%;具有大学本科文化程度的有2人,占3.4%;另外,文盲的有6人,占10.2%。被告人的文化程度具体占比,如图3所示。

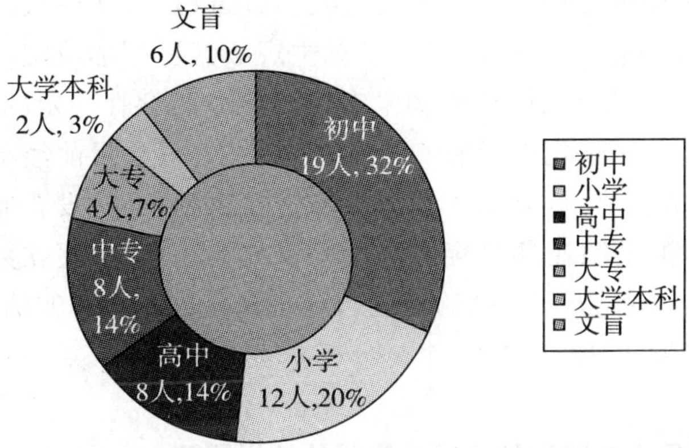

图3　透支型信用卡诈骗案件被告人的文化程度占比

从上图可以看出，全市法院受理的透支型信用卡诈骗案件的被告人文化程度普遍偏低，仅具有初中及以下文化程度的占绝大多数，共计37人，占被告总数的六成以上，其中有6人属于文盲；而具有大专及以上学历的仅有6人，仅占10.2%，没有具有研究生及以上学历的被告。被告人的文化程度偏低，相应的对相关信用卡协议条文的理解能力较低，同时对恶意拖欠信用卡欠款不还的法律后果及自身信用的重要性认识也不足。

4. 透支型信用卡诈骗案件被告的判决缓刑使用率较高

就全市法院2012年以来已审结的透支型信用卡诈骗案件的69名被告来看，被判处有期徒刑、拘役，缓期执行的共有33人，缓刑的使用率高达47.8%。法院在审理信用卡诈骗案件中，在判决时对被告人判处缓刑，主要是重点考虑了被告人自首和积极退赃两方面的情节。全市法院2016年以来受理的57件案件的59名被告中，自首的被告人有41人，占被告总数的69.5%；全部退赃的有37人，占被告总数的62.7%；部分退赃的有9人，占全部被告总数的15.3%。

（二）透支型信用卡诈骗案件审理难点

前已述及，只有符合“以非法占有为目的”和“恶意透支”两方面要件的透支信用卡才能构成透支型信用卡诈骗罪。法律对该两个要件的具体情形作了规定，但是，司法实践中如何从主、客观两方面进行准确认定，还存在一定的难度。例如，司法实践中，“明知没有还款能力而大量透支，无法归还的”是最为常见的情形，我市法院所受理的透支型信用卡诈骗案件中，92%

以上都是属于该种类型。但公安机关在侦查过程中,往往只注重于对犯罪嫌疑人客观行为进行取证,而忽视了对主观故意证据的收集。法院在审理中,认定犯罪嫌疑是否属于“明知没有还款能力”,存在一定的困难。例如,持卡人在透支使用信用卡后有归还的意思表示,只是目前经济困难无法及时还上;持卡人认为,迟点归还只需多支付还款利息,并没有非法占有的意图,应属于民事纠纷;犯罪嫌疑人因意外事故无法还款,还款数额远低于最低还款额但又未停止还款等情形,是否应该认定被告人有非法占有的故意,存在困难。

三、透支型信用卡诈骗案件高发中银行的消极诱因

透支型信用卡诈骗的高发是由于发卡银行和持卡人双方的原因共同造成的,其中发卡银行的消极诱因不容忽视。

(一)发卡银行对持卡人的风险提示不到位

根据前面的分析,持卡人透支信用卡后未如期偿还,往往是因为对法律后果认识不清,诚信意识淡薄,还款能力低,而发卡银行又未进行有效的风险提示。如前所述,涉案犯罪嫌疑人受教育程度及学历普遍偏低,初中及以下学历占了绝大多数,对刑事犯罪的法律知识了解不够,对信用卡诈骗犯罪更是缺乏必要的认知,部分低学历犯罪嫌疑人在办理信用卡时并不知道恶意透支到一定额度和期限后会涉嫌犯罪。很多持卡者在透支信用卡后,认为“逾期不还也没有什么了不起”,只不过就是银行方面多发几次催缴短信、多打几个催缴电话罢了,充其量就是多缴点利息、滞纳金的问题,不会构成犯罪而被追究刑事责任,认识不到恶意透支要承担的法律后果和诚信损失。[1]

基于持卡人的这一不利地位,发卡银行应当承担更多的义务,对持卡人进行充分详尽的风险提示。《商业银行信用卡业务监督管理办法》第39条规定:“……对信用卡收费项目、计结息政策和业务风险等进行充分的信息披露和风险提示,确认申请人提交的重要证明材料无涂改痕迹,确认申请人已经知晓和理解上述信息,确认申请人已经在申请材料上签名,并留存相关证据,不得进行误导性和欺骗性的宣传解释。”但是在实践中,个别银行信用

〔1〕 参见薛妍:《恶意透支型信用卡诈骗罪研究》,载《法治博览》2017年第5期。

卡营销人员未严格执行该规定,为鼓励客户办理信用卡,业务员倾向于更多介绍信用卡的有利信息,如赠送礼品,介绍信用卡积分,说明透支免息期等,而未能尽到风险提示义务:详细说明透支利息的计算、罚息、滞纳金、超限费、法律风险等,使持卡人对未来的利息等情况缺乏合理的预期,欠缺信用卡的风险意识。在所受理的案件中,大部分被告人都对利率、还款日等信息没有明确清晰的认知。例如,唐某某犯信用卡诈骗案件中,唐某某将逾期还款的日利息万分之五理解为月利息万分之五,[1] 此类现象在具体案件中较为普遍。

(二)银行对信用卡管理不规范,审核把关不严

1. 对信用卡申请人审核不严

信用卡申领阶段主要的风险点在于申请人通过提供虚假的身份证明、工作证明、收入证明等材料骗取银行信用卡并使用。[2] 对此,2011 年 1 月 13 日中国银监会发布的《商业银行信用卡业务监督管理办法》(银监会令 2011 年第 2 号)第 41 条规定:"发卡银行应当对信用卡申请人开展资信调查,充分核实并完整记录申请人有效身份、财务状况、消费和信贷记录等信息,并确认申请人拥有固定工作、稳定的收入来源或可靠的还款保障。"实践中,个别银行为抢占市场,盲目追求发卡率,过度引导人们刷卡消费,信用卡申请条件过于宽松,甚至为内部员工的绩效考核设定信用卡发放数量标准,致使信用卡滥发现象较为严重:一是对申请人的身份信息审核不到位。个别银行职员在办理信用卡中,对申请人的身份信息未进行实质性审核,为申请人使用虚假材料申请信用卡提供了可乘之机。二是对申请人的偿债能力审查不到位。个别银行职员为完成任务而广拉客户,对申请客户的还款能力审核不严,导致部分实际缺乏还款能力的客户也能申请到信用卡,为持卡人恶意透支、套取现金提供了方便。

2. 对信用卡的使用情况管理不到位

从受理的信用卡诈骗案件来看,大部分被告人在被公安机关立案侦查前都存在多次逾期还款、在不同的网点频繁领取或消费,积少成多,导致巨额透支的情况。而部分发卡银行在监控上还存在较大的漏洞,对透支频繁、

---

〔1〕 参见(2017)川 04 刑终 150 号案卷。

〔2〕 参见何苗:《银行信用卡犯罪类型及风险防范》,载《时代金融》2014 年第 9 期。

经常性逾期且收入水平较低、职业不稳定、还款能力较差的持卡人缺乏有效的跟踪监控,致使不能在其信用恶化时及时采取相应措施予以化解风险,做到防微杜渐。

3. 不同银行间的信息共享有待加强

发卡银行一般会根据申领人所提交的证明材料发放相应额度的信用卡,但对其是否持有其他银行的信用卡等则没有进行详细的审查。因此,部分偿债能力不高的人就会以“化整为零”的方式,在多家银行申领多张信用卡,累计实现较大额度的信用卡。例如,攀枝花市某区法院所受理的王某涉嫌信用卡诈骗一案,王某在农行、工行、中行等共申领 11 张信用卡,诈骗金额高达 80 余万元。

(三)入罪标准偏低致使银行进一步降低对风险的防控

正如前文所述,信用卡的法律关系是属于发卡银行和持卡人之间的合同关系。其中所引发的法律纠纷通过民事诉讼途径解决应该是多数,是常态,而只有极个别确实触犯刑法的才应通过刑事诉讼追究刑事责任。但是结合攀枝花市法院所受理的案件来看,2012 年来,共受理信用卡诈骗刑事案件有 81 件,而基于信用卡引发的合同纠纷民事案件只有 11 件,仅占信用卡诈骗刑事案件的 13.6%;共受理透支型信用卡诈骗案件 72 件,而请求偿还信用卡欠款的民事案件仅 6 件,仅占透支型信用卡诈骗案件的 8.4%。结合司法实践来看,人民法院受理的有关信用卡的民事纠纷案件远低于信用卡诈骗的刑事案件,固然有部分持卡人确实构成信用卡诈骗罪,应追究刑事责任,但也有部分在罪与非罪、民事纠纷与刑事犯罪之间界限不明的案件被归为刑事案件,存在客观归罪之嫌疑。

实践中,对一些因工作、生意需要而银行卡现金流比较频繁、金额较大的持卡人,银行会鼓动其办理信用卡,并且授信的额度比较大。这类持卡人在使用信用卡支付后,一旦生意受挫、资金链断裂,就不能如期偿还信用卡。这是一种正常的经济风险,银行应该通过民事诉讼的方式来维护自己的合法权益。但是,发卡银行在经过两次催收后,持卡人超过 3 个月仍不归还的,就往往会以“明知没有还款能力而大量透支,无法归还”为由向公安机关报案,公安机关也会把其立为信用卡诈骗案进行侦查。攀枝花市法院近五年来所受理的 72 件透支型信用卡诈骗案中,有 28 件属于该类型,占比为 38.9%。发卡银行更倾向于把这类案件报为刑事案件,主要是因为:报为刑事案件后一切诉讼成本都是由公安、检察等承担，而民事诉讼的成本由自己承担，且在刑事判决的强大的压力下，大部分持卡人也会想尽办法全额偿还信用卡的欠款以争取银行谅解而从轻处罚，这也是透支型信用卡诈骗最终判决的缓刑使用率比较高的原因。

银行发放信用卡的根本目的仍是通过收取年费、手续费、利息、滞纳金等方式盈利，而在目前这种入罪标准门槛较低的情况下，其又将很大一部分风险及成本转移给了公安、检察、法院等国家机关。其利益远大于风险。因此，这一结果助长了银行的风险偏好，使其进一步降低对信用卡风险的防范和控制。

四、透支型信用卡风险防范中银行责任的合理确定

透支型信用卡诈骗的防范，在增强持卡人的法治观念和风险防范意识的同时，重点要明确银行的责任，强化银行防范风险的主动性。

（一）严格把关，规范信用卡发放程序

1. 严格信用卡发放的审核

银行在发卡前要对申请人的身份、职业、财产状况及信用记录等情况进行全面的审查，严格限制向个人征信严重不良，具有赌博、吸毒等不良嗜好，参与民间资金高利贷，信用卡存在大量违规、套现行为等不良客户[1]发放信用卡。根据情况作必要的复核和实地考察，杜绝利用虚假的身份信息及伪造的工作证明、资产证明申请信用卡的情况。建立完善附担保的信用卡申领制度，要求持卡人提供一定资产保证或提供担保人担保，银行发现担保财产严重贬值或者担保人长期离境、犯罪等情况，应及时要求补充新担保人或增加保证金。

2. 充分履行风险提示义务

银行应认真落实《商业银行信用卡业务监督管理办法》中有关风险提示的相关规定，在发卡之前提前向申领人详细说明透支利息的计算、罚息、滞纳金、超限费、法律风险等风险信息，确保持卡人全面知悉且充分理解，明确告知逾期还款所要承担的法律责任，尤其是可能承担的刑事责任。

---

〔1〕 参见蒋苏淮、范志愚：《商业银行信用卡诈骗风险防控预警提示及建议》，载《法治与社会》2014年第33期。

3. 制定合理的信用额度

对于通过信贷审核、批准发卡的客户,发卡银行应依据申请人的职业、职务、学历、收入等基本指标的综合考评,为其核定合理的信用额度。尤其针对高额度授信,宜采取银行内部人员按级别推荐与客户提供担保相结合的方式进行。

(二)加强管理,对信用卡实行动态监控

1. 加强对使用情况的监管

发卡银行要加强对信用卡使用情况及资金流动情况进行有效的监管和跟踪服务,重点对透支频繁、经常性逾期且收入水平较低、职业不稳定、还款能力较差的持卡人进行有效的跟踪监控,及时发现并核实信用卡使用中的非正常信息,及时对信用额度进行有针对性的调整,必要时可以将卡锁定,避免风险进一步扩大。

2. 合理固定催收凭证

按照《关于办理妨害信用卡管理刑事案件具体应用法律若干问题的解释》第6条的规定,"经发卡银行两次催收后超过3个月仍不归还"是认定"恶意透支"的一项重要标准。实践中,银行催收的主要方式有电话催收和上门催收两种,但部分银行存在催收不到位,或证据未能完好保存等情况,导致不能据此认定刑法上的两次有效催收,为法院的审理工作增加难度。为避免在诉讼中被告对银行的崔收情况提出异议,发卡银行要注重固定催收的证据,电话催收的要做好记录并附录音证据;上门催收的要有记录并拍照,有条件的可以进行同步录像;信函催收的要留存送达回执,非本人签收的要落实签收人有无将催收函交付的情况;在未找到本人时应找居委会、邻居等无利害关系的第三方参与证实。

3. 加强不同部门间的信息共享

首先,银行间加强信息共享,在发放信用卡时,对申领人持有其他银行信用卡的情况进行充分调查,充分借助申领人在其他银行的信用记录情况来确定信用额度,同时合理限定申领人所持有信用卡总数的信用额度。其次,银行应通过银监会等加强与司法、工商等部门信息共享,设立具有可操作性的分权限、附条件的查询方式,及时对客户信息进行监控,当发现信用卡使用消费异常或登记信息不符等情况时,及时核实跟进并采取降低额度,停止异常交易措施,减少损失并联合报案,司法机关统一侦查诉讼,节约诉讼资源。[1]

(三)坚持罪刑法定,强化发卡银行自行维权的主导性

前已述及,透支信用卡而引发的纠纷,可以通过民事诉讼,也可以通过刑事诉讼的方式解决,且应该以民事诉讼为主。银行就透支信用卡的催缴应优先选择提起民事诉讼,而不宜直接诉诸刑事解决。同时,司法机关应严格坚持罪刑法定和刑法的谦抑性原则,在证据审查中坚持主客观相一致,严格按照恶意透支型信用卡诈骗犯罪的构成要件理清民事责任和刑事责任,防止因客观归罪而将民事纠纷上升为刑事案件,避免沦为银行追债的工具。[2] 恶意透支型信用卡诈骗罪的主观要件就是"非法占有为目的",对此,应结合透支款用途、前期的还款能力、还款意愿、未还款原因等多方面的因素综合评判。有学者提出,如果持卡人透支超过规定的限额或期限,经银行催收后仍然不还款的,就可以确定为持卡人是以非法占有为目的,可以认定为是恶意透支。[3] 这难免存在客观归罪之嫌,即使持卡人超过了信用卡规定限额或期限,如果是由于不可抗力等客观原因而不能不归还的,就不宜认定为恶意透支。对于确有证据证实所透支的款项已经用于实际生产、生活和经营等合法用途,只是由于生意失败等意志以外原因不能还款,结合其还款意愿、主观态度及近一段时间资产变动等实际状况,不应该认定存在"非法占有的目的"。对此,透支信用卡的持卡人有义务为自己的辩解向司法机关提供证据或线索予以查证,司法机关应重点对这方面的证据进行查证。对于无充分证据反驳被告人的无罪辩解或无法查证主观是否具有非法占有为目的,应按照疑罪从无的原则作出无罪认定,把案件回归民事领域,通过民事诉讼解决。[4]

---

〔1〕 参见蒋苏淮、范志愚:《商业银行信用卡诈骗风险防控预警提示及建议》,载《法治与社会》2014年第33期。

〔2〕 参见谢莹:《论恶意透支型信用卡诈骗罪的认定难点及对策建议》,载《法治论坛》第44辑。

〔3〕 参见赵茹:《恶意透支信用卡诈骗罪的认定分析》,载《法治博览》2017年第14期。

〔4〕 参见谢莹:《论恶意透支型信用卡诈骗罪的认定难点及对策建议》,载《法治论坛》第44辑。

我国 MBS 中发起人侵害下投资者的法律保护

杨　杰　李璐娟*

内容提要　近年来，我国抵押贷款支持证券市场蓬勃发展，但总体种类较少且发行量仍然在同类市场中占比不高，特别是投资者面临着发起人未尽审查义务、欺诈性转移行为、信息披露不完全带来的风险与挑战，本文初步分析了上述情形，简要剖析成因，并就投资利益法律保护问题进行了粗浅分析，提出相应对策，以咨参考，并希望以此引起有关领域专家与研究人员深入探究的兴趣。

关键词　MBS　抵押贷款支持证券　投资者　风险防范　法律保护

抵押贷款支持证券（Mortgage-Backed Securities，MBS）是国际金融市场上发展较快的一种结构性衍生金融产品，MBS 在我国的发展是大势所趋。但我国 MBS 制度模式在真实销售、风险隔离等方面存在大量法律空白。MBS 发起人对基础资产债务人审查义务的不确定、信息披露与保密义务的不确定等使投资者利益的法律保护在

---

* 杨杰，四川省蓬溪县人民法院审监庭庭长；李璐娟，四川省蓬溪县人民法院司法调解中心副主任。

这一模式下显得十分薄弱。本文主要采用文献研究法和比较研究法,分析影响我国 MBS 投资利益的法律因素,并针对成因提出改进措施,增强投资利益的法律保护,促进我国资产证券化的法治建设。

一、MBS 法律制度概述

MBS 发源于美国。1970 年,美国政府国民抵押协会(Government National Mortgage)将一组标准化的抵押贷款组合转化为证券出售给第三方,由此创造出一种名为抵押贷款支持证券(mortgage-backedsecurities, MBS)的金融工具。抵押贷款支持证券的出现,既开了资产证券化的先河,也标志着 MBS 的正式诞生。经过近半个世纪的发展,美国已经建立起一个相当成熟的 MBS 市场。

我国 MBS 的起步较晚。2005 年,建设银行发行了我国第一只住房抵押贷款支持证券,我国的 MBS 产业正式开始。截至 2017 年 4 月 1 日,我国一共发行了 36 只 MBS 产品,发行总额达人民币 2057.78 亿元。[1]

(一)MBS 定义

MBS,住房抵押贷款证券化,也称住房抵押贷款支持证券,是资产支持证券(Asset-Backed Securitization, ABS)的一种。资产证券化,指金融机构(主要是商业银行)将自己持有的缺乏流动性,但未来能够产生预期现金流的资产,汇集重组为抵押贷款群组,通过特殊目的载体(Special Purpose Vehicle, SPV),以该贷款群组形成的资金池产生的现金流为支撑在金融市场上发行有价证券进行融资的金融工具。[2] 根据基础资产的不同,资产证券化产品通常可以分为不同的种类,其中 MBS 就是专指以住房抵押贷款为基础资产的证券化产品,其核心是通过设立特殊目的载体实现资产的真实出售和对现金流进行分配重组,从而起到风险隔离、增强资产流动性的作用。

根据房地产抵押贷款的不同类型,MBS 可以分为住宅抵押贷款证券化(Residential Mortgage-Backed Securities, RMBS)和商用不动产抵押贷款证券

---

〔1〕 数据来源:Wind 资讯。

〔2〕 参见郑竹雯:《我国商业银行住房抵押贷款证券化实践探析》,浙江大学 2016 年硕士学位论文;杨晨:《我国住房抵押贷款证券化的法律分析》,载《时代金融》2015 年第 14 期。

化(Commercial Mortgage-Backed Securities,CMBS)。目前我国发行的36只MBS产品均为RMBS类型。

(二)我国MBS现状

截至2017年4月1日,我国MBS市场存量达2057.79亿元,且从2014年之后开始迅猛发展,整体发展态势良好。

目前,我国信贷资产证券化的形式主要有三种:[1]由人民银行和中国银监会主管的金融机构信贷资产证券化(主要以商业银行为发起人)、由中国证监会主管的资产支持专项计划(又称"企业资产证券化")以及由交易商协会主管的资产支持票据。从整个ABS市场存量来看,MBS的比重还是比较小的。从图1、图2(统计时间截至2017年4月1日)看来,我国MBS发行数量仅占ABS的4.00%,比重不大;从发行总额上看,MBS占ABS发行总额的12.00%。整体比重较小,发展空间大,如图1、图2所示。

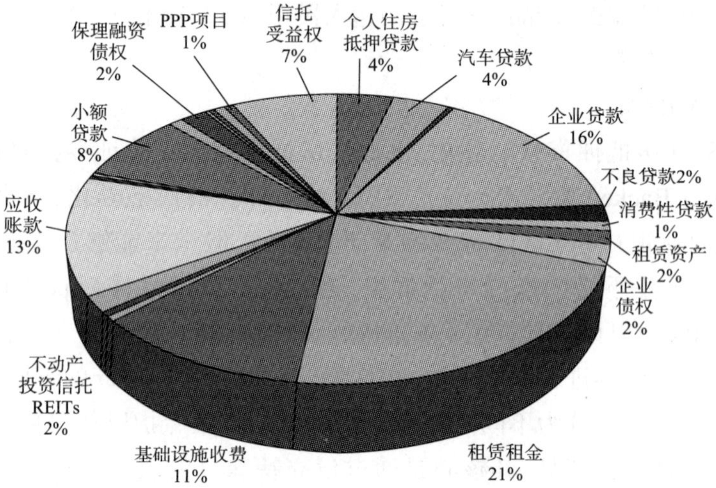

图1　我国ABS数量结构

[1] 参见郑竹雯:《我国商业银行住房抵押贷款证券化实践探析》,浙江大学2016年硕士学位论文。

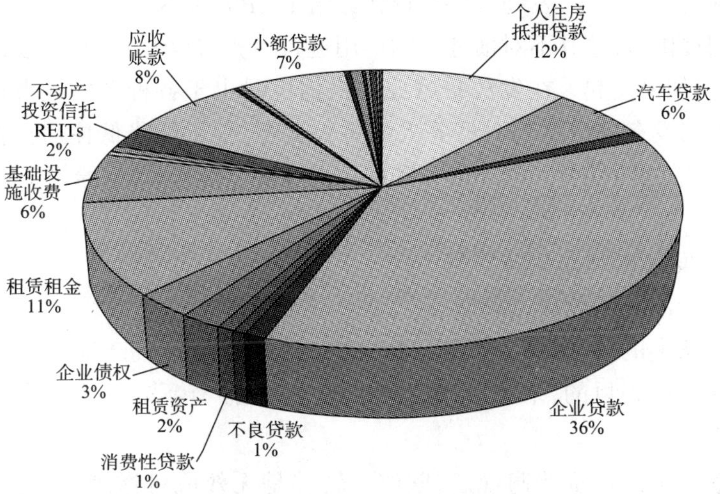

图 2　我国 ABS 总额结构

二、MBS 中发起人侵害投资者利益类型

对于 MBS 中存在的风险，国内外学者的研究相对较多，但是，最主要的还是站在发起人的立场，从 MBS 的商业化运作上进行研究，侧重于住房抵押贷款与发起人、SPV 的风险隔离，对投资安全的研究稍微欠缺了一些。住房抵押贷款被证券化的前提是，抵押贷款能够提供可预期的现金流。这种可预期性是证券化资产的核心特征，也决定了 MBS 的价值。对于投资者来说，其投资收入的可预期性主要受到三个风险的威胁：一是发起人放松对债务人的审查，债务人违约风险增加；二是发起人欺诈性转移资产；三是发起人信息披露不充分。

（一）发起人未尽审查义务

发起人在组建资产池的时候有义务审查住房抵押贷款借款人的偿还能力和信用等以确保基础资产的质量。我国《商业银行法》第 7 条规定了商业银行的审查义务，即开展信贷业务，应当严格审查借款人的资信，实行担保，保障按期收回贷款。

债务人迟延履行或不履行的风险在任何债务中都存在。在 MBS 中，债务人是否违约的风险依赖很多因素，诸如债务人的个人信用、收入水平、房价波动等，SPV 和投资者针对债务人的违约行为既无法预测也无法确定。因为在证券化的交易过程中,发起人将债权转让给了SPV,而SPV并不是直接贷款人或者信用提供者,故其不对债务人的信用进行审查,这项工作是由发起人承担的。但是,如果发起人在发放贷款或提供信用时出于各种考虑或者仅仅因为工作失误而没有完全尽到对债务人的审查义务,很可能降低住房抵押贷款的准入门槛,放松对债务人偿还能力和信用的审查,将风险转嫁给投资者。

(二)发起人欺诈性转移资产

1. 破产法上的欺诈性转移

破产法上的欺诈性转移(fraudulent transfers)是指破产债务人以非法占有和转移财产为目的,采用欺诈性的手法实施财产转移,从而损害债权人权益的行为。[1]

当前各国法律都普遍规定,欺诈性转移是无效或可撤销行为,不产生资产转移的效力。如果发起人在MBS中转移资产的行为构成欺诈性转移,那么发起人的其他债权人就可以撤销该行为,使资产证券化完全失败。

我国破产法没有欺诈性转移这一概念,但是,某些条款里体现出了这一制度的内容。如针对特定时间段内的欺诈破产[2](为逃避债务而隐匿、转移财产的属于无效的破产欺诈行为)、个别清偿行为,破产管理人拥有撤销权和追回权;权利人对特定物的取回权。[3]

2. MBS中发起人欺诈性转移

就MBS来讲,资产转移时一般都会得到公平合理的对价,因此存在欺诈性转移的可能性较小。但是,如果发起人在信用增级的时候采取不同的方式,存在欺诈性转移可能的空间就会增大。

MBS有内部信用增级[4]和外部信用增级[5]两种增信方式。在信用加强时,超额担保[6]和银行流动性支持[7]的方式在很大程度上存在被认定为

〔1〕 参见[美]大卫·G.爱泼斯坦等著:《美国破产法》,韩长印等译,中国政法大学出版社2003年版,第371~372页。

〔2〕 可撤销的破产欺诈行为:人民法院受理破产申请一年内,涉及债务人财产的下列行为,管理人有权请求人民法院予以撤销。

〔3〕 取回权是以物权为基础的对特定物的占有返还请求权,是破产程序中的特别请求权。

〔4〕 内部增级有超额担保、储备金账户、加速清偿事件和优先级次级结构四种。

〔5〕 外部信用增级的方式包括第三方担保或差额支付承诺、银行流动性支付。

〔6〕 超额担保是指将基础资产高于资产支持证券面值的差额部分本息作为担保。

〔7〕 银行流动性支持是指银行为企业提供一笔锁定用途的投信额度,仅用于资产支持证券本息无法按时偿付的差额部分。

欺诈性转移的可能。

在实践中，一方面要切实防范发起人存在欺诈动机而侵害投资者利益，另一方面也要防范法院基于某些因素将正常交易认定为“推定的欺诈性转移行为”，而将资产转移认定无效或撤销。以上两种行为最终损害的都将是投资者的利益。

（三）发起人信息披露不完全

按照 2005 年发布的《资产支持证券信息披露规则》（以下简称《披露规则》）来看，所有 MBS 的参与主体都有信息披露的义务，但 SPV 作为 MBS 制度结构的核心，负责最主要的证券发行与后期管理事宜，证券化过程中掌握信息最多，承担最主要的信息披露义务。

同时，基础资产的质量是投资收益的关键，因为发起人是整个 MBS 的发起者，掌握最完整的基础资产信息，对债务人个人信用及基础资产的结构、质量拥有最全面的评估，影响到证券化资产的评级增级以及投资收益，因此，发起人的信息披露的作用是非常突出的。

发起人一般为商业银行或与商业银行同类型的金融机构，在掌握 MBS 项目信息的同时也掌握着大量同类型股票、债券等证券信息及全国银行业间信息，在对项目信息负有披露义务的同时可能涉及其他项目信息的泄露或者造成信息披露不完全而影响投资者的决策，致使最后损害投资者权益。

MBS 结构的复杂性使许多投资者搞不清交易过程中风险的分配机制，也不明白自己所持有的 MBS 中所潜伏的风险，这是导致信息披露不充分的一个重要原因。由于会为那些信用等级较低的公司带来很大的效益，吸引了大量的“柠檬公司”加入到 MBS 交易中。这些中小型公司或者刚刚成立还未建立起较高的信用等级，或处于财务困难时期，或经营的是风险较大的行业，潜伏着很多不确定的风险，评估这些公司的成本非常大也很困难。而发起人尽管在表面上把住房抵押贷款证券化的结构做得非常标准，但在实际上却没有执行这些结构，加之资本市场长期存在信息不对称的问题，这样，上述未披露信息的风险就转嫁到投资者身上，最终给投资者造成了巨大的损失。

三、我国 MBS 中发起人侵害下投资者的法律保护

强调投资利益的保护是资产证券化健康长久发展的重要步骤，也是很容易被忽略的一项。大多数研究 MBS 的专家学者或从经济学或从法学的

角度探讨住房抵押贷款实现证券化的可能性、融投资的经济功能、定价模型、发起人和SPV如何规避风险,实现风险隔离、如何应对债务人的提前偿付行为等,核心目的是让发起人手中闲置的静态财产流动起来,再次焕发生机。但是,当发起人和SPV被保护得太好的时候,往往投资者的利益得不到应有的保障。如果投资者没有得到应有的保护,在风险和收益之间观望,资产证券化市场就会失去活力。住房抵押贷款的证券化也就偏离了设计初衷,丧失活力。

(一)基础资产入池标准化

1.标准化的内涵

标准化是指在组建资产池的时候建立这样一个规则,即对所有拟进行证券化的住房抵押贷款严格按照相关要求进行审查,只有经过相应的审查,符合审查要求的住房抵押贷款才能获得组建资产池的资格,成为MBS的基础资产。

审查的主体均是发起人。审查形式则包括形式审查和实质审查两类。实质审查有利于核实基础资产和债务人的真实状况,方便后续各主体分析决策,但是审查工作量巨大,程序繁琐,审查周期长,十分消耗人力物力财力。另外,实质审查实现难度也相当大。形式审查是只要发起人按照法定程序对基础资产进行了审查,而且符合法律规定的形式外观,则审查通过。虽然此种审查方式具有无法了解基础资产的真实信息的弊端,使后期债务人违约或基础资产灭失的可能性会增大。但由于其高效,故是目前大多数国家都采用的方式。对商业化程度要求高的资产证券化行业,这种方式无疑备受推崇。

2.明确发起人的审查义务

虽然中国银监会发布的《金融机构信贷资产证券化试点监督管理办法》(中国银监会令2005年第3号)第13条规定了发起人应当说明信贷资产的选择标准、资产池情况及审核标准。但是,也仅提到了发起人应当在信贷资产证券化业务计划书中有进行说明的义务,并未规定发起人具体应该对基础资产的哪些内容进行审查。第19条对基础资产提出了三个条件要求:第一,有较高的同质性;第二,能产生可预测的现金流入;第三,符合法律、行政法规及中国银监会等规定。前两款规定是发起MBS的基本性条件,类似于"造船的材料密度须大于水"这样的条件,第三款属于兜底条款,在法律、行政法规或是银监会出台新的规定前是没有任何实质性作用的。

发起人的审查义务仅仅止步于满足住房抵押贷款的证券化是远远不够的,实现证券化的可能性与成功实现证券化之间还有很大的空间。发起人对基础资产的审查标准和审查内容都需要再进一步具体化才能提高基础资产的质量,增强 MBS 的安全性。

笔者的建议是在现有基础上再明确几条原则性条件作为基础资产的审查要求,比如基础资产的拖欠情况、累计损失情况、债务人有无重大违约行为等。而标准原则之下可以列举更为具体的条件,作为发起人具体发行项目的要求,将发起人对基础资产审查要求的详细、严格程度划分为不同等级,不同等级的审查标准可以与信用评级挂钩,作为信用评级的参考条件,越是严格的审查标准可对应的信用评级越高。将原则性审查要求作为最低级别的标准,规定为发起人必须履行的法定义务,而法定义务以外的审查标准等级作为鼓励性参考条件,由发行人自行决定是否采用。

发起人应当在具体的 MBS 项目计划书中说明基础资产所采用的审查标准包括哪些等级,而信用评级机构在对基础资产进行资信评级的时候应当将发起人的审查标准等级纳入考量条件。SPV 对投资者进行信息披露的时候应当将发起人的审查标准等级一并公开,由投资者根据不同的审查标准和信用等级,自行判断证券的安全系数、自行选择愿意承担的风险等级。

(二)发起人与基础资产破产隔离

1. 破产隔离的内涵

破产隔离要达到的目的是当发起人的资金出现问题或者 SPV 按照计划不能实现预期收益无法支付本息宣告破产的时候,基础资产能够不被纳入破产财产进入破产清算程序,而是仅仅作为 MBS 的基础资产对投资者负责。

真实销售[1]自诞生以来一直被认为是实现破产隔离的重要手段。"真实销售"是一个舶来概念,指在资产转让的过程中将基础资产以出售的形式转让给 SPV,转让后基础资产的所有权、收益、风险完全归属于 SPV。从而使基础资产与发起人自身财产剥离,实现风险隔离。

我国的"真实销售"是通过设立特殊目的信托方式实现的。《信贷资产试点管理办法》规定我国境内的 MBS 能且只能通过信托方式实现。第 6 条

---

〔1〕 See Dahan F. Securitising Mortgage sin Transition Economies: the Challenge of Providing a Nefficien Tlegal Fra-mework, *Law & Financial Markets Review*, 2008, 2(2), pp. 123 – 131.

规定信托财产为独立于 MBS 各主体的固有财产,各主体机构破产时基础资产不属于清算财产。

《信托法》第 15、16 条也规定了信托财产独立。我国第一只 MBS 产品建元 2005 – 1 就是以 SPT(特殊目的信托)方式设立的。

2. 实现破产隔离的障碍

虽然我国确立起特殊目的信托制度作为"真实销售"的手段,但是,我国的法律与部门规章的规定中还存在很多矛盾的地方,或者说,我国的法律规定在很大程度上还没有到达我们在理论中所设想的完美标准,于是就导致了我国的 MBS 在实现破产隔离的道路上还存在许多的绊脚石。

第一,作为信托财产的基础资产缺乏独立性。我国《信托法》和《信贷资产证券化试点管理办法》都明确基础资产在 MBS 中作为信托财产独立,但同时又存在一些规定使 MBS 的基础资产在作为信托财产时的独立性降低。《信托法》第 15 条[1]的规定实际上已经将基础资产划分为破产财产或者作为一项财产性权利纳入了破产清算的行列。作为委托人的发起人在 MBS 的发起之初就是为了盘活静态资产、降低资产负债率,即发起人的目的是营利。因此,发起人必然是信托的受益人,这就直接或接间地否定了基础资产作为信托财产的独立性。因此,从以上分析可知,我国 MBS 并未真正实现信托财产独立。

第二,关于欺诈性转移法律规定存在缺陷。我国《破产法》第 31 条、第 33 条规定与禁止欺诈性转移条款相近,破产管理人拥有撤销权和追回权及权利人对特定物的取回权等规定都是仅以债务人的行为这一客观要素为要件,合理性和公正性都受到很大程度的影响。

第三,无效与可撤销交易风险。除上述涉及的欺诈性转移可能导致信托合同无效或者被撤销之外,根据《合同法》第 54、56 条的规定,符合条件的合同同样可以被宣告无效或者被撤销。

3. 对我国 MBS 破产隔离的建议

一是完善基础资产独立的法律规定。要实现 MBS 的"真实销售"我国还有很长的路要走。目前,我国已经确立了 SPT 模式的基础资产转让形式,

---

[1] 《信托法》第 15 条信托财产与委托人未设立信托的其他财产相区别。设立信托后,委托人死亡或者依法解散、被依法撤销、被宣告破产时,委托人是唯一受益人的,信托终止,信托财产作为其遗产或者清算财产;委托人不是唯一受益人的,信托存续,信托财产不作为其遗产或者清算财产;但作为共同受益人的委托人死亡或者依法解散、被依法撤销、被宣告破产时,其信托受益权作为其遗产或者清算财产。

当前最重要的是将已有的信托方式做好,实现信托财产的独立。待 SPT 模式已经初具规模或者成熟的时候再发展其他模式,进行新的探索也为时不晚。应当先协调《信托法》第 15 条与 MBS 制度的矛盾。

二是明确关于欺诈性转移的法律规定。《破产法》上关于欺诈性转移的规定,在 MBS 中应当结合其特殊性质慎重适用。如果基础资产转让被认定为欺诈性转移,不仅导致发起人和 SPV 之间的信托合同无效或被撤销,MBS 的其他主体也会受到牵连,尤其是投资者的利益会受到重大损失,整个 MBS 程序将被宣告失败。可以在认定欺诈性转移的时候,除适用《破产法》的规定,同时注重将行为结果作为考量因素。

三是基础资产转移公平交易。由《合同法》引起的无效或可撤销合同只要在进行交易的之后注意按照法定程序进行,同时按照市价进行公平交易,对于超额担保等增级方式采用谨慎的态度,一般是可以避免的。

(三)明确发起人信息披露义务

MBS 实现了风险隔离,影响其收益的最重要因素是基础资产的状况。因此,对基础资产的信息披露就显得尤为重要,而披露基础资产状况的法定义务属于发起人。

1. 传统证券市场的信息披露与 MBS 信息披露

传统证券市场的信息披露原则与 MBS 的信息披露存在非常大的差异,而这一差异直接关系到对投资风险的责任划分,具体来说,可以考虑以下两个方面:

一是披露主体。传统证券市场信息披露的主体是发行人,发行人在证券发行时与发行后均应进行信息披露。MBS 信息披露的主体主要是 SPV 和发起人,其中 SPV 是最主要的信息披露主体,承担证券发行及存续期间绝大部分的信息披露义务,而发起人主要在住房抵押贷款债权转移时对基础资产本身的状况进行披露。

二是披露内容。传统证券行业的投资收益主要取决发行人的经营状况,信息披露也侧重于证券发行机构本身的财务状况、经营情况、营利能力及管理层变动等,所以,通常在某企业的高管辞职或者某收购项目完成时该企业的股价会有较大变动。而 MBS 由于实现了风险隔离,收益与风险都与基础资产的状态直接相关,发起人和 SPV 自身的经营状况与 MBS 收益之间关联甚小,所以,信息披露内容主要侧重于基础资产本身,包括期限、质量、担保、评级等。

通过以上分析可见,发起人的信息披露是投资者明确投资风险的重要环节,投资者对于投资收益与风险的大部分判断均来源于发起人披露的信息,发起人对于基础资产的信息披露越是全面、真实,投资者的投资决策就是考虑越全面,投资风险自然就小了。

2. 信息披露义务与保密义务的协调

发起人对基础资产的全面信息披露意味着投资者可控风险的减小,同时也意味着发起人对住房抵押贷款客户保密义务的违反,以及发起人工作量的增大和效率的降低。在长期的理论实践探索中,主要存在以下几种方式:

一是采用最低程度披露标准。发起人对于基础资产的信息披露程度仅限于法律规定 MBS 交易与监管所必需的内容,只要满足基础资产转移给 SPV 和信用评级的需要。这种方式最大限度地保护了债务人的个人信息,但是对于 MBS 投资者利益的保护则是最为不利的。

二是采用最低程度保密标准。发起人对于基础资产的保密程度仅限于法律规定住房抵押贷款交易与监管所必需的内容,只要不构成对债务人个人信息的泄露与非法披露未公开信息等违法行为,发起人可以选择向第三人披露基础资产的其他一切信息。这种方式最大限度地满足了 MBS 投资者的信息需求,但变相牺牲了债务人的隐私。

三是与债务人约定披露范围与披露对象。发起人在与债务人签订住房抵押贷款合同的时候,约定对该笔贷款可披露的信息范围、程度,以及能对哪些对象披露。例如,可约定若发起人将该笔该款作为 MBS 的基础资产,则可对还款期限、方式、担保及债务人的基本信用状况等信息进行披露,但是,不披露债务人的姓名等个人信息等。

3. 我国 MBS 发起人信息披露的现状

《披露规则》与央行发布的一系列公告[1]共同构建起我国 MBS 的信息披露规则。从上述规定看来,我国的 MBS 建设意识到了信息披露制度建设的重要性,但是,关于发起人的信息披露制度还存在很多的问题。

一是对于披露义务的规定过于抽象。如规定对于信息披露应当真实、准确和完整,但是,没有规定具体应该披露哪些信息,真实的标准是什么?

---

〔1〕《全国银行间债券市场债券交易管理办法》(中国人民银行令〔2000〕第 2 号)《全国银行间债券市场金融债券发行管理办法》(中国人民银行令〔2005〕第 1 号)。

信息披露到何种程度可以称为“完整”？再如发起人应及时向 SPV 提供有关信息报告，“及时”的标准是什么？基础资产转移之前还是之后？之前或之后的 10 天内还是 1 个月以内都能算及时？“有关信息”包括哪些等都是需要细化的地方。

二是披露义务主体过窄。《披露规则》作为中国人民银行为规范资产支持证券信息披露行为而出台的规定，全文基本上只规定了 SPV 的披露规则，而对其他主体的披露义务话语寥寥，甚至很多主体根本没有提到。

三是没有涉及发起人披露义务与保密义务的协调。根据前文的叙述，发起人的这一矛盾是 MBS 发展的一大问题，但是我国的信息披露规则中居然只字未提。

4. 对发起人信息披露的建议

针对我国 MBS 信息披露制度存在的问题，现有如下建议：一方面将发起人的披露义务具体化。信息披露真实、准确和完整可以作为资产证券化信息披露的总体原则，但是在此基础上，应当出台更为详尽的信息披露规则，将发起人信息披露的对象、范围、程度以及禁止性规定明确下来。另一方面完善其他 MBS 主体的信息披露义务。虽然发起人和 SPV 是 MBS 中最重要的主体，但是其他主体也发挥着重要的作用，明确其披露义务，有助于完善我国 MBS 信息披露体系，使各主体各尽其责、各司其职，减轻 SPV 与发起人的负担，同时最大限度披露 MBS 各环节信息，增强 MBS 透明化程度，减少信息不对称带来的投资风险，保护投资者利益。

四、结论

MBS 是一种全新的金融工具，在提高资产利用率与流动性方面有重大贡献，同时由于 MBS 以住房抵押贷款为基础资产，相较于其他信贷资产安全性高，受到众多投资者的青睐。但是由于 MBS 本身结构复杂，主体众多，且在我国起步晚，法律制度不完善，其发展过程中出现了一系列问题。本文仅以发起人为主体，探讨在明确和完善发起人权利义务的情况下如何更好地保护投资者的利益。

在金融日益活跃的今天，金融工具的创新和发展势必会愈发复杂，我们需要更加积极与主动地了解、认识新的金融工具，从不同的角度深入观察、剖析，以期为我所用，在推进 MBS 中国化、发挥其优势的同时，注重投资者的利益保护，促进我国 MBS 制度健康、长远发展。

非证券类私募投资基金强制托管的必要性分析
——以有限合伙制私募基金为例

张振华*

内容提要 非证券投资基金的三种形式中,契约型基金的资金安全性最高,除因为其更多是一种信托关系之外,主要得益于契约架构中委托、受托和托管三方分离的制度安排,以及可设置监察人对私募基金的管理运用进行监督和制约从而最大限度保障资金安全。而公司制和有限合伙制基金在制度要求上没有托管人这一保障环节,仅依靠监事会或有限合伙人对管理人的监督,在实践中往往使监管陷入真空状态。从风险防范的角度,除了要从签署基金合同的各环节加强对管理从业人员的体系化监督之外,最重要的是从制度设计层面填补非证券类私募投资基金未被强制托管的漏洞。

关键词 非证券 有限合伙 执行事务合伙人 强制托管 体系化监督

一、问题的提出:监管层面制度漏洞和救济无力

随着我国经济尤其是民间资本的蓬勃发展,私募投资基金以各种各样的形式开始野蛮生长,私募投资基金

* 张振华,广东启源律师事务所律师。

在活跃资本市场的同时,又存在一定的风险,缺少法律保障是其最不稳定的因素。[1] 2014年以前,正是由于私募投资基金缺少法律上的依据,导致行业的发展没有指向性的引导,也没有明确的机构对私募投资基金进行监管,这不仅造成了市场秩序的混乱,也成为制约我国私募投资基金有序健康发展的法律“瓶颈”,从我国现有的法律构成来看,只有一部《证券投资基金法》,在笔者看来,这部法律虽然也对非公开募集资金做了专章规定,但是从整体而言,该法律其实只适用于公募基金,并未规制私募投资基金,并且重点规制的是证券投资基金,而非证券类投资基金并未被涉及。因此,对于私募投资基金的当事人而言,一旦发生纠纷,投资人的权益便难以得到周全的法律保障(2017年8月国务院颁布的《私募投资基金管理暂行条例(征求意见稿)》虽明确了托管人最根本的职责,但依旧在非证券投资基金处留了个口子)。同时,由于现行立法上无法对私募投资基金予以“正名”,而“私募基金管理人”本身的行为在缺失法律规则的另一面是其行为缺乏合法“外衣”的保护。[2]

那么对于私募投资基金应当由哪一个部门作为监管机构呢?国家发改委和证监会一直存在争议,根源在于《证券投资基金法》对于私募投资基金“范畴”的规定没有明确,因为根据该法第94条第2款之规定,应当认为通常所说的“私募基金”只包括私募证券基金。并且该法经过修正之后仍然没有明确地将私募证券基金和私募股权基金都纳入其管辖调整的范围,也正因为此,国家发改委一直认为以公司和合伙企业设立的私募投资基金属于“企业”,跟基金产品不同,不应纳入证券基金法的调整范围。[3] 然而第94条第2款在列举了股票、债权、基金份额之外,提到了“国务院证券监督管理机构规定的其他证券及其衍生品种”。这里面将其他证券及其衍生品种的认定权赋予了国务院证券监督管理机构。[4] 因此,证监会仅需要依据此条之规定,制定行业规范,夯实监管依据即可。但截至2014年初仍未有任何规范性文件出台。可能也正是为了平息两个部委之间的争论,同时为了明确

---

〔1〕 参见刘媛:《金融领域的原则性监管方式》,载《法学家》2010年第3期。

〔2〕 参见孟咸美著:《金融监管法律制度研究》,经济日报出版社2014年版,第183页。

〔3〕 在笔者所接触案件中,作为合伙企业募集的资金虽然通过银行委贷方式给到项目方,但是其最终用途多用于实业投资,与民间借贷的界限其实并不清楚。

〔4〕 《证券法》第2条则将这项权利归属明确规定为国务院所有,考虑到本文焦点,故在此问题上不予展开。

私募投资基金的整体监管边界,中央编办印发的《关于私募股权基金管理职责分工通知》将私募股权投资基金确定由证监会监管,至此私募投资基金从整体上而言终于明确了监管机构,在此之后私募投资基金行业才迎来了两个规范性文件,即中国证监会在2014年8月发布的《私募投资基金监督管理暂行办法》(也被称为《105号令》)和中基协在2014年1月发布的《私募投资基金管理人登记和基金备案办法(试行)》。上述规范性文件对私募投资基金的设立、管理人和投资者资格、风险管理及监管、法律责任等也作出了较为明确的规定,但是,对私募基金的规制不仅于此,还要借助其他法律共同进行,比如基金采取的组织形式上可体现为公司制、合伙制和契约制基金,那么相对应所设立的组织还要遵守公司法、合伙企业法和信托法的规定。[1]

如上所述,2014年以后,我国私募投资基金领域在行业监管和制度设计上较之前已经有了很大的进步,但在面对随之而来的一系列井喷式爆发的私募投资基金兑付危机浪潮之中,制度设计上的漏洞及操作层面的救济无力便逐渐显露出来,尤其是采用有限合伙制设立的私募投资基金领域(非证券)尤为突出。这其中最明显的制度设计漏洞便是所募集资金未被强制托管。

无论是证券投资基金还是非证券投资基金,无论是公募基金还是私募基金,在运行过程中为保证基金的安全,都应当必须遵循"管理与保管分开"的原则,正是基于此才分别产生了基金管理人和基金托管人。我国《证券投资基金法》对此也予以了明确的规定,凡证券投资基金均由基金管理人管理,基金托管人托管。[2] 那么何为基金托管?基金托管是指商业银行接受基金管理人的委托,代表基金持有人的利益,保管基金资产,监督基金管理人日常投资运作,基金托管人独立开设基金资产账户,依据管理人的指令进行清算和交割,保管基金资产,在有关制度和基金契约规定的范围内对基金业务运作进行监督,并收取一定的托管费。[3] 因此,基金托管的出现不仅规范了商业银行中间业务的发展,最关键的是有利于保障基金的安全,保护基金持有人的利益。[4] 本来在同一部法律中,理应对基金托管的问题保持一致,然而令人失望的是《证券投资基金法》第88条对私募投资基金的强制托

---

〔1〕 参见孟咸美著:《金融监管法律制度研究》,经济日报出版社2014年版,第184页。

〔2〕 参见《证券投资基金法》(2015)第2条。

〔3〕 参见安烨主编:《货币银行学》,上海财经大学出版社2010年版,第216页。

〔4〕 参见王金栋、姜近强:《谈基金托管对商业银行中间业务发展的影响》,载《济南金融》2016年第1期。

管问题留了一条口子，使托管无须“强制”。[1] 而对将该法作为上位法的《105 号令》而言，自然延续了上位法之规定，在第 21 条关于私募基金的投资运作中几乎原样照搬了《证券投资基金法》第 88 条，至此强制托管在实际操作中变成了私募投资基金（非证券）的水月镜花。对于私募基金管理人而言，只需要在基金合同上略作处理或者就托管问题进行特殊约定，便可直接“合法”的回避资金托管，而对于有限合伙制私募投资基金而言，最核心的法律文件就是《有限合伙协议》，它也被视为有限合伙制私募投资基金的“宪法”，[2] 也就是法律及规范性文件中所称的“基金合同”。现阶段有限合伙企业中的私募基金管理人本来就规范化意识淡薄，由于本身监管强度和处罚力度本来就相对较弱，因此很难严格按照有限合伙协议的约定的操作规则进行运作，以至于存在大量对基金用途擅自更改和挪用的行为，更有甚者部分私募基金管理人同项目方相互勾结虚设一个项目，直接将所募集的资金通过募集账户直接转移至其所控制的其他账户下最后据为己有；与此同时，作为投资人的 LP 本身维权意识和风险防控意识相对薄弱，加之在有限合伙的形式下对基金的运作情况只能通过管理人的报告获知，最终导致的结果就是出现兑付问题，矛盾逐渐激化为各种群体性事件，使该行业成为群体性事件的频发区，最终受损的还是我国的金融市场。

除基金未强制托管这一制度漏洞之外，有限合伙制私募投资基金在出现争议时还存在操作层面救济无力的情形：对投资人而言，其签署基金合同的相对方是私募基金管理人，就合伙企业而言这是一份内部协议；当基金成功设立之后，对外代表合伙企业同项目方签署合同（主合同）的是作为执行事务合伙人的私募基金管理人，而基于主合同代表合伙企业签署一系列担保合同的也是私募基金管理人，并且担保权人往往直接约定为私募基金管理人。在这种情况下，投资人本身对基金项目运作能力就很低，即便是基金合同主动约定了基金托管事宜，那么当项目方到期无法偿还贷款时，投资人除要求私募基金管理人行使诉权之外，囿于合同相对性的主体问题，其没有任何的救济渠道，即便私募基金管理人怠于行使权力，其余 LP 想要代位求偿，也面临着如何证明“怠于行使权力”的标准问题，而这个标准在实际操作

---

〔1〕 进一步印证了笔者对该法只规制公募基金并未规制私募基金的观点。

〔2〕 参见石育斌著：《中国私募股权二级市场实务操作指南》，法律出版社 2011 年版，第 101 页。

中鉴于合伙企业人和性的特点,基本上很难被书面化确立。[1] 除此之外,有限合伙制私募投资基金在保证金制度、回购制度的设计上面的缺失,也进一步增加了对投资人保障性救济手段的无力感。

二、强制托管和管理从业人员的体系化监督

严格意义上讲,包括美英等国家在内,并不存在专门用于私募股权基金监管的法律法规,主要采取的是行业自律的形式,如美国主要通过强调对投资者结构及销售渠道的严格限定,同时采取法律约束下的企业自律监管模式对私募基金进行监管;英国则是通过强调基金管理公司从业人员的善良注意义务,同时设定基金管理公司必须投入自有资本额度要求并结合商业欺诈及反洗钱法案来设置“层监管—审慎监管—商业监管”标准。[2] 对我国而言,无论是资本市场的完善度,还是基金公司管理人内部治理结构和风控体系甚至投资人的风险识别及承受能力均不可与已经相对成熟的英美国家同日而语,所以仍需要监管机构适度的干预。法律应当具有指引、评价、预测、教育和强制作用。[3] 出于安全、秩序、公平的需要,金融法是国家适度干预和调控的手段,这是其公法属性的一面;而从自由角度出发,金融法也需要充分反映在市场经济的契约自由中,即“协议就是法律”。[4] 要填补前述之漏洞,笔者认为应当从外部制度和内部协议两个范围予以调整:

从外部制度的调整空间来看,首先,对《证券投资基金法》第 88 条以及《私募投资基金监督管理暂行办法》第 21 条的除外条款予以删除,从源头上确立对私募基金的强制托管;其次,加快修改《商业银行资产托管业务指引》(2013 年)部分条款,设置托管合同中的必备条款,进一步明确对非证券类基金托管业务的管理义务和托管监督职责;最后,将实施资金强制托管作为基金备案的前置条件,无托管合同则不予备案。

对有限合伙企业内部而言,投资人在签署基金合同成为 LP 之前,首先要坚持合伙企业所募集的资金必须由银行进行托管;其次,如果有可能尽量

---

〔1〕 此为,笔者于 2016 年 12 月有幸当面请教最高院应用法学研究所副所长范明志法官时其意见。

〔2〕 参见张玮著:《私募股权基金》,中国时代经济出版社 2011 年版,第 73 页。

〔3〕 参见范健、张中秋、杨春福编:《法理学——法的历史、理论与运行》,南京大学出版社 1995 年版,第 153 ~ 157 页。

〔4〕 参见彭兴庭:《金融法制的变迁与大国崛起》,法律出版社 2014 年版,第 11 页。

争取参与到托管人的选择过程中,避免由管理人专权决定。毕竟托管制度作为银行的一个收费业务,银行仅在形式上对募集资金的划拨存管过程中存在一定的监督义务,在本文述评的案件中作为GP的管理人确实在长期合作的银行托管之下违背了基金合同的约定转移甚至挪用了相当一部分款项。因此,在选择托管银行的过程中确实存在一个管理人同投资人的博弈。[1] 投资人应当尽量在签约之前审慎对待这个问题。

事物本质是每个立法与法律发现行为中必要的“催化剂”。[2] 私募投资本身产生于市场化与政府监管不断博弈的时代,其存在本身就是一种规避政府监管的金融组织行为(或者类金融组织行为),这是由私募机构募集资金的方式、募集对象及其非证券市场的用途等性质综合决定的。在次贷危机爆发之前,各国的私募投资行业大都处在市场化自由发展的阶段,受到政府的监管比较少。当时国际上普遍认为,私募投资行业是一个追求效率的自发资本性行业,其影响范围仅局限在特定的少数投资人群中,和公共利益的关联并不大,仅仅凭借契约关系和行业自律就能顺畅运作。这种情况虽然大大促进了私募投资行业的快速发展,但是也在次贷危机中因为其影子银行的性质而起到了推波助澜的作用,因此欧美等发达国家在次贷危机之后私募投资市场发展相对缓慢。而我国在次贷危机之后,私募行业快速发展,投资规模和投资人队伍不断扩大,不过也在经历大热之后爆发出了一系列问题。因此,现在无论是欧美还是我国,都把私募投资行业纳入监管范围,并且加大监管力度已逐步成了一种共识和趋势。毕竟,“一个民族可以昌盛,也可以衰落。它的命运最终取决于它所创造的政治、经济、法律和社会机制是否能使个人在社团中自由发挥才干而不至于摧毁社团的内聚力;是否能使社团有效地约束个体行为而不至于窒息个人自由。”[3]

在此,笔者以投资人的视角,从接触项目到签约入伙的每一个环节来提出应注意事项,[4] 以此剖析基金管理人在这个过程中的应尽义务,进而对此提出体系化监督的补充建议。

首先,投资签约前的准备。基金管理人募集私募基金,应当制定并签订基金合同、公司章程或者合伙协议。在有限合伙制私募基金的运作方式下,

[1] 参见石育斌著:《中国私募股权二级市场实务操作指南》,法律出版社2011年版,第168页。
[2] 参见张明楷著:《刑法分则的解释原理》,中国人民大学出版社2011年版,第12页。
[3] 参见章谦凡著:《市场经济的法律调控》,中国法制出版社1998年版,第6页。
[4] 关于对投资人资格审查及销售方式的行业监管,参考美国的成熟做法即可。

通常基金管理人除基金产品说明书之外,还应当提供入伙协议和有限合伙协议;如果是指定投向目标项目的封闭式基金,那么基金管理人应当主动将其所了解的项目方为融资所提供的一系列担保类文件或者协议,并且要保证这一系列文件协议的真实性,这种真实性不仅包括文件本身内容的真实性,还要确保所有文件协议涉及的担保债权均经过了基金管理人充分的尽职调查并认可。从这个角度而言,基金管理人在此环节需要充分的履行信息披露义务,确保其所披露信息的真实性、完整性、合法性。

其次,签约文件和出资阶段。当基金管理人充分地履行了信息披露以后,投资人需要签署基金合同(在有限合伙制私募基金里通常体现为入伙协议的方式)和合伙协议。此部分务必要提醒投资人的是注意合伙协议。我国《合伙企业法》对于有限合伙的规定相对来说比较简单,尤其是涉及一些内部治理的问题时,比如到期解散清算等,往往规定以合伙协议为准。当然从强调人合性的合伙企业角度而言,这并无可厚非,但是实践中基金管理人作为合伙企业的执行事务合伙人(GP)在制定合伙协议的时候,往往将作为有限合伙人(LP)的投资人权限限制的非常狭窄,最典型的表现在于合伙协议对全体合伙人会议的召集方式和会议决议部分通常以"全体合伙人一致同意"作为前置条件。当合伙企业正常运行时,这样的约定不会体现出来什么问题,但是当合伙企业一旦陷入类似公司僵局的情况时,LP 的救济途径几乎为零! 最极端的表现为一旦基金出现兑付且 GP 跑路,那么 LP 此时想通过召集全体合伙人会议的方式来更换 GP 则不可能实现,因为更换 GP 一定是要经过全体合伙人会议同意,那么首先启动召集程序就很必要,这时候"全体合伙人一致同意"就成为一个无法逾越的障碍,而《合伙企业法》在此时是让位于合伙协议的,除此之外,当合伙企业出现法定的解散事由时,应当进行清算,那么同样会面临"全体合伙人一致同意"或者"全体合伙人过半数同意"的困境,因为无论如何你绕不开"全体"的限制,何况 GP 手中掌握着合伙企业全套的证照和印鉴,即便 LP 申请法院指定清算人,法院首先会要求 GP 到场,如果 GP 不到场那么必须要证明 GP 怠于行使责任,否则法院受理可能性极小,何况目前这样的先例并没有(笔者目前以 LP 身份申请合伙企业清算的案件正在审理中,同样是国内首例)。

第三,如果不通过法院指定清算人,工商部门不会对这个合伙企业进行工商变更,因为工商部门变更工商信息的前提是对于申请人进行形式上的审查,而非实质上的审查,那么此时由于 GP 不在,工商部门是不可能在既非全体,又无司法判决或裁决文书的情况下仅仅根据LP(哪怕是全体LP)的申请作出工商变更。那么在这种困局下,LP无论以何种方式向项目方提起诉讼或清算,均将面临主体不适格的限制。因此,投资人在这一环节应当在合伙协议里打破“全体合伙人一致同意”的限制,比如可以约定“超过三分之二合伙人或者超过出资总额三分之二的合伙人”。另外,还有一个细节上的问题需要投资人在签约时重视,合伙协议应当包括全体合伙人的出资份额和联系方式,以便于出现“僵局”情况时LP不能及时地集合在一起召集合伙人会议。在笔者代理的上述案件中,就遇到过担任合伙企业执行事务合伙人的基金管理人在提交工商部门备案的合伙协议中将全体LP的签署页面留下的联系方式予以手动篡改,甚至在签约时告知或者暗示出资人不要留联系方式,导致了笔者在联络其他LP时花费了大量的时间成本。所以在这一阶段,基金管理人在签约时或者在制定合伙协议时不应在此问题上格外压缩LP的权利,更加不能有意切断LP之间的联系途径。

最后,签约之后的管理阶段。在这一阶段,投资人更多的是不定期的了解项目进度或者查阅合伙企业的财务账簿。而相应的,基金管理人应当定期向全体LP提交项目进度报告,同时满足LP合理的关于查阅合伙企业财务账簿的要求,保证提供的信息真实、及时、准确。

“法律人的才能主要不在认识制定法,而正是在于有能力能够在法律的——规范的观点之下分析生活事实。”[1]笔者对基金管理人的主动备案、资格审查、信息披露等义务在细节中的体现做了一个相对完整的梳理。在实践中,应当履行这些义务的主体从法律层面是公司,从具体操作层面往往是公司的相关从业人员。但是,从现行的监管惩罚措施看,对公司或者从业人员而言都是罚款和撤销管理人资格,而罚款的金额相对于给投资人造成的损失而言明显相对较轻。而笔者认为,较轻的惩罚措施也是此类案件爆发的原因之一,若想从根本上预防和遏制这种态势,那么应当将基金管理人的董事、监事、高管甚至股东作为一个有机结合的整体来建立监督和约束机制。

---

〔1〕 参见[德]亚图·考夫曼著:《类推与“事物本质”——兼论类型理论》,吴从周译,学林文化事业有限公司1999年版,第87页。

三、结语

我国目前市场上已经发行的有限合伙制私募投资基金已经进入了兑付期和违约集中爆发期,相关案件也陆续被诉诸司法和仲裁。笔者在此从基金强制托管的制度设计层面,强化募集资金的安全性,期望我国的私募投资基金行业"应该把作为制度支撑的监管制度的创立当做基础设施改革整体不可或缺的一部分,而不是将其作为事后的思考",[1]应当继续深入研究,同时更多地发挥行政手段的及时性,通过一系列有效的监督预防体系,对私募市场予以前瞻性的规范指导。当然,我们还应该看到"简单的是否回答并不能说明问题,更理想的总结是,未来还需要在各个方面付出努力,还要面对艰巨的困难,但改革的基本方向是正确的。"[2]

---

〔1〕 参见 Paull. Joskow:《发展中国家基础设施部门改革的管制重点》,载吴敬琏主编:《比较》(第 13 卷),中信出版社 2004 年版,第 57 ~ 62 页。

〔2〕 参见[英]霍华德·戴维斯著:《中国的金融改革》,载吴敬琏主编:《比较》(第 17 卷),中信出版社 2005 年版,第 65 ~ 77 页。

图书在版编目(CIP)数据

中国民间金融的规范化发展. 2017 / 高晋康, 唐清利, 王方主编. -- 北京 : 法律出版社, 2018
ISBN 978-7-5197-2602-7

Ⅰ. ①中… Ⅱ. ①高… ②唐… ③王… Ⅲ. ①民间经济团体—金融机构—研究—中国—2017 Ⅳ. ①F832.35

中国版本图书馆CIP数据核字(2018)第191933号

中国民间金融的规范化发展(2017)
ZHONGGUO MINJIAN JINRONG DE GUIFANHUA FAZHAN(2017)

高晋康
唐清利 主编
王 方

策划编辑 郑 导
责任编辑 郑 导
装帧设计 李 瞻

出版 法律出版社
总发行 中国法律图书有限公司
经销 新华书店
印刷 三河市龙大印装有限公司
责任校对 郭艳萍
责任印制 张建伟

编辑统筹 独立项目策划部
开本 720毫米×960毫米 1/16
印张 29.75
字数 480千
版本 2018年9月第1版
印次 2018年9月第1次印刷

法律出版社/北京市丰台区莲花池西里7号(100073)
网址/www.lawpress.com.cn
投稿邮箱/info@lawpress.com.cn
举报维权邮箱/jbwq@lawpress.com.cn
销售热线/010-63939792
咨询电话/010-63939796

中国法律图书有限公司/北京市丰台区莲花池西里7号(100073)
全国各地中法图分、子公司销售电话:
统一销售客服/400-660-6393
第一法律书店/010-63939781/9782
西安分公司/029-85330678
重庆分公司/023-67453036
上海分公司/021-62071639/1636
深圳分公司/0755-83072995

书号:ISBN 978-7-5197-2602-7
定价:96.00元
(如有缺页或倒装,中国法律图书有限公司负责退换)